Hamburger Edition
Institut für Sozialforschung

Reinhard Müller

Menschenfalle Moskau

Exil und stalinistische Verfolgung

Hamburger Edition

Hamburger Edition HIS Verlagsges. mbH
Mittelweg 36
20148 Hamburg

Redaktion: Ingke Brodersen
Umschlaggestaltung: Wilfried Gandras
Herstellung: Jan Enns
Satz: aus Stempel-Garamond
von Dörlemann Satz, Lemförde
Druck und Bindung: Clausen & Bosse, Leck
Gedruckt auf alterungsbeständigem Papier
Printed in Germany
ISBN 3-930908-71-9
1. Auflage Oktober 2001

Die Deutsche Bibliothek – CIP-Einheitsaufnahme
Ein Titelsatz für diese Publikation ist bei
der Deutschen Bibliothek erhältlich

Inhalt

Für Regina, Lara und Alina

Leben, die sind, als ob sie nicht existiert hätten, Leben, die überleben nur vom Zusammenstoß mit einer Macht, die sie nur vernichten oder zumindest wegwischen wollte, Leben, die uns nur wiederkommen kraft vielfältiger Zufälle – das sind die Infamien, von denen ich einige Reste hier versammeln wollte.

Michel Foucault

Kult um das Staatsgeheimnis

Im Jahre 1805 registrierte Johann Gottfried Seume in seinen Reiseberichten über Rußland nicht nur die »unbestimmte Norm«, nach welcher das »kolossale Reich« regiert wird, er beklagte zugleich die mangelnde »Publizität«. Selbst jene Männer, die in Rußland am Ruder sitzen, könnten mit Bestimmtheit sagen: »So ist dieses und jenes war so. In Rußland ist fast alles, was sich auf den Staat bezieht, bloß Meinung, und nichts Wissenschaft; und diese Meinung, die mehr als irgendwo einem Wetterhahne gleicht, wird selten laut, als insofern sie ukasmäßig ist.«[1] Seume polemisierte nicht nur gegen die Zunft der »vernunftlahmen Aktenritter«, sondern auch gegen die – bis in die jüngste Zeit praktizierte – moskowitische Zurückhaltungspraxis: »Der Probierstein der Wahrheit in jeder Rücksicht ist die Fähigkeit der Publizität; und ich zweifele, daß es Wahrheiten gebe, die man zum Wohl der Menschheit geheimhalten müsse.«[2]

Im postsowjetischen Rußland trifft man in den Archiven sowohl den »publizitätsscheuen Geheimniskrämer« (Seume), für den das »Staatsgeheimnis« der Sowjetunion und die Ideologie des Marxismus-Leninismus immer noch autoritative Verbindlichkeit[3] besitzen, aber auch engagierte »Archivratten«[4], die die »Fähigkeit zur Publizität« nach ihren Möglichkeiten befördern. Diesen vielen Moskauer Freunden und Sammlern, die mir den Zugang zu manchen Beständen in den Moskauer »Geheimarchiven« ermöglichten, gilt mein Dank.

---

1 Zwei Briefe über die neuesten Veränderungen in Rußland seit der Thronbesteigung Pauls I., in: Seume, Prosaschriften, S. 927.

2 Ebenda, S. 929.

3 Geheimniskrämer in Moskau, Süddeutsche Zeitung, 29./30. Mai 1999.

4 So Stalin 1931 in seiner Polemik gegen die Zeitschrift Proletarskaja Rewoluzija. Vgl. Stalin, Über einige Fragen, S. 86. Im Nachgang erläuterte der KPD-Vorsitzende Ernst Thälmann Stalins »sehr treffenden Ausdruck« der »Archivratten« umgehend: »Das sind solche Leute, die überall nur nach Papierchen herumstöbern.« Thälmann, Ausweg, S. 64.

Auch nach dem Inkrafttreten eines neuen Archivgesetzes[5] sind manche Moskauer »Archivisten« immer noch von jenem Gefühl der Angst beherrscht, das seit den zwanziger Jahren die Weitergabe von Informationen oder gar als »streng geheim« deklarierten Dokumenten an Ausländer unter Strafandrohungen stellte:

»Die Spionage, d.h. Weitergabe, Entwendung oder zwecks Weitergabe vorgenommene Sammlung von Nachrichtenmaterial, das sich seinem Inhalt als ein besonders schutzwürdiges Staatsgeheimnis darstellt, zugunsten ausländischer Staaten, gegenrevolutionärer Organisationen oder Privatpersonen, zieht nach sich: Freiheitsentziehung nicht unter drei Jahren, verbunden mit völliger oder teilweiser Vermögenskonfiskation; in den Fällen jedoch, in denen die Spionage besonders schwere Nachteile für die Interessen der UdSSR herbeigeführt hat oder hätte herbeiführen können: die schwerste Maßnahme des sozialen Schutzes – Erschießung oder Erklärung zum Feind der Werktätigen, verbunden mit der Aberkennung der Staatsangehörigkeit der Unionsrepublik und damit der Staatsangehörigkeit der UdSSR, dauernder Ausweisung aus dem Gebiete der UdSSR und Vermögenskonfiskation.«[6]

1937 beschuldigte man Herbert Wehner in Moskau der »Konspirationsverletzung«, da der klandestine »Apparat« der KPD in Wehners Pariser Wohnung »interne Parteidokumente«[7] gefunden hatte, die man »selbst im zentralen Archiv der Partei« nicht aufbewahrt habe. 1952 wurden Mitglieder des Jüdischen Antifaschistischen Komitees zum Tode verurteilt, weil sie angeblich »Staatsgeheimnisse« weitergegeben hätten, die allerdings mit Zustimmung der Zensurbehörde »Glawlit«[8] zu Propagandazwecken an prosowjetische Zeitungen in den USA geliefert worden waren. Das »lächerliche Geheimhaltungssiegel«[9] prägte die Zensur-

---

5 Vgl. die Stellungnahme von Kozlov, Tjaezkoe vremja pravdy, in: Vestnik, S. 237–240; zur Archivsituation vgl. jetzt auch Altrichter, »Offene Großbaustelle Russland«, S. 321–362.

6 Strafgesetzbuch, S. 26.

7 Vgl. Müller, Akte Wehner, S. 248–252.

8 Hinter der Abkürzung »Glawlit« verbarg sich anfangs die »Hauptverwaltung für Literatur- und Verlagsangelegenheiten«, die dann in »Hauptverwaltung des Bevollmächtigten des Ministerrates der UdSSR zur Wahrung von militärischen und Staatsgeheimnissen in der Presse« umbenannt wurde.

9 Vgl. Medwedjew, Sowjet-Bürger, S. 169–217.

praxis von »Glawlit«[10], den Alltag[11] und die Bewußtseinstabus des »Sowjetbürgers« und der sowjetischen Intelligenz[12] wie auch die Informationspolitik noch über den gesamtstaatlichen Exitus der Sowjetunion[13] hinaus.

In einem Appell zahlreicher bundesdeutscher Wissenschaftler stellten diese 1998 fest, daß »eine neue Geheimhaltungspraxis«[14] seit einigen Jahren das russische Archivgesetz konterkariere. Dieser seit 1994 wiederbelebte Kult um das »Staatsgeheimnis«[15] besitzt eine russische Tradition, die weit in den Zarismus zurückreicht und die der durch Stalin verfemte Historiker Pokrowski so zusammenfaßte:

> »Geheimnis hing nicht nur über den Gerichtsverhandlungen, in Geheimnis war auch das ganze Leben des Leibeigenschaftsstaates gehüllt. [...] Es war die Veröffentlichung der allergewöhnlichsten Tatsachen untersagt, wenn sie auf die Staatsmacht und deren Vertreter, wenn auch die allerkleinsten, Bezug hatten [...] Die Hüter dieses Staatsgeheimnisses war die Beamtenschaft.«[16]

Während westliche Historiker erklären, daß »das derzeit in der russischen Archivverwaltung herrschende Chaos« einen »Einblick in den tatsächlichen Entscheidungsprozeß der politischen Führung«[17] verwehre und die Archive des ehemaligen KGB überhaupt nicht zugänglich[18] seien, verklärten nicht nur russische Journalisten und Schriftsteller den mühseligen und individuellen Zugang zu den seit 1991 allenfalls par-

---

10 Babičenko, D. L. (Hg.), »Literaturnyji front«; Vodopjanova, Z. K., u.a. (Hg.), Istoriia sovetskoj politčeskoji cenzury.

11 Siegelbaum/Sokolov, Stalinism.

12 Vgl. Beyrau, Intelligenz und Dissens; Milosz, Verführtes Denken.

13 Vgl. Sunder-Plaßmann, Rettung oder Massenmord?

14 Die Notlage der russischen Archive. Eine Barriere für die internationale wissenschaftliche Forschung, in: Deutschland-Archiv, 32, 1999, H. 4, S. 550; ähnliche Feststellungen auch in: Historians Search For The Truth. An Interview with A. A. Fursenko, Academian Secretary of the RAS Department of History, in: Herald of the Russian Academy of Sciences, 69, 1999, Nr. 3, S. 258–263.

15 Vgl. dazu die Tagungsberichte von Creuzberger/Lindner, Postsowjetische Archive, S. 78–80; Zwengel, Die Gegenwart.

16 Pokrowski, Russische Geschichte, S. 119f.

17 Baberowski, Stalinismus »von oben«, S. 580.

18 Vgl. Fitzpatrick, Supplicants and Citizens, S. 85; dies., Signals, S. 836; Getty in: Getty/Naumov, The Road to Terror, S. XIV.

tiell oder instrumentell geöffneten Moskauer Archiven[19] – speziell zu jenen des ehemaligen KGB[20] – wiederum zum »Geheimnis« der Archive: »Der Weg zu den geheimen Verschlußsachen gehört selber schon zu den Geheimnissen der Lubjanka.«[21]

Am Beispiel der sogenannten »Wollenberg-Hoelz-Organisation«, der das NKWD neben Zenzl Mühsam 1936/37 siebzig Menschen als »Verbindung« und als Planziffer der an einer »konterrevolutionären, terroristischen, trotzkistischen Verschwörung« angeblich beteiligten deutschen »Politemigranten« zurechnete, sollen im folgenden zumindest einige bürokratische »Geheimnisse« der »despotischen Maschinerie« (Seume) decouvriert werden.

Der anfängliche Versuch, den Leidensweg von Kreszentia Mühsam zu skizzieren, führte nach der Durchsicht weiterer Aktenbestände zur Rekonstruktion einer weitverzweigten, um Erich Wollenberg und Max Hoelz zentrierten Verschwörungsfiktion, die hier exemplarisch für den stalinistischen Terror untersucht wird. Nach dem Prinzip der Kontaktschuld konstruierte das NKWD diese »Verschwörung« unter emigrierten KPD-Mitgliedern, früheren Teilnehmern an der Münchner Räterepublik, Berufsrevolutionären im Apparat der Moskauer Kommunistischen Internationale und der KPD, unter Homosexuellen und emigrierten Schauspielern, sogar unter Mitarbeitern und Spitzeln des NKWD. Verfolgt, verhaftet, gefoltert und erschossen wurden dabei auch invalide Emigranten, nach Moskau geflüchtete KZ-Häftlinge, Frauen und Kinder der verhafteten »Volksfeinde«. In das von den NKWD-Untersuchungsführern verfertigte Verschwörungskonstrukt sind zahlreiche reale Biographien eingebettet, deren für »Parteisoldaten« typischer Verlauf und ihr individueller Widerschein erscheinen jedoch nur in den gebrochenen Formen von deformierten »Ego-Dokumenten«, fragmentarischen Erzählungen und bürokrati-

---

19 Vgl. Studer, Verschleierungstaktik; Unfried, Vom Nutzen; Studer/Unfried, At the Beginning.

20 Das Zentrale Archiv des ehemaligen KGB wurde umbenannt in Zentralarchiv des Föderalen Abwehrdienstes, Moskau (im folgenden ZA/FSB).

21 Waksberg, Die Verfolgten Stalins, S. 9; vgl. auch Chentalinski, La Parole Ressuscitée, S. 7–35.

scher Überlieferung. Fremd- und Selbstzwang[22] prägten im Moskau der dreißiger Jahre auch scheinbar private Texte wie Briefe, »Eingaben« und die wenigen erhaltenen Tagebücher[23] der Politemigranten. Victor Serge schrieb drei Jahre nach seiner Befreiung aus sowjetischer Haft an André Gide: »Man hat noch nicht einmal die Möglichkeit, ein Tagebuch zu führen, nur für sich allein – ein Tagebuch, das jederzeit die eigene Existenz und die der Familie in Gefahr bringen kann.«[24]

Erst nach Einsicht in die seit 1990/91 teilweise geöffneten Moskauer Archive ließen sich neue »Einblicke« zu den Biographien disziplinierter »Kader« wie auch zum verborgenen Schicksal Zenzl Mühsams im sowjetischen Exil und in der DDR gewinnen. Für die bisherigen und auch noch die jüngsten Publikationen[25] zu Zenzl Mühsam und Carola Neher[26] waren die Moskauer Archive – das ehemalige Komintern-Archiv[27] wie auch die NKWD-Archive – nicht oder noch nicht[28] zugänglich. Mit der zumindest partiellen Öffnung der Moskauer Archive kann sich aber m. E. sowohl die Stalinismus-Forschung[29] wie auch die Erforschung des Exils in der Sowjetunion[30] nicht mehr vor-

---

22 Vgl Studer/Unfried, »Das Private ist öffentlich«; Hellbeck (Hg.), Tagebuch, S. 9–73; ders., Self-Realization in the Stalinist System.

23 Zu dieser Quellengattung vgl. Garros/Korenewskaja/Lahusen (Hg.), Das wahre Leben; Hellbeck, Laboratories.

24 Serge, Erneuerung, S. 119.

25 Rocker, Leidensweg; ders., Erich und Zenzl Mühsam; Buber-Neumann, Als Gefangene; Leonhard, Gestohlenes Leben; Pike, Deutsche Schriftsteller; Schröder, Rückkehr, S. 93–101; Zenzl Mühsam, Eine Auswahl.

26 Gaehme, Dem Traum folgen; Wegner, Klabund und Carola Neher.

27 Das sog. Komintern-Archiv wurde bis 1991 aufbewahrt im Zentralen Parteiarchiv des Instituts für Marxismus-Leninismus beim ZK der KPdSU, jetzt Russisches Staatsarchiv für sozialpolitische Geschichte, Moskau (im folgenden: RGASPI). Zu den Beständen vgl. Adibekov/Šachnazarova/Širinja, Organizacionnaja struktura Kominterna.

28 Allenfalls eine kurze Auskunft des Moskauer FSB-Archivs wird erwähnt bei Otten, Zenzl Mühsam im doppelten Exil, S. 18.

29 Über den Nutzen der Archive und zur Mikrohistorie vgl. Baberowski, Das Ende der Osteuropäischen Geschichte.

30 Hans-Albert Walter führte an zahlreichen Stellen noch berechtigte Klage darüber, daß die »Archive der Sowjetunion« nicht zugänglich seien. Vgl. Walter, Deutsche Exilliteratur 1933–1950.

wiegend auf vorliegende Autobiographien[31] und gedruckte Quellen stützen.

Auch wenn für die Rekonstruktion des Falles einer »Wollenberg-Hoelz-Organisation« keineswegs alle dazugehörigen NKWD-Untersuchungsakten eingesehen werden konnten und zahlreiche Dokumente der »Kaderabteilung« weiterhin dem »Schutz des Staatsgeheimnisses« unterliegen, so erlauben die vorliegenden Materialien zumindest fragmentarische Hypothesen darüber, in welcher Abfolge und mit welcher Verfolgungslogik NKWD- und Komintern-Instanzen ihre »Hermeneutik des Verdachts« (Paul Ricœur) betrieben. Die Denunziationsberichte der *seksoty*, der geheimen Mitarbeiter des NKWD, wie auch die daraus resultierenden »Agenturmaterialien« der 4. Abteilung des NKWD wurden bereits in den dreißiger Jahren getrennt von den übrigen Untersuchungsmaterialien (Verhöre, Geständnisse, Anklageschrift und Urteil) aufbewahrt. Sie waren auch der Staatsanwaltschaft nicht zugänglich. Dies behauptete zumindest der Staatsanwalt Wyschinski, und dies wurde während des Februar/März-Plenums des ZK der KPdSU (B) vom NKWD-Chef Jeschow[32] 1937 bestätigt. In vereinzelten NKWD-Untersuchungsakten blieben aber solche Denunziationen als »Agenturmaterialien« erhalten. Auch am Beginn zahlreicher NKWD-Verhaftungsbefehle und Anklageschriften wurde formelhaft auf solche »Agenturmaterialien« verwiesen, die zusammen mit der »Untersuchung« des NKWD zur Aufdeckung einer »konterrevolutionären Organisation« geführt hätten.

Durch den aitiologischen Blick auf die kumulative Verfertigung dieses »Falls« durch bürokratischen Akten- und Informationstransfer, durch NKWD-Direktiven und individuelle Denunziationen zeichnen sich auch Welt- und Feindbild, Handlungshorizonte und Technologien

31 Vgl. Deinzer, Verdrängung und Verklärung; Bühler, Renegatinnen.

32 In seiner Rede vor dem Plenum des ZK der KPdSU am 3. März 1937 beschrieb der oberste Staatsanwalt Wyschinski diese »Sekretierung« der Agenturmaterialien: »Es ist Ihnen gut bekannt, daß die Agentur eine derart geheime Sache ist, daß dazu die Staatsanwaltschaft keinen Zugang hat. (Jeschow: Und keinen haben wird.)« Die Rede Wyschinskis in: Voprosy istorii, 1995, H. 2, S. 11–13. In einem von Berija unterzeichneten Befehl wurde am 26. November 1938 erneut auf die strikte Trennung von Agenturmaterialien und Untersuchungsakten hingewiesen.

der stalinistischen Kontroll- und Selektionsbürokratien[33] typologisch ab. In der Verlaufsgeschichte des Falls, der nicht ausschließlich deutsche Emigranten betraf, decouvriert sich in den Einzelschicksalen der Opfer auch die Dynamik eines politisch-ideologisch stimulierten Terrorsystems, dessen oszillierende Gewaltgeschichte Perioden der Eskalation und der Abschwächung enthält.

Mit dem archivalischen Rückgriff kann durch das Mittel der dokumentierenden Analyse das »Gedächtnis der Organisation«[34], die Arbeitsteilung und »strukturelle Kopplung« von Komintern- und NKWD-Apparaten nachgezeichnet werden. Die formalisierten und fabrizierten »Protokolle« der Verhöre berichten aber auch über Qualen und Widerständigkeit der Opfer. Im Fall der »Wollenberg-Hoelz-Organisation« wird man jedoch im Labyrinth der Kaderakten, Verhörprotokolle und Denunziationen ein fertiges Szenario oder eine fallbezogene »Direktive« des nahezu omnipräsenten Stalin vergeblich suchen. Die Funktionstäter im NKWD und in der Kaderabteilung hatten die öffentlich propagierte Vernichtungsrhetorik ebenso internalisiert wie die auf dem Dienstwege mündlich oder schriftlich ausgegebenen NKWD-Direktiven, Rundbriefe und chiffrierten Telegramme. Als montagefertige Feindbilder tauchen die stereotypen Verschwörungsmuster[35] und die paranoide Vorstellung von einer »fünften Kolonne«[36], die in den von Stalin präformierten Beschlüssen des Politbüros und in den NKWD-Befehlen[37] vorformuliert wurden, auch im Fall der »Wollenberg-Hoelz-Organisation« in den beflissenen Denunziationen »von unten« wie in den seriell verfertigten Konstrukten der Verfolgungsinstanzen und Terrorbürokratien auf.

---

33 Für die zwanziger Jahre vgl. Velikanova, Berichte zur Stimmungslage.

34 Vgl. Luhmann, Organisation, S. 156–160.

35 Vgl. Rittersporn, Omnipresent Conspiracy, in: Lampert/Rittersporn (Hg.), Stalinism, S. 101–120; Ruthven, Torture, S. 218–298.

36 Vgl. Getty, Afraid of Their Shadows, S. 183; Chlewnjuk, Politbüro, S. 256–258.

37 Eine Aufstellung der deklassifizierten Dokumente in: Kozlov, Prikazy NKVD.

Logik des Terrors

Auf die jüngste Diskussion über Opferzahlen[1] des stalinistischen Terrors, die schon vor der Veröffentlichung des »Schwarzbuchs«[2] problematisiert wurden, kann hier nicht näher eingegangen werden. Weder die bisherigen Hochrechnungen Robert Conquests[3] noch die niedrigen Opferzahlen der »revisionistischen« Opponenten, die sich seit 1990 auf »amtliche« GULAG-Statistiken stützen, scheinen das wirkliche Ausmaß und die Vielfalt des Terrors[4] in der Sowjetunion seit den zwanziger Jahren ausreichend zu erfassen. Westliche »Revisionisten« wie auch der russische Historiker Zemskov führen – gegen bisherige Schätzungen – seit 1990 allenfalls auf amtliche NKWD-und KGB-Statistiken gestützte Teilzahlen[5] an. Dieser scheinbar quellengesicherte Verweis auf die »dokumentierten« Opfer blendet jedoch ganze Opfergruppen[6] aus. Nach den hier angeführten NKWD-Statistiken wurden allein im Zeitraum 1937–1938 durch verschiedenste Gerichte 681 692 Menschen zum Tod durch Erschießen verurteilt. Verhaftet waren danach allein in diesem Zeitraum 2,5 Millionen Menschen, und 1938 befanden sich 1,9 Millionen Menschen im GULAG. Andere Schätzungen über die Zahlen der Opfer[7] liegen um ein Mehrfaches höher. Die der Präsidenten-Administration zugeordnete Moskauer »Rehabilitierungskommission« verhielt sich gegenüber den jüngst publizierten Zahlen, nicht nur wegen der Unzulänglichkeit und Falsifizierung »amtlicher« sowjetischer Statistiken, skeptisch.[8] Eine amtliche, aber gerade deshalb wenig präzise Sta-

---

1 Vgl. die Zusammenfassung bei Pohl, Stalinist Penal System.

2 Courtois/Werth u.a. (Hg.), Schwarzbuch.

3 Vgl. Conquest, Terror.

4 Zur Zahl der GULAG- und Gefängnishäftlinge vgl. jetzt den grundlegenden Dokumentenband Kokurin/Petrov, GULAG, S. 410–447.

5 Vgl. Getty/Rittersporn/Zemskov, Victims.

6 Merl, System; Wheatcroft, Scale; Nove, Terror Victims; Rosefield, Stalinism; Wheatcroft, Victims; Keep, Wheatcroft; Getty/Naumov, Road to Terror, S. 587–594.

7 Vgl. dazu auch die Übersicht bei Stettner, »Archipel GULag«.

8 Vgl. dazu Jakovlev, Krestosev.

tistik[9] über die verurteilten GULAG-Häftlinge rechnete sie wiederum stereotyp vorgefertigten Kategorien zu. Danach waren im Jahr 1939 im GULAG 454 432 Häftlinge als »Konterrevolutionäre«, als »Rechtstrotzkisten« 25 026 Häftlinge, als »Terroristen« 11 854 Häftlinge, als »Spione« insgesamt 15 806 Häftlinge verurteilt worden. In den Jahren 1937/38 wurden die meisten Verhaftungen durch den NKWD-Befehl Nr. 00477 und die verschiedenen gegen »Nationale« (z.B. Polen, Letten, Koreaner, Deutsche, Griechen u.a.) gerichteten NKWD-Befehle ausgelöst. Durch den NKWD-Befehl Nr. 00485, der die in der Sowjetunion lebenden Polen betraf, wurden im Rahmen der »polnischen Operation« 1937/38 nahezu 140 000 Menschen verhaftet und 111 000 zum Tode verurteilt. Im Rahmen einer »nationalen Operation« (NKWD-Befehl Nr. 00439) und durch den »Kulakenbefehl« (Nr. 00477) wurden 1937/38 ca. 70 000 Menschen als »Deutsche« verhaftet.[10]

Nach einem ersten, zumeist auf das Schicksal[11] Zenzl Mühsams ausgerichteten dokumentarischen Bericht konnten nicht nur in Moskauer Archiven[12] weitere Materialien[13] zu Personen des NKWD-Konstrukts eingesehen werden. Im Rahmen eines Projekts von »Memorial«[14] (Mos-

---

9 Abgedruckt in: Dugin, Neizvestnyj GULAG, S. 23–27.

10 Vgl. Petrov/Roginskij, Pol'skaja operacija, in: Gurjanow (Red.), Repressii protiv poljakov, S. 22–43; Ochotin/Roginskij, Iz istorii »nemeckoj operacii«, in: Roginskij u.a. (Red.), Nakazannyji narod, S. 35–75.

11 Müller, Zenzl Mühsam, S. 32–88.

12 Besonderer Dank gilt den Mitarbeiterinnen und Mitarbeitern in Moskauer Archiven: Russisches Archiv für Sozialpolitische Geschichte, Russisches Staatsarchiv für Literatur und Kunst, Gorki-Institut für Weltliteratur, Zentrum für die Aufbewahrung historisch-dokumentarischer Sammlungen (Sonderarchiv), FSB-Zentralarchiv, Archiv der Militärstaatsanwaltschaft, Memorial.

13 Gedankt sei den Mitarbeiterinnen und Mitarbeitern folgender Archive: Bundesarchiv/Stiftung Archiv der Parteien und Massenorganisationen der ehemaligen DDR (Berlin), Archiv des Bundesbeauftragten für die Unterlagen des Staatssicherheitsdienstes der ehemaligen Deutschen Demokratischen Republik (Berlin), Archiv der Akademie der Künste (Berlin), Politisches Archiv des Auswärtigen Amtes (Bonn/Berlin), Institut für Zeitgeschichte (München), Internationales Institut für Sozialgeschichte (Amsterdam), Heimvolkshochschule Celle-Hustedt, Archiv und Bibliothek des Hamburger Instituts für Sozialforschung.

14 Zu den ersten Publikationen von Memorial vgl. Bibliografičeskij. Wichtig für weiterführende Forschungen das Lagerhandbuch von Ochotin/Roginskij, Sistema.

kau) und des Hamburger Instituts für Sozialforschung[15] wurden verschiedene NKWD-Direktiven zur Verfolgung der »Deutschen«, von Frauen und Kindern und von »deutschen Trotzkisten« erschlossen. Erst dadurch kann in dem NKWD-Konstrukt einer angeblichen »konterrevolutionären, trotzkistischen Hoelz-Wollenberg-Organisation« hinter der Fiktionalität[16] der erfolterten »Geständnisse« und »Verhörprotokolle« die politisch initiierte, bürokratisch organisierte Verfolgungspraxis und zugleich irrationale Terror-Logik[17] des stalinistischen Herrschaftssystems genauer herausgearbeitet werden. Der Stalinismus »von oben« entfaltete sein manichäisches Weltbild[18] durch Stalin-Direktiven, Politbüro-Beschlüsse, ZK-Rundschreiben und durch zentral gesteuerte Partei- und Herrschaftsdiskurse, Feindbilder, Verschwörungsphantasmen, öffentliche Kult- und Machtrituale[19] und NKWD-Vernichtungsbefehle. Zugleich aber exemplifiziert der Fall einer »Wollenberg-Hoelz-Organisation«, daß die den Machtzentren der KPdSU nachgeordneten Bürokratien der Komintern, die Kaderabteilung des EKKI und der KPD-Apparat[20] als Kontroll-, Selektions- und Verfolgungsmaschinerie erst durch den »Stalinismus von unten«, d.h. auch durch die bereitwillige Initiative und Mithilfe[21] von radikalisierten, loyalen, gläubigen, zweifelnden oder verzweifelten Funktionstätern und durch die massenhafte Denunziationspraxis[22] der »wachsamen Bolsche-

---

15 Vgl. Stark, Stalinistischer Terror; Zwengel, Stalinistischer Terror.

16 Zur Reflexivität von Wahrheits- und Fiktionsdiskurs vgl. Foucault, Dispositive, S. 117.

17 Vgl. Ryklin, Terrorologiki. Das Kapitel »Terrorologiki II« auch abgedruckt in: Ackermann/Raiser/Uffelmann (Hg.), Orte, S. 141–172; Ryklin, Ekstasis.

18 Vgl. Malia, Vollstreckter Wahn.

19 Vgl. Ennker, Politische Herrschaft.

20 Die Verwendung des Begriffs »Apparat« folgt hier dem Selbstbild der bolschewistischen Parteitheorie, die sich häufig mechanistischer Vergleiche bediente. Vgl. auch das Schaubild »Verbindung der Partei mit ihren Fraktionen« in: Der organisatorische Aufbau, S. 168–169. Abgebildet wird hier ein gigantischer »Partei-Apparat« aus Treibrädern und Transmissionsriemen, eine »Partei-Maschine« ohne Antrieb und ohne Menschen.

21 Vgl. dazu auch Plaggenborg, Stalinismusforschung.

22 Vgl. Fitzpatrick, Signals; dies., Supplicants; Fitzpatrick/Gellately (Hg.), Accusatory Practices; Livšin, Pis'ma vo vlast; Korolev, Donos; Kozlov, Fenomen;

wiki, mit oder ohne Parteibuch«, ihre terroristische Gewalt und organisierte Willkür entfalten konnten. Terror von oben[23], bürokratische Funktionalität der »Organe«, Überwachung[24] und »bolschewistische Wachsamkeit« von unten verschränkten sich seit den zwanziger Jahren zu einer Herrschaft von Gewalt und Angst, deren traumatisch erlebte Mentalitätsprägungen[25] und ideologische Zurichtungen sich noch heute im Alltagsbewußtsein[26] des »homo postsovieticus« abzeichnen.

Mythen der Stalinschen Verfassung

Während der Suche nach Opfern und Tätern gerät man beim Akten- und Spurenlesen[27] auf heimliche und unheimliche Weise erneut in jenes Labyrinth von Archivalien, die als Dossiers, Denunziationen, NKWD-Verhörprotokolle, Anklageschriften und Urteile[28] – zumeist »after the facts« – die papierene Fiktion[29] von justizförmigen Verfahren überliefern. Inmitten des von oben organisierten, in der Perzeption der Opfer scheinbar willkürlich exekutierten Terrors sollte das bürokratische Einhalten von Verfahrensregeln[30] und Fristenregelungen, Unterschriften

---

Scherbakowa, Denunziation; Denunzianten in der Neuzeit; Baberowski, Verfasser von Erklärungen.

23 Vgl. Chlewnjuk, Politbüro; Baberowski, Stalinismus »von oben«; Hildermeier, Revision der Revision?

24 Vgl. Holquist, Information.

25 Am 12. Februar 1935 trug Stepan Podlubnyj in sein Tagebuch ein: »Man muß sich nicht nur vor seinen Kameraden in acht nehmen, man muß sich sogar vor sich selbst fürchten. Verfolgt werden nicht nur alle politischen Gespräche, verfolgt wird auch, wer nur erwähnt, daß jemand anderes etwas kritisierte.« Hellbeck (Hg.), Tagebuch, S. 194.

26 Vgl. Granin, Das Jahrhundert; Sonja Margolina, Gedächtnis und Angst. In: Frankfurter Allgemeine Zeitung, 22. November 1997; Smith, Remembering Stalin's Victims.

27 Vgl. Geertz, Spurenlesen.

28 Vgl. Chentalinski, Les surprises de la Loubianka; Koljazin/Gončarov (Hg.), »Vernite mne svobodu!«.

29 Zur Vermischung von »facts« und »fiction« vgl. den romanhaften Versuch von Lourie, Stalin.

30 Vgl. dazu auch Schwerhoff, Aktenkundig.

des ersten Staatsanwalts Wyschinski, die schriftliche Anfertigung von erfolterten »Protokollen« und fabrizierten Dokumenten, die formalisierte Anlage von Untersuchungsakten und Urteilen, der Rekurs auf die Strafprozeßordnung für Täter, Opfer und Zuschauer zumindest einen Anschein von Legitimität und Verrechtlichung herstellen. Diese Fiktion einer »sozialistischen Gesetzlichkeit« vermittelten auch emphatische Reiseberichte[31] und die 1936 inmitten des Terrors »als demokratischste der Welt« gepriesene »Stalinsche Verfassung«[32], die der westlichen Welt, naiven Rußlandpilgern und den deutschen Emigranten in der Sowjetunion nicht nur Asyl, sondern sogar die Unverletzlichkeit der Person zu garantieren schien. Allenfalls im persönlichen Gespräch mit dem Generalsekretär der Komintern, Georgi Dimitroff[33], und im eigenen Tagebuch[34] äußerte Lion Feuchtwanger, der 1936 von Maria Osten als »fellow traveller« nach Moskau eingeladen und dort begleitet wurde, anfangs noch seine Skepsis zu den Moskauer Prozessen. Jubelgesänge auf Stalin und emphatische Bekenntnisse der publizistischen »Freunde der Sowjetunion« bezeichnen eine der möglichen Reaktionen westlicher Intellektueller auf die potemkinschen Inszenierungen der sowjetischen Innen- und Außenpolitik, die für politische Wallfahrer und allzu willfährige Ästheten zelebriert wurden. Trotzki charakterisierte 1936 die »Freunde« der UdSSR und deren Erbauungsliteratur:

»Die Zugehörigkeit zu Freimaurerlogen oder pazifistischen Klubs hat mit der Mitgliedschaft zur Gesellschaft der ›Freunde der Sowjetunion‹ vieles gemein, denn sie gestattet, gleichzeitig zwei Leben zu führen: ein Werktagsleben inmitten der alltäg-

31 Vgl. Feuchtwanger, Moskau 1937. Vgl. dazu Kröhnke, Feuchtwanger; Furler, Augen-Schein; Wolf, Glauben machen; Ryklin, Schönschriften des Terrors; Derrida/Avtonomova/Podoroga/Ryklin, Moscou aller retour.

32 Vgl. zum westlichen Echo der Verfassungsdiskussion Bachmann, Zwischen Paris und Moskau, S. 307 ff.

33 Zitiert bei Firsov, Aus den Tagebüchern Dimitroffs, S. 79. Jetzt auch in: Dimitroff, Tagebücher 1933–1945, S. 148.

34 So notierte Feuchtwanger, der mit einer Dolmetscherin dem Schauprozeß im Januar 1937 beiwohnte, am 29. Januar 1937: »Dann das Urteil. Die Begnadigung Radeks macht alles zweifelhaft und zur Farce.« Zit. in: Sternburg, Feuchtwanger, S. 402.

lichen Interessen und ein sonntägliches zur Erbauung der Seele. Von Zeit zu Zeit besuchen die ›Freunde‹ Moskau. Ihrer Erinnerung prägen sich Traktoren, Kinderkrippen, Pioniere, Paraden, Fallschirmspringer ein, mit einem Wort alles außer der neuen Aristokratie. Die Besten von ihnen schließen davor die Augen aus Feindschaft gegen die kapitalistische Reaktion.«[35]

Am 21. August 1936 akklamierte in einer Versammlung der Schriftstellerverband der Sowjetunion den laufenden Schauprozeß gegen das »trotzkistisch-sinowjewistische terroristische Zentrum«, den der Staatsanwalt Wyschinski drei Tage später mit der Forderung abschloß: »Erschießt sie wie die tollwütigen Hunde.« Als Vertreter der deutschen Sektion hielt Willi Bredel, der in Deutschland die Schrecken der KZ-Haft in Fuhlsbüttel erlebt und beschrieben[36] hatte, vor den sowjetischen Verbands-Schriftstellern eine mehrfach von »großem Beifall« unterbrochene Rede, in der er über den »Aufbau des Sozialismus« und das angeblich sorgenfreie Leben der Exilanten in der Sowjetunion schwärmte:

»Unter Stalins Führung schritten die Völker der Sowjetunion, ungeachtet aller Sabotageversuche der Parteifeinde, von Sieg zu Sieg, schufen sich eine sozialistische Wirtschaft und alle Voraussetzungen eines freien glücklichen Lebens [...] Unter Stalins Führung gaben sich die Völker der großen Sowjetunion eine Verfassung, die wahrhaft freieste und beste, die die Welt bisher gekannt [...] Unter Stalins Führung marschieren 170 Millionen, ein Bund freier Völker, als erste in der Geschichte der Menschheit einer sozialistischen, klassenlosen Gesellschaft entgegen [...] Wir hier anwesenden deutschen Schriftsteller haben das große Glück am friedlichen Aufbau des Sozialismus teilnehmen zu können, wir genießen Asylrecht und können vollberechtigte Sowjetbürger werden.«[37]

Mit Großbauten[38] und öffentlich inszenierten Mythen und Feiern[39] schminkte sich der »siegreiche Sozialismus« in der Presse[40], in der Ar-

---

35 Trotzki, Verratene Revolution. Anhang II: Die »Freunde« der UdSSR, in: Trotzki, Schriften 1.2, S. 1006.

36 Vgl. Bredel, Die Prüfung.

37 Tod den Agenten der Gestapo – der Trotzki-Sinowjew-Meute. Rede des Genossen Willi Bredel in der Versammlung des Verbandes der Sowjet-Schriftsteller am 21. August 1936, in: Deutsche Zentral-Zeitung, 11. Jg., 23. August 1936.

38 Vgl. Neutatz, Moskauer Metro; Gestwa, Herrschaft und Technik.

39 Vgl. Petrone, Life.

40 Vgl. Brooks, Thank you.

chitektur[41], in Literatur und Kunst[42], aber auch in der öffentlichen Verfassungsdiskusssion[43] zum staatlichen Gesamtkunstwerk, in dem man nach Stalins Diktum »schöner und glücklicher«[44] leben könne. Wie das ZK der KPD[45] lieferte auch das KPD-Mitglied Georg Lukács, der im Juli und August 1941 neunmal als angeblicher »ungarischer Spion« in der Lubjanka[46] verhört wurde, einen hochgestimmten Beitrag zum Verfassungsentwurf[47] der UdSSR:

»Die Stalinsche Konstitution der UdSSR verankert die Resultate der bisherigen Siege des Sozialismus und schafft damit eine feste Grundlage für die endgültige Liquidierung aller Überreste der Klassengesellschaft. Ein Sieg der Freiheit, der befreiten Persönlicheit, des Menschen, eine Erfüllung alles dessen, was die großen Revolutionäre, die großen revolutionären Massenbewegungen erträumt, wofür die besten Vertreter der Menschheit ihr Leben hingeopfert haben.«[48]

Für Hannah Arendt galt eine solche »Flucht aus der Wirklichkeit in die Einbildung, von dem Ereignis in den notwendigen Ablauf des Geschehens«[49] als Voraussetzung für alle Massenpropaganda.

---

41 Vgl. Hudson (jr.), Blueprints and Blood.

42 Vgl. Gaßner (Hg.), Agitation zum Glück; Antonowa/Merkert (Hg.), Berlin-Moskau; Gorzka (Hg.), Kultur im Stalinismus; Günther, Der sozialistische Übermensch; Reid, Socialist Realism.

43 Vgl. Chaustov, Demokratija; Siegelbaum/Sokolov, Stalinism, S. 158–206.

44 Vgl. z. B. Herbert Wehner, Moskau, du glückliche Stadt. Herbert Wehner bemüht hier abschließend Goethes »Faust« mit dem Zitat: »Hier ist des Volkes wahrer Himmel, zufrieden jauchzet Groß und Klein: Hier bin ich Mensch, hier darf ich's sein.«

45 Auf der ZK-Sitzung im Juni 1936 wurde die Verfassung als »Triumph der Freiheit des Volkes« und als »Dokument der Verwirklichung der Menschenrechte« gepriesen. Stiftung Archiv der Parteien und Massenorganisationen der ehemaligen DDR im Bundesarchiv (im folgenden: SAPMO/BA), RY1 I 2/3/19, Bl. 257 und Bl. 260.

46 Vgl. Sereda/Stykalin/Mjuller/Rokitjanskij, Besedy; Müller, Glück.

47 Vgl. auch die überschwengliche Darstellung des KPÖ-Funktionärs Fischer, Menschenrechte.

48 Lukács, Verfassung, S. 53.

49 Vgl. Arendt, Elemente und Ursprünge, S. 560f.

Diese von oben intendierte Gleichzeitigkeit von massenhafter »Flucht in die Fiktion« (Hannah Arendt) und von Massenverhaftungen wurde im westlichen Ausland mit hochgestimmten Fensterreden auf den »neuen Menschen«[50] verdeckt. Messianische Rhetorik, nahezu eugenischer Impetus, ideologisch legitimiertes »social engineering«, Gorki- und Stalin-Zitat überlagern sich in einer mit »riesigem Beifall« bedachten Rede, die Jelena Stassowa[51] auf einer Pariser Tagung des von Moskau finanzierten und dirigierten »Weltkomitees gegen Krieg und Faschismus« hielt:

»Im Rahmen der Sowjetdemokratie und ihres Aufstiegs wird der Mensch umgeschmolzen und der neue Mensch herausgebildet. Jener Mensch, dessen Funke, wie Maxim Gorki sagt, zur Mutter der Flamme werden soll, die die ganze Welt erleuchtet. So wird der harmonische Mensch geschaffen, der die Bitterkeit, die Bosheit und die Qualen der alten Welt in das Grab der Vergangenheit senkt, und, immer noch mit den Worten Gorkis, frei und hocherhobenes Haupts vorwärts schreitet. Der neue Mensch das ist die Verwirklichung des Wortes Stalins: ›Die Kader sind entscheidend.‹«[52]

Im archivalischen Rekurs[53] auf die fiktionalisierten NKWD-Textwelten von »Verhören« und »Protokollen« droht aber auch die Gefahr, daß »anstatt der Wahrheit das Chaos der Vernunft in Trümmern erscheine«, wie der bereits herbeizitierte Seume lakonisch feststellte. In die Textwelten der »Archive« wurden die »Fabeln« von verschiedenen »Autoren« eingeschrieben: in die »Autobiographie« von einem durch das Über-Ich »Partei« geprägten »Selbst«, in der denunziatorischen »Eingabe« präformierten die öffentliche Wachsamkeitsparanoia und codierte Feindbilder die Schreib- und Überlebensstrategien der NKWD-Informanten. Reflexiv

50 Vgl. auch Trotzkis frühe Hymnen zur eugenischen »Umgießung« des Menschen, der »unter seinen eigenen Händen zum Objekt der kompliziertesten Methoden künstlicher Auslese und psychologischer Trainierung« werde. Trotzki, Literatur, S. 177.

51 Als Vorsitzende der MOPR lud Jelena Stassowa 1935 Zenzl Mühsam in die Sowjetunion ein.

52 Stassowa, Sowjetdemokratie, S. 2682. Vgl. dazu Derek Müller, Topos; Pietrow-Ennker, Rußlands »neue Menschen«.

53 Vgl. Davies, Fiction, S. 1–6. Nicht nur zum »Mal d'Archive« vgl. Derrida, Archiv.

vermischen sich Täter- und Opferdiskurse in den erfolterten »Geständnissen« und »Verhörprotokollen«. Hier hatte das Opfer seine lebensgeschichtliche Fabel mit den vorgegebenen Fiktionen[54] und den seriellen Feindbild-Konstrukten der NKWD-Täter[55] in Übereinstimmung zu bringen. Die »Stimmigkeit« der eigenen »Fabel« mußte von den Opfern zusammen mit den Tätern den Unstimmigkeiten der propagierten und vorgegebenen »Fiktion« angepaßt werden. Das Opfer war in den Folterkellern und Zellen der Moskauer Lubjanka[56], des Taganka-, Butyrki- und Lefortowo-Gefängnisses auf nahezu kafkaeske Weise[57] gezwungen, durch das erfolterte »Geständnis«[58] Anklageschrift und Urteil selbst zu formulieren, als erniedrigtes »Geständnistier«[59] (Michel Foucault) sich die eigene »Schuld«[60] in einer »Koproduktion«[61] mit dem NKWD-Täter selbst zuzuschreiben. Öffentliche Schauprozesse und interne NKWD-Befehle mit angefügten »Orientierungen«[62], auf dem Amtswege verschickte NKWD-Untersuchungs- und Prozeßmaterialien dienten als Matrix und Bauplan

---

54 Vgl. dazu Weissberg-Cybulski, Hexensabbat.

55 Vgl. als struktur- und organisationsgeschichtliche Darstellungen Kokurin/Petrov, Lubjanka. VČK; dies., NKVD; 500 Kurzbiographien der führenden NKVD-Täter jetzt in: Petrov/Skorkin, Kto rukovodil.

56 Vgl. Chentalinski, Les surprises; Autorenkoll., Lubjanka 2.

57 Vgl. Kafka, Strafkolonie.

58 Zur Folter vgl. Scarry, Body; Burschel/Distelrath/Lembke (Hg.), Quälen des Körpers.

59 Zur Tradition und Funktion des Geständnisses vgl. auch Foucault, Sexualität, S. 74–81; Hahn/Krapp (Hg.), Selbstthematisierung.

60 Vgl. z. B. die über 100 Seiten umfassenden, handschriftlichen Aufzeichnungen des brachial gefolterten Hugo Eberlein, die als Kompendium und Vorlagen für die von der NKWD-Spezialabteilung verfertigten »Protokolle« der Verhöre dienten. ZA/FSB Nr. 11888.

61 Beyrau, Moral, S. 261.

62 Vgl. z. B das Direktivschreiben der Hauptverwaltung der Staatssicherheit, Nr. 26, 2. April 1937: Über die erhöhte Aktivität deutscher Nachrichtendienste und der Sonderorganisationen der faschistischen Partei auf dem Territorium der UdSSR. Hier wird auf mehrere »typische« Fälle hingewiesen, zu denen bereits »Orientierungen« und auch ein Sammelband Nr. 6 über die »Deutsche faschistische Partei in der UdSSR« verschickt worden seien. Abschrift Sammlung »Stalinistischer Terror«, Hamburger Institut für Sozialforschung.

für die von Opfern zu verfassenden »Geständnisse«, für die Verhörprotokolle und Urteile der NKWD-Täter und Militärjuristen, die nicht nur »eine Witterung besaßen, für alles, was politisch aktuell war«[63], sondern auch durch Parteiversammlungen, in Massenauflage veröffentlichte Stalin-Reden, durch *Prawda*-Artikel, programmatische Beiträge in der Parteizeitschrift *Bolschewik*, durch geheime Rundbriefe des ZK[64] und den »Kurzen Lehrgang« mit neuen Feindbildern, Sprachregelungen, Bauanleitungen und Szenarien für Prozesse[65] vertraut gemacht und bis hin zu den Sprachklischees konditioniert wurden. Das sogenannte Untersuchungsverfahren des NKWD bestätigte mit den erfolterten »Geständnissen« zirkulär die fiktionalisierten Feindbilder des Stalinismus, die aber ihre imaginierte und durch Sündenböcke personifizierte Existenz den verschwörungstheoretisch »begründeten« Annahmen des nominalsozialistischen Weltbildes[66] verdankten.

Feindmuster und Vernichtungsrhetorik

In der Verfolgungspraxis und Rhetorik des stalinistischen Terrors, die sich wie der Nationalsozialismus einer Selektionssprache und anima-

---

63 Weissberg-Cybulski, Hexensabbat, S. 212.

64 Vgl. Die Lehren der Ereignisse im Zusammenhang mit dem Meuchelmord an Genossen Kirow. Interner Brief des ZK der KPdSU (B) vom 18. Januar 1935; Über die terroristische Tätigkeit des trotzkistisch-sinowjewschen konterrevolutionären Blocks. Interner Brief des ZK der KPdSU (B) vom 29. Juli 1936, in: Schauprozesse unter Stalin, S. 210–252.

65 1930 wurden die »Materialien zum Fall der konterrevolutionären Partei der werktätigen Bauern« verschickt. Als Anweisung für den Chef der OGPU formulierte Stalin das Szenario des Prozesses gegen die »Industriepartei« ebenso höchstpersönlich wie den Vorschlag für eine »großangelegte Kampagne« der Komintern. Vgl. Lih/Naumow/Chlewnjuk (Hg.), Stalin Briefe, S. 209–213.

66 Zur Rolle des »Geheimnisses« und der »Verschwörung« im Selbstverständnis und in der Organisationspraxis der KPdSU vgl. auch Kotkin, Magnetic Mountain, S. 353. Für die mentalitäts- und alltagsprägende Wirkung der bolschewistischen Verschwörungstheorie vgl. Fitzpatrick, Everyday Stalinism, S. 21–24.

listischen Vernichtungsmetaphorik[67] bediente, wurde der »objektive Gegner«[68] zum fiktiven »Volksfeind« und »Schädling«, der sich in der paranoid besetzten Bilderwelt Stalins hinter der »Maske« des Parteitreuen oder des »Doppelzünglers«[69] verbarg: »Der Leninismus erfordert, daß die Parteimitglieder treue Söhne ihrer Partei und ihr völlig ergeben sind. Die Sinowjew-Leute aber haben all das durch Verrat gegenüber der Partei und an ihren Interessen ersetzt und sich hinter Erklärungen über ihre Treue und Ergebenheit gegenüber der Partei betrügerisch wie hinter einer Maske versteckt.«[70] Der maskierte »Volksfeind«, dessen multiple Existenz als »Konterrevolutionär«, »Trotzkist«, »Terrorist«, »Diversant« und »Spion« durch das politische Weltbild und entsprechende NKWD-Direktiven vorgegeben wurde, geriet in den Folter-Verhören des NKWD zu einer als »Protokoll« und »Geständnis« fixierten Realität. Die durch die Verhaftung bereits überführten und personifizierten »Volksfeinde«, ihre »Verbindungen«, »Fäden« und »Netze«, ihre möglichen oder angeblich beabsichtigten »Verbrechen« waren durch die fiktionalisierten Textwelten, durch Verhöre, Anklageschriften und Urteile des NKWD zu bestätigen. Als wichtigste Stereotype konfigurierte das NKWD immer wieder den »Terroristen«, den »Diversanten« und den »Spion«. Nach diesem in Stalin-Reden, Schauprozessen[71] und NKWD-Rundschreiben ausgemalten Muster-

---

67 »Das Ungeziefer« und das »trotzkistische Reptil« mußten zertreten, der »Schädling« mit »Stumpf und Stiel ausgerottet« oder »ausgeräuchert« werden, den »Volksfeind«, den »trotzkischen Doppelzüngler«, die »Scheusale«, »Ungeheuer« galt es ebenso auszulöschen wie die in Bucharin personifizierte »Spottgeburt aus Fuchs und Schwein«.

68 Zum Begriff des »objektiven Gegners« vgl. Arendt, Elemente, S. 654.

69 Mit dem Begriff des »Doppelzünglers« sollte auch die Assoziation an das häufig plakatierte »Gewürm« und »Schlangengezücht« evoziert werden, deren »Heimtücke« und »Falschheit« als biblische Tradition und volkstümlicher Mythos präsent war. Zu Stalins Sprachklischees, Tier-und Agrarmetaphern vgl. jetzt Vajskopf, Pisatel' Stalin.

70 Die Lehren der Ereignisse im Zusammenhang mit dem Meuchelmord an Genossen Kirow. Interner Brief des ZK der KPdSU (B) vom 18. Januar 1935, in: Schauprozesse unter Stalin 1932–1952, S. 217.

71 So verwandte z.B. Wyschinski im zweiten Schauprozeß die Formel, daß der Trotzkismus »keine politische Partei, sondern eine Bande von Geheimagenten,

feind[72] wurden während des »Großen Terrors« die Anklageschriften und Urteile von den NKWD-Untersuchungsführern zusammengesetzt. Die unzähligen »Terroristen«, die das NKWD zuerst verhaftete und danach in den »Geständnissen« und Urteilen noch einmal erfand, beabsichtigten allesamt in den NKWD-Konstrukten die Ermordung Stalins und der anderen Parteiführer. Ihre angeblich geplanten »Anschläge« wurden als Pistolen- oder Bombenattentate, als Auto- oder Eisenbahnunglücke mit detaillierten Vorbereitungen ausgemalt. Durchweg scheiterten aber die so sorgfältig vorbereiteten »Anschläge« an irgendwelchen Zufällen oder an der Wachsamkeit der »Organe«, die dies stereotyp immer wieder in ihren »Untersuchungsmaterialien« festhielten. Die »Diversanten« und »Saboteure« wurden als Schuldige für Eisenbahn- und Bergwerksunglücke, Explosionen in der Chemieindustrie, für Viehseuchen, Mißernten, das Auftauchen von Unkraut vorgeführt oder gar im Schauprozeß als diejenigen bezeichnet, die »Glasscherben in die Butter gestreut« hätten. Kombiniert wurden die »Diversanten«, denen man als Sündenböcken die Macht über jeglichen »Schadenszauber« in der Ökonomie zuschrieb, mit von Trotzki[73] und von »ausländischen Spionagediensten« angeworbenen »Spionen« und »Terroristen«. Der konstruierte »Gesamtfeind« vereinte dann den Kon-

---

Spionen, Banditen, Terroristen und Diversanten« sei. Nachdem Stalin diese Formulierung auch in seiner Rede vor dem ZK-Plenum im Februar/März 1937 benutzte, tauchte sie in der Presse und im »Kurzen Lehrgang« als parteiamtliches Sprichwort immer wieder auf. Vgl. Prozeßbericht, 1937, S. 523.

72 Wie die NKWD-Operation gegen die »Deutschen« wurde auch in der »polnischen Operation« der NKWD-Befehl Nr. 00485 von der monströsen Mustersammlung eines internen NKWD-Briefs »Über die faschistisch-aufständische, Spionage-, Diversions-, defaitistische und terroristische Tätigkeit der polnischen Aufklärung in der UdSSR« begleitet. Der Befehl Nr. 00485 wurde am 9. August 1937 durch das Politbüro des ZK der KPdSU (B) bestätigt (P51/564). Am 11. August 1937 unterzeichnete ihn Jeschow, und danach wurde er zusammen mit dem internen Brief, der ebenfalls von Stalin bestätigt und von Jeschow unterschrieben worden war, an alle örtlichen Dienststellen des NKWD verschickt. Dort sollten nur die Leiter der operativen Abteilungen und die Leiter der 3. Abteilungen mit dem Inhalt des internen Briefs vertraut gemacht werden.

73 Zur Dekonstruktion der »Schauprozesse« vgl. Sedow, Rotbuch; The Case of Leon Trotzky; Report of Hearings; Not Guilty.

terrevolutionär«, den »Diversanten«, »Spion«, »Trotzkisten« und den »Terroristen« in einer Person oder in einer »Organisation«, die entweder in Verbindung mit »ausländischen Nachrichtendiensten« oder in »Kontakt« zu ausländischen Botschaften gebracht werden mußten. Im NKWD-Direktivbrief Nr. 26 vom 2. April 1937 »Über die zunehmende Aktivität der deutschen Spionageorgane und spezieller Einrichtungen der faschistischen Partei« wurde dieser idealtypische Feind so beschrieben:

»Die Praxis hat gezeigt, daß alle diese Formen der feindlichen Arbeit in Wirklichkeit nicht voneinander isoliert, sondern im Gegenteil auf engste Weise miteinander verflochten sind. Die Mehrheit der liquidierten deutschen Diversions-Residenturen und Organisationen beschäftigte sich parallel dazu mit der Organisation der terroristischen Tätigkeit, alle haben Spionage betrieben, und in Gebieten, wo es bedeutende Gruppen der deutschen Bevölkerung gab, wurden gleichzeitig Aufstandskader herangebildet. Die deutschen Terroristen, Diversanten, Spione und Organisatoren der faschistischen Massenarbeit treten fast allerorten in einer Person auf.«[74]

In den NKWD-Anklageschriften und in den fabrizierten »Geständnissen« tauchte immer wieder die Behauptung auf, daß die »Direktiven« von fiktiven »Residenten« der deutschen Botschaft mit Namen wie Meier und Schmidt ausgingen oder die »Weisungen« und »Direktiven« Trotzkis durch Briefe aus dem Ausland übermittelt wurden. Auch noch in der Terminologie der Prozeßkonstrukte griff man auf die zentralistisch organisierte Praxis von KPdSU und NKWD zurück. Diese »Direktiven« Trotzkis aus dem Ausland konnten jedoch weder in den Schauprozessen noch in den NKWD-Geheimverfahren als »Beweismaterial« präsentiert werden. Aus diesen angeblichen »Direktiven« konnte das NKWD aber durch erfolterte »Geständnisse« nach Belieben »Zitate« als »Beweise« für geplante »Anschläge«, »Diversionsakte« und »Spionage« anführen. Zumindest in internen Rundbriefen war den

---

74 NKWD-Direktivbrief Nr. 26 vom 2. April 1937 »Über die zunehmende Aktivität der deutschen Spionageorgane und spezieller Einrichtungen der faschistischen Partei (der ausländischen und außenpolitischen Abteilungen der ›Antikomintern‹, des Spionagedienstes der Schutzstaffeln usw.) auf dem Territorium der Union der SSR« mit angefügtem »Leitfaden über die Tätigkeit der deutschen Faschisten in der UdSSR«, Sammlung »Memorial«. Jetzt teilweise zitiert in: Ochotin/Roginskij, Iz istorii »nemeckoj operacii«, S. 41.

NKWD-Offizieren das Fehlen solcher »Beweise« für die angebliche Spionagetätigkeit bewußt. Man hielt einerseits die bisherigen Versuche, die »Spionagetätigkeit« zu dokumentieren, für »hilflos«, da man die Wohnungen von verhafteten »Spionen« nicht genügend durchsucht habe. Andererseits erklärte die NKWD-Spitze ihren verunsicherten und wenig erfolgreichen Mitarbeitern das Fehlen solcher »Briefe« und »Direktiven« dadurch, daß »der Gegner bei der Aufbewahrung und Übersendung der Spionagematerialien allerlei Kniffe und Tricks benutzt, die ihm aus der langjährigen Spionagetätigkeit bekannt sind«.[75]

Die reale Gewaltgeschichte des Stalinismus erscheint jedoch auch in der Fiktionalisierung, wie z.B. in den von den NKWD-Untersuchungsführern fabrizierten Frage-Antwort-Dialogen, in den Denunziationen der Politemigranten und auch in den »Eingaben« der NKWD-Häftlinge. Die Moskauer Außenwelt und die Innenwelt der Lubjanka verschränkten sich noch in der phantasierten Häftlingserzählung[76] als Gleichzeitigkeit[77] von charismatisch inszenierter Herrschaft, Masseneuphorie, Denunziation, scheinbar willkürlicher Verfolgung und bürokratisch organisiertem Terror. Als öffentlicher Mythos konkurrierte der »siegreiche Sozialismus« noch in der Lubjanka-Haft mit der von den Opfern am eigenen Leib erfahrenen Foltergewalt des realen Stalinismus. Das propagierte Bild des »guten Herrschers«[78], des weisen und trotzdem unwissenden Führers Stalin[79], codierte und beherrschte auch noch die Vorstellungswelt mancher GULAG-Häftlinge, die als disziplinierte

---

75 NKWD-Direktivbrief Nr. 26, 2. April 1937. Abschrift Sammlung »Stalinist. Terror«, Hamburger Institut für Sozialforschung.

76 Vgl. z.B. das von Heinz Neumann 1937 in der NKWD-Haft verfaßte Verschwörungsphantasma »Über die konterrevolutionäre bucharinistisch-trotzkistische Organisation Pieck-Ulbricht«. ZA/FSB Nr. 33543, Bd. 1, Bl. 200–230, maschinenschriftliche Kopie, Bl. 122–199.

77 Zur Gleichzeitigkeit von Charisma und Terror vgl. Roth, Herrschaft, S. 78ff.

78 Zur Tradition der »Eingaben« an den »guten Herrscher« vgl. Fainsod, Smolensk, S. 378–408; Mommsen, Hilf mir; Čistov, Der gute Zar.

79 Zu Stalins Lektüre gehörte auch Machiavelli, der in seinem Traktat »Vom Fürsten« die Erzeugung von permanenter Furcht als Herrschaftstechnik empfahl, da diese sich auf die »Vorstellung eines zu erwartenden Übels« gründe. Ein »weiser Herrscher« müsse sich »gelegentlich durch List selbst einige Feinde machen, um durch den Sieg über sie mächtiger und gerechter zu werden«. Vgl. Machiavelli, Fürst.

Parteiarbeiter und Gläubige einer »politischen Religion«[80] an dieser letzten geronnenen Gewißheit[81] festhielten oder dies zumindest ihren Mithäftlingen und den NKWD-Untersuchungsführern signalisieren wollten.

Hannah Arendts Analyse des faschistischen Terrors bezeichnet auch wesentliche Elemente der stalinistischen »Terroratio«[82], die in ihren paranoiden Verschwörungsphantasmen reale Eisenbahn- und Grubenunglücke, Viehsterben, Mißernten und Lebensmittelmangel auf die Sabotage und Diversionsakte fiktiver »trotzkistischer Gestapoagenten« zurückführte:

»Dem von ihnen angerichteten Grauen liegt die unbeugsame Logik zugrunde, welche auch die Sichtweise von Paranoikern regiert, in deren Systemen alles mit absoluter Notwendigkeit folgt, wenn erst einmal die erste verrückte Prämisse akzeptiert worden ist. Der Wahnwitz solcher Systeme besteht natürlich nicht nur in ihrer Ausgangsprämisse, sondern vor allem in der ehernen Logik, die sich durchsetzt.«[83]

Die für die Opfer nicht kalkulierbare Willkür des Terrors wurde noch in der Haft nach einem Plan oder nach der »ehernen Logik« durchsucht, die aber das gefolterte und zerstörte Individuum nicht mehr zu einer Erklärung der eigenen Verfolgung oder gar zu einer rationalen Gegenstrategie gegen den unentrinnbaren Schrecken entwickeln konnte. Gerade die vergebliche Suche nach einer »vernünftigen« Erklärung der eigenen traumatisch erlebten Verhaftung führte bei manchen NKWD-Häftlingen, vor allem bei »gläubigen« Kommunisten zum ideologischen Höllensturz und an den Rand des Wahnsinns. Auch Eheleute konnten sich die Verhaftung des parteitreuen Partners nicht erklären und schrieben wie z.B. Franz Schwarzmüller an Stalin, Molotow und den NKWD-Chef Berija: »Die Verhaftung kam für uns wie eine Blitz aus heiterem Himmel. Uns, eine solche Schmach. Wenn ich die Biographie meiner Eltern, von mir und meiner Frau übersehe, ist das zum Wahnsinnigwerden. Beide wissen wir bis heute noch nicht konkret, we-

---

80 Vgl. Eric Voegelin, Die politischen Religionen. 2. Aufl., München 1993; Philippe Burin, Political Religion: The Relevance of a Concept, in: History and Memory, 1997, S. 321–349.

81 Vgl. Ginsburg, Marschroute, S. 258.

82 Vgl. dazu Reemtsma, Terroratio, in: ders., u.a. Falun, S. 265–301.

83 Arendt, Nach Auschwitz, S. 8.

gen welcher verbrecherischen Tat meine Frau verhaftet und verurteilt wurde.«[84]

Der durch zentrale NKWD-Direktiven ausgelöste exterministische »Große Terror« führte 1937/38 zu »Massenoperationen« gegen »antisowjetische Elemente«, die als »ehemalige Kulaken«, »Geistliche«, »Sektierer«, ehemalige Sozialrevolutionäre, georgische Menschewiki, Weißgardisten, Philatelisten, Esperantisten etc. verhaftet und nach festgelegten Kontingenten zu Lagerhaft oder zum Tod durch Erschießen verurteilt wurden. Da sich der »Große Terror« aber auch gegen die stalingläubige Parteielite, als »nationale Operation« auch gegen Arbeits[85]- und Politemigranten und schließlich auch gegen die Funktionstäter des NKWD richtete, suchten NKWD-Häftlinge und auch deren Angehörige in ihren »Eingaben« und Briefen die verschwörungstheoretisch »erklärte« Ursache zumindest für die eigene Verhaftung in jenen imaginierten »Feinden«, die mit ihrer »Schädlingsarbeit« das NKWD zerstört hätten.

Am 17. November 1938 faßte das ZK der KPdSU und der Rat der Volkskommissare einen von Stalin und Molotow unterzeichneten Beschluß, mit dem die »Massenoperationen« des NKWD nach Kontingenten, der »Terror nach Plansoll«[86] beendet werden sollten. In diesem Beschluß wurden die »Organe« des NKWD für die Massenverhaftungen und Erschießungen während des »Großen Terrors« anfangs belobigt:

»Der Rat der Volkskommissare der UdSSR und das ZK der KPdSU (B) stellen fest, daß die Organe des NKWD 1937–38 eine große Arbeit zur Zerschlagung der Volksfeinde und der Säuberung der UdSSR von zahlreichen Spionage-, Terror-, Diversions- und Schädlingskadern aus Trotzkisten, Bucharinisten, Menschewiken, bürgerlichen Nationalisten, Weißgardisten, flüchtigen Kulaken und Kriminellen geleistet haben, die eine wichtige Stütze ausländischer Nachrichtendienste in der UdSSR darstellten, insbesondere der Nachrichtendienste Japans, Deutschlands, Polens, Englands und Frankreichs. Von den Organen des NKWD wurde gleichzeitig eine große Arbeit zur Zerschlagung der Spionage- und Diversionsagenten ausländischer Nachrichtendienste durchgeführt, die in die UdSSR in großer Anzahl unter dem Deck-

84 Brief von Franz Schwarzmüller an Stalin, Molotow, Berija, Wyschinski, Dimitroff, Manuilski und Pieck, 23. April 1939. RGASPI, f. 495, op. 74, d. 39, Bl. 1–15.

85 Zur Geschichte und Verfolgung der »Arbeitsemigranten« im Moskauer »Elektrozavod« vgl. Žuravlev, Malen'kie ljudi.

86 Vgl. Petrov, Tod nach Plansoll.

mantel sogenannter Politemigranten und Überläufer als Polen, Rumänen, Finnen, Deutsche, Letten, Esten, Charbiner u. a. aus dem Ausland eingeschleust wurden.

Die Säuberung des Landes von den Diversions-, Aufstands- und Spionagekadern spielte ein positive Rolle bei der Sicherung weiterer Erfolge des sozialistischen Aufbaus. Man darf aber nicht davon ausgehen, daß damit die Sache der Säuberung der UdSSR von Spionen, Schädlingen, Terroristen und Diversanten beendet ist. Jetzt besteht die Aufgabe darin, den schonungslosen Kampf gegen alle Feinde der UdSSR fortzusetzen und diesen Kampf durch bessere und sicherere Methoden zu organisieren.«[87]

In diesem Beschluß, der die exzessiven Massenoperationen des »Großen Terrors« beendete, wurde dann aber darauf verwiesen, daß sich in das NKWD »Volksfeinde und Spione der ausländischen Spionagedienste« eingeschlichen hätten, die in »vereinfachten Verfahren« Geständnisse fabriziert und Verhörprotokolle gefälscht hätten. Damit wurde offiziell jene Legende abgesegnet, die auch von vielen parteitreuen Häftlingen als Erklärung für den schrankenlosen Terror im Gefängnis und noch im GULAG geglaubt oder zumindest gegenüber ihren Mithäftlingen behauptet wurde. Nicht zuletzt, um sich ihr unbeschädigtes Stalin-Bild und ihren unbefleckten Parteimythos zu erhalten, hielten manche der Häftlinge noch im Lager daran fest, daß die inzwischen verhafteten »Schädlinge« im NKWD ihre Verhaftung und Verurteilung bewirkt hätten.

Nach mehreren Moskauer archivalischen »Grabungen« können durch die Nutzung[88] der Moskauer »Kaderakten« aber auch von Untersuchungsakten des NKWD die funktionale Interdependenz der »Apparate« und der Entstehungsprozeß der virtuellen Verschwörungskonstrukte des stalinistischen Terrors differenzierter nachgezeichnet werden. Neben Elementen zur Biographie von Zenzl Mühsam, der »Bäuerin aus der Holledau«[89], werden in den hier zitierten oder im Anhang veröffentlichten Dokumenten auch unbekannte Details zum

---

87 In deutscher Übersetzung abgedruckt in: Dokumentationsarchiv (Hg.), Österreicher im Exil, S. 294–299; in engl. Übersetzung bei Getty/Naumov, Road, S. 532–537.

88 Gedankt sei hier besonders Else Levi-Mühsam, Michaela Edwards, Georg Bekker, Heinrich Lüllemann und Ada Hoelz-Tur für die erteilten Vollmachten zur Akteneinsicht.

89 So nannte Erich Mühsam seine Ehefrau. Mühsam, Tagebücher, S. 143.

Schicksal anderer Opfer des stalinistischen Terrors, wie der Schauspielerin Carola Neher und ihres Mannes Anatol Becker, der Münchner Familie Taubenberger[90] und des Sozialrebellen Max Hoelz, deutlich. Die bürokratisch organisierte Vernichtungsmaschine des Terrors wurde zwar determiniert durch das Weltbild der KPdSU und ihres »Führers«, durch die von Stalin und dem Politbüro initiierten oder abgesegneten NKWD-Befehle, aber erst durch die bellizistische Mentalität[91] des disziplinierten »Kaders«[92] und durch die Denunziationsbereitschaft auch der »Bolschewiki ohne Parteibuch« konnte sie als Selektionsapparat der Komintern und Vernichtungsmaschinerie des NKWD funktionieren. Nur mit einer solchen Synopse und im Kontext des stalinistischen Terrors[93] lassen sich organisierte Parteifeme und individuelle Denunziation, erfolterte Geständnisse und NKWD-Konstrukte als Segmente der Mentalitäts- und Gewaltgeschichte des Stalinismus[94] rekonstruieren. Stalin lud zunehmend seine häufig repetierte fixe Idee der »Zuspitzung des inneren Klassenkampfes« wie auch seine Xenophobien und Einkreisungsängste mit politischen, sozialen und ethnischen Homogenitätsobsessionen zur »politisch-moralischen Einheit des Sowjetvolkes« auf – eine »monolithe Einheit«, die er in Partei, Gesellschaft und Staat mit ungeheurer Vernichtungsenergie durchzusetzen suchte. In einem Trinkspruch, den Dimitroff in seinem Tagebuch notierte, propagierte Stalin für die Herstellung der »Einheit des sozialistischen Staates« auch das Prinzip der Sippenhaftung:

»Deshalb ist ein jeder, der bemüht ist, diese Einheit des sozialistischen Staates zu zerstören, der danach strebt, einen Teil oder eine Nationalität davon abzutrennen, ein Feind, ein geschworener Feind des Staates und der Völker der UdSSR. Und wir werden jeden dieser Feinde, auch wenn er ein alter Bolschewik ist, vernichten, einschließlich seiner Angehörigen und seiner Familie. Jeder, der durch seine Handlungen und durch sein Denken, ja auch sein Denken, wider die Einheit des sozialisti-

---

90 Aus der NKWD-Untersuchungsakte zu Hermann Taubenberger wird zitiert in: Osipova, Pjat del, S. 100–106.

91 Vgl. Plaggenborg, Gewalt und Militanz; ders., Weltkrieg, Bürgerkrieg.

92 Zur Formierung, zum Habitus und zur Mentalität des Kaders vgl. Studer/Unfried, Stalinistische Parteikader.

93 Vgl. Müller, Wir kommen alle dran.

94 Vgl. auch Plaggenborg, Stalinismus als Gewaltgeschichte; ders., Gewalt im Stalinismus.

schen Staates handelt, wird von uns gnadenlos vernichtet. Auf die Vernichtung aller Feinde, bis zum letzten, auf die Vernichtung der Feinde und ihrer Sippschaft!«[95]

Stalins Trinkspruch wurde bereits durch den NKWD-Befehl Nr. 00486 »Über die Repression der Familienangehörigen« (vgl. Dok. Nr. 4 im Anhang), der nach einem vorhergehenden Beschluß des Politbüros (31. Juli 1937) erlassen wurde, seit dem 15. August 1937 exekutiert. Die Frauen von verhafteten »Landesverrätern«, von »Mitgliedern der Spionage- und Terrororganisationen der Rechten und Trotzkisten« wurden verhaftet und zu mindestens fünf Jahren Lagerhaft verurteilt, die Kinder in staatlichen Heimen untergebracht.

95 Aus dem Tagebuch Georgi Dimitroffs, Eintragung 7. November 1937, zit. in: Firsov, Aus den Tagebüchern Dimitroffs, S. 85. Jetzt auch in: Dimitroff, Tagebücher, S. 162.

Opfer und Täter als Doppelgestalt

Eine mikrohistorische und systematische Analyse der in Moskauer Archiven erschlossenen Dokumente läßt vorschnelle Zurechnungen von Denunziationen und Kurzschlüsse auf einen »Einzeltäter« wie Herbert Wehner, der Kreszentia Mühsam und andere Moskauer Emigranten »ans Messer geliefert«[1] habe, so nicht mehr zu. Diese isolierende Reduktion auf *einen* »Täter«, der wie Wehner für die Komintern und das NKWD Berichte lieferte, unterstellt *ausschließlich* den servilen »Meldungen« einzelner Emigranten an die »betreffende Stelle« und »die Einrichtung«, wie das NKWD genannt wurde, eine Initialrolle bei der Verfolgung und Verhaftung anderer. Hierbei ist aber die bürokratische Arbeitsteilung, Kooperation und permanente Amtshilfe der Kontroll-, Selektions- und Vernichtungsinstanzen von Kommunistischer Internationale und NKWD zu berücksichtigen und – unter den Bedingungen atomisierter und lebensbedrohter Existenz – zwischen Denunziationspflicht, überschießendem Meldeeifer des »Parteisoldaten« vor der Verhaftung und verzweifelten Überlebensstrategien in Lubjanka-Folterverhören zu unterscheiden. Die individuellen Verhaltensweisen der deutschen Politemigranten reichten von der exzessiven Denunziationsbereitschaft bis hin zur gegenseitigen Hilfe. Um der Denunziation und dem Vorwurf der »Kontaktschuld« zu entgehen, zogen die »Leute in Moskau« – wie der Physiker Alexander Weissberg-Cybulski notierte – die Konsequenz, »jeden persönlichen Verkehr aufzugeben, sich in keinerlei Gespräch einzulassen, auf keinerlei Fragen zu antworten, sich auf die Arbeit und die nächste Familie zu beschränken«.[2] Aber auch durch diese erzwungene Isolierung entkam man kaum der für die Opfer zunehmend unerklärbaren »Verfolgungslogik«, in der jeder mit jedem »verbunden« werden konnte. Dieses von Hannah Arendt als zentrales Konstituens der Sowjetgesellschaft ausgemachte Prinzip »guilt by asso-

---

1 Wolffson, Wie kann man.

2 Weissberg-Cybulski, Hexensabbat, S. 93.

ciation«[3] gerinnt häufig zur phantasmagorischen Form des »Netzes«[4], dessen »Verbindungen« und »Fäden« von den Opfern und von den Tätern[5] rekonstruiert wurden. Auch in den Moskauer Tagebüchern des österreichischen Schriftstellers Hugo Huppert[6], der von 1928 bis 1932 sehr detailliert und nahezu täglich über eigene Erlebnisse, Eindrücke, Freunde und Bekannte berichtete, reflektierte sich zunehmend dieses prophylaktische Verhalten. Wenn Huppert nach 1936 fast nur mehr Namen und Termine in stenographischer Form einträgt, wird das Tagebuch allenfalls zum Protokoll über »Beziehungen«, die einem vorgehalten werden konnten oder von denen Huppert zumindest annahm, daß er dazu befragt werden könnte.

Sowohl Ehepartner wie auch die Freunde von Verhafteten durchforsteten ihr Leben nach früheren Parteisünden und »Verbindungen«, die zur Verhaftung beigetragen haben könnten. Auch die jeweiligen Parteizellen beriefen »Parteiversammlungen« ein, um »nachträglich und rückwirkend herauszufinden, beziehungsweise zu erfinden, welche Momente aus dem Leben und der Tätigkeit der Verschwundenen Anlaß zur Verhaftung und ›Liquidierung‹ gegeben haben konnte[n]«.[7] Mit den internen Exerzitien und öffentlichen Zeremonien der »Parteisäuberung« untersuchte man sich und andere auf jene Feindbilder[8], die in der Pro-

3 Arendt, Elemente, S. 523. Für ihre Synthese totaler Herrschaft konnte Hannah Arendt zwar auf die ersten Darstellungen zur Geschichte der Sowjetunion zurückgreifen, die das sog. Smolensker Archiv benutzten (z.B. Merle Fainsod). Sie stellte aber auch bedauernd fest, daß das Smolensker Archiv keinerlei Auskunft gebe, über »die Beziehungen zwischen den verschiedenen Machtapparaten, zwischen Partei, Militär und NKWD oder zwischen Partei und Regierung, und ebenso schweigt es sich aus über die Kanäle der Nachrichtenübermittlung«. Ebenda, S. 476. Vgl. jetzt auch Kodin, Smolenskij archiv.

4 So führte z.B. Wyschinski im Januar-Schauprozeß kurzerhand aus: »Das Zentrum organisierte ein Netz von Terrorgruppen.« Prozeßbericht, 1937, S. 556.

5 Das ständig auftauchende *catchword* »Verbindung« wird sowohl in der Komintern-Sprache wie in der Terminologie der Schauprozesse durch Hinweise auf aufgedeckte »Fäden« und »Netze« ergänzt. Verschwörungstheorie und Verfolgungstechnik prägen sich hier bis zur Kenntlichkeit als Topoi aus.

6 Tagebücher, Nachl. Hugo Huppert, AdK, Archiv.

7 Wehner, Zeugnis, S. 193.

8 Zum Feindbild vgl. Günther, Feind; Plaggenborg, Revolutionskultur; Davies, Us against Them; Kuromiya, Freedom and Terror, S. 182–184 u. 205–207.

paganda öffentlich demonstriert und zunehmend mit Tiermetaphern als dämonologischen Schreckbildern[9] besetzt wurden. In den Berichten und »Meldungen« einzelner Moskauer Politemigranten an die Selektions- und Vernichtungsbürokratien von Komintern und NKWD spiegeln sich aber angesichts der drohenden eigenen Verhaftung unterschiedliche Reaktionsweisen wider. Erst mit der differenzierten Analyse einzelner Biographien und durch die Feinzeichnung des institutionalisierten Repressionsgeflechts können innerhalb der ausweglosen Moskauer Menschenfalle auch individuelle Verhaltensformen, von der exzessiven Denunziationsbereitschaft des noch nicht verhafteten NKWD-Spitzels bis zur Aussageverweigerung und zum Widerruf des Gefolterten in der Lubjanka, ausgemacht werden. Trotz der im sowjetischen Strafgesetzbuch fixierten Denunziationspflicht und der permanenten Aufforderung, den »maskierten Feind« zu vermelden, wurden nicht alle unterschiedslos zu »psychologischen Marionetten eines Systems«[10], lieferten keineswegs alle Politemigranten »Berichte« oder denunziatorische Meldungen an die »betreffende Stelle«, wie das NKWD schamhaft und geheimnisvoll genannt wurde.

Auch wenn zahlreiche Komintern- und KPD-Funktionäre und NKWD-Offiziere später selbst Opfer des Terrors wurden, sollte der gedrillte und überwachte »Kader« nicht nur als ohnmächtiges Objekt einer scheinbar selbstreferentiellen Gewaltstruktur und einer anonymen Ubiquität des Verdachts, sondern als inviduell handelndes Subjekt, als Täter und Opfer, aber auch in der für den Stalinismus charakteristischen Doppelgestalt als »tätige Opfer« und »geopferte Täter« gesehen werden. Nicht nur in der Aktenüberlieferung der Kaderabteilung und in »Arbeitsakten« von NKWD-Spitzeln trifft man auf die Spuren des überzeugten Funktionstäters, der als »wachsamer Bolschewik« seine Denunziationen bei den Parteiinstanzen und beim NKWD ablieferte.

Noch in den »Eingaben« der NKWD-Häftlinge an Stalin, Jeschow, Berija spiegelt sich in vielen Fällen die ungebrochene Mentalität des disziplinierten kommunistischen »Kaders«, der sein Ego immer noch in

---

9 Zur Dämonologie des Mittelalters vgl. Müller/Wunderlich (Hg.), Dämonen.
10 Löwenthal, Individuum und Terror, S. 21.

der Festung der »Partei« verbirgt, sich hinter der »Generallinie« und kollektiven Feindbildern[11] verschanzt.

Umbau zum »Parteisoldaten«

Als gehorsamer »Parteisoldat«[12] und Mitglied eines »Schwertträgerordens« (Stalin) exekutierte der disziplinierte Parteikader in der militarisierten »Armee des Weltproletariats«, in der »eisernen Kohorte der Weltrevolution« jeden »Parteibefehl«, den der Moskauer »Generalstab« ausgab. Er unterwarf sich der jeweils ausgegebenen »Generallinie«, konnte durch die von Komintern-Emissären überbrachten Moskauer Direktiven domestiziert, zu Bußarbeit in der Provinz verurteilt oder seiner Funktionen entbunden werden. Die soziale Abhängigkeit der nach Prag emigrierten KPD-Funktionäre, die gegen ihre eigene Überzeugung die gültige und deswegen »richtige« Linie der Komintern- und der KPD-Führung zu verteidigen hatten, beschrieb 1935 Erich Wollenberg in einem Brief:

»Vorherrschend in der Emigration ist die Linie. Unter den Mitgliedern und unteren und mittleren Funktionären der Linie herrscht außerordentliche Mißstimmung über die Politik der Linie, ihren verbrecherischen Leichtsinn in Bezug auf Menscheneinsatz in Deutschland und Behandlung der Funktionäre in der Emigration. Da aber die Linien-Emigranten ökonomisch abhängig sind und im Falle geringster Anzeichen einer Opposition dem Hungertode und häufig noch der Polizei ausgeliefert sind, ist es sehr schwer an sie heranzukommen.«[13]

Durchgesetzt und signalisiert wurde dieser Umbau der Person[14] zum linientreuen »Kader« und »Parteiarbeiter«, zum »soldatischen Typus des Gläubigen«[15] durch die Reinigungsrituale und Initiationszeremonien[16] an

---

11 Vgl. Erdheim, Gesellschaftliche Produktion, S. 371–435.

12 Zum militarisierten Selbst- und Organisationsverständnis des Komintern-Kaders vgl. Müller, Unentwegte Disziplin; Studer/Unfried, Der stalinistische Parteikader.

13 RGASPI, f. 495, op. 205, d. 8579, Bl. 21.

14 Vgl. auch Gruen, Der unmoralische Gehorsam.

15 Canetti, Masse und Macht, S. 314.

16 Zu Initiationsriten vgl. Müller, Klaus E., Das magische Universum, S. 109ff.

Partei- und Komintern-Schulen[17], mit der Übernahme von Partei- und Decknamen, durch die Aufforderung, sein »Parteigesicht« permanent zu zeigen. In den periodisch zu verfassenden »Parteibiographien« für die Kaderabteilung sollte die Abweichung gebeichtet und die Unterwerfung unter die Generallinie demonstriert werden. Enge, überschaubare und hierarchische Wohnverhältnisse in wenigen Moskauer Hotels, in der Wohngenossenschaft »Weltoktober«, in überfüllten Kommunalwohnungen und für die »Dorfarmut« und die Kranken im abgesonderten »Politemigrantenheim«[18] ermöglichten die permanente soziale Kontrolle durch Familie und Nachbarn wie auch die ständige Überwachung durch die geistliche und weltliche Obrigkeit. Die freiwillig geforderte Fron der »gesellschaftlichen Arbeit« wie auch die kontrollierte Geselligkeit im Moskauer »Ernst Thälmann Club«, gemeinsame Exerzitien und Beichtrituale[19] in Parteiversammlungen, Schulungszirkeln und in den Komintern-Schulen[20] sollten an den »kominternierten«[21] Parteisoldaten

---

17 Vgl. Babitschenko, Kaderschulen der Komintern; Schafranek, Österreichische Kommunisten; Riegel, Transplanting; Köstenberger, Der deutsche Sektor. Überwachende Isolierung, Disziplinartechniken und Unterwerfungspraxis in den Moskauer »Kaderschmieden« sind in vielem preußischen Kadettenanstalten und den Zurichtungsanstalten des Nationalsozialismus ähnlich. Vgl. Schneider/Stilke/Leineweber, Das Erbe; Schmitz, Militärische Jugenderziehung. Vgl. auch den Hinweis auf die »Ordensburgen in Nazideutschland« und die »Moskauer Schulen für Kominternagenten« bei Arendt, Elemente, S. 604.

18 Das Moskauer Politemigrantenheim und das Asylrecht in der Sowjetunion wurden 1929 idyllisch geschildert in der Zeitung der »Roten Hilfe«. Vgl. Die politischen Emigranten.

19 Zur russisch-orthodoxen Tradition der Parteirituale und der öffentlichen Selbstkritik vgl. Kharkhordin, Collective.

20 In einem Brief an Wilhelm Pieck berichtete Theodor Beutling am 8. September 1935 von den Anschuldigungen der Tochter Julian Marchlewskis, die sich über den »Feldwebelton« an der Kommunistischen Universität der Nationalen Minderheiten des Westens (KUNMS) und darüber beschwert hatte, daß »es Spitzel gibt, die alles zur Leitung tragen«. Sonja Marchlewskaja hatte bei Dimitroff vermeldet, daß an der KUNMS »eine Atmosphäre des Sichbelauerns, des krankhaft gesteigerten Mißtrauens herrscht, die zu einer abgründigen Vereinsamung führt«. RGASPI, f. 495, op. 74, d. 121, Bl. 173f.

21 Mit dem Wortspiel: »Ah, Sie sind kominterniert«, das die Strafsetzung in den Moskauer Komintern-Apparat bezeichnen sollte, wurde Georg Lukács bei seiner

die Austreibung des »bürgerlichen Individualismus«[22] fortsetzen, ihren Umbau zum konformen Kader befördern.

In den periodischen »Parteireinigungen« wurde auch die »bolschewistische Härte«[23] des Kaders untersucht. Das Amulett des Parteiabzeichens und das einfache Bekenntnis zum Schibboleth der roten Fahne hatten in den innerparteilichen Tabu-Vorschriften von »rein« und »unrein«, »erlaubt« und »verboten« ihre nach außen wirkende Schutzfunktion verloren. Wenn in den als »Fragebogen« ausgegebenen Beichtspiegeln der Kaderabteilung die Klassenherkunft und einzelne Parteisünden aufgezählt werden, wird man an jene Geißler des Mittelalters erinnert, die sich, um die ewige Höllenstrafe abzuwenden, verschiedenen Disziplinen und Selbstkasteiungen unterwarfen. Darin erinnert auch das Geständnis von Hans Günther in der »Säuberungssitzung« (1936) der deutschsprachigen Schriftsteller in Moskau:

> »Wir sollten nicht von einem Bekennen der Fehler und von einem Willen, sich zu bessern, sprechen, sondern von einer vollständigen Umwandlung, Umkremplung, die der ganze Parteimensch erfahren kann. Die Genossin Olga hat den Vergleich gebraucht von der alten Haut, die der Mensch gehabt hat und die man, wenn man Kommunist werden will, runterziehen muß, bis zum letzten Fetzen, wenn es sogar blutige Fetzen gibt. Ich bin der Meinung, daß auch ich noch weitgehend unter einer solchen alten schlechten liberalen Haut gesteckt habe, die ich runterziehen muß, und wenn es dabei blutige Fetzen geben muß.«[24]

Ankunft in Moskau von David Rjasanow begrüßt. Lukács, Gelebtes Denken, S. 143.

22 Vgl. auch Plener, Ausschluß der Persönlichkeit; dies., Persönlichkeitsnegation.

23 So wurde etwa Moissej Lurje wegen des Fehlens »bolschewistischer Härte« 1933 nicht als KPD-Mitglied in die KPdSU (B) überführt. Vgl. f. 495, op. 205, d. 6172, Bl. 37. Moissej Lurje (Alexander Emel) wurde im Schauprozeß 1936 zum Tode verurteilt und erschossen.

24 Müller, Säuberung, S. 542f. Auch nach diesem Bekenntnis zur stalinistischen Bio-Politik, in der sich der »Neue Mensch« als Schmerzensmann vorstellte, wurde der Schriftsteller Hans Günther im November 1938 verhaftet und verstarb am 10. Oktober 1938 in einem Durchgangslager.

Mit demonstrativem Flagellantismus und heimlichen Exorzismen[25] hofften Kleriker[26] und einfache Stalin-Gläubige vor allem im reinigenden Fegefeuer der »Selbstkritik« wieder in den schützenden Mutterschoß der Partei-Kirche aufgenommen zu werden. Als »locus purgatorius« galt dabei die »tschistka« während der Parteiversammlung, die Heillosigkeit, Sündenfall und Buße des Ketzers als Exempel[27] öffentlich aufführte. Durch das Sündenbekenntnis *(confessio)*[28], Aufopferung[29] des alten Ichs, asketische Lebensführung und kadergemäßes Tugendleben, durch Reue *(contritio)* und Bußwerke *(satisfactio)*[30] wurde in Moskau »ein treuer Knecht des Herrn geprüft, wie weit er sich selbst zu verleugnen, und in allem seinen eigenen Willen brechen gelernt habe«.[31] Auch Jewgenia Ginsburg beschrieb in ihrer Autobiographie diese öffentlichen Beichtrituale, Bußübungen und Selbstgeißelungen:

»Große, voll besetzte Säle und Auditorien verwandelten sich in Beichtstühle. Ungeachtet dessen, daß die Absolution nur zögernd erteilt wurde (im Gegenteil, meistens wurden die Sündenbekenntnisse für nicht ausreichend erklärt), schwoll der Strom der ›Reuekundgebungen‹ von Tag zu Tag an. Jede Versammlung hatte ein eigenes Schlagwort [...] Man bezichtigte sich irgendwelche Sünder gekannt zu haben [...] Man schlug sich an die Brust, die ›Schuldigen‹ jammerten, sie hätten ›politisch kurzsichtig‹ gehandelt, die ›politische Wachsamkeit‹ einschlafen lassen, ›zweifelhafte Elemente torleriert‹, ›Wasser auf die Mühlen von [...]‹ gegossen und ›faulen Liberalis-

---

25 Zu mittelalterlichen Beicht- und Bußritualen, Straftheatern und Kreuzigungsbildern vgl. jetzt Merback, The Thief.

26 Vgl. z.B. Brief Bucharins an Stalin. Abgedruckt in: Mittelweg 36, 2, 1993, H. 5, S. 69–71.

27 Beispiele bei Köstenberger, Der deutsche Sektor, S. 177–189 und S. 241–244; Wangenheim, Auf weitem Feld, S. 264.

28 Vgl. auch Freimuth, Körper und Selbstthematisierung.

29 Vgl. Hoffer, Der Fanatiker.

30 Als Bußwerk galt die Arbeit an der Basis, in der Produktion, die Strafversetzung in die Provinz oder ins Ausland. So erwähnt z.B. der 1927 kurzzeitig ausgeschlossene Moissej Lurje in seinem Lebenslauf eine Anweisung aus Moskau, daß es für ihn Pflicht sei, »in Deutschland zu bleiben und durch die Arbeit meine Parteisünden wieder gutzumachen«. RGASPI, f. 495, op. 205, d. 6172, Bl. 33.

31 Kempis, Das Büchlein, S. 261 f. Vgl. auch das Kapitel »Das Feld der Selbstverleugnung«, in: Bürger, Unterweisungen, S. 163–224.

mus‹ vertreten. Solche und ähnliche Formeln waren in den Räumen der öffentlichen Gebäude zu hören. Die Presse war voll von reumütigen Bekenntnissen.«[32]

Noch in den Häftlingseingaben an Stalin, Molotow, Berija u. a. tritt jene jahrzehntelange Präparierung der Opfer durch eine geglaubte und praktizierte politische Religion[33] als bußfertige Zerknirschung und demonstrative Glaubenstreue hervor. Im Innengefängnis der Lubjanka unterwarfen sich die erniedrigten und gefolterten Parteikader weiter dem normativen Druck der »Generallinie«, die bereits vor der Verhaftung in den Säuberungsritualen[34] als internalisierte Weltanschauung und aufgeherrschtes Selbstbild in die eigene Biographie projiziert wurde. Dabei waren nach der ex cathedra ausgegebenen und gültigen »Generallinie« alle früheren eigenen Abweichungen oder »Verbindungen« mit anderen Häretikern in der »Autobiographie«[35] für die Kaderabteilung und in den »Geständnissen« für das NKWD zu vermelden. Als »domestizierter Befehl« und als »nachträglicher Gehorsam« (Sigmund Freud) wirkte die asketische Unterwerfung vor dem Totem und Tabu »Partei« bis an die Todesschwelle in der Lubjanka weiter. Auch hier hieß die »Ehre« dann Treue zu einer Weltanschauung, die bis zuletzt das Opfer der Person auf dem Altar der Partei forderte:

»Totale ›Treue‹ ist eine der wesentlichen psychologischen Grundbedingungen für das Funktionieren der Bewegung. Und sie wiederum kann nur von absolut isolierten Individuen geleistet werden, denen die Bindung an die Familie noch an Freunde, Kameraden oder Bekannte einen gesicherten Platz in der Welt garantiert. Daß es überhaupt auf der Welt ist und in ihr einen Platz einnimmt, hängt für ein Mitglied der totalitären Bewegung ausschließlich von seiner Mitgliedschaft in der Partei und der Funktion ab, die sie ihm zugeschrieben hat.«[36]

---

32 Ginsburg, Marschroute, S. 15 f.

33 Vgl. Riegel, Der Marxismus-Leninismus; Klinghoffer, Red Apocalypse; Halfin, From Darkness to Light.

34 Zu den frühen »Säuberungen« vgl. David-Fox, Revolution of the Mind.

35 Vgl. Müller, Flucht ohne Ausweg; ders., Linie und Häresie; Fitzpatrick, Lives under Fire; Pennetier/Pudal, Ecrire son autobiographie; dies., La »vérification«; Halfin, From Darkness to Light: Ein früher Verweis auf die Kontrollfunktion des »curriculum vitae« für Komintern-Funktionäre findet sich bei Ypsilon, Pattern, S. 247 f.

36 Arendt, Elemente, S. 525.

Angesichts der aporetischen Existenz zwischen physischer oder psychischer Vernichtung panzerte sich der schon durch einen Decknamen entindividualisierte Funktionär mit dem Schutzmechanismus der Dissoziation[37]. Nur so konnte im Bewußtsein der arbeitsteiligen Täter während des alltäglichen Ausnahmezustands der »Säuberungen«[38] das instrumentelle Handeln als Funktionär und die individuelle Moral[39] getrennt werden. Aber erst die Entkopplung bisheriger moralischer Regulative und die gleichzeitige Projektion des Feindbildes in apokalyptische Dimensionen erlaubte es den »Instanzen«, unter Berufung auf die Legitimität der »historischen Mission« ihre imperativen Normen »bolschewistischer Wachsamkeit« bis zur Denunziation auch der eigenen Familienmitglieder durchzusetzen.

Stalinistische Inquisition

Bereits die Funktion von Intrige, Gerücht und Denunziation unter den zwei- bis dreitausend deutschen Politemigranten in Moskau legt zumindest den Verweis auf die mittelalterliche und frühneuzeitliche Dorfgemeinde[40] nahe, in der durch »mala fama«, durch »Besagung« und öffentliche »beschreyung«, der Inquisitionsprozeß[41] und die Hexenverfolgung ausgelöst werden konnten. Die Inquisitionsarchive[42] der Komintern, die von der Kaderabteilung – dem »Heiligen Offizium« des Exekutivkomitees der Komintern – angelegt worden waren, lieferten das belastende Material[43], das als »Auskunftsbericht«

---

37 Vgl. Lifton/Markusen, Die Psychologie; Baumann, Dialektik, S. 113–131.

38 Vgl. jetzt auch Koenen, Utopie der Säuberung.

39 Noch im Rückblick greift Ernst Fischer mit der Frage »War das ich?« zur Figur der gespaltenen Person. Vgl. Fischer, Erinnerungen, S. 7–16.

40 Ladurie, Montaillou.

41 Vgl. Lea, Geschichte der Inquisition. Zur Adaption der »inquisitorischen Stereotype« durch die Opfer vgl. Ginzburg: Der Inquisitor, in: Burke u.a., Das Schwein, S. 42–55.

42 Zur Rolle der Archive des »Stalinist memory apparatus« vgl. Halfin, Demonization.

43 Auch Herbert Wehner war die Analogie zum Inquisitionsverfahren präsent, wenn er darauf verweist, daß Walter Ulbricht und der Kaderleiter der KPD in Paris nach »Brennmaterial« für seinen »Scheiterhaufen« suchten. Vgl. Wehner, Zeugnis, S. 189.

(sprawka)[44] für die Verfahren der »geistlichen« wie der »weltlichen Obrigkeit«, d.h. von der Komintern und vom NKWD, genutzt werden konnte.

Auch wenn in neueren Arbeiten zum Stalinismus mit Entdeckergestus[45] auf Analogien zur Inquisitionspraxis und zu den Hexenverfolgungen verwiesen wurde, so stellten zeitgenössische Beobachter[46] diesen naheliegenden Vergleich[47] bereits sehr früh an. So hielt Paul Olberg im Oktober 1918 in einem Brief fest, daß, »wenn man schon einmal im erhabenen Stil der Kirche reden will«, man die »Tätigkeit der Außerordentlichen Kommissionen mit dem Namen Heilige Inquisition«[48] belegen müßte.

Viktor Černov, der als Sozialrevolutionär 1920 emigrieren mußte, gehörte zu den frühen Dokumentaristen und Kritikern der Inquisitionspraxis und der Konzentrationslager der Tscheka. Zu seiner auch für die dreißiger Jahre zutreffenden Analyse gehörte der Verweis auf das durch die »Kriegspsychose« geprägte Selbstbild der Bolschewiki, die als »Menschheitserlöser« im heiligen Klassenkrieg ihre »historische Mission« erfüllten:

»Drei Jahre Weltkrieg und vier Jahre Bürgerkrieg haben sie unheilbar an Kriegspsychose krank gemacht. Ihre Psychologie ist eine Art Zwischending zwischen der Psychologie der großen Eroberer, der Konquistadoren, die gewohnt waren, über Blut und Leichen ungehemmt zu schreiten einerseits, und der Psychologie von Prätendenten des Übermenschentums, die sich als frei von sittlichen Normen für gewöhnliche Sterbliche betrachten, andererseits [...]. Auf dem Boden der Kriegspsychose,

---

44 Vgl. z.B. die vor der Verhaftung von Hilde Hauschild (20. November 1936) angefertigte »Auskunft« der Kaderabteilung. Abgedruckt in: Müller, Flucht ohne Ausweg, S. 91. Hilde Löwen (Hauschild) wurde auch vor ihrer Verhaftung wie zahlreiche andere frühere »Versöhnler« und »Trotzkisten« mit ihrer Parteibiographie auf einer von der Kaderabteilung erstellten Liste von »trotzkistischen und feindlichen Elementen in der KPD« (2. September 1936) aufgeführt. RGASPI, f. 495, op. 74, d. 124, Bl. 12–31.

45 Vgl. Schrader, Moskauer Prozeß, S. 19; Kotkin, Magnetic Mountain, S. 337; Getty/Naumov, Road to Terror, S. 7.

46 Vgl dazu: Die Tscheka; Popoff, Tscheka, S. 221.

47 Die Darstellung des sowjetischen Historikers Grigulevič kann auch als äsopische Beschreibung des Stalinismus gelesen werden. Vgl. Grigulevič, Ketzer.

48 Olberg, Briefe, S. 113.

die die neue Moral mit sich gebracht hat, entwickeln sich hier, wie man sieht, alle anderen Arten von Psychose. Hier ist unzweifelhaft Größenwahsinn: ›Wir sind die ersten in der Welt.‹ Hier auch die Rückkehr zur Gesinnung von Torquemada, der glaubte, durch die Verbrennung der Sünder und Ketzer Taten größter christlicher Barmherzigkeit zu vollbringen, denn: ›in allen Blutstaten ist unsere Humanität absolut‹.«[49]

Ein Jahrzehnt später notierte auch Erich Mühsam 1931 zum Schauprozeß gegen das »Unionsbüro der Menschewiki« lakonisch: »Inquisition und Sozialismus sind unvereinbare Dinge.«[50] Anzeigepflicht, Kontaktschuld, Sippenhaftung, ein System von Denunziationen und Spitzeln, umfangreiche Archive, Erpressung von Geständnissen durch Tortur, geheime Untersuchungen und öffentliche Schauprozesse gehören zur mittelalterlichen Inquisition und zum stalinistischen Terror. Sowohl Leo Trotzki[51] wie auch der im Schauprozeß 1938 angeklagte Nikolai Bucharin wiesen auf die Analogie zur Inquisition hin: »Die Geständnisse der Angeklagten sind ein mittelalterliches juristisches Prinzip.«[52]

Ein materialbezogener und durch Archivquellen gestützter Vergleich[53] von mittelalterlichen, frühneuzeitlichen und stalinistischen neuzeitlichen Denunziations- und Verfolgungspraxen, von Folter und »Geständnis«[54], von Arbeitsteilung und Amtshilfe zwischen geistlicher und weltlicher Obrigkeit bleibt jedoch noch zu leisten. Neue archivalische Funde wie ein von Jeschow seit 1935 häufig überarbeiteter »Hexenhammer«[55], der als internes von Stalin redigiertes Typoskript »Von der

49 Černov, Blutpsychosen, in: Die Tscheka, S. 14.

50 Mühsam, Das russische Rätsel, in: Das Fanal, 5, 1931, Nr. 6, S. 156.

51 Trotzki, Stalins Verbrechen, S. 135.

52 Schauprozeß, 1938, S. 847.

53 In vergleichenden Analysen von modernen und traditionellen »Inquisitionssystemen in Glaubensgemeinschaften« untersuchte Klaus-Georg Riegel vor allem das »öffentliche Schuldbekenntnis«. Vgl. Riegel, Konfessionsrituale; ders., Inquisitionssysteme.

54 Vgl. dazu auch den Vergleich von mittelalterlicher und stalinistischer Inquisition bei Schlamm, Diktatur, S. 76.

55 Das von Stalin und anderen Politbüro-Mitgliedern mehrmals veränderte und kommentierte Typoskript Jeschows findet sich jetzt im RGASPI, f. 671, op. 1, d. 274.

Fraktionsmacherei zur offenen Konterrevolution und zum Faschismus«[56] die öffentlichen Feindbilder[57] und den Verlauf der Schauprozesse und der Folterverhöre präformierte, sollten dabei ebenso herangezogen werden wie quellenkritisch untersuchte Verhörprotokolle, Aussagen der Täter, Briefe und »Eingaben« der Opfer. Auch die Funktion der Inquisitionsarchive, die ihre genealogischen Sammlungen über Häretiker[58] für die Verfolgung von Familienmitgliedern und Ketzergruppen anlegten und aufbewahrten, kann dabei durchaus mit den Archiven des Stalinismus[59] verglichen werden:

»Die Geschichte einer jeden Ketzerfamilie konnte noch nach Generationen aus den Papieren des einen oder anderen Gerichtshofes aufgedeckt werden. Ein einziger glücklicher Fang, ein einziges durch Folter erpreßtes Geständnis konnte die Spürhunde auf die Spur von hundert Menschen bringen, die sich bis dahin in voller Sicherheit wähnten, und jedes neue Opfer erweiterte den Kreis der Denunziationen.«[60]

Partei als Panopticon

Als von »Tätern« und »Opfern« internalisiertes Denk- und Verhaltensmuster läßt sich die Suche nach innerparteilichen Häretikern und die Denunziation von »Verbindungen« bereits in jenen Dokumenten finden, die 1933 von der Internationalen Kontrollkommission und der Kaderabteilung der Komintern über die Teilnehmer einer »Wahlnacht« und zu den »Fällen« Erich Wollenberg und Max Hoelz zusammengetragen wurden. Hier wie in den NKWD-Konstrukten der »konterrevolutionären Wollenberg-Hoelz-Organisation« in den Jahren 1936/37 spiegelt

---

56 Vgl. Hedeler, Jeshows Szenario; ders., Szenarien des Großen Terrors.

57 Als Kompendium diente dabei die Geschichte der Kommunistischen Partei der Sowjetunion (Bolschewiki). Kurzer Lehrgang. Moskau 1938.

58 Zur Verfolgung der Häretiker und zum Inquisitionsverfahren vgl. Lambert, Häresie im Mittelalter.

59 Mit den mündlich und schriftlich tradierten Vorwürfen der zwanziger und dreißiger Jahre wurden frühere Parteihäretiker als »Trotzkisten« oder »Versöhnler« erneut in der SED nach 1945 verfolgt. Vgl. Mählert, »Die Partei hat immer recht!«.

60 Lea, Geschichte der Inquisition, S. 409.

sich die langjährige Zurichtung zum Opfer und die Kontroll- und Verfolgungspraxis einer totalitär überwachten Gesellschaft und einer nach dem Panopticon-Prinzip[61] organisierten Partei wider.

Sowohl die 1936/37 fabrizierten Verhörprotokolle und Anklageschriften des NKWD wie auch die Selektionsdokumente der Kaderabteilung, die heimlichen Denunziationen[62] und die öffentlichen »tschistkas« benutzten das Schlüsselwort der »Verbindungen«, um damit »Parteifeinde«, »schlechte Elemente«, »Spione«, »Terroristen«, »Trotzkisten« und »Volksfeinde« auszumachen. Verdächtig[63] waren dabei nicht nur »Verbindungen« zum Ausland, etwa Briefwechsel mit Verwandten, sondern auch politische Affinitäten, frühere politische Häresien oder nachträgliche Fraktionszurechnungen, soziale Herkunft, persönliche Kontakte, gemeinsame Ausflüge, Sexualleben, Wohnungs- und Zimmerbesuche, »Verbindungen« zu früheren Lebensgefährten oder zum Ehepartner. Das vom Über-Ich »Partei« verordnete und immer wieder abgefragte Schuldbewußtsein, früher »Verbindungen« und »Beziehungen«[64] zu bereits Verhafteten oder stigmatisierten Häretikern unterhalten zu haben, wurde als Geständniszwang während des öffentlichen Schreckenstheaters der periodischen Parteisäuberungen, durch ständig neu auszufüllende Fragebogen[65] und durch den handschriftlichen »Lebenslauf« in die eigene Biographie projiziert. In der Machtanalyse Ca-

---

61 Zu Foucaults Machtanalysen vgl. auch Deleuze, Postskriptum; ders., Foucault; Lemke, Das Echo des Schwertes.

62 Beispiele der Denunziationspraxis finden sich bei Fitzpatrick, Everyday Stalinism, S. 199–209; Siegelbaum/Sokolov, Stalinism.

63 In vielen Kaderakten der Komintern wurden solche »verdächtigen« Momente durch Unterstreichungen hervorgehoben.

64 Emma Tromm notierte 1936 in ihrem Tagebuch: »Wenn es stimmt, daß Brustawski ein Konterrevolutionär oder gar ein Spitzel ist, dann trifft mich eine ungeheure Schuld. Ich habe seit meiner Ankunft in Moskau, d.h. seit 1932 mit ihm freundschaftliche Beziehungen. Ich habe sie direkt gehabt bis zu seiner Fahrt nach Leningrad und indirekt bis zum Juni dieses Jahres durch meinen Briefverkehr und meinen Besuch bei ihm und Erna.« Zit. in: Müller (Hg.), Säuberung, S. 54.

65 Andrej Sinjawskij hielt nicht nur seine eigenen Erfahrungen fest: »Zu den spezifischen Erscheinungen des sowjetischen Alltags gehört der Fragebogen. Jedem Sowjetmenschen obliegt es, den ›Fragebogen‹, vielmehr eine Vielzahl von Fragebögen auszufüllen.« Sinjawskij, S. 207.

nettis verfügt nur der Machthaber über den Schlüssel zum »kompletten Schachtelsystem der Geheimnisse«, das er allein durchschaut:

»Jeder, der etwas weiß, wird von einem anderen bewacht, der aber nie erfährt, was es eigentlich ist, das er im anderen bewacht. Er hat jedes Wort und jedes Wort des ihm Zugewiesenen zu verzeichnen; indem er des öfteren über sie berichtet, vermittelt er dem Herrscher ein Bild von der Gesinnung des Überwachten. Doch der Wächter selbst wird auch überwacht, und der Bericht eines anderen korrigiert den seinen.«[66]

Durch den Besuch der Moskauer Disziplin- und Kontrollanstalten (Lenin-Schule, KUNMS, Militär-Schule) sollte den überwachten KPD-Funktionären, die ebenso häufig die Länder wie die Decknamen[67] wechselten, ihre Individualität und der »Individualismus« ausgetrieben werden. In zahlreichen Beurteilungen[68] der Absolventen der verschiedenen Moskauer Komintern-Schulen wurde der »kleinbürgerliche Individualismus« ebenso vermerkt wie in den Auskünften der Kaderabteilung, die sich nach den Vorschriften kollektiver »proletarischer Moral«, der Klassenherkunft und dem Kodex der totalen Institution[69] »Partei« richteten. Die »Überführungskommission«[70] der KPD, die unter der »Verantwortung des deutschen Vertreters«[71] arbeitete, schlug am 26. November 1937 vor, den bis 1923 in der KAPD organisierten Schauspieler Rudolf Fischer aus der KPD auszuschließen: »In seinen Briefen, insbesondere vom 14. November 1937, kommt zum Ausdruck, daß er seine individualistischen Hemmungen nicht überwindet, sondern sogar noch

---

66 Canetti, Masse und Macht, S. 326.

67 In der Regel wurde der Name im gefälschten Reisepaß, mit dem man in die Sowjetunion einreiste, zum neuen Decknamen.

68 So wurde z.B. 1935 die Absolventin Ella Schwarz bewertet: »27 Jahre, war Frau von dem ermordeten Genossen Rudi Schwarz, sehr individualistisch, wenig kollektivistisch, sentimental«. RGASPI, f. 531, op. 1, d. 150, Bl. 14.

69 Vgl. Goffmann, On the Characteristics of Total Institutions.

70 Seit 1935 überprüfte eine zehnköpfige Kommission die Parteibiographien der KPD-Mitglieder, um sie zur »Überführung« in die Reihen der KPdSU vorzuschlagen. Die dabei ausgesonderten KPD-Mitglieder wurden in besonderen Listen erfaßt.

71 SAPMO/BA RY1 I/2/3/19, Bl. 16. Als Vertreter der KPD beim EKKI fungierten seit 1933 Fritz Heckert, Hermann Schubert, Heinrich Wiatrek, Philipp Dengel, schließlich Walter Ulbricht, der in Abwesenheit von Herbert Wehner vertreten wurde.

nährt. Als parteifremdes Element kann er nicht in den Reihen der KPD verbleiben.«[72]

Ernst Fischer, als Vertreter der KPÖ beim EKKI selbst mit der Kaderüberprüfung[73] befaßt, erinnerte sich an die »Kaderakten«, in denen jegliche Differenz zwischen Individuum und Generallinie für die »fallweise Auswertung« bürokratisch registriert wurde:

»Ich wußte nicht, daß jeder der alten Kommunisten keineswegs nur der war, als der er mir gegenüberstand, sondern zugleich ein Kaderbericht, unaustilgbare Vergangenheit: rechte Abweichung, linke Abweichung, Versöhnler, Sozialrevolutionär, Menschewik, Trotzkist, Bucharinist, Brandlerianer, usw. Also hatte jedes Wort, das er sprach, zugleich einen verborgenen Sinn, bezog sich nicht nur auf das, was zur Diskussion stand, sondern auch auf vergangene Diskussionen, Rügen, Verwarnungen, Niederlagen, Bußübungen, die ›Selbstkritik‹ genannt wurden.«[74]

Seine bedingungslose Treue zum Parteifetisch und Stalin-Mythos hatte der disziplinierte Komintern-Kader im Moskauer Exil sich und den »Instanzen« dadurch zu beweisen, daß er sich selbst und seine »Beziehungen« ständig überprüfte und in den öffentlichen Unterwerfungsritualen der Parteiversammlungen[75] überprüft wurde. Die von den Opfern vor ihrer Verhaftung zu verfassenden Autobiographien und ihre öffentlich demonstrierte »Selbstkritik«[76] in Parteiversammlungen dienten der Kaderabteilung in den Disziplinarprozeduren[77] der Komintern als Chroniken und Bekenntnisse ihrer Parteisünden. In den Verfahren der »tschistka«, der Überprüfung durch die »Moskwin-Kommission« und der »Überführungskommission«[78] unterzog man die Biographie und

---

72 SAPMO/BA RY1 I 2/3 82, Bl. 220.

73 Vgl. McLoughlin/Schafranek/Szevera, Aufbruch, Hoffnung, Endstation.

74 Fischer, Erinnerungen, S. 350

75 Auch Jelena Bonner schildert den Ablauf einer Parteiversammlung während der Säuberung im »Hotel Lux«. Bonner, Mütter und Töchter, S. 170–175.

76 Vgl. Unfried, Rituale; ders., Konstituierung; Getty, Samokritika Rituals.

77 Vgl. Bröckling, Disziplin.

78 Durch einen Beschluß des Präsidiums des EKKI und des Büros der IKK (9. April 1937) gerieten die Mitglieder der »Überführungskommission« nun selbst in die Schußlinie. Der Beschluß legte fest, daß »führende Parteifunktionäre« zur »strengen Verantwortung« zu ziehen seien, die sich dadurch »schuldig machten«, weil sie »Agenten des Klassenfeindes aus ihren Parteien zur Überführung« in die Reihen der KPdSU empfohlen hätten. RGASPI, f. 495, op. 20, d. 756, Bl. 31–35.

das »Parteigesicht« des »Kaders« immer wieder inquisitorischen Untersuchungen. Die exkludierenden Resultate der »geistlichen Obrigkeit« Komintern gelangten als »Auskunft«, »Dossier«, Listen über »schlechte« oder »parteifeindliche Elemente« von der Kaderabteilung des EKKI auf dem Dienstwege in die 3. Abteilung des NKWD. Dort verdichtete man die schriftlichen Auskünfte und Materialien[79] der Kaderabteilung zusammen mit den vorliegenden Denunziationen, die durch die »Agentur«, d. h. durch Spitzel geliefert wurden, zu einem »Memorandum«, das als Vorlage für die Ausstellung eines Verhaftungsbefehls und danach für NKWD-Verhöre und als »Beweis« für Anklagekonstrukte genutzt wurde. In einem vom Volkskommissar Berija am 26. November 1938 unterzeichneten NKWD-Befehl wurde auf diese bisherige, immer mehr expandierende Arbeitsweise bei der Vorbereitung von Verhaftungen verwiesen: »Die Praxis der Abfassung sogenannter Auskunftsberichte *(sprawki)* oder Memoranden zum Zweck der Verhaftung ist abzuschaffen.«[80]

Als funktionales Herrschaftsmittel des Stalinismus produzierten der permanente Verdacht und die ubiquitäre Wachsamkeitsparanoia auch unter den Moskauer »Politemigranten« bereits vor ihrer Verhaftung eine Fülle von Denunziationen, von individuellen Meldungen und amtlichen Listen »schlechter« oder »fauler Elemente«, die als »kompromittierende Materialien« – »Kompromat« hieß das sowjetische Kunstwort – im Amtshilfeverfahren von der Komintern an das NKWD geliefert wurden: »Die Kaderabteilung übergab dem NKWD das Material von dreitausend Menschen, die sich als Spione, Diversanten und Provokateure verdächtig gemacht hatten.«[81] Unter Ausblendung seiner eigenen und der Rolle der KPD-Führung analysierte Wehner die Kooperation der deutschen Referenten der Kaderabteilung mit dem NKWD. Grete

---

79 Durch den Vergleich der »Kaderakte« und NKWD-Akte Erna Kolbes konnte auch Meinhard Stark feststellen, daß der »Duktus beider Verhöre« in vollem Umfang der »Verfolgungslogik der vorgeschalteten Parteiuntersuchungen« entsprach. Vgl. Stark, »Ich muß sagen, wie es war«, S. 134.

80 Befehl über die Durchführung des Beschlusses des Rats der Volkskommissare und des ZK der KPdSU (B) vom 17. November 1938. Abschrift Sammlung »Stalinistischer Terror«, Hamburger Institut für Sozialforschung.

81 Bericht der Kaderabteilung für Dimitroff, RGASPI, f. 495, op. 10a, d. 39, Bl. 49.

Wilde und Georg Brückmann hätten »als Werkzeuge« dazu beigetragen, »einige tausend deutsche Parteimitglieder entweder verhaften zu lassen oder nach ihrer Verhaftung durch ihre Angaben zu belasten«.[82]

Die Kaderabteilung des Exekutivkomitees der Kommunistischen Internationale[83] kontrollierte und überwachte mit seit 1931 zunehmender Intensität die in die Sowjetunion bereits vor 1933 eingereisten KPD-Mitglieder wie auch die nach 1933 angekommenen »Politemigranten« und abkommandierten Parteiarbeiter, deren Einreisevisa erst mit Zustimmung der KPD und der MOPR-Instanzen ausgestellt wurden. Nach der Ankunft in Moskau mußten Lebensläufe verfaßt und Fragebogen[84] ausgefüllt werden. In seinen Tagebüchern beschrieb Hugo Huppert bereits 1931 unter der Überschrift »Das große Reinemachen« die Selektionspraxis mittels Fragebogen schon während einer frühen »Säuberung« im Moskauer Marx-Engels-Institut:

»5. März 1931: Als die Angestellten heute die Arbeit wiederaufnehmen wollten, fanden sie sogar das Gartengittertor gesperrt. Im Klub saß laut und wichtig Genosse Garanin und verteilte Fragebogen. ›Wozu Fragebogen?‹ – ›Zur Ausstellung von Passierscheinen. Ohne Passierschein kommt künftighin niemand ins Institut.‹ Es waren 4seitige Enqueten mit an die 50 Fragen, Nebenfragen, Alternativfragen, alle 50 Fragen hochnotpeinlich, inquisitorische Enqueten über Herkunft, Vergangenheit, Beziehungen, offenbar Spezialformulare für Tschistka in behördlichen Apparaten. Fragen bis ins dritte und vierte Glied: Wer war der Vater der Mutter deiner Frau? Hast du Verwandte im Ausland? Wo warst du während des Bürgerkriegs? Bei welchen Truppenteilen? Hast du in weißen Armeen gekämpft? [...] So manchen meiner Kollegen wird der Passierschein nicht ausgestellt werden.«[85]

Während dieser »Säuberung«[86] wurden bereits im März 1931 mindestens 127 Mitarbeiter des Marx-Engels-Instituts entlassen und der Leiter

---

82 Wehner, Zeugnis, S. 218

83 Vgl. Huber, Kontroll- und Repressionsmechanismen; ders., The Cadre Department; ergänzt durch zentrale Dokumente, wurde die Kaderabteilung analysiert in: Vatlin, Kaderpolitik und Säuberungen.

84 Der Fragebogen »Form A« umfaßte 33 Fragen und mußte durch ausführliche Lebensläufe ergänzt werden. Der Fragebogen für Mitarbeiter der Komintern enthielt 41 Fragen, der Fragebogen zur Legitimierung der Emigranten 29 Fragen.

85 Hugo Huppert, Tagebuch 1931. Nachlaß Hugo Huppert, AdK, Archiv.

86 Vgl. Rokitjanskij/Mjuller, Krasnyj dissident, S. 115–119; Müller, »Das große Reinemachen«.

David Rjasanow verhaftet. Mit dem in der »Kaderakte« aufbewahrten Vorlauf dieser »Säuberung« wurden seit 1935 auch nahezu alle früheren Mitarbeiter des Marx-Engels-Instituts überzogen und konnten als »Trotzkisten«, »Versöhnler«[87] und »Doppelzüngler« durch NKWD-Troikas verurteilt werden.

Durch eine schriftliche Denunziation an die Kaderabteilung der Komintern oder an die »betreffende Stelle«, wie das NKWD umschreibend genannt wurde, suchte sich der gefährdete oder seine Verhaftung befürchtende »Politemigrant« nachträglich reinzuwaschen, durch die präventive Selbstbezichtigung seine »Verbindung« zu dem bereits Verhafteten zu erklären und die drohende Exkommunizierung und Verhaftung zu verhindern. Während der »Parteisäuberung« renommierte Wilhelm Pieck am 7. Oktober 1936 gegenüber Dimitroff mit der »bolschewistischen Wachsamkeit« der KPD-Führung, die nicht nur jegliche »Verbindung« nach dem Prinzip der Kontaktschuld aufgedeckt habe:

»Hier in der SU wurde schon eine gründliche Arbeit zur Aufdeckung der trotzkistischen Verbindung und zur Säuberung geleistet. Wir haben alle die Elemente, die verhaftet oder verurteilt wurden, und andere, die mit ihnen in Verbindung standen, aus der Partei ausgeschlossen. Aber dabei soll es nicht bleiben, sondern es müssen noch durch gründliche Nachforschungen der Vergangenheit und der Tätigkeit jedes einzelnen Genossen Garantien zum Schutz der Partei geschaffen werden.«[88]

Ein solches denunziatorisches Meldesystem, in dem der Verdacht nach oben rapportiert wurde, gehörte bereits vor 1933 zur Organisationspraxis und zur alltäglichen Infamie innerhalb der besoldeten Funktionärsschicht der KPD. Mit der »Beseitigung jeder Gruppensolidarität«[89] konnte bereits in den zwanziger Jahren im Parteiapparat der KPD die »totale Treue« des Kaders zur immer richtigen »Generallinie« und zum »Führer der deutschen Arbeiterklasse« hergestellt werden. Die hauptamtlichen KPD-Funktionäre wurden durch ein eigenes Spitzelsystem

---

87 In der Parteisprache der KPD galten als »Versöhnler« diejenigen Mitglieder, die mit der ultralinken Politik von Komintern und KPD-Führung zwar nicht übereinstimmten, aber trotzdem in der KPD verblieben. Seit dem KPD-Parteitag 1929 wurden die »Versöhnler« bespitzelt und marginalisiert, ihre Abweichung in der »Kaderakte« festgehalten.

88 SAPMO/BA RY I 6/10/65, Bl. 36.

89 Arendt, Elemente, S. 484.

und den »Militär-Apparat« der KPD, der vor 1933 über 5000 Dossiers von KPD-Funktionären verfügte, kontrolliert und überwacht. Dabei wurden Briefe erbrochen, Büros und Wohnungen durchsucht, Gerüchte protokolliert und als Meldungen bis zum KPD-Vorsitzenden Thälmann weitergegeben. Als »Reorganisation zur gegenseitigen Bespitzelung« charakterisierte das ausgeschaltete Politbüro-Mitglied Hermann Remmele den 1932 durchgeführten Kaderwechsel, das auf den »Führer der deutschen Arbeiterklasse« verpflichtete Klientelwesen: »An die Spitze jeder Abteilung wird ein Leiter gestellt und gleich neben ihm steht ein sogenannter Unterleiter, der in Wirklichkeit ein Überleiter ist. Der Danebengestellte ist der Beobachter, der Bespitzeler, der besondere Vertrauensmann Thälmanns.«[90] Über die Spitzelmethoden, die von der Thälmannschen Parteiführung zur Ausschaltung ihrer innerparteilichen Opponenten vor 1933 verwandt wurden, beschwerte sich Hermann Remmele bei der Moskauer Komintern:

»Schlimmer ist, daß diese Bespitzelung durchgeführt wird mit Methoden, wie ich sie oben schon gegeißelt habe, und nach wie vor weiter fortgesetzt werden, mit den Methoden des agent provokateurs. Die Spitzel, die die besonderen Vertrauensleute von Th[älmann] sind, schimpfen über ihn, um so die, die bespitzelt werden sollen, zu erwünschten Äußerungen zu provozieren, die ihm dann sofort hinterbracht werden und mit den Nachrichten, mit denen er dann nach Herzenslust wüten und toben kann, oder auch Material sammelt, um die betreffenden Genossen von ihren Funktionen zu entfernen.«[91]

Im KPD- und auch im Moskauer Komintern-Apparat abhängig beschäftigte »Kader« konnten schon vor 1933 zum Seitenwechsel und zur Denunziation ihrer politischen und persönlichen Freunde bewegt werden. Sie berichteten dann als Kronzeugen in den Parteigerichtsverfahren der Internationalen Kontrollkommission der Komintern über solche privaten Zusammenkünfte. Die innerparteilichen und wechselseitigen Denunziationen[92] waren keineswegs erst eine »Folge« des stalinistischen Terrors, wie noch jüngst behauptet[93] wurde. In der Apparat-Partei KPD

---

90 Brief von Hermann Remmele an Manuilski, Pjatnitzki, Kuusinen und Knorin, 17. Juni 1932, RGASPI, f. 495, op. 19, d. 526, Bl. 44.

91 Ebenda.

92 Vgl. Wehner, Zeugnis, S. 52.

93 Tischler, Flucht, S. 114.

waren Denunziation, wechselseitige Überwachung und die systematische Ausforschung von ehemaligen oder vermeintlichen Oppositionellen durch den »Militär-Apparat« der KPD schon vor 1933 zur praktizierten und internalisierten Normalität des disziplinierten Kaders geworden. Der stalinistischen Inquisition, deren Verfolgungstechnik den selbstreferentiellen Verdachtsketten von mittelalterlicher Inquisition und frühneuzeitlichem Hexenprozeß gleicht, gerieten aber im Moskauer Exil der dreißiger Jahre bereits gesellige Treffen zum nächtlichen Komplott, zur Verschwörung von »Brandleristen«[94] oder von »konterrevolutionären, terroristischen Trotzkisten«. In der »krankhaften Atmosphäre« des Moskauer Exils, begleitet von einem »immer unerträglicher werdenden Klatsch«, wurde das kolportierte Gerücht[95], die »Angeberei«[96] zum »kompromittierenden Material«, zum »Dossier« verdichtet. Walter Dittbender, Leiter einer »Überführungskommission«, die 1936/37 die KPD-Mitglieder[97] »überprüfte«, resümierte die Resultate dieser innerparteilichen Überwachungspraxis:

»Durch die Nachprüfung der Parteidokumente ist in großen Zügen über jedes Mitglied festes Material vorhanden. Die Ergebnisse müssen ausgewertet, weiter ergänzt und verfolgt werden. Die sowieso stets notwendige Wachsamkeit darf gerade in der gegenwärtigen Situation auf dieser Stelle keine Einschränkung erfahren, sondern

94 So wurde z.B. über die »Brandleristin« Martha Moritz von der Kaderabteilung festgehalten: »1935 zur Sache Süsskind schwere Rüge durch die IKK mit Verwarnung. Hatte Verbindung zu den Versöhnlern Ewert, Süsskind, Koralski, Alice Abramowitz (Frau von Madyar – verhaftet) und Rubiner, ging zu Treffs, Zusammenkünfte in ihrer Wohnung. Beschluß des Partkoms – Übergabe an IKK. Durch die Parteigruppe wurde ihre politische Vergangenheit erneut aufgerollt, die dazu eingesetzte Kommission hat festgestellt, daß sie sich durch Süsskind und Versöhnler hat ausnutzen lassen, daß sie an Gesprächen teilgenommen hat, die eine fraktionelle Atmosphäre hatten.« Martha Moritz wurde im September 1937 verhaftet und am 8. April 1938 zum Tode verurteilt und erschossen. Zur Biographie vgl. RGASPI, f. 495, op. 205, d. 6196.

95 Zur Funktion des Gerüchts als »Schaltstelle von Norm und Abweichung, von Macht und Marginalität« vgl. Neubauer, Fama, S. 161.

96 Wehner, Zeugnis, S. 222.

97 Für diese »Überprüfung« wurde von der zehnköpfigen KPD-Kommission die Kaderakte herangezogen und mehrere Zeugen aus den jeweiligen Parteibezirken befragt. Die KPD-Mitglieder selbst hatten für die Überführungskommission neue, ausführliche Lebensläufe zu verfassen.

muß so gesteigert werden, daß über jeden mit der Deutschen Vertretung in Verbindung stehenden und kommenden ein einigermaßen klares Bild vorhanden ist.«[98]

Bereits bis 1933 hatte eine »Überführungskommission« der KPdSU (B) über 2100 KPD-Mitglieder, die mit Empfehlungsschreiben des ZK der KPD in die Sowjetunion »kommandiert« wurden, auf ihre Parteibiographie hin überprüft. Auch hierfür mußten nach dem Ritual der Selbstkritik ausführliche »Lebensläufe« angefertigt werden. In der westlichen Emigration sollten im Herbst 1936 als »Maßnahme gegen die Trotzkisten« in den jeweiligen »Grenzstellen« der KPD[99] dreiköpfige Kommissionen gebildet werden. Die Aufgaben dieser Kommission sollten darin bestehen:

»1. die Vergangenheit jedes Emigranten, sein[en] Verkehr und sein Verhalten in der Emigration genau nachprüfen. 2. Alle nicht genügend zuverlässigen Elemente sind nach dem Lande zurückzuschicken, oder ihnen ist die Legitimation als Politemigrant zu entziehen. 3. aus der Partei auszuschließen sind alle die Elemente, für die keine Garantie ihrer politischen Zuverlässigkeit durch die Überprüfung ihrer Vergangenheit und ihres Verhaltens als Emigranten gegeben ist.«[100]

Mit Hilfe der permanenten Parteifeme, durch wechselseitige Bespitzelung und Denunziation, durch Gerüchte und Intrigen, die in der »Kaderakte« und in den Protokollen der Internationalen Kontrollkommission der Komintern verzeichnet wurden, ließ sich der Ketzer ausfindig machen, konnte die »Hexe« konstruiert und jegliches Zusammentreffen oder persönliche Freundschaften als »Verbindung« oder »Verschwörung« kriminalisiert werden. Diese langjährige innerparteiliche Präparierung der Opfer wurde 1929 von Bucharin als »Zivilhinrichtung«[101] kritisiert. Nicht nur am eigenen Beispiel hatte auch Trotzki die Erfahrung gemacht, daß die Guillotine zumindest vorläufig »durch die Intrige ersetzt«[102] worden war.

Am »Fall« der »Wollenberg-Hoelz-Organisation« treten die stalinistische Herrschafts- und Denunziationspraxis wie die Funktionsweise der

---

98 SAPMO/BA, RY I 2/3/81, Bl. 89.

99 »Grenzstellen« der KPD gab es in Kopenhagen, Amsterdam, Brüssel, Zürich, Straßburg und Prag.

100 SAPMO/BA, RY1 I/2/3/19, Bl. 406.

101 Zit. bei Stalin, Werke, Bd. 12, S. 91.

102 Trotzki, Mein Leben, S. 488.

vielfältig verflochtenen Verfolgungsbürokratien von NKWD, Komintern und KPD deutlich hervor.

Als Kunstmittel für die Vergegenwärtigung und Dekonstruktion des stalinistischen Terrors werden im folgenden Dokumente ausführlich zitiert oder im Anhang vollständig abgedruckt. Diese dokumentierende Darstellungsweise[103] erschien schon deswegen notwendig, da diese Materialien bisher nicht zugänglich waren und da auch »am abgelegensten und trockensten Faktum noch ein Stück des geschundenen Fleisches hängt«.[104]

Eine am 3. November 1938 vom NKWD angefertigte »Übersicht«[105] der in der »Strafsache Nr. 249570« (»konterrevolutionäre Wollenberg-Hoelz-Organisation«) involvierten Personen und »Verbindungen« umfaßte siebzig[106] Personen. Die Personen wurden in dieser NKWD-Übersicht unter Kategorien registriert, die auch die bürokratische Arbeitsweise und Erfassungstechnik des NKWD illustrieren: »wird als Verbindung geführt« oder »viele Karteikarten vorhanden«. Aus dem Verzeichnis von Personen, die mit dem Fall »verbunden« waren oder die in Verhören oder NKWD-Konstrukten damit »verbunden« wurden, konnte der NKWD-Untersuchungsführer weitere »Beziehungen« und Artefakte konstruieren. Auch von der KPD wurden in Zusammenarbeit von öffentlich agierender Parteiführung und illegal operierendem »Apparat« solche »polizeilichen« Übersichten z.B. zu den »Beziehungen« der »Versöhnler«[107] angefertigt. Die deutsche Politemigrantin Gertrud Meyer schilderte 1969 in einem Erinnerungsbericht die wechselseitige Beobachtung und die Meldung aller »Beziehungen«, die sie im Urlaub

---

103 Vgl. auch Weber/Mählert (Hg.), Terror; McLoughlin/Schafranek/Szevera, Aufbruch; Dokumentationsarchiv des österreichischen Widerstandes (Hg.), Österreicher im Exil. Sowjetunion 1934–1945.

104 Benjamin, Karl Kraus, in: Benjamin. Gesammelte Schriften, S. 346.

105 Allein die Übersicht von »Beziehungen«, die im Fall des »Antikomintern-Blocks in der Komintern« zu 13 angeklagten KPD-Mitgliedern angefertigt wurde, umfaßt nahezu 100 Personen. Vgl. dazu Müller, Der Fall des Antikomintern-Blocks.

106 Hier wurde das Plansoll von 72 Personen einer »Wollenberg-Organisation«, das 1936 in der ersten Anklageschrift vom NKWD aufgestellt wurde, nicht erreicht.

107 Zu den »Beziehungen« von Maria Osten wurde eine Übersicht »Querverbindungen der Trotzkisten über Münzenbergkreise zur Partei« angelegt. RGASPI, f. 545, op. 2, d. 147, Bl. 308.

1936 unterhalten habe, sowohl bei den Parteiinstanzen wie beim NKWD: »Wir fuhren sofort nach Moskau zurück und machten, wie es in solchen Fällen üblich war, bei unserer Parteiorganisation und der für unseren Rayon zuständigen Stelle des NKWD einen Bericht über die Art der Bekanntschaft, einen Bericht, der in jeder Beziehung stichhaltig und überprüfbar war.«[108]

Auch wenn 1933 die denunzierte Abweichung von der »Generallinie« anfangs nur zu Parteiausschlüssen und Rügen führte, so wurden die im Inquisitionsarchiv der Komintern aufbewahrten Dokumente der Parteifeme über eine »Wahlnacht« in Moskau drei Jahre später zu einem der Stützpfeiler des NKWD-Konstrukts einer »konterrevolutionären, trotzkistischen Wollenberg-Hoelz-Organisation«.

Die folgende dokumentarische Beschreibung zielt nicht auf die Decouvrierung des gegenüber der »Partei« und dem NKWD meldepflichtigen Denunzianten, bei dem sich häufig politische Religion, internalisierte Weltanschauung, persönliche Animositäten, kalkulierte Rückversicherung und panische Selbstrettung des von der Verhaftung bedrohten Politemigranten vermischten. Der wechselseitige Prozeß von Denunziation, Stigmatisierung und Selektion kann nur im Kontext des stalinistischen Machtsystems mikrohistorisch verortet werden.

---

108 Gertrud Meyer: Bericht über die Jahre 1931–1938. Typoskript 1969. Archiv des Verfassers. Nach diesem Bericht über ihre Urlaubsbekanntschaften wurden Gertrud Meyer und ihr Mann im September 1936 mit der Begründung »Mangel an Klassenwachsamkeit« während einer Parteiversammlung ausgeschlossen. Kurt Meyer wurde am 12. November 1936, Gertrud Meyer am 21. November 1937 in Moskau verhaftet. Kurt Meyer kam im GULAG ums Leben, Gertrud Meyer wurde 1938 nach Deutschland ausgewiesen und hier mehrmals verhaftet. Vgl. Meyer, Die Frau.

Moskau 1933: Die Wahlnacht

In der Moskauer Wohnung von Elsa und Hermann Taubenberger traf sich am Abend des 5. März 1933 ein Kreis von KPD-Mitgliedern, die sich bereits seit der Münchner Räterepublik und der jahrelangen Haft in der Festung Niederschönenfeld[1] als Mitarbeiter des Militär-Apparates der KPD kannten oder in Moskau an ihrem Arbeitsplatz kennengelernt hatten.

Zu den abendlichen Teilnehmern gehörten u. a.: Elsa und Hermann Taubenberger, Erich Wollenberg, Konstantin Siebenhaar, Werner Rakow, Hans Schiff, Peter Schiff, Karl Schmidt, Erich Tacke.

Da der wohlbestallte Oberingenieur Hermann Taubenberger über ein privates Radio verfügte, wollte man bei ihm in der Nacht die Ergebnisse der Reichstagswahl abhören und diskutieren. Ein Antrag der Mitarbeiter der »Verlagsgenossenschaft ausländischer Arbeiter«[2], für die Wahlnacht am 5. März 1933 ein für Auslandsempfang geeignetes Radio benutzen zu dürfen, war zuvor abgelehnt worden, wie Erich Wollenberg in seinen »Memoiren«[3] berichtet.

Da bei solchen privaten Zusammenkünften[4] von Parteifunktionären[5] nicht nur Wodka floß, sondern auch Meinungen über die Politik der Sowjetunion und der KPD geäußert wurden, erschienen den KPD- und Komintern-Instanzen solche Abende immer als »Fraktionstreffen« verdächtig. Manche bereits marginalisierten Teilnehmer, die in ihrer sozialen Existenz bedroht waren, ihre Strafversetzung nach Leningrad, in die Wolgarepublik oder in die Kohlegruben des Donbass vermeiden oder

---

1 Foto der Gefangenen in Niederschönenfeld. In: Illustrierte Geschichte, S. 395.

2 Vgl. Schick, Bibliographie.

3 Typoskript im Nachlaß Wollenbergs.

4 Solche »geselligen Abende« werden geschildert durch Held in: Krumrey (Hg.), Ohne Scham.

5 Nach einer nächtlichen »Besprechung« im »Hotel Lux«, die der »Kommandant« aufzulösen suchte, konnte sich Hermann Remmele 1928 noch beschweren, daß im »Wohnhaus der Komintern ein Regime herrscht, das nicht weit entfernt ist von einem Zöglings- oder Pflegeheim unter preußischer Polizeiaufsicht«. RGASPI, f. 495, op. 293, d. 105, Bl. 4.

als ehemalige Häretiker ihre jetzige »Parteitreue« besonders unter Beweis stellen wollten, lieferten über diese privaten Abende Berichte an die Kaderabteilung oder an die KPD-Führung.

Wohnung der Familie Taubenberger, zwanziger Jahre
(Privatarchiv)

Die Teilnehmer und ihre »Verbindungen«

Die Lebensverläufe der Teilnehmer dieser Moskauer Wahlnacht in der 2. Bojewskaja uliza (Haus 8, Wohnung 9), die später als Nukleus des NKWD-Verschwörungskonstrukts »Hoelz-Wollenberg« figurierte, können hier nur in Umrissen vorgestellt werden. Sie repräsentieren einen Teil jener ehemaligen Kriegsteilnehmer, die nach 1918 als KPD-Kader während der Kämpfe um die Münchner Räterepublik und bei Aufstandsversuchen der KPD ihre militärischen Erfahrungen und aktivistischen Prägungen einbrachten. Mehrere der Teilnehmer kannten sich auch aus der jahrelangen Haftzeit in der bayrischen Festung Niederschönenfeld, die sie seit 1919 dort verbrachten. Nach ihrer Haftentlassung konnten sie im illegalen Militär-Apparat der KPD wie im martialisch aufmarschierenden »Roten Frontkämpferbund« ihre männerbündische Kommando- und Unterwerfungslust[6], ihre konspirativen Aufstandsphantasien und Bürgerkriegsspiele ausleben. Die Biographien dieser Parteisoldaten, die sich willig dem »Parteibefehl« unterwarfen und in die »eiserne Kohorte der Revolutionsarmee des Weltproletariats« einreihten, sind Teil der Geschichte der KPD, die sich nicht nur von unten aus dem regionalen »Milieu«[7] erschließt, sondern auch als von Moskau abhängige Apparat- und Funktionärspartei gesehen und erklärt werden kann. Ihr Organisationsverständnis und ihr Kasernengeist speisten sich nicht nur aus dem militarisierten bolschewistischen Parteimodell, sondern auch aus der Tradition der Vorkriegssozialdemokratie, die bereits Erich Mühsam so charakterisierte:

»Sie hat Partei und Gewerkschaft zu einem riesigen Kasernenhof degradiert, zu einem Exerzierplatz für brave Gesinnung, stramme Disziplin und gedankenlosen Kadavergehorsam. Der Unteroffizier, d.h. der Partei- oder Gewerkschaftssekretär und jeder besoldete Funktionär, ist absolute Autorität; Widerspruch gegen seine Meinung, auch nur Zweifel an der Richtigkeit seiner Entschlüsse ist Kapitalverbrechen.«[8]

Hermann Taubenberger. Die seit 1933 inkriminierte »Wahlnacht« fand in der geräumigen Moskauer Wohnung des 1892 in München geborenen Elektroingenieurs Hermann Taubenberger[9] statt. Als Einjährig-Freiwilliger und Eisenbahningenieur hatte Taubenberger am Ersten Weltkrieg teilgenommen, war verwundet und 1917 vor ein Kriegsgericht gestellt worden. Im November 1918 kehrte er nach München zurück, wo er sich dem Arbeiter-und-Soldaten-Rat anschloß. 1919 trat er der KPD bei und leitete als Kommandeur eine »operative Eisenbahntruppe« in der Münchner Räterepublik. Am 14. Mai 1919 wurde Taubenberger verhaftet und zu drei Jahren Festungshaft verurteilt. In der Festung Niederschönenfeld gehörte er zu einer KPD-Parteizelle, die sich diffamierend

---

6 Vgl. Theweleit, Männerphantasien.

7 Vgl. Mallmann, Kommunisten.

8 Mühsam, Streitschriften, S. 233f.

9 Vgl. die Lebensläufe Taubenbergers in seiner Kaderakte: RGASPI, f. 495, op. 205, d. 6217, Bl. 27–29, und in den Akten der Überführungskommission RGASPI, f. 17, op. 98, d. 3719.

und denunzierend von Ernst Toller[10], Erich Mühsam[11], Ernst Niekisch[12] u. a. separierte. Aus der Haft entlassen, erhielt Hermann Taubenberger 1923 vom ZK der KPD den Auftrag, für den geplanten »deutschen Oktober« illegale »Kampfformationen«[13] aufzustellen. Nach diesem in Moskau ausgeheckten Putschversuch, der als »Hamburger Aufstand« scheiterte, wurde Taubenberger im Frühjahr 1924 in Deutschland verhaftet, konnte jedoch im Herbst aus der Haft entfliehen. Da er steckbrieflich gesucht wurde, beorderte ihn das ZK der KPD 1925 von Paris, wohin er geflüchtet war, über Noworossisk nach Moskau.

Anfangs arbeitete er hier in einem Elektrowerk, dann in einer Stalingrader Kanonenfabrik. 1931 lehnte man seinen Antrag auf Rückkehr nach Deutschland »wegen seiner besonderen Tätigkeit« in der Rüstungsindustrie ab. Obwohl in Deutschland inzwischen amnestiert, erlaubte ihm das ZK der KPD nur eine Dienstreise und einen Kurzurlaub in Berlin. Da er in der sowjetischen Rüstungsindustrie beschäftigt war, beschied man seinen Antrag auf dauerhafte Rückkehr nach Deutschland 1932 erneut abschlägig. Nach seiner Rückkehr in die Sowjetunion arbeitete Taubenberger in der »Neubausection der Haupt-Kriegs- und Mobilisations-Planverwaltung des Obersten Volkswirtschaftsrates« und wurde als Oberingenieur zum »stellvertretenden Vorsitzenden des Rats für Flugzeugindustrie« und zum »Mitglied des Präsidiums des Technisch-Wissenschaftlichen Komitees für Maschinenbau« ernannt. In einem Brief beschrieb Erich Wollenberg die Familienverhältnisse Taubenbergers: »Die Ehe war übrigens auseinandergelebt. Hermann senior hatte viele verschiedene Freundinnen. Else war mit einem Musiker Kostja befreundet, der auch bei ihr wohnte.«[14] Nach Meinung Wollenbergs war Hermann Taubenberger – seit 1925 Mitglied der KPdSU – kein Oppositioneller: »Er war zu sehr Genießer geworden, um nicht alles zu vermeiden, was seine privilegierte Stellung hätte erschüttern können.« Else Taubenberger – so in der Erinnerung Erich Wollenbergs – »stand in Op-

---

10 Vgl. Toller, Briefe aus dem Gefängnis, in: Gesammelte Werke, Bd. 5; ders., Justiz Erlebnisse; Distl, Ernst Toller.

11 Vgl. Mühsam, Tagebücher.

12 Rätsch-Langejürgen, Das Prinzip Widerstand.

13 Vgl. dazu jetzt Gilensen, Die Komintern.

14 Erich Wollenberg an Susanne Leonhard, 9. Juli 1950, Nachlaß Erich Wollenberg.

position, weniger von ihrem Intellekt als von ihrem großen Herzen aus, das sich gegen jede Ungerechtigkeit auflehnte«. Hermann Taubenberger wohnte und arbeitete zumeist in der Stadt Wyksa im Gorki-Gebiet[15] und besuchte seine frühere Frau Elsa, die inzwischen mit dem wolgadeutschen Musiker Konstantin Siebenhaar zusammenlebte, allenfalls bei Dienstreisen in Moskau.

Nach der Wahlnacht in der Wohnung der Taubenbergers, die als »antiparteiliche Zusammenkunft« inkriminiert und durch eine Denunziation eines Teilnehmers vermeldet worden war, lud die Internationale Kontrollkommission der Komintern auch Hermann Taubenberger vor und behandelte seinen separierten »Fall« relativ nachsichtig. Das Kurzprotokoll der Internationalen Kontrollkommission, zu deren Sitzung Taubenberger eingeladen wurde, lautete:

»Behandelt:

Fall Taubenberger; Mitglied der KPD seit 1919. Wird beschuldigt, eine versöhnlerische Haltung im Hinblick auf parteifeindliche Gespräche von Wollenberg und Wolf[16] an den Tag gelegt zu haben. (Wollenberg hat mit Einverständnis von Taubenberger in dessen Wohnung verschiedene deutsche Genossen eingeladen, darunter auch Taubenberger unbekannte, wobei Wollenberg und Wolf im Beisein von Parteilosen parteifeindliche Gespräche führten. Taubenberger ist nicht nur gegen diese Gespräche nicht aufgetreten, um sie aufzufordern, diese zu beenden, sondern hat auch den entsprechenden Parteiorganen keine Mitteilung gemacht.)

Beschlossen:

Gen. Taubenberger ist in Kenntnis zu setzen über seine versöhnlerische Haltung zu den parteifeindlichen Gesprächen von Wollenberg und Wolf und darauf hinzuweisen, daß es in der Gegenwart (Aufschwung der faschistischen Reaktion in Deutschland) notwendig ist, besonders aufmerksam gegenüber verschiedenen Gesprächen zu sein, die die Autorität der Führung der KPD untergraben, und diese Gespräche sofort auf bolschewistische Art zurückzuweisen.«[17]

Entgegen der nachträglichen Vermutung Wollenbergs[18], daß Taubenberger kein Denunziant war, versuchte dieser – nun selbst gefährdet – seine

---

15 RGASPI, f. 17, op. 98, d. 3719, Bl. 19. Ähnliche Hinweise auch in Erich Wollenbergs »Memoiren«, Nachlaß Wollenberg.

16 Das ist Werner Rakow. Zur Biographie vgl. unten.

17 RGASPI, f. 495, 205, d. 6217, Bl. 24.

18 So Wollenberg in seinen »Memoiren«.

Parteitreue am 22. Mai 1933 mit einer umfangreichen Meldung[19] an die Kaderabteilung über Max Hoelz unter Beweis zu stellen.

Nachdem entsprechende NKWD-Direktiven Anfang 1936 auch in der Komintern eine permanente Treibjagd nach ehemaligen, vermeintlichen und fiktiven »Trotzkisten« auslösten, wurde Taubenberger in einer Kurzauskunft der »Roten Hilfe« wegen seiner »Verbindung mit dem Trotzkisten Wollenberg« zum Feind erklärt. Im August 1936 – also noch *vor* seiner Verhaftung durch das NKWD – schloß ihn bereits die KPD »wegen trotzkistisch-sinowjewistischer und anderer konterrevolutionärer Verbrechen gegen die Arbeiterklasse«[20] aus der Partei aus.

Neben Hermann Taubenberger waren Anfang der zwanziger Jahre in der bayrischen Festung Niederschönenfeld mehrere KPD-Mitglieder als Teilnehmer der Münchner Räterepublik[21] inhaftiert, die in Moskau 1936/37 dann der »Wollenberg-Hoelz-Gruppe« zugerechnet wurden: Hans Schiff, Erich Wollenberg, Rudolf Podubecky, Ernst Günther.

Hans Schiff. Zu den früheren Festungsgefangenen, die sich in Moskau häufiger privat trafen und gemeinsame Ausflüge veranstalteten, gehörte Hans Schiff, der 1896 in der Familie eines jüdischen Patentanwalts in

19 Taubenberger bezeichnete Max Hoelz – wegen seiner »Verbindung mit dem Personal der deutschen faschistischen Botschaft« – als »politischen Leichnam« und »Konterrevolutionär« und stellte an die Internationale Kontrollkommission und das ZK der KPD einen Antrag auf Parteiausschluß. Vgl. RGASPI, f. 495, op. 205, d. 6217, Bl. 31–32. Bereits 1926 hatte Taubenberger den in Moskau weilenden Ernst Toller als »feigen dekadenten Intellektuellen« beschimpft und aus »Parteipflicht« bei der Internationalen Kontrollkommission der Komintern angezeigt, da er bei Toller eine »konterrevolutionäre Schnüffelei« witterte. Der »Konterrevolutionär« und »Arbeiterverräter« Toller war zum Entsetzen Taubenbergers durch den KPD-Vertreter in die Räume des EKKI geführt worden, und noch dazu während einer Ansprache des Komintern-Vorsitzenden Sinowjew. RGASPI, f. 495, op. 205, d. 6217, Bl. 56–57.

20 RGASPI, f. 495, op. 205, d. 6217, Bl. 5.

21 Vgl. Wollenberg, Als Rotarmist. Erich Wollenberg lernte bereits während seiner Festungshaft in Ansbach Erich Mühsam kennen und wurde nach Diskussionen vorübergehend Anhänger Mühsams. Vgl. Wollenbergs Exposé zu einer Autobiographie (1938), Centr chranenija istoriko-dokumental'nych kollektsyi [im folgenden: CCHIDK], f. 1199, op. 1, d. 23, Bl. 19–26; Mühsam, Tagebücher, S. 214.

Karlsruhe geboren wurde. In einem 23seitigen Lebenslauf[22], den er 1932 verfaßte, beschrieb Schiff seinen Vater als einen »kleinbürgerlichen Rebellen«, der aus der jüdischen Gemeinde austrat und als Freireligiöser der anarchistischen »Neuen Gemeinschaft« von Erich Mühsam und Gustav Landauer angehörte. Als Ingenieur und reisender Propagandist für Esperanto und den »allgemeinen Weltfrieden« kümmerte sich der Vater wenig um den Unterhalt der neun Kinder. In seiner für die Parteiinstanzen stilisierten Autobiographie rechnete Hans Schiff seinen Vater nicht nur zum »Kleinbürgertum«, sondern auch zu »jenem Typ gutmütiger und immer hilfsbereiter Juden, die nie an sich denken und immer und jedem zu helfen bereit sind, ohne aber aus ihrer unklaren philanthropischen über der Wirklichkeit schwebenden ›Geisteswelt‹ je herauszukommen«.

Wenn man der »marxistisch« überformten »Autobiographie« von Hans Schiff folgt, so war sein Lebenslauf »bis zum August 1914 eine Kette von Rebellionen gegen Schule und Elternhaus«. Seit seinem neunten Lebensjahr gehörte er den »Wandervögeln« an, mit denen er gegen den »Schwindel von Autorität« von Schule und Elternhaus protestierte. Nach seinem Schulabgang als »Einjähriger« begann er 1913 in den Hellerauer Werkstätten eine Tischlerlehre. Als 18jähriger meldete er sich im August 1914 als Kriegsfreiwilliger und war bis zum August 1918 Flugzeugführer und Deckoffizier. In seinem Lebenslauf sah er sich schon während des Weltkrieges an »unpolitischen, pazifistischen Verschwörungen« beteiligt. Auch seine Abkommandierung zum Luftschutz erklärte sich Schiff als »Folge unserer ›Verschwörungen‹«, von denen die »Vorgesetzten irgendwie Wind bekommen« hätten.

Nach einem Nervenzusammenbruch verschlief er zwar die Novemberrevolution noch in einem Sanatorium, trat aber im Dezember 1918 in Jena in den »Spartakusbund« ein und wurde hier schnell wie auch in der »Freien Sozialistischen Jugend« zum rastlosen Funktionär. Im Frühjahr 1919 immatrikulierte er sich an der Universität München, hörte einige Vorlesungen bei Max Weber und beteiligte sich wie Rudolf Podubecky am »Revolutionären Hochschulrat«, dem »marxistisch ungebildete Bürgersöhnchen« angehörten. Erwerbslosenunterstützung und Gelegenheitsarbeiten als Automonteur reichten kaum für die »miserable

22 RGASPI, f. 495, op. 205, d. 6192, Bl. 190–212.

Volksküche« und für den Unterhalt seiner Frau, die zwei Kinder mit in die Ehe brachte. Als umtriebiger Funktionär der Kommunistischen Jugend wurde er 1921 nach der putschistischen »Märzaktion« der KPD verhaftet. Bis 1924 gehörte Hans Schiff zur kommunistischen »Parteizelle« in der Festung Niederschönenfeld und registrierte in seinem »Lebenslauf« unter seinen Mitgefangenen »politische Unklarheiten« und »Verrätereien«, die sich für ihn – der auch hier schon zunehmend Verrat und Verräter witterte – hinter dem Anschein des »persönlichen Cliquenkampfes« verbargen.

Nach seiner Haftentlassung arbeitete er zwei Jahre als Mechaniker in Berlin und seit 1926 als Volontär, Redakteur und aushilfsweise als »Scheffredakteur«[23] bei verschiedenen KPD-Zeitungen. Als Redakteur und Mitglied von KPD-Bezirksleitungen wurde er nach dem parteiüblichen Prinzip der Kaderrotation in zehn verschiedene Städte versetzt, bis er in Berlin die Redaktion der Unterhaltungsbeilage der *Roten Fahne*, die »Skandalseite« mit ihren »Mord- und Blutgeschichten« (Hans Schiff), übernahm. Schiff, der in seiner kurzen Parteikarriere von Ort zu Ort und von Zeitung zu Zeitung gestoßen wurde, lobte in seinem Lebenslauf seine »Wachsamkeit« und Parteiloyalität, da er einen »scharfen Kampf gegen jene opportunistischen Elemente in unserem kleinbürgerlichen Verwaltungsbezirk« geführt habe. Nach einer dreimonatigen Haft wurde er 1930 vom ZK der KPD zwar nicht, wie ersehnt, an die Lenin-Schule, aber für ein Jahr zur Komintern nach Moskau kommandiert. Als Referent in die politisch eher bedeutungslose »Koopsektion« (Genossenschaftsabteilung) des EKKI abgeschoben, führte er mit Beschwerden an das KPD-Politbüro einen ständigen Papierkrieg gegen die Berliner »Genossenschaftsabteilung«. Nach Auflösung der »Koopsektion« beim EKKI im Juli 1931 ernannte man ihn zum Referenten für Genossenschaftsfragen im Mitteleuropäischen Ländersekretariat, mit dessen Leitung er auch wieder einen »ständigen Kampf« führte.

Wegen »unmöglicher Wohnverhältnisse« sah er sich 1932 gezwungen, sein eben begonnenes Studium an der Internationalen Lenin-Schule aufzugeben. Zusammen mit seiner an Tuberkulose erkrankten zweiten Frau, ebenfalls Mitglied der KPD, und vier Kindern hauste Schiff, der

23 So mehrmals in seinem Lebenslauf vom 1. April 1932, RGASPI, f. 495, op. 205, d. 6192, Bl. 190–212.

sich aber 1929 bereits von seiner Frau »getrennt« hatte, in einem Zimmer des »Hotel Lux«. Sein wechselhaftes Sexual- und Familienleben führten 1932 zu einem Parteiverfahren, das seine dritte Frau – eine Russin, die er inzwischen ebenfalls verlassen hatte – vor dem Parteikomitee des Moskauer Frunse-Rayons[24] angestrengt hatte. Wegen seines »negativen kleinbürgerlichen Verhalten[s] Frauen gegenüber« erhielt Hans Schiff 1932 eine Parteirüge und wurde im selben Jahr auch aus dem Moskauer EKKI-Apparat entlassen. 1935 besuchte er vorübergehend die »Kommunistische Universität der Nationalen Minderheiten des Westens« (KUNMS), die der Fort- und Ausbildung eher nachgeordneter Komintern- und KPD-Kader diente. Zugleich unterrichtete er Deutsch am »Institut der Roten Professur«[25], wo er jedoch 1935 entlassen wurde. Nach zahllosen Bewerbungen erhielt Schiff in Charkow eine Stelle als Redakteur der deutschsprachigen Zeitung *Das Neue Dorf.* Aber auch hier wurde er wieder entlassen. Seit 1935 lieferte Schiff unter dem Decknamen »Hans« als geheimer Informant[26] des NKWD *(seksot)* Hunderte von Meldungen über von ihm aufgedeckte »Verschwörungen« und »verdächtige Elemente« an die »Geheime Politische Abteilung« der Moskauer NKWD-Zentrale. Diese »gesellschaftliche« Tätigkeit setzte er mit zunehmend paranoider Ausprägung auch in Simferopol (Krim) als Mitarbeiter der dortigen Verwaltung fort. Ende Juli 1937 wurde er für einige Wochen zum Redakteur der Moskauer *Deutschen Zentral-Zeitung* ernannt. Bereits am 30. August 1937 verhaftete ihn die NKWD-Verwaltung des Moskauer Gebiets. Der denunziatorische »Täter« Hans Schiff, der 1935 für das NKWD eine ausführliche Meldung über die Wahlnacht am 5. März 1933 und mehrere seiner früheren Kampfgefährten aus Bayern geliefert hatte, wurde nun selbst als Mitglied der »konterrevolutionären, trotzkistischen Hoelz-Wollenberg-Organisation« angeklagt.

---

24 Zu diesem Verfahren vgl. Unfried, Die Konstituierung des stalinistischen Kaders.

25 Vgl. Behrendt, Die »roten Professoren«; ders., Die Institute der Roten Professur; Solov'ev, Tetradi krasnogo professora.

26 Zur zaristischen Spitzelpraxis der geheimen Informanten vgl. Ruud/Stepanov, Fontanka 16.

Rudolf Podubecky
(RGASPI)

Rudolf Podubecky. Seit der Zeit der Münchner Räterepublik und der gemeinsamen Festungshaft in Niederschönenfeld war Rudolf Podubecky[27] mit Ernst Günther, Erich Wollenberg, Hans Schiff und anderen Mithäftlingen bekannt. In Karlsruhe am 23. Mai 1896 geboren, meldete sich Podubecky 1914 nach dem Abitur als Kriegsfreiwilliger. Während des Weltkrieges diente er als Leutnant bei der Feldartillerie und in Funkabteilungen. Nach einer Verwundung und einem Lazarettaufenthalt stand er im November 1918 einer »vollständigen Erschütterung seiner bisherigen gesellschaftlichen Vorstellungen gegenüber«. Kurz nach dem Beginn eines Philologiestudiums an der Münchner Universität trat Podubecky im Februar 1919 der USPD bei, wurde Mitglied des »Revolutionären Hochschulrates« und während der Münchner Räterepublik »Leiter der Fernsprechtruppen an der Dachauer Front«. Am 4. Mai 1919 wurde Podubecky in München verhaftet und von einem Standgericht zu drei Jahren Festung verurteilt. Noch während seiner Haft in Niederschönenfeld trat er zur KPD über. 1922/23 arbeitete er anfangs als Hilfsarbeiter in einer Nähmaschinenfabrik, dann in Mannheim als Volontär bei der Mannheimer *Arbeiterzeitung* der KPD. Zur Vorbereitung des »bewaffneten Aufstandes« 1923 in die »Oberleitung Süd-West« kooptiert, wurde er am 4. März 1924 verhaftet und vom Staatsgerichtshof Leipzig wegen »Vorbereitung zum Hochverrat« verurteilt. 1926 bis 1930 arbeitete Podubecky bei der Frankfurter KPD-Zeitung als Lokalredakteur. 1930 überwies ihn das ZK der KPD nach Moskau zum Exekutivkomitee

27 Vgl. Lebensläufe und Enqueten in der Kaderakte von Rudolf Podubecky, RGASPI, f. 495, op. 205, d. 6165, Bl. 46–56 und Bl. 60–61.

der Komintern, das Podubecky bis zum Januar 1937 im »Internationalen Verbindungsdienst« in Deutschland und in der Schweiz – wahrscheinlich auch als Funker – einsetzte. Bei seiner »sekreten« Arbeit für »OMS« unterstützte ihn seine Frau Inge Podubecky[28] jahrelang im Ausland.

In der Moskauer Wohnung Taubenbergers fanden sich noch mehrere frühere »Militärspezialisten« und Mitarbeiter der Moskauer »Verlagsgenossenschaft ausländischer Arbeiter« ein: Werner Rakow, Erich Tacke, Karl Schmidt und Erich Wollenberg. Geprägt von den Fronterlebnissen des Ersten Weltkrieges, nahmen ihre Kaderkarrieren als Komintern-Funktionäre, als Militär- und Aufstandsspezialisten und GPU-Agenten einen ähnlichen Verlauf. Ihre wilhelminisch-nationalistische, autoritäre Prägung[29], die sie 1914 zu begeisterten Kriegsfreiwilligen hatte werden lassen, war während des Krieges, im Lazarett oder in der Novemberrevolution einer tiefen Desillusionierung gewichen, die durch den Beitritt zur aktivistischen Weltanschauungspartei KPD und häufig durch die Übernahme in den Militär-Apparat der KPD kompensiert wurde.

Erich Wollenberg. In den Denunziationsberichten und NKWD-Konstrukten figurierte als Zentralgestalt aller »Verbindungen«, als personifizierter Beelzebub der KPD-Militärexperte Erich Wollenberg. Als Sohn eines patriotischen Sanitätsrats und Militärarztes in Königsberg am 15. August 1892 geboren, begann Wollenberg nach seinem Abitur mit einem Medizinstudium. In der »ersten Ekstase der Kriegsbegeisterung« meldete er sich gleich 1914 als Freiwilliger. Nach zahlreichen Schlachten an der Westfront wurde er mit Orden hoch dekoriert und zum Leutnant in einem Sturmdetachement befördert. Wie er 1938 in einem Exposé zu

---

28 Berta Inge Podubecky (geb. Cotiaux), geb. 9. Februar 1900 in Karslruhe, Bankangestellte, seit 1924 KPD-Mitglied, seit 1930 in Berlin, wegen der Unterstützung ihres im »Verbindungsdienst« der Komintern tätigen Mannes »aus der unmittelbaren Parteiarbeit herausgezogen«, Sekretärin von Karl Wittfogel, Studium an der Moskauer KUNMS. Vgl. Lebenslauf Kaderakte RGASPI, f. 495, op. 205, d. 6204, Bl. 44–45.

29 Zum »Working-Class Authoritariansm« vgl. Lipset, Soziologie der Demokratie; Fromm, Arbeiter und Angestellte.

seiner Autobiographie festhielt, entwickelte sich bei ihm durch das »Erleben des Menschen an der Front, besonders des Arbeitermenschen« die Erkenntnis: »die Gesellschaftsordnung ist eine ungerechte, antisoziale, verbrecherische«. In seinem »Soldatensozialismus« sind die »Träger des Kampfes« auch nach dem Kriege die »Schöpfer der neuen ›gerechten‹ Gesellschaft«.

Nach seiner fünften Verwundung kehrte er als »nicht mehr kriegsverwendungsfähig« in die Königsberger Garnison zurück. Am 9. November 1918 stürmte er »als einziger Offizier an der Spitze der feldgrauen Massen« das Generalkommando und das Militärgefängnis in Königsberg, wurde Chef des Sicherheitsdienstes und Leiter der Marinevolkswehr in Königsberg.

Im Januar 1919 ging Erich Wollenberg zur Fortsetzung seines Medizinstudiums nach München und avancierte während der bayrischen Räterepublik zum »Kommandeur der Infanterie der bayrischen Roten Nordarmee«. Nach seiner Entlassung aus der dreijährigen Festungshaft in Niederschönenfeld arbeitete er als Volontär bei der Berliner *Roten Fahne* und dann als Redakteur bei der *Roten Fahne des Ostens*, der Königsberger KPD-Zeitung. Ins Ruhrgebiet »vom ZK der KPD kommandiert«, beteiligte er sich führend am Ruhrstreik im Mai 1923, leistete »antimilitaristische Arbeit unter französischen Besatzungstruppen« und fungierte 1923 als »Orgsekretär« der KPD des Ruhrgebiets. Im September 1923 wurde Wollenberg, inzwischen illegal lebend als Mitarbeiter des M-Apparates der KPD (Deckname: Walter), zum »Militäroberleiter in Südwestdeutschland« ernannt. Da er nach dem Scheitern des »deutschen Oktobers« steckbrieflich[30] wegen »Hochverrat, Mord und Sprengstoffvergehen« gesucht wurde, »kommandierte« ihn das ZK der KPD 1924 in die Sowjetunion.

Nach dreimonatiger Ausbildung an einer Moskauer Militärschule der Komintern wurde Wollenberg für eineinhalb Jahre Kompagnie-Kommandeur der Roten Armee in Saratow und Moskau und arbeitete danach einige Monate in der Agitprop-Abteilung der Komintern. Nach einem halbjährigen illegalen Aufenthalt als Redakteur im Saargebiet

---

30 Fahndungsersuchen des Stuttgarter Polizeipräsidiums vom 27. Februar 1924. CCHIDK, Fond 772, op. 3, d. 994, unpag. Neben Wollenberg ist hier auch Ernst Günther aufgeführt.

kehrte er, da immer noch polizeilich gesucht, erneut nach Moskau zurück und wurde dem Generalstab der Roten Armee zugeteilt. Mit großer Geste hielt er 1938 in dem Exposé für eine geplante Autobiographie[31] fest, daß zu seinem »persönlichen Bekanntenkreis« nahezu die gesamte politische und militärische Prominenz gehörte: »Trotzki, Stalin, Sinowjew, Bucharin, Rykow, Kuibyschew, Stetzki, Radek, Tuchatschewski, Gamarnik, Primakow, Blücher, Tschitscherin, Litwinow, Dserschinski, Menschinski, Jagoda, Kaganowitsch etc.«. Wollenberg versuchte mit mehreren Publikationen über die bayrische Räterepublik[32] und die »bayrische Rote Armee«, den eigenen Ruhm zu überhöhen. Neben seiner Tätigkeit als Dozent an der Militärschule der Komintern (»Alfred-Schule«) und der Militärakademie der Roten Armee war er am Marx-Engels-Institut beschäftigt und hielt auch an der Moskauer Lenin-Schule der Komintern Kurse zur Geschichte der Arbeiterbewegung.

Nach einer Amnestie in Deutschland stellte Wollenberg Anfang 1931 einen Antrag auf Rückreise nach Deutschland. Vom April 1931 bis zum November 1931 gehörte er in Berlin zur Bundesführung des verbotenen »Roten Frontkämpferbundes«. Er war nicht, wie häufig zu lesen ist, *der* Leiter des RFB, sondern leitete die Agitprop-Abteilung des RFB und redigierte die verbotene RFB-Zeitung *Rote Front*. Nach dreimonatiger Untersuchungshaft begann er im März 1932 als politischer Redakteur bei der *Roten Fahne*. Bei seinem Auftritt in einer Naziversammlung in den Berliner Pharussälen wurde er am 2. Juni 1932 von der SA zusam-

---

31 Eine »lange Unterredung« Wollenbergs mit Stalin im Januar 1933 wird nicht nur von Harry Schulze-Wilde in Frage gestellt. Vgl. Brief von Harry Schulze-Wilde, 30. Dezember 1974, abgedr. in: europäische ideen, 1977, H. 34–36, S. 121. Auch in Stalins inzwischen veröffentlichtem Besucherbuch fehlt ein Hinweis auf ein solches von Wollenberg reklamiertes Treffen. Stalins Besucherbuch Januar 1933 in: Istoričeckij archiv, 1995, H. 2, S. 162–165.

32 Wollenberg erwähnte 1939 in einem Brief an Rudolf Olden folgende Publikationen: 1) Als Rotarmist vor München. Reportage aus der Münchener Räterepublik, Berlin 1929; 2) dasselbe, russischer Staatsverlag 1925; 3) Vom Spartakusbund zur KPD 1914–1925 (russisch), Saratov 1925; 4) Die bayrische Räterepublik. Ein Bühnenstück (russisch), Moskau 1929; Geschichte des deutschen Bürgerkrieges, 1918/1919 (russisch), Moskau (Staatlicher Militärverlag) 1931. Brief an Olden (1939), CCHIDK, f. 1190, op. 1, d. 43, unpag.

mengeschlagen und schwer verletzt. Mit mehreren Schreiben an das ZK der KPD kritisierte er die »verbrecherisch-unfähige Vorbereitung« seines Schutzes durch die KPD und den RFB. Wegen seines geharnischten Protestes[33], der sich auch gegen den Berliner KPD-Pol-Sekretär Walter Ulbricht richtete, wurde gegen Wollenberg durch Walter Ulbricht und den ZK-Funktionär Herbert Wehner eine »Untersuchung« eingeleitet, die nach einer Parteirüge zur Entlassung aus der Redaktion der *Roten Fahne* führte.

Wollenberg insistierte 1932 mit seinem Protest immer wieder auf Durchführung von »wehrhaften antifaschistischen Massenaktionen«. Die mitunter kolportierte Meinung, daß Wollenberg bereits während dieser Querelen eine von der offiziellen KPD-Politik, die den Hauptschlag gegen den »Sozialfaschismus« richtete, abweichende politische Meinung vertrat, muß wohl bezweifelt werden. Ein häufig angeführtes »Memorandum«[34] Wollenbergs aus dem Jahre 1932 konnte bisher nicht – weder in Berliner noch in Moskauer Archiven – ausfindig gemacht werden. In seinem Altersrückblick erklärte Wollenberg 1967, daß er mit seinem »Memorandum« die »völlige Bürokratisierung« und das »völlige Versagen der kommunistischen Partei, ihre falsche politische Einstellung usw.« zeigen wollte. Eine solch dezidiert politische Frontstellung hätte aber 1932 – befördert durch die gleichzeitige Hetzjagd nach Anhängern Heinz Neumanns[35] – den Parteiausschluß nach sich gezogen. Seine bisherige politische Differenz und demonstrative politische Linientreue faßte Wollenberg in einem für die Kaderabteilung geschriebenen Lebenslauf vom 3. Februar 1933 zusammen. Hier betonte er, daß er in den Parteidiskussionen über Trotzki, Bucharin »fest auf der Linie der Partei gestanden« habe. Seine Kritik richtete sich allenfalls auf Teile der Berliner Organisation, die die »Parteilinie besonders in Bezug auf die Bekämpfung des Faschismus nicht richtig durchführte und dadurch individualterroristische

---

33 RGASPI, f. 495, op. 19, d. 526, Bl. 81–84.

34 Vgl. Weber, Die Wandlung des deutschen Kommunismus, Bd. 2, S. 348; übernommen in: Markus Wehner, Kaderkarrieren der Weltrevolution, S. 57.

35 Heinz Neumann wurde 1932 auf Betreiben Thälmanns durch das Moskauer Exekutivkomitee der Komintern als Kandidat des Politbüros der KPD abgelöst. Seine vermeintlichen »Anhänger« im ZK der KPD und in der Führung des Kommunistischen Jugendverbandes wurden ebenfalls ihrer Funktionen enthoben.

Stimmungen auf der einen Seite und passive Tendenzen auf der anderen Seite aufkommen ließ. [...] An der Fraktionsgruppe Neumann habe ich nicht teilgenommen.«[36] Seine geäußerte Abweichung bezog sich – zumindest wenn man seiner Behauptung vom Februar 1933 folgt – noch nicht auf die Politik der KPD gegenüber der SPD. In seinem Aufruf »An die Mitglieder der KPD! An die Roten Frontkämpfer!«[37] (August 1934), den er nach seiner Flucht aus der Sowjetunion veröffentlichte, richtete sich Wollenbergs vehemente Kritik gegen den »Kleinkrieg der Parteiführung gegen die Wehrhaftigkeit des RFB«. Nachdem er die mangelnde Absicherung seines Auftritts in einer Naziversammlung, die hier erlittenen schweren Verletzungen durch SA-Schläger und das Versagen der Weddinger KPD ausführlich schilderte, berichtete Wollenberg 1934 hier weiter, daß er einen »Protest gegen das verbrecherische Verhalten der Weddinger UBL« verfaßt habe. Diesen konkreten Protest – so Wollenberg 1934 – »beantwortete Walter Ulbricht mit einem Parteiverfahren«. Auch da sich in Wollenbergs Aufruf im August 1934 noch kein Hinweis auf sein ominöses »Memorandum« aus dem Jahre 1932 findet, ist anzunehmen, daß sich das ereignisbezogene Protestschreiben[38] erst in Wollenbergs

Erich Wollenberg
(RGASPI)

---

36 RGASPI, f. 495, op. 205, d. 8579, Bl. 45.

37 Unser Wort, 4. Augustwoche, 1934.

38 In einem Brief vom 8. Juni 1932 an die EKKI-Sekretäre Manuilski, Pjatnitzki, Kuusinen und Knorin verweist Hermann Remmele auf die Beilagen, zu denen auch ein »Bericht Wollenbergs über Berlin« gehörte. RGASPI, f. 495, op. 19, d. 704, Bl. 12.

überhöhender Erinnerung zu jenem »20- bis 30seitigen Memorandum«, in die eigene Konstruktion der Legende »Wollenberg« verwandelte.

Nach seiner Entlassung aus der Redaktion der *Roten Fahne* wohnte der mittellose Wollenberg im Herbst 1932 in Berlin-Britz bei Erich und Zenzl Mühsam, die er seit seiner Münchner Zeit und seit der Festungshaft in Niederschönenfeld kannte. Seine Entlassung aus der Redaktion der *Roten Fahne* und seine Gespräche mit Erich Mühsam, der häufig in der von ihm herausgegebenen Zeitschrift *Fanal* scharfe Kritik an der Politik der KPD und Komintern äußerte, beförderten Wollenbergs innere Distanzierung von der Politik der KPD-Führung.

Wegen der Kündigung und eines gegen ihn vorliegenden Haftbefehls ersuchte er bei Wilhelm Pieck um eine Einreisegenehmigung[39] in die UdSSR. Wilhelm Pieck befürwortete noch am 4. Februar 1933 seine »Überführung in die KPdSU«.[40] Wollenberg, dessen Homosexualität bereits 1924 während eines Moskauer Parteiverfahrens in seiner Kaderakte registriert worden war, arbeitete in Moskau als Redakteur für die deutschsprachige Lenin-Ausgabe in der »Verlagsgenossenschaft ausländischer Arbeiter«. Anfang Februar 1933 richtete er Gesuche zur »baldigen Verwendung« und Rückberufung nach Deutschland an die KPD-Führung, die aber abgelehnt wurden.

Ende Februar 1933 traf Erich Wollenberg in Moskau auch Karl Gröhl[41], den er seit der Münchner Räterepublik und aus dem illegalen Militär-Apparat der KPD kannte. Gröhl rapportierte bei der Komintern über die »Münzenberg-Verlage« und lieferte konspirativ Briefe Leo Sedows[42] an Trotzkis Moskauer Gesinnungsgenossen weiter. Bei seinem Moskauer Aufenthalt besuchte Gröhl auch Karl Radek und gab unmittelbar vor seiner fluchtartig organisierten Abreise in der Poststelle der Komin-

---

39 In seinen »Memoiren« behauptete Wollenberg, daß er gegen seinen Willen nach Moskau kommandiert wurde. Seine Freunde hätten ihn zudem gedrängt, daß er nach Moskau fahren und dort »Stalin, den Führern der Armee und des Politbüros, die er alle kenne« die Lage in Deutschland erläutern müsse.

40 RGASPI, f. 495, op. 205, d. 8579, Bl. 15.

41 Vgl. Karl Retzlaw [d. i. Karl Gröhl], Spartakus. Aufstieg und Niedergang eines Parteiarbeiters.

42 Trotzkis Sohn, Leo Sedow, war zugleich dessen wichtigster Mitarbeiter im erzwungenen Exil. Vgl. Schrader, Der Moskauer Prozeß.

tern einen Brief an Stalin und Pjatnitzki[43] ab. In diesem Brief[44] rechnete Gröhl am 1. März 1933 mit dem ZK und der Moskauer deutschen Vertretung der KPD ab, der er vorwarf, daß sie »die Lage in Deutschland nicht in ihrer ganzen Tragweite übersieht«. Gröhl stellte dann weiter fest, daß das ZK der »neuen Situation hilf- und ratlos« gegenüberstand, der unvermittelte KPD-Aufruf zum Generalstreik keinen Widerhall fand, und forderte eine »wirkliche Einheitsfront«, die sich nicht nur als durchsichtiges »Manöver« an die SPD-Arbeiter, sondern auch an die Organisationen[45] wenden müsse. Besonders alarmierend für die Moskauer Komintern- und KPD-Instanzen war dabei, daß sich Gröhls Protest gegen die bisherige »Generallinie« an die höchsten Adressaten richtete und daß sein renitenter Widerspruch die bisherige »rechte« Kritik der KPO[46] und die Kritik Trotzkis an der gescheiterten KPD-Politik[47] wiederholte. Gröhls Flucht in den Westen machte seine Moskauer Gesprächspartner und Freunde für die »Instanzen« doppelt verdächtig. In einem weiteren Brief an Pjatnitzki, der im November 1933 in der trotzkistischen Zeitschrift *Unser Wort* zusammen mit einem Nekrolog auf Max Hoelz erschien, hatte Karl Gröhl die Politik der KPD, der Komintern und der Sowjetunion angegriffen und seinen Bruch mit der »offiziellen kommunistischen Partei und der Komintern« öffentlich verkündet:

»Im Gedenken an meinen Freund Max Hölz glaube ich, am richtigsten zu handeln, wenn ich, vorerst leider nur in der Emigration, für den Sieg des Sozialismus – gegen den Faschismus kämpfe. Ich kann die Moskauer Atmosphäre des Herumlungerns, das Wichtigtun, die widerliche Stalinkriecherei nicht ertragen. [...] Die Einsicht, daß die Politik der Komintern in den letzten Jahren zwangsläufig den Faschismus

---

43 Der EKKI-Sekretär Jossif Pjatnitzki galt in der Komintern-Spitze bis 1935 als der führende Funktionär, als »graue Eminenz«.

44 Typoskript beim Verfasser, Text des Briefes abgedruckt in: Trotz alledem, Nr. 48, 1998, S. 1–2.

45 Vgl. dazu auch Leo Trotzki, Die Tragödie des deutschen Proletariats. In: Unser Wort, 1933, Nr. 2.

46 Vgl. Bergmann, Gegen den Strom.

47 Zu der vorübergehenden Annäherung von trotzkistischer »Linker Opposition«, der »rechten« KPO und der SAP vgl. Alles, Zur Politik und Geschichte, S. 170–181; Foitzik, Zwischen den Fronten, S. 176–185.

stärkte, ja ihn ermöglichte, dringt immer tiefer in die Gehirne der revolutionären Kämpfer. ›Ohne Stalin kein Hitler‹, ist heute eine weit verbreitete These.«[48]

Ähnlich distanzierte sich die frühere KPD-Reichstagsabgeordnete Maria Reese, die sich kurzzeitig der trotzkistischen Gruppe »Internationale Kommunisten Deutschlands« anschloß, mit einem »Brief an das ZK der KPD und das EKKI«[49] von der KPD. Zudem regte sich in Deutschland, aber im Prager und Pariser Exil auch bei KPD-Mitgliedern und sogar an der Moskauer KUNMS[50] vereinzelter Widerspruch gegen die offizielle Linie. Da man in Moskau und in der Berliner KPD-Führung weiter am »revolutionären Aufschwung«[51] im »Kampf für Sowjetdeutschland« festhielt, galt schon die bloße Feststellung einer »Niederlage der deutschen Arbeiterbewegung«, da sie vom »Unglauben an die Kraft der Arbeiterklasse« ausging, als »defaitistisch« und parteifeindlich. Solche individuellen Einschätzungen von KPD-Mitgliedern, die erst 1935 zur offiziellen »Linie« erklärt wurden, mußten auch 1936 von sündigen Abweichlern als »Depressionsstimmung«[52] selbstkritisch gebeichtet wer-

---

48 Brief Gröhl an Pjatnitzki, 6. November 1933. RGASPI, f. 495, op. 19, d. 530, Bl. 133–135. Abgedruckt in: Unser Wort, 1. Jg., 1933, Nr. 15.

49 Unser Wort, 1. Jg., 1933, Nr. 14, Anfang November 1933.

50 Vgl. Köstenberger, Der deutsche Sektor.

51 Vgl. etwa die beiden handschriftlichen Briefe des KPD-Vorsitzenden Thälmann, die er am 27. Januar 1933 an Pjatnitzki und Heckert nach Moskau schickte. Hier wird über Erfolge der RGO bei Betriebsratswahlen in der Hamburger Wäscherei Testorp schwadroniert und vom »steigenden revolutionären Aufschwung« berichtet. Weiter vermeldete Thälmann, daß die KPD »unter Beseitigung einzelner Schwankungen, in der Linie Eurer Direktiven eine einheitliche Meinung in der Durchführung in der Praxis« habe. Zur SPD fiel Thälmann allenfalls ein: »Wir müssen die Sozialdemokratie zwingen, Stellung zu nehmen zum Kampfe des Proletariats. Wir müssen ihre heuchlerische Rolle und ihre Betrugsmanöver entlarven und vor den Massen mit den neueren Tatsachen aufzeigen.« Zur NSDAP meinte Thälmann: »Die hilflose Politik in der Nationalsozialistischen Partei, die Verschärfung der inneren Zersetzung gibt uns ebenfalls neue Möglichkeiten, wenn wir es verstehen, eine geschickte Politik anzuwenden, hier Erfolge zu erzielen.« RGASPI, f. 495, op. 292, d. 64, Bl. 23–36.

52 Auf ihre »Depressionsstimmungen« 1933 in Prag, die nach ihrer damaligen Meinung durch die falsche KPD-Politik ausgelöst wurden, mußten noch 1936 in ihrer »Selbstkritik« sowohl Johannes R. Becher wie Hans Günther verweisen. Vgl. Müller (Hg.), Die Säuberung, S. 118 ff.

den, da man sie vorzeitig zur unfehlbaren »Generallinie«[53] des ZK, die 1933 allenfalls nicht richtig ausgeführt wurde, geäußert hatte. Weder unter den KPD-Mitgliedern im Prager Exil noch unter den Moskauer KPD-Funktionären existierte 1933 jedoch eine organisierte Gruppe von Anhängern Trotzkis.

In einer »Resolution zum Referat des Genossen Heckert«[54], die nach der Redigierung durch Stalin am 1. April 1933 »angenommen« wurde, dekretierte das Präsidium des EKKI, daß »die politische Linie und die organisatorische Politik, die das ZK der Kommunistischen Partei Deutschlands betrieben hat und mit dem Genossen Thälmann an der Spitze bis zum Hitlerischen Umsturz und im Augenblick des Umsturzes befolgte, vollständig richtig war«. Erneut wurde parteiamtlich bestätigt, daß die Kommunisten »recht hatten«, als sie »die Sozialdemokraten als Sozialfaschisten bezeichneten«. Da der »revolutionäre Aufschwung«, eine bis 1935 verkündete Fiktion Stalins, der Komintern- und der KPD-Führung, »unvermeidlich ansteigen« werde, müsse man »die Massen auf die entscheidenden revolutionären Kämpfe, auf den Sturz des Kapitalismus, auf den Sturz der faschistischen Diktatur durch den bewaffneten Aufstand« vorbereiten. In zahlreichen offiziellen Artikeln der *Kommunistischen Internationale*, in Beschlüssen und Einzelschriften[55] wurde 1933 und 1934 von der Komintern und der KPD immer noch die »Generallinie« verbreitet, daß man in Deutschland der Revolution entgegengehe, und der Kampf gegen die »sozialfaschistische Sozialdemokratie« weiterpropagiert.

Mit dem zirkulären Politikverständnis, in der die Parteibeschlüsse als *selffulfilling prophecy* allenfalls die Richtigkeit der realitätsfernen Führerprophetien und der »Generallinie« zu bestätigen hatten, bezichtigte Heckert den »diebischen Marodeur Trotzki«, daß er eine »hitlerisch-trotzkistische Plattform der ›Einheitsfront‹« ersonnen habe, »um die

53 Zur Rolle der Unfehlbarkeit des »Führers« in der totalitären Fiktion vgl. Arendt, Elemente und Ursprünge, S. 606f.

54 Die Lage in Deutschland, in: Rundschau, S. 229–231. Vgl. auch: Die Kommunistische Internationale über die Lage in Deutschland.

55 Vgl. auch: Thesen und Beschlüsse. XIII. Plenum des EKKI; Pieck, Wir kämpfen für ein Räte-Deutschland; Knorin, Faschismus, Sozialdemokratie und Kommunisten.

SPD zu rechtfertigen«. Der »Sozialfaschist Trotzki« wird in Heckerts Rede, die 1933 in vielfältiger Form[56] vertrieben wurde, beschuldigt, daß er in »Ausführung eines sozialen Auftrags Hitlers« die KPD mit Schmutz bewerfe. Stalin und seine willfährigen Exegeten in der Komintern- und KPD-Führung versuchten mit ihrer Polemik eine politische Diskussion über jene gescheiterte Komintern- und KPD-Politik zu verhindern, die Trotzki in mehreren Artikeln[57] und Broschüren[58] vehement angegriffen hatte: »Durch ein Gemisch aus falscher Sentimentalität und vergifteter Lüge werden die Stalinisten versuchen, das ZK hinter dem Apparat, den Apparat hinter der Partei zu verstecken, die Frage nach den Schuldigen der Katastrophe, nach der falschen Strategie, dem vernichtenden Regime, der verbrecherischen Leitung beiseite schieben; das heißt aber gerade, den Henkern zu helfen, den heutigen wie den morgigen [...]. Und jetzt, vor den Trümmern stehend, zittert die Leitung der Komintern am meisten vor dem Licht und der Kritik. Mag die Weltrevolution zugrunde gehen, aber das aufgeblasene Prestige muß erhalten bleiben.«[59]

Vor dem Hintergrund der dezidierten Kritik Trotzkis an der »stalinisierten Komintern« gerieten die Komintern-Bürokratie und die »Deutsche Vertretung« in Moskau nach dem Erhalt des Gröhl-Briefs an Stalin und Pjatnitzki Anfang März 1933 sicherlich in helle Aufregung, da ihr Anspruch auf Unfehlbarkeit durch protestierende Häretiker in eigenen

---

56 Vgl. Heckert, Was geht in Deutschland vor? In: Rundschau, S. 261–267; ders., Was geht in Deutschland vor? KPD und Hitlerdiktatur, Moskau/Leningrad 1933; ders., Was geht in Deutschland vor?, Prag 1933. Diese programmatische Rede Heckerts erschien 1933 auch als Tarnschrift: Das gute Opel-Rad. Opel ist das Qualitätsrad. 1933. Vgl. auch Heckert, Die KPD im illegalen Kampf; ders., Ist die Sozialdemokratie noch die soziale Hauptstütze der Bourgeoisie.
Fritz Heckerts programmatischer Artikel »Was geht in Deutschland vor?« wurde 1933 von Stalin handschriftlich mit der Randnotiz »Sozialfaschisten? Ja« abgesegnet. Vgl. Wolkogonow, Stalin, S. 462.

57 Vgl. die Artikel in: Trotzki, Schriften über Deutschland, Bd. 2.

58 Vgl. Leninismus gegen Stalinismus.

59 Trotzki, Die Tragödie des deutschen Proletariats, in: Schriften über Deutschland, Bd. 2, S. 492–493.

Reihen[60] gefährdet war. Für Fritz Heckert[61], der als Protagonist der Komintern-Politik[62] auftrat, galt es, gegen vereinzelte Kritiker der »Linie« und gegen die vor allem im westlichen Exil grassierenden »Depressionsstimmungen« ein öffentlich sichtbares Exempel zu statuieren.

Auch wenn man Wollenbergs zunehmende Enttäuschung und Gröhls Protestschreiben an Stalin berücksichtigt, so war doch die Moskauer »Wahlnacht« nicht jenes Treffen oppositioneller Dunkelmänner oder gar die Zusammenkunft einer »parteifeindlichen Fraktion«, zu der es die Kontrollinstanzen und die trotzkistische Presse für ihren jeweiligen politischen Zweck stilisierten. Langjährige Freundschaften aus der Festungshaft in Niederschönenfeld, neue Bekanntschaften aus der »Verlagsgenossenschaft ausländischer Arbeiter« und dem Marx-Engels-Institut wie auch ein in Moskau sonst kaum zugängliches Radio mit Auslandsempfang ließen die Moskauer Politemigranten in der Wohnung Taubenbergers zusammenkommen. Da auch Peter Schiff, der parteilose Bruder von Hans Schiff, und der wolgadeutsche Musiker Konstantin Siebenhaar zugegen waren und da alle um die Denunziationspflicht und Spitzelpraxis in Moskau wußten, erscheint es m. E. wenig wahrscheinlich, daß die »Wahlnacht« als ein konspiratives Treffen von oppositionellen »Trotzkisten« organisiert wurde. Aus Enttäuschung über die Niederlage der deutschen Arbeiterbewegung und dem Wunsch der fernab in Moskau kasernierten Militärexperten und Auf-

60 Leo Trotzki beschrieb das militarisierte Selbstverständnis und die »Feldwebeldisziplin« der stalinisierten Parteien: »Der Stalinsche Apparat kommandiert nur. Die Sprache des Kommandos ist der Ultimatismus. Jeder Arbeiter hat im voraus alle vergangenen, gegenwärtigen und zukünftigen Beschlüsse des ZK als unfehlbar anzuerkennen. Die Ansprüche auf Unfehlbarkeit sind umso mehr gewachsen, je fehlerhafter die Politik wurde.« Trotzki, Was nun?, S. 29.

61 Oskar Maria Graf hielt nach seinem Moskau-Besuch fest: »Ganz und gar feldwebelmäßig trat Heckert auf. [...] Kein einziges eigenes Wort kam aus ihm – und er sprach über alles: Davon, daß Hitler für die deutsche Arbeiterklasse keine Niederlage gewesen sei, davon, daß jetzt in der Emigration erst die bolschewistische Härte über die Genossen komme und endlich von Bechers Gedichten, die er beiläufig lobte. ›Weißt Du, wie der mir vorkommt‹, sagte ich zu Hans Becher, als wir weggingen: ›Wie ein wildgewordener Schrebergartenkürassier, dem das Büro in den Kopf gestiegen ist.‹« Graf, Reise in die Sowjetunion 1934, S. 97.

62 Vgl. auch Heckert, Ist die Sozialdemokratie noch die soziale Hauptstütze.

standsstrategen nach entschlossener Gegenwehr können jedoch einzelne kritische Äußerungen über die bisherige Politik der Berliner KPD-Führung entsprungen sein. Zu den erregt Diskutierenden gehörte auch Werner Rakow, den Erich Wollenberg in die Wohnung Taubenbergers eingeladen hatte.

Werner Rakow. Auf ihn traf Wollenberg bereits 1923 im Militär-Apparat der KPD unter dem Decknamen »Felix Wolff« und Anfang 1933 erneut in der Moskauer »Verlagsgenossenschaft ausländischer Arbeiter«. Werner Rakow[63] wurde 1893 in Adsel-Koiküll in Kurland als Sohn eines Forstwirts, der mit seiner Familie im Jahre 1900 wieder nach Deutschland zurückkehrte, geboren. Nach dem Abschluß des Gymnasiums in Hannover begann er 1911 wie sein Bruder Nikolai und sein Schulfreud Erich Tacke, der 1933 ebenfalls an der »Wahlnacht« in Moskau teilnahm, eine Lehre als Bankbeamter. Nichts deutete darauf hin, daß die drei Söhne des patriotischen Forstmannes Rakow und auch deren hannoverscher Schulfreund Erich Tacke später Berufsrevolutionäre und GPU-Agenten werden sollten. Nach ihrer Banklehre gingen Werner und Nikolai Rakow zusammen mit Erich Tacke 1914 nach St. Petersburg. Werner Rakow arbeitete hier als Buchhalter in einer Gummiwarenfabrik. Bei Kriegsbeginn wurde er als Zivilgefangener interniert, gründete 1917 unter den Gefangenen eine politische Gruppe und wurde 1917 Mitglied der bolschewistischen Partei. Mit einer von ihm aufgebauten Organisation der Kriegsgefangenen[64] nahm er an verschiedenen Kämpfen der Roten Armee teil. Im Sommer 1918 fuhr Werner Rakow nach Moskau, arbeitete hier als Redakteur der Zeitung *Welt-Revolution*, die sich an die deutschen und österreichischen Soldaten richtete. Zusammen mit Ernst Reuter[65] und Karl Radek wurde Rakow im Dezember 1918 mit dem gefälschten Paß des Schriftstellers »Karl Felix Wolff« nach

---

63 Ausführliche Darstellung der Biographien der drei Brüder Rakow bei Wehner, Kaderkarrieren der Weltrevolution; eine fortgeschriebene Variante in: Otečestvennye istorija, 1996, H. 4, S. 155–169. Die Kurzbiographie Werner Rakows folgt der Studie von Markus Wehner und den Lebensläufen in der Kaderakte Rakows.

64 Vgl. Pardon/Shurawljow (Hg.), Lager, Front oder Heimat.

65 1921 KPD-Vorsitzender, von 1948 an Oberbürgermeister von Berlin.

Deutschland zum Gründungsparteitag der KPD geschickt. Unter diesem Decknamen »Felix Wolf« suchten ihn die deutschen Behörden in den folgenden Jahren als Komintern- und KPD-Funktionär in Deutschland mehrmals steckbrieflich. Vom Mai 1919 bis November 1920 agierte Werner Rakow als Bezirkssekretär der KPD in Hamburg, verschmolz die Hamburger USPD mit der KPD und gründete zusammen mit dem Moskauer Emissär Samuel Sachs-Gladnew den deutschsprachigen Komintern-Verlag Carl Hoym Nachf. Als »Oberbezirkssekretär« der KPD-Bezirke Hamburg, Hannover und Bremen beteiligte sich Rakow, der als »Mann Moskaus« galt, an der Durchführung der putschistischen »Märzaktion«[66] in Hamburg. Seit dem Vereinigungsparteitag von USPD und KPD fungierte Werner Rakow als Informator des kleinen Büros der Komintern[67] und berichtete als »Vertrauensmann« über Interna der KPD nach Moskau. Nach der Wahlnacht rühmte er sich selbst dieser Tätigkeit: »Jedenfalls hat Genosse Lenin erklärt, daß die K. I. und das Politbüro der RKP (B) dank meiner Arbeit wirklich rechtzeitig und richtig über die Verhältnisse in der deutschen Partei auf dem laufenden gehalten worden wären.«[68]

Im Sommer 1922 wurde Werner Rakow im Auftrag des Spionagedienstes der Roten Armee zur »illegalen Arbeit« nach Wien und auf den Balkan kommandiert. Zur Vorbereitung des »deutschen Oktobers« kam Rakow im September 1923 nach Deutschland zurück, baute als Leiter den illegalen »Nachrichten-Apparat« der KPD aus und gehörte zur militärischen Leitung des »Revolutionskomitees«. Nach dem Scheitern des »Hamburger Aufstands« entband die neue »ultralinke« KPD-Führung Werner Rakow im März 1924 von seinen Parteifunktionen und bestellte ihn nach Moskau ein. Hier traf er sich 1924 mehrmals in Privatwohnungen mit Karl Radek und den »rechten« KPD-Funktionären August Thalheimer und Heinrich Brandler[69], die in Moskau kaltgestellt

---

66 Vgl. Koch-Baumgarten, Aufstand der Avantgarde.

67 Vgl. Wehner/Vatlin: »Genosse Thomas« und die Geheimtätigkeit der Komintern.

68 Brief an das Präsidium der Kommunistischen Internationale, 14. März 1933, RGASPI, f. 495, op. 293, d. 110, Bl. 2.

69 Vgl. Becker, Heinrich Brandler.

und dort jahrelang »kominterniert«[70] waren – d. h., sie hatten jahrelanges Ausreiseverbot. Nachdem Briefe abgefangen wurden und der Komintern-Mitarbeiter Joseph Eisenberger Denunziationen lieferte, wurde gegen »die fraktionellen Treibereien der Rechten« von der Zentralen Kontrollkommission der RKP (B) ein inquisitorisches Parteiverfahren[71] durchgeführt. Werner Rakow erhielt einen Verweis und das Verbot, sich an der »deutschen Parteiarbeit« zu beteiligen.

1925 ging Rakow in die USA, schrieb sich als Student an der Columbia-Universität ein und wurde einer der Koordinatoren für die klandestinen Operationen der sowjetischen »Dienste«[72] in den USA. Im Jahr 1927 wurde Rakow nach Moskau zurückbeordert und schloß sich nun den innerparteilichen Kämpfen der »Trotzki-Fraktion« an. Im Januar 1928 wurde er deshalb aus der KPdSU (B) ausgeschlossen, von der OGPU verhaftet und für drei Wochen in einem Moskauer Gefängnis inhaftiert. Trotzdem hielt Werner Rakow nach seiner Entlassung weiter Kontakt zu Karl Radek und dessen Frau Rosa. Während dieser Zeit übersetzte und redigierte er in Moskau den zehnten Band der deutschen Lenin-Ausgabe. Nach einer »Reueerklärung« wurde Werner Rakow zusammen mit der »Gruppe der 38« im Juni 1929 wieder in die Kommunistische Partei aufgenommen und zur »Bewährung in der Produktion« in die chemische Industrie versetzt. Während eines Familienbesuchs in Deutschland stellte Rakow in einem Gespräch mit Thälmann einen Antrag auf Rückkehr in die »deutsche Parteiarbeit«. Sein Antrag wurde dann aber »als einstweilen nicht opportun« zurückgestellt. 1932 setzte Rakow-Wolf in der Moskauer »Verlagsgenossenschaft ausländischer Arbeiter« seine Redaktionsarbeit am elften Band der deutschen Lenin-

---

70 Auch der abgesetzten KPD-Vorsitzenden Ruth Fischer sollte 1926 die Ausreise nach Deutschland verweigert werden. Nach einem Telegramm Thälmanns wurden Heinz Neumann und Hermann Remmele bei der Komintern vorstellig, um die Ausreise zu verhindern. Ruth Fischers »disziplinwidrige Ausreise« diente Thälmann als willkommener Vorwand, um in Moskau telegrafisch für Ruth Fischer die »Aberkennung aller Funktionen« zu fordern. Vgl. RGASPI, f. 508, op. 1, d. 209, Bl. 1–13.

71 Vgl. Becker/Bergmann/Watlin, Das erste Tribunal.

72 In seinem Brief umschrieb Rakow dies so: »Anfang 1925 bis Anfang 1927 war ich dann wieder auf leitendem Posten illegal in außerdeutschen Ländern.« RGASPI, f. 495, op. 293, d. 110, Bl. 2.

Ausgabe wieder fort. Nachdem er im Herbst 1932 im Fernen Osten als stellvertretender Leiter einer Baustelle der Baikal-Amur-Magistrale – weitab von Moskau und unter dem Patronat eines ehemaligen Trotzkisten – seine Arbeit aufgenommen hatte, warnte ihn sein Freund Erich Tacke, Mitarbeiter der GPU, vor bevorstehenden Verhaftungen. Im Januar 1933 begann er wieder in Moskau als Redakteur der Lenin-Ausgabe in der »Verlagsgenossenschaft ausländischer Arbeiter« zu arbeiten. In seiner Erklärung vom 14. März 1933 betonte Rakow demonstrativ, daß er »nicht nur formell, sondern auch innerlich mit der Opposition« gebrochen habe und »immer die Fahne der Partei und der K. I. hochgehalten und gegen Angriffe von welch immer Seite verteidigt«[73] habe.

Erich Tacke. Seit seiner hannoverschen Schulzeit verband Werner Rakow eine enge Freundschaft mit Erich Tacke[74], der 1894 in Lauterburg/Harz geboren wurde. Er durchlief von 1910 bis 1914 eine Ausbildung zum Bankbeamten bei verschiedenen Privatbanken und der Staatsbank in Hildesheim. Im März 1914 ging er wie Werner Rakow nach Petersburg als deutscher Korrespondent der Russisch-Asiatischen Bank in Petersburg. Bei Kriegsbeginn wurde er ebenfalls in Rußland als Zivilgefangener interniert und im Juni 1918 entlassen. Im August 1918 wurde er durch ein Militärgericht in Hannover verurteilt und dann zu einer militärischen Übersetzerschule in Berlin abkommandiert. Sein Versuch, im Oktober 1918 nach Moskau zu reisen, scheiterte, da er bereits in Kowno aufgehalten wurde. Tacke kehrte in die Garnison nach Wolfenbüttel zurück, schloß sich Anfang 1919 der KPD an und wurde 1919 wieder Bankbeamter in Hannover. Seit 1921 verrichtete er »sekrete Parteiarbeit«, d.h., er war nicht zuletzt wegen seiner russischen Sprachkenntnisse im illegalen Militär- und Nachrichtenapparat der KPD tätig, der nicht nur im »Hamburger Aufstand« aufs engste mit den Militär- und Spionagediensten der Sowjetunion kooperierte. 1924 wurde Tacke Mitglied der KPdSU (B) und arbeitete seit Ende 1932 wie andere Teilnehmer der

---

73 RGASPI, f. 495, op. 293, d. 110, Bl. 3.

74 Aus der Nutzung seines Vatersnamens »Erich Albertowitsch Tacke« entstand der Deckname Albert. Zum Lebenslauf vgl. die »Kaderakte« RGASPI, f. 495, op. 205, d. 6620.

»Wahlnacht« in der deutschen Sektion der »Verlagsgenossenschaft ausländischer Arbeiter« in Moskau. Dort traf Tacke auch 1932/33 wieder auf Karl Schmidt, Mitarbeiter des Moskauer Marx-Engels-Instituts und Militärexperte der Komintern, mit dem Tacke bereits vorher in ständigem Briefwechsel gestanden hatte.

Karl Schmidt wurde am 14. August 1897 als Sohn eines Oberstleutnants der österreichischen Armee in Prag geboren. Nach dem Gymnasiumabschluß meldete sich Schmidt 1915 vorzeitig als Freiwilliger für die Artillerie. Während des Krieges bezog er – wie er in seinem Lebenslauf[75] vermerkt – aus der Schweiz pazifistische Schriften wie auch das Marxsche »Kapital«. 1918 wurde er in Brünn in den Soldatenrat gewählt und gründete eine sozialistische Studentengruppe. Schmidt gehörte in der tschechoslowakischen Sozialdemokratischen Partei seit 1918 zu den »Reichenberger Linken«, aus denen 1920 die Kommunistische Partei hervorging. Nach einer Redakteurstätigkeit bei verschiedenen KP-Zeitungen ging er 1921 nach Berlin und wurde hier KPD-Mitglied. Anfangs in der Redaktion der KPD-Zeitschrift *Die Internationale*, dann als Sekretär im Komintern-Verlag Carl Hoym Nachf., verfaßte er eine Reihe von Artikeln und Rezensionen zu innerparteilichen Problemen und Fragen der Militärgeschichte, die meist unter »K. S.« in der Zeitschrift der KPD, *Die Internationale*, erschienen. Folgt man der Darstellung in Schmidts späterem Lebenslauf, so war er immer auf der nachträglich als richtig definierten »Linie«. 1923/24 befand er sich »in Opposition gegen die Brandlerzentrale«, danach wandte er sich gegen die »Ultralinken« und »vertrat aktiv die Linie des V. Weltkongresses«. Bereits 1923 will er den »Luxemburgismus«, der 1931 nach einem Brief Stalins auch der KPD ausgetrieben wurde, in der »Kommunistischen Studentenfraktion« bekämpft haben. Auch den »Kampf gegen Trotzki und die Trotzkisten« habe er – so in seiner linientreuen »Selbstbiographie« – »aktiv geführt«. Erich Wollenberg berichtet jedoch in seinen »Memoiren«, daß Karl Schmidt »einen falschen Riecher gehabt« habe und wegen »ultralinker Geschichten«[76]

---

75 RGASPI, f. 495, op. 205, d. 1204, Bl. 2–4.

76 Wollenberg, Memoiren, S. 124. Wahrscheinlich sind damit seine 1924 und 1925 in der Zeitschrift Die Internationale unter »K. S.« erschienenen Artikel gemeint.

nach Moskau strafversetzt worden sei. Im September 1926 wurde Karl Schmidt nach Moskau in die Agitprop-Abteilung des EKKI kommandiert, wo er als Referent für England und Amerika arbeitete. Nach dem VI. Weltkongreß der Komintern (1928), wo er »vom ersten Moment gegen die Versöhnler und Rechten stand« (Lebenslauf) und als Sekretär der Antikriegskommission des EKKI fungierte, beorderte man Schmidt nach Berlin zur Informationsabteilung des ZK der KPD. Im Berliner Parteiapparat wurde er zudem noch als Referent und Instrukteur an der Parteibasis eingesetzt. Nach der Verkleinerung der teilweise offen operierenden Informationsabteilung der KPD wurde er vorübergehend 1929/30 in den klandestinen »Nachrichten-Apparat« der KPD abgeschoben, der Informationen über »Gegner« und Parteimitglieder sammelte, aber auch für die Komintern und sowjetische Spionageapparate[77] arbeitete. Seine Kritik an der Redaktion der *Internationale* und der parteioffiziellen Einschätzung, daß mit der Brüning-Regierung bereits die »faschistische Diktatur« herrsche, führte dazu, daß Schmidt im Mai 1931 erneut nach Moskau an das Marx-Engels-Institut »kommandiert« wurde. Da Karl Schmidt in der von ihm redigierten Volksausgabe des »Kapitals« auf die vorliegenden Kautsky-Ausgaben[78] zurückgriff, erhielt er im Marx-Engels-Institut »wegen nicht genügender Wachsamkeit« eine Parteirüge. Nach dieser Maßregelung versuchte er 1933 als KPD-Mitglied durch einen Antrag an die »Deutsche Vertretung« der KPD die Genehmigung für seine Rückkehr in die Tschechoslowakei zu erhalten.

Seine nichtkonforme Parteibiographie, die parteiamtlichen Rügen und seine dadurch ausgelösten Rückkehrpläne »erklären« auch Schmidts Bereitschaft, durch eine Meldung an Fritz Heckert, den Leiter der »Deutschen Vertretung«, über den Verlauf der Wahlnacht einen »Bericht« zu liefern. Nicht zuletzt hoffte er dadurch auch seine bedingungslose Parteiloyalität zu beweisen. Die Hoffnung auf die mögliche Abreise aus Moskau, die für »Parteisoldaten« nur nach Zustimmung der Partei- und Komintern-Instanzen möglich war, beförderte dabei wahrscheinlich auch Schmidts Bereitschaft zur Denunziation. Hier konnte aber

---

77 Vgl. Müller, Hitlers Rede.

78 Vgl. auch Hecker, Rjasanovs Editionsprinzipien der ersten MEGA, S. 23f.

auch der über die Rückkehrpläne informierte Fritz Heckert ansetzen und Schmidt zur Abfassung der folgenden Meldung über die Moskauer Wahl-Purgisnacht bewegen:

»Moskau, den 11. 3. 1933

An den Genossen Heckert!

Am 5. März wurde ich von dem Genossen Wollenberg, mit dem ich persönlich befreundet bin, eingeladen, bei dem Genossen Taubenberger die Wahlresultate am Radio abzuhören. Ich fand dort eine Reihe von Genossen vor, die sehr scharf, teilweise verächtlich, von der Politik und Führung der deutschen Partei sprachen. Ich habe mit dem Genossen Wollenberg über seine Auffassungen diskutiert und ihm gesagt, daß er die Fraktionsansichten der Neumann-Gruppe vertrete, was er jedoch verneinte. Im übrigen habe ich mich mit den anderen Genossen (Taubenberger und Felix Wolf) in keine Diskussion eingelassen. Ich betrachte es aber als meine Pflicht, der Vertretung der deutschen Partei diese Tatsachen mitzuteilen. Obwohl meiner Meinung nach zwischen den einzelnen Genossen keine völlige Übereinstimmung herrschte und einige sogar gegen verschiedene Äußerungen, die geäußert wurden, polemisierten, scheint mir doch die Gefahr zu bestehen, daß sich hier eine parteifeindliche Gruppe bildet.

Empörend waren vor allem die Äußerungen des Genossen Felix Wolf, der u. a. erklärte: ›Gott sei Dank, daß der Trottel, der Teddy, verhaftet ist, das hat sich gelohnt!‹ Wenn auch die anderen Genossen mit dieser Bemerkung vielleicht nicht einverstanden waren, so haben sie doch keinen Protest gegen diese Äußerung erhoben.

Unter den anwesenden Genossen befanden sich auch der Genosse Schiff und sein jüngerer Bruder. Genosse Schiff bediente an diesem Abend den Radio-Apparat und hat die Diskussion, wie er mir später sagte, nicht mit angehört, weil er eingeschlafen war.

Auf dem Nachhausewege sprach ich mit dem Genossen Schiff über die gefallenen Äußerungen, wobei er meine Ansicht über die parteifeindliche Ansicht teilte, jedoch bemerkte, daß er durch seine Gefängnishaft nach der Münchner Räterepublik persönlich mit den Genossen verbunden sei. Er glaube nicht, daß es nötig sei, darüber Meldung zu machen.

Gez. Karl Schmidt«[79]

Karl Schmidt brachte seine »Meldung« über die »Wahlnacht« an Fritz Heckert, den »Leiter der Deutschen Vertretung beim EKKI«, erst am

---

79 RGASPI, f. 495, op. 205, d. 8579, Bl. 13.

11. März 1933 zu Papier. Diese Anfangsdenunziation wurde auch als Durchschrift[80] (ohne Namensnennung und Unterschrift) an den EKKI-Sekretär Pjatnitzki weitergegeben. In Kenntnis dieser Denunziation beantwortete Fritz Heckert am 21. März 1933 den Antrag von Werner Rakow, in Deutschland zur Parteiarbeit verwendet zu werden, mit einer kurzen Notiz: »Am 5. März 1933 erklärte der Genosse Felix Wolf[81] in der Wohnung von Genossen Taubenberger nach Aussagen des Genossen Karl Schmidt: ›Gott sei Dank, daß der Trottel, der Teddy[82], verhaftet ist, das hat sich gelohnt.‹ Auf Grund dieser Tatsache kommt eine Verwendung des Genossen Wolf in Deutschland nicht in Frage.«[83]

Parteigericht und Straftheater der Komintern

Während Fritz Heckert für die Parteikader im Moskauer Exil und im Westen ein öffentliches Exempel statuieren wollte, schien die Komintern die Sache anfangs »familiär«, d. h. intern, behandeln zu wollen. Erfuhren die KPD-Parteileitung oder Komintern-Instanzen durch umlaufende Gerüchte oder durch Meldungen von »geselligen Abenden«, dann wurde in persönlichen Gesprächen versucht, einen der Teilnehmer als Zeugen gegen die übrigen zu gewinnen. Ein solcher Seitenwechsel[84] konnte schon in den zwanziger Jahren mit dem schlichten Verweis auf die eigene Teilnahme an einem »parteifraktionellen Treffen« ausgelöst werden. Die dann in Moskau zu erwartenden Folgen: Parteistrafe, Verlust des Arbeitsplatzes und der Wohnung, Degradierung, »Kominternierung«, Strafeinsätze in der Provinz oder im Ausland wie auch der Hinweis auf alte »Parteisünden« ermöglichten es den Machttechnikern des Parteiapparats, je nach Bedarf und in vertraulichem Gespräch aus-

---

80 RGASPI, f. 495, op. 19, d. 530, Bl. 29.

81 Felix Wolf, d. i. Werner Rakow.

82 Teddy, d. i. Ernst Thälmann.

83 RGASPI, f. 495, op. 293, d. 110, Bl. 4. Auffällig ist hier, daß Heckert auf die »Aussagen« Schmidts rekurriert und diese zur »Tatsache« erklärt.

84 Vgl. etwa die Rolle Joseph Eisenbergers als Teilnehmer und umgedrehter Kronzeuge in einem Inquisitionsverfahren der Kontrollkommission 1924/25. Becker/Bergmann/Watlin, Das erste Tribunal.

sagewillige »Zeugen« unter den Teilnehmern zu gewinnen. Einen solchen Verlauf scheint auch die innerparteiliche Untersuchung der »Wahlnacht« in der Moskauer Wohnung Taubenbergers genommen zu haben. Karl Schmidt berichtete mit sechstägiger Verspätung dem Leiter der Deutschen Vertretung, Fritz Heckert, den er vorher wegen seiner Weiterverwendung nach einer Parteirüge und einer Ausreise nach Prag aufgesucht hatte, über den Verlauf der Wahlnacht. In seiner Funktion als Leiter der Deutschen Vertretung beim EKKI verfügte Heckert[85] sowohl über das gesammelte Personalwissen der Kaderabteilung wie auch über alle Gerüchte und Dossiers, die über innerparteiliche Häretiker im Umlauf oder in den »Kaderakten« aufbewahrt wurden.

Nach dem Vorliegen der wahrscheinlich bestellten oder ausgehandelten Denunziation durch Karl Schmidt und dem ersten »kategorischen« Protest Rakows bei Heckert gegen diese »gemeine Verleumdung«[86] sollte eine Untersuchungskommission den Verlauf der »Wahlnacht« klären. Die während der ersten Sitzung dieser Kommission anwesenden Erich Tacke, Karl Goldschmidt, Erich Wollenberg stellten mit ihren Angaben den »verleumderischen Charakter der Erklärung Schmidts« fest, der selbst als Kronzeuge aber nicht präsentiert wurde. Rakow erklärte, daß ihn mit Tacke eine »zwölfjährige Freundschaft« verbinde, daß er mit Wollenberg und Goldschmidt aus der Verlagsarbeit »oberflächlich bekannt« sei und alle anderen mit Ausnahme der Frau Tackes das erste Mal in der Wohnung Taubenbergers gesehen habe. Die hochnotpeinliche Untersuchung wurde dann in der nächsten Instanz im »Büro der Parteizelle der KPdSU (B) im EKKI« weiter verfolgt. Hier relativierte Schmidt einige seiner »Aussagen« und verband sie bereits mit der pro-

---

85 Der Verdacht von Arvo Tuominen, daß Heckert 1936 einen unnatürlichen Tod gefunden habe, wurde wahrscheinlich dadurch ausgelöst, daß Heckert kurz vor seinem natürlichen Herztod mehrere Korruptionsfälle der russischen RGI-Führungsfunktionäre entdeckte und auch an Dimitroff weitervermeldete. Vgl. Tuominen, Stalins Schatten über Finnland, S. 159; Tosstorf, Fritz Heckert – ein Tod unter denkwürdigen Umständen. Vgl. auch den Brief Heckerts an Dimitroff (3. März 1936), in dem Heckert mehrere Korruptionsfälle in der RGI-Führung schildert, RGASPI, f. 495, op. 74, d. 122, Bl. 1.

86 So Werner Rakow in einem Brief an die IKK, April 1933, RGASPI, f. 495, op. 205, d. 6351, Bl. 50.

phylaktischen »Selbstkritik«, daß er nicht sofort in der Wohnung Taubenbergers protestiert habe.

Zu der nächsten Sitzung des Büros der Parteizelle der KPdSU im EKKI wurden am 2. April 1933 einige Teilnehmer des Abends zitiert, und der hochrangige Berichterstatter Mauno Heimo, Sekretär des Sekretariats des EKKI, wußte hier – unter Berufung auf Karl Schmidt – allenfalls zu vermelden, daß Werner Rakow an diesem Abend angeblich gesagt habe, »daß die Verhaftung Thälmanns die Parteiarbeit positiv beeinflussen werde«.[87] Bereits während dieser Sitzung wiesen Wollenberg und Rakow die Beschuldigungen Schmidts vehement zurück, und Rakow bezeichnete Schmidt als »Denunzianten und Verleumder«[88]. Eine Kommission sollte weitere Befragungen durchführen. Aber bereits am nächsten Tag fand eine Sitzung der Internationalen Kontrollkommission der Komintern statt, an der auch Aron Solz, Mitglied der Zentralen Kontrollkommission der KPdSU (B), teilnahm. Solz stellte noch einmal die offizielle Politik von KPdSU- und Komintern-Führung verbindlich vor: »Die Hauptverantwortung für das, was in Deutschland passierte, trägt die Sozialdemokratie, vor allem die Führung der Sozialdemokratie, die wir vor allem schlagen müssen. Unsererseits kann es ihr gegenüber keine Schonung geben.«[89] Der Hauptbeschuldigte Rakow berichtete während der Sitzung der IKK[90] über die Äußerungen Wollenbergs: »Was er erzählte, dieser Unglücksfall, als man ihm den Schädel einschlug, diese seine Erzählung hatte keinen einzigen Anflug gegen die Parteiführung [...]. Und umgekehrt Wollenberg zog daraus abschließend keine verallgemeinernde Folgerung und machte das nicht zum Vorwurf gegen die Leitung und Thälmann persönlich.« Rakow berichtete weiter, daß Wollenberg gefordert habe, die Mitarbeiter des »Militär-Apparats«, die für die Verhaftung Thälmanns verantwortlich seien, zur Verantwortung zu ziehen. Heckert forderte, daß man, »um ein Exempel zu statuieren«, entweder Rakow und die anderen oder Karl Schmidt bestrafen müsse.[91] Am nächsten Tag sollten der Internationa-

---

87 RGASPI, f. 546, op. 1, d. 209, Bl. 76.

88 RGASPI, f. 495, op. 205, d. 8579, Bl. 26.

89 RGASPI, f. 495, op. 205, d. 8579, Bl. 76–77.

90 Das ist die Internationale Kontrollkommission der Komintern.

91 RGASPI, f. 495, op. 205, d. 6351, Bl. 52.

len Kontrollkommission die »Lebensläufe« vorgelegt und weitere Befragungen durchgeführt werden. Aber die Internationale Kontrollkommission kam kurzerhand und ohne weitere Befragung zu einem Beschluß, der demonstrativ in der Moskauer *Deutschen Zentral-Zeitung*[92] publiziert wurde. Der Fall der »Wahlnacht« beschäftigte noch die höchsten Komintern-Gremien. Die »Politkommission des Politsekretariats des EKKI« beschloß am 9. April 1933 in einer Sitzung: »Der Beschluß betr. Wolf, Wollenberg, Albert, Goldschmidt, Schmidt und Rokwin wird bestätigt, es soll jedoch nur der Ausschluß von Wolf und Wollenberg veröffentlicht werden.« Der Vorsitzende der Internationalen Kontrollkommission, Angaretis, und der EKKI-Sekretär Knorin wurden beauftragt, den »politischen Teil des Beschlusses, der zur Veröffentlichung bestimmt ist, endgültig zu redigieren und ihn in der offenen Sitzung des Politsekretariats am 11. 4. bestätigen zu lassen«.[93]

Als öffentliches Straftheater wurde der redigierte Beschluß sowohl in der Moskauer *Deutschen Zentral-Zeitung* als auch in der Komintern-Zeitschrift *Rundschau* veröffentlicht:

»Beschluß der Internationalen Kontrollkommission der Kommmunistischen Internationale vom 4. 4. 1933 zu Felix Wolf[94] und Erich Wollenberg

Ungeachtet eines blutigen Terrors und der Verhaftungen vieler Tausender ihrer Mitglieder führt die Kommunistische Partei Deutschlands heldenhaft den Kampf gegen die besinnungslos wütende faschistische Diktatur. Zehntausende deutscher Kommunisten zeigen Musterbeispiele opfermutigster Ergebenheit gegenüber ihrer von ihrem bolschewistischen Zentralkomitee geführten Partei. Die faschistische Diktatur ist unfähig, die KPD durch offenen Terror zu zerschlagen. Sie greift deshalb nach der Waffe der Verleumdung und der Lüge gegen die Führung der Partei sowie einzelne

---

92 Deutsche Zentral-Zeitung 1933, Nr. 89. Abschrift im Bestand Wollenberg des Moskauer Sonderarchivs, f. 1199, op. 1, d. 1, Bl. 5. Große Teile des Wollenberg-Fonds des Moskauer »Sonderarchivs«, das bis 1991 dem KGB unterstand, wurden wahrscheinlich für »operative Zwecke« entnommen. Der Bestand Wollenberg wurde wie die Materialien anderer deutscher Emigranten in Frankreich von der Gestapo beschlagnahmt und 1945 von der Roten Armee nach Moskau verbracht.

93 RGASPI, f. 495, op. 18, d. 961, Bl. 7.

94 Felix Wolf, d. i. Werner Rakow.

ihrer Führer und Funktionäre, um unter den Massen Verwirrung zu stiften und ihr Vertrauen zu der einzigen revolutionären Führerin zu erschüttern. Die faschistische Diktatur benutzt zu diesem Zweck jene unbeständigen, kleinbürgerlichen Elemente, die bereits früher in Opposition zur Partei standen, und denen jede wirkliche Parteitätigkeit fremd geworden ist.

Nach Behandlung der Angelegenheit Felix Wolf, Mitglied der Kommunistischen Partei seit 1917, und Erich Wollenberg, Mitglied der Kommunistischen Partei seit 1919, die bereits früher feindliche Fraktionsarbeit gegen die KPD betrieben haben und deshalb parteidisziplinarisch belangt wurden – Felix Wolf gehörte früher der oppositionellen Gruppe Brandler bezw. der Trotzkisten an, wurde aus der Partei ausgeschlossen und später wieder aufgenommen, während Erich Wollenberg im Laufe letzten Jahres in Opposition zur Parteiführung stand und wegen dieser oppositionellen Tätigkeit von der Parteiarbeit entfernt wurde) –, hat die IKK befunden, daß sie dadurch, daß sie angesichts der faschistischen Diktatur in Deutschland den Kampf gegen die KPD fortsetzten und parteifeindliche Ansichten sowie Verleumdungen gegen die Parteiführung verbreiteten, **objektiv zu Agenten des Klassenfeindes wurden**. Ausgehend davon beschließt die IKK: **Felix Wolf** und **Erich Wollenberg** aus der Kommunistischen Partei **auszuschließen**.

Moskau, 4. April 1933«[95]

Der ursprüngliche Beschluß der Internationalen Kontrollkommmission der Komintern wurde für die Veröffentlichung in mehreren Passagen entschärft. Im internen Text betonte die Internationale Kontrollkommission der Komintern noch eigens den exemplarischen Sinn ihres Straftheaters:

»Die IKK erwartet, daß die verhängten Parteistrafen dazu beitragen werden, die Gesamtpartei in der Abwehr aller vom Klassengegner ausgehenden Verleumdungen und Versuche der Diskreditierung der Führung der Partei und ihrer Politik zu stärken, die Partei noch entschlossener in ihrem Kampfe für den Sturz der faschistischen Diktatur zu machen, und der Gesamtpartei ein Beispiel sind, rücksichtslos mit allen offenen und versteckten Agenten der Feinde der Arbeiterklasse, die versuchen wollen, unsere Reihen zu desorganisieren, Schluß zu machen.«[96]

In einer weiteren Variante des internen Beschlusses der IKK wurde ausgeführt:

---

95 Rundschau über Politik, Wirtschaft und Arbeiterbewegung, 1933, Nr. 11, S. 308.
96 RGASPI, f. 495. op. 205, d. 8579, Bl. 52.

»3) Den Genossen Albert[97] und Goldschmidt wird ein Verweis erteilt, da sie keinen Protest gegen die parteifeindlichen Reden Wollenbergs und Wolfs äußerten und auch den entsprechenden Parteiorganisationen keinen Bericht erstatteten. 4) Der Gen. Schmidt wird darauf hingewiesen, daß er auf die parteifeindlichen Äußerungen Schmidts nicht in bolschewistischer Art reagierte (während der Versammlung hat er überhaupt nicht reagiert und danach hat er der Partei nicht rechtzeitig von den parteifeindlichen Auftritten Wollenbergs und Wolfs berichtet).«[98]

Das in dem Amtsblatt der Komintern, der in Basel erscheinenden *Rundschau für Arbeiterbewegung, Politik und Wirtschaft*, veröffentlichte Exempel des Ausschlusses von Wollenberg und Rakow erzielte seine beabsichtigte Wirkung in den westlichen Emigrationsländern. Im Moskauer Exil lieferten die vereinzelten Kritiker der »Generallinie« ihre Selbstkritik als Sündenbekenntnisse[99] ab. Noch 1936 mußte sich Hans Günther reumütig an seine »Depressionsstimmungen« und an seine Zweifel an der »Parteilinie« erinnern, die ihn und Johannes R. Becher 1933 in Prag befallen hatten. Erst nach der Rückkehr nach Moskau sei ihnen durch Diskussionen mit Fritz Heckert und Georg Lukács[100] klar geworden, daß ihre Meinung von einer »Niederlage« der deutschen Arbeiterbewegung damals falsch gewesen sei, auch wenn sie 1935 zur offiziellen »Linie« erklärt wurde. Nicht zuletzt da Trotzki 1933 als vehementer Kritiker der gescheiterten Komintern- und KPD-Politik agierte und um den politischen Führungsanspruch der Komintern durchzusetzen, wurden Kritiker in den eigenen Reihen als »objektive Agenten« des Klassenfeindes ausgeschlossen, in Bußritualen diszipliniert oder wie Hans Günther in »tagelangen Diskussionen« wieder auf »Linie« gebracht.

Trotzki hatte 1933 die Politik der Moskauer Komintern-Führung und der KPD-Bürokratie kritisiert: »Sie nennt ›Defätisten‹ nicht jene, die die Niederlage herbeiführten – sonst müßte sie sich selbst nennen –, sondern jene, die aus der Tatsache der Niederlage die notwendigen Schluß-

---

97 Das ist Erich Tacke.

98 RGASPI, f. 495, op. 205, d. 6351, Bl. 29 a.

99 Walter Haenisch an das Zellenbüro im Institut Marx-Engels-Lenin, 18. April 1933, RGASPI, f. 495, op. 205, d. 1256, Bl. 52.

100 Vgl. Müller (Hg.), Die Säuberung, S. 98–100.

folgerungen ziehen.«[101] Ausgehend von Trotzkis Faschismus-Analyse wurde ähnliche Kritik an der von der Komintern- und KPD-Führung mitverschuldeten Niederlage der deutschen Arbeiterbewegung in der in Prag erscheinenden trotzkistischen Zeitschrift *Unser Wort*[102] und in der *Neuen Weltbühne* vor allem durch Artikel Willy Schlamms geübt. Karl Gröhl, der Wollenberg noch in Moskau vor seiner fluchtartigen Abreise getroffen hatte, veröffentlichte in der trotzkistischen Zeitung *Unser Wort* einen nicht gezeichneten Artikel:

»Die Diskussion über den Ausschluß der beiden Genossen Wolf und Wollenberg will trotz aller Unterdrückungsversuche seitens der Kominternbürokratie nicht abbrechen. Es ist nicht neu, daß geschlagene, unfähige Führer sich mit doppelter Wut gegen die Kritiker werfen. Im Falle Wolf-Wollenberg wirkt diese Wut um so peinlicher, als die meisten hiesigen deutschen und russischen mittleren Funktionäre die Berechtigung der Kritik über das völlige Versagen der KPD und der Komintern in persönlichen Gesprächen zugeben. Die Gründe des Ausschlusses sind kurz folgende: Beide Genossen stimmten gegen die Resolution des EKKI über die Lage in Deutschland. Sie erklärten, daß nicht nur die KPD, sondern auch die Komintern zusammengebrochen sei, und daß die KPD und die Komintern auf neuer Grundlage aufgebaut werden müssen.«[103]

Da Karl Gröhl in diesem Artikel sowohl von Erich Wollenberg wie von Werner Rakow behauptete, daß sie in Moskau als Verfechter einer neuen KPD und einer neuen Internationale auftreten würden, erhöhte diese öffentliche Reklamierung für den »Trotzkismus« sicherlich die Gefährdung[104] von Wollenberg und Rakow in Moskau.

Noch vor der Veröffentlichung des Beschlusses der Internationalen Kontrollkommission vermeldete der Referent in der Genossenschaftsabteilung, Franz Berger[105], am 5. April 1933 seine Parteipflicht mit »bolschewistischer Wachsamkeit« an Fritz Heckert:

---

101 Trotzki, Deutsche Perspektiven, in: Die Neue Weltbühne, 2. Jg., 1933, Nr. 30, S. 920.

102 Vgl. Leninismus gegen Stalinismus.

103 Zum Ausschluß der Genossen Felix Wolf und Wollenberg aus der Partei. In: Unser Wort, 1. Jg., 1933, Anfang Juli, S. 5.

104 Darin erinnerte sich Erich Wollenberg auch in seinen unveröffentlichten »Memoiren«.

105 Franz Berger, geb. 1900 in Halle, KPD-Mitglied seit 1918, Sekretär der Genossenschaftsabteilung des ZK der KPD, 1932 Referent in der Genossenschaftsabteilung

»Gestern erhielt ich zufällig die Mitteilung, daß im Fall von Gen. Wollenberg eine innerparteiliche Untersuchung im Zusammenhang mit seiner parteifeindlichen Einstellung durchgeführt wird. Deshalb kann ich erst heute folgende Mitteilung machen:

Am Tage der Ankunft Wollenbergs habe ich zusammen mit Schiff den Genossen Taubenberger besucht, der einen verantwortlichen Posten im Schwerindustrie-Trust innehat. Bei diesem Genossen war auch Wollenberg. Beide kannten sich aus der Arbeit in der süddeutschen Arbeiterbewegung. W[ollenberg] informierte über die Lage in Deutschland und ging auf den Berliner Verkehrsarbeiterstreik ein. Er versuchte, die Partei und ihre Politik zu diskreditieren. Er vertrat die Auffassung, daß die Politik der Partei falsch und nicht aggressiv genug sei. [...] An diesem Abend bin ich gegen Gen. Wollenberg aufgetreten und habe im Verlauf der Diskussion die von ihm zugelassene Verdrehung und Entstellung der Tatsachen korrigiert.

Am 2. Februar teilte mir Schiff mit, daß Wollenberg ihn angerufen habe, oder umgekehrt, und daß W[ollenberg] wieder diese Position vertreten hat. [...] Dabei habe Wollenberg gesagt: ›Ich glaube nicht, daß diese Leute in Berlin (hier benutzte er ein Schimpfwort, das Schiff nicht genau wiedergegeben hat, etwa in der Art wie ›jene, die Maulaffen feilhalten‹) in der Lage sind, mit der Situation fertig zu werden. Unsereiner wird nach Moskau geschickt, während es erforderlich ist, in Deutschland den Partisanenkrieg zu organisieren.‹

Soweit ich von Wollenberg in persönlicher Diskussion erfuhr, ist das von Sch[iff] gezeichnete Bild richtig. Ich weiß nicht, ob Gen. Sch[iff] in seinen Aussagen zur Angelegenheit W[ollenberg] schriftliche Antworten auf die Fragen gegeben hat. Ich sah bei dem Gen. Sch[iff] ein Dokument mit schriftlichen Antworten auf die Fragen, in denen er Wollenbergs Position abschwächt und diesen selbst in Schutz nimmt. Ich denke, daß Sch[iff] nur aus persönlicher Freundschaft zu W[ollenberg] diese Position einnimmt und vollständig im Bilde ist über seine parteifeindliche Einstellung. Ich halte ihn für ein die Partei zersetzendes Element und mache deshalb diese Mitteilung. Mit kommunistischem Gruß

Berger, Abteilung Genossenschaften«[106]

---

des EKKI, wurde am 14. August 1937 in Moskau verhaftet. Im Verhör vom 25. November 1937 benannte Hans Schiff wiederum Franz Berger als »Teilnehmer« der Wollenberg verbundenen »trotzkistischen konterrevolutionären Organisation«.

106 RGASPI, f. 495, op. 205, d. 6217, Bl. 30 und Bl. 30a. Eine Abschrift dieser »Mitteilung« wurde auch an Taubenbergers KPdSU-Parteizelle in der Hauptverwaltung für Militärmobilisierung des Volkskommissariats für Schwerindustrie geschickt.

Auch der Komintern-Funktionär Sepp Schwab[107], Teilnehmer der Münchner Räterepublik, der Taubenberger zweimal in dessen Wohnung besuchte und von ihm mehrmals besucht wurde, wie Schwab in einer Anlage zu seinem Lebenlauf[108] penibel notierte, unterbrach 1933 die freundschaftlichen Kontakte zu Taubenberger. Der wachsame Komintern-Funktionär Schwab[109] umschrieb die Gründe für den Abbruch seiner »Beziehungen« zu Taubenberger mit dem ausdeutbaren Begriff der Atmosphäre: »Den persönlichen Verkehr mit ihm stellte ich ein, da mir die Atmosphäre bei ihm nicht behagte.« Bereits 1935 habe er »auf Grund eines schriftlichen Berichts« die Verhaftung von Taubenberger »und seiner Gruppe« gefordert, wie Schwab in einer Anlage zu seinem Lebenslauf am 12. Juli 1937 hervorhob. Zurückgekehrt aus Kopenhagen, beschrieb Schwab für die Kaderabteilung 1937 ausführlich auch seine Verwandtschaftsverhältnisse und distanzierte sich von inzwischen verhafteten »Personen«, mit denen er im Verlauf seiner politischen Arbeit in »Verbindung« gekommen war, die sich jetzt aber für Schwab »als Terroristen, Verbrecher, Gestapoagenten, Spione und gekaufte Subjekte

---

107 Sepp Schwab, geb. 16. Januar 1897 in München, 1915 Einberufung zum Militär, 1917 USPD-Mitglied, 1919 KPD-Mitglied, in der Münchner Räterepublik »Chef des Feldeisenbahnwesens der bayrischen Roten Armee« und »Kommandeur des Frontabschnitts Südost«, 1919–1923 Festungshaft in Niederschönenfeld, 1924/25 Gefängnis, 1926–1930 Chefredakteur der Neuen Zeitung und Mitglied der Leitung des KPD-Bezirks Südbayern, seit 1930 in Moskau als Hauptreferent für deutsche Fragen im mitteleuropäischen Ländersekretariat der Komintern, Lektor an der Lenin-Schule, 1935 Mitglied der Zentralen Kontrollkommission der KPD, 1936 in Kopenhagen als Leiter der KPD-Nordbezirke, 1937 Redakteur des Moskauer Rundfunks, 1945 Chefredakteur der KPD-Zeitung Deutsche Volkszeitung, 1946 Mitglied der Chefredaktion der SED-Zeitung Neues Deutschland, wegen Veröffentlichunge eines »trotzkistischen Artikels« in die Leitung der DEFA abgeschoben, danach diplomatischer Dienst, verstarb 1972 in Berlin. Vgl. Schwabs Lebensläufe, RGASPI, f. 495, op. 205, d. 6825.

108 RGASPI, f. 495, op. 205, d. 6825, Bl. 141.

109 Vgl. auch [Max Josef Schwab], Niederschönenfeld. Das bayerische Sibirien. Vom Festungsgefangenen Nr. 98, Berlin 1925. Hier nennt Schwab einen Mitgefangenen »Sch«, der sich ihm gegenüber als Spitzel offenbart habe. Gerd W. Jungblut behauptet, daß es sich dabei um Hans Schiff gehandelt habe. Vgl. Mühsam, Briefe, Bd. II, S. 473 und S. 919.

erwiesen«.[110] Zumindest den umlaufenden Vernichtungsjargon hatte Schwab internalisiert.

Nahezu alle Teilnehmer an der »Wahlnacht« in der Wohnung der Familie Taubenberger waren bereits seit 1933 durch die Protokolle der Internationalen Kontrollkommission der Komintern, durch die Akten der Kaderabteilung und durch den veröffentlichten Beschluß der Kontrollkommission »objektiv zu Agenten des Klassenfeindes« erklärt worden oder konnten zu diesen in »Verbindung« gebracht werden. Hochgestellte und mit den Selektionsritualen vertraute Funktionäre der Komintern wie Schwab, der ebenfalls in der Festung Niederschönenfeld[111] inhaftiert war, distanzierten sich 1933 ebenso wie bereits als »Versöhnler« stigmatisierte einfache KPD-Mitglieder[112] von der ihnen bekannten Familie Taubenberger, vom öffentlich angeprangerten Erich Wollenberg und von Max Hoelz, der in den paranoid ausgeprägten Verdachtsketten sowohl mit Taubenberger wie mit Erich Wollenberg in »Verbindung«[113] gebracht werden konnte.

Gesellige Abende[114] gehörten zumindest noch bis 1935 zu jenen Mos-

---

110 RGASPI, f. 495, op. 205, d. 6825, Bl. 140.

111 Vgl. Schwabs ausführliche Schilderung der Verhältnisse in der Festung Niederschönenfeld in einem Brief an Wilhelm Pieck, 10. Juli 1921, SAPMO/BA, RY 1, I 2/3/76, Bl. 215–219a.

112 Kurt Nixdorf, 1931 als »Versöhnler« aus dem Moskauer Marx-Engels-Institut entlassen, wies 1933 die Behauptung zurück, daß er in den Fall Rakow-Wollenberg »verwickelt« sei. Nixdorf betonte in einem Schreiben an Fritz Heckert, daß er sich mit Wollenberg nur deswegen getroffen habe, da er Wollenbergs Zimmer während dessen Sanatoriumsaufenthalts mieten wollte. RGASPI, f. 495, op. 205, d. 4751, Bl. 7.

113 Auch Max Hoelz, der sich in Moskau häufig mit Erich Wollenberg getroffen hatte, ging nun demonstrativ zu Wollenberg auf Abstand. In einem Brief lehnte Hoelz es ab, weiterhin mit Wollenberg als »Freund und Genosse« zu verkehren, da er die »Autorität der Parteiführung« unterwühle. Hoelz hielt demonstrativ Wollenbergs Verhalten für »parteischädigend« und forderte Wollenberg auf, seine Fehler einzusehen und zu korrigieren. Diesen Brief richtete zwar Hoelz am 2. Mai 1933 an Wollenberg, eine Durchschrift übergab er jedoch gleichzeitig der Komintern. RGASPI, f. 495, op. 205, d. 8579, Bl. 43 u. 65.

114 Zumindest die »wachsamen« Teilnehmer von abendlichen Treffen vermelden dies nachträglich bei KPD- oder Komintern-Instanzen. Seit 1935 wurde jeder pri-

kauer Lebensgewohnheiten, die auch von deutschen Politemigranten im »Hotel Lux« und in Privatquartieren übernommen und gepflegt wurden. Anfang 1935 jedoch gerieten mehrere Teilnehmer an einem solchen »wetscher«, die sich seit Anfang der zwanziger Jahre aus der gemeinsamen Tätigkeit in der Kommunistischen Jugendinternationale kannten und von denen einige den »Versöhnlern« in der KPD zugerechnet wurden, in das Visier der Komintern-Instanzen und des NKWD, bekamen Parteirügen, wurden aus der KPD ausgeschlossen und auch verhaftet. Während einer »geschlossenen Parteiversammlung« im September 1936 bekannte Alfred Kurella, daß er an solchen »wetschern« in der Wohnung von Martha und Fritz Globig teilgenommen hatte:

»Vor 1 1/2 Jahren habe ich aktiv an der Organisierung von jenen Wetschern geholfen, die von den sogenannten KIM-Leuten[115] organisiert wurden. Ich war auch in der Wohnung von Globig. Ich war also einer der Initiatoren dieser Abende, die offen einen parteischädlichen Charakter hatten. Es waren auf diesen Abenden Mitglieder der WKP und der Bruderparteien anwesend. Mit Ausnahme von Winter und mir waren alles solche Elemente anwesend, die vorher zu Strömungen und Gruppierungen gehört hatten, die ausgeschlossen und wieder aufgenommen waren.«[116]

Martha Globig, die nach diesem »Abend« aus der KPdSU ausgeschlossen wurde und ihre Stelle als Redakteurin verlor, schilderte die daraus folgende Isolierung: »Das war für uns eine außerordentlich schwierige Zeit. Selbstverständlich kam keiner von den alten Genossen, die wir doch in Moskau zu Dutzenden hatten, zu uns. Niemand grüßte uns mehr auf der Straße. Wir waren sozusagen Ausgestoßene und mußten uns wirklich auch als solche fühlen.«[117]

---

vate Kontakt mit bereits Stigmatisierten, vom Gruß auf der Straße über Händeschütteln bis zum gemeinsamen Abend, in der Regel peinlichst vermieden, nicht zuletzt um dem Vorwurf der »Verbindung« zu entgehen. Emma Tromm benannte in ihren Tagebüchern diese präventive Selbstisolation nach dem Schauprozeß im August 1936: »Diese Abende waren so, daß wir uns immer verabredet haben. Nach dem Prozeß habe ich keine Lust mehr.« Tagebücher, Nachlaß Emma Tromm, SAPMO/BA NY 4206.

115 Frühere Funktionäre der Kommunistischen Jugendinternationale.

116 Müller (Hg.), Die Säuberung, S. 497f.

117 Martha Globig (1901–1991), Leben ist mehr als über ein Feld gehen, in: Plener (Hg.), Leben mit Hoffnung in Pein, S. 243f.

Auch wenn der Parteiausschluß im Jahre 1933 für Rakow und Wollenberg noch keine Verhaftung nach sich zog, so drohte zumindest der Verlust des Arbeitsplatzes und eine Kommandierung in die Provinz.

Deshalb formulierte Wollenberg am 29. September 1933 einen »Antrag auf Rekurs des Beschlusses der Internationalen Kontrollkommission«. In diesem vierseitigen Antrag verwies er darauf, daß in den 15 Jahren, die er »in den Reihen des revolutionären Proletariats« kämpfte, keinen anderen politischen Gedanken gehabt habe, als alle »Kräfte im Dienste der Befreiungsbewegung des deutschen und internationalen Proletariats freudig, diszipliniert und vorbehaltlos der Partei und ihrer Führung zur Verfügung zu stellen«.[118] Nach der Schilderung von Verfolgung, Haft und illegaler »Arbeit« betonte Wollenberg, daß er auch nach der Machtübernahme Hitlers seiner »revolutionären Vergangenheit« treu geblieben sei und daß er bei Thälmann um einen Einsatz in Deutschland gebeten habe. Wollenberg hob dann hervor, daß er entgegen der »Vermutung während des IKK-Verfahrens« keinerlei fraktionelle Verbindungen mit der Neumann-Remmele-Gruppe gehabt habe. Ausführlich schilderte Wollenberg dann die Wahlnacht und seine »Verbindungen« zu den Teilnehmern:

»Die Zusammenkunft am 5. März bei Gen. Taubenberger diente ausschließlich der Radioinformierung über den Wahlausgang in Deutschland. Felix Wolff[119] hatte ich 1923 bei meiner illegalen Arbeit in Deutschland kennengelernt und bin dann erst im Januar 1933 durch meine Verlagsarbeit in Moskau mit ihm wieder zusammengekommen; vor dem 5. März habe ich nur einige Male, meist im Dienst, kurz mit ihm gesprochen. Mit Goldschmidt und Albert[120], die ebenso wie ich im Verlag arbeiteten, hatte ich vor dem 5. März kaum mehr als ein paar Worte gewechselt. Taubenberger ist mein alter langjähriger Kampfgenosse und persönlicher Freund (bayrische Rote Armee, Gefängnis und Fluchten, Oktoberkämpfe 1923 usw.). Schiff kenne ich seit 1921 aus der Festungshaft. Schmidt lernte ich 1927 bei der Agitproparbeit im EKKI kennen.«

Erich Wollenberg bestritt dann vehement jene Behauptungen und Äußerungen, die Karl Schmidt als bestellte Denunziation verfaßt hatte:

---

118 RGASPI, f. 495, op. 205, d. 8579, Bl. 7.

119 Das ist Werner Rakow.

120 Das ist Erich Tacke.

»Meine Ausführungen über die deutschen Ereignisse und besondere persönliche Erfahrungen der Arbeit unter den Nazis, trugen nicht, wie Karl Schmidt nachträglich behauptet, einen ›parteifeindlichen Charakter‹. Besonders habe ich nichts mit solchen faschistisch-banditischen Gedankengängen und Ausführungen zu tun, wie sie mir Karl Schmidt unterschiebt, wenn er behauptet, ich hätte mich zynisch (!) über den von faschistischen Banditen gefangenen, in unmittelbarer Todesgefahr befindlichen Genossen Thälmann geäußert. Auch habe ich banditisch-faschistische Aussprüche der Art, wie sie Karl Schmidt von Felix Wolf gehört haben will (›es hat sich verlohnt, daß Teddy[121] verhaftet ist‹), nicht gehört und konnte sie auch am 5. März bei Taubenberger nicht hören, weil ich mich dort unter Kommunisten befand.«[122]

Abschließend betonte Wollenberg, daß für ihn ein Leben »außerhalb der Reihen des kämpfenden revolutionären Proletariats« zweck- und sinnlos sei und daß er durch die Tat beweisen wolle, daß er »ein disziplinierter, unverbrüchlich mit dem Proletariat und seiner Kommunistischen Partei verbundener Kommunist« sei. Nach diesem Unterwerfungsschreiben wandte sich Wollenberg am 12. Dezember 1933 auch noch an Wilhelm Pieck, um mit ihm über seine »baldmöglichste Rückkehr in die Partei« zu sprechen. Am 28. Dezember 1933 wurde Wollenbergs Erklärung von der Kontrollkommission zurückgewiesen, da er seine »Vergehen gegen die Partei« nicht anerkannte und weiterhin »verschleierte«.[123] Nach einem Gespräch mit Sepp Schwab richtete Wollenberg am 1. Mai 1934 erneut ein Gesuch[124] zur Wiederaufnahme und zur Verwendung in der illegalen Arbeit in Deutschland an die Internationale Kontrollkommission.

Da seine wiederholten Anläufe zu einer Wiederaufnahme und zu einer von den Partei- und Komintern-Instanzen genehmigten Ausreise abgewiesen wurden, weil sich 1934 in der Sowjetunion zunehmend Diskriminierung und Verfolgung von Homosexuellen abzeichneten, entschloß sich der verbitterte, enttäuschte und gefährdete Wollenberg zu einer riskanten Flucht aus der Sowjetunion. Hierfür konnte er den 1932

121 Teddy, d. i. Parteiname des KPD-Vorsitzenden Ernst Thälmann.

122 RGASPI, f. 495, op. 205, d. 8579, Bl. 8–9.

123 Auszug aus dem Protokoll der Sitzung der IKK, RGASPI, f. 495, op. 205, d. 8579, Bl. 26 und 27.

124 RGASPI, f. 495, op. 205, d. 8579, Bl. 57.

für die Einreise erhaltenen Paß auf den Namen Wilhelm Rüdiger nutzen. Wie der auch im Exil spitzelnde »KPD-Apparat« an die Kaderabteilung in Moskau[125] meldete, wurde Wollenberg am 8. Juli 1934 in Warschau gesehen. Von dort reiste er nach Prag weiter.

Nach der geglückten Flucht Wollenbergs war Werner Rakow gezwungen, sich von Wollenberg mit einem Schreiben[126] an den Vorsitzenden der Internationalen Kontrollkommission, Angaretis, zu distanzieren. Hier berichtete Rakow von einem Gespräch, das er mit Wollenberg im Dezember 1933 geführt habe: Dessen Gedanken seien nur um die Idee gekreist, eigenmächtig ins Ausland zu fahren und sogar durch »selbstständige, individuelle Arbeit und möglicherweise Selbstaufopferung« sich zu rehabilitieren. Rakow forderte von Wollenberg, daß er – im üblichen Bußverfahren – eine »lebendige Arbeit in der Provinz« annehmen solle. Folgt man dem distanzierenden Schreiben Rakows, der 1934 um seine Wiederaufnahme in die KPdSU (B) nachsuchte, dann war Wollenberg seinen Argumenten nicht zugänglich. Wollenberg habe ihm erklärt, daß er »ernsthaft zu einer Umwertung aller Werte« komme: »Er beginne immer mehr zu denken, daß nicht nur die Politik der deutschen Parteiführung, sondern auch die Politik der VKP (B) und der Komintern in den letzten Jahren falsch waren.« Rakow will daraufhin geantwortet haben, daß Wollenberg zu Recht ausgeschlossen sei. Rakow berichtet dann weiter: »Er fragte mich – wirst Du dieses Gespräch verwenden? Ich antwortete ihm, daß ich ihn als politischen Feind betrachte mit allen daraus entstehenden Konsequenzen.«[127]

---

125 RGASPI, f. 495, op. 205, d. 8579, Bl. 29.

126 An die IKK, Angaretis. Dieses nicht datierte Schreiben befindet sich sowohl in der Kaderakte Wollenbergs wie in der Kaderakte von Werner Rakow. RGASPI, f. 495, op. 205, d. 6351, Bl. 75; RGASPI, f. 495, op. 205, d. 8579, Bl. 35.

127 RGASPI, f. 495, op. 205, d. 8579, Bl. 35. Abschließend suchte sich Rakow, der von diesem Gespräch erst nach der Flucht Wollenbergs berichtete, auch noch dadurch abzusichern, daß er von diesem Gespräch den Komintern-Funktionär Madyar (d. i. Lajos Milgdorf) unterrichtet habe und dann nach Sibirien abgereist sei.

Werner Rakow beugte sich den Komintern-Regeln und verfaßte nach der Flucht Wollenbergs eine für die Wiederaufnahme notwendige »Selbstkritik«, die er an die Internationale Kontrollkommission[128] adressierte. Nun lieferte er das floskelhafte Eingeständnis, daß die IKK richtig entschieden habe und auf die »Reinheit der Reihen der Leninsch-Stalinschen Komintern« geachtet habe. Nach Rakows »Eingeständnis« habe die IKK »rechtzeitig das Treffen in der Wohnung Taubenbergers behandelt und es als Versuch betrachtet, eine parteifeindliche Gruppierung zusammenzuschmieden«. Daraufhin wurde Werner Rakow durch einen Beschluß der Kontrollkommission (10. Juli 1934) wieder in die KPdSU (B) aufgenommen und erhielt nur mehr eine Rüge wegen »ungenügender Wachsamkeit«.[129]

Am 1. September 1935 traf in der Kaderabteilung eine eilige Anfrage des NKWD ein, mit der »charakterisierende Angaben« zu Werner Rakow angefordert wurden. Der stellvertretende Leiter der Kaderabteilung, Tschernomordik, antwortete am 9. Oktober 1935 dem NKWD:

»Rakow-Wolf, ehemaliges Mitglied der KPdSU (B) und der KPD. Trat der KPD 1917 bei. Gehörte der oppositionellen Gruppe Brandlers und den Trotzkisten an. Wegen Verbreitung parteifeindlicher Ansichten wurde er aus der Partei ausgeschlossen. Sein Fall wurde vor kurzem revidiert und der Beschluß über den Parteiausschluß durch einen Verweis wegen ungenügender Wachsamkeit ersetzt. Wir verfügen über keine Materialien aus der jüngsten Zeit, die Rakow-Wolf kompromittieren.«[130]

Anfang 1936 kehrte Werner Rakow von seinem Bewährungseinsatz in Sibirien nach Moskau zurück und arbeitete als Übersetzer bei der *Deutschen Zentral-Zeitung*. Am 27. Juli 1936 wurde er vom NKWD, dem nun das vorliegende »kompromittierende Material« im Kontext der »konterrevolutionären Wollenberg-Hoelz-Organisation« ausreichte, verhaftet.

Obwohl er nicht an der Wahlnacht 1933 teilnahm, gehörte Ernst Günther seit der Münchner Räterepublik und der Festungshaft zu

---

128 An die IKK-Gen. Angaretis, 4. Juli 1934. RGASPI, f. 495, op. 205, d. 6351, Bl. 27.

129 RGASPI, f. 495, op. 205, d. 6351, Bl. 8.

130 RGASPI, f. 495, op. 205, d. 6351, Bl. 44.

jenem Freundeskreis, der sowohl von der Kaderabteilung wie vom NKWD als »Verbindung« zur Wollenberg-Hoelz-Gruppe erfaßt wurde.

Ernst Günther. Über den Lebenslauf und die Parteikarriere von Ernst Günther gibt seine spärliche Kaderakte nur bruchstückweise Auskunft, da der 1893 in Dietz an der Lahn geborene Ernst Günther unter den Decknamen »Heinz Mertens« und »Harren« für den »Militär-Apparat« der KPD »verschiedene Parteifunktionen sekreten Charakters« ausführte und wahrscheinlich als Mitarbeiter der Russischen Handelsvertretung in Berlin auch für Spionagedienste der Sowjetunion arbeitete. Nach dem Gymnasialabschluß 1914 nahm Günther – wie Taubenberger, Podubecky, Wollenberg – als Kriegsfreiwilliger am Ersten Weltkrieg teil, verließ 1918 die Front und begann im November 1918 in München ein Philosophie- und Medizinstudium. Beim »Ausbruch der bayrischen Rätebewegung« gab er sein Studium auf, »um sich ganz in den Dienst der Revolution zu stellen«.[131] Seit Anfang 1919 Mitglied der KPD, war er in der Münchner Räterepublik als Artillerie-Kommandant und Chef des Stabes tätig. Nach der Verbüßung von 21 Monaten Haft in der bayrischen Festung Niederschönenfeld übte er in Leipzig illegale Funktionen auf »militär-organisatorischem Gebiet« aus. Für die Vorbereitung des geplanten »Aufstands« wurde er 1923 als »militärischer Organisationsleiter« nach Süddeutschland geschickt. Seit Herbst 1923 polizeilich gesucht, nahm er 1924 wie Erich Wollenberg, Heinz Neumann und Karl Gröhl[132] an dem ersten Kurs der Militär-Schule der Komintern in Moskau teil. Danach wurde er nach Wien als Sekretär der Verwaltung einer russischen Handelsfirma »kommandiert«. Wahrscheinlich benutzte er aber die Handelsfirma nur als Legende für seine klandestine Tätigkeit als Militärexperte. In Deutschland polizeilich gesucht und von der Auslieferung in Wien bedroht, kehrte Günther nach Moskau zurück, wurde hier Mitarbeiter im »Narkomtorg« (Volkskommissariat für Handel) und Mitglied der KPdSU. Nach einer Amnestie reiste Günther 1928 wieder nach

---

131 So in seinem Lebenslauf, RGASPI, f. 495, op. 205, d. 1722, Bl. 14.

132 Liste der Kursusteilnehmer, SAPMO/BA RY1 I 2/3/81, Bl. 206.

Deutschland, arbeitete in der Handelsvertretung in Berlin und für den illegalen »Apparat« der KPD. Nach Abschluß seines Medizinstudiums wurde er 1933 erneut nach Moskau »zur Arbeit kommandiert«. 1936 konnte er mit einem Auftrag der sowjetischen Auslandsspionage legal aus der Sowjetunion ausreisen und emigrierte über die ČSR, Frankreich, Spanien nach Schweden und lebte zusammen mit seiner Frau Meta Günther als praktischer Arzt in Stockholm.[133]

---

133 Vgl. Brief Erich Wollenberg an Meta Günther (Stockholm), 4. Februar 1964. Nachlaß Wollenberg.

Vom proletarischen Heros zur Unperson: Max Hoelz

Noch drei Jahre nach seinem Tod diente Max Hoelz 1936 in den NKWD-Konstrukten zur Verfolgung von »Trotzkisten« unter den deutschen Politemigranten zusammen mit Erich Wollenberg als personifizierter Beelzebub. Frühere Freundschaften und zufällige Treffen mit Max Hoelz, der 1933 im Moskauer Hotel »Metropol«, einem privilegierten Gästehaus der sowjetischen Regierung, logierte, wurden in den Inquisitionsverfahren 1936/37 zur »Verbindung« mit einer bereits vor 1933 stigmatisierten Unperson. Posthum wurde Max Hoelz in den routinemäßig fabrizierten Verschwörungsphantasmen der NKWD-Offiziere zusammen mit Erich Wollenberg zum »Leiter und Organisator einer trotzkistischen Terrororganisation«[1], wie dies z. B. in den »Verhörprotokollen« Elsa Taubenbergers und Herbert Berndts festgehalten wurde. Auf die Frage des NKWD-Vernehmers »Wann und wo wurde die Terrororganisation geschaffen?« wurde als »Antwort« ins vorgefertigte »Protokoll« aufgenommen: »Sie wurde Ende 1932 oder Anfang 1933 von dem aus Deutschland gekommenen Trotzkisten Erich Wollenberg und dem damals in Moskau lebenden Trotzkisten Max Hölz geschaffen.«

In einer streng religiösen Familie eines Schneidemühlarbeiters und Tagelöhners in dem Elbdorf Moritz 1889 geboren, verdingte sich Max Hoelz[2] nach der Schulzeit als Knecht. Mit 16 Jahren brach er aus der dörflichen Enge aus, ging für zwei Jahre nach England und arbeitete in London als Küchenjunge, Geschirr- und Autowäscher. Seine Versuche, im Selbststudium Techniker zu werden, scheiterten in England wie auch

---

1 »Protokoll« des NKWD-Verhörs von Elsa Taubenberger, 7. Januar 1937. Vgl. auch das »Protokoll« des NKWD-Verhörs (15. März 1936) von Herbert Berndt: »Zusammen mit Wollenberg führte diese illegale konterrevolutionäre trotzkistische Arbeit Max Hoelz durch, der die Ansichten von Wollenberg vollkommen teilte. In deren Umgebung existierte eine organisierte trotzkistische Gruppe.« Untersuchungsakte Zenzl Mühsams, ZA/FSB, Moskau, Nr. 249 570.

2 Zur Biographie vgl. auch den wenig ergiebigen Sammelband Giersich/Kramer, Max Hoelz.

nach seiner Rückkehr in Deutschland. Hoelz, Mitglied im »Christlichen Verein Junger Männer« und im evangelischen Tugendbund »Weißes Kreuz«, schlug sich bis 1914 in Berlin als Hausknecht, Geschirrspüler und Kellner, als Filmvorführer in Dresden und Gehilfe eines Landvermessers im Vogtland durch. Als freiwilliger Frontsoldat nahm er an zahlreichen Schlachten im Ersten Weltkrieg teil und wurde mit dem Eisernen Kreuz ausgezeichnet.

Nach Hasardeurstücken in der Novemberrevolution, nach paramilitärisch organisierten Kämpfen mit der Reichswehr während des Kapp-Putsches im Vogtland und während der Märzkämpfe im Mansfelder Land, nach Requirierungen, Gefangenenbefreiungen, Rathauserstürmungen und Brandlegungen in Justizgebäuden wurde der Bürgerschreck Hoelz steckbrieflich gesucht und 1921 zu lebenslänglichem Zuchthaus verurteilt. Die Kommunistische Internationale distanzierte sich bereits während des III. Weltkongresses von Max Hoelz:

»Die Kommunistische Internationale ist Gegnerin des individuellen Terrors und der Sabotageakte, die nicht direkten Kampfeszwecken im Bürgerkrieg dienen. Sie ist Gegnerin eines von der politischen Leitung des revolutionären Proletariats unabhängig geführten Freischärlerkrieges. Aber die Kommunistische Internationale sieht in Max Hölz einen mutigen Rebell[en] gegen die kapitalistische Gesellschaft, deren Zucht sich in Zuchthäusern, deren Ordnung sich in dem Wüten der Ordnungsbestie ausdrückt.«[3]

Hoelz wurde dann dem »Schutz des deutschen Proletariats« anempfohlen, und zugleich sprach der Weltkongreß seine Hoffnung aus, daß er nach seiner Befreiung aus dem Gefängnis in »Reih und Glied der Kommunistischen Partei Deutschlands« kämpfen werde. Seine aktionistischen »Husarenstreiche« und die Zuchthaushaft ließen ihn in der Weimarer Republik zur proletarischen Kultfigur des aufbegehrenden »outlaw« und ausbrechenden Sozialrebellen werden, die in militanten

3 Protokoll des III. Kongresses der Kommunistischen Internationale, S. 217f.

4 Vgl. Mühsam, Gerechtigkeit für Max Hoelz! In Erich Mühsams Broschüre, die im Verlag der Roten Hilfe erschien, wird diese Heroisierung des »Banditen« problematisiert: »Die Regie, die Max Hoelz in der deutschen Presse als Räuberhauptmann anprangern ließ, benutzte also gar nicht ungeschickt die romanti-

Max-Hoelz-Märschen, Liedern, Büchern[4], Broschüren, Zeitschriften und Dramen[5] gefeiert wurde.

Erich Mühsam besang ihn im »Max-Hoelz-Marsch«[6] als kommunistischen Aufstandsheros und marodierenden Bürgerschreck:

Es lebe der Kommunismus, es lebe die Tat!
Es lebe, wer sein Leben gibt fürs Proletariat!
Doch unser Sieg ist nah,
Max Hoelz ist wieder da!
Er hält die Rote Fahne hoch
Und schwingt sie: hurra!

Für Kurt Hiller galt Hoelz, dessen juristisches Wiederaufnahmeverfahren in Ossietzkys *Weltbühne* auch ausführlich dokumentiert[7] und analysiert[8] wurde, als »der Feinste, Hellste, Tapferste unter den deutschen Revolutionären«[9], und in einer Rezension schwärmte er über »die geistige, gütige, dabei mutig ohne Weichheit verwirklichungsmächtige Gestalt dieses einzigen unter allen zeitgenössischen Männer[n] der Tat«. Die »Prachtgestalt Hoelz« wurde von dem vollends hingerissenen Hiller »mit vielen als Führer«[10] empfunden. Für den KPD-Autor Erich Müller, der am 18. August 1935 in der Sowjetunion selbst verhaftet und später ausgewiesen wurde, eröffnete Hoelz nach der mit Thomas Münt-

---

schen Neigungen breiter Volksmassen, um in sie die politischen Sympathien für den revolutionären Tatmenschen abzuleiten. Unter den zahllosen Infamien, die gegen Max Hoelz begangen sind, ist dieser demagogische Kniff eine der ekelhaftesten«, S. 8.

5 Fuchs, Aufruhr im Mansfelder Land.

6 Wegen der Weitergabe des von ihm während der Festungshaft gedichteten Max-Hoelz-Marsches an einen Mithäftling wurde Erich Mühsam 1921 mit »Hof- und Bettenentzug« bestraft. Vgl. Mühsam, Tagebücher, S. 260.

7 Alfred Apfel, Der Kampf um Max Hoelz. In: Die Weltbühne, 24. Jg., 1928, 1. Halbjahr, S. 741–752; S. 784–790.

8 Alfred Apfel/Felix Halle, Die kriminal-politische Bedeutung des Falles Hoelz. In: Die Weltbühne, 24. Jg., 1928, 1. Halbjahr, S. 819–822; [Carl von Ossietzky], Antworten, in: Die Weltbühne, 24. Jg., 1928, 2. Halbjahr, S. 113f.

9 Kurt Hiller, Kisch über Rußland. In: Die Weltbühne, 24. Jg., 1928, 1. Halbjahr, S. 587.

10 Kurt Hiller, Ein Hoelzdrama. In: Die Weltbühne, 24. Jg., 1928, 2. Halbjahr, S. 611.

zer einsetzenden »Reihe der Rebellen« die »Reihe der sozialen Revolutionäre«.[11] Die eigene biographisch-politische Legende hatte Max Hoelz mit seinen Zuchthausbriefen[12] und seiner Autobiographie[13] in den zwanziger Jahren als »proletarischer Robin Hood«[14] oder das Bürgerschreckbild als »marodierender Brandstifter« ausgemalt. Für den Propagandazweck reproduzierte der seit 1919 als KPD-Mitglied firmierende[15] Sozialrebell 1929 aber auch folgsam die parteiamtliche Formel, daß nach 1918 für den »Endsieg der Revolution« die wichtigste Voraussetzung gefehlt habe, nämlich »die Existenz einer zielklaren, disziplinierten, eisernen und revolutionär geführten kommunistischen Partei«.[16]

Die KPD-Führung distanzierte sich bereits 1933, nach seinem Tod, von seinen Aktionen und seiner »Disziplinlosigkeit« in einer offiziellen Broschüre: »Max Hölz [sic, R. M.] glaubte seiner Klasse zu dienen. Er war damals nicht Mitglied der Kommunistischen Partei, er hat sich seit dem Kapp-Putsch der Disziplin der Partei nicht unterwerfen wollen, er hat sich auch in der März-Aktion dieser Disziplin nicht unterworfen und hat seine Kräfte nicht in den Dienst der Gesamtaktion des Proletariats gestellt. Dieses Verhalten liegt in seinem Entwicklungsgang begründet,

---

11 Müller, Ewig in Aufruhr, S. 329.

12 Hoelz, Briefe aus dem Zuchthaus.

13 Hoelz, Vom »Weissen Kreuz« zur Roten Fahne; vgl. auch Hoelz/Bergmann (Bearbeitung), Max Hoelz.

14 Vgl. auch Ypsilon [d. i. Karl Volk], Max Hoelz: Free Lance of the Revolution. Communist Robin Hood, in: ders., Pattern for World Revolution, S. 169–175.

15 Seinen 1921 erfolgten Parteiausschluß stellte Hoelz in seinen Moskauer Protesten an die Komintern 1932/33 immer wieder in Frage, da er »unten« als KPD-Mitglied weitergeführt worden sei. Hoelz insistierte hier auch darauf, daß er seine Aktionen 1919–1921 immer im »engsten Einvernehmen« mit der Bezirksleitung der KPD und aufgrund von »Weisungen« durchgeführt habe.

16 Hoelz, Vom »Weissen Kreuz« zur Roten Fahne, S. 102. Um seine Parteitreue unter Beweis zu stellen, schrieb Max Hoelz 1932 an Bela Kun: »Das Manuskript meines Buches mußte, wie alle solchen Schriften, dem ZK zur Prüfung vorgelegt werden.« Werner Hirsch und Franz Dahlem überprüften daraufhin das Manuskript. Von Hoelz wurde verlangt, »verschiedene Stellen ganz aus dem Buch herauszulassen«. Hoelz betonte dann: »Ich habe mich der Parteidisziplin gefügt.« RGASPI, f. 495, op. 205, d. 6506 (II), Bl. 49.

der die Ursache mancher seiner Handlungen ist.«[17] Während seiner Zuchthausjahre (1921 bis 1928) hatte ihn jedoch die KPD, die für ihn auch eine Gefängnisbraut abkommandierte, wie auch ihre Massenorganisation »Rote Hilfe« als Symbol für den »Kampf gegen die bürgerliche Klassenjustiz und für die Freilassung aller proletarischen Gefangenen« benutzt. Zahlreiche Schriftsteller[18], Verleger, Künstler und Wissenschaftler (Bertolt Brecht, Lion Feuchtwanger, Heinrich und Thomas Mann, Ernst Rowohlt, Otto Dix, Heinrich George, George Grosz, Käthe Kollwitz, Albert Einstein u. a.) setzten sich in einem von der KPD organisierten und instrumentalisierten »Neutralen Komitee für Max Hoelz«[19] und in der »Roten Hilfe«[20] für seine Amnestierung ein. Nach seiner Freilassung am 18. Juli 1928 wurde er von der KPD systematisch in Großdemonstrationen und Versammlungen weiter zum proletarischen Heros stilisiert. Bei seinem ersten Aufenthalt in der Sowjetunion empfing ihn Stalin, und Hoelz – als Ehrenflieger und Ehrensoldat auch mit dem Rotbannerorden dekoriert – sprach auch hier in zahllosen Versammlungen.

Wie aus seinen unveröffentlichten Moskauer Tagebüchern[21] hervorgeht, traf Hoelz bereits im November 1929 in Moskau auf Erich Wollenberg und Willi Budich[22]. Mit Erich Wollenberg geriet er am 7. Dezember 1929 in eine Schlägerei mit zwei russischen Ingenieuren. Auch mit der Familie von Elsa und Hermann Taubenberger, die 1936/37 der »Wollenberg-Hoelz-Organisation« zugerechnet werden, trat Max Hoelz bereits bei seinem ersten Moskau-Aufenthalt in »Verbindung«. In seinem Tagebuch hielt Hoelz am 28. Februar 1930 fest: »Der kleine Heinz Taubenberger bringt Abendessen von der Mutter.« Zurückgekehrt nach Deutschland, wurde Hoelz während einer Versammlung von SA-Schlägertrupps verletzt und im September 1930 nach allzu provokativen öf-

---

17 Max Hölz [!, R. M.], Ein deutscher Partisan, Moskau/Leningrad 1933, S. 20.

18 Vgl. Günther Jordan, M. H., die Literatur und die Intellektuellen. In: Sonntag, 1989, Nr. 42; Manfred Gebhardt, Lesen und Schreiben. In: Sonntag, 1989, Nr. 42.

19 Vgl. die Liste der Unterzeichner in Hoelz, Briefe aus dem Zuchthaus, S. 120–127.

20 Vgl. Erich Mühsam, Gerechtigkeit für Max Hoelz!, 1926.

21 SAPMO/BA NY 4051/5, Bl. 10.

22 Auch der KPD-Reichstagsabgeordnete Willi Budich wurde vom NKWD zur »Hoelz-Wollenberg-Organisation« gerechnet, am 19. September 1937 verhaftet und am 22. März 1938 zum Tode verurteilt und erschossen. Vgl. biograph. Anhang.

Max Hoelz 1930/31
(Günther Jordan)

fentlichen Auftritten von der KPD-Führung zur »Kur« in die Sowjetunion geschickt. Anfangs als Staatsgast hofiert und gefeiert, geriet er wegen seiner Extratouren, Ambitionen und »bekannten Halsstarrigkeit«[23] zunehmend in Gegensatz zu den ihn betreuenden Instanzen der »Internationalen Roten Hilfe«. Bereits im Dezember 1930 wollte er wieder nach Deutschland zurückkehren, besprach am Weihnachtsabend 1930 seine Rückreisepläne mit dem KPD-Vorsitzenden Thälmann und zwei Tage danach mit dem Mitglied des KPD-Politbüros, Hermann Remmele. Sein Antrag auf Rückreise an die »Deutsche Vertretung« vom 25. Dezember 1930[24] wurde zurückgewiesen.

---

23 Willi Münzenberg an Hoelz, 1. November 1930, RGASPI, f. 495, op. 205, d. 6506 (II), Bl. 14. Münzenberg referiert hier detailliert den »Bockmist«, den Hoelz in Deutschland gebaut habe, und warnt ihn davor, »weiter Tamtam« zu schlagen.

24 Max Hoelz, Tagebuch, SAPMO/BA NY 4051/5.

Während ihm die MOPR-Vorsitzende Jelena Stassowa »unkommunistisches Verhalten gegenüber Frauen« vorwarf, wandte er sich selbstbewußt immer wieder gegen den »engherzigen Bürokratismus« in der MOPR, schrieb seit 1930 in riesigen Lettern an Stalin[25], Kaganowitsch[26], Pjatnitzki und die Zentrale Kontrollkommission der KPdSU Protestbriefe, Eingaben und Anzeigen. Auf Agitationsreisen in Sibirien in öffentlichen Versammlungen ausgestellt und umjubelt, wurde er in Moskau zunehmend mit Vorwürfen, mit den früheren »Legenden und Schaudergeschichten«[27] überzogen, sah sich von »unsauberen Machenschaften und Intrigen«[28] umstellt. Nach einer tätlichen Auseinandersetzung mit einem Kontrollposten vor der Lenin-Schule, der ihn mit einem abgelaufenen »propusk« nicht durchließ, wurde Hoelz, der sich schon immer als Kämpfer gegen die »irrsinnige Autoritätsduselei«[29] gesehen hatte, als »Anarchist« und »Hooligan«[30] bezeichnet. Hoelz forderte von der Internationalen Kontrollkommission der Komintern eine Untersuchung und verlangte vom ZK der KPdSU, daß er »wie jedes andere Mitglied« vor eine »Tschistkakommission«[31] gestellt werde. Da er bei seinen Agitationsreisen und als Bergarbeiter in Sibirien gegen die katastrophalen Lebens- und Arbeitsbedingungen der ausländischen Arbeiter bei den »Instanzen« protestierte und sich bei der

25 Brief an Stalin, 28. Mai 1930, Abschrift, RGASPI, f. 495, op. 205, d. 6506 (I), Bl. 12–14.

26 Brief an Kaganowitsch, 12. Mai 1930, Abschrift in RGASPI, f. 495, op. 205, d. 6506 (I), Bl. 19 u. 20.

27 Max Hoelz an das Zentralkomitee der KPdSU, 12. Mai 1930. RGASPI, f. 495, op. 205, d. 6506 (I), Bl. 39.

28 RGASPI, f. 495, op. 19, d. 250, Bl. 5.

29 RGASPI, f. 495, op. 205, d. 6506 (II), Bl. 44.

30 Vgl. § 74 des Strafgesetzes der Russischen Sozialistischen Föderativen Sowjet-Republik, der in der Fassung von 1926 im Wiederholungsfall von »Hooliganerie« Freiheitsstrafen bis zu zwei Jahren vorsah. Auch die Mißachtung von Anordnungen der »obrigkeitlichen Organe« oder von Wachtposten konnte gemäß § 75 STGB mit Freiheitsentzug bestraft werden. Strafgesetzbuch der Russischen Sozialistischen Föderativen Sowjet-Republik.

31 Kommission zur »Parteireinigung«.

MOPR[32] für den amnestierten und von der KPD in die Sowjetunion verschickten Rudolf Margies[33] einsetzte, geriet er zunehmend in Konflikt mit dem Kusnezker Parteisekretär Rafael Chitarow und Jelena Stassowa, der »Genossin Absolut«, in Moskau. Gegen den zur Bewährung nach Kusnezk versetzten Chitarow – einst führender Funktionär der Kommunistischen Jugendinternationale – erstattete Hoelz forsch Anzeige bei der »Zentralen Kontrollkommission«[34] wegen »wissentlich falschen Anschuldigungen, Verleumdung und Ausstreuung von Gerüchten«. Dadurch sei unter »vielen Sowjetarbeitern und unter ausländischen Arbeitern« die Meinung entstanden, er sei nach Sibirien verbannt worden.

Seine Extratouren und Eigenmächtigkeiten, seine Vorliebe für junge Komsomolzinnen, mit denen er sich als öffentlicher Volksheld in kurzem Abstand auch ehelich »registrieren« ließ, machten ihn auch für die »Deutsche Vertretung« beim EKKI, d.h. für Wilhelm Pieck[35] und für Fritz Heckert, zum »Fall Hoelz«. Erich Wollenberg erinnerte sich: »Dann hatte er nachher maßlos viel Frauen gehabt, die er zwar zart behandelte, aber dann hatte er, als ich mit ihm zusammen im Kaukasus

---

32 Brief an Stassowa, 7. April 1931, RGASPI, f. 495, op. 205, d. 6506 (I), Bl. 29–32, Abschriften dieses Beschwerdebriefes versandte Hoelz an das ZK der KPdSU, an das Sekretariat Stalins und an die deutsche Vertretung. Zu den Differenzen mit Stassowa vgl. auch SAPMO/BA, NY 4051/31.

33 Rudolf Margies, KPD-Mitglied seit 1918 und Mitarbeiter des illegalen M-Apparates, im Leipziger »Tscheka-Prozeß« 1925 anfangs zum Tode verurteilt, 1930 amnestiert und von der KPD Anfang 1931 in die Sowjetunion geschickt, 1936 als Teilnehmer der »Hoelz-Wollenberg-Organisation« verhaftet, am 31. Mai 1937 zum Tode verurteilt, erschossen am 3. November 1937. Zur Biographie von Rudolf Margies vgl. auch: Staatsanwalt, höre. Heraus mit Margies!, Berlin 1927; RGASPI, f. 495, op. 205, d. 1786.

34 Hoelz an Solz, 26. Januar 1930, RGASPI, f. 495, op. 205, d. 6506 (I), Bl. 45–46a; Brief von Stassowa an Aron Solz, 30. Januar 1930, RGASPI, f. 495, op. 205, d. 6506 (I), Bl. 43–44a.

35 Wilhelm Pieck hielt in einem Brief an Leo Flieg am 8. Juli 1931 »wachsam« fest, daß Hoelz zu seiner viermonatigen Kur an der Krim »ein ganz junges Mädel mitgenommen« habe, die »die Tochter eines Ingenieurs sein soll, gegen den schon früher ein Verfahren wegen des Verdachts von Schädlingsarbeit geführt wurde«. Weiter schrieb Pieck, daß er sich »die Parteiarbeit von Hoelz etwas anders vorgestellt« habe. SAPMO/BA, RY5 I 6/3/219, Bl. 37.

war, sechs verschiedene gehabt.«[36] Immer wieder stellte Hoelz, dessen überbordendes Selbstbewußtsein sich schon in einer megalomanischen Schriftgröße abzeichnete, 1931 und 1932 Anträge zur Rückkehr nach Deutschland, die von der KPD-Führung und der Komintern alle abschlägig beschieden wurden. Wilhelm Pieck »empfahl« Hoelz, der nach Deutschland zurückkehren wollte, im Mai 1931, »vorläufig nicht nach Deutschland zurückzugehen, sondern in der S.U. in einem größeren Industriegebiet bei der Massenarbeit zu helfen«.[37] Zur »Angelegenheit des Genossen Max Hoelz« beschloß die höchste Komintern-Instanz, die »Politkommission des Politsekretariats des Exekutivkomitees der Kommunistischen Internationale«, auf ihrer Sitzung am 16. September 1932:

»8. a) Dem Genossen Max Hölz zu raten, nicht nach Deutschland zurückzukehren, sondern eine Arbeit in der Sowjetunion zu übernehmen. Den Gen. Kun zu beauftragen, mit dem Gen. Max Hölz über seine Arbeit Rücksprache zu nehmen.

b) Den Gen. Max Hölz zu warnen, daß er, falls er ohne Erlaubnis der KPD nach Deutschland zurückkehrt, sich damit automatisch aus den Reihen der KPD und der KI stellt. Falls er unter diesen Bedingungen doch fahren will, soll ihm seine Reise ermöglicht werden.«[38]

Im Sommer 1932 verdichteten sich bei Hoelz seine Verfolgungsängste, und er hegte die Befürchtung, daß er »eines Tages infolge irgendwelcher Denunziationen und Verleumdungen einmal durch unsere Genossen und Freunde in der GPU«[39] verhaftet werden könnte. Seit dem Juli 1932 bekam Hoelz kein »Gehalt« mehr und war gezwungen, für seinen Lebensunterhalt Anzüge, Mantel, Wäsche, Schreibmaschine und zwei Fotoapparate in Moskauer Kommissionsläden zu verkaufen. Weil ihm die Erlaubnis zur Rückreise verweigert wurde, trug er sich 1932 auch mit dem Gedanken, »eventuell illegal über die Grenze zu laufen«.

Im November 1932 reiste Hoelz »absichtlich« aus Moskau weg, da er befürchtete, daß »es infolge meiner grenzenlosen Verbitterung möglicherweise gerade während der Oktoberfeiertage zu einem großen

---

36 Erich Wollenberg, Memoiren, S. 130.

37 So Hoelz in einem Schreiben an Pjatnitzki, 19. Mai 1931, RGASPI, f. 495, op. 19, d. 525, Bl. 11.

38 RGASPI, f. 495, op. 4, d. 212, Bl. 288.

39 So in einem Brief an das Präsidium des EKKI, 2. April 1933, RGASPI, f. 495, op. 19, d. 250, Bl. 16.

Konflikt kommen kann«.[40] Mit umfangreichen »Aufzeichnungen«, die Hoelz am 5. November 1932 an den EKKI-Sekretär Bela Kun sandte, versuchte er zu beweisen, daß seine »weitere Arbeit« und sein »weiterer Aufenthalt« in der Sowjetunion »ganz und gar unmöglich geworden« seien:

»All der infame Dreck, die infamen Verdächtigungen und Verleumdungen, mit denen Stassowa, Chitarow u.a. hinter mir herhetzen, sind nicht imstande, mir den Stolz aus der Brust zu rauben oder zu verkleinern, der mich heute noch erfüllt, wenn ich daran denke, mit welch ungeheurer Begeisterung wir damals gegen unsere Bourgeoisie gekämpft haben, um nicht nur unserer Bourgeoisie zu zeigen, sondern der ganzen Welt zu zeigen, daß wir uns offen und eindeutig und rückhaltlos auf die Seite unserer kämpfenden russischen Brüder stellten.«[41]

Hoelz, der sich auch einer »ärztlichen Untersuchung von mindestens 10 psychiatrischen Fachärzten« stellen wollte, sah sich nicht nur den Behauptungen einiger Genossen ausgesetzt, daß er »innerlich krank« sei, sondern entwickelte zunehmend auch Verfolgungsängste und paranoide Verknüpfungsphantasien:

»Jeder Fehler, den ich mache, mag er auch noch so klein sein, wird sofort in irgendeinen Zusammenhang mit den Legenden, Fälschungen und Übertreibungen von früher gebracht. Habe ich irgendeinen Konflikt politischer oder persönlicher Natur, dann heißt es sofort ›Nun ja, das ist von Hoelz nicht anders zu erwarten. Der war schon immer so ein Außenseiter, Individualist, Anarchist, disziplinlos, geht seine eigenen Wege, ein Syndikalist, usw.‹ So ist (und das habe ich während meiner Anwesenheit in der Sowjetunion unzählige Male erlebt) das Urteil schon von vornherein fix und fertig, endgültig gesprochen, ehe die Angelegenheit selbst geprüft ist.«[42]

In einem weiteren Brief an Bela Kun[43] beschwerte sich Hoelz am 15. November 1932 erneut, daß eine »niederträchtige Hetze« von der »Genossin Stasova« gegen ihn »aufgezogen« werde, und er forderte, wie in einem Brief an Stalin, wieder die Einsetzung einer Kommission, die seine Beschwerden wie auch die Anklagen von Stassowa überprüfen solle. Fritz Heckert, Leiter der »Deutschen Vertretung« beim EKKI, berich-

40 Brief an Bela Kun, 5. November 1932, RGASPI, f. 495, op. 205, d. 6506 (II), Bl. 12.
41 RGASPI, f. 495, op. 205, d. 6506 (II), Bl. 57.
42 RGASPI, f. 495, op. 205, d. 6506 (II), Bl. 51.
43 RGASPI, f. 495, op. 205, d. 6506 (II), Bl. 11.

tete im Januar 1933 an das Berliner Politbüro der KPD unter »Betr. Max Hölz«, daß Hoelz am 16. Januar bei ihm erschienen sei und eine Erklärung abgegeben habe. Monatelang habe Hoelz versucht, die »Verdächtigungen und Verleumdungen« aus der Welt zu schaffen. Da entgegen den Versprechungen verschiedener »Instanzen« nichts geschehen sei, habe Hoelz beschlossen, innerhalb von 48 Stunden die Sowjetunion zu verlassen. Er habe alle seine Dokumente zusammenpacken lassen und der Internationalen Kontrollkommission der Komintern übergeben. Ahnungsvoll notierte Heckert über Hoelz weiter: »Vielleicht macht er seine Drohung wahr und reist mit Hilfe der deutschen Gesandtschaft nach Deutschland zurück. Vor einigen Wochen hat er schon gedroht, daß er zu Fuß über die Grenze gehen werde. Der Mann ist völlig durcheinander, mit allen Stellen hat er sich verkracht, weil er sich in tausend Dinge mischt, die ihn gar nichts angehen.« In Heckerts denunzierendem Parteijargon wird das spätere NKWD-Feindbild einer um Hoelz und Wollenberg zentrierten »Gruppe« vorweggenommen: »Sein Verhalten macht ihn zum Sammelpunkt vieler unzufriedener Elemente, oft auch zu ihrem Sprachrohr.«[44]

In einer zunehmend von oben homogenisierten sowjetischen Gesellschaft, in der die staatlichen Mechanismen sozialer Kontrolle[45] (z.B. mit der Einführung des Inlandspasses) ausgebaut wurden, in der zugleich 1931/32 zahlreiche Demonstrationen, Streiks, Bauernaufstände und spontane Aufruhraktionen[46] ausbrachen, war der einst gefeierte Rebell Max Hoelz mit seinen Zwischenfällen, Beschwerden, Wohnungsrequirierungen und seiner »sexuellen Monstrosität« (Michel Foucault) unzeitgemäß geworden. Seine soziale und politische Devianz kollidierte zudem mit der autoritären Normalität einer disziplinierten Kaderpartei, die in einer »Säuberung«[47] (1933–1935) alle »klassenfremden«, »unzuverlässigen« und »individualistischen« Mitglieder ausschloß. In der Sowjetunion verblaßte nicht nur zunehmend der Mythos des antizaristischen Rebellen Pugatschow, sondern seit 1918 wurden die »Sozialre-

---

44 RGASPI, f. 495, op. 292, d. 63, Bl. 6.

45 Vgl. Shelley, Policing Soviet Society.

46 Fitzpatrick, Stalin's Peasants.

47 Vgl. Kaganowitsch, Über die Parteireinigung; Jaroslawski, Für eine bolschewistische Prüfung.

volutionäre« mit Schauprozessen (1922), Verhaftungen und Verbannung ebenso überzogen wie die Anarchisten[48].

Am 21. und 23. Januar 1933 rapportierte Heckert an die KPD-Führung in Berlin über die Behandlung des Falles Hoelz im Politischen Sekretariat des Exekutivkomitees der Komintern. Der EKKI-Sekretär Manuilski warf Hoelz hier »undisziplinarisches Verhalten« vor und versprach ihm, daß er »unter seinem Protektorat« arbeiten könne. Obwohl man ihm mit dem Parteiausschluß drohte, blieb Hoelz bei seiner Absicht, nach Deutschland auszureisen. Sollte Hoelz jedoch in der Sowjetunion bleiben, so formulierte Heckert drohend, werde man »in diesem Falle bei der bevorstehenden Tschistka seine Angelegenheit in eine solche Ordnung bringen, daß er in Zukunft solche Späße nicht mehr aufführen kann«.[49] In der zweiten Sitzung mit den EKKI-Sekretären Manuilski und Knorin erklärte Hoelz, so zumindest Heckert in seinem Bericht für die Berliner KPD-Führung, daß er eine Reihe von Bedingungen unterschreiben wolle und damit einen erneuten Versuch machen wolle, »sich zu disziplinieren«. Heckert meinte daraufhin, daß Hoelz »den Eindruck eines von einem schweren Druck befreiten Menschen« machte und daß zumindest die »Affäre seiner Rückfahrt« erledigt ist. In seiner zunehmenden Verfolgungsangst sah Max Hoelz, der im Moskauer Hotel »Metropol« zwei Zimmer bewohnte, im Zimmerkellner, im Fahrstuhlführer und in der Putzfrau GPU-Agenten[50], die ihn bespitzeln sollten. Max Hoelz, der Ehrensoldat der Grenztruppen der GPU war, empörte sich auch über die plumpe Bespitzelung durch die GPU, da die »beobachtenden Organe« so unerhört und dumm arbeiteten, daß jeder Hausknecht und jeder Kellner wissen würde, daß er von seinen »eigenen Freunden« der GPU bespitzelt werde.

---

48 Vgl. die Briefe aus der Haft und die »Eingaben« der Verwandten bei Berkmann, Letters from Prison; Rokitjanskij/Mjuller: Krassnyi dissident. Vgl. auch Pavlov, Bol'ševistskaja diktatura protiv socialistov i anarchistov.

49 RGASPI, f. 495, op. 292, d. 63, Bl. 10.

50 Karl Gröhl, der Hoelz Ende Februar 1933 im »Metropol« besuchte, berichtete in seiner Autobiographie sowohl von den Depressionen, die Hoelz angesichts der Verhältnisse in der Sowjetunion befallen hatten, wie auch von Verfolgungsängsten. Vgl. Retzlaw [d. i. Karl Gröhl], Spartakus, S. 359f.

Kurz nach der Reichstagswahl stellte Hoelz, der sich – wie er am 7. März 1933 an Pjatnitzki schrieb – schämte, »überhaupt auf die Straße zu gehn«, erneut einen Antrag auf Rückreise nach Deutschland. Da er täglich befragt werde, »warum er sich in der Sowjetunion herumdrücke«, bat er Pjatnitzki um eine »Kommandierung nach Deutschland« und erklärte sich bereit, »eine ganz kleine, d. h. niedrige Arbeit zu verrichten« und sich zudem »ganz streng« an die ihm erteilten Weisungen zu halten. Hoelz gehörte wie Wollenberg zu jenen aktivistischen KPD-Funktionären, die im Gegensatz zur offiziell verkündeten »Parteilinie« darauf drängten, in Deutschland sofort mit einem Aufstand gegen Hitler loszuschlagen.

Nachdem auch dieser politisch begründete Ausreiseversuch scheiterte, ließ sich Hoelz – in panischer Angst vor einer drohenden Verhaftung durch die GPU – zu einem »ganz verzweifelten Schritt« treiben. In seiner Selbstanzeige vom 14. April 1933 an das Präsidium des EKKI beschrieb Hoelz seine politische Todsünde, die Kontaktaufnahme mit einem Mitarbeiter der Deutschen Botschaft in Moskau:

»Ich ging in die Privatwohnung des bei der Botschaft arbeitenden Dr. Pfeiffer, um dort zu erfahren, ob eine Möglichkeit besteht, daß ich von hier wegkommen kann […]. Zuerst wollten diese Leute nicht glauben, daß ich Hoelz sei […] Ich habe den Leuten erzählt, aus welchen Gründen ich von hier fortwolle. Daß ich nicht mehr arbeiten kann, weil eine Hetze gegen mich betrieben wird. Ich habe auch erzählt, daß ich nicht nach Deutschland reisen will, sondern lieber in ein anderes Land, um dort eine physische Arbeit zu leisten. Politisch wolle ich nicht mehr tätig sein. Die Leute waren im Anfang sehr abweisend, später etwas zugänglicher (sie machten mir Hoffnung, daß sie mir helfen, von hier wegzukommen); zuletzt aber – nachdem sie in ein Nebenzimmer gegangen waren und sich dort anscheinend beraten hatten – wurden sie wieder sehr abweisend und erklärten mir, sie könnten mir nur dann helfen, wenn ich mich ganz offiziell an die Botschaft wende. Ich erklärte, daß ich das nicht tun kann, weil ich dann bestimmt verhaftet werde.«[51]

Der damalige Botschaftsmitarbeiter Hans von Herwarth[52] erinnerte sich noch in seinen Memoiren an den Besuch des verängstigten Max Hoelz, der mitten in der Nacht an seiner Wohnung geläutet habe und sich wie »auf der Flucht vor Verfolgern« angstvoll umgesehen habe. Nach Rücksprache mit dem Berliner Auswärtigen Amt habe die Mos-

---

51 RGASPI, f. 495, op. 19, d. 250, Bl. 15.

52 Herwarth, Zwischen Hitler und Stalin, S. 70f.

kauer Botschaft von dort den Bescheid erhalten, daß die Rückkehr von Hoelz unerwünscht sei.

Nach dieser vergeblichen Kontaktaufnahme mit Mitarbeitern der deutschen Botschaft, die Mitte März 1933 stattfand, ging Hoelz selbst zu dem EKKI-Sekretär Manuilski, um den Botschaftsbesuch zu beichten. Jeder Gang zur deutschen Botschaft, um eine Ausreisegenehmigung zu erlangen, war für die »Politemigranten« und KPD-Funktionäre, die auf dem Parteiwege und zumeist mit falschen Papieren in die Sowjetunion eingereist waren, bereits vor 1933 strengstens verpönt. Die Ein- und Ausreisen von KPD- und Komintern-Funktionären konnten nur über die »Abteilung für Internationale Verbindungen« der Komintern (OMS) stattfinden. Die Ausreise war nur zu bewerkstelligen, wenn nach der Zustimmung und Unterschrift eines EKKI-Sekretärs die »Abteilung für Internationale Verbindungen« das NKWD über die offizielle »Kommandierung« informierte. Den »Politemigranten« wurde in der Sowjetunion nur dann Asyl gewährt, wenn ihre Parteibiographie durch eine eigene Kommission überprüft worden war. Ein Ausreiseversuch oder auch nur ein Besuch der Deutschen Botschaft in Moskau galt den Komintern-Instanzen und dem NKWD als verdächtig und wurde häufig von NKWD-Spitzeln und Wachen vor der Botschaft oder wachsamen Mitbewohnern weitergemeldet. Der Verzweiflungsgang in die deutsche Botschaft hatte den Ausschluß aus der KPD und zumindest nach 1935 die Verhaftung durch das NKWD zur Folge.

Ein solcher Botschaftsbesuch war nach 1933 nur denjenigen Politemigranten möglich, die vom NS-Regime nicht ausgebürgert worden waren oder inzwischen die sowjetische Staatsbürgerschaft angenommen hatten. Der eigene oder der gefälschte Reisepaß mußte in der Regel bei der Komintern abgeliefert[53] werden, und dem Emigranten verblieb allenfalls der Name des Vorbesitzers als »Deckname«. Max Hoelz hatte 1932 mehrere Monate um die Rückgabe seines Reisepasses[54] gekämpft. In Kenntnis der wechselseitigen Denunziationspraxis und des GPU-Meldesystems traten manche der Politemigranten nach der Freveltat des

53 In vielen »Kaderakten« liegen Reisepässe bei.

54 Wollenberg, Memoiren, S. 133.

Botschaftsbesuchs als reuige Sünder[55] die Flucht nach vorn an und vermeldeten – schon um einer Anzeige durch andere zuvorzukommen – ihren Sündenfall bei den KPD- und Komintern-Instanzen selbst. Max Hoelz, der sich durch ein »Kesseltreiben« und durch die GPU auch im Hotel »Metropol« umstellt[56] und verfolgt sah, zeigte sich zuerst bei dem EKKI-Sekretär Manuilski selbst an. Seine Kontaktaufnahme mit dem Botschaftsrat Pfeiffer wurde aber auch durch den mit Hoelz befreundeten Erich Wollenberg an die »Instanzen« vermeldet. Dabei scheint die »Anzeige« durch Wollenberg, der bei Fritz Heckert vorstellig wurde, zwischen Hoelz und Wollenberg[57] abgesprochen worden zu sein. Wollenbergs »Meldung« an Heckert bestätigte allenfalls den Informationsstand der Komintern- und NKWD-Bürokratien, die Max Hoelz bereits einen Tag nach dem Kontaktversuch telefonisch in das Lubjanka-Gebäude[58] einbestellten. In der »Angelegenheit des Genossen Hölz« gab Wollenberg bei Heckert, der es an Pjatnitzki weiterreichte, »folgendes zu Protokoll«:

»Heute früh läutete mich Genosse Max Hölz an und bat mich sehr erregt, sofort zu ihm zu kommen, er befände sich im Café des Hotels Metropol. Dort rückte Max H. zuerst nicht mit der Sprache heraus, sagte nur, daß er etwas Furchtbares gemacht habe. Er zeigte mir dann einige ältere Gesuche an den Genossen Bela Kun und einige andere Genossen der Komintern, in denen er sich dagegen wehrte, daß angeblich gegen ihn ein Kesseltreiben auf Grund seiner politischen Vergangenheit und Gegenwart geführt wird. Schließlich erklärte mir Max Hölz, daß er gestern in die Wohnung

---

55 Vgl. z. B. die Selbstanzeige (2. Februar 1940) von Emmy Schulte (geb. Merker) bei der »Deutschen Vertretung«: »Aus dieser Verzweiflungsstimmung heraus ging ich Ende Nov. 39 zur deutschen Botschaft, wo man mir einen Paß in Aussicht stellte. Ich kam dort noch verzweifelter heraus, da ich selbst diesen Schritt im Inneren als furchtbar empfand, getan in vollkommener Aussichtslosigkeit. Ich bereue diesen Schritt und will nicht nach Deutschland fahren. Aus diesem Grund bin ich auch nicht mehr zur deutschen Botschaft gegangen, als diese mir mitteilte, daß ich dort vorsprechen soll.« RGASPI, f. 495, op. 205, d. 6387, unpag. Am 4. Mai 1940 konnte Emmy Schulte nach Deutschland ausreisen, wie Herbert Wehner in einer Aktennotiz bestätigte.

56 Vgl. Retzlaw [d. i. Karl Gröhl], Spartakus, S. 359

57 Vgl. auch die Schilderung in: Erich Wollenberg, Memoiren, S. 293–295.

58 Dies berichtete der mit Hoelz befreundete Karl Albrecht in seinen Erinnerungen. Vgl. Albrecht, Der verratene Sozialismus, S. 315.

des Juristen der Deutschen Botschaft gegangen sei und ihn ersucht habe, seine Rückkehr nach Deutschland zu veranlassen.«

Wollenberg berichtete an Heckert weiter:

»Heute früh will Genosse H. beim Genossen Manuilski gewesen sein und diesem die Angelegenheit mitgeteilt haben. Max Hölz behauptet, daß er aus einer Verzweiflungsstimmung den Gang zur Deutschen Botschaft getan habe. Genosse Manuilski habe ihm gesagt, er solle in einigen Stunden wiederkommen, es würde über diesen Fall Beschluß gefaßt werden. Max H. erklärte mir, daß er nicht in der Lage sei, dorthin zu gehen. Ich versuchte vergeblich, ihn zu veranlassen, das doch zu tun, und teilte ihm dann mit, daß ich selbstverständlich sofort von dem stattgefundenen Gespräch die Deutsche Vertretung verständigen würde.«[59]

Folgt man den Erinnerungen Erich Wollenbergs, dann hat Max Hoelz, nach dem Parteiausschluß Wollenbergs am 4. April 1933, seinen Freund Wollenberg und auch Karl Radek bei der Komintern denunziert. Wollenberg, der die Denunziationspraxis innerhalb der KPD und der Komintern kannte, entschuldigt aber 1967 in seinen »Memoiren« die Meldung von Hoelz mit dem Verweis darauf, daß dieser sich selbst und sein Leben retten wollte. Max Hoelz schickte an Wollenberg zumindest noch einen Durchschlag der Denunziation. Um seine Parteitreue zu beweisen, distanzierte sich Hoelz in einem Brief an Wollenberg und lieferte diesen Brief vom 2. Mai 1933 auch bei den Parteiinstanzen[60] ab. Hoelz schrieb zwar eingangs an Wollenberg, daß er nicht glaube, daß Wollenberg die ihm zugeschriebenen Äußerungen gemacht habe, erwähnt aber dann, daß Wollenberg nicht die zuständigen EKKI-Sekretäre Manuilski und Pjatnitzki, sondern Karl Radek besucht habe. Hoelz lehnte es in diesem Brief ab, mit Wollenberg als »Freund und Genosse« zu verkehren, da er inzwischen überzeugt sei, daß Wollenbergs »Verhalten gegenüber der Partei – und besonders gegenüber der Parteiführung – parteischädigend war«. Wie Erich Wollenberg in seinen »Memoiren« berichtet, habe Hoelz den Brief an ihn handschriftlich mit: »in ewiger Treue Dein Max«[61] unterzeichnet. Mit diesem Brief habe Hoelz, so

---

59 RGASPI, f. 495, op. 19, d. 250, Bl. 16.

60 Dieser zweiseitige Brief liegt der »Kaderakte« von Erich Wollenberg bei. Vgl. Max Hoelz an Erich Wollenberg, 2. Mai 1933, RGASPI, f. 495, op. 205, d. 8579, Bl. 43 u. Bl. 65.

61 Wollenberg, Memoiren, S. 306f.

Wollenberg in seinen »Memoiren«, sowohl ihn wie auch Radek bei der Komintern denunziert.

Aus seinem Hotelzimmer, in dem er sich seit dem 1. Mai 1933 mit Lebensmittelvorräten und einer Pistole verbarrikadiert hatte, schrieb Hoelz an seine 17jährige Frau Ada:

»Ich bin noch immer äußerst mißtrauisch und ganz ohne Hoffnung. Auf keinen Fall werde ich das Zimmer aufmachen. [...] Wenn die Tschistka beginnt, werde ich das Zimmer aufmachen [...] Aber für die Genossen Milgram, Walowitsch[62] und andere ist es anscheinend unbegreiflich, daß ein Mensch durch seine lieben Mitmenschen schließlich in einen Zustand hineinmanövriert werden kann, in dem er keinen ›Zweck‹ mehr verfolgt, sondern in dem er einfach nichts mehr glaubt und nichts mehr erhofft [...] Anstatt dessen sitze ich hier wie ein gehetztes und geprügeltes Wild, das sich aus einem Versteck nicht heraustraut.«[63]

Am 7. Mai 1933 schrieb Max Hoelz erneut »An den Genossen Joseph Stalin«, bereute »selbstkritisch« seine großen Fehler gegenüber der Genossin Stassowa, die er zweimal bei der Kontrollkommission angezeigt habe. Trotz seiner wiederholten Bemühungen und Eingaben sei die von ihm verlangte »Parteireinigung« nicht durchgeführt worden, und er sitze »ohne eine ernste Arbeit« seit einem Jahr in Moskau. Infolge des »dauernden Hinhaltens und Ausweichens« sei er in einen »Zustand absoluter Hoffnungslosigkeit« geraten: »Um mich davor zu bewahren, daß ich in dieser verzweifelten Lage mich noch einmal an meine Feinde wende, verbarrikadiere ich mich jetzt in meinem Zimmer. Es würde zu schwerwiegenden Folgen führen, wenn jemand versucht, mit Gewalt in mein Zimmer einzudringen.«[64] Hoelz schließt seinen Brief an Stalin: »Es gab – und es wird immer geben – Dummköpfe, die den Brunnen erst dann zudecken, wenn die Kälber schon hineingefallen sind. Ein ganzes Jahr – ein ganzes Jahr lang hier im Sowjetlande ohne Arbeit zu sitzen –, das ist viel schlimmer und zermürbender als acht Jahre in den Zuchthäusern der Bourgeoisie zu vegetieren. Ich hoffe schon nichts mehr! Rot Front«.[65]

---

62 GPU-Offiziere.

63 Brief an Ada Hoelz, 11. Mai 1933. SAPMO/BA NY 4051/7, Bl. 9–10.

64 RGASPI, f. 495, op. 19, d. 250, Bl. 17–18.

65 Ebenda, Bl. 18.

Auch nachdem Hoelz seine Verbarrikadierung im Hotelzimmer aufgab, notierte er in den Tagebüchern seine zunehmende Isolierung: »Es ist ein zermürbender Zustand, dieses hoffnungslose Warten, dieses Vertrösten und die vielen, nie eingehaltenen Versprechungen. Kaum denkbar, daß ich das noch lange ertragen kann.«[66] Hoelz, dem immer wieder »Größenwahn« und »Effekthascherei« vorgeworfen wurde, hält in seinem Tagebuch seine nahezu ausweglose Depression fest: »Meine Stimmung ist schauderhaft, hoffnungslos und verbittert [...] Das endlose Warten auf Liquidierung der dummen Kampagne treibt mich in eine tiefere Verbitterung. Ich bin zum Platzen gefüllt mit Zorn, so daß schon Geringfügigkeiten genügen, um Konflikte zu schaffen.«[67]

Die »Angelegenheit Hoelz« wurde Anfang Mai von Leo Flieg, Mitglied der Internationalen Kontrollkommission, übernommen, auf den Hoelz nun »als ganz gewissenhaften Arbeiter« hoffte und dem er zahlreiche »Materialien« zusandte. Seine früheren Parteifreunde, inzwischen selbst von der Internationalen Kontrollkommission der Komintern ausgeschlossen oder mit Rügen bestraft, distanzierten sich nicht nur von ihm. Hermann Taubenberger stellte am 22. Mai 1933 an die Internationale Kontrollkommission den Antrag, Max Hoelz, dessen »Leichnam anfängt zu stinken«[68], aus der KPD auszuschließen. Zur Begründung führte Taubenberger u. a. an:

»4) Er ist trotz wiederholter Parteieinwirkung so hemmungslos demoralisiert, daß er sich nicht scheute mit dem Personal der deutschen faschistischen Botschaft in Kontakt zu treten, wie auf der Sitzung der IKK vom Vertreter des ZK der KPD dargelegt wurde. Ich halte damit den Beweis dafür erbracht, daß aus dem ehemaligen Revolutionär ein Konterrevolutionär geworden ist.

5) Bei der jüngsten schweren Entscheidung der IKK gegen den bisher aktiven tätigen Genossen Wollenberg war dessen gutmütige und versöhnlerische Haltung gegenüber den Demoralisationserscheinungen des Max Hoelz von nicht geringem Gewicht, wodurch deren schlimme Auswirkung auf andere Parteigenossen erwiesen scheinen muß.«

---

66 Tagebucheintragung, 26. Mai 1933, SAPMO/BA, NY 4051.

67 Tagebucheintragungen, 30. Mai und 7. Juni 1933, SAPMO/BA, NY 4051.

68 Hermann Taubenberger an Fritz Heckert und die Internationale Kontrollkommission der Komintern, 22. Mai 1933, RGASPI, f. 495, op. 205, d. 6217, Bl. 31 f.

Der völlig verbitterte und isolierte Max Hoelz, der 1933 noch dazu in eine Hotelschlägerei mit einem österreichischen Journalisten verwickelt war, hoffte aber immer noch auf die rettende Hand Stalins und auf das erlösende Purgatorium einer »tschistka«, einer Parteireinigung. Um den für ihn unerträglichen »Zustand des Wartens« zu beenden, bat Hoelz am 16. Juli 1933 Pjatnitzki, bis zum »Beginn der Tschistka in der Komintern-Zelle in einem größeren Kolchos« arbeiten zu dürfen. Man sollte ihn aber »rechtzeitig über das Datum des Tschistka-Anfangs« in Kenntnis setzen. Ob Hoelz diese Strafversetzung in einen Kolchos in Kenntnis der üblichen Unterwerfungspraxis selbst beantragte oder man ihm ein solches Bußverfahren nahelegte, läßt sich nicht entscheiden. Im August 1933 wurde Hoelz die deutsche Staatsbürgerschaft aberkannt, und sein Name erschien auf der ersten Ausbürgerungsliste der Nazis.

Drei Jahre später schilderte Herbert Berndt, der 1936 selbst als Teilnehmer der »Wollenberg-Hoelz-Gruppe« vom NKWD verurteilt wurde, seine Bekanntschaft mit Hoelz. In den NKWD-Verhören wurde »protokolliert«, daß Berndt 1932 mehrmals Hoelz im Hotel »Metropol« getroffen habe, daß Hoelz die Politik der KPD und Fritz Heckert kritisiert habe und die deutsche Botschaft besuchte. Berndt berichtete im NKWD-Verhör am 15. März 1936 auch von der Verfolgungsangst, die Hoelz immer wieder in tiefe Depressionen trieb: »Es war mir auch bekannt, daß Max Hölz vor seiner Abreise nach Gorki sehr nervös war und mir damals mitteilte, daß er Angst habe, von der damaligen OGPU verhaftet zu werden. Der Grund dafür könnte sein Fehltritt sein, und zwar seine Verbindung mit der deutschen Botschaft.«[69]

Als »Martin Hammer« arbeitete Max Hoelz seit dem 9 August 1933 in einer Feldbrigade in der Sowchose Doskino in der Nähe der Stadt Nishni Nowgorod, die 1932 in Gorki umbenannt wurde und jüngst wieder rückbenannt wurde. Seine »Parteireinigung«, auf die Hoelz immer noch hoffte, wurde auf Ende September festgelegt, wie ihm seine Frau Ada in einem Brief mitteilte. Auf seinem Weg von Nishni Nowgorod zur Sowchose in Doskino kam Max Hoelz unter Umständen ums Leben, die seit 1933 Anlaß für verschiedene Spekulationen über seinen my-

---

69 ZA/FSB Nr. 249570.

steriösen Tod waren. Nicht nur von Karl Albrecht[70] wurde behauptet, daß Hoelz von der GPU ermordet[71] wurde. Zeitzeugen[72] berichten, daß die in Umlauf gebrachte Legende, Hoelz sei ertrunken, von den in Gorki und Umgebung wohnenden deutschen Facharbeitern und Ingenieuren nicht geglaubt wurde. Eine von der GPU in Gorki kolportierte Erklärung verzichtete auf das »Unwetter« und lautete, daß Hoelz in seinem Boot eine Nähmaschine transportiert habe. Die amtliche Kommission, die den Tod »untersuchte«, kam zu dem schnellen Ergebnis, daß Max Hoelz mit dem Boot »bei dem später einsetzenden Sturm«[73] verunglückt sei. Die parteiamtliche Broschüre, in der dieses merkwürdige Kommissionsresultat referiert wurde, relativierte selbst die Glaubwürdigkeit der Unfallbehauptung durch den Hinweis, daß Hoelz »ein leidenschaftlicher Sportler«[74] gewesen sei.

Der Leichnam von Max Hoelz, der seit seiner Jugend als ausgezeichneter und ausdauernder Schwimmer[75] galt, wurde am 16. September 1933 am Ufer des Flusses Oka von spielenden Kindern gesichtet. Aufgebahrt wurde er im Gewerkschaftshaus der Stadt Gorki und am nächsten Tag unter Teilnahme der mobilisierten Bevölkerung und einer Komintern- und KPdSU-Delegation, der u.a. Fritz Heckert und André Marty angehörten, beerdigt. Seine junge Frau Ada, die sich seinem Leichnam nicht nähern durfte, stellte Gesichtsverletzungen fest und bemerkte, daß der Hinterkopf mit einem Tuch abgedeckt war. Über den

70 Albrecht, Der verratene Sozialismus. Vgl. zur Biographie von Karl Albrecht, der nach seiner Verhaftung 1934 freigelassen wurde und die Sowjetunion verlassen konnte: RGASPI, f. 495, op. 205, d. 8616.

71 Unter Bezug auf Karl Albrecht hielt David Pike fest: »Der erste prominente Deutsche, der den beginnenden Säuberungen zum Opfer fiel, war Max Hoelz.« Pike, Deutsche Schriftsteller im sowjetischen Exil, S. 417.

72 Mitteilung von Margot Schneider.

73 Dies wurde auch noch in der späten DDR-Geschichtsschreibung übernommen. Vgl. Hortzschansky, Max Hoelz.

74 Max Hölz, Ein deutscher Partisan, S. 35.

75 Daran erinnerte sich nicht nur Erich Wollenberg in seinen unveröffentlichten Memoiren, sondern auch Ada Hoelz-Tur (Moskau) in Gesprächen mit dem Verfasser.

Trauerakt berichteten die »Sowjetpresse« und die Komintern[76] auffallend zurückhaltend, wie die Deutsche Botschaft in Moskau dem Berliner Auswärtigen Amt mitteilte:

»Die geringe Beachtung, die der Tod von Max Hölz in der Sowjetpresse gefunden hat, ist um so auffallender, als Max Hölz vor gut einem Jahre bei gelegentlichen Reisen durch die Sowjetunion überall mit fürstlichen Ehren empfangen wurde. Ein weiteres Zeichen, daß Max Hölz' Stellung in der Kommunistischen Partei erschüttert war, ist auch darin zu sehen, daß er nicht wie Klara Zetkin in der Roten Mauer des Kreml, sondern in Nishni Nowgorod ohne besonders große Feierlichkeiten beigesetzt wurde. In Moskau laufen Gerüchte um, daß es sich nicht um einen Unglücksfall, sondern um Selbstmord handele.«[77]

Im westlichen Exil wurde 1933 in einem Gedenkartikel von Karl Gröhl für die trotzkistische Zeitung *Unser Wort*[78] die Moskauer Erklärung eines Unfalls noch nicht thematisiert. In diesem Nachruf finden sich aber Bemerkungen, die Hoelz und seinen Freundeskreis noch posthum für die KPD-Führung, für GPU und für NKWD zum Schreckbild und verteufelten »trotzkistischen« Feind machen konnten: »Er war ein Feind der stalinistischen Bürokratie. – Das deutsche ZK, das den Sieg Hitlers mitverschuldete, haßte und verachtete er mit ganzer Leidenschaft.« Nahezu als Bauanleitung des späteren NKWD-Konstrukts einer »trotzkistisch-terroristischen Wollenberg-Hoelz-Organisation« konnte von den Moskauer Verfolgungsinstanzen der Komintern und des NKWD der öffentliche und allzu renommierende Hinweis Gröhls[79]

---

76 Die in Basel erscheinende Rundschau zitierte die Prawda und schildert kurz den Verlauf der Trauerfeier Vgl.: Genosse Max Hölz, in: Rundschau über Politik, Wirtschaft und Arbeiterbewegung, 1933, Nr. 35, S. 1372.

77 Bericht an das Auswärtige Amt, 19. September 1933, Politisches Archiv des Auswärtigen Amtes [im folgenden PAdAA], Bonn, Botschaft Moskau, Bd. 88./ Der Aktenband Po 19 Hölz im PAdAA, der die Berichterstattung über 1933 enthält, ist in den Beständen nicht mehr vorhanden. Auskunft des PAdAA, 11. November 1996.

78 Abgedruckt in: Exil in der Sowjetunion. europäische ideen, 1976, H. 14/15, S. 114–115.

79 Ähnlich decouvrierend der öffentliche Hinweis auf die von Karl Radek in Moskau privat geäußerte Meinung, daß die Komintern die Schuld an der deutschen Niederlage trage. Vgl. Antwort an Karl Radek. In: Unser Wort, 2. Jg., 1934, Nr. 1, S. 2.

auf die noch in der Sowjetunion verbliebenen Erich Wollenberg und Wolf (d. i. Werner Rakow) gelesen werden.

Erst in jüngster Zeit wagte es Ada Hoelz-Tur, ihr Wissen um den Tod von Max Hoelz zumindest mündlich weiterzugeben. Wie ihr als junger Witwe in den dreißiger Jahren berichtet wurde, habe sich Matwej I. Pogrebinski, der frühere GPU-Chef von Gorki, gerühmt, daß der Mord an Hoelz ein »schweres Stück Arbeit« gewesen sei. Max Hoelz sei erst von GPU-Leuten mit Pistolenknäufen bewußtlos geschlagen und dann aus dem Boot gekippt worden. Weitere Nachforschungen in der Lubjanka erschienen der Witwe und dem Verfasser 1994/95 wenig sinnvoll, nachdem dort mitgeteilt wurde, daß keine Strafakte zu Max Hoelz oder gar Akten zu einer »Operation Hoelz« vorhanden seien. Aber bereits die zentrale Rolle, die Max Hoelz noch nachträglich 1936/37 in der Komintern und in NKWD-Konstrukten und Verhörprotokollen zur »konterrevolutionären, trotzkistischen Hoelz-Wollenberg-Organisation« zugeschrieben wurde, macht es sehr wahrscheinlich, daß Hoelz 1933 ermordet wurde.

Morde an Abtrünnigen und Häretikern, die im Täterjargon »nasse Operationen« genannt wurden, gehörten im Inland und Ausland zur Verfolgungspraxis von GPU, NKWD und KGB. In den Erinnerungen Ruth von Mayenburgs heißt es, gespeist vom Hörensagen, süffisant: »Er hat ein schmähliches Ende genommen, der zündende und zündelnde Arbeiterheros Max Hölz: Abgehalftert von der Kommunistischen Partei Deutschlands, soff er sich in der Moskauer Emigration nach Hitlers Machtergreifung nur noch den Mut zum Selbstmord an.«[80] In einer späteren Variante schließt die ehemalige Mitarbeiterin der Auslandsspionage der Roten Armee, die erst 1937 in Moskau eintraf, den Mord zumindest nicht ausdrücklich aus: »Rebell gegen die Obrigkeit und immer Verbündeter der Armen und Unterdrückten – wohin konnte das führen im Lux der Funktionäre, im splendiden Hotel Metropol, in Stalins Rußland der dreißiger Jahre? Ins Randalieren, in den Suff und schließlich, mag sein, von GPU-Händen gestoßen, aus dem Ruderboot ins reißende Wasser der Oka.«[81]

---

80 Mayenburg, Blaues Blut und rote Fahnen, S. 52.

81 Mayenburg, Hotel Lux, S. 82.

Für Susanne Leonhard, die auch die Erinnerungen ihrer GULAG-Mithäftlinge wiedergibt, war der »Unfall« von Max Hoelz »natürlich«, angesichts der mysteriösen Umstände, »ein Mord gewesen«.[82] Nach über zwölfjähriger Lagerhaft und Verbannung wußte sie um die öffentliche Verfolgungs- und klandestine Mordpraxis:

»Die Methoden, einen Gegner unschädlich zu machen, wurden immer vielseitiger. Einen Mord begehen kann jeder Trottel, hieß es; aber einen Mord so maskieren, daß er einmal wie ein Herzschlag, das andere Mal wie eine unglücklich verlaufene Operation, einmal wie ein Selbstmord oder ein Unglücksfall, das andere Mal wie ein Tod nach einer langen schweren Krankheit aussieht, das will gekonnt sein. Die NKWD konnte es.«[83]

82 Leonhard, Gestohlenes Leben, S. 816.
83 Ebenda.

Die Jagd nach »deutschen Trotzkisten«

Die Ermordung[1] des Leningrader Parteisekretärs Kirow am 1. Dezember 1934 nutzte Stalin, um sofort mit einem vom Politbüro nachträglich abgesegneten Beschluß die »Untersuchungsorgane« anzuweisen, alle Verfahren »wegen der Vorbereitung oder Durchführung von Terrorakten« beschleunigt und innerhalb von zehn Tagen durchzuführen und Todesurteile sofort zu vollstrecken. Sowohl in Leningrad wie in Moskau wurden bereits im Dezember 1934 Massenverhaftungen von früheren oder vermeintlichen Anhängern Trotzkis und Sinowjews durchgeführt. Allein im Dezember 1934 wurden auf der Grundlage des Gesetzes vom 1. Dezember 6501 Personen verhaftet. Nach dem ersten Prozeß gegen Sinowjew[2] deckte man im Kreml seit Anfang 1935 ein ganzes »Netz von Terrorgruppen« unter den Angestellten der Regierungsbibliothek und der Kreml-Kommandantur auf, die vom NKWD auch mit »ausländischen trotzkistischen Organisationen« in Verbindung gebracht wurden. Im sogenannten Kreml-Prozeß wurden die Angeklagten 1935 durch Folter zu »Geständnissen« gezwungen, in denen sie über die »Vorbereitung von Terrorakten« gegen Stalin und die übrigen Parteiführer »Aussagen« machten. Zahlreiche Zeitungsartikel[3] begleiteten eine Repressionswelle, die nach der Versendung eines internen Briefs des ZK der KPdSU am 18. Januar 1935 auch auf die früheren Anhänger der Gruppe »Arbeiteropposition« ausgeweitet und durch eine Wachsamkeitskampagne intensiviert wurde. Im Jahr 1935 wurden insgesamt 108 935 Personen, die man nach dem Artikel 58 des Strafgesetzbuches verurteilte, we-

---

1 Vgl. Conquest, Stalin and the Kirov Murder; Chlewnjuk, Das Politbüro, S. 162–189; Knight, Who Killed Kirov?; Zukov, Der Mord an Kirov.

2 Vgl. Anklage und Urteil gegen die illegale konterrevolutionäre Sinowjew-Gruppe.

3 Vgl. z. B. den Prawda-Artikel »Wenn der Feind sich nicht ergibt, wird er vernichtet« (30. Dezember 1934). Abgedr. in: Anklage und Urteil, S. 34–38. Die Überschrift des Prawda-Beitrags wurde einem Artikel Gorkis entnommen. Vgl. Maxim Gorki, Wenn der Feind sich nicht ergibt, wird er vernichtet. In: Das Neue Rußland, 8. Jg., 1931, H. 1, S. 26–27.

gen »konterrevolutionärer Verbrechen«[4] verhaftet. Nach einer Änderung des Strafrechts konnten auch Kinder ab zwölf Jahren zur Höchststrafe, dem Tod durch Erschießen, verurteilt werden. Stalins Homogenitätsobsessionen, die fixe Idee des »Neuen Menschen« riefen 1934/35 eine neue Welle der Verfolgungs- und Verbannungsmaßnahmen gegen »klassenfremde«[5] und »sozialschädliche Elemente«[6] hervor, die 1937 mit dem NKWD-Befehl Nr. 00477 nicht nur fortgesetzt, sondern mit monströsen Planziffern, Hunderttausenden Verhaftungen und Erschießungen zentraler Bestandteil des »Großen Terrors«[7] wurde.

Der interne ZK-Brief »Die Lehren der Ereignisse im Zusammenhang mit dem Meuchelmord an Genossen Kirow«[8] vom 18. Januar 1935 löste in KPdSU-Parteiversammlungen, Kaderabteilungen, in der Komintern und beim NKWD eine Hetzjagd nach »Doppelzünglern« und angeblichen Anhängern Sinowjews aus, die als »maskierte Form einer weißgardistischen Organisation« bezeichnet wurden. Der »Doppelzüngler« erschien zugleich als »Spion feindlicher Kräfte« und als »Saboteur«, der die Grundlagen von Partei und Staat untergrabe. Das »Übel der Doppelzüngelei« galt es – so das interne ZK-Rundschreiben – ebenso »restlos auszumerzen und auszurotten« wie »rechts- und linksopportunistische Ausgeburten«. Unter den Mitgliedern der KPdSU wurde der staatliche Terror durch eine parteiamtliche »Überprüfung« der Parteidokumente ergänzt, in deren Verlauf die Parteiorgane aufs engste mit dem NKWD[9] kooperierten und den gegenseitigen Austausch von »kompromittierenden Materialien« und Listen durchführten.

Im Februar 1935 verwies der KPD-Vorsitzende Wilhelm Pieck umgehend auf den auch für die KPD-Mitglieder »außerordentlich bedeutsa-

4 Vgl. Solomon jr, Soviet Criminal Justice under Stalin, S. 232.

5 Vgl. Rimmel, A Microcosm of Terror.

6 Vgl. Hagenloh, »Socially Harmfull Elements«, S. 286–308.

7 Als Lokalstudie vgl. Ilic, The Great Terror in Leningrad.

8 Abgedr. in: Izvestija CK KPSS, 1989, Nr. 8, S. 95–115, deutsche Übersetzung in: Schauprozesse unter Stalin, S. 210–222.

9 Vgl. dazu Chlewnjuk, Das Politbüro, S. 197. In einer früheren Studie behauptete John Arch Getty noch eine strikte Trennung von Parteiverfahren (proverka, tschistka) und NKWD-Terror. Getty, Origins of the Great Purges, S. 202. Jetzt wird von ihm diese »revisionistische« Position zumindest problematisiert. Vgl. Getty/Naumov, The Road to Terror, S. XII.

men Brief an die Parteimitgliedschaft über die Sinowjew-Trotzki-Gruppe«. Im Nachvollzug des ZK-Briefes der KPdSU forderte Pieck hier von den KPD-Mitgliedern »bolschewistische Wachsamkeit gegenüber jeder oppositionellen Betätigung und Gruppierung, gegenüber Doppelzüngigkeit und Heuchelei«, da sie bereits zur »Verbindung mit den Klassenfeinden der kapitalistischen Länder« geführt hätten. Angesichts der »Lehren des ZK der KPdSU« gelte es auch für die KPD, »die größte Wachsamkeit und Unversöhnlichkeit gegen alle Abweichungen an den Tag zu legen und alle Versuche, die Partei zu unterminieren und zu hindern, ihre revolutionären Aufgaben zu erfüllen, rücksichtslos zu zerschlagen«.[10] Die hier von Pieck geforderte »größte Wachsamkeit und Unversöhnlichkeit« richtete sich in der KPD 1935 zumeist gegen bereits als »Versöhnler« stigmatisierte Parteimitglieder, die dann in den NKWD-Konstrukten als »Rechte« mit den »Trotzkisten« zu einem fiktiven »rechtstrotzkistischen Block«[11] vereinigt werden konnten. In einer Parteiversammlung am 23. Januar 1935 forderte Georgi Dimitroff, der spätere Generalsekretär der Kommunistischen Internationale, – nach der Behandlung des geheimen Rundbriefs des ZK der KPdSU – die Mitarbeiter des EKKI-Apparats auf, »die Wachsamkeit gegenüber allen oppositionellen Splittergruppen und Versöhnlern zu verstärken und in erster Linie die Doppelzüngler in der KPdSU (B) wie in den kommunistischen Bruderparteien zu entlarven«.[12]

Alice Abramowitz[13], Komintern-Kurierin, »Versöhnlerin« und Frau des bereits am 29. Dezember 1934 verhafteten Komintern-Mitarbeiters

---

10 Wilhelm Pieck, Die Wendung zur revolutionären Massenpolitik. In: Kommunistische Internationale (illegale Ausgabe), 1935, H. 4, S. 316.

11 Vgl. z.B. die Anklageschrift (22. August 1938) gegen den früheren EKKI-Sekretär Bela Kun, der beschuldigt wurde, als Agent des deutschen, englischen und französischen Nachrichtendienstes die »antisowjetischen rechten und trotzkistischen Gruppen« innerhalb und außerhalb der Komintern vereinigt zu haben, um nach den Direktiven Trotzkis und Sinowjews Terrorakte gegen Stalin, Molotow, Jeschow zu organisieren. NKWD-Akte Nr. 12321.

12 RGASPI, f. 546, op. 1, d. 274, Bl. 8.

13 Alice Abramowitz (1901–1971) war als Mitarbeiterin der Verbindungsabteilung der Komintern häufig im Ausland. Nach Beendigung ihrer Lagerhaft wurde sie 1945 erneut bis 1955 inhaftiert. Zu ihrer Biographie vgl. RGASPI, f. 495, op. 205, d. 6528.

Lajos Milgdorf (Madjar)[14], wurde bereits im Mai 1935 zu viereinhalb Jahren Lagerhaft verurteilt. Heinrich Süßkind wurde als »Versöhnler« und wegen »Verbindung« mit Madjar Anfang 1935 aus der KPD ausgeschlossen. Der Parteijournalist Heinrich Süßkind wurde zwar von der KPD-Führung 1936 wieder als Mitglied aufgenommen, aber nach seiner Verhaftung am 9. August 1936 vom NKWD ausschließlich mit den Vorwürfen aus dem Parteiverfahren überzogen und dann explizit als »Versöhnler« am 3. Oktober 1937 vom Obersten Militärkollegium zum Tode[15] verurteilt. Wegen ihrer Abweichung als »Versöhnlerin« erhielt Martha Moritz[16] am 28. Februar 1935 eine strenge Rüge von der Internationalen Kontrollkommission der Komintern, der sich das Politbüro der KPD anschloß. Im Oktober 1936 wurde ihre Überführung in die KPdSU wegen »zersetzender Tätigkeit in der KPD« und wegen ihrer »Verbindung« mit Heinrich Süßkind abgelehnt. Nach dieser parteiamtlichen Exklusion wurde Martha Moritz im September 1937 verhaftet und am 8. April 1938 zum Tode verurteilt und erschossen. Ebenso wurde 1935 unter den Teilnehmern eines abendlichen Treffens von früheren Funktionären der Kommunistischen Jugendinternationale – zumeist ehemalige »Versöhnler« – eine parteifeindliche »Verschwörung« ausgemacht, im innerparteilichen Femeverfahren eine »Untersuchung« durchgeführt und mehrere Parteistrafen[17] verhängt. Nicht nur gegen Werner Hirsch, sondern auch gegen den Leiter des illegalen Militär-Apparates der KPD, Hans Kippenberger, und gegen Angehörige des Militär-Apparats (z.B. Leo Roth, Franz Schubert, Anna Kerff) veranstaltete die Kaderabteilung 1935/36 eine monatelange Untersuchung.[18] Kippenberger wurde in den

---

14 Vgl. Bayerlein/Huber, Protokolle des Terrors (I). Da Madjar als enger Mitarbeiter der EKKI-Sekretäre Sinowjew und Pjatnitzki mehrmals Auslandsreisen unternahm und da er zudem bereits 1935 verurteilt war, wurde er auch im »Kreml-Prozeß« (1935) und im geplanten »Komintern-Prozeß« (1937/38) häufig als »Verbindung« eingeführt.

15 Vgl. Anklageschrift und Urteil, abgedruckt in: Müller, »Wir kommen alle dran«.

16 Zu ihrer Biographie vgl. RGASPI, f. 495, op. 205, d. 6196.

17 Z.B. Martha und Fritz Globig, Martha Moritz, Walter Schulz, Alfred Kurella. Vgl. die exorzistische Schilderung dieser »parteifeindlichen« Abende in: Müller (Hg.), Die Säuberung, S. 498–501.

18 Die »Untersuchung« durch die Referentin der Kaderabteilung, Grete Wilde, führte nicht nur zur Auflösung des bisherigen M-Apparates, der über alle Parteiquerelen

innerparteilichen Cliquenkämpfen beschuldigt, durch »Konspirationsfehler« 1933 zur Verhaftung des KPD-Vorsitzenden Thälmann[19] in Berlin beigetragen zu haben.

Eine NKWD-Sonderberatung verurteilte am 20. Juni 1935 Kurt Nixdorf[20], der bereits 1931 nach einer »Parteisäuberung« im Marx-Engels-Institut als »Versöhnler« entlassen und stigmatisiert worden war, zu fünf Jahren Lagerhaft. In einem zweiten Verfahren, das nach einem entsprechenden NKWD-Befehl eingeleitet wurde, »revidierte« man seine Akte, und das MKOG verurteilte ihn am 14. September 1937 zum Tode. Am gleichen Tag wurde das Urteil auf dem NKWD-Schießplatz Butowo vollstreckt. Die erste Verfolgungswelle unter deutschen Politemigranten richtete sich 1934/35 auch gegen angebliche »faschistische Verschwörungen«, die z. B. in der Redaktion der *Deutschen Zentral-Zeitung*[21] aufge-

---

und früheren »Abweichler« informiert war, sondern die parteiintern gegen den M-Apparat verwandten Anschuldigungen tauchen auch in den späteren NKWD-Verfahren gegen Kippenberger auf, der am 6. November 1936 verhaftet wurde. In den NKWD-Untersuchungsakten findet sich eine durch den NKWD-Spitzel »Verräter« übermittelte Auskunft, in dem die Untersuchungen der KPD-Kommission ausführlich referiert werden. Am 3. Oktober 1937 wurde Hans Kippenberger zum Tode verurteilt und erschossen. Untersuchungsbericht 10. Februar 1936, SAPMO/BA ZC 71/A Bl. 1–15. Vgl. NKWD-Untersuchungsakte Nr. 10960.

19 In der NKWD-Anklageschrift wurde Kippenberger außerdem noch als »englischer Spion« und als »Agent der deutschen Reichswehr« bezeichnet. NKWD-Strafakte Nr. 10960.

20 Kurt Nixdorf, geb. 30. November 1903, 1919 KPD-Mitglied, 1927 Mitarbeiter am Marx-Engels-Institut, bekam 1929 wegen »versöhnlerischen Verhaltens zu den rechten Abweichungen« einen Verweis, wurde 1931 aus dem Marx-Engels-Institut entlassen, während der Parteireinigung 1933 als »Versöhnler« und »Trotzkist« durch einen Brief Horst Fröhlichs denunziert. Zur Biographie Nixdorfs vgl. RGASPI, f. 495, op. 205, d. 4751, Bl. 1–25.

21 Vier Redakteure der Deutschen Zentral-Zeitung wurden 1934 beschuldigt, mit der Zeitung »verdeckte faschistische Agitation« betrieben, angeblich »Spionage-Material« gesammelt und auch noch eine Diversionszelle in Iwanowo angeleitet zu haben. Henry Friedag, 1934 zusammen mit dem stellvertretenden Chefredakteur Frischbutter, den Redakteuren Harder und Kapp verhaftet, wurde aus der UdSSR ausgewiesen. Frischbutter wurde 1934 zu fünf Jahren Haft und am 1. Februar 1938 zum Tode verurteilt und erschossen. Vgl. RGASPI, f. 495, op. 205,

deckt wurden, und vor allem gegen einzelne ehemalige Partei-Häretiker, deren Abweichungen von der Kaderabteilung an das NKWD als »Kompromat« geliefert wurden.

Nachdem Jeschow in seinem Typoskript »Von der Fraktionstätigkeit zur offenen Konterrevolution und zum Faschismus«[22], das er am 17. Mai 1935 an Stalin schickte, die These formuliert hatte, daß die Anhänger Trotzkis und Sinowjews gemeinsam zum Terror »übergegangen« seien, verschärfte das NKWD Mitte 1935 nach einer Anordnung Jeschows die Verfolgung der »Trotzkisten«. Dabei sollte das angeblich existierende und noch nicht entdeckte »Zentrum« der »Trotzkisten« aufgespürt und »liquidiert« werden. Überprüft werden sollten alle »ehemaligen Trotzkisten«, sowohl die noch nicht Verhafteten wie die bereits zu Lagerhaft oder Verbannung Verurteilten. Mit dieser Verhaftungswelle wollte man auch Mittäter und »Geständnisse« für die Vorbereitung des Schauprozesses (19. bis 24. August 1936) gegen das »trotzkistisch-sinowjewistische Zentrum« erhalten. Am 6. Januar 1936 wurde in Gorki Valentin Olberg[23], Dozent am Pädagogischen Institut, verhaftet. Olberg, der 1932 wegen seiner »Verbindungen« zur trotzkistischen »Linksopposition« in Berlin aus der KPD ausgeschlossen worden war, schrieb nach den ersten beiden Verhören an den NKWD-Untersuchungsrichter: »Nach Ihrem letzten Verhör am 25. 1. hat mich irgendwie eine schreckliche und quälende Todesangst ergriffen. Heute bin ich schon etwas ruhiger. Ich kann, scheint es, mich selbst bezichtigen und alles tun, nur um den Qualen ein Ende zu bereiten. Aber ich habe offensichtlich nicht die Kraft, mich selbst zu verleumden und absichtlich zu lügen, das heißt, daß ich Trotzkist sei, ein Emissär Trotzkis usw.«[24]

In den folgenden Folterverhören wurde Olberg jedoch gezwungen, alle jene fabrizierten »Geständnisse« für den Schauprozeß zu unterzeichnen, in denen er bekannte, im Auftrage Trotzkis »Terroristen« angeworben zu haben. Wie der 1932 aus der KPD ausgeschlossene Olberg

---

d. 2043; Oleg Dehl, Die DZZ und ihre Chefredakteure. In: Neues Leben, 11. Mai 1996, S. 3.

22 RGASPI, f. 57, op. 1, d. 286, Bl. 1–307 (Planskizze und Entwurf).

23 Zu seiner Biographie und zur Rolle Olbergs in der deutschen Linksopposition vgl. Schafranek, Das kurze Leben des Kurt Landau, S. 383–390.

24 Zit. in: Schauprozesse, S. 152–153.

sollten auch die früheren KPD-Mitglieder Bartel Lühlsdorf[25], Fritz Schimanski[26], Alfred Kuhnt[27] und Gustav König für den Schauprozeß im August 1936 präpariert werden. Gustav König[28], Dozent am Pädagogischen Institut in Odessa, vor 1933 Mitarbeiter im Militär-Apparat der KPD, wurde bereits am 7. September 1935 verhaftet.

---

25 Seine Frau Luisa Lühlsdorf wurde am 17. März 1936 verhaftet und 1940 nach Deutschland ausgewiesen. PAdAA, Deutsche Botschaft Moskau, R3 6b, Bl. 129a.

26 Fritz Schimanski, geb. 1. Juli 1899, Ziseleur, 1911 SPD, 1918 USPD, 1920 KPD, 1925 Mitglied des ZK der KPD, 1926 ausgeschlossen, Mitgl. der Reichsleitung der »Linken Opposition«, 1929 Wiederaufnahme in die KPD, 1933 Emigr. nach Prag, 1934 Sowjetunion. Wurde bereits 1935 verhaftet. Weiteres Schicksal unbekannt. Im Herbst 1936 wurde seine Frau Frieda Schimanski und im August 1937 der Sohn Hans Schimanski verhaftet. In der Sitzung des Politbüros (3. September 1936) wurde Schimanski mit folgender Begründung aus der KPD ausgeschlossen: »Mitglied der KPD seit 1920. Wurde 1926 ausgeschlossen. Er gehörte zur Ruth-Fischer-Gruppe. Nach einer längeren Zeit gab er der Partei eine Erklärung ab und wurde wieder aufgenommen. In Berlin war er tätig als Betriebsrat des Schlacht- und Viehhofs und Kartellvorsitzender der Sportler in Neukölln. Ende 1933 ging er nach Prag und nahm dort Verbindung mit den Trotzkisten auf. 1934 kam er in die SU. August 1936 wurde er wegen Verbindung mit Trotzkisten verhaftet.« SAPMO/BA RY1 I 2/3/19, Bl. 402. In einem »streng vertraulichen« KPD-Bericht »Über die deutsche Emigration in der Sowjetunion« (31. Januar 1937) wurde festgehalten, daß erst in Moskau festgestellt wurde, daß »er in Prag mit den Trotzkisten Ruth Fischer und Grylewicz in Verbindung stand«. RGASPI, f. 495, op. 15, d. 263, Bl. 181.

27 Alfred Kuhnt, 1923 KPD-Mitglied, 1927 ausgeschlossen, Mitglied der Reichsleitung der »Linken Opposition«, nach einer Reueerklärung wurde er 1929 wieder in die KPD aufgenommen, kam im Februar 1932 in die Sowjetunion, wurde 1936 beschuldigt, daß er als »Terrorist« und als »Kurier« Trotzkis aus Deutschland geschickt wurde.

28 Gustav König, KPD-Mitglied seit 1920, war 1933 in Deutschland in Gestapo-Haft, nach der Emigr. in die Sowjetunion 1934 am Pädagogischen Institut in Odessa tätig, wurde am 7. September 1935 verhaftet, vorübergehend entlassen, im Herbst 1936 erneut verhaftet und am 29. Mai 1937 durch das MKOG wegen seiner »Verbindungen« zu Ruth Fischer, Arkadi Maslow und Moissej Lurje zum Tode verurteilt. Auch seine Frau Alma König, geb. 1899, wurde im Herbst 1936 verhaftet. Vgl. zu Gustav König NKWD-Untersuchungsakten Nr. 1204 u. Nr. 2580.

Am 9. Februar 1936 verschickte der stellvertretende Volkskommissar Prokofjew[29] an alle Dienststellen des NKWD[30] folgende Direktive: »Uns stehen Fakten zur Verfügung, [...] die von einer gewachsenen Aktivität des trotzkistisch-sinowjewistischen konterrevolutionären Untergrundes und von der Existenz illegaler terroristischer Formationen unter ihnen zeugen. Eine Reihe von trotzkistischen und sinowjewschen Gruppen propagiert die Idee, eine einheitliche konterrevolutionäre Partei zu schaffen und ein einheitliches organisatorisches Machtzentrum in der UdSSR zu bilden.« Den NKWD-Dienststellen wurde »die restlose Liquidierung des gesamten trotzkistisch-sinowjewschen Untergrundes« befohlen. Dabei sollte man sich nicht nur auf die »Eliminierung des Aktivs« beschränken, sondern die »Ermittlungen sollten auf die Aufdeckung von konterrevolutionären Untergrundformationen, aller organisatorischen Verbindungen der Trotzki- und Sinowjew-Leute« ausgerichtet werden. Nachdem der Volkskommissar Jagoda am 25. März 1936 über den Verlauf der bisherigen Verhaftungsaktionen berichtet hatte, wurde von Stalin am 31. März 1936 ein weiterer Politbüro-Beschluß zur Verfolgung der »Trotzkisten«[31] durch das NKWD vorformuliert.

Nach diesen von Stalin und dem Politbüro initiierten und bestätigten NKWD-Direktiven wurde auch in Saratow und Engels unter den deutschen Politemigranten verstärkt nach »Trotzkisten« gesucht, um auch in der Wolgarepublik – wie im Fall Valentin Olberg und Gustav König be-

---

29 Georgi Prokofjew wurde am 5. April 1937 als stellvertretender Volkskommissar des NKWD abgelöst und am 14. August 1937 erschossen.

30 Folgende Zitate aus dem Bericht zum »Antisowjetischen vereinigten trotzkistisch-sinowjewschen Zentrum«, den die Moskauer Rehabilitierungskommission 1989 in der Zeitschrift Izvestija CK KPSS veröffentlichte. Abgedr. in: Schauprozesse, S. 136–169.

31 Die stalinistischen Konstrukte »trotzkistischer Verschwörungen« wurden jüngst von Wadim Rogowin übernommen, um dadurch die angebliche Realexistenz einer weitverzweigten und aktiven trotzkistischen Opposition zu behaupten. Vgl. Rogowin, Die Partei der Hingerichteten; ders., 1937. Das Jahr des Terrors. Vorgeprägt wurde diese Hypostasierung bei Pierre Broué, Trotsky et le bloc des oppositions de 1932, in: Cahiers Léon Trotsky, Nr. 5, S. 5–37; ders., Les trotskystes en Union soviétique (1929–1939), in: Cahiers Léon Trotsky, 1980, Nr. 6, S. 5–65; ders., Histoire de L'Internationale Communiste.

zeichnenderweise auch an einem pädagogischen Institut – eine trotzkistische »Verschwörung« aufzudecken. Ähnlich wie in den »nationalen Operationen«, die als »ethnische Säuberungen« auch gegen Rußlanddeutsche durchgeführt wurden, setzte die Verfolgung von Politemigranten in der Peripherie ein. In der Wolgarepublik wurde im Frühjahr 1936 um Willi Leow[32] eine »konterrevolutionäre, trotzkistisch-faschistische, terroristische Organisation«[33] konstruiert, der anfangs zehn Teilnehmer[34] zugerechnet wurden. Nach erfolterten Geständnissen wurden um diesen Kern von Angeklagten – meist frühere RFB-Funktionäre – nach dem Prinzip der Kontaktschuld sechs weitere »Gruppen« in der NKWD-Anklageschrift ausgemacht:

»1) 9 Personen im deutschen Verlagsbereich, gebildet von dem Politemigranten Hagemeister
2) 16 Personen im deutschen Pädagogischen Institut, geschaffen von dem Politemigranten Bruns
3) 5 Personen in einer Studentengruppe, gebildet vom Studenten Heidenreich
4) 3 Personen im deutschen Pädagogischen Institut, gebildet von dem Politemigranten Bruns
5) 10 Personen in der Redaktion der deutschen Zeitung in Engels, gebildet von Wilde
6) 4 Personen in der Sowchose Nr. 93, gebildet vom Politemigranten Bayer«[35]

---

32 Wegen seiner »unerlaubten Einreise« in die Sowjetunion wurde Willi Leow, zweiter Vorsitzender des Roten Frontkämpferbundes, bereits 1933 seiner Funktionen enthoben und danach nach Engels in die Wolgarepublik abgeschoben. Seine zahlreichen Briefe, die der Kaderakte beiliegen, dienten als Beweise, um Leow wegen seines »charakter- und würdelosen und parteischädigenden Verhaltens« nicht zur »Überführung« in die KPdSU (B) zu empfehlen. Die KPD-Überführungskommission war offensichtlich im August 1936 noch nicht informiert, daß Leow bereits am 26. Februar 1936 in Engels vom NKWD verhaftet worden war. Zur Biographie von Willi Leow vgl. RGASPI, f. 495, op. 205, d. 6211.

33 Vgl. NKWD-Akte Nr. 8990.

34 Willi Leow, verhaftet am 26. Februar 1936; Fritz Virgin, verhaftet am 23. Februar 1936; Ernst Ascher, verhaftet am 26. Februar 1936; Paul Schellenberg, verhaftet am 29. Februar 1936; Andreas Valentin, verhaftet am 17. Februar 1936, Otto Ackermann, verhaftet am 22. Februar 1936; Harry Wilde, verhaftet am 12. Juni 1936; Hans Bayer, verhaftet am 29. Februar 1936; Peter Bruns, verhaftet am 26. Mai 1936; Ernst Jakob, verhaftet am 7. Juni 1936.

35 Anklageschrift gegen Willi Leow u. a., Saratow, 17. November 1936, NKWD-Untersuchungsakte Nr. 8990.

Nach dem Prinzip der Kontaktschuld wurden in Moskau drei weitere emigrierte KPD-Mitglieder[36] verhaftet. Der frühere KPD-Funktionär Hans Rogalla, der Schriftsteller Joseph Schneider und Paul Scholze wurden beschuldigt, daß sie bei Besuchen von Willi Leow in Moskauer Hotelzimmern und Kneipen Gespräche »trotzkistischen Inhalts« geführt hätten.

Auch in Leningrad verhaftete das NKWD 1935 bereits sechzig Personen, deutsche Staatsangehörige und russische Staatsangehörige »deutscher Nationalität«, die in mehreren »antisowjetischen faschistischen Gruppen« angeblich »unter dem Deckmantel des Deutschen Bildungshauses« ihre »Terror- und Diversionstätigkeit« durchführten. Mit phantastischen Konstruktionen wurden 1936 ebenso in Moskau und in der Ukraine mehrere »Terror-Gruppen«[37] entdeckt und »liquidiert«, die aus »deutschen Staatsangehörigen« bestanden, die jedoch »im Auftrag des deutschen Nachrichtendienstes« als »unmittelbare Vollstrecker« wiederum »konterrevolutionär eingestellte und vorher im faschistischen Geist beeinflußte Sowjetbürger« heranzogen. Für eine solche Konstruktion wurde vom NKWD ein Orchestermitglied im Bolschoi-Theater, Suk, ausgewählt, der angeblich die »praktische Vorbereitung« für einen Anschlag auf Stalin anläßlich seines Bolschoi-Besuchs am 6. November 1936 leitete. Seinen Mordauftrag erhielt der als »Kokainist« bezeichnete Suk von einem deutschen Staatsbürger Oberberg, der wiederum – so das NKWD-Konstrukt – von dem Botschaftsangehörigen Kirstein seine Anweisungen empfing. Die Waffe für den angeblich geplanten Anschlag, der wie immer rechtzeitig aufgedeckt wurde oder scheiterte, sollte sich der »Terrorist« Suk aus dem Fundus des Bolschoi-Theaters besorgen. Auch dieser so phantastisch fabrizierte »Fall« wurde als Mu-

---

36 Vgl. Plener, Auskünfte einer NKWD-Akte.

37 1936 wurde im Gebiet Odessa eine »faschistische, terroristische Jugendorganisation« und in Melitiopol eine von Breil – wiederum ein Dozent eines pädagogischen Instituts – geleitete »konterrevolutionäre Gruppe der deutschen Intelligenz« vom NKWD erfunden. In Moskau gab angeblich der Pastor der lutherischen Kirche, Streck, der seine »Terrordirektiven« wiederum von einem Mitarbeiter der deutschen Botschaft erhielt, die Anweisungen zum Terror an den Vorsitzenden des Kirchenrats, Schapp, weiter. Dieser bildete in der Verschwörungswelt des NKWD aus der »antisowjetisch faschistischen Jugend« eine Gruppe, die den »zentralen Terror« vorbereitete.

stersammlung zur »Orientierung« unter der Bezeichnung »Braunes Spinnennetz« an die NKWD-Dienststellen versandt, die 1936/37 nach den von der Zentrale zugestellten Schnittmusterbogen ihre »Untersuchungen«, Verhöre und Anklageschriften ausschmückten. In einer Zusammenfassung listete das NKWD die vom »deutschen Spionagedienst« angewendeten »technischen Mittel« zur »Durchführung von Mordanschlägen« auf Partei- und Regierungsführer als Exempelsammlung auf:

»a) Bombenwurf auf Regierungsautos während Versammlungen und Demonstrationen b) Attentate mit Schußwaffen c) Vergiftung (nach Meldungen der Agentur) d) Organisierung von Zugunglücken«. Das NKWD beschuldigte 1936 auch einzelne »Terroristen«[38] wie W. Latze in Moskau und Maack-Adamow in Leningrad, die mit der deutschen Botschaft oder dem Konsulat in »Verbindung« gebracht wurden, als »Attentäter«.

Solche NKWD-Konstrukte unter deutschen Politemigranten oder Sowjetbürgern deutscher Nationalität, die als »Terroristen« in Beziehung zur deutschen Botschaft und »deutschen Nachrichtendiensten« gebracht wurden, ließen sich vom NKWD durch Agenturmeldungen, die Beobachtung der Botschaft, die Nutzung von Karteien und durch entsprechende NKWD-Direktiven, »Orientierungen« und Musterfälle auf die jeweilige Stadt oder das Gebiet übertragen. Durch Verhaftungen und erste »Geständnisse« konnte dann der imaginäre »Fall« in den Grundlinien entworfen werden. Durch weitere Verhaftungen von Personen, die in den »Geständnissen« als »Verbindungen« auftauchten, wurde der der »Fall« so ausgeweitet, daß man an die Moskauer Zentrale über die erfolgreiche »Arbeit«, nämlich über die »Liquidierung einer konterrevolutionären, terroristischen, trotzkistischen Spionageorganisation«, berichten konnte. Beschlüsse des Politbüros, NKWD-Befehle und Rundschreiben lieferten die Vorgaben, das Feindbild und das Plansoll an Verhaftungen, die örtlichen NKWD-Dienststellen und Abteilungen hatten die »Täter« und den Fall zu erfinden. Für die Konstruktion

---

38 Die vorstehenden Zitate und aufgeführten Fälle aus dem Jahre 1936 entstammen der NKWD-Direktive Nr. 26 vom 2. April 1937 »Über die erhöhte Aktivität deutscher Nachrichtendienste und von Sondereinrichtungen der faschistischen Partei auf dem Territorium der UdSSR«. Sammlung »Stalinistischer Terror«, Hamburger Institut für Sozialforschung.

der wesentlich komplexeren »politischen Fälle« unter den Politemigranten und KPD-Mitgliedern nutzte das NKWD jedoch zur Vorbereitung von Verhaftungen, zur Durchführung von Verhören wie zur Fabrikation von Anklageschriften die langjährig erprobte Vor- und Zuarbeit der Kaderabteilung der Komintern und deren mit »kompromittierenden Materialien« gefüllte Inquisitionsarchive.

Sowohl unter den Mitarbeitern des Komintern-Apparats[39] wie unter den Mitgliedern der KPD suchten 1936 spezielle Kommissionen (Moskwin-Kommission)[40], die »Überführungskommission« der KPD und die Internationale Kontrollkommission der Komintern – unterstützt durch öffentliche Parteiversammlungen[41] und klandestine Mitteilungen und Spitzelberichte an die jeweilige »Instanz« und an das NKWD – nach ehemaligen oder vermeintlichen politischen Häretikern, deren Dossiers in der Kaderabteilung des EKKI immer bedrohlicher anwuchsen. Am 2. September 1936 erstellte die Kaderabteilung eine zwanzigseitige Liste über »Trotzkistische und feindliche Elemente im Bestand der Emigration in der KPD«, in der die Parteibiographie von 44 KPD-Mitgliedern zusammengefaßt und als parteiamtliches Sündenregister von der Kaderabteilung an das NKWD weitergereicht wurde. Darunter befanden sich viele jüdische deutsche Emigranten, wie z.B. Nathan Steinberger[42], Leo Roth[43], Boris Gross, Leo Berman, Nathan Neumann u.a., die zu den KPD-Mitgliedern Moissej Lurje, Nathan Lurje und Ilja-David Kruglianski, die im ersten Schauprozeß am 24. 8. 1936 zum Tode verurteilt worden waren, in »Verbindung« gebracht wurden. Aufgelistet und mit ihrer Parteibiographie ausführlich erfaßt wurden neben früheren Brandler-Anhängern und »Versöhnlern« (z.B. Robert Hauschild, Hilde

---

39 Zu Aufbau und Struktur vgl. Huber, Der Moskauer Apparat der Komintern; Studer, Die Kominternstruktur nach dem 7. Weltkongreß; zu den Repressionen im Komintern-Apparat vgl. Watlin, Kaderpolitik und Säuberungen.

40 Vgl. auch Babičenko, Die Moskvin-Kommission; ders., Repressalien in der Komintern 1935–1939 (unveröff. Ms.).

41 Vgl. Schafranek, Die Internationale Lenin-Schule.

42 Vgl. Steinberger/Broggini, Berlin–Moskau–Kolyma .

43 Zur Biographie des am 4. November 1936 verhafteten Leo Roth vgl. Müller, Hitlers Rede.

Löwen-Hauschild) auch die Frauen[44] derjenigen KPD-Mitglieder, die als Angeklagte nach dem ersten Schauprozeß erschossen worden waren. Wie aus den Sitzungsprotokollen[45] der Moskwin-Kommission zu entnehmen ist, wurde die Kaderabteilung angewiesen, ausgedehnte »Untersuchungen« zu einzelnen Personen durchzuführen und die in der Kaderabteilung vorliegenden Materialien an das NKWD zu übersenden.

Mit zunehmenden Verhaftungswellen und der Ausdehnung des Feindbildes auf alle »Deutsche«, mit Verhaftungen von gutbekannten Freunden und Ehepartnern verloren aber die offiziellen Verschwörungssyndrome des »maskierten Doppelzünglers«, »Trotzkisten«, »Spions«, »Gestapo-Agenten« und »Terroristen« ihre bis dahin von den Emigranten akzeptierte Plausibilität, da nun nicht mehr nur Häretiker, sondern auch absolut parteitreue KPD-Mitglieder und Funktionstäter wie der deutsche Referent der Kaderabteilung, Georg Brückmann[46], verhaftet wurden. Nach einer ständigen Eskalation der Verhaftungen, die sich mit dem NKWD-Befehl Nr. 00439 zunehmend gegen alle deutschen Emigranten richteten, waren im März 1938 bereits 70 Prozent der KPD-Mitglieder in der Sowjetunion verhaftet. Verunsichert wurden dadurch vor allem die noch nicht verhafteten Familienangehörigen, die sich innerhalb der scheinbaren Willkür die hochbürokratisierten Verlaufsformen des Terrors nicht erklären konnten.

Anfangs wurde von den linien- und parteitreuen KPD-Mitgliedern die eigene Verhaftung oder die von Familienangehörigen noch als »Irrtum« der »Organe« gesehen, auch um die eigene politische Identität[47],

---

44 Mit dem operativen NKWD-Befehl Nr. 00486 »Über die Repression von Frauen verhafteter Landesverräter«, 5. August 1937 (vgl. Dok. Nr. 4 im Anhang), setzte eine nahezu zwangsläufige Verhaftungswelle unter den Frauen der Verhafteten und Erschossenen ein. Mit dem chiffrierten NKWD-Rundschreiben Nr. 263 (3. Juli 1937) wurde die Vorbereitung von Lagern in Westsibirien und Kasachstan für »Familienangehörige der Rechten und Trotzkisten« angeordnet. Nach dem chiffrierten NKWD-Rundschreiben Nr. 267 (3. Juli 1937) sollten Listen der »Familienmitglieder der Repressierten« erstellt werden.

45 Vgl. Protokoll der Moskwin-Kommission, Nr. 9, 27. bis 29. September 1936, abgedruckt bei: Müller, Wir kommen alle dran, S. 140–141.

46 Brief Ella Brückmanns vom 29. November 1938 an Stalin. Vollständig abgedruckt in: Müller, Schrecken ohne Ende.

47 Vgl. dazu auch die Interviews bei Stark: »Ich muß sagen, wie es war«, S. 126–128.

das »Partei-Ich« und den Stalin-Mythos nicht zu gefährden: »Doch all dies zu Ende zu denken, war niemand fähig, der nicht zu denken wagte, daß Stalin der Urheber des methodischen Wahnsinns war, der um sich greifenden Bewegung eines Apparates, der alles zermalmte, was der paranoide Machthaber fürchtete.«[48]

Als letzte Möglichkeit, um das erschütterte Weltbild oder zumindest den Glauben an Stalin erneut zu festigen, verblieb die vorsätzliche Illusion, daß der »Große Terror« das Werk von »Agenten« in der Komintern, von »Schädlingen« und »maskierten Feinden« im NKWD sei und daß ausgerechnet die allwissende KPdSU-Führung und der allmächtige Stalin[49] von alledem nichts wüßten. Sowohl NKWD-Häftlinge wie auch deren Familienangehörige »erklärten« sich in Briefen an Stalin, Molotow, Jeschow, Berija u.a. die für sie unbegreifliche Irrealität und Dimension der Verhaftungen mit einer großen »Schädlingsverschwörung« in den »Organen« des NKWD. Dieses anfangs immer wieder in Briefen und Eingaben[50] verwendete Erklärungsmuster des weisen, aber unwissenden »Väterchens Stalin«[51] zerfiel nach jahrelanger Haft und Folter zumindest bei manchen NKWD-Häftlingen, die völlig desillusioniert[52] der Gefängnisverwaltung mit Selbstmord[53] drohten oder nach Abschluß des Stalin-Hitler-Paktes in ihren Eingaben[54] kategorisch die

48 Fischer, Erinnerungen, S. 369f.

49 Vgl. Lewin, Stalin in the Mirror of the Other, in: Kershaw/Lewin (Hg.), Stalinism and Nazism, S. 107–134.

50 Zur Praxis der Eingaben und Denunziationen vgl. Fitzpatrick, Everyday Stalinism, S. 175–178.

51 Vgl. die Aussage Erna Kolbes: »Alle haben sich die Finger wund geschrieben an Stalin. In ihm wurde der einzige Retter gesehen. Alle waren der Meinung, das geschieht alles ohne Wissen von Stalin.« Interview in: Stark (Hg.), Wenn Du willst Deine Ruhe haben, S. 125.

52 Hannah Arendt hielt zu dieser Desillusionierung fest: »Der Fanatismus der totalitären Bewegungen bricht in deutlichen Gegensatz zu allen Formen des Idealismus in dem Augenblick zusammen, wo die Bewegung ihre fanatisierten Anhänger im Stich läßt; in ihnen lebt keine Überzeugung mehr, die den Untergang der Bewegung überleben könnte.« Arendt, Elemente und Ursprünge, S. 498.

53 Brief Joseph Selbigers an Wyschinski vom 29. 1. 1941, abgedruckt in: Müller, Der »Antikomintern-Block – Prozeßstruktur und Opferperspektive«, S. 91f.

54 Z.B. die NKWD-Häftlinge Joseph Selbiger, Georg Brückmann, Erich Birkenhauer, Theodor Beutling.

Ausweisung nach Deutschland verlangten. So schrieb der ehemalige KPD-Reichstagsabgeordnete und Leiter der Organisationsabteilung der KPD, August Creutzburg, 1940 an Stalin: »Ich bitte Sie, schicken Sie mich rasch dorthin, auch dann, wenn man mich wegen einer früheren revolutionären Tätigkeit verhaften sollte.«[55]

Vor allem durch den in individuellen Denunziationen, Kaderakten und NKWD-Konstrukten verwendeten Begriff der »Verbindungen« weiteten sich der Verdacht und die wechselseitige Bespitzelung selbstreferentiell aus. Wilhelm Pieck formulierte dieses Prinzip der ubiquitären Kontaktschuld, das im Parteijargon und in der NKWD-Sprache mit dem *catchword* »Verbindungen« evoziert und kriminalisiert wurde, in einem Brief vom 10. August 1936 an die Auslandsleitung der KPD: »Es haben sich in der Zeit geradezu unheimlich die Fälle gemehrt, in denen Mitglieder unserer Partei entweder Verbindungen mit parteifeindlichen Elementen unterhalten, diese in irgendeiner Form unterstützen oder sich selbst in parteifeindlicher Weise betätigten.«[56] Die exterministische Radikalisierung des Verdachtsprinzips »guilt by association« führte während der stalinistischen Säuberungen auch unter den deutschen Politemigranten zur »Atomisierung« der terrorisierten Individuen, zum Abbruch aller privaten »Beziehungen« und zu wechselseitigen Beschuldigungen. Mit der Denunziation von Arbeitskollegen[57], von Freunden und auch der eigenen Familienmitglieder wurde die totale Treue gegenüber Partei und Staat signalisiert. Hannah Arendt beschrieb jene Atomisierungsmechanismen und Unterwerfungszwänge als »zentrales Konstituens« der Sowjetgesellschaft, in der sich zwischen den »isolierten und terrorisierten Individuen« alle moralischen und zwischenmenschlichen Bindungen auflösten und die Denunziation[58] der eigenen Freunde das einzige Mittel blieb, um eigene Zuverlässigkeit zu beweisen. Jeg-

---

55 Sammlung »Eingaben und Briefe«, Hamburger Institut für Sozialforschung.

56 SAPMO/BA RY1 I/ 2/3/286, Bl. 145.

57 So lieferte z.B. Albert Hotopp, Schriftsteller und 1933 »Reichskassierer« der KPD, einen zahlreiche »Verbindungen« umfassenden Verdachtskatalog über den Schriftsteller Herwarth Walden, der wie Hotopp am Moskauer Institut für Fremdsprachen unterrichtete. Hotopp rühmte sich auch gegenüber der Kaderabteilung, daß er den eigenen Schwiegersohn an das NKWD ausgeliefert habe. Vgl. RGASPI, f. 495, op. 205, d. 331.

58 Arendt, Elemente und Ursprünge, S. 525.

licher Versuch, diese Isolierung zu durchbrechen, zog Verfemung, Parteistrafe oder Verhaftung nach sich. Frieda Düwell[59], die vielen Frauen von Verhafteten half, deren Kinder betreute, ihre »Beziehungen« trotz Kontaktverbot aufrechterhielt und sogar eine Unterschriftensammlung durchführte, wurde auf Vorschlag einer KPD-Kommission (Walter Dittbender, Bernhard Koenen, Paul Schwenk[60]) im Oktober 1937 aus der KPD ausgeschlossen.

Die Atomisierung der sowjetischen Gesellschaft[61] und auch der deutschen Politemigranten war inmitten der undurchschaubaren Willkür mit einer existentiellen Unsicherheit und tiefen Angst verknüpft, die alle Nichtverhafteten im »Hotel Lux« wie im Politemigranten-Heim, im »Hotel Baltschug«[62] wie in Kommunalwohnungen befiel. Nelly Held, die mit mehreren deutschen Schauspielern in einer »Kommunalka« wohnte, verdächtigte ihren eigenen Mann, als NKWD-Spitzel tätig gewesen zu sein: »Ich weiß bis heute nicht, ob das damals mein Mann war, und wenn er es gewesen war, dann weiß ich wirklich nicht, ob er aus der Lubjanka kam. Aber so angespannt, so schizophren war damals die Atmosphäre. Jeder mißtraute seinem Nächsten. Die Angst verwirrte uns vollkommen. Ich habe das alles nie vergessen. Es ist mir in Erinnerung, als wäre es gestern gewesen.«[63]

Diese allgemeine Angstpsychose und den prophylaktischen Abbruch aller privaten Kontakte, die Atomisierung als »sozialen Tod« in der

---

59 Frieda Düwell, geb. 1884 in Hamburg, Lehrerin, befreundet mit Clara Zetkin, seit 1928 in der Sowjetunion, Mitarbeiterin am Marx-Engels-Institut, kam nach 1945 in die DDR zurück. In ihren in der DDR aufgezeichneten Erinnerungen klammerte sie die »Säuberungen« völlig aus. Die österreichische Emigrantin Lilli Beer-Jergitsch berichtet in ihren unveröffentlichten Erinnerungen über das mutige Auftreten Frieda Düwells und ihre solidarische Hilfe für die Angehörigen von Verhafteten. Vgl. SAPMO/BA RY1 I 2/3 82, Bl. 210; vgl. RGASPI f. 495, op. 205, d. 6747 und f. 17, op. 98, d. 2762.

60 Walter Dittbender, Bernhard Koenen und Paul Schwenk wurden dann selbst 1938 vom NKWD als Mitglieder des »Antikomintern-Blocks« verhaftet.

61 Vgl. auch Moore, Terror and Progress, S. 156–178.

62 Auch die Unterbringung in Moskauer Hotels, im Politemigranten-Heim, in Zimmern und Wohnungen war nach hierarchischen Nomenklatur-Regeln organisiert.

63 Krumrey (Hg.), Ohne Scham, S. 101.

Moskauer Emigration beschrieb das KPD-Mitglied Franz Schwarzmüller am 23. April 1939 in einem 15seitigen Brief an Stalin, Molotow u.a.: »Die deutsche Emigration hier ist völlig atomisiert. Jeder lebt für sich in seinen vier Wänden, aus Furcht, durch Verhaftungen in seinem Bekanntenkreis oder sonstwo ebenfalls hineingezogen oder diskreditiert zu werden.«[64] In diesem Brief hält Franz Schwarzmüller[65], dessen Frau und Freunde verhaftet worden waren, an der aus Parteitreue und Verzweiflung gespeisten Illusion fest, daß Stalin von alldem nichts wisse[66], und führt die Verhaftung seiner Frau auf »zwei Feinde« zurück: »Erstens eines Denunzianten und zweitens des Feindes, der sich noch in der NKWD befindet«. Für den 1941 verhafteten Schwarzmüller wie auch für viele NKWD-Häftlinge desorganisierten »volksfeindliche Elemente« im NKWD die »Rechtsprechung des proletarischen Staates«. Diese »Überreste der geschlagenen Banden des Trotzkismus, der Sinowjew- und Bucharinleute«, würden versuchen, »das Feuer abzulenken auf unschuldige Menschen durch wahllose Verhaftungen, breiteste Entfaltung der Denunziation und falsche Verdächtigungen«.[67] Mit diesem Erklärungsversuch reproduzierte Schwarzmüller aber auch die parteioffizielle Lesart, in der die monströsen Denunziations- und Verhaftungswellen und die Lähmung des Partei- und Staatsapparates wiederum nur auf die Tätigkeit von »getarnten Feinden« zurückgeführt wird. Shdanow hatte auf dem Parteitag der KPdSU im März 1939 ausgeführt: »Die Verleumdung ehrlicher Mitarbeiter unter der Flagge der ›Wachsamkeit‹ ist gegenwärtig die verbreitetste Methode zur Tarnung und Maskierung der feindlichen Tätigkeit. Die noch nicht entlarvten Wespennester der Feinde sind vor allem unter den Verleumdern zu suchen.« Es seien »böswillige Verleumder«, die »ehrliche Menschen« mit

---

64 RGASPI, f. 495, op. 74, d. 139, Bl. 4.

65 Anni Etterer, die Frau Franz Schwarzmüllers, wurde am 20. März 1940 aus dem Lager entlassen. Franz Schwarzmüller wurde nach dem Juni 1941 verhaftet und verstarb im Lager. Vgl. Meinhard Stark: »Ich muß sagen, wie es war«. Deutsche Frauen des GULag, Berlin 1999, S. 257f.

66 Vgl. auch die autobiographischen Erinnerungen von Hedda Zinner: »Wir waren überzeugt, daß Stalin von all diesen Dingen nichts wisse, wir erfuhren auch, daß einige Genossen sich direkt an ihn gewandt hatten, aber an ihn war nicht heranzukommen.« Zinner, Selbstbefragung, S. 105.

67 RGASPI, f. 495, op. 74, d. 139, Bl. 15.

dem Sammeln von kompromittierendem Material und dem serienweisen Verfassen von Eingaben ins Unglück stürzten: »Ihre Hauptanstrengungen richteten die Feinde darauf, die ehrlichen bolschewistischen Kader zu zerschlagen.«[68]

In einem Brief an Stalin berichtete am 29. Oktober 1938 Ella Henrion, die Frau des verhafteten Kaderreferenten Georg Brückmann, über die verzweifelte und fatalistische Stimmung unter den noch verbliebenen Politemigranten, die sich die anfänglichen Verhaftungen von »Abweichlern« und »Banditen« noch mit den offiziellen Feindbildern erklären konnten oder wollten. Die Massenverhaftungen, die Verhaftungen absolut linientreuer KPD-Funktionäre, von Freunden und vor allem des parteitreuen Ehemannes schienen Ella Henrion[69], die mit ihrem inzwischen verhafteten Mann im »Hotel Lux« wohnte, völlig unbegreiflich:

»Werter Genosse Stalin!
Ich möchte einmal ganz offen die Stimmung unter den deutschen Genossen schildern. Ich denke, daß ich damit nichts Schlimmes tue. Es gibt fast keine deutsche Familie, die nicht irgendwie von Verhaftungen betroffen ist. Sei es der Mann, Vater, Bruder, Sohn, die Mutter, Frau, Schwester oder vielleicht ein sehr guter Freund oder Kollege. Vor ungefähr zweieinhalb Jahren begannen die Verhaftungen. Wenn nicht persönlich, so waren dem Namen nach die Banditen David, Emel und andere den deutschen Genossen bekannt. Diese Verhaftungen haben niemand von den Genossen erschreckt, denn mehr oder weniger waren – wenn auch nicht ihre größten Verbrechen – so doch die Abweichungen und unkommunistischen Handlungen dieser Volksfeinde bekannt. Dann setzten weitere Verhaftungen ein. Manche davon waren überraschend, aber jeder war der Meinung, es hat bestimmt seine Richtigkeit, unschuldige Leute werden nicht verhaftet.

---

68 Shdanow, Abänderungen am Statut, S. 244–246.

69 Ähnliche Reaktionen werden geschildert bei Davies, Popular Opinion, S. 118–123. Die hier analysierten Reaktionen der »ordinary russians« zeigen zumindest in Einzelfällen Dissens zu den in der öffentlichen Propaganda verkündeten Erklärungsmustern. Die unterschiedlichen Rezeptionsmuster und Reaktionsformen des einfachen Sowjetbürgers und der Parteielite, der städtischen Intelligenz und der Kolchosbauern, die zumindest 1937/38 in unterschiedlichem Ausmaß vom »Großen Terror« betroffen waren, bleiben noch zu untersuchen. Zu beachten bleibt dabei aber auch, wie weit die nach oben rapportierten Stimmungsbilder den Bedürfnissen des Adressaten und den Interessen des Absenders angepaßt wurden. Vgl. auch Werth/Moullec: Rapports Secrets Soviétiques.

Vor ungefähr einem Jahr[70] begannen nun die Massenverhaftungen. Täglich erfuhr man neue Namen. Man staunte: Der auch und der auch? Aber jeder war überzeugt, sie haben sicher etwas getan. Viele Genossen haben sich nicht gescheut, einzugestehen, daß sie nachts, wenn schwere Schritte zu hören waren, Herzklopfen bekamen. Als die Verhaftungen immer weitergingen, entstand – ungelogen – eine allgemeine Angst. Und jeden Tag: Hast du schon gehört, der auch!

Jetzt ist die Stimmung unter den deutschen Genossen so: Sie stehen den vielen Verhaftungen völlig ratlos gegenüber. Sie sagen: Es kann unmöglich sein, daß die deutsche Partei in ihren Reihen so viele schlechte Elemente hatte, daß alle Verschickten wirkliche Spione, Konterrevolutionäre usw. sind. [...] Ganz offen sagen die Genossen: Es gibt keinen Zweifel, wir kommen alle dran.«[71]

Gustav Sobottka, dessen 1938 verhafteter Sohn beschuldigt wurde, einer fiktiven Moskauer Gruppe der »Hitler-Jugend«[72] anzugehören, die wiederum der »Antikomintern-Organisation in der Komintern« zugerechnet wurde, schrieb am 14. Februar 1940 an Molotow:

»Ist es da ein Wunder, wenn unter solchen Umständen bei den festesten und überzeugtesten Kommunisten Zweifel an der Gerechtigkeit der Organe der NKWD sich einstellen müssen und Menschen, die ihr ganzes Leben mit jeder Faser ihres Herzens an die Gerechtigkeit und Aufrichtigkeit der Sowjetorgane glaubten, verzweifelt zusammenbrechen. Zwei Jahre hat meine Frau den Schmerz um ihren Sohn getragen in dem Glauben an die Gerechtigkeit der Sowjetorgane – und dann brach sie verzweifelt zusammen. Am 8. Dezember 1939 mußte ich meine Frau in die Heilanstalt für Geisteskranke, Kaschenko, bringen. Sie war seelisch vollkommen zusammengebrochen und sah in jedem Menschen einen Feind.«[73]

Individuelle Traumatisierung und internalisierte Wachsamkeitsparanoia verstärkten sich während des »Großen Terrors« noch dadurch, daß unter den Politemigranten wie in der sowjetischen Gesellschaft in Privatgesprächen die Themen NKWD-Terror, Haft, Folter, GULAG tabuisiert waren und die wenigen aus der Haft entlassenen deutschen Politemi-

---

70 Die Massenverhaftungen unter den deutschen Politemigranten wurden durch den operativen NKWD-Befehl Nr. 00439 (25. Juli 1937) ausgelöst.

71 Fotokopie, Sammlung »Eingaben und Briefe«, Hamburger Institut für Sozialforschung.

72 Vgl. Dehl/Mussijenko, Hitlerjugend in der UdSSR?; Mussienko, Vorwurf: Mitglied einer Hitlerjugend; Schafranek, Am Beispiel der Moskauer Hitler-Jugend (1938); ders., Kinderheim Nr. 6.

73 Sammlung »Eingaben und Briefe«, Hamburger Institut für Sozialforschung.

granten zum Verschweigen ihrer Folter- und Haftqualen verpflichtet wurden. In einer erst 1988 veröffentlichten autobiographischen Notiz erinnerte sich der Schriftsteller Johannes R. Becher:

»So nahm das Entsetzen gewissermaßen eine neutrale, abstrakte Gestalt an, ein Jenseits von Gut und Böse, etwas wie eine geschichtliche, unausweichbare Notwendigkeit, die unserem Willen entzogen war. ›Darüber spricht man nicht‹, lautete eine unausgesprochene gesellschaftliche Regel, man könnte auch sagen, daß diese unausgesprochene gesellschaftliche Regel unsere gesellschaftliche Heuchelei war.«[74]

Verstöße gegen das Tabu des NKWD-Terrors und gegen die internalisierte Schweigepflicht wurden aus Angst vor der eigenen Verhaftung erneut denunziert. In einem Brief an Walter Ulbricht vermeldete am 10. Dezember 1939 der Schriftsteller Franz Leschnitzer aus »selbstverständlicher Parteipflicht«, daß der aus der Haft entlassene Hugo Huppert ihm »unzählige Details über die ›asiatischen Methoden‹ physischer Behandlung, denen er in den ersten Monaten seiner Haftzeit (März bis Juli 1938) und noch einmal fast unmittelbar vor seiner Entlassung ausgesetzt gewesen sei« ungebeten berichtet habe. Hugo Huppert, der sich vor seiner Verhaftung zahlreicher »Meldungen« an das NKWD rühmte, habe ihm von NKWD-Methoden erzählt, »neben denen sich die in Bredels ›Prüfung‹ beschriebenen faschistischen Foltermethoden harmlos ausnehmen«.

In den Jahren 1933/34 stellten die deutschen »Politemigranten«, die über Prag nach Moskau in das rettende »Vaterland der Werktätigen« flüchteten, wohl noch kaum solche Vergleiche an.

---

74 Johannes R. Becher, Selbstzensur. In: Sinn und Form, 40. Jg., 1988, S. 546.

Von Prag nach Moskau: Zenzl Mühsam

Am 16. Juli 1934 – an diesem Tag wurde Erich Mühsam in Berlin beerdigt – flüchtete die fünfzigjährige Zenzl Mühsam, begleitet von ihrem Neffen Peps (d. i. Joseph) Elfinger, über die »grüne Grenze« von Berlin nach Prag. Von der bevorstehenden Verhaftung hatte sie die amerikanische Journalistin Dorothy Thompson[1] gewarnt, und die Ärztin Hedwig Duncker[2] verbrachte sie sofort in ein illegales Quartier in Berlin. Im Auto der amerikanischen Journalistin gelangte sie in Grenznähe, und mit einem Rucksack und 25 Mark gelang ihr bei Bodenbach die Flucht über die Grenze. In Berlin verblieb der umfangreiche Nachlaß von Erich Mühsam, auf dessen Erhalt und Drucklegung Zenzl Mühsam ihr ganzes Denken und künftiges Weiterleben ausrichtete. Erst Monate später konnte er durch die Hilfe des tschechoslowakischen Presseattachés Camill Hoffman[3] nach Prag verbracht werden.

Nach ihrer Flucht und der Ankunft in Prag schrieb Zenzl Mühsam am 25. Juli 1934 einen ersten qualvollen Brief an die nach New York emigrierten Milly und Rudolf Rocker[4]. Zenzl Mühsam berichtete dem

---

1 Vgl. die knappe Schilderung der Flucht im Lebenslauf Zenzl Mühsams, 3. Juli 1955, SAPMO/BA IV 2/11/ V. 5032, Bl. 11a. Am 25. August 1934 wurde Dorothy Thompson – verheiratet mit dem amerikanischen Schriftsteller und Nobelpreisträger Sinclair Lewis – als erste Amerikanerin aus Deutschland ausgewiesen. Zu ihrer Biographie vgl. Thompson, Kassandra spricht; Sheean, Dorothy und Red; Schad, Frauen gegen Hitler, S. 51–90.

2 Dr. Hedwig Duncker, Ärztin, Tochter von Käthe und Hermann Duncker, beide Mitbegründer des Spartakusbundes und der KPD. Hedwig Duncker lebte bis 1945 in Deutschland. Ihre Mutter Käthe Duncker lebte seit 1933 zurückgezogen in Berlin und konnte 1938 in die USA emigrieren. Hermann Duncker wurde 1933 in Berlin verhaftet und emigrierte 1936 nach Kopenhagen. Der Sohn Wolfgang wurde 1938 in Moskau verhaftet und kam in der Haft ums Leben.

3 Camill Hoffman wurde 1943 im KZ Theresienstadt ermordet.

4 Rudolf Rocker, geb. 1873, Schüler und Anhänger Peter Kropotkins, seit 1919 führender Theoretiker der deutschen Anarchosyndikalisten, wohnte wie die Mühsams in Berlin-Britz, unterstützte zusammen mit seiner Frau Milly Witkop, der Anarchistin Emma Goldmann und holländischen Anarchosyndikalisten 1933/34

befreundeten Paar über ihren letzten Besuch bei Erich Mühsam, den die SS nach 17monatigem Martyrium[5] im KZ Oranienburg ermordet hatte.

»Prag, am 25. Juli 1934

Meine geliebte Milly und Rudolf Rocker!
Ich will Euch nur schreiben wo ich bin. Mein Adr. ist Prag XXII/Kladska. Weiß. Auf den Namen Weiß schreibt mir bitte.

Am 10. Juli laut Amt soll Erich Selbstmord begangen haben, am Mittwoch den 11. wurde mir von der Polizei Neukölln mitgeteilt, mein Mann sei gestorben. Am 8. Juli, es war am Sonntag, habe ich Erich noch 10 Minuten sehen können. Er war lieb, tapfer und gut, bat mich, ich soll ihm Taschengeld da lassen. Ich kann Euch heute nicht viel sagen, nur noch am 16. Juli wurde der Erich in Dahlem Waldfriedhof beerdigt, in aller Stille, seine Leiche habe ich gesehen, durfte von ihm Abschied nehmen, sah sehr schön aus, keine Angst im Gesicht, er starb wie er lebte, seine Hände waren so schön, ich habe sie ihm geküßt. Kann nicht mehr schreiben.

Schreibt mir gleich und versucht, daß ich weiterleben kann. Alle Arbeiten sind gerettet, für das muß ich leben.

Küsse Euch Eure Zenzl«[6]

Auch ihr nächster Brief aus Prag an das Ehepaar Rocker endete mit der Sorge um den Nachlaß und den traumatisch erlebten Tod Erich Mühsams:

»Etwas Sicheres zum Leben habe ich noch nicht. Aber meine Lieben, ich muß weiter leben, weil doch vom Erich etwas übrig geblieben ist, was sie nicht totschlagen können und konnten. Glaubt mir, fassen kann ich es immer noch nicht, daß ich nie mehr, nie mehr mit Erich reden kann.«[7]

---

die mittellose Zenzl Mühsam in Berlin und in Prag. Vgl. zur Biographie jetzt Graur, An Anarchist »Rabbi«; Rübner, Eine unvollendete Demokratie.

5 Erich Mühsam wurde in den Gefängnissen Sonnenburg und Plötzensee, dann im Zuchthaus Brandenburg und im KZ Oranienburg gequält und gefoltert. Vgl. dazu die Beiträge in Erich Mühsam. Zum 40. Todestag, in: europäische ideen, 1974, H. 5/6; Kreiler, Vom zufälligen Tod; Marx, Erich Mühsams letzte Tage und sein Tod.

6 Brief an Milly und Rudolf Rocker, 25. Juli 1934, Nachlaß Rudolf Rocker, IISG Amsterdam.

7 Brief an Milly und Rudolf Rocker, 19. August 1934, Nachlaß Rudolf Rocker, IISG Amsterdam.

Mit dem 1933 nach New York emigrierten Rudolf Rocker und seiner Frau Milly Rocker (Witkop) waren Erich und Zenzl Mühsam schon seit den zwanziger Jahren in Berlin eng befreundet. In mehreren Briefen hatte sie bereits 1933/34 an das Ehepaar Rocker über die Folterqualen Erich Mühsams, den sie als »Onkel« verschlüsselte, berichtet: »Seine Ohren hat der Arzt gesagt werden nie mehr hören, sind taub.«[8] Aus Prag schrieb sie am Schluß eines ausführlichen Briefs über ihren letzten Besuch im KZ Oranienburg am 8. Juli 1934 und die Ermordung Mühsams: »Sonst, meine Lieben, begreife ich das Ganze noch nicht. 17 Monate zusehen müssen, wie ein Mensch langsam zu Tode gequält wird.«[9]

Erich Mühsam[10], geb. am 6. April 1878 in Lübeck als Sohn eines jüdischen Apothekers, der neben Gustav Landauer wohl bekannteste deutsche Anarchist, hatte vor 1914 mit seinen Gedichten im *Simplicissimus* und in der von ihm herausgegebenen Zeitschrift *Kain. Zeitschrift für Menschlichkeit*[11] die wilhelminische Politik und Moral wie auch die Autoritätsgläubigkeit[12] der SPD mit Satiren überzogen. Obwohl Mühsam in Berlin-Friedrichshagen[13] die »Neue Gemeinschaft« und den »neuen Menschen« suchte, dann in der schweizerischen Alternativ-Siedlung »Monte Verita« und bei seinen Streifzügen durch Europa, in der Berliner Boheme und seit 1909 in der Münchner Künstlerszene bewußt antibürgerlich lebte[14], heiratete er 1915 Kreszentia

8 Brief an Milly und Rudolf Rocker, 10. April 1934, Nachlaß Rudolf Rocker, IISG Amsterdam.

9 Brief an Milly und Rudolf Rocker, 21. August 1934, Nachlaß Rudolf Rocker, IISG Amsterdam.

10 Hier können allenfalls Mühsams »Beziehungen« zu seiner Frau Zenzl, zur KPD und zur Sowjetunion skizziert werden. Zur Biographie vgl. Hug, Erich Mühsam; Haug, Erich Mühsam; Hirte, Erich Mühsam; Schriften der Erich-Mühsam-Gesellschaft, Lübeck 1989ff.

11 Vgl. Haug, Erich Mühsams KAIN.

12 Vgl. z.B. Mühsams wohl bekanntestes Gedicht »Der Revoluzzer. Der deutschen Sozialdemokratie gewidmet«. Es erschien zuerst 1909 in der Gedichtsammlung »Der Krater«.

13 Vgl. dazu Kauffeldt, Erich Mühsam.

14 Mühsam, Die Freivermählten.

Elfinger[15], die 1884 als fünftes Kind eines katholischen Hopfenbauern und Gastwirts im niederbayrischen Haslach nahe bei München geboren wurde. In einem Artikel, den Milly Rocker 1936 entwarf, um gegen Zenzl Mühsams Verhaftung in Moskau zu protestieren, wurde sie so charakterisiert: »Sie war eine einfache Frau, Bauerntochter aus Niederbayern, in katholischer Umgebung erzogen, dem öffentlichen Auftreten abgeneigt und nicht gewohnt.«[16] Mit Erich Mühsam, der sie auch als seine »Bäuerin aus der Holledau«, als Geliebte, treusorgende Haushälterin und Köchin akzeptierte, den Zenzl wiederum als »reine Seele« sehen wollte, verband sie der »Glaube an die Menschen«, anfänglich aber auch eine Zweckehe, um dem Vorwurf des Konkubinats mit dem Münchner Bildhauer Engler zu entgehen. Der dänische Schriftsteller Martin Andersen-Nexö, während des Ersten Weltkriegs häufiger Gast bei Mühsams in der Schwabinger Georgenstraße, schilderte 1936 das kontrastreiche Ehepaar:

»Von außen waren sie so verschieden wie überhaupt möglich: sie durch und durch Land und freier Himmel, er die Großstadt mit Ästhetik und Bücherlust. Und dennoch paßten sie zusammen, bildeten ein seltenes Beispiel der Kameradschaft. Sie verließ ihre Küche ebenso selten wie er sein Studierzimmer; ihre Mahlzeiten waren ebenso anregend und würzreich wie seine Anmerkungen; ihr Geist war ebenso revolutionär wie seiner.«[17]

---

15 Kreszentia (d. i. Zenzl) Elfinger, die bis 1915 mit dem Bildhauer Ludwig Engler zusammenlebte, kannte Mühsam wahrscheinlich schon seit 1910, zumindest flüchtig. Dies legt ein Flugblatt nahe, in dem Ludwig Thoma unter dem Titel »Catilinarische Verschwörung« sie als »Lieblingssklavin Agrippina Crescencia Noichl vom Nockherberge« vorstellt. Für den eifernden Spießbürger und Antisemiten Thoma galt die in der Münchner Boheme verkehrende Kreszentia Elfinger als »ein Weib, verruchter, als gewöhnlicher Sinn zu fassen vermag, Mörtelweib von Beruf, Verbrecherin aus Neigung«. Zit. in: Schad, Ludwig Thoma und die Frauen, S. 240. Der Miesbacher Anzeiger, in dem Thoma seine antisemitischen Artikel publizierte, setzte 1921 diese mit Zoten untersetzte Treibjagd gegen die in Niederbayern geborene Zenzl Mühsam als »landfremdes Element« fort. Vgl. Mühsam, Tagebücher, S. 275.

16 Milly Rocker, Entwurf, 25. August 1936, Nachlaß Rudolf Rocker, IISG Amsterdam.

17 Martin Andersen-Nexö, Die braune Bestie. In memoriam Erich Mühsam (1936). In: Wolfgang Teichmann (Hg.), Färbt ein weißes Blütenblatt sich rot [...] Erich Mühsam. Ein Leben in Zeugnissen und Selbstzeugnissen, Berlin 1978, S. 270f.

Zenzl und Erich Mühsam
(Erich-Mühsam-Gesellschaft)

Mühsams Sinnlichkeit[18] wandte sich vor und nach der Eheschließung keineswegs nur seiner Frau Zenzl zu. Programmatisch hatte er 1914 in seinem Drama »Die Freivermählten« die »absolute Selbstbestimmung des Weibes« gefordert und die Eifersucht als die »infamste Form des Besitzneides« angeprangert. Im bayrischen Zuchthaus Ebrach trug Mühsam am 19. Mai 1919 eine überschwengliche Lobpreisung mit folgender Einschränkung in sein Tagebuch ein:

»Diese Frau hat mir der Himmel geschickt. Wüßte sie nur, wie ich das weiß. Ihre Klugheit, Natürlichkeit, Güte, Derbheit, Ehrlichkeit, verbunden mit Kraft, Mutterwitz, Anmut und Schönheit, ihre unbestechliche Hingabe an die Aufgabe, die sie sich gestellt hat, der Kunst zu dienen, indem sie den Künstler pflegt, ihr klares Verständnis für meine Ideen und ihre schöne, keusche und starke Liebe – welche Perle von Frau habe ich. Der eine Fehler, den sie hat, ist so verständlich und sollte mir eigentlich wohltun: ihre Eifersucht, die sie nicht wahrhaben will. Gute, liebe Zenzl! Ich bin nun mal nicht für die Treue geschaffen.«[19]

Mühsams häufige Untreue, die er als »auf uneingeschränkter Promiskuität beruhende Sittlichkeit«[20] zu legitimieren suchte, führte in den

---

18 Vgl. die ungeschminkten Eintragungen in Erich Mühsams Tagebuch, S. 121, S. 164. Vgl. auch Kurt Kreiler, Das Logierhaus zur schwankenden Weltkugel oder die lange Nacht der Bohème, in: Literatur und Politik vor dem 1. Weltkrieg: Erich Mühsam und die Boheme. Schriften der Erich-Mühsam-Gesellschaft, H. 15, 1999, S. 73–91.

19 Erich Mühsam, Tagebücher, S. 193 f.

20 Vgl. Hubert van den Berg, Über Erich Mühsams Überlegungen zur »Frauenfrage« und seine literarische Darstellungsweise von Frauen in der Periode 1900–1914, in: Schriften der Erich-Mühsam-Gesellschaft, H. 3, 1992, S. 57–73.

zwanziger Jahren zu Eintragungen im Notizkalender[21] wie: »schwere häusliche Auseinandersetzungen« und zu wechselnden Einquartierungen außerhalb der ehelichen Wohnung.

Seiner »guten« und »lieben« Zenzl, die ihn immer wieder aufnahm und bekochte[22], widmete der umtriebige Mühsam[23] mehrere Gedichte[24] und zum Hochzeitstag auch ein Bilderbuch[25], das 1924 während der Haft in der Festung Niederschönenfeld entstand. Wegen seiner Antikriegsagitation, in der er zunehmend zum revolutionären Umsturz aufrief, wurde Mühsam im April 1918 verhaftet und bis Ende Oktober 1918 in Traunstein in Zwangsarrest gehalten. Im November 1918 gründete er in München die »Vereinigung revolutionärer Internationalisten Bayerns«, die in der von Mühsam erneut herausgegebenen Zeitschrift *Kain* und in ihren Flugblättern für die »sozialistische Gesellschaft der Gerechtigkeit und Wahrheit«[26] plädierte. In scharfer Auseinandersetzung mit dem USPD-Ministerpräsidenten Kurt Eisner[27] und der Ruhe-und-Ordnungs-Partei SPD gehörte Mühsam im »Revolutionären Arbeiterrat« zu den führenden Kräften der aktionistischen Rätebewegung in Bayern. Im Frühjahr 1919 suchte er anfangs noch zusammen mit Max Levien[28], der in München die Spartakusgruppe und den Soldatenrat

---

21 Vgl. Taschenkalender, 1926–1933, Gorki-Institut, Moskau, f. 4, op. 1, d. 3072–3083.

22 Auch im Prager Exil träumte Zenzl Mühsam davon, das Ehepaar Rocker und Emma Goldmann an der Adria bekochen zu können.

23 Zu Mühsams »neurotischem Sexualverhalten« vgl. auch Hug, »Er war in erster Linie Literat«.

24 Vgl. z.B. das Gedicht »Meiner geliebten Zenzl. Gefängnis Ansbach 1920«. Nachlaß, II 2657.

25 Mühsam, Bilder und Verse. 1933 entstand im Gefängnis Plötzensee ein weiteres Bilderbuch mit Gedichten für Zenzl Mühsam.

26 Text des Flugblattes in: Erich Mühsam, Von Eisner bis Leviné, S. 247f.

27 Vgl. jetzt Grau, Kurt Eisner.

28 Max Levien, 1885 in Moskau geboren, gehörte in Rußland seit 1906 zur Partei der Sozialrevolutionäre, war in Moskau 1907–1908 in Haft, ging 1908 in die Schweiz und wurde dort Mitglied der Sozialdemokratischen Partei bis 1913, Studium der Naturwissenschaften, deutsche Staatsbürgerschaft, seit 1915 Mitglied des Spartakusbundes, 1914–1918 Soldat, Delegierter auf dem Gründungsparteitag der KPD 1918, mit Eugen Leviné Führer der zweiten Münchner Räterepublik, in München 1919 verhaftet, Flucht nach Wien, dort erneut in Haft, 1921 Flucht nach Moskau. Vgl. biograph. Anhang.

gründete, die Rätebewegung in Bayern voranzutreiben. Die am 7. April 1919 proklamierte Räterepublik wurde jedoch von der KPD als »Scheinräterepublik« und als »Werk abhängiger und unabhängiger Kompromißler und phantastischer Anarchisten«[29] scharf abgelehnt. Die zweite Räteregierung in Bayern, in die nun auch die Kommunisten mit dem später erschossenen Eugen Leviné eintraten, stellte zwar eine »Rote Armee« auf, konnte jedoch den in Bayern einmarschierenden Noske-Truppen, den »weißen Garden Preußens«[30], nicht standhalten. In späteren Veröffentlichungen hielt die KPD an der parteiamtlichen Linie der Verurteilung der ersten Münchner Räterepublik fest. So schrieb Paul Frölich: »Sie war das Produkt regierungssozialistischer Verlegenheiten und Intriguen, anarchistischer Donquichotterie und unabhängiger Gelegenheitspolitik.«[31]

Erich Mühsam wurde wie viele andere Teilnehmer der Räterepublik im Zuchthaus Ebrach inhaftiert und am 12. Juli 1919 in einem Hochverratsprozeß zu 15 Jahren Festungshaft[32] verurteilt. In den Festungen Ansbach und in Niederschönenfeld kämpfte Mühsam unermüdlich für die Verbesserung der Haftbedingungen und prangerte die bayrische Justiz[33] an. Anfangs hoffte er noch auf die Versöhnung von Anarchismus und

---

29 Münchner Rote Fahne, zit. in: Illustrierte Geschichte der Deutschen Revolution, Berlin 1929, S. 391.

30 Zenzl Mühsam an Martin Andersen-Nexö, 2. April 1920, Zenzl Mühsam, Briefe, S. 11.

31 Vgl. Werner [d. i. Paul Fröhlich], Die Bayerische Räterepublik. Im Ansbacher Gefängnis verfaßte Erich Mühsam seine Gegenschrift: Von Eisner bis Leviné. Die Entstehung der bayrischen Räterepublik. Sie wurde aus der Haft geschmuggelt und wie sein Manifest »Einigung des Proletariats im Bolschewismus« an Lenin geschickt. 1929 veröffentlichte Mühsam dann diese Polemik gegen die KPD-Darstellungen der Räterepublik im eigenen Fanal-Verlag in Berlin-Britz.

32 Wegen Beteiligung an der Rätebewegung wurden bis zum Februar 1920 über 5000 Strafprozesse geführt. Neben Todesurteilen und Gefängnisstrafen wurden über 400 Personen zu Festungshaft verurteilt. Vgl. Gumbel, Vier Jahre politischer Mord, S. 96.

33 Vgl. Mühsam, Das Standrecht in Bayern; ders., Niederschönenfeld. Eine Chronik in Eingaben, in: Haug (Hg.), »Ich bin verdammt zu warten in einem Bürgergarten«, Bd. 2, S. 128–137. Im Nachlaß Mühsams finden sich noch zahlreiche Protestbriefe und Eingaben Mühsams wie auch amtliche Schreiben der Justiz- und Gefängnisverwaltung. Vgl. auch Toller, Justiz Erlebnisse.

Bolschewismus[34] und trat sogar für sechs Wochen der KPD bei. Im Gefängnis und seit Herbst 1921 in der Festung Niederschönenfeld sahen sich Mühsam wie der Schriftsteller Ernst Toller den Intrigen der kommunistischen Mithäftlinge[35] ausgesetzt, die als straff organisierte KPD-Parteizelle den Anarchisten Mühsam mit einem »großen Bann« belegten und in Niederschönenfeld mit »großer Hetze«[36] überzogen. In seinem Tagebuch notierte Mühsam jene Beschimpfungen, die diese »armen, haftkranken Tröpfe« gegen ihn ausstießen: »Lump, Schuft, Verräter, Konterrevolutionär, Antibolschewist sind gewohnheitsmäßige Liebenswürdigkeiten gegen mich. Dann kamen auch die Racheschwüre für dereinst, wenn man die Macht haben würde.«[37]

Während der Haftzeit versuchte Zenzl Mühsam für die Amnestierung ihres Mannes und der politischen Gefangenen »mobil zu machen, was mobil zu machen ist«.[38] Sie wandte sich an die »Vertretung der RSFR in Deutschland«[39] wie an Lenin in Moskau und lernte 1924 während des 1. Kongresses der »Roten Hilfe« auch Jelena Stassowa kennen, die unter ihrem Decknamen »Herta«[40] als Komintern-Vertreterin in Berlin arbeitete. Die Bekanntschaft mit der späteren MOPR-Vorsitzenden in der Sowjetunion sollte 1935/36 für Zenzl Mühsam zwar verhängnisvoll wer-

---

34 Vgl. auch seine rätekommunistisch-anarchistische Versöhnungsschrift »Die Einigung des revolutionären Proletariats im Kommunismus«, gekürzt 1922 abgedruckt in der von Franz Pfempfert herausgegebenen Zeitschrift Die Aktion.

35 Vgl. Mühsam, An die engsten Kampfgenossen Erich Mühsams, in: Mühsam, Briefe, Bd. 1, S. 463–477.

36 Vgl auch den aus der Festung geschmuggelten Brief (10. Juli 1921) von Sepp Schwab an Wilhelm Pieck. Hier wird ein inhaftierter KPD-Abgeordneter bei der »KPD-Zentrale« angezeigt, da er »ständigen Umgang« mit Mühsam unterhalte: »Derselbe Erich Mühsam, der den Kronstädter Aufstand als den einzigen revolutionären Aufstand verherrlicht und besingt, derselbe Erich Mühsam, der gegen die 3. Internationale Gift und Galle spuckt, nun ihr werdet diesen Burschen ja kennen.« SAPMO/BA RY1 I 2/3/76, Bl. 217a.

37 Mühsam, Tagebuch, S. 289.

38 Brief Zenzl Mühsams an Margarethe Fass-Hardegger, 30. März 1934. Abgedr. in: Mühsam-Magazin, H. 5, 1997, S. 67.

39 Vgl. Brief vom 7. Juli 1922, Gorki-Institut für Weltliteratur, Moskau, Nachlaß Erich Mühsam, f. 4, op. 2, 3953.

40 Vgl. Jelena Stassowa, Genossin »Absolut«.

den, aber fast bis zu ihrem Tode hielt sie an dieser merkwürdigen Freundschaft fest. In der Festungshaft traf Erich Mühsam auch jene Mithäftlinge[41], die Zenzl Mühsam später in Prag oder Moskau wiederbegegneten oder die ihr in NKWD-Verhören als »Verbindung« vorgeworfen wurden: Ernst Günther, Erich Wollenberg, Hermann Taubenberger, Rudolf Podubecky, Hans Schiff, Sepp Schwab. Zu ihren Münchner Bekannten gehörte auch Karl Petermeier[42], der 1921 als »zuverlässiger Genosse nach Rußland« reiste, wie Zenzl Mühsam in einem Brief an Lenin schrieb. Karl Petermeier[43], der als stellvertretender Stadtkommandant während der Räterepublik polizeilich gesucht wurde und nach Moskau flüchtete, sollte Lenin eine Polemik Mühsams gegen die KPD-Darstellung der Räterepublik und einen Brief Zenzl Mühsams überreichen. Hierin fragte Zenzl Mühsam bei Lenin an, »ob es möglich wäre, meinen Mann, Erich Mühsam, auf irgendeine Art nach Rußland zu bringen«.[44] Kurz vor seiner Haftentlassung markierte Mühsam 1924 jedoch noch einmal die politische Differenz zu den »marxistischen Hanswursten« in Moskau und Deutschland: »Wer für eine Räterepublik eintritt, ist in ›Sowjet-Rußland‹« und bei allen seinen europäischen, speziell deutschen Parteifilialen Konterrevolutionär.[45]

Seine Haftentlassung im Dezember 1924 verdankte Mühsam einer Amnestie, die von der bayrischen Regierung erlassen wurde, um Hitler aus seiner »Ehrenhaft« zu befreien. Danach trat er zusammen mit kommunistischen Rednern wie Wilhelm Pieck in zahlreichen Versammlungen für die Freilassung der politischen Gefangenen ein. Ein Angebot der Moskauer »Internationalen Roten Hilfe«, das wahrscheinlich von Jelena

---

41 Vgl. Liste der Gefangenen in Niederschönenfeld, Gorki-Institut für Weltliteratur, Moskau, f. 4, op. 1, 4689.

42 Vgl. die Briefe Erich Mühsams (1920/21) an Karl Petermeier, Gorki-Institut für Weltliteratur, Moskau, f. 4, op. 2, 3319, 3325, 3278–3280, 4028, 3247; Brief Zenzl Mühsams an Karl Petermeier (1920/21), Gorki-Institut für Weltliteratur, Moskau, f. 4, op. 2, 3832–3838.

43 Karl Petermeier wurde am 28. April 1937 in Moskau verhaftet und am 2. April 1938 vom Militärkollegium des Obersten Gerichts zum Tode verurteilt und erschossen. Zur Biographie vgl. RGASPI, f. 17, op. 98, d. 2379.

44 Zenzl Mühsam an Lenin, 28. April 1920, abgedruckt in: Zenzl Mühsam. Eine Auswahl aus ihren Briefen, S. 52–53.

45 Erich Mühsam, Tagebücher, S. 360.

Stassowa ausging, eine Rundreise durch die Sowjetunion anzutreten und sich mit seiner Frau Zenzl auf der Krim zu erholen, wollte Mühsam nur akzeptieren, wenn die Moskauer Regierung für alle in Rußland inhaftierten linken Revolutionäre[46] eine Generalamnestie[47] erlassen würde. Mühsams Broschüre für den inhaftierten Max Hoelz[48] erschien zwar noch 1926 im Verlag der »Roten Hilfe«, aber angesichts der zunehmenden Instrumentalisierung verließ[49] Mühsam, aus ähnlichen Motiven wie der Maler Heinrich Vogeler[50], diese »Massenorganisation« der KPD. Mühsams kurzzeitiger Redaktionsgehilfe bei der Zeitschrift *Fanal*, Herbert Wehner[51], seit 1925 bereits Mitglied in der »Roten Hilfe«, trat 1927 zur KPD über. Mit dem Theaterstück »Staatsräson«, das 1929 an der Berliner Volksbühne von Alexander Granach uraufgeführt wurde, prangerte Mühsam den Justizmord an den beiden amerikanischen Anarchisten Sacco und Vanzetti an. In der 1927 bis 1931 von ihm herausgegebenen Zeitschrift *Fanal* erinnerte er an die in der Sowjetunion inhaftierten Anarchisten[52] und kritisierte den »deutschen Kujonengeist«, der die »deutsche Arbeiterbewegung immer weiter vom Sozialismus weg auf den Weg der Resignation und zur inneren Fäulnis und Kampfunfä-

---

46 Zu den Verhaftungen und Erschießungen nach dem Kronstädter Aufstand vgl. Naumov/Kosakovskij, Kronstadt 1921, S. 293–368.

47 Brief an Carl Georg von Maassen, 2. Februar 1925. Abgedruckt in: Mühsam, Briefe, Bd. 2, S. 538–541.

48 Mühsam, Gerechtigkeit für Max Hoelz!

49 Vgl. Mühsam, Absage an die Rote Hilfe, in: Fanal, 3. Jg., 1929, Nr. 5, S. 119–120.

50 Vgl. Müller, Aus der Moskauer Kaderakte.

51 Zum Bruch zwischen Herbert Wehner und seinem Übervater Erich Mühsam vgl. Soell, Der junge Wehner, S. 184–190. In einem bisher unveröffentlichten Brief, der auch vom Wehner-Biographen Hartmut Soell nicht eingesehen wurde, betont Wehner am 29. Januar 1927 seine Unabhängigkeit gegenüber dem »Dichter« Mühsam: »Ich will nicht Untertan sein, auch nicht dem Dichter. Wenn ich in Freiwilligkeit als Genosse, Kamerad, helfen kann, dann tu ich's, nicht aber als Diener. Und so mußte Dein Schreiben aufgefaßt werden. So faßt Du auch die Rolle der ›Gewöhnlichen‹ dem ›Dichter‹ gegenüber auf. Das ist keinem zuträglich, auch nicht der Arbeit der Dichter.« Nachlaß Erich Mühsam, III, 3754, AdK, Archiv.

52 Vgl. auch Mühsam, Das proletarische Vaterland, in: Fanal, 3. Jg., 1929, H. 11, S. 262–263; Mühsam, An den Frauenausschuß »Für Maria Spiridonowa«, in: Mühsam, Briefe 1900–1934, Bd. 2, S. 649f.

higkeit«[53] geführt habe. Häufig setzte sich Mühsam in seiner Zeitschrift mit den deutschen »Parteikommunisten«, den »westeuropäischen Soldknechten Moskaus«, ihren Korruptionsskandalen und ihrer blinden Verherrlichung der Sowjetunion auseinander: »Die Stalin-Herrschaft in Rußland, die sich zwar in der sozialen Tendenz, nicht aber in den politischen Diktatur-Methoden vom Faschismus unterscheidet, wird uns ja von den Anhängern dieses Systems ausdrücklich als Diktatur des Proletariats angepriesen.«[54] In den letzten Jahren der Weimarer Republik distanzierte sich Mühsam immer wieder von der »Parteidespotie der Stalin-Kommunisten«[55], die ihrerseits die parteiamtliche Verdammung der von »politischen Dilettanten« geführten »Scheinräterepublik«[56] fortsetzten. Nach der finanziell bedingten Einstellung der Zeitschrift 1931 konnte Anfang 1933 noch ein *Fanal*-Sonderheft mit einem programmatischen Aufruf Mühsams[57] erscheinen. Für Joseph Goebbels, Alfred Rosenberg[58] und die NS-Propaganda galt Erich Mühsam als Jude, Anarchist und Intellektueller – als prototypischer Feind, als »Dreckjude« und »Geiselmörder«. Seine geplante Flucht ins Ausland scheiterte an Geldmangel, und in der Nacht des Reichstagsbrandes (27./28. Februar 1933) wurde Erich Mühsam in Berlin verhaftet.

Im Prager Exil sah sich Zenzl Mühsam der zwiespältigen Politik der KPD ausgesetzt, die einerseits Erich Mühsam als Opfer des Naziterrors für die antifaschistische »Einheit« in Beschlag nehmen wollte, anderseits seine jüdische Herkunft häufig verschwieg oder unterschwellig Mühsams Anarchismus weiterhin mit den bisherigen Stereotypen verurteilte. In Nachrufen, Gedenkartikeln, Gedichten und bei öffentlichen Veranstaltungen[59] wurde Mühsam von kommunistischen Schriftstellern

---

53 Mühsam, Bismarxismus. In: Fanal, Jg. 1, 1927, Nr. 5, S. 65–71.

54 Mühsam, Heroenkult und Selbstkritik. Anmerkungen zur bayerischen Räterepublik. In: Fanal, 1929, Nr. 7, S. 150. Ausgespart wird dieser Bruch mit der »Roten Hilfe« in der Broschüre »Der Leidensweg Erich Mühsams«.

55 Fanal, Jg. 5, 1930, Nr. 3, S. 49.

56 Vgl. Illustrierte Geschichte der Deutschen Revolution, S. 393.

57 Mühsam, Die Befreiung der Gesellschaft vom Staat.

58 Vgl. Rosenberg, 30 Novemberköpfe.

59 Vgl. Berg, Die Ermordung Erich Mühsams; ders., Mühsam als Mahnmal.

wie Egon Erwin Kisch[60], Franz Leschnitzer, Erich Weinert[61], Fritz Erpenbeck[62], Jan Petersen[63] zum »idealistischen Schwärmer« und allenfalls zum »Opfer« gemacht, um ihn dann für die »antifaschistische Front« zu reklamieren. Unter dem Vorzeichen des einigenden Opfers versuchten die Komintern und die KPD – häufig repräsentiert durch Willi Münzenberg – mit der Taktik des kleinsten politischen Nenners in Komitees, durch Kampagnen und mit Schriftstellerkongressen die öffentliche Austragung von politischen Differenzen zu verhindern und ihr Konzept einer instrumentalisierten »Einheits- und Volksfrontpolitik« durchzusetzen.

Zenzl Mühsam reagierte umgehend in einem Brief auf diese öffentlichen Vereinnahmungsversuche und auf die Ankündigung von Egon Erwin Kisch, ohne ihre Zustimmung, die »Gesammelten Werke« Mühsams zu veröffentlichen: »und Kisch anerkannte Erich Mühsam erst nach seinem heroischen Tod, daß er ›eigentlich doch ein Revolutionär‹ war!«[64] In diesem Brief betonte Zenzl Mühsam auch ihre Abneigung, einer Einladung in die Sowjetunion nachzukommen: »Ich werde nie nach Rußland gehen. Wenn ich der ersten Einladung Folge geleistet hätte, dann hätten sie mich wohl so lange verwöhnt, wie ich mir hätte alles gefallen lassen.«[65] Zu Egon Erwin Kisch hielt sie in einem weiteren Brief fest, daß er ihr »die letzte Sentimentalität aus dem Herzen getrieben hat«, weil sie auch durch ihn bemerkt hätte, »mit welch für einer Verlogenheit sich heute die russische Regierung umkleidet«.[66]

Gegen ein Gedicht Johannes R. Bechers, das in der Leningrader *Roten Zeitung*[67] und gekürzt in der Moskauer *Deutschen Zentral-Zei-*

---

60 Egon Erwin Kisch, Erich Mühsam unseren letzten Gruß! In: Der Gegenangriff, 2, 1934, Nr. 29.

61 Erich Weinert, Erich Mühsam – Der Kämpfer. In: Die Neue Weltbühne, 1934, 19. Juli.

62 Fritz Erpenbeck, Erich Mühsam. In: Neue deutsche Blätter, 1, 1934, Nr. 11, S. 656.

63 Jan Petersen [Hans Schwalm], Sie konnten ihn nicht beugen. In: Deutsche Zentral-Zeitung, 10, Nr. 164, 18. Juli 1935.

64 Brief an Milly und Rudolf Rocker, 9. September 1934, Nachlaß Rocker, IISG Amsterdam.

65 Ebenda.

66 Brief an Mollie Flechiné, 14. 9. 1934, Nachlaß Rocker, IISG Amsterdam.

67 Auch in einem Brief an die in Paris lebende russische Anarchistin Mollie Flechiné empörte sich Zenzl Mühsam über den »Nachruf des Hausdichters von Stalin«.

tung[68] und in der *Neuen Weltbühne*[69] erschien, erhoben Zenzl Mühsam und Erich Wollenberg in einem Brief an Rocker Einspruch: »Ich lege Dir noch einmal das Gedicht vom Johannes R. Becher bei. Erich Wollenberg, der mit Erich [Mühsam] in Niederschönenfeld [war], bittet Dich, das Gedicht den Arbeitern der Welt, so weit es möglich ist, zugänglich zu machen mit der Antwort vom Erich Wollenberg.«[70] Am Ende des Briefes sandte Erich Wollenberg handschriftliche »Revolutionäre Grüße«.

Von Zenzl Mühsams Prager Reaktion auf Bechers Gedicht berichtete Gustav von Wangenheim noch im September 1936 in einer »geschlossenen Sitzung« der deutschen Sektion des sowjetischen Schriftstellerverbandes:

»Außerdem war Zenzi Mühsam da. Ich habe sie dort besucht. Sie war in einer gaunerhaften Verfassung, so daß ich überrascht war, als sie in der Sowjetunion auftauchte. Das, was sie von sich gab, war sehr bitter. Sie schimpfte besonders auf Becher und das Gedicht. Sie tobte einfach. Dann kam Genosse Ottwalt, und ich merkte, daß Genosse Ottwalt keine Privatgespräche führt. Das war ein Nachmittag und aus.«[71]

Sowohl Ernst Ottwalt wie auch seine Frau Traute Nicolas, die beide als Schriftsteller auch für den illegal operierenden »Apparat« der KPD arbeiteten, wurden mit der Bespitzelung und »Bearbeitung« Zenzl Mühsams und Erich Wollenbergs in Prag beauftragt.

Bei ihren Wanderungen durch die verwinkelte Prager Altstadt überfiel Zenzl Mühsam angesichts der Brückenfigur des heiligen Nepomuk eine düstere Erinnerung und Vorahnung:

»Manchmal, wenn ich über die Brücke gehe, Karlsbrücke heißt sie, von der man einst den heiligen Nepomuk ersäuft hat (auch ein Opfer seiner Idee – er wollte das Beichtgeheimnis nicht brechen), denke ich mir, daß die Stadt noch ganz mittelalter-

---

68 Johannes R. Becher, Erich Mühsam. In: Deutsche Zentral-Zeitung, 9, Nr. 161, 15. Juli 1934.

69 Johannes R. Becher, Erich Mühsam. In: Die Neue Weltbühne, 3, 1934, H. 30, S. 955.

70 Brief an Milly und Rudolf Rocker, 3. September 1934, Nachlaß Rocker, IISG Amsterdam.

71 Müller (Hg.), Die Säuberung, S. 411.

lich ist und unsere Zeit zurückgerutscht scheint, bis zum heiligen Nepomuk, daß es auch noch möglich werden kann, daß man Hexen verbrennt. So wirkt die Stadt, tief im Kessel, schön und fantastisch. Gespenstisch und abergläubisch.«[72]

Nachdem der Nachlaß Mühsams, d.h. die ungedruckten Arbeiten und die Tagebücher[73], Anfang September 1934 in Prag angelangt waren, schrieb Zenzl Mühsam, daß Rudolf Rocker im Testament Mühsams als »Mitbestimmer und Mithelfer« genannt wurde, damit »Erich Mühsam in seinen Werken unverstümmelt weiterlebt und für das, wofür er hat sterben müssen: für die staatenlose Gesellschaft«. In Prag wurden durch Zenzl Mühsam und unter Mithilfe von Meta Kraus-Fessel[74] ein »Komitee« und auch ein »Erich Mühsam Fonds« gegründet, die aber – außer der Produktion einer Mühsam-Postkarte – kaum öffentliche Resonanz erzielten.

Im Oktober 1934 verfaßte Zenzl Mühsam »über Erichs Leidensweg eine Broschüre«[75], bei deren Niederschrift ihr Meta Kraus-Fessel half. An einer Diskussion über den Textentwurf dieser Broschüre, die auf Anregung von Ada Lessing[76] entstand, nahmen auch Kurt R. Großmann, Ada Lessing, Walter Fabian und Oskar Seipold teil. Vor allem der aus der KZ-Haft entlassene KPD-Funktionär Werner Hirsch, der später auch für die Broschüre Zenzl Mühsams ein Vorwort verfaßte, hatte

---

72 Zenzl Mühsam an Emma Goldmann, 11. Februar 1935. In: Nachlaß Emma Goldmann, IISG Amsterdam. Emma Goldmann, 1869 in Rußland geboren, Zentralfigur des amerikanischen Anarchismus und Feminismus, schrieb 1934 und 1935 mehrmals an Zenzl Mühsam in Prag. Briefe Goldmanns in: The Emma Goldman Papers, reel 32–34.

73 Am 3. September 1934 schrieb Zenzl Mühsam an das Ehepaar Rocker: »Am Samstag bekam ich den ersten Teil der ungedruckten Arbeiten vom Erich, ganz die Tagebücher.« Die Tagebücher Mühsams gelangten also vollständig nach Prag.

74 Meta Kraus-Fessel, Regierungsrätin in der Kriegshinterbliebenen-Fürsorge, dann Mitarbeiterin bei Magnus Hirschfeld, veröffentlichte 1927 im Verlag der »Roten Hilfe« die Broschüre: Polizeiterror gegen Kind und Kunst. Dokumente zur sozialen Republik Deutschlands. Meta Kraus-Fessel ging 1934 nach Wien.

75 Mühsam, Kreszentia, Der Leidensweg Erich Mühsams. Mit einem Vorwort von Werner Hirsch, Zürich/Paris (MOPR-Verlag) 1935. Vgl. zur Entstehungsgeschichte das umfangreiche Konvolut im Nachlaß Erich Mühsam, AdK, Archiv, III 3958–3977, 219/1 bis 224/8.

76 So Zenzl Mühsam in einem Lebenslauf (1955).

sichtbaren Anteil[77] an der Formulierung und Drucklegung des Textes. Nach seiner Haftentlassung aus dem KZ und der Ankunft in Prag schilderte Werner Hirsch bereits in seiner von der Schweizer »Roten Hilfe« veröffentlichten Broschüre[78] die Ermordung Erich Mühsams und erzählte persönlich in Prag Zenzl Mühsam darüber weitere Einzelheiten. Von der engen Zusammenarbeit mit Werner Hirsch zeugen auch Briefe Zenzl Mühsams, die der KPD-Apparat abfing und den »kompromittierenden Materialien« in Hirschs Moskauer Kaderakte hinzufügte.

Während des Moskauer Untersuchungsverfahrens gegen Werner Hirsch schrieb Zenzl Mühsam aus Prag mehrere Briefe an ihn, um seine Integrität zu bestätigen:

»Du allein, von allen, die ich kennenlernte im Lager, Du hast uns gegeben was im Lager passierte, was soll ich sagen, sei bitte noch vorsichtig mit der Verteidigung, man weiß nie, was heute dahinter steckt [...]. Werner, mußt Du Dich entschuldigen, daß Du noch lebendig aus dem Lager kommst? Also Werner, ich finde es ja fast komisch, Dir sagen zu müssen, daß Du ein mehr als anständiger Kamerad warst, daß Du mit Deinen Kameraden das letzte geteilt hast usw., daß mein Erich nie böse zu mir von Dir sprach.«

Diese Briefe wurden vom Prager KPD-Apparat abgefangen und der Moskauer »Kaderakte« Hirschs beigefügt. Hierzu vermerkte dann die Kaderabteilung in einem Dossier »Betr.: Zensi Mühsam« am 26. September 1936:

»Hatte mit Werner Hirsch in Prag ab 1934 enge Verbindung und hielt ständigen Briefverkehr mit ihm nach Moskau mit parteifeindlichen Äußerungen. Werner Hirsch hat ihr über sein Untersuchungsverfahren geschrieben, worauf sie in Prag mit Hilfe der Trotzkisten der Partei ziemlich viel Schwierigkeiten machte. Hat in Prag zusammengewohnt mit Erich Wollenberg, dem bekannten Trotzkisten.«[79]

Vergeblich hatte Zenzl Mühsam Ende 1934 versucht, die Broschüre über Erich Mühsams Leidensweg durch holländische Anarchosyndikalisten veröffentlichen zu lassen. Werner Hirsch, der inzwischen nach Moskau

---

77 Auch ein weiterer Text, der unter Kreszentia Mühsams Namen erschien, scheint parteipolitisch stark überarbeitet zu sein. Vgl. Kreszentia Mühsam, Offener Brief an Minister Frick. In: Der Gegenangriff, 3, 1935, Nr. 26.

78 Vgl. Hirsch, Hinter Stacheldraht und Gitter, S. 24–27; ders., Sozialdemokratische und kommunistische Arbeiter im Konzentrationslager.

79 RGASPI, f. 495, op. 205, d. 6400, Tl. 2, Bl. 30.

weitergereist war, berichtete der einflußreichen MOPR-Vorsitzenden Jelena Stassowa von der Existenz des Textes und sicherlich auch über den in Prag lagernden Nachlaß Erich Mühsams. Nachdem sie »ihren« Text nach Moskau geschickt hatte, erhielt Zenzl Mühsam »postwendend« von Stassowa Bescheid, daß die »Broschüre im Weltmaßstab gedruckt werde, damit die Welt erfahre, wie ein aufrechter Revolutionär sterben mußte«.[80] Immer wieder sah sich Zenzl Mühsam in Prag mit Vorwürfen konfrontiert, daß sie »Erich an Rußland verkauft« habe. In Briefen an das Ehepaar Rocker und Emma Goldman suchte sie sich dafür zu rechtfertigen, daß die Broschüre auf Betreiben der Stassowa durch die »Internationale Rote Hilfe« (MOPR) in mehreren Sprachen[81] gedruckt wurde. An Emma Goldmann schrieb sie:

> »Lügen will ich nie. So wie ich Dich lieb habe, so habe ich auch Helene Stassowa gern. Auch sie ist eine alte Kämpferin, wenn auch auf der kommunistischen Seite. Unser Erich schätzte diese Frau. Und glaub mir, trotz ihrer treuen Linie zur Partei ist diese Frau eine der wärmsten heute zu mir – rein menschlich, liebe Emma. So daß ich ihr ungeheuer dankbar bin.«[82]

Im November 1934 wandte sich Zenzl Mühsam – durch Vermittlung des früheren Deutschland-Korrespondenten des *Manchester Guardian*, Frederick A. Voigt[83] – vergeblich an den britischen Verleger Victor Gollancz mit dem Vorschlag, die Tagebücher Erich Mühsams[84] zu drucken. Auch an den in Paris 1935 tagenden Schriftstellerkongreß – »zu Händen der Kamerden Maxim Gorki und André Gide« – richtetete sie die Bitte[85], für den literarischen Nachlaß einen Verleger zu finden.

Aus Moskau erhielt Zenzl Mühsam im November 1934 von Jelena Stassowa eine erste offizielle Einladung, die sie brieflich so kommentierte:

---

80 Zenzl Mühsam an Milly und Rudolf Rocker, 28. Dez. 1934, Nachlaß Rocker, IISG Amsterdam.

81 Neben den bisher bekannten Übersetzungen (französisch, holländisch, italienisch) erschien auch eine schwedische Ausgabe: Kreszentia Mühsam, Min man mördades. Erich Mühsam lidandeshistoria, Stockholm 1935.

82 Zenzl Mühsam an Emma Goldman, 11. Februar 1935, AdK, Sammlung Mühsam.

83 Zur Biographie Voigts vgl. Huttner, Totalitarismus und säkulare Religionen, S. 101 ff.

84 Zenzl Mühsam an Victor Gollancz, 8. November 1934, AdK, Sammlung Mühsam.

85 Brief vom 16. Juni 1935, AdK, Sammlung Mühsam.

»Ich gab keine böse Antwort, teilte nur mit, der Herta[86], daß sie doch Mühsam kannte, daß sie ihn sogar sehr persönlich kannte und daß ich im Sinne meines Mannes leben will, er starb für die Internationale und für keinen Staat. Seine Arbeiten passen für Rußland nicht, also darf ich auch die Gastfreundschaft nicht annehmen. Das alles, mein lieber Rudolf, für dich und Milly allein. In meiner Lage, weißt Rudolf, ist man auch ein wenig darüber gerührt, denn der Luggi ist in Rußland, und manchmal denke ich, wenn es ganz schlimm wird, vielleicht mußt noch froh sein, wenn sie dich aufnehmen. In meiner Lage, was weiß ich, was wird.«[87]

Die Reaktion von Zenzl Mühsam auf wiederholte Einladungen aus der Sowjetunion schilderte Meta Kraus-Fessel in einem Brief an Emma Goldmann: »Z. ist wiederholt dringend nach URSS eingeladen worden. Aber sie schreit ihnen ins Gesicht, daß sie nicht daran denkt, Erichs Leiche zu verkaufen. Und noch viel mehr sagt sie ihnen. Warum die Gesandtschaft der URSS auf ihre Bitten taub, vollkommen taub blieb, als sie um Schutz, nur um Schutz für die Verhafteten bat.«[88]

Mit ihrer früheren Vertrauten Meta Kraus-Fessel wie auch mit Erich Wollenberg hatte Zenzl Mühsam sich im Dezember 1934 völlig zerstritten, wie sie in einem drastischen Brief an Milly und Rudolf Rocker schildert:

»Gute Freunde habe ich hier in Prag auch nicht gefunden. Wie ich schon einmal eine Andeutung machte: die Meta ist erstens krank, zweitens sieht sie die Weltbefreiung doch in Magnus Hirschfeld's Institut. Und da unser alter Freund Wollenberg ein Homosexueller ist und ziemlich haltlos auf diesem Gebiet, brachte er mir Jugendgenossen ins Haus, um deren Aufklärung es ihm weniger zu tun war als um hm, hm [...] und weil ich nicht zusehen wollte, wie Proletarierjungs mit Dingen in Berührung gebracht werden, die ihnen fremd sind, mit denen sie nicht fertig werden – und das in meiner Wohnung, wozu ich noch den Kaffee spendierte – platzte ich eines schönen Tages heraus und sagte beiden Rindviechern so meine Meinung, daß Meta geplättet da stand und Wollenberg über meine Rückständigkeit entsetzt war. Ich überließ die Meta ihrem Plattsein und Wollenberg seinem Entsetzen über meine grenzenlose Rückständigkeit. Es wurde mir erklärt, daß ›DAS‹ die höhere Kulturstufe sei. Ich sagte von mir aus! Ich bin ein g'schertes Viech, das gebe ich restlos zu. Macht was ihr wollt. Aber ich bin keine Kupplerin und laß mir mein Hirn nicht vermuddeln durch

---

86 Das ist Jelena Stassowa, Deckname »Herta«.

87 Brief an Milly und Rudolf Rocker, 13. November 1934, Nachlaß Rocker, IISG Amsterdam.

88 Auszüge aus einem undatierten Brief von Meta Kraus-Fessel, Nachlaß Rocker, IISG Amsterdam.

Dinge, die mich zwar nichts angehen, aber in meiner Nähe nicht wünsche. Also haut ab! Macht's, was ihr wollt und leckt's mich am Arsch!«[89]

Nach dem Zerwürfnis mit Meta Kraus-Fessel und Erich Wollenberg lebte sie völlig zurückgezogen in Prag und wurde auch zunehmend von Depressionen gequält:

»Was meine beiden Freunde Wollenberg und Meta angeht, so war das für mich sehr schwer. Ich bin vor Haß und Wut fast krank geworden. Niemand nahm Rücksicht auf meine Mentalität, sie lebten ihren Stiefel, als sei gar nichts passiert. Meta fand es bewunderungswürdig, daß ich genau so weiterkoche, als lebte der Erich noch. Das hielt ich nicht aus! Und man fragte auch nicht danach, wo ich das Geld zum Kochen hernehme [...] Man lud mir auch ungebetene Gäste ein. Und niemand fragte danach, ob man auf meinem Herz rumtrampelte. Und da platzte es eben. Seit ich von den beiden Abschied genommen habe, bin ich nirgendwo hingegangen. Ich lebe vollkommen zurückgezogen. Nur am Nachmittag gehe ich manchmal auf die Berge unserer Umgebung (wir leben an der Peripherie der Stadt) über Felder. Meist begleitet mich der junge Kamerad, der hier an der Schreibmaschine schreibt. Allein soll ich nicht spazieren gehen. Darum bat mich die Prager Polizei, weil sie sonst nicht für meine Sicherheit garantieren könnten. So ists hier auch.«

In ihren Briefen schilderte sie häufig ihre Ängste und Depressionen. Sie fühlte sich zudem auch verlassen von den »engeren Kameraden Erichs«, d.h. den Anarchosyndikalisten im Ausland, die sich nicht ernstlich um sie gekümmert hätten.

In der Hoffnung, ihrem Neffen Peps Elfinger in der Sowjetunion eine Ausbildung zu ermöglichen, nahm Zenzl Mühsam im Sommer 1935 die wiederholten Einladungen von Jelena Stassowa an und plante nun doch – entgegen ihren früheren Äußerungen und ihrer politischen Abneigung – eine auf drei Monate befristete Reise in die Sowjetunion. Sowohl ihre frühere persönliche Bekanntschaft während ihrer eigenen Aufenthalte in Deutschland wie auch die Vereinnahmung prominenter Opfer zu Propagandazwecken können die MOPR-Vorsitzende Stassowa dazu bewogen haben, Zenzl Mühsam in die Sowjetunion einzuladen. Denkbar ist aber aber auch, daß die KPD-Führung in Prag und Moskau im Nachlaß Erich Mühsams Enthüllungen vermutete und durch die Einladung Zenzl Mühsams auch in den Besitz der Tagebücher Mühsams gelangen wollte.

---

89 Brief an Milly und Rudolf Rocker, 15. April 1935, Nachlaß Rocker, IISG Amsterdam.

Immer wieder rechtfertigte sich Zenzl Mühsam in ihren Briefen, daß der »Hauptgrund« für ihren Moskauer Besuch die Möglichkeit sei, daß Peps Elfinger in der Sowjetunion bei seinem Bruder Ludwig Elfinger Arbeit erhalte. Der Nachlaß Erich Mühsams sollte aber in Prag bei Ruth Österreich[90] verbleiben, die Zenzl Mühsam durch Ada Lessing kennengelernt hatte.

Sowohl der Verbleib des Mühsam-Nachlasses in Prag wie auch ihre mehrmaligen brieflichen Hinweise verdeutlichen, daß Zenzl Mühsam, die am 8. August 1935 mit ihrem Neffen Peps in Moskau ankam, sich allenfalls vorübergehend für drei Monate in der Sowjetunion aufhalten wollte. Noch vor ihrer Abreise wurde ihr jedoch in Prag ein verlockendes Angebot der Moskauer »Verlagsgenossenschaft ausländischer Arbeiter« überbracht, einen ersten Band mit Gedichten Erich Mühsams zu veröffentlichen.

In Moskau wurde Zenzl Mühsam von der MOPR[91] im wenig feudalen Hotel »Nowo-Moskowskaja«[92] zusammen mit ihrem Neffen untergebracht. Ihre Post mußte jedoch, um sie zu kontrollieren, weiterhin an »Jelena Stassowa, ZK MOPR« geschickt werden. Nach der Rückkehr von einem Sanatoriumsaufenthalt auf der Krim berichtete sie dem Ehepaar Rocker im Herbst 1935 nahezu enthusiastisch von Moskauer Ver-

---

90 Ruth Österreich, Mitglied im Spartakusbund und in der KPD, war befreundet mit Sonja Liebknecht und Hedwig Duncker, arbeitete und lebte in Berlin mit dem ehemaligen Leiter des Westeuropäischen Büros der Komintern, James Reich, zusammen. 1933 flüchtete sie mit ihrer zehnjährigen Tochter nach Prag, Mitarbeit in der Gruppe »Neu Beginnen«, in Prag arbeitete sie als Sekretärin bei den von Willi Schlamm herausgegebenen Europäischen Heften. Sie war bereits 1929, nicht, wie Zenzl Mühsam vermutet, aus »›linken‹ Gründen«, sondern wegen ihrer »rechten Abweichung«, d.h. ihrer »Verbindung« zu Heinrich Brandler, aus der KPD ausgeschlossen worden. Ruth Österreich wurde mit ihrer Tochter 1941 von der Gestapo in Belgien verhaftet und 1943 durch den Strang hingerichtet. Zu ihrer Biographie vgl. Siegel, Eva-Maria, Vorläufiges Leben.

91 Russ. Abkürzung für »Internationale Organisation zur Unterstützung der Kämpfer der Revolution«, die in Deutschland unter dem Namen »IRH«, d. i. Internationale Rote Hilfe, agierte.

92 Wie das »Hotel Baltschug« lag das »Nowo-Moskowskaja« auf der dem Kreml gegenüberliegenden Seite des Moskwa-Flusses an der Baltschug-Straße.

lags- und Filmplänen. Zwei Auswahlbände mit Gedichten wie auch der geplante Film über Erich Mühsam[93] wurden jedoch durch ideologische Bedenkenträger immer wieder hinausgezögert und dann – offensichtlich im Kontext des »Großen Terrors« aus politischen Gründen – endgültig gestoppt. Auch eine russische Übersetzung der Broschüre »Der Leidensweg Erich Mühsams« wie der Faksimiledruck eines Bilderbuchs, das Mühsam für seine Frau in Plötzensee angefertigt hatte, blieben im Stadium der Ankündigung. Solche Verlagspläne erweckten bei Zenzl Mühsam jedoch die Hoffnung, durch die erwarteten Einkünfte »selbstständig« zu sein. Nach einem Moskauer Gedenkabend für Erich Mühsam, an dem auch Carola Neher, Ernst Busch, Alexander Granach und Willi Budich[94] mitwirkten, sprach Zenzl Mühsam im Herbst 1935 auf einer von der MOPR veranstalteten Tournee in mehreren Versammlungen[95] über deutsche Konzentrationslager und über die Not der Frauen und Kinder von KZ-Häftlingen. Trotz zunehmender Isolation im Hotel hatte sie in Carola Neher, Heinrich Vogeler und Werner Hirsch »ein paar Menschen«, »die mich lieb haben, wo ich manches Mal hingehen kann und die mit mir fühlen«.[96] Sie traf auch in Moskau »viele Kameraden«, die mit Erich Mühsam in der Festung Niederschönenfeld oder in Konzentrationslagern inhaftiert waren. Wie Alexander Weissberg-Cybulski[97] schreibt, war sie »in den Kreisen deutscher Emigranten dort« dafür bekannt, daß sie »kein Blatt vor den Mund nahm«. Auch Hildegard Plivier berichtete im Rückblick, daß Zenzl »ihre lose Zunge nicht zügeln«[98] konnte.

Unter dem Eindruck der von der MOPR veranstalteten Rundreise und des großes Anklangs bei öffentlichen Solidaritätsveranstaltungen in Moskau, Wjatka, Swerdlowsk, Magnitogorsk und Tscheljabinsk scheint

---

93 Das Exposé zum geplanten Film »Erich Mühsams letzte Stunden« wurde von Willi Bredel verfaßt. AdK, Nachlaß Willi Bredel, 1083.

94 Vgl die Schilderung in einem Brief an Rudolf Rocker, 25. November 1935, Nachlaß Rocker, IISG Amsterdam.

95 Vgl. Zenzl Mühsam, Briefe, S. 73f.

96 Ebenda, S. 75.

97 Weissberg-Cybulski, Hexensabbat, S. 365.

98 Plivier, Ein Leben gelebt und verloren, S. 154. Sowohl Weissberg-Cybulski wie auch Plivier sehen in Zenzl Mühsams unverstellter Kritik, in ihrer »losen Zunge«, den »Grund« ihrer Verhaftung.

Zenzl Mühsams skeptische Haltung gegenüber der Sowjetunion einer vorübergehenden »Begeisterung«[99] Platz gemacht zu haben. Die ihr in Aussicht gestellten Veröffentlichungen und der geplante Film »Erich Mühsams letzte Stunden« trugen sicherlich auch dazu bei, den ursprünglich geplanten dreimonatigen Aufenthalt in der Sowjetunion um ein Jahr zu verlängern.

Nachdem im Februar 1936 der ungedruckte Nachlaß Erich Mühsams aus Prag nach Moskau verbracht worden war, fanden Verhandlungen zwischen Zenzl Mühsam und Moskauer Institutionen über den Verbleib des Nachlasses statt. Wie der mit Zenzl Mühsam befreundete Willem de Wit[100] berichtete, sollten diese Verhandlungen mit dem Gorki-Institut[101] am Tag ihrer Verhaftung zu einem »definitiven Abschluß«[102] gebracht werden. Zenzl Mühsam hatte der »Verbringung« des Nachlasses nach Moskau allerdings nur deswegen zugestimmt, weil man ihr unentwegt in Moskau Veröffentlichungen versprochen hatte. Mühsams Nachlaß gelangte in einem Koffer zuerst in das Marx-Engels-Lenin-Institut beim ZK der KPdSU. Am 22. April 1936, einen Tag vor ihrer Verhaftung, wurde Zenzl Mühsam dieser Koffer mit dem Nachlaß Erich Mühsams vom Marx-Engels-Lenin-Institut übergeben, das ein provisorisches Verzeichnis des Nachlasses[103] angefertigt hatte. Dieses zweiseitige Verzeichnis wurde von W. Adoratzki, dem Direktor des Marx-Engels-Lenin-Instituts, nach Zenzl Mühsams Verhaftung an die Geheime Politische Abteilung des NKWD mit einem Begleitschreiben geschickt. Mit größter Wahrscheinlichkeit gelangte der Nachlaß Mühsams erst

---

99 Leonhard, Gestohlenes Leben, S. 72.

100 Zenzl Mühsam hatte 1927 den holländischen Kriegsdienstverweigerer de Wit in Berlin kennengelernt. Seit 1929 arbeitete de Wit als Ingenieur in Moskau.

101 Vgl. den Bericht über das Gorki-Archiv in: Internationale Literatur, 10, 1940, S. 109.

102 Rocker, Der Leidensweg von Zenzl Mühsam, S. 21.

103 Dieses provisorische Nachlaßverzeichnis führt auch die Tagebücher Mühsams aus den Jahren 1910–1924 auf. Hier gibt es für die Jahre 1916–1919 keine Lücke in den Tagebüchern Mühsams, während die späteren Findbücher des Gorki-Instituts und auch die Findbücher der Berliner Akademie der Künste, in der eine Mikrofilmkopie des Moskauer Mühsam-Nachlasses aufbewahrt wird, eine solche Lücke aufweisen.

nach einer Durchsicht und »Säuberung« durch das NKWD an das Moskauer Gorki-Institut.

Wahrscheinlich am Tage ihrer Verhaftung verfaßte Zenzl Mühsam – auf Aufforderung der MOPR – ein mehrseitiges Empfehlungsschreiben für Toni Waibel. Zenzl Mühsam kannte Waibel seit dessen gemeinsamer Haft mit Erich Mühsam im bayrischen Zuchthaus Ebrach. Toni Waibel, früherer Sekretär der »Roten Hilfe« und verantwortlicher Redakteur der Zeitschrift *Das Tribunal*, wurde 1933 in Deutschland verhaftet, zu zwei Jahren Gefängnis verurteilt und bemühte sich nach seiner Entlassung um die Einreise in die Sowjetunion. Dieses Schreiben bricht mitten im Satz ab: »Im Herbst 1919 wurde in Ansbach für die sogenannten Führer eine neue Festungshaftanstalt hergerichtet, im Gefängnis zu Ansbach, auch dort sah ich Toni wieder. Er war überall ein vorbildlicher Kamerad [...]«

Am 22. April 1936 wurde von dem Leiter der operativen Abteilung der Hauptverwaltung Staatssicherheit der Haftbefehl Nr. 6977 ausgestellt. Die »Bürgerin« Kreszentia Cecilie Augustowna Mühsam wurde in der Nacht darauf verhaftet und ihr Hotelzimmer durchsucht. Die Rückreise nach Prag war für Zenzl Mühsam nun endgültig verstellt.

Fluchtstation Prag und Moskauer Asylpraxis

Für viele sozialdemokratische und kommunistische Emigranten war die Tschechoslowakei ein nicht nur geographisch nahe liegendes Asylland, das anfangs noch mit der Eisenbahn, später zumeist aber über die »grüne Grenze« erreicht werden konnte. In Prag[1] befand sich der Sitz des Exilvorstandes der SPD (SOPADE)[2], von ihm wurden in der Tschechoslowakei der *Neue Vorwärts*, die *Sozialistische Aktion* und die *Zeitschrift für Sozialismus* herausgegeben und wie die »Grünen Berichte« durch ein Kuriersystem über die Grenze nach Deutschland gebracht. 1935 wurde in der Tschechoslowakei auch die Auslandsvertretung der deutschen Gewerkschaften gegründet. Für mehrere politische »Splittergruppen«[3] wie die SAP, die »Linke Opposition/IKD«[4], die Gruppe »Neu Beginnen«[5] und die »Revolutionären Sozialisten Deutschlands« war Prag Sitz der Auslandsleitung oder bis 1938 wichtiges Organisationszentrum. Von Prag aus operierte bis zum September 1936 mit mehreren Politbüro-Mitgliedern das Auslandssekretariat der KPD, deren eigentliches Machtzentrum jedoch bei den Moskauer Mit-

1 Vgl. Heumos, Tschechoslowakei; Siegel, Eva-Maria, Vorläufiges Leben; Becher/Heumos (Hg.), Drehscheibe Prag; Siati/Ziemke, Prag-Moskau; Schneider, Exil in der Tschechoslowakei; Schneider, Hans-Jörg, Exiltheater in der Tschechoslowakei; Großmann, Emigration; Paetel, Reise ohne Uhrzeit. Vgl. auch die »dichte«, bisher unveröffentlichte Beschreibung der Prager Emigration bei Hans Jaeger, Memoiren eines Emigranten, Institut für Zeitgeschichte, München. ED 210/1.

2 Vgl. zuletzt Schneider, Michael, Unterm Hakenkreuz.

3 Vgl. Foitzik, Zwischen den Fronten. Zur politischen Diskussion in Prag vgl. Vergnon, Les Gauches Européennes après la victoire Nazie, S. 117–221. Herbert Wehner lieferte in Moskau 1937 zu den »Splittergruppen« für die Komintern und das NKWD mehrere Überblicksdarstellungen. Vgl. Herbert Wehner, Ein Beitrag zur Untersuchung der trotzkistischen Wühlarbeit in der deutschen antifaschistischen Bewegung, Bundesbeauftragte für die Unterlagen des Staatssicherheitsdienstes der ehemaligen DDR, Zentralarchiv (im folgenden: BUST/ZA), SDM 1858, Bl. 284–301.

4 Vgl. Alles, Zur Politik und Geschichte der deutschen Trotzkisten seit 1930.

5 Foitzik (Hg.), Walter Loewenheim.

gliedern des Politbüros und letztlich bei dem von der KPdSU dominierten Exekutivkomitee der Komintern lag. Von Prag aus organisierte auch die Abschnittsleitung »Mitte« der KPD die »Grenzarbeit«, d.h., der Personen-, Zeitungs- und Literaturtransport über die grüne Grenze wurde von hier aus bewerkstelligt. Als Fluchtort war Prag zumindest für die kommunistischen Politemigranten, die in die Sowjetunion emigrieren wollten, zugleich unsicherer Wartesaal vor der Weiterfahrt in die scheinbar rettende »Sowjetheimat«. Manche Flüchtlinge aus Deutschland, die von sechs Flüchtlingskomitees, der »Roten Hilfe« und der »Emigrationsleitung« der KPD betreut wurden, lebten auch in der Tschechoslowakei in der Illegalität, einige wurden hier verhaftet[6] und waren nach ihrer Verhaftung von der Ausweisung[7] bedroht. Trotz solcher Einzelfälle erwies sich die Tschechoslowakei als das »toleranteste und am meisten hilfsbereite Gastland Europas«.[8]

Einige der bereits in der ČSR verhafteten kommunistischen Emigranten wurden nach ihrer Einreise in die Sowjetunion vom NKWD beschuldigt, daß sie im tschechischen Gefängnis als »Spione« angeworben worden seien. So wurde z.B. das KPD-Mitglied Valentin Hahne, dessen achtmonatige Haft in der ČSR bereits der Kaderabteilung der Komintern »verdächtig«[9] erschien, nach seiner Verhaftung in Moskau am 21. Februar 1938 während des NKWD-Verhörs[10] der »Spionage für die ČSR« bezichtigt. Valentin Hahne wurde nach NKWD-Haft und schweren Foltern am 15. Januar 1940 erneut nach Deutschland ausgewiesen.

Nur wenige bereits nach Moskau emigrierte Schriftsteller wie Johannes R. Becher[11], Ernst Ottwalt und seine Frau Traute Nicolas konnten 1934/35 allenfalls dienstlich – auf *kommandirowka* – wieder vorüberge-

---

6 Massenverhaftung von Emigranten. In: Der Gegenangriff, 3, 1935, Nr. 8. Auch Herbert Wehner wurde 1935 zusammen mit seiner Frau verhaftet und nach fünf Wochen Haft im Prager Polizeigefängnis in die Sowjetunion abgeschoben.

7 Vgl. Fischer/Maslow, Abtrünnig wider Willen, S. 535f.

8 Walter, Asylpraxis und Lebensbedingungen in Europa, S. 153.

9 Vgl. Unterstreichungen im Lebenslauf Hahnes. RGASPI, f. 495, op. 205, d. 1505, Bl. 3 u. 3a.

10 Verhörprotokoll Hahne 14. Januar 1939, NKWD-Akte 9871. Vgl. Müller, Der Fall des Antikomintern-Blocks.

11 Vgl. den Bericht Bechers an das Politbüro der KPD. SAPMO/BA RY1 I 2/3/347, Bl. 16–30.

hend nach Prag und ins westliche Ausland zurückreisen. Anderen Moskauer Schriftstellern wie dem »Versöhnler« Karl Schmückle wurde die 1935 beantragte Dienstreise in die Schweiz durch negative Auskünfte der Kaderabteilung verwehrt. Ernst Ottwalt und Traute Nicolas[12] sollten jedoch nach Moskauer Direktiven in Prag den »Bund proletarisch revolutionärer Schriftsteller« »reorganisieren«, an Zeitschriften wie den *Neuen deutschen Blättern* redaktionell mitarbeiten und gleichzeitig ihre bisherige klandestine Arbeit für den Nachrichten-Apparat der KPD in Prag fortsetzen.

Zu der bereits vorhandenen deutschsprachigen Presselandschaft in Prag kamen seit 1933 Exilzeitschriften wie die *Neue Weltbühne*, die von Wieland Herzfelde herausgegebenen *Neuen deutschen Blätter*, die *Arbeiter-Illustrierte-Zeitung (AIZ)*, der *Gegenangriff* und die *Deutsche Volkszeitung*. Die unter dem Einfluß Trotzkis stehende Zeitschrift *Neue Weltbühne*, die von dem früheren KPÖ-Mitglied Willi Schlamm herausgegeben wurde, übernahm der KPD-nahe Publizist Hermann Budzislawski, die *Neuen deutschen Blätter* und der Malik-Verlag Wieland Herzfeldes wurden von der Moskauer KPD mitfinanziert.

Selektionsverfahren und Spitzelverdacht

Neben SPD und KPD existierten in Prag mehrere linke Splitter- und Oppositionsgruppen[13], die vom »Abwehrapparat« der KPD, der in Prag ebenfalls seine Zentrale unterhielt, systematisch beobachtet und bespitzelt wurden. Regelmäßig konnten die Prager und Pariser Mitglieder des

---

12 Vgl. Ernst Ottwalt, Bericht über die Arbeit des Bundes proletarisch-revolutionärer Schriftsteller. SAPMO/BA RY1 I/2/3/347, Bl. 68–70. Über den BPRS in Berlin, SAPMO/BA RY1 I/2/3/347, Bl. 93–94. Über ihre Mitarbeit im Prager Nachrichten-Apparat der KPD, der sowjetischen Spionageapparaten zulieferte, berichtete Traute Ottwalt der Moskauer Kaderabteilung. RGASPI, f. 495, op. 205, d. 6216, o. Pag. Diese Tätigkeit für den »Apparat« wurde ihr und Ernst Ottwalt »als Verbindung mit dem tschechischen Generalstab« in den späteren NKWD-Verhören vorgeworfen.

13 Herbert Wehner lieferte 1937 sowohl bei der Komintern wie mehrmals beim NKWD ausführliche Personenbeschreibungen dieser »Splittergruppen« ab.

KPD-Politbüros ausführliche Berichte des mit Spitzeln, kooperationswilligen Vertrauensleuten[14] und »nachgemachten Sozialdemokraten«[15] in anderen Organisationen operierenden »Apparats« lesen. Durch diesen »Apparat« der KPD[16] wurden auch kleinste Details über persönliche Differenzen, ideologische Querelen, die Protokolle von internen Sitzungen, Kassenberichte der SPD, ADGB, IGB, der Miles-Gruppe, der SAP, der »Volkssozialisten« um Max Sievers, der Gruppe um Fischer/Maslow wie auch Abschriften, Exzerpte, Kopien und Originale der »gegnerischen« Exilzeitschriften nach Moskau weitergeleitet. Dieser »Apparat«, der nach der Ablösung[17] Kippenbergers 1935/36 durch Hermann Nuding reorganisiert worden war, besorgte in Prag durch Einbrüche und Diebstahl auch persönliche Briefe und Aufzeichnungen von zahlreichen Emigranten, um dadurch deren »Verbindungen« aufzudecken.

Die Zahl der Ende 1936 »erfaßten« kommunistischen Emigranten in der Tschechoslowakei schätzte der »Abwehrleiter« der KPD, Hermann Nuding[18], bei einem Rapport in Moskau auf neunhundert. Der auf insgesamt achtzig Personen »angeschwollene« Prager »Apparat«, in dem fünfzig Personen für das KPD-Politbüro, sechs für die »Rote Hilfe« und

---

14 Vgl. z. B. die Berichte Paul Frankens über seine Gespräche im Jahre 1935 mit SPD-Funktionären. SAPMO/BA RY1 I 2/3/408, Bl. 108–110. Paul Franken, zuerst KPD-, dann SPD-Abgeordneter im Preußischen Landtag, wurde im März 1936 durch einen Beschluß des Politbüros wieder in die KPD aufgenommen. RY I 2/3/19, Bl. 14. Im November 1937 wurde Paul Franken in Leningrad verhaftet und kam im GULAG ums Leben. Zu seiner Biographie vgl. RGASPI, f. 495, op. 205, d. 2175.

15 Wehner, Notizen, S. 163. Zu diesen nach außen als »revolutionäre Sozialdemokraten« fungierenden Emigranten gehörte auch Max Seydewitz. Das KPD-Politbüro beschloß am 20. März 1936 zu Seydewitz, daß »sein Eintritt in die KPD nicht zweckmäßig ist, daß ihm aber erklärt wird, daß wir ihn wie ein Parteimitglied betrachten«. SAPMO/BA RY I 2/3/19, Bl. 14. Seydewitz verfaßte das Anti-Trotzki-Buch »Stalin oder Trotzki«, das in Moskau redigiert wurde und im Londoner Malik-Verlag erschien. Vgl. dazu Müller, Die Akte Wehner, S. 162.

16 Vgl. Kaufmann/Reisener/Schwips/Walther, Der Nachrichtendienst der KPD.

17 Vgl. Ergebnis der Untersuchung über den speziellen Apparat. Protokoll der Politbüro-Sitzung, 19. März 1936. SAPMO/BA RY1 I 2/3/19, Bl. 11–12.

18 Vgl. Material aus dem Bericht des Abwehrleiters der KPD, Gen. Klaus, 24. Januar 1937. RGASPI, f. 495, op. 12, d. 158, Bl. 11–22.

fünf Personen für die »Emigrationsleitung« arbeiteten, sollte – so beschloß zumindest 1936 das Moskauer KPD-Politbüro[19] – stark vermindert werden. In Prag wurden die aus Deutschland über die grüne Grenze geflüchteten KPD-Mitglieder über ihre Parteibiographie, über »Abweichungen«, Haftzeit in Gefängnissen und Konzentrationslagern, über Folter, Mithäftlinge, Entlassung und Flucht befragt. Ihre Briefe und »Verbindungen« kontrollierte die ebenfalls verdeckt operierende KPD-Abwehrabteilung, die seit März 1936 die Aufgaben des »Militärpolitischen Apparats«[20] übernommen hatte. Vor der »Emigrationsleitung« und der »Abwehrabteilung« der KPD hatten die Emigranten sowohl ihre Gefährdung in Deutschland nachzuweisen und auch, daß sie erst nach Zustimmung der zuständigen Parteiinstanz aus Deutschland geflüchtet waren. Als besonders verdächtig galten bereits für den Prager KPD-Apparat jene Gefängnis- oder KZ-Häftlinge, denen die Flucht aus der Haft gelungen war oder die aus der KZ-Haft entlassen worden waren. Befördert wurde der grassierende Spitzelverdacht, der sich durch die stalinistischen Feindbilder des »trotzkistischen Gestapo-Agenten« und des »maskierten Doppelzünglers« zu einer selbstreferentiellen Agenten- und Verschwörungshysterie ausweitete, auch durch die von der Gestapo angewandte Spitzel- und Überwachungspraxis[21]. Spektakuläre Morde an Emigranten, wie im Falle Theodor Lessings, der am 30. August 1933 in Marienbad ermordet wurde, und die Ermordung von Rudolf Formis[22], der für die »Schwarze Front« einen Geheimsender in der ČSR betrieb, aber auch Entführungen[23] von tschechoslowakischem Gebiet, verstärkten unter den Emigranten die Furcht vor der Gestapo und deren Spitzeln. Aber auch durch die öffentliche Spitzelentlarvung der KPD mit »schwarzen Listen«, durch Zeitungs- und Zeitschriftenar-

---

19 Zum »Prager Apparat« wurden auch 19 Ehefrauen gerechnet. Protokoll der Sitzung des Politbüros vom 22. April 1936. SAPMO/BA, RY1 I 2/3/19, Bl. 22.

20 Vgl. dazu Kaufmann/Reisener/Schwips/Walther, Der Nachrichtendienst der KPD.

21 Vgl. Paul, »[…] alle Repressionen unnachsichtlich ergriffen werden«, Tutas, Nationalsozialismus und Exil, S. 14–137; Höhne, Der Krieg im Dunkeln, S. 283–288.

22 Vgl. Grossmann, Emigration, S. 95–97.

23 Zum Fall von Josef Lampersberger, der am 27. April 1935 nach Bayern verschleppt und festgenommen wurde, vgl. Tutas, Nationalsozialismus und Exil, S. 194ff.

tikel[24] wie durch offiziöse Komintern-Broschüren[25] entstand in den westlichen Exilländern wie unter den Politemigranten in der Sowjetunion[26] eine Atmosphäre des Mißtrauens, in deren Verschwörungsphantasmen sich die begründete Angst vor Spitzeln, Gestapo-Agenten und »fünften Kolonnen«[27] zur permanenten Feindsuche nicht nur in den eigenen Reihen auswuchs.

An die Überprüfungs- und Selektionspraxis der KPD-Instanzen in Prag erinnerte sich der frühere Leiter des Berliner Marx-Engels-Verlags, Hans Jaeger, der die KPD nach einem Moskau-Besuch im Jahre 1933 verließ, in seinen unveröffentlichten Memoiren:

»Die Jagd nach Abweichungen ging weiter. Wer davon sprach, daß das Proletariat eine Niederlage erlitten habe, wurde ausgeschlossen. Die prompte Antwort auf diese Frage wurde zum Prüfstein. Wen man los werden wollte, dem legte man bewußt diese Frage vor, die auch jeder Neuankömmling zu beantworten hatte [...]. Diese Verhältnisse gaben dem Apparat der KP eine große Macht. Wer nicht ›erwünscht‹ war, wurde zurückgeschickt. Wer nur eine kleine Strafe hatte, galt als nicht gefährdet. Es folgten lange Untersuchungen. Das Ausmaß der Gefährdung aber hing ab vom Grad der Parteitreue! In welcher Weise hier mit Menschenleben Schindluder getrieben wurde, ist unbeschreiblich. Die Zurückgekehrten fielen sehr oft der Gestapo in die Hände. [...] Der Apparat degenerierte immer mehr und bediente sich der unglaublichsten Methoden. Es kam auch vor, daß Oppositionelle einfach als Gestapospitzel bezeichnet wurden, um sie der Feme auszusetzen.«[28]

---

24 Zentrale Kontrollkommission [der KPD]: Über Kader, Konspiration und Disziplin. In: Die Internationale, Jg. 1936, H. 2–3, S. 132–135. Zit. nach der Tarnschriftausgabe: E. A. Poe, Der Goldkäfer. Die Groschenbücher, 1936.

25 Koch [d. i. Sepp Schwab], Der Kampf gegen Spitzelei und Provokation.

26 Implantiert wurde dies auch durch Übersetzungen von Prawda-Artikeln wie z.B. Uranow, Über einige hinterlistige Machenschaften; Rowan, Spionage und Spionageabwehr; Abuzow, Die Gestapo.

27 Zur Überprüfungspraxis (»Investigierung«) im Prager Exil vgl. das unveröffentlichte Manuskript von Kurt Grossmann, Die ›Fünfte Kolonne‹ und die deutsche Emigration (1940), Institut für Zeitgeschichte, München. Ed, 201/3, Bl. 1–25. Die reale Tätigkeit der NS-Auslandsorganisationen und der Gestapo wird dokumentiert in: Das braune Netz; Spielhagen [d. i. Otto Katz], Spione und Verschwörer in Spanien; Schwarzrotbuch. Dokumente des Hitlerimperialismus.

28 Hans Jaeger, Memoiren eines Emigranten, Institut für Zeitgeschichte, München. Typoskript, Bl. 39.

Dieser monströse und ubiquitäre Verdacht nahm schließlich, potenziert durch erlittene Verfolgung und Persönlichkeitsprägungen in der Illegalität, aber auch durch den »Gestapo-Mythos«[29] und durch ideologisch determiniertes Komplottdenken, häufig paranoische Formen[30] an: »Der Vorgang der Demaskierung und Entlarvung ist für den Paranoiker – und nicht nur für ihn – von fundamentaler Bedeutung. Von ihm leitet sich auch die Kausalitätssucht ab; alle Gründe werden ursprünglich in Personen gesucht.«[31]

Die parteiamtlichen Feindbilder der KPdSU, der Komintern und der KPD[32] richteten sich zumindest bis zu den exterministischen NKWD-Befehlen des »Großen Terrors« vor allem gegen frühere »Abweichler«, »Versöhnler« und oppositionelle linke Gruppen, die in der Komintern-Propaganda schon früher als »Trotzkisten« in »Verbindung« zur Gestapo gebracht wurden: »In der Stadt X. eines Emigrationslandes sind in einer Trotzkigruppe Trotzkisten, alte Rechte, die früher der KPD angehörten, Sozialdemokraten und SAP-Leute vereinigt, die sich in der Emigration befinden. Ihre Arbeit besteht einzig darin, die Arbeit und die Führung der KPD und der Komintern zu beschimpfen. Sie wird dadurch eine Stütze der Gestapo. Ihre Organisation ist auch ein günstiger Nährboden für die Gestapo.«[33] Diese Verknüpfung von Opposition und Gestapo[34] wurde dann in veröffentlichten Stalin-Reden, in unzähligen Pressemeldungen der *Prawda*, in internen Szenarien

29 Vgl. z.B. W. Glaßbrenner [d. i. Paul Bertz], Gestapo, in: Die Internationale, 1938, H. 3/4, S. 78–86. Vgl. dazu Gellately, Allwissend und allgegenwärtig?

30 Vgl. Freud, Zwei Fallberichte; Robins/Post, Political Paranoia.

31 Canetti, Masse und Macht, S. 510.

32 Vgl. z.B. die Erklärung des Politbüros der KPD »Gegen den Trotzkismus, den Bundesgenossen Hitlers!«, in: Rundschau über Politik, Wirtschaft und Arbeiterbewegung, 5, 1936, S. 2020f.; Resolution des Zentralkomitees der Kommunistischen Partei Deutschlands zu den konterrevolutionären trotzkistisch-sinowjewistischen Verbrechen gegen die Arbeiterklasse, in: Die Internationale, 1936, H. 6/7, S. 96–100.

33 Albert Müller [d. i. Albert Schreiner], Hitlers Spitzel und Provokateure in den Emigrationsländern, in: Die Kommunistische Internationale, 1934, H. 23, S. 2288.

34 Guardian [d. i. Hermann Nuding], Gestapo, in: Die Internationale. 1936, H. 6/7, S. 71–79. Nuding verweist hier auf die »Versöhnlergruppe in Berlin«, der angeblich die Gestapo »große Chancen« in ihrer Arbeit einräumte.

des NKWD-Chefs Jeschow und in den Schauprozessen als Amalgam des »trotzkistischen Gestapo-Agenten«[35] weitergeführt. Allein in den Amtsblättern der Komintern, der *Rundschau über Politik, Wirtschaft und Arbeiterbewegung* und der *Kommunistischen Internationale*, erschienen 1937 und 1938 ca. 150 Artikel[36], die sich gegen die »trotzkistischen Spione und ihre Helfershelfer«, d.h. gegen die Sozialdemokratie, richteten.

Als ideologischer Tugendwächter verfolgte Herbert Wehner mit der ihm eigenen Penetranz sowohl die »Trotzkisten« wie deren »sozialdemokratische Helfershelfer« in mehreren veröffentlichten oder internen Beiträgen, die er sowohl für die »Instanzen« der Komintern und die KPD-Führung, aber auch 1937 beim NKWD in der Lubjanka ablieferte. Im ortsüblichen Vernichtungsjargon reproduzierte Wehner 1937 die von Dimitroff[37] wie von Togliatti[38] und Pieck[39] ausgegebene offizielle Verdammung[40] des »Trotzkismus« und der »reaktionären sozialdemokratischen Führer«: »Trotzdem gibt es noch Führer der II. Internationale, die in den Chor der Hetzer gegen diese konsequenteste Friedensmacht einstimmen und jene verächtlichen, schmutzigen trotzkistischen Agenten des Hitlerfaschismus in Schutz nehmen, die versuchen, die Kraft des sozialistischen Staates zu schwächen, wie sie in den kapitalistischen Ländern versuchen, die Arbeiterbewegung zu lähmen und zu zerstören.«[41]

---

35 Vgl. Stalin, Über die Mängel in der Parteiarbeit; Molotow, Die Lehren der Schädlingsarbeit; Manuilski, Über die kapitalistische Einkreisung.

36 Vgl. das Artikelverzeichnis »Gegen die trotzkischen Spione und ihre Helfershelfer« im Nachlaß Walter Ulbrichts, SAPMO/BA, NY 4182/825, Bl. 45–53.

37 Dimitroff, Gemeine Trotzkisten; vgl. auch den Prawda-Artikel »Reformistische Anwälte gemeiner Mörder«. Abgedruckt in: Rundschau über Politik, Wirtschaft und Arbeiterbewegung, 5. Jg., 1936, S. 1693–1695.

38 Ercoli [d. i. Palmiro Togliatti], Die Lehren des Prozesses.

39 Pieck, Hitlerfaschismus und Trotzkismus, in: Deutsche Volkszeitung, 14. Februar 1937.

40 Der Prozeß gegen das antisowjetische trotzkistische Zentrum, in: Kommunistische Internationale, 1937, S. 109–116. Vgl. auch Boris Ponomarev: Die Trotzki-Sinowjew-Bande. Eine direkte Agentur des Faschismus, Moskau 1937.

41 Kurt Funk [d. i. Herbert Wehner], Ein 1. Mai der Mobilisierung für den Weltfrieden, gegen die faschistischen Kriegstreiber, in: Rundschau über Politik, Wirtschaft und Arbeiterbewegung, 6, 1937, Nr. 17, S. 662.

Willi Eichler, nach 1945 einer der führenden SPD-Theoretiker, charakterisierte diese Methode der »gewissenlosen Schreiberzeugnisse« als »hinterhältige Wortvermanschung«, mit denen zumeist linke Kritiker der Sowjetunion und der Komintern in Verruf gebracht werden sollten:

»Es ist der großangelegte Versuch der Kommunisten (d. h. ihrer Leitung), daß der Kritiker als gekaufter Spion, Agent der Bourgeosie, Schädling, Diversant und dergleichen hingestellt wird [...]. Die Methode der Sowjetregierung war hier besonders einfach: Zunächst wurden Trotzki und seine Freunde als Gestapo-Agenten ›entlarvt‹. Dann wurde jeder, der nicht bedingungslos für Stalin war, für einen Trotzkisten erklärt, so daß also schließlich jede Kritik an der SU als eine Aktion der Gestapo betrachtet werden sollte.«[42]

Die Kampagnen zu den Moskauer Schauprozessen[43] wurden in Moskau durch das EKKI-Sekretariat[44] auch mit Telegrammen[45] und chiffrierten Anweisungen orchestriert. So forderte das Sekretariat des EKKI am 17. Januar 1937, also eine Woche vor dem Beginn des zweiten Schauprozesses, von den kommunistischen Parteien, »die Widerlegung der Argumente der bürgerlichen und sozialdemokratischen Presse zu organisieren, die versuchen werden, den Prozeß zu diskreditieren. Unverzüglich muß mit der Kampagne gegen Trotzki und den Trotzkismus als einer faschistischen Agentur, als einer Bande von Schädlingen, Diversanten, Spionen und Handlangern der deutschen Gestapo, in der Presse und unter den Massen begonnen werden.«[46]

---

42 Martin Hart [d. i. Willi Eichler], Verleumder-Politik. In: Sozialistische Warte, 12. Jg., 1937, S. 409–417.

43 Bereits zum Schauprozeß im August 1936 wurde im Präsidium des EKKI nach einem Referat Togliattis eine Kampagne gegen die »trotzkistischen Machinationen« gestartet. SAPMO/BA RY1 I/2/3/286, Bl. 186. Vgl. Beschluß des EKKI-Sekretariats über die Durchführung der Aufklärungskampagne zum Prozeß gegen den »rechtstrotzkistischen Block«, 22. März 1938, abgedruckt bei: Vatlin, Kaderpolitik und Säuberungen, S. 111–114.

44 Vgl. die ausführlichen Festlegungen zur Durchführung dieser »groß angelegten Kampagnen« während einer Sitzung des EKKI-Sekretariats, 31. Januar 1937, RGASPI, f. 495, op. 18, d. 1163. Die Reden von Dimitroff, Togliatti, Ulbricht und Wehner, Bl. 11, Bl. 12–21, Bl. 85–88, Bl. 190.

45 Vgl. Pressetelegramm des KPD-Politbüros an die Deutsche Volkszeitung. SAPMO/BA, RY1 I/2/3/286, Bl. 348.

46 Zit. bei: Fridrikh Firsov, Aus den Tagebüchern Dimitroffs, S. 80.

In diesem Kontext der stalinistischen »Säuberungen« und der Verfolgung von imaginierten »trotzkistischen Gestapo-Agenten« verwies Hermann Nuding, als »Abwehrleiter der KPD«[47], im Januar 1937 in Moskau darauf, daß die »Abwehrabteilung der Überprüfung der neu angekommenen Emigranten« ein »besonderes Augenmerk« schenke. Im monatlichen Durchschnitt seien in Prag 35 Emigranten eingetroffen, die man alle einzeln überprüft habe. Erst nach dieser Sichtung wurden sie in Listen eingetragen, die von der zentralen Legitimationskommission der MOPR[48] in Moskau »behandelt« wurden und deren Protokolle an die Kaderabteilung der Komintern wie an zwei Abteilungen des NKWD[49] übergeben wurden. Die Listen der »Politemigranten« wurden an die für die Ausländerüberwachung zuständige »Ino-Abteilung« und an die Sonderabteilung des NKWD weitergegeben, die ihrerseits die Eintragungen in der »Zentralkartei« des NKWD, eine weitergehende »Untersuchung« oder Verhaftung veranlassen konnte. So wurde z.B. die Liste vom 13. Januar 1935 von der MOPR-Vorsitzenden Stassowa an Tschernomordik in der Kaderabteilung des EKKI wie an den Leiter der NKWD-Sonderabteilung, Mark Gaj, und an den Leiter der für Ausländer zuständigen »Ino-Abteilung« des NKWD übermittelt.

Zuvor hatte die Moskauer »Deutsche Vertretung« der KPD beim EKKI[50] die jeweiligen Biographien der Emigranten zu überprüfen. Nach solchen monatelangen Prozeduren wurden ausgewählten Emigranten

---

47 Nach einer dreitägigen Berichterstattung in der Kaderabteilung des EKKI wurde der Bericht Hermann Nudings am 24. Januar 1937 zusammengestellt. RGASPI, f. 495, op. 12, d. 158, Bl. 11–22. Ein weiterer Bericht Nudings wurde am 9. Mai 1936 protokolliert. SAPMO/BA, RY1 I/2/3/19, Bl. 27–113.

48 Vgl. Del', Ot iulluzij k tragedii, S. 68–82; Ulrich Staschelt, Die »Rote Hilfe« in der stalinistischen »Säuberung«.

49 RGASPI, f. 439, op. 4, d. 111, Bl. 12.

50 Vgl. z.B. die Liste mit 129 Namen, die am 22. Juli 1935 zur Überprüfung an die »Deutsche Vertretung« der KPD in Moskau gesandt wurde. Besonders vermerkt wurden in Dringlichkeitslisten sowohl die bereits in der Tschechoslowakei zur Ausweisung bestimmten Emigranten wie auch die »schwer Kranken und schwer Nervenkranken«. RGASPI, f. 539, op. 4, d. 132, Bl. 2–3 u. Bl. 5. Die »Abteilung für Internationale Verbindungen« des Exekutivkomitees der Komintern erhielt dann am 7. August 1935 eine Liste mit 24 genehmigten Personen und deren Paß- und neuen Decknamen und reichte diese Liste wieder an Prag weiter.

die Visa zur Einreise in die Sowjetunion nach Prag, Kopenhagen und Paris übersandt und die Ankunft der nun legitimierten Emigranten an die sowjetische Grenzstation Nigoreloje avisiert. Neben dem Einreisevisum und einem häufig gefälschten Paß[51], der, mit neuen Fotos versehen, den Emigranten ausgehändigt wurde, hatten die nun mit Decknamen einreisenden Politemigranten auch Erkennungszeichen vorzuweisen. Als Signal für die NKWD-Grenztruppen, die über die Personen und Decknamen von der Komintern informiert worden waren, dienten u.a. Schreibblocks[52], die auf der sechsten Seite mit einer Stecknadel durchlöchert waren.

Am 28. Februar 1936 beschloß in Moskau das Politbüro der KPdSU, daß für die Genehmigung zur Einreise von Politemigranten[53] nicht mehr die MOPR, sondern allein das NKWD zuständig sei. Die bereits eingereisten Politemigranten wurden in dem Beschluß beschuldigt, daß »ein Teil von ihnen direkte Agenten der Nachrichten- und Polizeiorgane kapitalistischer Staaten« seien. KPD-Mitglieder, die ohne Genehmigung des ZK als »Deserteure das Schlachtfeld des Klassenkampfes« verlassen hatten, sollten entsprechend einem Beschluß[54] des Sekretariats des EKKI (7. März 1936) nicht in der Sowjetunion belassen werden. Ihnen durfte laut EKKI-Beschluß »keinerlei Vertrauen und Hilfe« erwiesen werden.

Eine Sonderkommission des ZK der KPdSU, zu der Nikolai Jeschow als ZK-Sekretär, Mark Gaj als Leiter des Sonderreferats des NKWD und der EKKI-Sekretär Dmitri Manuilski gehörten, erfaßte die »Politemigranten« und teilte sie aufgrund der vorliegenden »kompromittierenden Materialien« in drei Gruppen ein: 1) aus der Sowjetunion als »spionage-

---

51 Für die Beschaffung und Herstellung »neuer Bücher«, d.h. für die Fabrikation von Reisepässen, verfügten die KPD und die Komintern schon seit den zwanziger Jahren über eigene »Apparate« und Fälschungsexperten.

52 Vgl. Dehl, Verratene Ideale, S. 79.

53 RGASPI, f. 17, op. 162, d. 19, Bl. 99–100.

54 Abgedruckt bei Huber, Stalins Schatten, S. 407. Entsprechend diesem Beschluß wurden von der KPD auch 1936/37 Listen der deutschen Emigranten, die nach Deutschland zurückgeschickt werden sollten, aufgestellt. Zur »Desertion« und Ausweisung von Emigranten vgl. auch Brief des EKKI-Sekretärs Manuilski an den NKWD-Chef Jeschow, 3. Januar 1936, abgedruckt bei: Vatlin, Kaderpolitik und Säuberungen, S. 99–101.

verdächtige« oder »antisowjetische Elemente« auszuweisende Politemigranten, 2) durch die Komintern für die illegale Auslandsarbeit bestimmte Politemigranten, 3) in ihren Heimatländern gefährdete Politemigranten, die in der UdSSR bleiben konnten. Die »Überläufer«, d.h. Emigranten, die ohne Genehmigung von Parteiinstanzen und Visum über die Grenze in die Sowjetunion geflüchtet waren, gerieten sowohl für das NKWD[55] wie für die Komintern und KPD unter den automatischen Verdacht, als »Gestapo-Agenten« und »Spione« eingeschleust worden zu sein.

Bis zum 1. Februar 1936 wurden in der Sowjetunion annähernd 6000 deutsche Staatsbürger erfaßt, darunter waren 811 Politemigranten[56] aus Deutschland. Nach Angaben der MOPR waren über ihre »Linie«, d.h. über ihr Verbindungs- und Kontrollsystem, insgesamt 1332 Personen in die Sowjetunion eingereist. Zu 414 Personen lag bereits Anfang 1936 »kompromittierendes Material«[57] vor. Durch die »Untersuchungen« der »Überführungskommission« der KPD und die Auskünfte der Kaderabteilung wuchs dieser Kreis von Politemigranten, über die beim NKWD bereits vor der Verhaftung solche Belastungsmaterialien vorlagen, in den Jahren 1936/37 schnell an.

Der Münchner Politemigrant Franz Schwarzmüller, dessen Frau verhaftet worden war, unterschied in einem ausführlichen Brief an Stalin, Berija, Dimitroff und Pieck zwischen dem »Gastrecht« in der Sowjetunion und dem »Asylrecht«[58] in westlichen Ländern:

»Wir deutschen Kommunisten genießen von Seiten der russischen Genossen das Gastrecht. Dieses Gastrecht unterscheide ich wesentlich von dem Asylrecht, das die bürgerlichen Länder gewähren. Hier ist das ein Gastrecht, welches ein Teil der kommunistischen Weltpartei dem anderen gewährt. Wir genießen das Gastrecht in einem Lande, für das wir auch gekämpft haben und kämpfen werden.«

---

55 Vgl. den NKWD-Befehl Nr. 00693 vom 23. Oktober 1937. Sammlung »Stalinistischer Terror«, Hamburger Institut für Sozialforschung.

56 Diese Zahlen umfassen nicht jene deutschen Politemigranten, die bereits die sowjetische Staatsbürgerschaft angenommen hatten.

57 Angaben nach Chaustov, Repressii protiv sovetskich nemcev, S. 83.

58 Zu dieser parteiamtlichen Scheidung vgl. Pierre [d. i. Peter Maslowski], Der Kampf um das Asylrecht; P. M. [d. i. Peter Maslowski], Asylrecht in den kapitalistischen Staaten und in der Sowjetunion.

In diesem mutigen Protestbrief reproduzierte er einerseits die umlaufenden Klischees, andererseits wies er den 1937/38 gegen alle Emigranten[59] erhobenen Spionagevorwurf zurück:

»Und wenn dieses Gastrecht von angeblichen Emigranten, die in Wirklichkeit Faschisten waren, ausgenutzt wurde für konterrevolutionäre Zwecke, oder von einigen schlechten Elementen aus der Emigration wirklich mißbraucht wurde, dann darf man damit nicht den überwiegenden Teil der deutschen kommunistischen Emigranten mit diesen schlechten Elementen, Spionen usw. in einen Topf werfen. Dies geschah und geschieht leider in starkem Maße.«

Ausgelöst und präformiert wurde diese Jagd nach »Spionen« durch Beschlüsse des ZK der KPdSU wie »Über Maßnahmen zum Schutz der UdSSR vor dem Eindringen von Spionen, Terroristen und Diversanten« (Februar 1936) und »Die Lehren aus der Schädlingstätigkeit, der Diversion und Spionage der japanisch-deutsch-trotzkistischen Agenten«[60] (März 1937) und durch NKWD-Befehle, in denen alle Politemigranten und »Überläufer«[61] zu »Spionen« gemacht wurden. Im August 1937 legte ein Beschluß des Politbüros des ZK der KPdSU (B) fest, daß auf dem gesamten Territorium der Sowjetunion die Aufenthaltsgenehmigungen von deutschen, polnischen und japanischen Staatsangehörigen nicht mehr verlängert würden. Eine Dreierkommission, der Jelena Stassowa als Vertreterin des ZK der KPdSU (B), Jakow Agranow für das NKWD und Meir Trilisser (Moskwin) für das EKKI angehörten, hatte nun in jedem Einzelfall über die Verlängerung der Aufenthaltsgenehmigung für »Politemigranten« zu befinden.

Die zunehmend restriktive Asylpraxis der Moskauer NKWD- und Komintern-Instanzen[62], die auch bereits erteilte Visa rückgängig mach-

---

59 Im Journal de Moscou, Nr. 19, vom 12. April 1938, wurde der Vorwurf erhoben, daß »jeder im Ausland lebende deutsche Staatsbürger ein Agent der Gestapo ist«. Dieser Vorwurf begegnete den Politemigranten dann sowohl am Arbeitsplatz wie in NKWD-Verhören.

60 Abgedruckt in: Voprosy istorii, 1995, H. 2, S. 22–26.

61 Während »Politemigranten« mit Genehmigung der Moskauer Instanzen einreisten, waren die »Überläufer«, d.h. diejenigen, die illegal die Grenze zur Sowjetunion überschritten hatten, von vornherein verdächtig.

62 Vgl. den Brief von Dmitri Manuilski an Nikolai Jeschow, 3. Januar 1936. Abgedruckt in: Hermann Weber/Ulrich Mählert, Terror, 1998, S. 99–101.

ten, stieß unter den Prager KPD-Emigranten zumindest anfangs auf Widerspruch, der von der Prager KPD-Führung nach Moskau an die MOPR vermeldet wurde: »Die Maßnahme der Rückgängigmachung der Visen hat unter den Emigranten eine ungeheure Stimmung ausgelöst, denn kein Mensch will verstehen, aus welchen Gründen die Maßnahme erfolgt ist. Unter den gestrichenen Visen sind einige Schwerkranke und einige schwer gefährdete Leute darunter, die auf alle Fälle in allerkürzester Frist hier weggebracht werden müssen.«[63]

Der »Abwehrleiter« der KPD, Hermann Nuding, berichtete bereits im Mai 1936 dem Moskauer Politbüro, daß, nachdem »auf einen Schlag 17 Visen rückgängig gemacht wurden«, in der Prager Emigration »eine große Diskussion« entstanden sei. Nach dem Schauprozeß im August 1936 wurde dieses ideologische Selektions- und bürokratische Einreiseverfahren in Prag und Moskau jedoch nahezu völlig gestoppt.

Viele Emigranten in der Sowjetunion, die 1936 angesichts der zunehmenden Verhaftungswellen ihre Ausreise beantragt oder die sich als Freiwillige für Spanien gemeldet hatten, erhielten nach Überprüfung ihrer Parteibiographie keine Genehmigung für die Rückreise oder für die Teilnahme am Spanischen Bürgerkrieg. An die »Grenzstellen« der KPD wurden nicht nur die Listen der in der Sowjetunion verhafteten und aus der KPD ausgeschlossenen Emigranten zur Weitergabe »ins Land« übermittelt, sondern die »Grenzstellen« wurden durch einen Beschluß des KPD-Politbüros auch aufgefordert, »alle Beobachtungen von verdächtigen Elementen in der Partei oder Verbindungen von Parteigenossen mit verdächtigen Elementen außerhalb der Partei sofort der operativen Leitung zur Übermittlung an die Kaderabteilung der KI zu übersenden«.[64]

Westwärts wurden 1934/35 aus der Sowjetunion nur wenige KPD-Funktionäre – meist nach dem Besuch von Moskauer Komintern-Schulen – nach Prag und von hier »ins Land«, d.h. nach Deutschland, geschickt. Allenfalls Politbüro- oder ZK-Mitglieder und die meist weiblichen Mitarbeiterinnen des Verbindungsdienstes der Komintern, die chiffrierte Direktiven, Berichte und Valutabeträge aus dem Moskauer

---

63 RGASPI, f. 539, op. 4, d. 132, Bl. 46.

64 Protokoll des Politbüros, 3. 9. 1936, SAPMO/BA RY1 I 2/3/19, Bl. 396.

Komintern-Budget transportierten, bereisten die Strecke Prag–Moskau mehrmals. Bei ihren Moskauer Aufenthalten hatten auch prominente ZK-Mitglieder wie Willi Münzenberg die Ein- und Ausreiseregularien[65] der Komintern und des NKWD, der mit eigenen Formularen von der »Abteilung für Internationale Verbindungen« des EKKI benachrichtigt wurde, einzuhalten. Von der Moskauer KPD-Führung wurden im Herbst 1936 die Mitarbeiter der Kaderabteilung, Georg Brückmann[66] und Grete Wilde, wie auch der KPD-Funktionär Jakob Hausladen in den Westen beordert, um dort die KPD-Auslandsleitung über die Moskauer »Säuberungen« zu informieren und rigide »Maßnahmen« zur Überprüfung der Emigranten einzuleiten. Die Mitglieder des KPD-Politbüros in Prag und Paris informierte man aus Moskau durch chiffrierte Listen[67] über die Namen und »Delikte« der aus der KPD in Moskau inzwischen Ausgeschlossenen und Verhafteten. Als »schwarze Listen« wurden sie anfangs auch in der *Deutschen Volkszeitung* publiziert und später nur mehr zur mündlichen Übermittlung »ins Land« an die »Grenzstellen«[68] der KPD weitergegeben. So sollte die parteiamtliche Diffamierung von »Trotzkisten«, »Brandleristen«, »Versöhnlern« den KPD-Mitgliedern übermittelt und die »Säuberung« von »schlechten Elementen« auch in Deutschland durchgeführt werden. In jedem Emigrationsland sollte eine »autoritäre Kommission« gebildet werden, um die »Säuberung der Partei von trotzkistischen Elementen oder solchen, die mit Trotzkisten Verbindungen hatten oder noch haben«[69] durchzuführen.

Nach dem Schauprozeß im August 1936 schickte die KPD-Führung – nach einer entsprechenden EKKI-Direktive – einzelne Emigranten aus der Sowjetunion über die Tschechoslowakei wieder nach Deutschland zur illegalen »Arbeit« zurück. Bei dieser »Säuberung« nahm die KPD-Führung in Moskau bewußt in Kauf, daß diese »Remigranten« in

---

65 Vgl. z.B. Instruktion für die Regelung der Ein- und Ausreise der Genossen. RGASPI, f. 495, op. 20, d. 761, Bl. 79–80.

66 Instruktion für den Genossen Müller [d. i. Georg Brückmann]. SAPMO/BA RY1 I/2/3/286, Bl. 13. Vgl. auch Instruktion für den Gen. Jakob [Hausladen], Bl. 14.

67 Liste der Ausgeschlossenen, 22. 10. 1936, SAPMO/BA, RY1 I/2/3/286, Bl. 302–303.

68 Vgl. z.B. Ausschlüsse aus der Partei, Liste vom 3. 9. 1936, SAPMO/BA RY1 I 2/3/82, Bl. 90.

69 Brief des Politbüros, 7. September 1936, SAPMO/BA, RY1 I/2/3/286, Bl. 188.

Deutschland Gefahr[70] liefen, wieder verhaftet zu werden. Zudem erklärte Wilhelm Pieck den Prager und Pariser Mitgliedern des Politbüros, daß man in Moskau »wegen der geschilderten Umstände nicht geneigt ist, noch weitere faule Elemente herzulassen«.[71] Bereits im März 1937 sollten verhaftete deutsche »Politemigranten«, die in Moskau und Leningrad angeblich »faschistische Zellen« gebildet und »Spionage« betrieben hätten, wieder nach Deutschland ausgewiesen werden. Der zur Ausweisung vorgesehene Kommunist Wilhelm Pfeiffer drohte – so berichtete sogar die Moskauer *Deutsche Zentral-Zeitung* –, »im Falle der Ausweisung, an der Grenze Selbstmord zu begehen«.[72] Nach der erfolgten Ausweisung und der Ankunft in Berlin verübte Otto Walther, seit 1908 Lithograph in Rußland, Teilnehmer der Oktoberrevolution und seither im sowjetischen Pressewesen tätig, durch einen Sturz aus dem Fenster Selbstmord.

Am 22. August 1937 wurde in einem NKWD-Rundschreiben[73] festgestellt, daß »die überwältigende Mehrheit der in der UdSSR lebenden Ausländer Organisatoren von Spionage und Diversion« seien. Neben dem Einsatz von Spitzeln (Agenturarbeit) und der »Untersuchungsarbeit« des NKWD wurde hier als »ernsthaftes Mittel« vorgeschlagen, daß man die Aufenthaltserlaubnis für Ausländer nach dem Ablauf ihrer Gültigkeit nicht mehr verlängern dürfe und dafür Ausreisevisa ausstellen müsse. Diese Regelung sollte für die Staatsangehörigen von Deutschland, Polen, Japan, Italien, Österreich, Argentinien, Belgien, Bulgarien, Ungarn, Holland, Dänemark, Kuba, Lettland, Litauen, Mandschuko, Mexiko, Rumänien, Finnland, Schweiz, Estland, Jugoslawien gelten. Staatsangehörige aus England, Frankreich, USA, Spanien, Türkei, Tschechoslowakei, Iran, Afghanistan, China und Griechenland sollten nach Ablauf ihrer Aufenthaltserlaubnis nur dann ausgewiesen werden,

---

70 Brief von Pieck an Florin, 23. 8. 1936, SAPMO/BA, RY1 I 2/3/250, Bl. 262; Brief Piecks an die Mitglieder des Politbüros, 10. 8. 1936, SAPMO/BA, RY1 I 2/3/286, Bl. 144.

71 SAPMO/BA, RY1 I 2/3/286, Bl. 146.

72 Ausweisung von neun deutschen Staatsangehörigen aus der UdSSR. Deutsche Zentral-Zeitung, 1. März 1937, vgl. Schafranek, Zwischen NKWD und Gestapo. S. 26–33.

73 NKWD-Rundschreiben Nr. 68, 22. August 1937, Sammlung »Stalinistischer Terror«, Hamburger Institut für Sozialforschung.

wenn über sie »kompromittierende Materialien« vorliegen würden. Die 3. Abteilung der Verwaltung für Staatssicherheit des NKWD sollte die Arbeit der Visa- und Anmeldungsreferate der Miliz kontrollieren. In diesem Rundschreiben wurden die bisherigen Verfahrensregelungen für die Verhaftung von Ausländern bestätigt.

Im Rahmen der NKWD-Verhaftungswellen, die sich während des »Großen Terrors« gegen die »Nationalen« (Naz-men), d.h. auch gegen Polen, Letten, Litauer, Esten, Japaner, Koreaner etc., richteten, wurden durch den NKWD-Befehl Nr. 00439 im Jahr 1937 insgesamt 6146 Personen und im Jahr 1938 insgesamt 31 080 Personen als »deutsche Spione« verhaftet, in Schnellverfahren zum Tode und zu GULAG-Haft verurteilt. Der NKWD-Befehl 00439[74] sollte sich anfangs nur gegen die »Deutschen«, die in der Rüstungsindustrie arbeiteten, richten, wurde aber exterministisch auf alle »Deutschen«, Politemigranten wie sowjetische Staatsangehörige in der Wolgarepublik oder Personen mit deutschklingenden Namen ausgedehnt. Während der »deutschen Operation« wurden vom Sommer 1937 bis zum 15. November 1938 im »Albumverfahren«[75] und durch die Troikas der »Sonderberatung« insgesamt 55 005 Deutsche verurteilt. Ausgehend von diesen unterschiedlichen Zahlen aus den statistischen Berichten und der amtlichen

---

74 Vgl. Müller, »Wir kommen alle dran«. Hier auch abgedruckt der NKWD-Befehl Nr. 00439, 25. Juli 1937, S. 165–166.

75 Da 1937/38 allein durch die »nationalen Operationen« vom Juli 1937 bis November 1938 335 513 Menschen verhaftet und davon 247 157 erschossen wurden, mußte ein besonderes Schnellverfahren – das sog. Albumverfahren – eingeführt werden. Die Mitarbeiter der örtlichen NKWD-Verwaltungen sollten für jeden Verhafteten kurze *sprawki*, Auskunftsberichte, die einen Vorschlag für die Kategorie I (Erschießen) oder Kategorie II (fünf bis zehn Jahre Lagerhaft) enthielten, erstellen. Diese kurzen *sprawki* wurden in »Alben« zusammengestellt und vom Leiter des örtlichen NKWD, dem örtlichen Staatsanwalt (im Hinblick auf das vorgeschlagene Strafmaß) korrigiert und unterschrieben. Danach wurde das »Album« mit den bereits Verhafteten nach Moskau geschickt, wo der Volkskommissar des NKWD, Jeschow, und der Generalstaatsanwalt Wyschinski im Umlaufverfahren durch ihre Unterschrift die Entscheidungen in den Alben sanktionierten. Das so von oben bestätigte »Urteil« wurde vollstreckt, wenn das jeweilige Album wieder in der regionalen NKWD-Verwaltung eintraf. Vgl. dazu auch den Bericht des NKWD-Offiziers Michail Šrejder: NKVD iznutri, zapiski čekista, S. 71.

Korrespondenz des NKWD, gelangen Mitarbeiter der Moskauer Menschenrechtsorganisation »Memorial« zu der Annahme, daß von 1937 von 1938 insgesamt 69000 bis 73000 als »Deutsche«[76] verurteilt wurden.

Eine zehnköpfige Kommission der KPD, die in Moskau für ihre »Untersuchungen« die »Kaderakte« heranzog, das jeweilige Mitglied inquisitorisch befragte und schriftliche und mündliche Mitteilungen anderer Parteimitglieder einholte, stellte bei ihrer Überprüfung von 2500 politischen und »Wirtschaftsemigranten« parteiamtlich fest:

»1) In vielen Fällen ist die Emigration ohne stichhaltige Gründe erfolgt. 2) Unter den Wirtschaftsemigranten befindet sich eine relativ hohe Anzahl, die legal nach Deutschland zurückfahren können 3) es ergaben sich Fälle von Emigration solcher Elemente, die nach der Sowjetunion abgeschoben wurden, weil sie als unsicher eingeschätzt wurden 4) Die Einreise von Parteifeinden, ohne daß eine entsprechende Signalisierung erfolgt war«.[77]

In einer Liste, die bereits verhaftete oder ausgereiste Emigranten nicht erfaßte, wurden im Oktober 1936 nahezu 150 »Fälle« aufgeführt, die als »verdächtige und schlechte Elemente, Fälscher oder Parteischädlinge weiter hier eine besondere Aufmerksamkeit erfordern«.[78] Als Leiter dieser »Überführungskommission« wurde Walter Dittbender am 10. Februar 1939 in der NKWD-Anklageschrift[79] mit den abstrusen Vorwürfen beschuldigt, daß er während seiner KZ-Haft von der Gestapo angeworben wurde und in Moskau als MOPR-Sekretär dann »sowjetfeindliche Emigranten« in die Sowjetunion eingeschleust habe, um Terroranschläge gegen Stalin, Molotow etc. durchzuführen.

---

76 Zahlenangaben bei Ochotin/Roginskij, Iz istorii »nemeckoj operazii« NKVD 1937–1938, S. 71.

77 RGASPI, f. 495, op. 293, d. 83, Bl. 37.

78 RGASPI, f. 495, op. 293, d. 83, Bl. 38.

79 NKWD-Akte Nr. 9871, Bd. 12, Bl. 290–293. Am 2. März 1939 wurde Walter Dittbender als Mitglied einer »antisowjetischen, trotzkistischen Terrororganisation« und als »Spion« zum Tode verurteilt und erschossen. Nach dem Prinzip der Kontaktschuld wurde auch der Referent in der Kaderabteilung, Brückmann, beschuldigt, daß er »den durch einen ausländischen Geheimdienst in die UdSSR eingeschleusten Gestapoagenten im Kominternapparat Stellen verschaffte«. Anklageschrift Georg Brückmann, NKWD-Akte Nr. 9871.

Phantasma der Botin: Carola Neher

Zenzl Mühsam wohnte 1934 in Prag unter einfachsten Verhältnissen in der Pension »Arosa«, die für kurze Zeit auch das Quartier von Carola Neher und von Erich Wollenberg war, der sich dort mit beiden Frauen traf. Dieses zufällige Zusammentreffen erlaubte es dem NKWD 1936/37 nach dem Prinzip der Kontaktschuld, eine »konterrevolutionäre, trotzkistische Organisation« zu erfinden, in der Zenzl Mühsam, Carola Neher und auch die über Prag nach Moskau reisende Olga Meese als »Botinnen« Anweisungen und Direktiven[80] des »Trotzkisten« Wollenberg überbrachten. Prag galt zudem als trotzkistisches »Zentrum«, da hier durch das von Hugo Sonnenschein initiierte »Komitee für Wahrheit und Recht« Materialien für einen Gegenprozeß vorbereitet und gegen die Verleumdungen der kommunistischen Presseorgane mehrmals Gegendarstellungen gerichtlich erzwungen wurden.

Nicht nur die Zeitzeugin Nelly Held wiederholte dieses über Carola Neher in Moskau kolportierte NKWD-Konstrukt der »Botin« unkritisch: »Sie war eine der ersten, schon 1935. Da munkelte man, sie hätte einen Brief aus Deutschland an einen Sowjetbürger weitergeleitet. Sie war ein sehr gutmütiger Mensch, da konnte das sein.«[81]

Das Treffen mit Carola Neher in der Prager Pension »Arosa« wurde von Erich Wollenberg genau erinnert:

»Die GPU hatte Carola Neher unter dem irrsinnigen Vorwurf verhaftet und zu zehn Jahren Zwangsarbeit verurteilt, da sie ›als Agentin Erich Wollenbergs in die Sowjetunion gekommen sei.‹ Unter dem gleichen Vorwand wurde auch Zenzl Mühsam verhaftet und in ein Zwangslager verschickt. Bei dem einmaligen Kaffee- und Kuchen-Zusammensein in der Prager Pension waren schon infolge der Anwesenheit mehrerer KP-Frauen politische Fragen nicht einmal am Rande erwähnt

80 Der Bote als Überbringer von »Direktiven« – diese Konstruktion wurde bereits 1931 im Prozeß gegen das »Unionsbüro der Menschewiki« verwandt und tauchte im Schauprozeß 1936 erneut auf. Vgl. Prozeßbericht, 1936, S. 25.

81 Krumrey (Hg.), Ohne Scham, S. 99. Ähnlich bei Wegner, Klabund und Carola Neher, S. 176.

worden, d.h. Fragen, die die Sowjetunion und das Stalin-Regime betrafen.«[82]

Carola Neher, die seit Mitte der zwanziger Jahre zu den Bühnen- und Medienstars des deutschen Theaters[83] zählte, war im Umkreis Bert Brechts und durch die Rußlandbegeisterung des Dirigenten Hermann Scherchen, mit dem sie seit 1930 zusammenlebte, zu einer »Sympathisantin«[84] der KPD geworden. 1932 lernte sie an der Berliner »Marxistischen Arbeiterschule« ihren späteren Mann Anatol Becker kennen, der hier Russisch unterrichtete. Ihr Lebenslauf, den sie in Moskau am 20. März 1936 auf der Rückseite eines Formulars »zwecks Besorgung des Parteiausweises von der Zentrale der KP für den Eintritt in die KPdSU« handschriftlich verfaßte, erschien 1936 der zehnköpfigen »Überführungskommission« der KPD verdächtig, da sie sich darin als Mitglied der KPD[85] vorstellte:

»Ich bin geboren am 2. Nov. 1903 in München als Tochter eines Musikers. Ich besuchte die Volksschule, dann die Handelsschule. Vom 16. Lebensjahr an war ich Angestellte in einer Bank und dann bei der Reichstreuhandgesellschaft München. Nebenbei besuchte ich die Theaterschule des Münchner Staatstheaters. Mit 19 Jahren bekam ich das erste Engagement als Schauspielerin. Von diesem Zeitpunkt an war ich Schauspielerin. Nach mehrjährigen Engagements in Städten des Reiches (Baden-Baden, Nürnberg, München, Breslau, Frankfurt/M.) kam ich 1926 nach Berlin an die Barnowskybühnen, 1927 war ich am Burgtheater in Wien. 1928 bis 1932 spielte ich an der Reinhardtbühne und verschiedenen anderen Theatern Berlins. Ich war völlig unpolitisch erzogen. Trotzdem ich in den letzten Jahren Berlins als qualifizierte Schauspielerin ein hohes Gehalt bezog, erkannte ich das wahre Gesicht des kapitalistischen Systems. Meine Ausdrucksform als Künstlerin war revolutionär und ich arbeite im Kreise linksstehender Künstler. Unter anderem arbeitete ich mit an Stücken wie ›Dreigroschenoper‹ und ›Happy end‹ – einer scharfen Satire und Kritik an den Wohltätigkeitseinrichtungen des kapital. Systems.

---

82 Erich Wollenberg, Betr.: Carola Neher und ihr Sohn Georg, 11. Juni 1968. Nachlaß Wollenberg.

83 Zu ihrer Theaterkarriere vgl. Gaehme, Dem Traum folgen.

84 Als »Sympathisantin« und Mitglied der »RGO« wurde sie 1936 auch von Olga Halpern und Julius Hay bezeichnet. Vgl. Müller (Hg.), Die Säuberung, S. 289.

85 Dieser Vorwurf, sich fälschlicherweise zum Mitglied der KPD gemacht zu haben, wurde auch in der NKWD-Anklageschrift und im Urteil gegen Carola Neher erhoben.

Durch persönliches und kollektives Studium Marx, Engels und Lenin wurde ich Kommunistin, da ich diese Weltanschauung als das einzig Wahre erkannte.

Durch die Marxistische Arbeiterschule wurde ich im Jahre 1932 Mitgl. der KPD[86]. Für die Partei habe ich in der R.G.O-Fraktion[87] gearbeitet. Im Einverständnis mit Hans Otto habe ich in den mir zugänglichen Prominentenkreisen im Sinne der parteipol. Richtung geworben und Verbindungen hergestellt. Ich habe für die Gewerkschaftskurse der R.G.O. Gruppe des Staatstheaters Mitglieder geworben, für Steglitz U.B.[88] war ich Unterkassiererin der R.G.O. Mitglieder. Bei meinem Münchner Gastspiel 1932 organisierte ich eine R.G.O. Zelle unter den Mitgliedern des Theaters. November 1932 fuhr ich zum Gastspiel nach Wien. Da ich vorhatte, länger in Wien zu spielen, nahm ich Fühlung mit der K.P.Ö. und weihte [sie in] meine Mitgliedschaft ein. Damals erkrankte ich sehr schwer und fuhr dann zur Erholung zu meinen Verwandten nach Rumänien. Im Mai 1933 kam ich zurück nach Wien. Ich wurde durch Briefe und Zeitungsnachrichten gewarnt, nicht nach Deutschland zurückzukehren, da ich als Hauptdarstellerin Happy ends und Dreigroschenoper gesucht und als Kommunistin von Kollegen denunziert wurde.«[89]

Auch die »Kaderakte« ihres Lebensgefährten Anatol Becker wurde in Moskau überprüft[90], und er geriet ebenfalls in Verdacht, daß seine KPD-Mitgliedschaft durch eine selbstausgestellte Bescheinigung[91] gefälscht sein könnte. Nachdem Carola Neher im Frühjahr 1936 von der »Überführungskommission« der KPD vernommen worden war, gelangte diese zur abschließenden Feststellung: »Henschke Karoline (Carola Ne-

86 Die Unterstreichung von fremder Hand markiert den in der KPD-Führung und in der Kaderabteilung bestehenden Verdacht, daß Carola Nehers Angaben über eine Mitgliedschaft in der KPD gefälscht seien. Ähnliche Markierungen finden sich auch in der Kaderakte von Anatol Becker.

87 RGO, d. i. Revolutionäre Gewerkschaftsopposition.

88 U.B., d. i. Unterbezirk der KPD.

89 Mit diesem Lebenslauf, in dem sie sich zum KPD-Mitglied stilisierte, hoffte Carola Neher 1936 den politischen Rastern der Überführungskommission der KPD zu entsprechen.

90 Bei Anatol Becker wurden die Angaben in der am 7. Juni 1933 ausgestellten Bescheinigung einer Berliner KPD-Zelle angezweifelt, wie die Anstreichungen in seiner »Kaderakte« deutlich machen. Vgl. RGASPI, f. 495, op. 205, d. 6750, Bl. 56.

91 Gustav von Wangenheim referierte während seiner Einvernahme in der Lubjanka eine Aussage Fritz Heckerts: »Becker ist eine dunkle Figur. Seine Parteidokumente sind gefälscht. Wir haben diesbezüglich eine Untersuchung angeordnet.« Zit. in: Müller (Hg.), Die Säuberung, S. 560.

her) gab an, seit Mai 1932 Parteimitglied zu sein. Hat sich nach Geständnis von dem hier verhafteten Anatol Becker zu der falschen Angabe verleiten lassen. Ist verhaftet.«[92]

Nach einem Erholungsurlaub bei ihren Verwandten in Rumänien fuhr Carola Neher im Juni 1933 von Wien nach Prag. Hier konnte sie noch im November 1933 am »Deutschen Theater« in Shakespeares »Der Widerspenstigen Zähmung« auftreten und folgte dann ihrem Mann nach Moskau.

Über ihre anfänglichen Moskauer Wohnverhältnisse berichtete 1936 Ernst Ottwalt seinen Schriftstellerkollegen:

»Ich weiß, daß die Neher seinerzeit in Prag, im Sommer 1934, auf ihren Mann wartete und wieder nach Moskau fuhr, weil sie sagte, er käme nicht weg [...] Ich habe in der ersten Zeit die Neher in bitteren Verhältnissen gesehen, es war grauenhaft. Sie schlief wirklich auf der Erde, wirklich unter den erbärmlichsten Verhältnissen, wie kaum ein Genosse in der ersten Zeit es hier gehabt hat. Sie schlief bei den Freunden ihres Mannes.«[93]

Für Carola Neher zerschlugen sich die anfänglichen Hoffnungen auf Engagements in der Moskauer »Kolonne Links«. Die früher in Berlin gefeierte Diva – nun argwöhnisch beäugt von den Politemigranten – konnte allenfalls Schauspielunterricht in dem von Gustav von Wangenheim geleiteten »Deutschen Theater/Kolonne Links«[94] erteilen. Wenige Beiträge im Moskauer Rundfunk mit Alexander Granach, Brecht/Weill-Abende und Gedenkfeiern für Erich Mühsam, kurze Artikel in der *Deutschen Zentral-Zeitung* sorgten nur für kärgliche Einnahmen. Obwohl Anatol Becker inzwischen als Ingenieur in einer Moskauer Fabrik arbeitete, erhielten beide nicht einmal ein Zimmer in einer Kommunalwohnung zugewiesen.

Im Sommer 1934 versuchte sie, der Moskauer Misere zu entfliehen, und reiste nach Prag zurück. Hier traf sie in der Pension »Arosa« auf Zenzl Mühsam und Erich Wollenberg – ein Treffen, das sowohl in den Moskauer Parteiversammlungen der deutschsprachigen Schriftsteller (1936), in Denunziationsberichten wie in NKWD-Materialien als »Ver-

---

92 RGASPI, f. 495, op. 292, d. 83, Bl. 43.

93 Müller (Hg.), Die Säuberung, S. 561.

94 Vgl. Dietzel, Exiltheater in der Sowjetunion.

bindung« zwischen einem »trotzkistisch-terroristischen Zentrum« in Moskau und dem »Trotzkisten« Erich Wollenberg ausgemalt wurde. Auch Carola Nehers freundschaftliche Kontakte zu Maria Osten und dem allgewaltigen Verlagschef und *Prawda*-Redakteur Michail Kolzow, die ihr auch vorübergehend ein Zimmer im Hotel »Savoy« verschafften, wurden im Herbst 1936 von Ernst Ottwalt als Verbindung in die »höhere russische Parteisphäre« und zu einem angeblichen »Versöhnler-Salon« um John Heartfield mißgünstig beäugt. Bei Maria Osten[95], der Lebensgefährtin von Kolzow, lernte Carola Neher auch die privilegierten Wohnverhältnisse in dem für die sowjetische Parteiprominenz erbauten Wohnblock, dem »dom pravitelstvo«, kennen. Ihre nach solchen Besuchen gemachten »antisowjetischen« Äußerungen rapportierte Gustav von Wangenheim, der nach der Verhaftung mehrerer Schauspieler der »Kolonne Links« seine »bolschewistische Wachsamkeit« unter Beweis zu stellen suchte. Sein fünfseitiger, maschinenschriftlicher Denunziationsbericht wurde vom deutschen Referenten der Kaderabteilung, Brückmann, am 10. April 1936 zusammengefaßt und mit der Bitte versehen, »folgende Mitteilungen an die betreffende Stelle«, d.h. an das NKWD, weiterzuleiten. Die ausführlichen Meldun-

Carola Neher
(Privatarchiv)

---

95 Maria Osten (geb. Gresshöner) kehrte 1939 nach der Verhaftung Kolzows aus Paris nach Moskau zurück, wurde am 24. Juni 1941 verhaftet und am 24. August 1942 erschossen. In den seit 1936 vom NKWD über sie gesammelten Spitzelberichten vermeldet z.B. der geheime Informant »Abonnent«: »M. OSTEN ist mit den vom NKWD verhafteten deutschen Spionen, dem Schriftsteller OTTWALT und der Schauspielerin Carola NEHER sowie mit dem deutschen revolutionären Sänger Ernst BUSCH, der sich zur Zeit in Spanien befindet, eng verbunden.« Abschrift beim Verfasser.

gen Wangenheims, die auf dem üblichen Amtswege von der Komintern weitergegeben wurden, weckten das Interesse des NKWD, und Wangenheim wurde im Juni 1936 in die Lubjanka zur Einvernahme einbestellt. Seine Beschreibung der Prager »Verbindungen« zwischen Carola Neher, Zenzl Mühsam und Erich Wollenberg sollte für die Betroffenen vernichtende Folgen haben:

»Im Sommer 1934 war ich dienstlich in Prag, um einige Schauspieler für die Theaterarbeit zu gewinnen. Ich wohnte in einem Hotel (an den Namen des Hotels kann ich mich nicht entsinnen), wo auch die aus Moskau angekommene Carola Neher wohnte. Im selben Hotel wohnte auch Wollenberg. Wollenberg und Neher kamen oft zusammen und standen zueinander in freundschaftlichem Verhältnis. Mir persönlich sagte Neher, Wollenberg sei ein hervorragender Mensch und man solle seinem Rat folgen. Zur selben Zeit wohnte im Hotel die Frau von Erich Mühsam, Zenzi Mühsam, die zu den beiden freundschaftlichen Verkehr pflegte. In dieser Periode war Mühsam in ihrer politischen Einstellung antisowjetisch, trotzkistisch, anarchistisch. Unter den Trotzkisten in Prag war sie zweifellos populär und hatte unter diesen Verbindungen.«[96]

Weiter vermeldete Wangenheim beim NKWD, daß Anatol Becker mit Wollenberg »bekannt« war und daß Carola Neher für Wollenberg Leute »anwarb«, da sie ihn mit Wollenberg bekannt machen wollte. Zum Abschluß der protokollierten Zeugenaussage gelangte Wangenheim zu folgender »politischer« Charakteristik:

»Carola Neher halte ich für eine Abenteuerin, die nach ihrer ideologischen Einstellung nichts Gemeinsames mit der kommunistischen Partei hat. Ihre politische Einstellung ist antisowjetisch. So z. B. sagte die Neher: ›Ich war im Regierungsgebäude und sah, wie diese dort lebten. Bin ich schlechter als sie, ich will auch hier leben. Die Menschen, wenn sie nicht dumm sind, können sehen, daß auch eine sowjetische Bourgeoisie existiert.‹ Äußerungen dieser Art hörte ich oft von Neher, an Einzelheiten kann ich mich jetzt nicht mehr erinnern.«

Wenige Wochen nach den Aussagen Wangenheims, der die Lubjanka unbeschadet verlassen konnte, wurde Carola Neher am 25. Juli 1936 in Moskau verhaftet.

In einem für die SED verfaßten Lebenslauf verklärte Gustav von Wangenheim rückblickend seine Spitzeltätigkeit der dreißiger Jahre, daß sich damals »jedem ehrlichen Parteigenossen die Lehre und die Pflicht«

---

96 Abgedruckt in: Müller (Hg.), Die Säuberung, S. 561.

aufdrängte, »Wachsamkeit mit dem Mut zum Vertrauen zu verbinden«.[97]

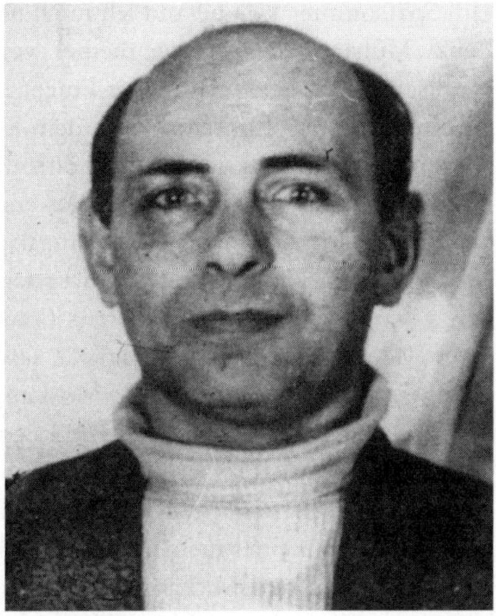

Gustav von Wangenheim
(RGASPI)

In zahlreichen Briefen an Susanne Leonhard und Margarete Buber-Neumann, die ihre eigenen Erlebnisse in der Sowjetunion und im GULAG autobiographisch[98], verbunden mit einer radikalen Kritik am Stalinismus, verarbeiteten, lieferte Erich Wollenberg[99] in den fünfziger und sechziger Jahren detaillierte Beschreibungen der Biographien und Schicksale seiner früheren Freunde und Bekannten, die während der dreißiger Jahre als Teilnehmer der »Wollenberg-Hoelz-Organisation« in Moskau verhaftet worden waren. Wollenberg erinnerte sich dabei auch ausführlich an das Prager Exil und seine Treffen mit Carola Neher und Zenzl Mühsam in der Pension »Arosa«:

---

97 Lebenslauf Gustav von Wangenheim, 1951, Nachlaß Wangenheim, AdK, Berlin.

98 Vgl. Margarete Buber-Neumann, Als Gefangene bei Stalin und Hitler; Susanne Leonhard, Gestohlenes Leben.

99 Erich Wollenberg flüchtete 1938 von Prag nach Paris, publizierte als Militärexperte in der französischen und englischen Presse, 1938 veröffentlichte er in London »The Red Army. A Study of the Growth of Soviet Imperialism«, 1940 gelang ihm die Flucht von Paris nach Marokko, 1942 aus der Internierung durch alliierte Truppen befreit, 1946 Paris, dann in München Redakteur der von den Amerikanern gegründeten Zeitung Echo der Woche, 1951 SPD-Mitglied und Mitglied IG Druck und Papier, veröffentlichte u. a. Der Apparat. Stalins fünfte Kolonne (1951), Militärpolitische Schriften von Friedrich Engels, als freier Journalist verfaßte er auch Analysen über Herbert Wehners Moskauer »Notizen«, lebte ab 1964 in Hamburg und gab die 1928 erschienene Komintern-Schrift Der bewaffnete Aufstand 1971 erneut heraus, verstarb 1973 in Hamburg.

»Im Spätsommer 1934 befand ich mich nach meiner Flucht aus Moskau in Prag. Mit Zenzl Mühsam, der Witwe meines von den Nazis ermordeten Freundes Erich M[ühsam], besuchte ich in einer Prager Pension Carola Neher. Damals lebte sie bereits in Moskau, mit ihrem Mann, dem Kommunisten und Ingenieur Anatol Becker. Sie war nach Prag gekommen, um dort ihr Kind zur Welt zu bringen. In einem Vorort von Moskau bewohnten die Beckers ein altes Haus, die hygienischen Verhältnisse waren ebenso wie die Ernährungslage miserabel. Carola wollte mit ihrem Baby erst einige Wochen nach der Geburt nach Moskau zurückkehren.

Es waren 10 Personen, meistens Frauen kommunistischer Literaten, anwesend, deren Männer entweder im Nazi-KZ saßen oder sich bereits im Exil befanden. Carola, bettlägerig, bat mich, ihr in Moskau die Adresse einer kinderlieben Frau zu geben, um dort ihr erwartetes Baby in Pflege zu geben. Bei ihrem Beruf als Schauspielerin konnte sie sich selbst nicht genügend um ihr Baby kümmern, sie hatte Angst, eine unbekannte russische Kinderpflegerin ins Haus zu nehmen. Ich nannte ihr den Namen der Frau eines meiner ältesten politischen Freunde: Hermann Taubenberger, Kommunist seit 1919, Mitkämpfer der bayrischen Räterepublik und der Revolutionskämpfe 1922/23 in Deutschland. Taubenberger befand sich als leitender Ingenieur seit etwa 1925 in der Sowjetunion. Seine Frau Else T[aubenberger] hatte selbst 4 Kinder (2 aus erster Ehe in Deutschland). Für russische Verhältnisse hatten die T[aubenberger]s eine gute Wohnung in einer Gartengegend am Rande der Stadt. Carola änderte ihre Absicht, das zu erwartende Baby in Prag auszutragen, da sie von ihrem Mann telegraphisch gebeten wurde, sofort nach Moskau zurückzukehren. Es bot sich für die Beckers eine Chance, eine Neubauwohnung in der Stadt zu erhalten, die für junge Eheleute mit Kleinkind bezw. zu erwartendes Baby vorgesehen war. Ich habe Carola, die bald nach meinem Besuch nach Moskau zurückgefahren war, nicht mehr gesehen. Später erfuhr ich von Grete Buber-Neumann und anderen deutschen Kommunisten, die in sowjetischen Gefängnissen und Lagern eingesperrt waren, daß Carola N[eher] im Rahmen der sogenannten ›Säuberungsaktionen‹ verhaftet und jedenfalls in einem Lager umgekommen war.«[100]

Die in den NKWD-Folterverhören und in Anklageschriften konstruierten Vorwürfe, daß Zenzl Mühsam, Carola Neher und Olga Meese in Prag den »Trotzkisten« Erich Wollenberg getroffen und als dessen Abgesandte irgendwelche »Direktiven« von Trotzkis Sohn, Leo Sedow, nach Moskau überbracht hätten, entsprechen allenfalls den Stereotypen des NKWD und den Verdachtsketten der Moskauer Emigranten. Für den Prager KPD-Apparat, die Moskauer Kaderabteilung und das NKWD war Erich Wollenberg nach seiner Flucht aus der Sowjetunion

100 Erich Wollenberg, Betr.: Carola Neher und ihr Sohn Georg, 11. Juni 1968. Nachlaß Wollenberg.

eine ideale Feindfigur. Zenzl Mühsam hatte sich im Dezember 1934 von ihm getrennt. Sie hatte mit ihm »gerissen«, wie es in einem späteren NKWD-Verhör hieß. Carola Neher hatte allenfalls ein Empfehlungsschreiben Wollenbergs für ihre zukünftige Moskauer Kinderfrau Elsa Taubenberger nach Moskau mitgenommen. In der in Prag erscheinenden *Arbeiter-Illustrierten-Zeitung* wurde Carola Neher zusammen mit ihrem am 26. Dezember 1934 in Moskau geborenen Sohn Georg Bekker – wenige Wochen vor ihrer Verhaftung in Moskau – mit folgendem Text abgebildet: »Carola Neher, die bekannte deutsche Schauspielerin, wurde Mutter eines kleinen Sowjetbürgers.« »Ich hatte seit langem den Wunsch, ein Kind zu haben, aber drüben hatte ich nicht den Mut dazu, erst in der Sowjetunion konnte ich den Wunsch in Erfüllung gehen sehen.«[101] Das waren Propagandaklischees, die nicht nur eine angebliche Differenz zwischen »Zwei Welten«[102] suggerierten, sondern auch das 1936 in der Sowjetunion erlassene gesetzliche Abtreibungsverbot als Mutter-Kind-Idylle bemäntelten.

Verhaftet und ausgewiesen: Olga Meese

Als dritte »Verbindung« zwischen Prag und Moskau fungierte in dem NKWD-Konstrukt die 1887 in Wien geborene Olga Meese. In einem Schreiben der 3. Abteilung der Hauptverwaltung Staatssicherheit des NKWD wurde am 5. Februar 1937 mit folgender »Auskunft« bei dem Staatsanwalt Wyschinski um die Genehmigung für die Verhaftung von Olga Meese nachgesucht:

»Durch die Organe der Staatssicherheit wurde eine von dem deutschen Politemigranten und trotzkistischen Terroristen Erich Wollenberg geschaffene Organisation liquidiert. Im Zusammenhang mit der teilweisen Entlarvung seiner feindlichen Tätigkeit flüchtete Wollenberg aus der Sowjetunion und setzte, als er sich in Prag befand, die Leitung der konterrevolutionären, terroristischen Tätigkeit der von ihm geschaffenen Organisation fort. Durch die Aussagen der Teilnehmer dieser Organisation Hermann Taubenberger, Anatol Becker, Rudolf Margies und anderer wurde

101 Arbeiter-Illustrierte-Zeitung, 6. Februar 1936.

102 So auch der Titel einer in Moskau redigierten Illustrierten, die nach dem Vorbild der AIZ das »russische Wunder« anpries.

festgestellt, daß zur Organisation auch Meese gehörte, die systematisch ins Ausland fuhr und die Verbindung zwischen Wollenberg in Prag und der Terrororganisation in Moskau unterhielt. Ich halte es für notwendig, Meese, Olga Karlowna, geb. 1887 zu verhaften.«[103]

Olga Meese, eine »völlig unpolitische«[104] Kunstgewerblerin aus Wien, lebte seit 1930 mit Unterbrechungen in der Moskauer Wohnung des Invaliden Alberto Zenari. Sie besuchte mehrmals in den dreißiger Jahren ihre Töchter, die in Wien geblieben waren. Für das NKWD, das durch mehrere Abteilungen über diese Ein- und Ausreisen informiert war, konnten die Besuche zu »systematischen« Verbindungen zwischen Erich Wollenberg in Prag und Alberto Zenari in Moskau gemacht werden.

Alberto Zenari, am 26. März 1891 in Triest geboren, besuchte die Philosophische Fakultät an der Universität Florenz. Er beherrschte zahlreiche Sprachen[105] und lebte nach dem Ersten Weltkrieg als »Bohemien mit linken Sympathien« (Erich Wollenberg) und Journalist in Wien. 1924 fuhr er als angeworbener Mitarbeiter der sowjetischen Militärspionage nach Rumänien und wurde dort als Spion verhaftet. Da er an der »Burgerschen Krankheit« litt, wurde ihm in einem rumänischen Militärhospital ein Bein amputiert. Nach seiner Haftentlassung in Rumänien reiste er umgehend nach Moskau. Hier wohnte er seit 1927 im Hotel »Sojusnaja« und arbeitete für kurze Zeit im Marx-Engels-Institut. Zu seinen Freunden gehörten Erich Wollenberg und Hermann Taubenberger, die er als »Parteiloser« 1929 in seinem Fragebogen[106] gegenüber der Kaderabteilung als Bürgen angab. Zenari, der in NKWD-Verhörprotokollen als »Italiano« auftaucht, erhielt seit 1933 als Staatsbürger der UdSSR eine monatliche Pension von 250 Rubel, die er durch gelegentliche Übersetzungsarbeiten aufbessern konnte. Seine Wohnung[107]

---

103 Abschrift, Sammlung »Stalinistischer Terror«, Hamburger Institut für Sozialforschung.

104 Erich Wollenberg an Susanne Leonhard, 17. 4. 1950, Nachlaß Wollenberg.

105 In einem Fragebogen, den er als »Parteiloser« für die Kaderabteilung des EKKI 1929 ausfüllte, gab Zenari folgende Sprachkenntnisse an: Italienisch, Deutsch, Englisch, Rumänisch, Persisch, Russisch. RGASPI, f. 495, op. 221, d. 1481, Bl. 6.

106 Frage Nr. 37 der Enquete.

107 Der Flugzeugführer Jegorow, der in Zenaris Wohnung verkehrte, wurde ebenfalls verhaftet.

wurde in den NKWD-Verhören neben der Wohnung Taubenbergers zum »zweiten Zentrum für Zusammenkünfte der Trotzkisten«[108] deklariert, in dem sich »folgende Trotzkisten systematisch versammelten: Wollenberg Erich, Günther Ernst, Taubenberger, Wilenski, Mühsam Kreszentia, Elfinger Joseph, Minzer, Wistub, Müller, Holm, Becker u.a.«.

Der an beiden Beinen amputierte Invalide Alberto Zenari, der auch nur mehr über eine verkrüppelte Hand verfügte, wurde am 15. März 1937 verhaftet. Er teilte das Schicksal anderer in die Sowjetunion emigrierter Italiener[109]. Am 4. August 1937 wurde er durch das MKOG zum Tode verurteilt und erschossen. Susanne Leonhard erinnerte sich sehr detailliert an die Gespräche mit ihrer Zellengefährtin Olga Meese und auch an das Schicksal des Alberto Zenari: »Mit Zenari, dem arm- und beinlosen Menschenwrack, aus dem der Sklavenhalterstaat keinen Nutzen ziehen konnte, wird wohl kurzer Prozeß gemacht worden sein.«[110]

Olga Meese wurde im Juli 1937 zu zehn Jahren Haft verurteilt. Aus ihrer Zelle in der Butyrskaja richtete sie eine Eingabe an den Staatsanwalt Wyschinski:

»1937 wurde ich verhaftet. Die Untersuchung gegen mich hat keinerlei Beweise gefunden, die mich wegen konterrevolutionärer Tätigkeit entlarven könnten. Der Untersuchungsführer wiederholte immer, daß ich für meinen Ehemann Alberto Zenari die Verantwortung tragen müsse, den man wegen seiner Invalidität nicht verhaften könne. Ich weiß nicht, warum ich zu zehn Jahren Gefängnis verurteilt wurde. Ich bin unschuldig, warum muß ich für meinen Ehemann die Verantwortung tragen? Ich gehörte nie irgendwelcher politischen Partei an und halte mich überhaupt für politisch völlig ungebildet. Ich beging keinerlei Verbrechen gegen die Sowjetmacht. Ich bin in Wien geboren, wo ich 25 Jahre wohnte, dort sind meine zwei Kinder geblieben, die immer krank sind. Als ich den Italiener Alberto Zenari liebgewonnen hatte, kam ich seinetwegen in die UdSSR. Sein Leben war immer ungebunden, er war leichtsinnig, verspielte im Kartenspiel sein ganzes Vermögen. Wegen seines starken Hanges zum Kartenspiel wollte ich mein und das Leben meiner Kinder nicht mit ihm verbinden. Ich konnte ihn aber auch nicht allein lassen, weil ich diesen Menschen liebte und mit ihm großes Mitleid hatte. Er ist völlig arbeitsunfähig, Invalide, ihm fehlen beide

---

108 »Protokoll« des Verhörs von Konstantin Siebenhaar, 23. Sept. 1936.

109 Vgl. Dundovich, Tre esilio e castigo.

110 Von ihrer Zellengefährtin Olga Meese erfuhr Susanne Leonhard auch »manches Interessante« über Zenzl Mühsam. Leonhard, Gestohlenes Leben, S. 89–91.

Beine und eine Hand. Nur deshalb bin ich einige Male zu ihm nach Moskau gekommen, wobei ich die kranken Kinder in Wien zurückgelassen habe. Nach der Verhaftung wurde ich wegen meiner Verbindung zu Menschen beschuldigt, die ich allenfalls zufällig bei einer Tasse Tee getroffen habe. Ich versichere, daß ich nie Spionage betrieben habe, ich beschwöre Sie, geben Sie mir die Möglichkeit, zu meinen Kindern zurückzukommen und mit ihnen zusammen mein Leben zu beenden.«[111]

Am 26. September 1940 vermeldete die Deutsche Botschaft[112] in Moskau, daß Olga Meese zusammen mit zwölf NKWD-Häftlingen in einen Sammelausweis des Volkskommissariats für Auswärtige Angelegenheiten aufgenommen sei und aus der Sowjetunion nach Deutschland ausgewiesen werde.

111 Abschrift in: Sammlung »Eingaben«, Hamburger Institut für Sozialforschung.
112 PAdAA, Deutsche Botschaft Moskau, R3 6b, Bl. 169.

Fall und Verschwörungskonstrukt

Neben der Kaderabteilung und der »Überführungskommission« der KPD, die ihre Personalkarteien nach früheren Häretikern, den »rechts- oder linksopportunistischen Ausgeburten« durchforschte und parteiamtliche Sammellisten mit ausgesonderten »schlechten Elementen« anlegte, kamen auch einzelne KPD-Mitglieder der ständigen Aufforderung zur Denunziation nach.

Der Denunziant: Hans Schiff

Hans Schiff, der bereits 1933 in das Verfahren der Internationalen Kontrollkommission gegen die Teilnehmer eines Treffens in der Wohnung Taubenbergers involviert gewesen war und bereits zwei Parteirügen erhalten hatte, verfaßte im Februar 1935 eine umfangreiche Meldung[1] über »Wollenberg, Taubenberger, Mühsam, Petermeier, Günther, Zenari und ihre Agenten in der Komintern« (vgl. Dok. Nr. 1 im Anhang), die am 25. Februar 1935 von der Kaderabteilung des EKKI in russischer Übersetzung an das NKWD weitergereicht und am 14. März 1937 erneut zugeschickt wurde. Mit dieser »Meldung« suchte Schiff, der nach seiner Entlassung aus dem Komintern-Apparat marginalisiert war, sich als »wachsamer Bolschewik« zu erweisen, und vermerkte noch dazu, daß er schon zuvor auf Anraten Wilhelm Piecks an den Komintern-Mitarbeiter Sepp Schwab einen Bericht über Wollenberg, Taubenberger, Zenari, Günther u.a. geliefert hatte. Seine Meldung[2] richtete sich auch gegen Schwab, den er nach dem Prinzip der Kontaktschuld schon wäh-

1 Russischer Text in NKWD-Akte Nr. 28749 (6831), Bd. 1, S. 11–22.

2 In einer Akte der 3. Abteilung des NKWD (Nr. 260572), in der unter dem Decknamen »Hans« die zahllosen und zunehmend paranoid geprägten Meldungen Schiffs gesammelt wurden, sind zwei weitere Meldungen über Sepp Schwab und Sepp Schwab/Hans Beimler erhalten.

rend der gemeinsamen Festungshaft in Niederschönenfeld[3] in Verbindung mit einem Spitzel gebracht hatte.

In der umfangreichen Anzeige bei der Kaderabteilung bezichtigte Hans Schiff im Februar 1935 Erich Wollenberg, Rudolf Podubecky und Hermann Taubenberger der Verletzung der Konspiration. Der Briefwechsel des ins Ausland geflüchteten Wollenberg mit Taubenberger und eine angebliche Mitwisserschaft Taubenbergers und Petermeiers bei der Flucht Wollenbergs werden ebenso angezeigt wie Taubenbergers »unsaubere Frauengeschichten«, die noch dazu mit der englischen Botschaft verknüpft werden. Meinungen über die Lebensmittelversorgung werden von Schiff als »parteifeindliche Äußerungen«, die Alberto Zenari und Rudolf Margies gemacht hätten, vermeldet. Da Hans Schiff erneut vor die Internationale Kontrollkommission der Komintern geladen worden war und Taubenberger über Schiffs Meldung Bescheid wußte, versuchte Hans Schiff nun Sepp Schwab als Protektor der von ihm angezeigten »Konterrevolutionäre« darzustellen. Der hochrangige Komintern-Funktionär Sepp Schwab beteuerte 1937 hingegen in einem Anhang[4] zu seinem Lebenslauf, daß er nicht nur den »persönlichen Verkehr« mit Taubenberger eingestellt habe, sondern auch aufgrund eines »schriftlichen Berichts«[5] bereits 1935 die Verhaftung von Taubenberger und seiner Gruppe gefordert habe. Dies sei aber sabotiert worden, da Taubenberger den Bericht Schiffs und seine Forderung zu Gesicht bekam.

Schiffs Bericht, den Schwab an die Kaderabteilung des EKKI weitergegeben hatte, wurde von dieser im üblichen Verfahren zu einem Rapport komprimiert und am 25. Februar 1935 von der Kaderabteilung an das NKWD verschickt. Zu dem verdächtigen Kreis Wollenberg/Taubenberger rechnete die Kaderabteilung in Moskau: Hermann und Elsa Taubenberger, Max Levien, Rudolf Margies, Karl Petermeier, Peter Holm, Alberto Zenari, Rudolf und Inge Podubecky, Ernst Günther. Obwohl in der Mitteilung an das NKWD Erich Wollenberg zum Leiter der »größten trotzkistischen Gruppe in Westeuropa« gemacht wurde, seine

3 Vgl. Bericht von Hans Schiff an die Zentrale der KPD, SAPMO/BA I 2/3/76, Bl. 453–456.

4 RGASPI, f. 495, op. 205, d. 6825, Bl. 141.

5 Gemeint ist wahrscheinlich der von Hans Schiff gelieferte Bericht.

Flucht aus der Sowjetunion und seine angeblich »engen Beziehungen« zu Ruth Fischer und Arkadi Maslow[6] erwähnt wurden, hatte dies für die namentlich aufgeführten Politemigranten im Frühjahr 1935 noch keine unmittelbare Verhaftung zur Folge. Über die Gründe dafür kann nur gemutmaßt werden. Entweder wartete man in der 3. Abteilung des NKWD noch auf weitere »Meldungen« über den Moskauer Freundeskreis des ins Ausland geflüchteten Wollenberg, um den »Fall« weiter auszubauen. Denkbar ist aber auch, daß vom NKWD – wie auch von manchen Komintern-Mitarbeitern – der Bericht Schiffs für allzu persönlich motiviert gehalten wurde.

Wie Schiff zu seiner Entlastung in seinen späteren »Eingaben« als NKWD-Häftling anführte, reichte er nach dieser ersten Meldung noch weitere Berichte beim NKWD über den Kreis von Taubenberger/Wollenberg/Hoelz ein, die jedoch nicht in der Akte »Hans«[7] abgelegt wurden. Als Verwaltungsmitarbeiter verfaßte Schiff – nach seiner Versetzung auf die Krim – eine Flut von »Meldungen« über Gespräche, Meinungen und Aussagen der Politemigranten, denen er in Kolchosen oder in Simferopol begegnet war. Am 9. Juni 1937 schrieb Schiff für »Moskau-Zentr«, d.h. für die NKWD-Zentrale, folgenden Bericht: »Am 7. IV. übergab ich eine Meldung über die in Moskau wohnende Dora Rosenbaum und legte Abschriften zweier früherer Meldungen vom Oktober 1936 bei. Inzwischen habe ich mich bei dem Gen. Schäfer, Paul, in Moskau brieflich erkundigt, wer die Verwandten sind, von denen Dora Rosenbaum erzählt, daß sie ›mit verhaftet‹ sind.« In mehreren Berichten nach Moskau vermeldete Hans Schiff detailliert die ganze Familie Rosenbaum, ihre Beziehungen zu den verhafteten »Versöhnlern« Otto Unger, Martha Moritz und Erich Wendt wie auch ihre Bekanntschaft mit Carola Neher. Besonders verdächtig erschien ihm eine Bettlerin in Simferopol, die zwar verrückt sei, aber hinter ihren Reden und Eingaben vermutete er die lauernde Konterrevolution: »Ich habe jedoch nach wie vor den Eindruck, daß nicht nur bei dieser Frau, sondern auch bei einigen anderen Bettlern, die in der Post und den großen Ma-

---

6 Neben Trotzki und dessen Sohn Leo Sedow galten für Stalin und das NKWD Arkadi Maslow und Ruth Fischer als »trotzkistische« Hauptfeinde.

7 Arbeitsakte »Hans«, NKWD-Akte Nr. 265 072/28 Bd. 2.

gazinen nicht nur betteln, sondern direkt fordern, auch eine gewisse politische konterrevolutionäre Agitation geht.« Seine dritte Meldung über die Bettlerin, deren Namen er später auskundschaftete und deren Eingaben er beilegte, schloß er mit dem Verdacht:

»Ich habe mal im Roman ›Podnjataja zelina‹ von Gladkow gelesen, wie ein ganz verrückter Sektenprediger schließlich als weißgardistischer Offizier entlarvt wurde. Vielleicht ist die Frau wirklich verrückt, aber vielleicht verbirgt sich hinter ihr außerdem irgendwelche Agentin oder bewußte Propagandistin gegen die Sowjetunion, die diese Rolle nur spielt, um sich so besser zu tarnen, um alle Menschen ansprechen zu können und den ganzen Tag unauffällig die Menschen beobachten zu können?«

Gefangen in seiner Verschwörungsparanoia, witterte Schiff sogar »antisowjetische Agitation«, als er auf einem Parkbrunnen die Bleistiftinschrift »CCCP« – die offizielle Abkürzung für die Union der Sozialistischen Sowjetrepubliken – entdeckte. Er vermeldete auch, daß Schüler gegen drei Lehrer »Anschläge organisiert« hätten. Ein geplanter »Anschlag« galt seiner Schwester, da Schüler ihren Stuhl so gestellt hätten, daß »sie sich dabei hätte totfallen können, wenn sie sich zufällig darauf gesetzt hätte«. Auch eine Mitteilung seines Bruders Peter Schiff, der 1937 in Gorki verhaftet wurde, gibt Schiff kommentiert an das NKWD weiter:

»Mein Bruder, der in Moskau auf Kommandierung war, schreibt mir am 10. 5. 1937 u.a.: ›Taubenbergers sitzen‹. Daß er (Hermann Taubenberger) sitzt, wußte ich schon lange, denn er war ja mit Wollenberg noch im Briefwechsel, als dieser schon im Ausland als Trotzkist hetzte. Und ich habe selber darüber berichtet an die Komintern und sonst. Daß Taubenbergers sitzen, ist mir neu, d.h. wohl, daß auch die Frau sitzt.«[8]

Ende Juli 1937 erhielt Hans Schiff in Moskau eine Arbeitsstelle als Redakteur für Inlandsinformation in der Moskauer *Deutschen Zentral-Zeitung*[9]. Da ein telefonisch verabredetes Treffen mit einem Mitarbeiter der Auslandsabteilung des NKWD platzte, suchte er am 11. August 1937 brieflich um einen neuen Termin an, da er »einige Mitteilungen zu ma-

---

8 Arbeitsakte »Hans«, Nr. 265 072/28 Bd. 2, Bl. 115.

9 Zu den Biographien der Chefredakteure und der Redaktionsmitglieder der DZZ vgl. Holger Dehl, Die DZZ und ihre Chefredakteure, in: Neues Leben, Nr. 16, 1996. Mehrere Chefredakteure und über vierzig Mitarbeiter der DZZ wurden 1937/38 verhaftet.

chen habe«. Er teilte dem Leiter der Auslandsabteilung des NKWD zudem mit, daß er noch mit einer anderen Abteilung des NKWD in »Verbindung« sei. Trotz seiner unermüdlichen Meldungen für das NKWD wurde Schiff in Moskau nach wenigen Wochen in der Wohnung von Walter Haenisch[10], dem Sohn des preußischen Kultusministers Konrad Haenisch und Mitarbeiter des Marx-Engels-Instituts, durch die operative Abteilung der Moskauer Gebietsverwaltung des NKWD verhaftet. In der späten Erinnerung von Gabriele Haenisch scheint die Verhaftung immer noch unerklärlich:

»Durch unsere Nachbarn erfuhren wir, daß Hans in der Nacht vom Sonnabend zum Sonntag in unserer Wohnung vom NKWD verhaftet worden war. Wir waren entsetzt. Für Hans hätten wir beide Hände ins Feuer gelegt. Walter sagte: ›Ich habe ihn doch gekannt!‹ Wir konnten uns seine Verhaftung nicht erklären. Walter kannte ihn schon aus Berlin und Hans hatte ihm die Stelle in Charkow vermittelt. Was für Dummheiten soll er begangen haben? Hans war durch seine politische Arbeit mit einer Menge von Leuten bekannt und hatte viele Freunde in Moskau. Walter sagte, von denen ist der und der verhaftet worden, vielleicht hängt es damit zusammen, daß er in irgendeine Sache mit hineingezogen wurde.«[11]

Auch der bisher so ausführlich an die Lubjanka berichtende geheime Mitarbeiter »Hans« wurde jetzt zur »trotzkistisch-terroristischen Gruppe Wollenberg« gerechnet. Für Schiffs Verhaftung holte der Leiter der Moskauer Gebietsverwaltung, Redens[12], im August die Genehmigung des Moskauer Parteisekretärs Nikita Chruschtschow ein. Dieses bürokratische Verfahren entsprach einem Beschluß des Rats der Volkskommissare und des ZK der KPdSU (B) »Über die Ordnung zur Durchführung von Verhaftungen«[13] vom 17. Juni 1935, nach dem Mitglieder der KPdSU nur nach Zustimmung des zuständigen ersten Parteisekretärs

---

10 Walter Haenisch wurde am 11. März 1938 verhaftet. Zu seiner Biographie vgl. jetzt Stammberger, Gut angekommen – Moskau.

11 Stammberger, Gut angekommen – Moskau, S. 123 f.

12 Auch der Leiter der Moskauer Gebietsverwaltung, Stanislaw Redens, wurde am 21. November 1938 verhaftet und am 21. Januar 1940 zum Tode verurteilt und erschossen. Redens wurde angeklagt, daß er »seit 1928 Agent des polnischen Geheimdienstes gewesen sei und seit Mai 1937 einer antisowjetischen Spionage-, Schädlings- und Terrororganisation angehört habe, die im NKWD handelte und von Jeschow geleitet wurde«. Vgl. NKWD-Akte Nr. 975 047.

13 Vgl. Chlewnjuk, Das Politbüro, S. 199.

verhaftet werden durften. Das auf dem Dienstweg an Chruschtschow übermittelte Schreiben wurde von ihm handschriftlich mit der Unterschrift und der Floskel »Dafür« unterzeichnet und nach der Verhaftung von Hans Schiff am 2. September wieder der Akte[14] beigefügt.

»Zur Arbeit in die zentrale deutsche Zeitung ›DZZ‹ wurde der deutsche Politemigrant Hans Albertowitsch SCHIFF, Mitglied der KPdSU (B), Bürger der UdSSR, eingestellt.

Nach den uns vorliegenden Angaben ist SCHIFF ein getarnter Trotzkist, war Mitglied der von uns liquidierten trotzkistisch-terroristischen Gruppe WOLLENBERGS.

Wir bitten die Verhaftung von SCHIFF, H. A., zu sanktionieren.

[Handschriftlich: Stellvertreter] Leiter der Verwaltung des NKWD des Moskauer Gebiets

Kommissar der Staatssicherheit (REDENS) [Unterschrift]

Leiter der 3. Abteilung der Verwaltung Staatssicherheit der Verwaltung des NKWD des Moskauer Gebiets. Hauptmann der Staatssicherheit (NASEDKIN) [Unterschrift]«

Nach seiner Verhaftung in der Nacht vom 29. auf den 30. August 1937 wurde Hans Schiff im Moskauer Butyrskaja-Gefängnis zur Person befragt und seine Angaben in dem vorgedruckten Formular »Enquete des Verhafteten« eingetragen. Bereits am 2. September 1937 verfaßte Schiff in der Gefängniszelle eine kurze handschriftliche »Eingabe« an den Volkskommissar Jeschow, in der er auf seine bisherige Tätigkeit für die »Geheime Politische Abteilung« des NKWD verwies. Seine Verhaftung versuchte er sich dadurch zu erklären, daß die 3. Abteilung der Moskauer Gebietsverwaltung des NKWD über seine Zusammenarbeit mit der zentralen »Geheimen Politischen Abteilung« nicht informiert war.

In einer völlig überfüllten Zelle im Butyrskaja-Gefängnis unter 110 Mithäftlingen wandte sich Schiff am 12. September 1937 an Stalin als letzte Rettungsinstanz. Wie auch andere NKWD-Häftlinge in Gefängnissen und im GULAG beteuerte Schiff seine Parteitreue »als ehrlicher Genosse«, der schon immer in Deutschland und in der Sowjetunion

14 NKWD-Akte 28749, Bd. 1, Bl. 5. Ähnliche Genehmigungen Chruschtschows wurden bisher auch wahrscheinlich deswegen nicht aufgefunden, da in den fünfziger Jahren im KGB-Archiv eine »Säuberung« stattfand, mit der Chruschtschow betreffende oder von ihm unterzeichnete Dokumente entfernt werden sollten. Mündliche Mitteilung von Prof. W. P. Naumow, Moskau.

einen »scharfen Kampf gegen alle Parteifeinde« geführt habe. Der obersten Beichtinstanz Stalin berichtete Schiff nicht nur über seine jahrelang verschwiegene Tätigkeit als NKWD-Zuträger in Moskau und auf der Krim, sondern daß er sogar über seinen »bürgerlichen Bruder« Meldungen an das NKWD geschickt habe. In einem Anhang ergänzt er den Brief an Stalin noch mit weiteren Hinweisen auf seine erfolgreiche Tätigkeit als NKWD-Informant. Besonders wichtig erschien ihm, daß er bereits 1933 eine »deutsche Spionin« gemeldet habe und seine 1935 abgegebene Meldung über die »Wollenberg/Taubenberger-Gruppe«, zu der auch der bereits im Januar 1937 verurteilte Karl Radek »Verbindungen« unterhalten habe. Über Radek habe er 1936 eine zweite ausführliche Meldung verfaßt.

»An den Generalsekretär ZK WKP (B)
Gen. Stalin

Teurer Genosse Stalin

Ich bitte um Ihren Schutz und Ihre Hilfe, dazu daß ich aus dem Gefängnis entlassen werde, daß ich mein Parteibillet wiederbekomme und dazu, daß ich endlich Arbeit bekomme.

I. Ich wurde am 3./VIII. 37 von der III. Abteilung der NKWD, Mosk. Oblast[15] Leutnant Orgonow verhaftet. Ich bin seit 1918 Mitglied der KPD und seit 1932 Mitglied der VKP (B). Ich erkläre ganz kategorisch, daß ich niemals irgendeiner Opposition oder Gruppierung gegen die Partei angehört habe, daß ich sowohl in Deutschland wie in der Sowjetunion immer einen scharfen Kampf gegen alle Parteifeinde geführt habe. Ich habe in den 19 Jahren nie einen Gedanken gegen die Partei oder die Sowjetunion gehegt!

1930 bin ich auf Kommandierung des ZK der KPD in die Sowjetunion zur Arbeit in der Komintern gekommen.

II. 1935 wurde ich in Charkow entlassen und bekam 4 Monate keine Arbeit, weil ich einen aktiven Kampf gegen Trotzkisten geführt habe. Und im ZK der KP (B) bekam ich kein Recht, weil dort auch Trotzkisten saßen (Aschajerijan). Von dem aktiven Kampf gegen die Volksfeinde zeugen meine Eingaben an NKWD aus dieser Zeit.

III. 1936–37 habe ich im ZIK[16] Krim gearbeitet. Ich habe in dieser Zeit ausführliche Signale (donossnja) an den Sekretär des Gebietskomitees Lawrentjew, über den Vorsitzenden des ZIK Tarchan und den Chef der Miliz Buchberg und andere geschrieben.

15 Moskauer Gebiet.

16 Zentrales Exekutivkomitee.

Dieselben Signale habe ich noch konkreter an NKWD (Krim) abgegeben. Nichts ist erfolgt. Ich wurde entlassen, und bekam 6 1/2 Monate keine Arbeit.

In der Zeit der unverschuldeten Arbeitslosigkeit habe ich mich an 37 Stellen gewandt. Ohne Erfolg! Zuletzt habe ich geschrieben:

am 19.6. an Gen. Schkirjatow[17]

am 31.6. an Gen. Dimitroff

am 2.8. an Gen. Pieck

Von allen drei Genossen habe ich keine Antwort erhalten.

IV.[18] Seit 1935 habe ich ständig für NKWD gearbeitet. In Charkow, in Simferopol und jetzt in Moskau. Ich habe im Auftrage von NKWD mit vielen Ausländern Verbindung gehabt, habe NKWD immer über meinen Briefwechsel genau informiert.

Am 29. VII. 37 wurde in Gorki mein bürgerlicher Bruder verhaftet. Ich habe selber schon 1936 über diesen eine Meldung an NKWD geschrieben.

V. Hier in Moskau war ich mit der CPO[19], der zentralen Verwaltung NKWD in Verbindung (Gen. Arsenowitsch, Tel. 52–34). Ich habe ihm viele Meldungen abgegeben und hatte bei der Verhaftung noch viel Notizen für ihn. Auch der Gen. im Zimmer 503 (Gen. Smirnow) kennt mich.

VI. Ich kann mir meine Verhaftung nur so erklären, daß der obl. NKWD nicht wußte, daß ich für die CPO der Zentrale tätig war.

Genosse Stalin, ich habe leicht 4 Jahre in Deutschland für meine Überzeugung im Gefängnis gesessen.

Genosse Stalin, es ist sehr schwer als ehrlicher Genosse hier in der Sowjetunion im Gefängnis des NKWD zu sitzen. Gen. Stalin, es ist sehr schwer, wenn meine Frau und mein kleiner Sohn denken sollen, daß ich ein ›Feind‹ sei!

Genosse Stalin! Ich bitte Sie, dafür zu sorgen, daß meine Untersuchung von CPO Zentrale NKWD geführt wird, daß ich sobald als möglich freikomme, daß ich wieder Arbeit bekomme und wieder in die Reihen unserer großen Partei unter Ihrer weisen Führung arbeiten und kämpfen kann. Ich habe leicht die Opfer der Arbeitslosigkeit

---

17 Stellvertretender Leiter der Kommission für Parteikontrolle in der KPdSU.

18 Wesentlich gekürzt wurde diese Eingabe abgedruckt in: Irina Scherbakowa, Die Denunziation im Gedächtnis und in den Archivdokumenten, in: Günter Jerouschek, Inge Marßolek, Hedwig Röckelein, Denunziation. Historische, juristische und psychologische Aspekte, Tübingen 1997, S. 168 f. Ohne Hinweis auf die vorgenommenen Kürzungen setzt der veröffentlichte Abdruck dieser Eingabe erst an dieser Stelle ein. Aus der »Verbindung mit Konterrevolutionären im Ausland« wird fälschlicherweise »Verbindung mit Konterrevolutionären im Land«. Sowohl der deutsche Text wie eine russische Übersetzung finden sich eingeheftet in der Akte Nr. 70525, Bl. 71–74a und Bl. 68–70a.

19 Geheime Politische Abteilung des NKWD.

im Kampfe gegen die Parteifeinde in Charkow und Simferopol getragen. Ich ertrage es sehr schwer, hier in einer Zelle zwischen 110 Feinden und Lumpen zu sitzen!

Bitte Genosse Stalin, helfen Sie mir und helfen Sie damit unserer Partei, einen nationalen Parteigenossen, der bis zum letzten Atemzug treu zur Partei und zu Ihnen, treuer [!, R. M.] Genosse Stalin steht, zu erhalten.

Mit komm. Gruß

Hans Schiff

Moskau/Butyrskaja Tjurma 12. 9. 1937

P.S.: Am 3. und 19. August war ich bei Gen. Judin im ZK der WKP (B) (Abtlg. Presse). Obwohl ich Gen. Judin von der Verhaftung meines bürgerlichen Bruders mündlich und schriftlich erzählte, wurde ich von ihm zur Arbeit in die Redaktion der DZZ geschickt, wo ich vom 19.–30. August arbeitete.

Zum Brief an Genossen Stalin.

1933 machte ich eine Meldung über die Leiterin des deutschen Sektors des Moskauer Spracheninstituts. 1934 wurde diese deutsche Spionin verhaftet. 1931–34 habe ich mit ehemaligen deutschen Parteimitgliedern verkehrt, die dann mehr und mehr in Opposition zur Partei kamen. 1934 (etwa April) habe ich eine ganz ausführliche Meldung über all diese Leute gemacht und über ihre Verbindung mit Konterrevolutionären im Auslande. 1936 und 1937 wurden alle diese Leute verhaftet (Taubenberger, Petermeier u. a.). Von dieser Meldung weiß z. B. der Gen. im Zimmer 503 CPO der Zentr. NKWD. Bei diesen Leuten auch u. a. Karl Radek (Radek). Als 1936 Gen. Semjonow in der Krim die ersten Mitteilungen über den Verdacht gegen Radek machte, habe ich noch mal ganz ausführlich über Radek und seine Verbindungen zu diesen Leuten geschrieben. Mein Fehler war, daß ich den konterrevolutionären Charakter dieser Leute nicht schon 1933, sondern erst 1934 erkannte. Aber ich habe doch ehrlich geholfen, vor diesen Feinden zu warnen, sobald ich selbst erkannte, daß es Feinde sind. (Die Unterlagen dafür hat Gen. Arsenowitsch, CPO, Zentrl. NKWD)

In der Krim (Simferopol) habe ich sehr intensiv mit der NKWD zusammengearbeitet. Vom NKWD hat man gesagt, daß ich geholfen habe, eine Spionageorganisation von 60 Leuten aufzudecken. (NKWD Krim hat aber selber grobe Fehler gemacht, worüber ich mich in Moskau beschwert habe.)

Moskau 12. 9. 37 Hans Schiff«

Nachdem seine beiden Eingaben an Jeschow und Stalin keinerlei Änderung der Haftsituation bewirkten, versuchte Schiff eine umfassende Eingabe an den Staatsanwalt Wyschinski zu richten. Da ihm aber weder ausreichend Papier noch die Möglichkeit gegeben wurde, ein »vertrauliches Gesuch« an Wyschinski außerhalb der Zelle zu verfassen, brachte er am 12. Oktober 1937 auf einem kleinen Zettel seine Beschwerde an

Wyschinski zu Papier. Eine ausführliche Beschwerde an Wyschinski kam offensichtlich nicht mehr zustande. Schiff wurde im Butyrskaja-Gefängnis vom Oberleutnant der Hauptverwaltung Staatssicherheit des NKWD, Buraschnikow, verhört. Wie vielen Verhören Schiff unterworfen wurde, läßt sich nicht feststellen, da die Untersuchungsführer in der Regel erst Notizen anfertigten, um daraus dann »Paradeprotokolle« zu erstellen, die der Häftling unter Anwendung von Folter zu unterzeichnen hatte.

Ohne die Folter zu erwähnen, wurde die übliche Verhörpraxis in den »Untersuchungsverfahren« in einem späteren Beschluß des Rats der Volkskommissare und des ZK der KPdSU (B) kritisiert:

»Häufig wird der Häftling nach seiner Verhaftung einen Monat lang und manchmal noch länger nicht einvernommen. Bei den Verhören der Gefangenen werden nicht immer Verhörprotokolle geführt. Häufig kommt es vor, daß der Untersuchungsbeamte die Aussage des Häftlings in Notizen festhält und daß dann nach geraumer Zeit (nach zehn Tagen, nach einem Monat oder sogar nach einer noch längeren Frist) ein allgemeines Protokoll erstellt wird, wobei die Anforderungen von Artikel 138 der Strafprozeßordnung über die – falls möglich – wortgetreue Niederschrift der Aussage des Verhafteten in keiner Weise erfüllt werden. Sehr häufig wird erst dann ein Verhörprotokoll erstellt, wenn der Häftling die von ihm verübten Verbrechen gesteht.«[20]

Sowohl den Opfern, aber auch den Tätern in den unteren Rängen des NKWD, den Untersuchungsführern der 3. Abteilung, wie der Spitze des Volkskommissariats war die durch Folter erzwungene Fabrikation der »Geständnisse« und »Protokolle« bekannt. Dies wird auch in einem ausführlichen Brief des inzwischen selbst verhafteten stellvertretenden Volkskommissars Frinowski[21] vom 19. April 1939 an Berija deutlich:

»Die Prügelkommandos bestanden aus technischen Mitarbeitern. Diese Personen waren mit den Untersuchungsmaterialien nicht vertraut, sondern sie wurden ins Lefortowo-Gefängnis geschickt, holten die Gefangenen herbei und begannen mit den Verprügelungen. Die Verprügelung wurde so lange fortgesetzt, bis sich der Untersu-

---

20 Abgedr. in: Dokumentationsarchiv des österreichischen Widerstandes (Hg.), McLoughlin/Schafranek, Österreicher im Exil, S. 296f.

21 Michail P. Frinowski, geb. 1898, seit 1936 stellvertretender Volkskommissar im NKWD und Leiter der Hauptverwaltung der Staatssicherheit, verhaftet am 6. April 1939 und am 4. Februar 1940 erschossen.

chungsgefangene bereit erklärte, auszusagen. Das weitere Verfahren der Untersuchung bestand darin, daß der Untersuchungsführer die Vernehmung durchführte und statt eines Protokolls Notizen verfaßte. Nach einigen solchen Vernehmungen verfaßte der Untersuchungsführer die Rohvariante des Protokolls, die zur Korrektur dem zuständigen Abteilungsleiter übergeben wurde und von dem wurde es zur Durchsicht an den ehemaligen Volkskommissar Jeschow und in seltenen Fällen an mich weitergereicht. Jeschow sah die Protokolle durch, trug Abänderungen und Ergänzungen ein. In der Mehrheit der Fälle stimmten die Häftlinge den überarbeiteten Protokollen nicht zu und erklärten, daß sie dies während der Untersuchung nicht ausgesagt hätten und sie erkannten auch ihre Unterschrift nicht an. Dann erinnerten die Untersuchungsführer den Untersuchungsgefangenen an das Prügelkommando und der Untersuchungsgefangene[22] unterschrieb das Protokoll [...]. Während der Anwendung solcher Untersuchungsmethoden wurden ihnen [den Häftlingen, R. M.] die Namen diktiert. Meines Erachtens sage ich die Wahrheit, wenn ich erkläre, daß die Aussagen häufig nicht von den Untersuchungsgefangenen, sondern von den Untersuchungsführern gemacht wurden. Wußte die Führung des Volkskommissariats, d.h. Jeschow und ich, davon? Ja, sie wußte es. Wie reagierten wir? Häufig gab es gar keine Reaktion und Jeschow förderte all dies sogar. Niemand behandelte die Frage der physischen Einwirkung. Es gab Verleumdungen, falsche Aussagen wurden aufgezeichnet, die von den Untersuchungsführern verleumdeten, schuldlosen Personen wurden verhaftet und erschossen.«[23]

Während der Verhöre im Butyrskaja-Gefängnis war Hans Schiff Erpressung und Folter ausgesetzt, um von ihm Aussagen und die Namen der Mittäter der »konterrevolutionären, trotzkistischen Organisation« zu erhalten. Folter gehörte nicht erst seit 1937, wie Stalin 1939 öffentlich erklärte, zum Alltag in den Gefängnissen des NKWD. Die Anwendung von Stehfolter und exzessiven Prügel schilderten viele Opfer in ihren Eingaben an Stalin, Jeschow, Berija u.a. Bei der Beschreibung der Torturen[24] zur Geständniserpressung, die von den Untersuchungsführern und von den NKWD-Prügelkommandos angewandt wurden, verwen-

---

22 Diese Arbeitsteilung zwischen Prügelkommandos und »verständnisvollen« NKWD-Untersuchungsführern wurde auch in Arthur Koestlers »Sonnenfinsternis« und in Alexander Weissberg-Cybulskis Autobiographie »Hexensabbat« geschildert.

23 Zit. in: Protest (v) porjadke nadzora. In: Izvestija CK KPSS, 1989, H. 1, S. 118.

24 Zur Folterpraxis vgl. auch Beck/Godin, Russian Purge; Leites/Bernaut, Ritual of Liquidation.

deten die Häftlinge in ihren Eingaben[25] in der Regel nur die offiziell ausgegebenen Abbreviaturen »physischer Druck«[26] und »physische Methoden«, die zur Erpressung ihrer Unterschrift unter die »Verhör-Protokolle« und zur eigenhändigen Abfassung von »Geständnissen« geführt hätten. Auch Hans Schiff deutete in seiner »Beschwerde«, die er am 2. Dezember 1937 an Jeschow richtete, diese Folter und Erpressungsmethoden nur vorsichtig umschreibend an: »Am 20. November 1937 hat mich der Oberleutnant d. St.[27] Baraschnikow (st. ltnt. GUGB[28]) überredet und genötigt ein Protokoll zu unterschreiben, das nicht mit meinen Worten niedergeschrieben wurde.« Schiff weist dann Jeschow darauf hin, daß er wiederholt »Meldungen über Zusammenhänge mit Wollenberg und seinen Freunden« direkt an das NKWD geliefert habe, und erklärt weiter:

»Ich habe nie in meinem Leben in Opposition oder einer Gruppierung gegen die KPD oder gegen die Komintern oder gegen die WKP (B) angehört. Ich habe in 14 Jahren Parteiarbeit gegen Feinde der Partei einen unermüdlichen und schweren Kampf geführt, wofür ich Dutzende dokumentarisch belegte[r] Beispiele anführen kann. Im Kampf gegen die Feinde der Partei bin ich freiwillig und aus Überzeugung zum ständigen vertraulichen Mitarbeiter der NKWD geworden.«[29]

Die Verhörprotokolle, die Schiff unterzeichnet hatte, entsprachen dem üblichen Muster, nach dem sie in den NKWD-Verhören als »Protokolle« verfertigt wurden. Zum einen hatte der Verhaftete – meist schon beim ersten Verhör – alle Personen aus seinem Bekannten- und Freundeskreis und alle Personen im Umfeld seines Arbeitsplatzes aufzuführen. Auf die »Frage« des Oberleutnants Baraschnikow: »Nennen Sie mir alle Personen, die mit Wollenberg, Taubenberger u.a. Teilnehmern der konterrevolutionären trotzkistischen Organisation verbunden sind« wurde dann ins handschriftlich, in russischer Sprache verfaßte »Protokoll« folgende Antwort aufgenommen:

---

25 Vgl. die Texte in: Müller, »Schrecken ohne Ende«.

26 Vgl. Weissberg-Cybulski, Hexensabbat, S. 320.

27 Das ist die Staatssicherheit.

28 Oberleutnant der Staatssicherheit.

29 Archiv der Moskauer Gebietsverwaltung des NKWD, Nr. 70525, Bl. 109–110a; Handschrift, Tinte, russische Abschrift Bl. 111–113. Schreibweise folgt der deutschen Eingabe.

»Mir sind folgende Teilnehmer der trotzkistischen Organisation bekannt, die mit Wollenberg verbunden waren: Karl Radek, Max Levin, Alberto Zenari, Peter Holm (alias Kaufmann) Rudolf Margies, Ernst Künter[30], Petermeier, Werner Budich[31], Weibel[32], ein Aufseher im Gefängnis Sokolniki und seine Frau (an seinen Namen erinnere ich mich nicht), Sepp Schwab und seine Frau (aus der Komintern), Grewe[33] (arbeitet in der Redaktion der DZZ), Tacke-Albert (arbeitete 1933 oder 1934 in der Verlagsgenossenschaft ausländischer Arbeiter in der UdSSR), Wolf-Rakow, Theo Malkmus, Karl Schmidt, Richard Rotter (wo er sich befindet, ist mir unbekannt). An die Namen anderer Personen, die mit Wollenberg verbunden waren, kann ich mich nicht erinnern.«

Unter den mit Taubenberger »verbundenen« Personen führt das »Protokoll« u.a. auf:

»ein Ingenieur aus Kolomna und seine Frau, Chemieingenieur Rutt und seine Frau, der Bruder Taubenbergers und ein Freund des Bruders (an den Namen erinnere ich mich nicht, er befindet sich in Deutschland), Karl Mayer und seine Frau Lisa, der Komintern-Mitarbeiter Ernst Held und seine Frau Nelly, der Meister in der Uhrenfabrik Winzenried [...] Wituchnowski, ein Bürger aus dem Rundfunkzentrum (an den Namen erinnere ich mich nicht), Kostja (arbeitete im Sokolniki-Gefängnis als Kapellmeister und wohnte in der Wohnung Taubenbergers), Professor Siebenblüm (verhaftet), Ingenieur Bauer (1. Koptelski Gasse, H. 9), Albert Kunz (Mitarbeiter der Komintern), Leo Flieg (Mitarbeiter der Komintern), Alois Lindner (wohnt in Moskau, Politemigrant) [...]. Hermann Remmele, seine Frau und Sohn, Max Levien, Peter Schiff (mein Bruder), Edmund Schiff (mein Bruder), Franz Berger (Mitarbeiter der Komintern), Heinz Schreiber (alias Altmann). Die letzten vier der von mir genannten Personen brachten Taubenberger mit mir zusammen. Sofern mir bekannt ist, hatten auch die folgenden Personen Verbindung mit Taubenberger, obwohl ich sie nicht sah: Wagner (alias Steffen), Karl Appel.«

Auf die nächste Frage: »Was ist Ihnen vom Aufenthaltsort oder von der Arbeitsstelle der von Ihnen genannten Personen bekannt?« wurde im Protokoll folgende »Antwort« festgehalten:

»Mir ist das Folgende bekannt: Max Levien, Alberto Zenari, Rudolf Margies, Peter Holm (Kaufmann), Ernst Günther, Petermayer, Werner Budich, Rudolf Podubecky

---

30 Das ist Ernst Günther.

31 Das ist Willi Budich.

32 Das ist Toni Waibel.

33 Das ist Richard Grewe, wurde am 14. November verhaftet und am 25. Dezember 1937 »als aktiver Teilnehmer der antisowjetischen trotzkistischen Sabtoage- und Terroristenorganisation, die in Moskau und Leningrad existierte und mit Sinowjew und Jewdokimow in Verbindung stand«, zum Tode verurteilt und erschossen.

(alias Franz Riedel), Wolff-Rakow, Erich Müller, Rosenblüm, Siebenhaar, Berger, Heinz Schreiber (alias Altmann), Peter Schiff, Wagner (alias Steffen), Singvogel sind gerüchteweise verhaftet.

Sepp Schwab und seine Frau Fiete wohnen im Hotel ›Lux‹, er arbeitete in der letzten Zeit als Leiter der deutschen Sektion des Auslandsrundfunks des Zentralrats der Sowjetgewerkschaften, Grewe arbeitete als Leiter des Landwirtschaftsreferats in der Redaktion der Deutschen Zentral-Zeitung und als Parteigruppenorganisator.«

Danach wurden im Protokoll die genauen Adressen von Karl Schmidt, Nelly und Ernst Held, von Winzenried u. a. verzeichnet, um dann erneut wieder jene Personen aufzuführen, die Schiff angeblich in der Wohnung Taubenbergers während der »konterrevolutionären Treffen und bei der Organisation des Abends vom 5. März 1933« registriert habe.

Der operative Beauftragte der 1. Abteilung des III. Referats führte das Verhör und zwang Hans Schiff noch zur Unterzeichnung der Abschlußformel, mit der das Opfer die vollständige Akzeptanz des fabrizierten Protokolls zu bestätigen hatte: »Das Protokoll wurde nach meinen Worten aufgeschrieben und von mir gelesen.« Um den »Protokollen« den Anschein von Rechtmäßigkeit und Unumstößlichkeit zu verleihen, hatte der Verhörte jede Seite mit seiner Unterschrift abzuzeichnen. Hans Schiff unterschrieb die »Protokolle« jeweils in deutsch und russisch.

Das zweite, nur handschriftlich aufgezeichnete »Protokoll« des Verhörs am 25. November 1937 bricht bereits nach eineinhalb Seiten ab. Das als Frage-Antwort-Dialog aufgezeichnete »Protokoll« sollte zu einer verbesserten Erfassung der Personen ausgebaut werden. Das wiederum nur handschriftlich aufgezeichnete »Protokoll« beginnt:

Frage: Nennen Sie alle mit Wollenberg, Taubenberger und anderen Teilnehmern der konterrevolutionären trotzkistischen Organisation verbundenen Personen.
Antwort: Mir sind folgende Personen bekannt, die mit Wollenberg, Taubenberger und anderen Teilnehmern der trotzkistischen Organisation verbunden waren:

1. Mit Wollenberg waren verbunden: Karl Radek, wobei sie einander sehr schätzten, Wollenberg lud Radek mehrmals zu seinen Abenden ein und besuchte ihn zu Hause und in der Arbeit und sprach mit ihm öfters telephonisch.

2. Albrecht[34] – war stellv. Leiter der Forstwirtschaft des Obersten Volkswirtschaftsrats, saß im Gefängnis Sokolniki 1931 oder 1932 (genau erinnere ich mich

---

34 Vgl. Karl Albrecht, Der verratene Sozialismus. Zehn Jahre als hoher Staatsbeamter in der Sowjetunion, Leipzig/Berlin 1941; vgl. zur Biographie RGASPI, f. 495, op. 205, d. 8616.

daran nicht) und später wurde er aus der UdSSR ausgewiesen, war mit Wollenberg und Taubenberger gut bekannt, wobei auch der letztere ihn auch im Gefängnis besuchte.

3. Professor Max Levien – war seit 1919 eng verbunden (während der Bayerischen Räterepublik) sowie bis 1934, sie besuchten einander. Max Levien und seine Frau besuchten mehrmals die Wohnung Taubenbergers. Wohnt: Neopalimowski Gasse [...]

4. Max Hölz war der engste Bekannte Wollenbergs. Sie nutzten mehrmalige gemeinsame Reisen durch die UdSSR zu Besuchen von gemeinsamen Bekannten aus wie: Arzt in einer kleinen Ambulanz (an den Namen erinnere ich mich nicht), Hölz war Mitarbeiter der Komintern 1933–1934. Max Hölz starb 1935[35].

Hans Schiff

Wenige Tage nach diesem Verhör wurde im Eilverfahren eine Anklageschrift zusammengestellt, die von drei Mitarbeitern der Staatssicherheit der Moskauer Gebietsverwaltung des NKWD in hierarchischer Stufenfolge abgezeichnet wurde. Der Text der NKWD-Anklageschrift erwähnt eingangs als Verdachtsmomente sowohl Schiffs »Karriere« im Ersten Weltkrieg als »Offizier der Luftstreitkräfte« und auch die Verhaftung seines Bruders. Dann greift die Anklageschrift wieder auf das Treffen in der Wohnung Taubenbergers am 5. März 1993 zurück, und Schiff wird als Teilnehmer der bereits liquidierten »konterrevolutionären trotzkistischen Terrororganisation« bezeichnet, die von Wollenberg geschaffen wurde. Nicht nur die Kritik an der Führung der KPD sei besprochen worden, sondern auch »Terrormaßnahmen« gegen die Führer der KPdSU (B) und der Komintern. Der Vorwurf des »Doppelzünglers« wird mit dem »Tatbestand« verknüpft, daß Schiff auch mit Radek »persönlich verbunden« war. Dies hatte Schiff nicht zuletzt in ausführlichen Meldungen über Radek an das NKWD selbst berichtet. Abschließend werden als »Beweise« die erfolterten »Geständnisse« Taubenbergers, Beckers und Siebenhaars angeführt, alle drei »Mittäter« waren bereits zum Tode verurteilt und erschossen worden. Ihre »Geständnisse« waren nicht mehr revidierbar.

Die Anklageschrift gegen Hans Schiff wurde zur Bestätigung an den stellvertretenden Leiter der Moskauer Gebietsverwaltung des NKWD, Jakubowitsch[36], weitergeleitet, der sie wiederum an die »Sonderbera-

35 recte 1933.

36 Grigori M. Jakubowitsch, geb. 1903 in Jaroslawl, ehemaliger stellv. Leiter der Moskauer Gebietsverwaltung des NKWD der UdSSR, dann Gehilfe des Leiters

tung« des NKWD richtete. Von der »Sonderberatung« des NKWD wurde Hans Schiff »in absentia« und »in camera« innerhalb weniger Minuten zum Tode verurteilt.

»ANKLAGESCHRIFT
/in der Untersuchungssache Nr. 6831/
in der Anklage gegen: SCHIFF Hans Ludwigowitsch
nach Art. 58, 6 des StGB der RSFSR

Durch die 3. Abteilung der Verwaltung der Staatssicherheit der Moskauer Gebietsverwaltung des NKWD wurde SCHIFF Hans Ludwigowitsch verhaftet.

Durch die in dem Fall durchgeführte Untersuchung wurde festgestellt, daß SCHIFF Hans Ludwigowitsch, geb. 1896 in der Stadt Karzrugel[37] (Deutschland), Deutscher, Staatsbürger der UdSSR, 1914–1918 in der deutschen Armee als Luftstreitkräfteoffizier diente, sein Bruder Peter Schiff wurde 1937 in Gorki verhaftet.

SCHIFF wurde durch die Materialien der Untersuchung in dem Fall der 1936–1937 in Moskau liquidierten k.-r.[38] trotzkistischen Terrororganisation, die von einem der Führer des Prager trotzkistischen Terrorzentrums WOLLENBERG (flüchtete ins Ausland) geschaffen wurde, als Teilnehmer der trotzkistischen terroristischen Organisation WOLLENBERGS entlarvt. Besuchte illegale trotzkistische Zusammenkünfte in der Wohnung des Trotzkisten Taubenbergers (verurteilt). Während der Treffen der Trotzkisten kritisierte er scharf die Tätigkeit und die Führung der KPD, der KPdSU (B) und der Komintern und besprach Terrormaßnahmen gegen die Führer der KPdSU (B) und der Komintern.

---

des NKWD der Region Ferner Osten, wurde am 19. September 1938 verhaftet und am 25. Februar 1939 vom MKOG zum Tod verurteilt. Er wurde nun mit der von ihm selbst durchgeführten Verfolgungsmethode durch erfolterte »Geständnisse« beschuldigt, in der Moskauer Gebietsverwaltung des NKWD zusammen mit mehreren anderen NKWD-Mitarbeitern eine »trotzkistische Organisation« gebildet zu haben. Das subversive Ziel dieser »Organisation«, zu der auch der Leiter der 3. Abteilung, Sorokin, gerechnet wurde, bestand angeblich darin, »aktive Trotzkisten und Teilnehmer anderer antisowjetischer Formationen« vor der Verhaftung bewahrt zu haben. Nach zwei Verhören konstruierte Jakubowitsch eine weit in die zwanziger Jahre zurückreichende »trotzkistische Verschwörung« in der GPU. NKWD-Akte Nr. 13763.

37 Das ist Karlsruhe.

38 In der NKWD- und GULAG-Sprache übliche Abkürzung für »konterrevolutionär«.

Als Teilnehmer der Terrororganisation und guter Freund[39] der Terroristen Wollenberg und Taubenberger und gleichzeitiges Mitglied der KPdSU (B) verhielt sich Schiff doppelzünglerisch bei der Behandlung der Frage der trotzkistischen Tätigkeit Wollenbergs und Taubenbergers durch die IKK der Komintern, indem er ihre und seine k.-r. Tätigkeit verdeckte und sie verteidigte.

War mit dem verurteilten Volksfeind Radek persönlich verbunden, den er in der Wohnung Wollenbergs und Taubenbergers traf.

Auf Grund des Obigen wird angeklagt:

SCHIFF Hans Ludwigowitsch, geb. 1896 in der Stadt Karzrugel (Deutschland), Deutscher, Staatsbürger der UdSSR, kam in die UdSSR 1930, Mitglied der KPdSU (B)seit 1932, vor der Verhaftung stellv. Leiter des Referats für innerdeutsche Information,

daß er Teilnehmer der trotzkistischen terroristischen Organisation WOLLENBERGS und Taubenbergers ist, d.h. wegen eines durch den Art. 58 P. 6 des StGB der RSFSR vorgesehenen Verbrechens.

Hat sich für schuldig erklärt und wird durch die Aussagen Teilnehmer der trotzkistischen terroristischen Organisation Taubenberger, Becker A. und Siebenhaar K. entlarvt.

Auf Grund des Obigen und unter der Anwendung des Befehls des NKWD der UdSSR Nr. 00439 ist der Untersuchungsfall in der Anklage gegen SCHIFF Hans Ludwigowitsch an die entsprechenden Gerichtsinstanzen zur Behandlung zu richten.«

Als »Begründung« für die Todesstrafe konnte die NKWD-Sonderberatung, die jeweils als »Troika« im Schnellverfahren und in Abwesenheit des Häftlings ihre Beschlüsse faßte, auch auf den NKWD-Befehl Nr. 00439 zurückgreifen. Wie auch die Anklageschrift gegen Hans Schiff zeigt, wurde der NKWD-Befehl Nr. 00439 keineswegs nur gegen Deutsche, die in Rüstungsbetrieben arbeiteten, angewandt. Exterministisch wurde er als »nationale Operation«[40] auch gegen Politemigranten mit russischer Staatsbürgerschaft und gegen »sowjetische Staatsbürger mit deutscher Nationalität« ausgedehnt.

---

39 Dem NKWD-Untersuchungsführer scheint nicht aufgefallen zu sein, daß Schiff diese »Terrororganisation« im Februar 1935 bei der Komintern und damit beim NKWD selbst angezeigt hatte.

40 Zu den »nationalen Operationen« vgl. Pohl, Ethnic cleansing in the USSR; Martin, The Origins of the Soviet Ethnic Cleansing.

Das Todesurteil gegen Hans Schiff wurde im vorgedruckten Formular der NKWD-Sonderberatung mit den zwei Spalten »Gehört« und »Beschlossen« fixiert. Am 8. Dezember 1937 wurde Hans Schiff am Rande Moskaus, im Vorort Butowo, auf einem NKWD-Schießplatz erschossen. Hier wurden inzwischen die Überreste von 20765 Menschen[41] gefunden, die im Zeitraum vom 8. August 1937 bis zum 19. Oktober 1937 erschossen wurden. Ihre Todesurteile wurden vom NKWD in Erschießungslisten festgehalten. Zusammen mit Hans Schiff wurden am 8. Dezember 1937 in Butowo 473 Menschen hingerichtet.

Der Homosexuelle: Peter Holm

Am 27. Oktober 1935 verhaftete die operative Abteilung des NKWD den bereits durch Denunziation beim NKWD vermeldeten Peter Holm[42] aufgrund einer weiteren Denunziation, die von sowjetischen Matrosen ausging.

Peter Holm[43] wurde am 10. April 1899 unter dem Namen Georg Kaufmann in Stettin geboren, besuchte dort das Gymnasium und wurde als militärpflichtiger Kanonier an der Westfront 1918 verwundet. Sein Universitätsstudium brach er 1923 ab und ging als Schauspieler 1924 an Piscators »Volksbühne« in Berlin. Mit der Agitprop-Truppe »Gruppe Junger Schauspieler« reiste er 1930 in die Sowjetunion, 1931 wurde er Mitglied der KPD und trat dem »Kampfbund gegen den Faschismus«, einer der »Massenorganisationen« der KPD, bei. Im Juli 1931 kam er mit der »Piscator-Gruppe« erneut in die UdSSR. Hier arbeitete er auf Einladung des Filmregisseurs Poduwkin als Schauspieler bei

41 Vgl. Butovskij poligon. 1937–1938; Martirolog rasstreljanych i zachoronennych na poligone NKVD »objekt Butovo«. Moskau 1997. Hier ist auf Seite 336 zu Hans Schiff eingetragen: »1896, geb. in Deutschland, Karzrugel, ersch. 8. 12. 1937« (Karzrugel, d. i. Karlsruhe).

42 Georg Kaufmann trug seit 1928 den Künstlernamen Peter Holm und wurde auch in NKWD-Verhören und Komintern-Dokumenten so bezeichnet.

43 Vgl. RGASPI, f. 495, op. 205, d. 4714, Bl. 1–2b.

Meshrabpom-Film, u.a. in den Filmen »Der Aufstand der Fischer«[44] und »Inventia«, wie auch als Sprecher im Radiosender der Komintern.

Peter Holm
(RGASPI)

Die Anzeige gegen Peter Holm ging von einer Gruppe von Matrosen aus, die ihn bezichtigten, daß er sie bei Besuchen in ihrem Wohnheim »Marinja Roscha« zur Homosexualität »verführt« habe. Homosexualität konnte in der Sowjetunion seit dem 7. März 1934 durch das »Gesetz über die strafrechtliche Verantwortung bei Päderastie« mit Freiheitsstrafen bis zu fünf Jahren bestraft werden. Auch dieses Gesetz, das bis Ende 1993 in Kraft blieb, wurde am 13. Dezember 1933 als Entwurf vom GPU-Chef Jagoda erst Stalin[45] vorgelegt. Verbunden wurde dies mit einer Meldung Jagodas, daß in Moskau und Leningrad 130 Personen verhaftet wurden, die in ihren Salons Rotarmisten und Knaben »verführt« hätten.

In der westlichen Emigration wurde das neue Gesetz zur Homosexuellenverfolgung nicht nur von Magnus Hirschfeld als »Sexualreaktion« qualifiziert. Als »Präsident der Weltliga für Sexualreform« korrespondierte Hirschfeld[46] aus Paris mit Erich Wollenberg in der Prager Pension »Arosa« und schrieb, daß er die Zeitungsmeldungen »unglaublich« fand, weil er es »einfach nicht glauben« wollte. Wollenbergs Schil-

44 Nach der Novelle von Anna Seghers, Der Aufstand der Fischer von St. Barbara.

45 Als Dokumente abgedr. in: »Primerno nakazat' etich merzavcev«. Istočnik, 1993, H. 5–6, S. 164–165. Kaganowitsch und Molotow wurde dieser Gesetzentwurf ebenfalls zur Kenntnisnahme vorgelegt.

46 Brief Hirschfeld an Wollenberg, 24. September 1934. CCHIDK, Moskau, f. 1199, op. 1, d. 4, unpag.

derungen waren für Hirschfeld »furchtbarer als die Sachen, die man aus Deutschland erfährt«. Für Kurt Hiller, der das 1936 erlassene Gesetz über das Verbot des Schwangerschaftsabbruchs als »parallelen Rückruck« bezeichnete, verdeutlichte die strafrechtliche Verfolgung der Homosexuellen in der Sowjetunion[47] den »allgemeinen dumpfen Zug ins Ehemalige«. In einem Artikel für die Zeitschrift *Sozialistische Warte* verwies Hiller auf einen Ausspruch, der Maxim Gorki zugesprochen wurde: »Vernichtet die Homosexuellen und ihr vernichtet den Faschismus.« Die »westlichen Verteidiger« der Sowjetunion würden zudem kolportieren, daß dies Gesetz erlassen wurde, da sich »in der Roten Armee Liebesbünde gebildet hätten, die Herde politischer Opposition seien«.[48]

Nach seiner Verhaftung am 27. Oktober 1935 sollte der wegen seiner Homosexualität angezeigte Peter Holm[49] jedoch in den NKWD-Verhören sofort zum »Spion« gemacht werden. Eine konstruierte Beschuldigung[50], die Holm jedoch 1935/36 immer wieder zurückwies. So sagte er am 2. Februar 1936 laut »Verhörprotokoll« aus:

> »Ich war nie ein Spion. Ich war und bleibe ein überzeugter Gegner des Faschismus, was ich genügend durch meine Auftritte auf den Kundgebungen in Berlin und in der UdSSR bestätigte, auch durch meine Arbeit als Sprecher des internationalen Rundfunks. Ich habe mir im Verlauf der Untersuchung klargemacht, daß ich ein sehr schlechter Kommunist war. Das fand seinen Ausdruck darin, daß ich in der UdSSR Homosexueller war und sogar nach Verabschiedung des Gesetzes, das dieses Delikt strafbar machte, habe ich nicht gleich mit meinem verbrecherischen Verhalten gebrochen, sowie darin, daß ich mich fälschlicherweise als ehemaliger Seemann ausgegeben und mit den Seeleuten getrunken habe.«[51]

Ähnlich wie bei Peter Holm wurde auch in den NKWD-Verfahren gegen Anatol Andrejew die kriminalisierte Homosexualität mit anderen »Vor-

---

47 Vgl. auch Mogutin, Gay in the Gulag; Ivnev, Life before article 154; Engelstein, Soviet Policy Toward Male Homosexuality; Essig, Queer in Russia.

48 Kurt Hiller: Rückschritte in der Sowjetunion, in: Sozialistische Warte, 1936, S. 328.

49 Die Anzeige ist als »Agenturmaterial«, d. h. Spitzelbericht, nicht zugänglich. Sie wurde in der NKWD-Akte als »Agentur-Akte diversanty« bezeichnet.

50 NKWD-Akte Nr. 67895.

51 NKWD-Akte Nr. R-46582.

würfen« verknüpft. Anatol Andrejew, 1914 in Charbin geboren, wurde 1934 wegen »konterrevolutionärer-faschistischer Agitation« und angeblicher Verbreitung des Abzeichens der »Hitler-Jugend« zu drei Jahren Verbannung verurteilt. Noch in der Verbannung bezichtigte er sich 1936 selbst in einer »Eingabe«, daß er zu einer Moskauer Gruppe Jugendlicher gehört habe, in der die Bibel gelesen wurde und die »trotzkistisch-terroristisch« eingestellt war. In Verhören der NKWD-Verwaltung des Moskauer Gebiets wurde er im Oktober 1936 gezwungen, über seine Bekanntschaft als Siebzehnjähriger mit Erich Wollenberg, dem er »treu ergeben« war, seine Beziehungen zu Max Hoelz und Erich Tacke, der inzwischen wegen »Spionage« und Homosexualität verurteilt worden war, zu berichten. Da er 1931 illegal die Grenze nach China überschritten hatte, in Charbin Kontakt zum deutschen Konsulat aufnahm und mit einem deutschen Paß nach Hamburg reiste, wo er dem Kommunistischen Jugendverband beitrat, konnte er 1936 in den Verhören gezwungen werden, auch über seine homosexuelle Freundschaft zu Erich Wollenberg, Peter Holm und Erich Tacke zumindest in Andeutungen auszusagen. Andrejew wurde am 4. Juli 1937 zum Tod verurteilt.

Nach der Verhaftung zahlreicher Schauspieler aus der »Kolonne Links« verfaßte Gustav von Wangenheim als »Leiter« der Schauspielergruppe Berichte für die »Sekret-Abteilung« von Meshrabpom-Film und einen fünfseitigen, maschinenschriftlichen Bericht für die Kaderabteilung der Komintern, in dem er über Konstantin Alin, Ernst Mansfeld, Walter Rauschenbach, Missja Bensch und Carola Neher ausführliche Mitteilungen machte, die im April 1936 an das NKWD weitergegeben wurden. Über Peter Holm schrieb er:

»Da schon vorher Peter Holm, Schauspieler in meiner Gruppe, verhaftet worden war, erschien es mir nötig, allen Gerüchten auf den Grund zu gehen, und unnötige Nervositäten zu liquidieren. Holms Homosexualität war allen bekannt. Man kombinierte daraus den Grund seiner Verhaftung. Auch von früheren Beziehungen zu dem alten Trotzkisten Wollenberg wurde gesprochen. Da ihn aber die meisten schon lange aus Berlin kannten, wollten sie weniger an konterrevolutionäre als an homosexuelle Verfehlungen glauben. Später kam dann das Gerücht, daß er bereits erschossen sei. Ich selbst hatte das schon vorher von seinem Produktionsleiter bei Meshrabpom-Film Kantorowitsch erfahren, der es von dem früheren Meshrabpom-Film-Direktor, heutigen Leiter von Mos-Film, Babitzki zu wissen angab.
Die Nervositäten waren verständlicherweise nicht allzu leicht zu liquidieren, obwohl

bei der Diszipliniertheit der meisten der Hinweis darauf, daß unsere Sache ja in guter Hut sei, seine Wirkung hatte.«[52]

Eine Sonderberatung des NKWD verurteilte Peter Holm, dem am 20. April 1936 noch die sowjetische Staatsbürgerschaft erteilt worden war, am 14. Mai 1936 als »Schwindler und Päderast« anfangs nur zur Verbannung. Das Urteil wurde aber dann am 4. September 1936 zu fünf Jahren Haft im »Besserungsarbeitslager« (ITL), d.h. zu GULAG-Haft, umgewandelt.

In der nächtlichen, geschlossenen Parteiversammlung der deutschen Schriftsteller verbreitete sich Gustav von Wangenheim am 8. September 1936 über den »Fall Peter Holm« öffentlich und wurde zugleich von dem KPD-Funktionär Heinrich Meyer[53] (d. i. Gen. Most) zur eigenen »Wachsamkeit« vernommen:

»Gen. Wangenheim:
[…] Ich kenne ihn aus Berlin, als untergeordneten Schauspieler. Ich weiß nicht, ob ich den Fall weiter auszubreiten brauche. Es sind Dinge, die bekannt sind.
Gen. Most:
Nein, sprich nur über dein Verhalten, deine Schlußfolgerungen in Bezug auf die Wachsamkeit, über dein parteimäßiges Verhalten.
Gen. Wangenheim:
Ich habe ihn für einen Trottel gehalten, für einen Menschen, der immer als hundertfünfzigprozentig Überzeugter sprach. Ich wußte um seine homosexuelle Veranlagung, wußte, daß er körperlich schwer krank war. Wir haben ihn alle für einen Rezitator gehalten. Er war immer etwas komisch. Ich muß sagen, daß ich künftig keinen Menschen mehr als nur komisch betrachten werde, daß sich vielleicht hinter der Maske der Trottelhaftigkeit sehr viel verbirgt. Ich habe seine Tschistka[54] erlebt, wo er keinen guten Eindruck machte, aber wieder einhundertfünfzigprozentig sprach. Ich weiß, daß er verhaftet ist, aber weiter weiß ich nichts. Was hat er ausgefressen? Ist er wegen Homosexualität verhaftet worden? Es ist richtig, wenn er des-

---

52 RGASPI, f. 495, op. 205, d. 39, Bl. 9.

53 Heinrich Meyer wurde am 3. August 1937 verhaftet und am 3. September 1939 zum Tode verurteilt und in Butowo erschossen. Heinrich Meyer wurde in der NKWD-Anklageschrift beschuldigt, daß er aus der Haft in Deutschland als »Agent der deutschen Geheimpolizei« entlassen wurde, in Moskau den Anschluß der »KPD-Sektierer-Gruppe« an den »Antikomintern-Block« betrieb und den Zusammenschluß der »Trotzkisten« mit den »Rechten« fördere. NKWD-Akte Nr. 11622. Vgl. zur Biographie RGASPI, f. 495, op. 205, d. 539.

54 Parteireinigung.

wegen verhaftet worden ist. Russische Genossen erzählten mir, daß er erschossen worden ist. Ich will damit folgendes sagen, wie schwer die Dinge sind. Vor drei Tagen bekam ich einen Brief von ihm, natürlich bekomme ich keinen Brief von ihm persönlich, sondern durch NKWD: Er will seinen Anzug wiederhaben.
Gen. Most:
Also kein Kassiber?
Gen. Wangenheim:
Ich bin von Genossin Annenkowa gebeten worden und er hat meinen Namen.
Gen. Ottwalt:
Da hast du wohl einen schönen Schreck bekommen?«

Der »untergeordnete Schauspieler«, der Homosexuelle und »Trottel« Peter Holm erfrechte sich, mit einem Brief aus dem GULAG bei Wangenheim nach dem Verbleib seines Anzugs zu fragen. Aber der hyperwachsame Bolschewik Wangenheim, für den sich auch hinter der »Maske der Trottelhaftigkeit« und hinter dem »einhundertfünfzigprozentig Überzeugten« sehr viel verbergen kann, baute gegen diese auch ihn verdächtig machende Anfrage gleich zwei Schutzwälle auf. Erstens habe ihm das NKWD den Brief ausgehändigt, zweitens sei die Bitte von der Chefredakteurin Annenkowa ausgegangen, die durch ihren Mann, den stellvertretenden Volkskommissar für Verteidigung, Jan Gamarnik, der Schriftstellerversammlung wiederum offizielle Rückendeckung signalisierte. Ein Machtritual, das als Absicherung nach oben im Zeremoniell der »Kritik und Selbstkritik« von den Angeklagten auch in dieser nächtlichen Parteiversammlung demonstriert wurde.

Einige Monate später griff das NKWD Holms »Fall« erneut auf, nachdem ein inzwischen verhafteter Offizier, der als Matrose früher zu den Bekannten Holms gehört hatte, in einem Verhör am 22. Mai 1937 auch Peter Holm erwähnte. Dieser wurde am 21. Juni 1937 aus dem »UCHTPETSCHLag«[55] für eine neue Untersuchung angefordert und am 26. August 1937 erneut verhört. Holm berichtete am 21. September 1937 während des Verhörs, daß er Erich Wollenberg 1930 im Moskauer Meyerhold-Theater kennengelernt habe und 1934 zuletzt im Juni in einem Insnab-Geschäft für Ausländer getroffen habe. Den immer wieder erhobenen Spionagevorwurf wies Holm zurück: »Ich habe keine Spionage-Tätigkeit ausgeführt und Kontakte mit einigen Leuten nur wegen meiner homosexuellen Ziele hergestellt.« In weiteren Verhören wurde

---

55 Vgl. Stettner, »Archipel« GULag, S. 223–229.

er u.a. nach »Verbindungen« zum 1935 verhafteten Schriftsteller Erich Müller[56], zum Leiter des Orchesters im Sokolniki-Gefängnis, Konstantin Siebenhaar, und zum deutschen Theaterleiter Gustav von Wangenheim befragt.

Während der Folterverhöre, die von dem NKWD-Abteilungsleiter Stepanow und dem operativen Leiter der für den Flußverkehr zuständigen 11. Abteilung, Kasarzew, durchgeführt wurden, kam es zu schweren Verprügelungen Peter Holms. Der ehemalige NKWD-Mitarbeiter in der Moskauer Gebietsverwaltung, N. Agafonow, der 1938 zur NKWD-Mannschaft im GULAG versetzt wurde, erwähnte Stepanow in einem Verhör, das am 7. Juli 1956 geführt wurde:

»Im Auftrage des Abteilungsleiters STEPANOW und als oberer operativer Bevollmächtigter führte ich selbständige Verhöre der Verhafteten durch, wobei mir im voraus die Fragen gegeben wurden, auf die ich Antworten bekommen mußte [...].

Es muß gesagt werden, daß die Untersuchungsarbeit im 11. Referat der Moskauer Gebietsverwaltung des NKWD 1937–1938 unter großen Verletzungen der revolutionären Gesetzlichkeit verlief. Die insbesondere im Taganskaja-Gefängnis inhaftierten Verhafteten wurden, um von ihnen Geständnisse zu erhalten, physischen Einwirkungsmethoden ausgesetzt. Das machten im XI. Referat STEPANOW, GORBUNOW, KASARZEW. Gleichzeitig wurden die Untersuchungsfristen nicht eingehalten, die Untersuchung dauerte einige Monate.

Die physische Einwirkung auf die Verhafteten äußerte sich in ihren Verprügelungen während der Verhöre sowohl im Innengefängnis als auch im Gefängnis Taganskaja.

STEPANOW verprügelte in meiner Anwesenheit die Verhafteten im Innengefängnis, GORBUNOW und KASARZEW machten das im Gefängnis Taganskaja. Manchmal benutzten sie dazu ein aus dem Kordteil einer Autoreifendecke ausgeschnittenes Gummigeflecht. Ich kann die verprügelten Verhafteten nicht nennen, da ich mich an die Namen nicht erinnere.«[57]

Auch wenn Agafonow »Befehlsnotstand« geltend machte, allenfalls »Verletzungen der revolutionären Gesetzlichkeit« registrierte und sich an keine Opfer mehr namentlich erinnern wollte, erhält man auch durch

---

56 Erich Müller, Teilnehmer der Münchner Räterepublik, Schriftsteller, kam 1932 als Literaturdozent nach Moskau, verhaftet am 18. August 1935, nach eineinhalb Jahren Haft nach Deutschland ausgewiesen. Zur Biographie vgl. Rohrwasser, Der Stalinismus und die Renegaten, S. 357.

57 Abschrift in Sammlung »Täter«, Hamburger Institut für Sozialforschung.

die nachträglichen Aussagen der Täter eine Ahnung von der Folter- und Verhörpraxis des NKWD, die in der gesamten Sowjetunion »durchgeführt« wurde. Steh- und Prügelfoltern gehörten vor 1917 und nach 1918 zum Alltag in zaristischen[58] und sowjetischen Gefängnissen. Sie wurden keineswegs erst im Jahre 1937 nach einem Beschluß des ZK und nur in Ausnahmefällen praktiziert, wie Stalin in einem Telegramm[59] 1939 erklärte. Auch nach dem Ende des »Großen Terrors« wurden vom NKWD weiter brachialste Foltermethoden zur Erzwingung von Geständnissen angewandt. Der weltbekannte 65jährige Regisseur Meyerhold, verhaftet am 20. Juni 1939, sagte sich in einem verzweifelten Brief an Molotow im Januar 1940 von seinen erfolterten Geständnissen los:

»Der Untersuchungsrichter war ein guter erfahrener Gehilfe in dieser Sache und wir schrieben gemeinsam in engem Bunde (Woronin – Rodos – Schwarzman) und präparierten die Protokolle (einige wurden dreimal umgeschrieben). Als ich aus Hunger (ich konnte nicht essen), aus Schlaflosigkeit (im Laufe von drei Monaten) wegen Herzanfällen in der Nacht und hysterischen Anfällen (ich vergoß einen Strom von Tränen, zitterte wie im Fieber) zusammengefallen, gebeugt, heruntergekommen, um zehn Jahre alterte, erschreckte dies die Untersuchungsrichter. Man begann mich eifrig zu heilen [...] und intensiv zu füttern. Aber das half nur äußerlich, physisch, aber die Nerven blieben im alten Zustand, und das Bewußtsein war wie vorher dumpf und vernebelt; über mir hing das Damokles-Schwert: denn der Untersuchungsrichter droht ständig: ›Wirst du nicht schreiben (d.h. erfinden!), werden wir dich wieder schlagen, wir lassen nur den Kopf und die rechte Hand unberührt, den Rest verwandeln wir in einen Kloß formlosen, blutigen, zerfetzten Körpers.‹ Bis zum 16. November 1939 habe ich alles unterschrieben. Ich sage mich von meinen Aussagen los, die so aus mir herausgeschlagen wurden und bitte Euch, das Haupt der Regierung, rettet mich und gebt mir die Freiheit zurück. Ich liebe meine Heimat und werde ihr alle Kräfte der letzten Jahre meines Lebens geben.«[60]

---

58 Vgl. Die Greuel in den russischen Gefängnissen.

59 Text des Stalin-Telegramms bei Conquest, Der große Terror, S. 146. Noch in der »Zeit« vom 18. Februar 1994 konnte ein ehemaliger KGB-Offizier, der als »Zeitzeuge« zu Herbert Wehner bemüht wurde, unwidersprochen behaupten, daß das NKWD nicht folterte.

60 Zit. in: Beyrau, Schlachtfeld der Diktaturen, S. 31f.

Über die Folter und die Fabrikation von »Geständnissen« berichteten auch viele verhaftete deutsche Kommunisten in ihren Briefen an Stalin, Berija oder den Staatsanwalt. So schrieb Walter Rosenke am 4. März 1940 – wahrscheinlich auch in der Illusion, daß Stalin nichts davon wisse – an den Genossen Stalin:

»Im März und August 1938 war ich bei Anwendung schwerer Mißhandlungen von Seiten der protokollführenden Untersuchungsrichter gezwungen, völlig erlogene oder die Tatsachen verdrehende Aussagen gegen mich und andere mir bekannte deutsche Kommunisten zu Protokoll zu geben. Meine gegenteiligen Erklärungen wurden entweder nicht angehört oder als Maskierung abgetan. Ein Untersuchungsrichter erklärte mir einmal auf meinen Einwurf: 80% aller Politemigranten sind Spione und Kr.[61] Als ich meine erzwungenen und erlogenen Aussagen abgab, daß ich Spionagearbeit leistete, die Führer der Partei und der Sowjetregierung erschießen wollte, forderte derselbe Untersuchungsrichter von mir – daß ich auch noch über Diversion schreiben solle, daß ich einen Betrieb in die Luft sprengen wollte – und setzte ruhig hinzu: auf zwei Jahre mehr oder weniger sitzen komme es doch nicht an. Irgendwelche Beweise oder ernsthafte Verdachtsgründe gegen meine Person konnte mir niemand geben. Außer, daß mir 3 Protokolle vorgelegt wurden – von Verhafteten – bis zu ihrem Arrest verantwortlich arbeitenden KPD-Mitgliedern, die mich der Teilnahme kr. [konterrevolutionärer] Tätigkeit beschuldigten. Von diesen Leuten war mir nie etwas Parteifeindliches bekannt. Und ich bin überzeugt, daß diese ihre Aussagen unter denselben Umständen abgaben wie ich.«[62]

Mit diesen Foltermethoden wurden auch die Verhöre von Peter Holm im Dezember 1937 durch den NKWD-Praktikanten Kruglow »protokolliert«. Danach war Peter Holm am 17. Dezember 1937 bereit, das von ihm gewünschte »Geständnis« über seine »Spionage in Moskauer Betrieben« zu unterzeichnen. Als Kontaktmann wurde ein »Gestapo-Offizier« Benno Kupke[63] erwähnt, dem er angeblich die gesammelten »Informationen« per Post zuschickte. Eine solche Konstruktion eines »Spionagenetzes«, das in den Industriebetrieben und hier zuerst in der Rüstungsproduktion »Informationen« sammelte und sie an die Berliner

---

61 Amtl. Abkürzung für »Konterrevolutionäre«.

62 Brief von Walter Rosenke an Stalin. Fotokopie in Sammlung »Eingaben«, Hamburger Institut für Sozialforschung.

63 Die Militärstaatsanwälte, die 1957 Peter Holms Aktenstücke revidierten und ihn rehabilitierten, stellten fest, daß der angebliche »Gestapo-Offizier« Benno Kupke ein Berliner Freund Peter Holms war.

Gestapo, an Moskauer Botschaftsangehörige oder »Residenten« weitergab, wurde von den NKWD-Untersuchungsführern nach dem Erhalt der NKWD-Direktive Nr. 00439 (25. Juli 1937) in nahezu allen Fällen durch erfolterte »Geständnisse« entworfen.

Der Befehl Nr. 00439 ermächtigte das NKWD, ab 29. Juli 1937 mit der Verhaftung der deutschen Staatsangehörigen zu beginnen, die in Rüstungsbetrieben und in entsprechenden Montagehallen anderer Betriebe arbeiteten. Die ganze »Operation« sollte in fünf Tagen beendet sein. Über jene Emigranten, die die sowjetische Staatsangehörigkeit angenommen hatten, war kompromittierendes Material für die dann erfolgende Verhaftung vorzulegen. Dazu sollten auch »alle während der NKWD-Untersuchung entlarvten deutschen Agenten« verhaftet werden, »unabhängig von der Staatsbürgerschaft oder der Arbeitsstelle«. Nach dem Prinzip der Kontaktschuld konnten für die NKWD-Untersuchungsführer bereits diejenigen Emigranten als »entlarvte Agenten« gelten, die von den Verhafteten auf einer ihnen vom NKWD abverlangten Liste der Freunde und Bekannten genannt wurden. Über alle deutschen Politemigranten, die bereits die sowjetische Staatsbürgerschaft besaßen, sollten Dossiers zusammengestellt werden: »Zu jedem deutschen Politemigranten, der die sowjetische Staatsbürgerschaft angenommen hat, ist mir bis spätestens 5. August 1937 zwecks Klärung der Frage der Verhaftung ein ausführliches Memorandum unter Auswertung des Belastungsmaterials zu überstellen.«

Laut Befehl Nr. 00439 sollten nach Beendigung der NKWD-Untersuchung die Fälle vom Militärkollegium des Obersten Gerichts oder von NKWD-Troikas behandelt werden. Für deren Schnellverfahren, die nach zehn Minuten beendet waren, wurden nur mehr kurze Anklageschriften erstellt.

Nach diesem standardisierten Konstruktionsprinzip wurde z.B. in den Verhören Joseph Selbigers aus der »trotzkistischen Kampfgruppe«, die Terroranschläge gegen Stalin vorbereitet habe, eine »konterrevolutionäre trotzkistische Spionage- und Terrororganisation der deutschen Politemigranten«, deren Arbeitsweise der NKWD-Mitarbeiter Schaposchnikow in der Terminologie der Staatssicherheit beschreibt. Auf die Frage »Welche Hauptaufgaben erfüllt diese konterrevolutionäre trotzkistisch-terroristische Organisation der deutschen Politemigranten« gab der Gehilfe des operativen Bevollmächtigten dem von Geburt verkrüppelten und im NKWD-Gefängnis monatelang geprügelten Joseph Selbiger eine »Antwort« vor, die offensichtlich einem internen Musterbogen und den zahllosen NKWD-Direktiven entnommen war:

»Antwort:
Jedes Mitglied dieser Organisation sammelt zwecks der Vorbereitung der Bedingungen zum Sturz der Sowjetmacht verschiedene Information über Betriebe, Bevölkerung usw. und übergibt sie dem Leiter der Gruppe, der er angehört. Dieser Leiter übergibt die Information der nächsthöheren Leitung, die sich seinerseits durch bestimmte streng konspirativ handelnde Kuriere mit dem deutschem Nachrichtendienst und ausländischen trotzkistischen Kreisen verbindet. Was die Terrortätigkeit betrifft, so konzentriert sie sich auf die Schaffung eines dichten Netzes der terroristischen Kampfgruppen. Jedes Mitglied der trotzkistischen Organisation muß nach Möglichkeit entsprechende Schädlings- und Diversionsarbeit in den Betrieben betreiben und neue Kader in die Organisation hineinziehen.«[64]

Nach dieser Matrix und mit den Vorgaben des NKWD-Befehls Nr. 00439, »deutsche Spione« in Moskauer Industriebetrieben ausfindig zu machen, wurde auch Peter Holm[65] verhört. Als Teilnehmer in Holms »Spionagenetz« wurden am 17. Dezember 1937 im »Protokoll« bezeichnet: Erich Mucke (Elektrowerk), Wolfgang Weiss (Rundfunk), Franz Seligmann, der Italiener Alberto Zenari, Franz Leschnitzer, Erich Wittenberg, Elsa Levien, sieben russische Flieger und Marineangehörige und die Familie Taubenberger. Durch die Erwähnung der Familie Taubenberger und Zenaris konnte das NKWD die bereits »entlarvte Wollenberg/Taubenberger-Gruppe« mit »Spionen« in Industriebetrieben und in der Armee und in der Marine[66] verbinden.

---

64 Verhör von Joseph Selbiger vom 2. April 1938. Joseph Selbiger wurde am 12. März 1938 verhaftet und richtete nach 33 Monaten Untersuchungshaft eine »Eingabe« an den Staatsanwalt Wyschinski. Abgedruckt bei: Müller, Der Antikomintern-Block, S. 91 f.

65 Im Februar/März 1938 wurden die früheren Mitglieder der »Kolonne Links«, Kurt Ahrendt, Bruno Schmidtsdorf, Helmut Damerius, Karl Öfelein und Erich Oschinski, verhaftet. Ahrendt und Schmidtsdorf wurden am 20. Februar 1938, Oschinski am 28. Februar 1938 und Öfelein am 23. März 1938 erschossen. Helmut Damerius wurde zu acht Jahren Arbeitslager verurteilt.

66 Seit Dezember 1937 verschickte die 11. Abteilung der Moskauer Gebietsverwaltung des NKWD Anfragen an die jeweiligen NKWD-Dienststellen zu den von Holm erwähnten Personen oder vielmehr zu denjenigen, die im »Protokoll« von Holm als

Am 31. Dezember 1937 erschien wieder Stepanow als Leiter der 3. Abteilung und ließ Holm alle Aussagen wiederholen. Im Protokoll wurde vermerkt: »Holms Widerstand gebrochen«. Am 31. Dezember 1937 wurde Holms »Antwort« aufgenommen: »Ich habe junge Männer, vorwiegend Geburtsjahr 1913 zu mir nach Hause eingeladen, Trinkereien organisiert, sie in Biergärten mitgenommen, um sie dann für die Spionage anzuwerben« (Bl. 54).

Auf die Frage nach seinen »Verbindungen« in der Komintern nannte Holm dann u.a. Hans Schiff, Müller[67] aus der Kaderabteilung, Schwab, Degen[68] und Paul Dietrich[69].

Der neue Untersuchungsführer Kasarzew schieb am 31. Januar 1938 ins »Protokoll«, daß Holm seine »Spionageinformationen« an einen Dr. Deppe aus der deutschen Botschaft[70] weitergegeben habe, und zwang Holm, noch weitere Namen zu nennen: Kurt und Alfred Schulz, Karl Tille, Arthur Karsten, Rheingold – meistens Arbeiter in Moskauer Industriebetrieben. Am 16. Februar 1938 wurde Holm in den »Protokol-

»Verbindung« bestätigt werden mußten. Durch die Anwendung des Prinzips der Kontaktschuld konnte die »Verschwörung« ausgeweitet werde. Die Matrosen wurden im Januar/Februar 1938 verhaftet und später zum Tode verurteilt. Die meisten der von Holm genannten Deutschen waren bereits verhaftet und verurteilt.

67 Gemeint ist der deutsche Referent in der Kaderabteilung, Georg Brückmann (Deckname: A. Müller), der am 30. Juli 1938 verhaftet wurde.

68 Das ist Hermann Nuding, der 1937/38 in Frankreich war.

69 Wahrscheinlich Paul Jäkel, Deckname Paul Dietrich, Mitarbeiter der KPD-Führung. Der »Versöhnler« mit dem Klarnamen Paul Dietrich wurde 1933 nach Leningrad strafversetzt, dort am 11. August 1937 verhaftet und am 5. November 1937 erschossen.

70 Auch in anderen Fällen der Moskauer Gebietsverwaltung des NKWD wurde als Empfänger der »Spionage-Materialien« ein Botschaftssekretär Deppe ausgewählt. So wurden 1938 Hans Altmann, Anton Erkelenz und Bruno Sachs von der 3. Abteilung der Verwaltung für Staatssicherheit der Moskauer Gebietsverwaltung des NKWD beschuldigt, eine »Spionage- und Diversionsgruppe im wissenschaftlichen Forschungsinstitut für Fahrzeug- und Traktorenbau (NATI)« gebildet zu haben. Durch die »Untersuchung« kam man zur Feststellung, daß »die genannten Personen durch ihre Spionagearbeit mit dem Mitarbeiter der Botschaft eines ausländischen Staates Deppe verbunden waren«. Vgl. NKWD-Akte Nr. 4767 zu Erkelenz, Altmann, Sachs.

len« zur »Wollenberg-Gruppe« befragt und gleichzeitig der Spionagevorwurf ausgebaut. Peter Holm nennt jetzt auch Max Wolf[71], Ernst Günther, Herbert Berndt und Taubenberger als Teilnehmer der »trotzkistischen Organisation unter Wollenberg«. Alle bisher genannten Personen mit deutschen Namen sollten nun zu einer »Spionageorganisation« unter Leitung von Holm zusammengebracht werden. Holm weigerte sich jedoch im Verhör am 16. Februar 1938 erneut, die »terroristische Tätigkeit« der Wollenberg-Gruppe zu gestehen. Im nächsten Verhör-»Protokoll« wird jedoch festgehalten: »Anfang 1934 sagte mir Wollenberg, damit die Trotzkisten zur Macht kommen können, muß Stalin umgebracht werden.«

Am 4. April 1938 wurde ein neues Verfahren gegen Holm eingeleitet. Nach erneuten Foltern, in denen er gezwungen wurde, die Namen von zahlreichen Mitarbeitern der Moskauer Uhrenfabrik und von 52 Militärangehörigen anzugeben, wurde Peter Holm im Schnellverfahren wegen »Spionage« zusammen mit Leonid Ostrischko und Alfred Reichelt[72] angeklagt. Am 31. April 1938 unterzeichnete der Leiter der Moskauer Gebietsverwaltung, Jakubowitsch, die Anklageschrift. Eine NKWD-Sonderberatung verurteilte Peter Holm am 23. Mai 1938 zum Tod. Am 1. Juli 1938 wurde er in Butowo – zusammen mit weiteren 161 NKWD-Häftlingen – erschossen.

Während der »Rehabilitierung« Peter Holms fügte 1957 das Militärkollegium des Moskauer Militärbezirkes mehrere Aussagen von inzwischen verhörten NKWD-Tätern der Akte Holms[73] bei. Diese Aussagen wurden 1956 bei einer »Untersuchung über die Durchführung ungesetzlicher Methoden« in der 11. Abteilung der Moskauer Gebietsverwaltung des NKWD gesammelt. Der ehemalige NKWD-Untersuchungsführer Sawenko sagte u. a. aus: »Kasarzew und einige Praktikanten haben von einem Deutschen (er arbeitete in der Filmfabrik) namens Peter die Geständnisse von über 52 Spionen in der Shukowski-Militärakademie und in anderen Militärverbänden herausgeprügelt.«[74]

---

71 Gemeint ist Felix Wolf, d. i. Werner Rakow.

72 Alfred Reichelt war Mechaniker in der 2. Moskauer Uhrenfabrik, Leonid Ostrischko Maschinist in der Moskauer Verwaltung für Binnenschiffahrt.

73 Bl. 127–138.

74 Bl. 131.

Der ehemalige operative Bevollmächtigte des XI. Referates der Verwaltung für Staatssicherheit der Moskauer Gebietsverwaltung des NKWD, Kasarzew, sagte 1956 aus:

»1. Ich arbeitete in den Organen des NKWD vom März 1928 bis März 1939, darunter von 1937 bis 1939 als operativer Bevollmächtigter der 11. Abteilung der Moskauer Gebietsverwaltung des NKWD.

2. Etwa seit Ende 1937 oder später, daran erinnere ich mich nicht genau, wurden während der Verhöre Abweichungen von Normen der Strafprozeßordnung zugelassen, die in physischer Einwirkung bestanden.

Wenn ich mich nicht irre, wurde diese Frage auf einer Beratung von dem Leiter der 11. Abteilung offiziell gestellt, und zwar in der Form: für den Kampf gegen Feinde unseres Landes können alle Mittel angewendet werden. Die Anwendung dieser Methode wurde durch das Volkskommissariat sanktioniert, solch einen Fall gab es auch in meiner Praxis.

Als JESCHOW Volkskommissar wurde, bekam der Referatsleiter KASAKOW die Direktive, die archivierten Fälle der verurteilten Ausländer zu revidieren. Ich habe den Fall des wegen Päderastie verurteilten und inhaftierten PETER-HOLM[75] bekommen. Ich habe ein Memorandum verfaßt und der Verurteilte PETER-HOLM wurde per Schub ins Taganskaja-Gefängnis eingeliefert. Ich beschäftigte mich persönlich mit diesem Fall.

Als ich PETER-HOLM im Taganskaja-Gefängnis verhörte, kamen zu mir plötzlich ins Untersuchungszimmer der stellv. Volkskommissar ZAKOWSKI und der stellv. Leiter der Gebietsverwaltung des NKWD JAKUBOWITSCH, der Angeklagte HOLM stand da gerade an der Wand. ZAKOWSKI kam mit unflätigen Schimpfwörtern auf mich zu und schrie: ›Wozu agitierst Du ihn?‹ und als er ihn mit dem Fuß in den Bauch trat, sagte er: ›So muß man verhören‹ und ging weg. JAKUBOWITSCH fügte hinzu: ›Zeige ihm das Abc des Kommunismus‹ und ging weg. Für den Angeklagten PETER-HOLM erhielt ich eine Genehmigung, danach wandte ich bei ihm Methoden physischer Einwirkung an.

Danach gestand PETER-HOLM, daß er für die Spionagearbeit von Doktor DEPPE angeworben wurde. Durch eine Auskunft der Auslandsabteilung habe ich festgestellt, daß DEPPE Generalsekretär des deutschen Konsulats in Moskau ist und in der Auslandsabteilung als Resident galt.

Im Fall PETER-HOLM wurden in der 1. und 2. Uhrenfabrik etwa 20 Personen verhaftet, alles Deutsche, die Methoden physischer Einwirkung wurden auch gegenüber einem deutschen Bauern verwendet, der in den Fall PETER-HOLM involviert

---

75 Schreibweise so im Text. Mit der Großschreibung sollte das schnelle Auffinden von Namen erleichtert werden.

war. Das war nach seinem Selbstmordversuch oder dessen Inszenierung. Der Fall wurde von mir 4–5 Monate geführt [...]

2. Juli 1956 Unterschrift: KASARZEW«[76]

Mit seiner distanzierenden Wortwahl versuchte sich der NKWD-Täter zu rechtfertigen: »Befehlsnotstand, Direktiven, Beteiligung der Vorgesetzten, Genehmigung der Folter, Einzelfall, Abweichung von der Norm der Strafprozeßordnung, physische Einwirkung«.

Eine offizielle Sprachregelung, die Kasarzew aus Chruschtschows »Geheimrede« und dem ZK-Beschluß »Über die Überwindung des Personenkults und seine Folgen« (30. Juni 1956) übernehmen konnte.

Über den von Kasarzew noch erinnerten Selbstmordversuch enthält die NKWD-Akte Peter Holms keine Angaben. Nach einem Vortrag und einem Gutachten des Gehilfen des Hauptmilitärstaatsanwalts Kirejew entschied das Militärtribunal des Moskauer Militärbezirks am 28. November 1957, daß »Kaufmann-Holm, Ostrischko und Reichelt unbegründet erschossen« wurden.

Der Querkopf: Herbert Berndt

Nach der Denunziation Schiffs und den Verhören Peter Holms, in denen mehrmals Wollenberg, Hoelz, Taubenberger, Erich Tacke und Alberto Zenari genannt wurden, begann die Sonderabteilung der Verwaltung der Staatssicherheit (GUGB) des NKWD, deren Leiter Mark Gaj auch in die Überwachung und Selektion der deutschen und anderen »Politemigranten« bei der Visa-Erteilung seit Jahren involviert war, im Februar 1936 mit der Entfaltung eines Verschwörungskonstrukts, zu dem in der ersten Anklageschrift Zenzl Mühsam, Herbert Berndt und Erich Tacke gezählt wurden. In dem »Protokoll« eines Verhörs Herbert Berndts legte der NKWD-Untersuchungsführer am 25. März 1936 die Anzahl der Personen mit 72 fest, die eine angebliche »konterrevolutionäre, trotzkistische Plattform« Wollenbergs unterzeichnet hätten. Eine

---

76 Abschrift in Sammlung »Stalinistischer Terror«, Hamburger Institut für Sozialforschung.

ähnliche Anzahl[77] von »Teilnehmern« umfaßte auch die 1938 vom NKWD erfundene »Hitler-Jugend« in Moskau, der das NKWD über 71 »Teilnehmer«[78], zumeist Kinder von deutschen »Politemigranten«, zurechnete. Aus dieser überschau- und dadurch auch vernehmbaren Zahl von jugendlichen »Terroristen« konnten wiederum einzelne als »Täter« in die großangelegten Vorbereitungen zu einem geplanten vierten Schauprozeß gegen frühere Komintern- und KPD-Funktionäre einbezogen werden.

Im Vorfeld des Schauprozesses gegen das »Antisowjetische vereinigte trotzkistisch-sinowjewsche Zentrum« (19. bis 24. August 1936) wurden seit Januar 1936 vom Politbüro der KPdSU mehrere Beschlüsse gefaßt und im Anschluß daran entsprechende NKWD-Direktiven zur Verfolgung »ehemaliger Trotzkisten«[79] erlassen. So sandte Jagoda am 31. März 1936 eine operative Direktive an die örtlichen NKWD-Leiter, in der es u.a. hieß: »Hauptaufgabe unserer Organe zum gegenwärtigen Zeitpunkt ist die unverzügliche Enthüllung und totale Zerschlagung aller trotzkistischen Kräfte, ihrer Organisationszentren und Verbindungen, die Enthüllung und Entlarvung aller trotzkistischen Doppelzüngler und ihre Maßregelung.«[80] Diese in mehreren NKWD-Direktiven von oben verordnete Jagd nach ehemaligen vermeintlichen und dazu ernannten »Trotzkisten« führte nicht nur zu einer Parteisäuberung im Komintern-Apparat[81] und in der Parteiorganisation des EKKI. In der Kaderabtei-

---

77 Die in dem Musterbuch von Leonid Zakowski, Chef der Leningrader und dann der Moskauer Gebietsverwaltung des NKWD, »Spione und Verschwörer« (1937), beschriebenen »Verschwörungen« umfassen zumeist siebzig Personen.

78 Liste der Opfer der »Operation Hitlerjugend«, zusammengestellt von Natalija Mussienko, abgedr. in: Plener (Hg.), Verratene Ideale, S. 197–207.

79 Im Unterschied zu anderen NKWD-Direktiven des »Großen Terrors« 1937/38 stehen diese NKWD-Direktiven zur Verfolgung der »Trotzkisten« aus dem Jahre 1935/36 bisher nur als Zitate aus Veröffentlichungen in der Zeitschrift Izvestija CK KPSS zur Verfügung.

80 Zit. in: Schauprozesse unter Stalin, S. 182.

81 Vgl. Firsow, Die »Säuberungen« im Apparat der Komintern; McDermott/Agnew, The Comintern, S. 120–157; Panteleiev, La terreur stalinienne au Kominterne en 1937–1938; Firsov, Aus den Tagebüchern Dimitroffs. Komintern und stalinistischer Terror.

lung durchsuchten die deutschen Referenten Georg Brückmann und Grete Wilde die »Kaderakten« der KPD-Mitglieder nach früheren Abweichlern und Ausgeschlossenen, seit Mitte Mai 1936 überprüfte eine Kommission zur »Überführung« die KPD-Mitglieder und stellte umfangreiche Listen zusammen, in denen »verdächtige und schlechte Elemente, Fälscher oder Parteischädlinge«, die »hier eine besondere Aufmerksamkeit erfordern«[82], erfaßt wurden.

Zu diesen KPD-Mitgliedern, die als frühere Oppositionelle von der Kaderabteilung ausfindig und weitergemeldet werden konnten, gehörte Herbert Berndt[83]. Er war mit Max Hoelz befreundet, der sich wie Wollenberg um die Betreuung der schlecht versorgten und zum Teil invaliden Politemigranten sorgte. Herbert Berndt teilte 1933 die Kritik Wollenbergs an der illusionären Politik der KPD-Führung, hatte aber nicht an der bereits 1933 inkriminierten »Wahlnacht« in der Wohnung Taubenbergers teilgenommen. Seit 1919 Mitglied der KPD[84], arbeitete Berndt in Berlin als Drucker und Korrektor in der Druckerei der *Roten Fahne*. Bei einer Auseinandersetzung mit den Nazis wurde er 1931 schwer verletzt und verlor durch Amputation ein Bein. Im April 1932 schickte ihn die KPD als »Politemigranten« nach Moskau, wo er im Hotel »Passant«, Gorkistr. Nr. 15, Haus 6, untergebracht wurde. Da er als »Personal-Pensionär« nur 250 Rubel erhielt, arbeitete Berndt, inzwischen mit einer Moskauerin verheiratet, in einer Genossenschaft für Behinderte. Im Jahr 1933 hatte er im Auftrag der Moskauer KPD-Führung Erich Wollenberg nach dessen Parteiausschluß bespitzelt und Berichte über Wollenbergs »Verbindungen« und seine »Haltung zur Partei« geliefert. An den KPD-Funktionär Hans Rogalla, der 1933 im Moskauer Büro der »Roten Hilfe« die Emigranten betreute,[85] schrieb Berndt, daß er versuchen werde, »hinter Wollenbergs Bekanntenkreis zu kommen«, und bat auch zur Bespitzelung von Hermann Remmele um weitere Anweisungen. Bis zu seiner Verhaftung am 22. Februar 1936 leistete er auch dem NKWD »gewisse Dienste«, wie Berndt in einer »Eingabe« als

82 RGASPI, f. 495, op. 292, d. 38, Bl. 38.

83 Herbert Berndt wurde am 15. Mai 1903 in Berlin-Rixdorf geboren.

84 Nach den Angaben der Ausschlußlisten der KPD war Berndt bereits 1919 als Sechzehnjähriger in die KPD eingetreten. SAPMO/BA RY1 I/2/3/82, Bl. 82.

85 Berndt an Rogalla, 3. August 1933, RGASPI, f. 495, op. 205, d. 1359, Bl. 12.

NKWD-Häftling demonstrativ hervorhob. Bei seiner Verhaftung am 22. Februar 1936 beschlagnahmte die operative Abteilung des NKWD eine Reihe von Privatbriefen, die Herbert Berndt zuvor auf dem Postwege aus Deutschland oder aus Amsterdam erhalten hatte.

Bereits vier Tage nach seiner Verhaftung wandte sich Herbert Berndt mit einer ersten »Eingabe«[86] aus seiner Haftzelle an den Volkskommissar des NKWD, Jagoda[87], und an dessen Stellvertreter Jakow Agranow[88]. Er erhoffte sich von ihnen, auch da er vor seiner Verhaftung mit dem NKWD zusammengearbeitet hatte, Rettung und Entlassung aus der Haft:

»An Gen. Volkskommissar Jagoda oder dessen Stellvertreter

Ich bitte Sie, die Angelegenheit, wegen der man mich verhaftet hat, ernst (persönlich) zu überprüfen. Beim Verhör[89] wurden mir Fragen gestellt, die z.T. darauf schließen lassen, daß ich das Opfer einer gewissenlosen Provokation und Denunziation bin. Ordnungs- und wahrheitsgemäß beantwortete Fragen wurden mit höhnischen und frechen Bemerkungen quittiert, und man hat mich mit Gewalt zum Lügen gezwungen. Da ich die Befürchtung habe, daß bei der jetzigen Untersuchungsmethode überhaupt nichts Vernünftiges herauskommt und ich noch länger unschuldig in Haft bleibe, bitte ich Sie, die Angelegenheit selbst in die Hand zu nehmen.

Weswegen ich in Haft bin, weiß ich nicht. Ich habe lange vor meiner Verhaftung dem NKWD gewisse Dienste geleistet und bin auch weiterhin dazu bereit. Man muß aber die Gründe meiner Verhaftung überprüfen und auch meinen Gesundheitszustand, worum ich Sie dringend bitte.

26. II. 1936 Mit Rot-Front-Gruß Herbert Berndt, Zelle...[nicht lesbar]«[90]

---

86 NKWD-Strafakte Nr. 449570 (R-11567), Papier, Format 10 x 12 cm, beidseitig beschrieben, Handschrift Herbert Berndt.

87 Genrich Jagoda, 1922–1929 Leiter der Sonderabteilung der GPU-OGPU, seit 1923 erster Stellvertreter des Leiters von GPU und OGPU, vom 10. 7. 1934 bis zum 26. 9. 1936 Volkskommissar NKWD, im Schauprozeß 1938 zum Tode verurteilt und am 15. 3. 1938 erschossen.

88 Jakow Agranow war 1934 bis 1937 erster Stellvertreter des Volkskommissars für Innere Angelegenheiten, vom 29. Dezember 1936 bis 15. April 1937 Leiter der Staatssicherheit (GUGB NKWD), wurde 1937 erst zum Leiter der 4. Abteilung GUGB, dann zum Leiter der Gebietsverwaltung des NKWD in Saratow degradiert, verhaftet und am 1. August 1938 erschossen.

89 Diese Anfangsverhöre wurden vom NKWD, wie in anderen Fällen auch, nicht schriftlich fixiert. Durch Foltern zwang man den Häftling zu »Geständnissen«, die dann in später verfaßten »Protokollen« als Frage-Antwort-Dialog festgehalten wurden.

90 NKWD-Akte 249570, Bl. 77 u. 77a.

Die von der Sonderabteilung der Hauptverwaltung Staatssicherheit des NKWD angelegte Untersuchungsakte zu »Mühsam, Kreszentia Augustowna, und Berndt, Herbert Brunowitsch« enthält unter den abgehefteten Formularen, Eingaben, Auskünften und »Protokollen« keine Notiz darüber, wie oft der nervenkranke und auf Krücken angewiesene Untersuchungshäftling Berndt aus seiner Zelle geholt wurde, um von ihm ein »Geständnis« als fertiges »Protokoll« zu erhalten. Um Herbert Berndt für ein Geständnis zu präparieren, hielt man ihn im Februar und März 1936 im Inneren Gefängnis der Lubjanka in Einzelhaft und verhörte ihn auch nachts. In einer weiteren Beschwerde (15. März 1936) an den stellvertretenden Volkskommissar Agranow protestierte Berndt:

»Genosse!

Ich bitte Sie, unverzüglich Maßnahmen zu treffen. Ich befinde mich seit drei Wochen in Einzelhaft. Heute morgen, am 15. März um halb fünf Uhr, versuchte man mich zu zwingen, eine Erklärung zu unterzeichnen, daß ich Mitglied einer konterrevolutionären (trotzkistischen) Organisation bin. Ich lehne diese Verleumdung energisch ab. Diese ganz lügenhafte Behauptung stützt sich hauptsächlich auf meinen Briefwechsel mit einem Bekannten aus Amsterdam. Dieser Mensch ist aber kein Konterrevolutionär. Um das zu beweisen, nannte ich während des Verhörs zwei Zeugen, von denen einer ein ehemaliger Reichstagsabgeordneter[91] ist und in Moskau wohnt. Die beiden Zeugen kennen die Person, mit der ich im Briefwechsel stand. Statt diese Zeugen zu verhören und auf diese Weise meine Unschuld festzustellen, werde ich durch Verhöre unmenschlich gequält, mißhandelt und verhöhnt. Man droht mir endlosen Aufenthalt im Gefängnis und im Karzer an. Man macht mich, der ich während eines Zusammenstoßes mit der Polizei in Deutschland ein Bein verlor und dadurch nervenkrank wurde, noch völlig verrückt. Ich weiß also nicht, was ich tun muß. Man ist bestrebt, aus einem harmlosen Briefwechsel eine ›konterrevolutionäre Verschwörung‹ zu machen.

Hier handelt es sich zweifelsohne um eine Provokation oder einen Fehler. Ich selbst kann nicht feststellen, worauf es ankommt. In diese Sache sind wahrscheinlich dunkle Elemente verwickelt, die bestrebt sind, mich zu vernichten.

Ich möchte feststellen, daß ich eine gewisse Zeit mit dem NKWD zusammenarbeitete und daß sich damals an mich Konterrevolutionäre wandten. Die dunklen Elemente benutzen das offensichtlich, um mich zu vernichten. Ich bitte Sie, die Akten durchzusehen.

Genosse, ich bitte Sie, diese Sache unverzüglich zu überprüfen. Hätte ich irgend-

91 Wahrscheinlich Fritz Löwenthal.

ein Verbrechen verübt, hätte ich mich an Sie nicht gewandt. Retten Sie mich vor den Menschen, die mich vernichten wollen.

Mir blieb nur eine Hoffnung, und zwar, daß Sie diese Sache selbst überprüfen.

Rot-Front

Herbert BERNDT«[92]

In der späteren Anklageschrift wurde noch auf Berndts Widerstand während der Verhöre verwiesen: »Er verhielt sich während der Untersuchung ganz ausfallend, indem er konterrevolutionäre trotzkistische Verleumdungen äußerte und indem er mehrmals versuchte, die Untersuchungsführer physisch zu bedrohen.«

Da sich Herbert Berndt immer wieder auf seine Invalidität und auf eine dadurch ausgelöste Nervenkrankheit berief und offensichtlich während der Verhöre aus- und auffällig wurde, rief die »Sonderabteilung« der Hauptverwaltung Staatssicherheit die »Sanitäts-Abteilung« des NKWD zu Hilfe. Drei Ärzte dieser Abteilung bestätigten, daß Berndt »nicht an einer Geisteskrankheit leidet«, und stellten »Erscheinungen einer traumatischen Neurose fest, die sich in Impulsivität, Gereiztheit, Wutausbrüchen und häufigen Stimmungswechseln äußert«.[93]

Mit dieser amtsärztlichen Bestätigung konnten die »Aussagen« in den »Protokollen« der Verhöre auch nicht mehr von Berndt oder durch folgende Untersuchungen in Frage gestellt werden. Abgesichert durch ein solches »Gutachten«, konfrontierten die NKWD-Untersuchungsführer Herbert Berndt mit einem 19seitigen »Protokoll«, das sie aus den inzwischen durchgeführten Verhören zusammengestellt hatten. Im »Protokoll« und wahrscheinlich auch während der Verhöre suchten die Untersuchungsführer Berndt anfangs mit seinen Briefverbindungen ins Ausland in die Enge zu treiben. Alle entweder vorliegenden oder von Berndt genannten Adressaten wurden von dem NKWD-Untersuchungsführer mit der Zielstellung überprüft, daraus nicht nur »Verbindungen« mit dem Ausland herauszufiltern, sondern bereits die Namen für eine vom Ausland gesteuerte »Verschwörung« zu erhalten. Folgt man nur der Struktur der in dem »Protokoll« aufscheinenden Vernehmungstechnik, dann sollte Herbert Berndt nach den Eröffnungsfragen

92 Russ. Text, Typoskript, NKWD-Akte Nr. 249570, Bl. 45–46.

93 NKWD-Akte Nr. 249570, Bl. 9.

zu seinem Briefwechsel mit Verwandten und Bekannten, durch eine Kombination von Suggestiv- und Lenkungsfragen[94] zu einem »Geständnis« bewegt werden. Erst das »Geständnis« galt in den Folterverhören des NKWD als »Königin der Beweise«[95], da es für die weitere Fortsetzung der »Untersuchung«, für folgende Verhaftungen und die weitere Konstruktion des Falles eine »gesicherte« Grundlage lieferte. Besonders verdächtig erschienen dem NKWD-Untersuchungsführer der Briefwechsel Berndts mit dem inzwischen nach Amsterdam ausgereisten Max Wartensleben, da darin eine »Operation« und eine »Röntgenoskopie« erwähnt wurden. Ebenso in Verdacht geriet ein Päckchen, das Wartensleben durch den Juristen und früheren KPD- Reichstagsabgeordneten Fritz Löwenthal nach Moskau überbringen ließ. Unvermittelt wurden Fragen gestellt nach KPD-Mitgliedern, die wieder nach Deutschland zurückgereist waren. Berndt distanzierte sich anscheinend prophylaktisch von diesen »Rückkehrern«. Ob er dabei die Bezeichnung »Faschist« benutzte oder ob diese Distanzierung so ins »Protokoll« geschrieben wurde, läßt sich nicht entscheiden. Abgefragt wurden dann die »Verbindungen« zur deutschen Botschaft und zu zwei Frauen aus der Wolgarepublik, die in der amerikanischen Botschaft arbeiteten. Für das NKWD und auch die Komintern-Instanzen war jeglicher Kontakt mit ausländischen Botschaften suspekt. Bei der Durchsicht von Briefen oder von Notizkalendern Berndts kann der NKWD-Untersuchungsführer auch auf den Namen einer Aspirantin des Instituts für Fremdsprachen gestoßen sein. Erst nach diesen Eröffnungsrochaden wurden mit Erich Wollenberg und Max Hoelz die zentralen Figuren für die Konstruktion der »Wollenberg-Hoelz-Organisation« abgefragt. Um den Kreis der »Verdächtigen« zu erweitern, wurde Berndt auch nach den Moskauer Bekannten von Rauol Laszlo[96] befragt. Besondere Aufmerksamkeit

94 Zur Vernehmungstechnik vgl. Bender, Tatsachenfeststellung vor Gericht.

95 Zur Praxis der mittelalterlichen Inquisition, in der das Geständnis als »regina probationum« galt, vgl. Peters, Folter; Schild, »Von peinlicher Frag«.

96 1934 flüchtete der in Ungarn geborene Rauol Laszlo aus der Sowjetunion. Mit der Veröffentlichung seines antistalinistischen Reportagebuchs »Abschied von Sowjet-Rußland« und publizistischen Beiträgen zu den Moskauer Prozessen wurde Laszlo Zielobjekt des KPD-Apparates in Prag, der Moskauer Kaderabteilung und des NKWD. Nach einer Kampagne der Komintern und der KPD wurde er gezwungen, die Tschechoslowakei zu verlassen, und verstarb unter nicht geklärten

erhielt dabei der aus Deutschland emigrierte Jude Seligmann, dem es als »Kleinbürger« doch »schwer fiel unter den Bedingungen des sowjetischen Alltags zu leben«, wie wahrscheinlich Berndt vorsichtig formulierte. Wie in der NKWD-Verhörpraxis üblich, mußte Berndt dann seine 22 Moskauer Bekannten aufführen, die in einem 1938 angelegten Personenregister der Akte »Mühsam/Berndt« erneut eingetragen und durch den Abgleich mit der Zentralkartei des NKWD überprüft wurden.

Sicherlich erhofften sich die NKWD-Untersuchungsführer gerade von Herbert Berndt, der vor 1933 aus der KPD ausgeschlossen wurde, Invalide und NKWD-Zuträger war, in den Verhören wenig Widerstand oder gar bereitwillige Kooperation. Herbert Berndt weigerte sich jedoch nicht nur am 15. März 1936, das ihm in der Lubjanka vorgelegte »Protokoll«[97] zu unterzeichnen, sondern beging noch einen weiteren Akt des Widerstandes, der ebenfalls protokolliert wurde:

»Der Unterzeichner Klimowitsch, Gehilfe des Leiters der INO-Abteilung[98] GUGB Korotkow, erstellte den vorliegenden Bericht.

Der am 15. März 1936 bestellte Berndt Herbert, der den Beschluß über die Einleitung von Maßnahmen zur Verhinderung der Flucht[99] und die Vorlage der Anklageschrift unterzeichnen sollte, riß den Beschluß heraus, zerknüllte ihn und verstreute die Fetzen.«[100]

Nachdem der gefolterte Herbert Berndt an den Volkskommissar Jagoda und an seinen Stellvertreter Agranow bereits ergebnislos zwei »Eingaben« gerichtet hatte, erhoffte er sich nun von einem Schreiben an den Staatsanwalt Wyschinski eine persönliche Anhörung:

»An den Gen. Staatsanwalt

Erklärung des Gefangenen Herbert Berndt

Genosse Staatsanwalt!

Ich bitte Sie höflichst, mich zu empfangen, um mit mir mit Hilfe eines Übersetzers über meine Angelegenheit zu sprechen. Im faschistischen Deutschland würde

---

Umständen in Frankreich. Zu seiner Biographie vgl. Huber/Schafranek, Stalinistische Provokationen.

97 ZA/FSB, Nr. 249570, Bl. 16–34, Typoskript.

98 Ausländerabteilung der Hauptverwaltung Staatssicherheit.

99 Das Formular »Der Beschluß wurde mir bekanntgegeben« ist zwar auf den 15. März datiert, trägt aber keine Unterschrift Berndts.

100 NKWD-Akte Nr. 249570, Bl. 36.

ich eine solche Bitte natürlich nicht äußern, denn der Staatsanwalt ist in den kapitalistischen Ländern ein Werkzeug der dort herrschenden Klasse. Hier aber, in der SU, im Lande der proletarischen Diktatur, wage ich es als Mitglied der Arbeiterklasse, mich an Sie zu wenden, mit der Bitte, mich zu hören.

Da ich schon durch die Einzelhaft und die unrichtigen Beschuldigungen im Verhör, sowie durch die Art des Verhörs, schon halb krank bin, bitte ich Sie mich bald zu empfangen, damit meine Unschuld so schnell als möglich erwiesen wird.

mit ›Rot-Front-Gruß!‹

Herbert Berndt den 16. 3. 1936«[101]

Am 25. März unterzeichneten drei NKWD-Untersuchungsführer ein handschriftliches, in deutscher Sprache verfaßtes »Protokoll« eines weiteren Verhörs. Es wurde durchgeführt von dem »Gehilfsleiter der Sonderabteilung«, Kapitän der Staatssicherheit Wolinski, dem »Gehilfsleiter der 9. Abteilung«, Leutnant der Staatssicherheit Osmolowski, und dem »Sergant der Staatssicherheit« Awert. Mit diesem kurzen »Protokoll«[102] in deutscher Sprache, das von Berndt nach jeder Antwort handschriftlich unterzeichnet werden mußte, sollten nur die wesentlichen Punkte zur angeblichen Existenz einer »organisierten trotzkistischen Gruppe« festgeschrieben werden. Diese »unter der direkten Leitung von Wollenberg und Hoelz« arbeitende »Gruppe«, zu der Berndt in »Verbindung« gebracht werden konnte, sollte nach der Prognose der NKWD-Untersuchungsführer nicht nur genau 72 Mitglieder umfassen, sondern auch über eine »Plattform« verfügen. Berndt selbst konnte nur fünf Mitglieder dieser »trotzkistischen Gruppe« benennen: Albert (d. i. Erich Tacke), Rudolf Nörenberg, Peter Holm, Karl Schmidt und »Hermann Wolf«[103]. Wie in anderen »Fällen« führten die NKWD-Untersuchungsführer als »Beweis« der Existenz einer »konterrevolutionären Gruppe« eine »Plattform« an, die aber nicht auftaucht oder gar zitiert wird. Die NKWD-Untersuchungsführer erklärten dann im »Protokoll« das Fehlen einer solchen von den Mitgliedern unterzeichneten »Plattform« damit, daß Wollenberg die Namen vor der »Sowjetmacht und der Komintern« geheimhalten wollte.

101 NKWD-Akte Nr. 249570, Bl. 47 u. 47a.

102 NKWD-Akte Nr. 249570, Bl. 10–13.

103 Gemeint ist wahrscheinlich Felix Wolf, d. i. Werner Rakow.

Mit diesem »Protokoll« vom 25. März 1936 verfügten die NKWD-Untersuchungsführer zum einen über die »Aussage«, daß eine »organisierte trotzkistische Gruppe« existierte, und zugleich über die Namen von fünf wichtigen Personen, deren Biographien und »Verbindungen« weiter verfolgt werden konnten. Die zahlreichen übrigen Bekannten, die Berndt bei seinem ersten Verhör genannt hatte, erschienen dem NKWD für die weitere Konstruktion des Falles offensichtlich weniger geeignet. Zu Wollenberg verfügte das NKWD mit der Denunziation von Hans Schiff über eine weitgespannte »Agentur-Information«, die sich durch Verhöre und mit weiteren Verhaftungen zu einer Verschwörung ausbauen ließ. Das nächste »Protokoll« eines Verhörs wurde am 8. April 1936 verfertigt und Herbert Berndt zur Unterzeichnung gezwungen. Als neue Orte von »konspirativen, konterrevolutionären Beratungen« wurden jetzt die Wohnung von Werner Rakow und das Zimmer von Max Hoelz im Hotel »Metropol« aufgeführt. Berndt entzog sich der Frage nach weiteren »Mitgliedern« dadurch, daß er angab, nur zu Max Hoelz und Erich Wollenberg als den »Leitern« der »trotzkistischen, konterrevolutionären Organisation« in »Verbindung« gestanden zu haben. Mit diesem letzten »Protokoll« schloß die Sonderabteilung des NKWD die »Untersuchung« zu Herbert Berndt ab.

In der Nacht vom 22. auf den 23. April 1936 wurden Zenzl Mühsam, im April 1936 Erich Tacke und am 11. Mai 1936 Anatol Becker, Carola Nehers Mann, verhaftet. Aber die Konturen und Dimensionen einer organisierten »Verschwörung« zeichneten sich für die NKWD-Untersuchungsführer in den »Geständnissen« und »Protokollen« erst allmählich ab. Im Jahre 1936 mußten jedoch nach den vorliegenden NKWD-Direktiven allerorten »trotzkistische, konterrevolutionäre Verschwörungen« konstruiert werden. Deren Teilnehmer und deren erfolgreiche Aufdeckung konnten von den jeweiligen NKWD-Abteilungen als Erfolg ihrer »Untersuchung« auch nach oben vermeldet werden. Herbert Berndt und Mühsam hatten sich zwar in Moskau nicht persönlich kennengelernt, beide hatten jedoch »Verbindung« zu Erich Wollenberg, der für das NKWD zusammen mit Max Hoelz den Kopf einer »trotzkistischen konterrevolutionären Organisation« bildete. Erich Tacke, hauptamtlicher Mitarbeiter der Ausländerabteilung der OGPU und der Auslandsspionage, wurde verhaftet, da über ihn die Kaderabteilung an das

NKWD mitgeteilt hatte, daß er am 5. März 1933 »gegen die parteifeindliche Linie Wollenbergs nicht aufgetreten« sei und zudem »die zuständigen Parteiorganisationen darüber nicht informiert« habe. Die Kaderabteilung reagierte mit ihrer Auskunft auf eine Anfrage des NKWD. Zuvor wurde Erich Tacke am 25. März 1936 unter seinem Decknamen »Albert« in einem Verhörprotokoll Herbert Berndts erwähnt. Die Kaderabteilung, die auch über eine Registratur der Decknamen verfügte, konnte den Namen »Albert« mit Erich Tacke[104] verknüpfen und den Auszug aus seinem Parteisündenregister an das NKWD übersenden.

Der mit der Untersuchung des »Falles« beauftragte operative Bevollmächtigte des 3. Referats der Geheimen Politischen Abteilung der Hauptverwaltung Staatssicherheit konnte sich jedoch anfangs nicht entschließen, mit dem Fall Berndt die aufwendige und komplizierte Aufdeckung einer »konterrevolutionären, trotzkistischen Organisation« zu beginnen. Trotz der angewandten Folterverhöre konnte durch die »Untersuchung« nicht bewiesen werden, daß Berndt an dieser »Organisation« teilnahm – wie der Leutnant der Staatssicherheit in seinem Beschluß feststellte.

Sein Beschluß zielte auf die Durchführung eines einfachen Verfahrens wegen »Spionage«, und die weitere Fortführung des »Falles« sollte nicht mehr die »Geheime Politische Abteilung«, sondern die »Sonderabteilung« des NKWD durchführen.

---

104 Da die Kaderakte Erich Tackes nicht vollständig zugänglich war, wird dieser Amtsweg aus der Anfrage- und Antwortpraxis zwischen NKWD und Kaderabteilung, die in anderen »Kaderakten« ausführlich dokumentiert ist, hier hypothetisch nachgezeichnet.

Der Geheimprozeß gegen Zenzl Mühsam (1936)

Bereits fünf Tage nach ihrer Verhaftung wurde Zenzl Mühsam vom Sonderreferat des NKWD verhört. Sie verhielt sich während des Verhörs keineswegs so kooperativ, wie das NKWD wahrscheinlich angesichts ihres Alters und Gesundheitszustandes erwartet hatte. Im »Inneren Gefängnis« der Lubjanka wurde sie am 28. April 1936 aus der Zelle in ein Vernehmungszimmer der Lubjanka gebracht. Das bei diesem Verhör entstandene »Protokoll« wurde von unbekannter Hand, wahrscheinlich von einem NKWD-Dolmetscher, verfaßt und mußte – wie auch in anderen Verhörprotokollen – vom Verhörten mehrmals eigenhändig durch Unterschrift »bestätigt« werden.

Die Verhöre

Da im »Protokoll« dieser ersten, noch sondierenden Vernehmung neben den insinuierenden Schuldkonstrukten des NKWD-Untersuchungsführers auch die Relativierungen und Einsprüche Zenzl Mühsams festgehalten wurden, ist anzunehmen, daß zumindest in diesem »Protokoll« noch eigene Antworten Zenzl Mühsams – wenn auch verkürzt – wiedergegeben werden. Der in der Technik der unterstellenden und überrumpelnden »Vernehmung« versierte NKWD-Untersuchungsführer verknüpfte die verschiedenen Teilaussagen Zenzl Mühsams über ihre »Bekanntschaft« mit Wollenberg und verband sie mit dem eingeflochtenen Hinweis auf »zur Verfügung stehenden Dokumente« zu dem Schuldkonstrukt, daß Zenzl Mühsam »die konterrevolutionäre trotzkistische Tätigkeit Wollenbergs deckte« und »ihn in seiner trotzkistischen Tätigkeit unterstützte«. Das folgende »Verhörprotokoll« wird hier in der fehlerhaften Orthographie wiedergegeben:

»Aussagen der beschuldigten Crescienzia Mühsam
28. April 1936
Frage: Wann und wohin haben Sie Deutschland verlassen?
Antwort:
Ich habe Deutschland am 16. Juli 1934 verlassen, indem ich die tschechoslowakische

Grenze bei Tetschen-Bodenbach illegal passiert habe. Ich kam nach Prag, wo ich ein ganzes Jahr gelebt habe und dann am 8. August 1935 bin ich nach Moskau gekommen.
Frage: Was machten Sie in Prag?
Antwort:
In Prag habe ich eine Broschüre über die Ermordung meines Mannes im deutschen Konzentrationslager geschrieben und die Möglichkeit ihrer Herausgabe gesucht. In dieser Angelegenheit war mir der jetzt hier lebende Werner Hirsch behilflich, als er, nach seiner Befreiung aus dem Konzentrationslager, nach Prag kam.
Frage: Welche Bekannten hatten Sie in Prag?
Antwort:
Nach Prag angekommen, ging ich zu einer gewissen Erna Halbe, deren Adresse ich noch in Deutschland bekommen habe. Bei ihr erfuhr ich auch, daß der mir noch aus der Rätezeit bekannt Erich Wollenberg sich in Prag befinde. Ich war über seine Anwesenheit sehr verwundert, da ich überzeugt war, er sei in Moskau.
Frage: Sie haben Wollenberg aufgesucht?
Antwort:
Wollenberg selber, als er von meiner Ankunft in Prag erfuhr, besuchte mich.
Frage:
Da Sie, wie sie es erklärten, über die Anwesenheit Wollenbergs in Prag sehr verwundert waren, hatten Sie ihn zweifellos über die Gründe seiner Abfahrt aus der Sowjetunion gefragt.
Antwort:
Ja, ich fragte ihn. Wollenberg erklärte mir, er habe Differenzen mit Heckert in der deutschen Frage gehabt, die seinen Ausschluß aus der KPD brachten und weswegen er auch aus der Sowjetunion wegfuhr.
Frage:
Worin bestanden die Differenzen Wollenbergs mit der Partei, dank welcher er aus der Partei ausgeschlossen wurde?
Antwort:
Wollenberg behauptete, daß die deutsche Arbeiterschaft die größte Niederlage, die jemals in der Geschichte der Arbeiterbewegung bekannt war, erlitten habe. An dieser Niederlage, sagte er mir, trage die größte Schuld die Führung der kommunistischen Partei Deutschlands und die Komintern.
Frage: Auch sie teilten diese Anschuldigungen Wollenbergs?
Antwort: Ich war zwar auch der Meinung, daß die deutsche Arbeiterschaft eine der größten Niederlagen erlitten habe, stellte aber nie die Schuldfrage der Kommintern oder der KPD. Ich war niemals in einer politischen Partei organisiert und habe in keinem politischen Kampfe der Parteien Anteil genommen.
Frage:
Uns ist es bekannt, daß Sie mit Wollenberg in naher Verbindung standen und ihm halfen.

Antwort:
Ich gebe zu, daß ich mit Wollenberg längere Zeit in naher Verbindung stand. Ich war ihm bei seiner Legalisierung in Prag behilflich; er aß bei mir und bekam von mir manchmal Taschengeld.
Frage:
Äußern Sie sich zu der Tatsache, daß Sie von seiner k/rev. trotzkistischen Tätigkeit wußten und ihm in dieser in dieser Tätigkeit – laut dem bei uns vorliegenden Beweismaterial, behilflich waren.
Antwort:
Ich wiederhole, daß ich von der k/rev. Trotzkistischen Tätigkeit Wollenbergs weder wußte, noch ihn über diese fragte. Ich war ihm auch in solcher nie behilflich. Ich habe nur, – nachdem ich mit Wollenberg die Beziehungen abgebrochen habe, – von einem Genossen gehört, daß Erich Wollenberg seine k/rev. trotzkistischen Anschauungen unter den Politemigranten in Prag verbreitet und Anhänger gesucht habe.
Frage:
Ihre Aussagen sind gegensätzlich und unaufrichtig.- Ihren eigenen Aussagen gemäß – standen Sie mit Erich Wollenberg in naher Verbindung. Sie halfen ihm bei seiner Legalisierung in Prag und auch materiell, er besuchte Sie alltäglich mit seinen Kumpanen, er entwickelte vor Ihnen das Programm seiner k/rev. trotzkistischen Tätigkeit und bearbeitete Sie im Sinne des Trotzkismus. – Nicht destoweniger behaupten Sie von der k/rev. Tätigkeit trotzkistischen Tätigkeit Wollenbergs nichts gewußt, ihn darüber nicht gefragt und ihm nicht geholfen zu haben. Diese Ihre Behauptungen beweisen, daß Sie vor uns die Wahrheit verheimlichen.
Antwort:
Ich will die Wahrheit nicht verheimlichen. Mein ganzes Wesen war nur auf die Sicherung meiner eigenen materiellen Lage konzentriert. Das ganze politische Leben und das Tun Wollenbergs war mir vollkommen gleichgültig.
Frage:
Sie widersprechen sich. Sie kannten die k/rev. trotzkistischen Anschauungen Wollenbergs. Sie wußten, daß er Feind der Sowjetunion, der kommunistischen Partei und der Kommintern war. Er beschimpfte und verleumdete vor Ihnen den Gen. Stalin. Sie geben das wohl zu.
Antwort:
Ja, ich gebe das zu.
Frage:
Sie wußten, laut Ihren Aussagen, daß Wollenberg k/rev. trotzkistische Propaganda unter den Politemigranten entfaltet und Anhänger des k/rev. Trotzkismus sammelt. Auch das geben Sie zu.
Antwort:
Ja, ich gebe es zu.

Frage:
Sie standen mit dem Trotzkisten Wollenberg in naher Verbindung, Sie halfen ihm sich in Prag zu legalisieren, Sie unterstützten ihn materiell. Sie geben das auch zu?
Antwort: Ja, auch das gebe ich zu.
Frage:
Die in unserer Verfügung stehenden Dokumente, wie auch eigenen Aussagen beweisen, daß Sie den k/rev. Trotzkisten Wollenberg deckten und ihn in seiner trotzkistischen Tätigkeit unterstützten. Sie geben das zu.
Antwort:
Ich gebe zu, daß ich von der k/rev. Tätigkeit Wollenbergs wußte und, indem ich ihm behilflich war, unbewußt in seiner k/rev. Tätigkeit unterstützte. Ich betone aber, daß ich in meiner seelischen Verfassung keine Bedeutung seiner k/rev. trotzkistischen Tätigkeit beigemessen habe.

Das Protokoll habe ich gelesen und meinen Aussagen entsprechend gefunden.

K. A. Mühsam

Es verhörte:
Stellvertretender Gehilfe der 10. Abteilung der OO GUGB[1] NKWD.
Unterschrift«

Im zweiten Verhör Zenzl Mühsams sollte dieser Vorwurf der »Unterstützung« des »konterrevolutionären Trotzkisten« Erich Wollenberg ausgebaut werden. Erich Wollenberg war als ehemaliger Angehöriger des illegalen M-Apparates der KPD in das Visier des NKWD und der KPD geraten, da ihm die nahezu unmögliche Flucht aus der Sowjetunion nach Prag geglückt war, da er als Major der »Roten Armee« Einblick in die Militärmaschinerie der Sowjetunion hatte und da er zudem im Prager Exil die Politik der KPdSU und der Sowjetunion in Zeitschriftenartikeln kritisierte. In Prag versuchte die KPD-Führung und der »Apparat« der KPD eine parteitreue Sekretärin bei Wollenberg zu plazieren, kontrollierte seinen Briefwechsel und überwachte und registrierte seine Kontaktpersonen und »Verbindungen«[2] nach Moskau.

---

1 Sonderabteilung der Hauptverwaltung Staatssicherheit.

2 Herbert Wehner erinnerte am 13. Dezember 1937 das NKWD noch einmal daran, daß er bereits im Februar 1937 NKWD-Offiziere auf eine Auflistung der »Verbindungen« von Wollenberg/Laszlo in die Sowjetunion hingewiesen habe: »Die beiliegende Arbeit wurde von mir im Februar 1937 für das Sekretariat des EKKI geschrieben. 1 mit der Maschine geschriebenes Exemplar übergab ich einer Stelle vom NKWD, mit der ich damals drei Besprechungen über trotzkistische und bu-

Zenzl Mühsams Unterstützung des »konterrevolutionären Trotzkisten« Wollenberg in Prag wurde als »bewiesene« Tatsache bereits in die Eingangsfrage des zweiten Verhörprotokolls gesetzt. Für ihre Prager Bekannten und Besucher schien sich der NKWD-Untersuchungsführer kaum zu interessieren. Allenfalls Ruth Österreich, die als »Brandleristin« in die Sowjetunion emigrieren wollte, wurde näher nachgefragt und protokolliert. Von ihren angegebenen Moskauer »Verbindungen« schieden sowohl die MOPR-Vorsitzende Stassowa wie auch die Tochter des amtierenden KPD-Vorsitzenden, Lore Pieck, aus.

Zenzl Mühsams immer wieder betonte »Indifferenz«, ihre angebliche Gleichgültigkeit bei Verhaftungen im Bekanntenkreis boten dem NKWD-Offizier kaum eine Möglichkeit, sie als »Teilnehmerin« zu überführen. Verängstigt, verstört und unter der Drohung von langen Haftstrafen, nannte sie unter ihren Moskauer »Verbindungen« mehrere Bekannte, die sie bereits in der Münchner Räterepublik, in der Festung Niederschönenfeld oder als Häftlinge kennengelernt hatte: Hermann Taubenberger, Ernst Günther und Rudolf Margies. Auch über Gespräche, die in Alberto Zenaris Wohnung stattgefunden haben, scheint der NKWD sowohl durch Zuträger wie durch Verhöre informiert gewesen zu sein. Zenzl Mühsam suchte sich in diesen bedrohlichen Nachfragen einen Freiraum zu schaffen, indem sie kurzerhand einwarf: »Es ging mich nichts an.« Für den NKWD-Untersuchungsführer boten die von der nichtsahnenden Zenzl Mühsam genannten Moskauer »Verbindungen« weitere Anknüpfungspunkte, um weitere »Teilnehmer« auszumachen. Durch die gezielte Verwendung von scheinbar bestätigten Teilaussagen und die Negierung jeglicher Relativierung oder von Widersprüchen konnte das Verschwörungskonstrukt auf die Paragraphen 6, 8, 10 oder 11 des Artikels 58 des sowjetischen Strafgesetzbuchs zugeschnitten werden.

Auch dieses »Protokoll« wurde von Zenzl Mühsam in einer nach den Intentionen des Untersuchungsführers aufbereiteten Extraktform am Schluß durch die eigenhändige Unterschrift bestätigt:

---

charinsche Feinde aus deutschen Kreisen und über Gestapo-Arbeit in der KPD hatte.« Wie auch in anderen Fällen sorgte sich Wehner nachdrücklich darum, daß diese Materialien bei der zuständigen »Stelle« des NKWD landeten, und lieferte im Dezember 1937 seine Expertise über »Verbindungen« ein zweites Mal beim NKWD ab. BUST/ZA, SdM 1858, Bl. 284–318.

»Protokoll
Verhör der Beschuldigten Creszienzia Mühsam vom 3. V. 36
Frage:
In Ihren Aussagen vom 28. IV. gaben Sie zu, daß der Trotzkist Wollenberg, von dessen k/rev. Tätigkeit Sie wußten und ihn unterstützten, – Sie öfter mit seinen Bekannten in Prag besuchte. Nennen sie diese Bekannten.
Antwort:
Von den Bekannten Wollenbergs in Prag kenne ich einen Wystupa[3] bei dem Wollenberg in Prag wohnte. Dieser Wystupa hat mal den hier bei der MOPR arbeitenden Gen. Budich aus dem Gefängnis in Deutschland befreit. Wystupa kam nachher mit seiner Familie nach Moskau, fuhr aber bald weg, da es hier ihm nicht gefallen hat. Er ist Sohn eines reichen Vaters in Deutschland. Wollenberg besuchte mich auch zusammen mit dem tschechischen Dichter Sonka[4]. Ich kannte auch noch einen gewissen Erich, dessen Familienname mir unbekannt ist und der mich auch manchmal mit Wollenberg besuchte. Eine kurze Zeit besuchte mich Wollenberg zusammen mit einem Genossen Seibold[5], der sich selbst Trotzkist nannte. Die beiden haben sich aber bald verkracht. Andere Bekannte von Wollenberg kenne ich nicht, da ich mich mit ihm, nach ungefähr einem halben Jahr vollkommen gerissen habe.
Frage:
Was war die Ursache des Abbruches Ihrer Beziehungen mit Wollenberg?
Antwort:
Die unmittelbare Ursache des Abbruches meiner Beziehungen zu Wollenberg war sein unkameradschaftliches Benehmen mir gegenüber, indem er meine Wohnung und meine Gastfreundschaft für seine homosexuellen Zwecke ausnützen wollte. Außerdem, als er erfuhr, daß ich auf Antrag der Gen. Stassowa – den Werner Hirsch das Vorwort zu meiner Broschüre über die Ermordung Erich Mühsams schreiben ließ,– hat mir Wollenberg empört erklärt – ich habe ›Erich Mühsam an die Bolschewisten verkauft‹. Nach diesem Vorfall habe ich mit Wollenberg gänzlich gerissen.

3 Das ist Hans Wistuba.

4 Sonka, d. i. Hugo Sonnenschein, verfaßte zahlreiche Beiträge in der Zeitschrift Das Neue Tage-Buch: Vgl. auch: Für Recht und Wahrheit. Materialien zum Moskauer Prozeß, hrsg. von Sonka, Prag 1936. Vgl. auch: Hugo Sonnenschein (Sonka), Die Fesseln meiner Brüder. Gesammelte Gedichte. Auswahl u. Nachwort Karl-Markus Gauß und Josef Haslinger, München/Wien 1984.

5 Oskar Seipold, seit 1919 USPD-, dann ab 1920 KPD-Mitglied, hauptamtl. Funktionär und Redakteur der KPD, 1924 bis 1927 in Haft, 1930 bis 1932 Mitgl. des Preuß. Landtags, 1930 Ausschluß aus der KPD, aktiver Funktionär der »Vereinigten Linken Opposition« (Bolschewiki/Leninisten), vom März bis Dezember 1933 in Haft, von Königsberg nach Prag, nach einer Verleumdungskampagne der KPD im Januar 1935 nach Polen, bis 1945 in Lodz.

Frage:
Sie widersprechen sich. Sie wußten doch sowohl von den trotzkistischen Anschauungen Wollenbergs, wie auch von seiner k/rev. trotzkistischen Tätigkeit. Sie kannten Wollenbergs Feindseligkeit und Verleumdungen gegenüber Gen. Stalin, die Leiter der Sowjetunion und der Kommintern und nicht destoweniger, wie Sie selber zugeben, haben Sie Wollenberg unterstützt. Auf einmal, aufgrund einer Erklärung reißen Sie mit ihm – laut Ihrer Behauptung – jedwede Beziehung zu ihm.
Antwort:
Ich erkläre, daß die k/rev. trotzkistischen Machenschaften Wollenbergs mich nicht interessierten. Der Hauptgrund meines Abbruches mit ihm – war seine widerliche homosexuelle Veranlagung – für die er mit seinen Jungen meine Wohnung ausnützen wollte. Ich will es ehrlich sagen, daß ich mit Wollenberg nicht so aus politischen Gründen, wie aus purem Eckel zu ihm, gerissen habe.
Frage:
Wann trafen Sie das letzte Mal Wollenberg?
Antwort:
Ich habe mit Wollenberg ungefähr ein halbes Jahr vor unserer Abreise in die Sowjetunion gerissen und seit dieser Zeit habe ich ihn weder gesprochen noch ihm irgendwo begegnet.
Frage:
Wollenberg wußte von Ihrer Reise in die Sowjetunion?
Antwort:
Ich habe ihm von meiner Reise in die Sowjetunion nicht erzählt, da wie ich schon sagte, ich mit ihm gerissen habe und ihm nicht mehr begegnet bin.
Frage:
Er konnte wohl von Ihrer geplanten Reise von Ihren Bekannten erfahren haben.
Antwort:
Er konnte es freilich von jemandem erfahren haben. Ich bezweifle es aber, da ich von meiner Abfahrt nur meinen nächsten Freunden erzählte und diese konnte [!, R. M.] es ihm nicht gesagt haben.
Frage:
Warum glauben Sie behaupten zu können, daß Ihre Freunde dem Wollenberg darüber nicht erzählt haben konnten?
Antwort:
Weil meine Freunde zwar von der Existenz Wollenbergs wissen, mit ihm aber in keiner Verbindung stehen.
Frage: Wer sind Ihre Freunde in Prag?
Antwort:
Ruth Österreicher und Ada Lessing, die Frau des ermordeten Proffessor Lessing[6], sind meine nächsten Freundinnen.

---

6 Der jüdische Philosoph und Pazifist Theodor Lessing war einer der von den Na-

Frage:
Wer ist Ruth Österreich?
Antwort:
Ruth Österreich ist eine Emigrantin aus Deutschland. Sie war mal Mitglied der KPD, ist aber nachher, als Anhängerin von Brandler – aus der Partei ausgeschlossen worden. Sie arbeitete auch eine Zeit in der Handelsvertretung in Berlin. Jetzt betätigt sie sich nicht mehr politisch. Sie schrieb mir, daß sie in die Sowjetunion kommen möchte. Ich habe mit der Gen. Stassowa über die Einreisemöglichkeit der Ruth Österreich gesprochen, die Gen. Stassowa behauptete aber – sie könne nichts tun, da Ruth einst aus der Partei ausgeschlossen wurde. In einem anderen Brief bat mich Ruth Österreich mich um Unterstützung in dieser Angelegenheit an den Genossen Radek zu wenden, der sie gut kennt. Das habe ich aber nicht getan.
Frage:
In welchen Beziehungen steht Ruth Österreich zum Trotzkisten Wollenberg?
Antwort:
Sie stand mit ihm in keinen Beziehungen, obzwar sie ihn kennt.
Frage:
Mit wem noch, außer den genannten deutschen Politemigranten – standen Sie in Verbindung in Prag?
Antwort:
Ich kannte noch einen Kommunisten Alfred; seinen Zunamen kenne ich nicht. Dieser Alfred hat in Prag illegale kommunistische Arbeit gemacht und hat manchmal bei mir Papiere versteckt. Er ist ein großer Gegner von Wollenberg. Ich kenne noch einen Kommunisten Theo[7], der eine Zeit lang an der Grenze arbeitete. Die Beiden kamen zu mir, nachdem ich mit Wollenberg gerissen habe. Sonst besuchte mich niemand mehr.
Frage: Mit wem kamen Sie in Verbindung, in Moskau angekommen?
Antwort:
Als ich herkam, hat mich Lore Pieck[8] am Bahnhof erwartet. In der Mopr habe ich nach meinem hier lebenden Bekannten Gen. Margis gefragt. Nach einigen Tagen traf ich Werner Hirsch. Erst nach drei Wochen kam ich das erstemal mit Else Taubenberger zusammen. Dann besuchte mich Ernst Günther. Hier machte ich auch die Bekanntschaft eines Italieners Alberto Zenari, der mich zusammen mit Else Taubenberger und Ernst Günther besuchte.

---

zis meistgehaßten Intellektuellen in der Weimarer Republik. Nach seiner Flucht aus Deutschland wurde er am 30. August 1933 in Marienbad ermordet.

7 Evtl. der Münchner KPD-Funktionär und Gestapo-Spitzel »Theo«, d. i. Max Troll. Vgl. dazu Broszat/Mehringer, Bayern in der NS-Zeit, Bd. 5, S. 131–133.

8 Das ist Eleonore Pieck, Tochter des KPD-Vorsitzenden Wilhelm Pieck, vor 1933 Mitarbeiterin in der Berliner Russischen Handelsvertretung, in Moskau Mitarbeiterin der MOPR.

Frage:
Die Genannten sind wohl auch die Bekannten des Erich Wollenberg?
Antwort:
Jawohl, die meisten von denen sind hier mit ihm noch aus der Rätezeit in München bekannt.
Frage:
Wollenberg erzählte wohl Ihnen von seinen Bekannten in der Sowjetunion.
Antwort:
Er erzählte mir nur, daß diese Leute keine Ahnung von seiner Abreise aus der Union hatten. Er erzählte mir auch, daß er hier einen Freund Peter Holm habe, der auch homosexuell ist. Er sagte, dieser sei ein feiner Mensch.
Frage:
Haben Sie Peter Holm aufgesucht, als Sie herkamen?
Antwort:
Nein, da ich ihn persönlich nicht kannte.
Frage:
Uns ist bekannt, daß Sie den Holm trafen.
Antwort:
Jawohl, als ich einmal im Deutschen Klub war, kam er auf mich zu und stellte sich vor. Ich wechselte mit ihm nur einige Worte. Mehr habe ich ihn nicht gesehen.
Frage:
Sie haben wohl aber Ihre Bekannte über ihn gefragt.
Antwort:
Nein.
Frage:
Warum?
Antwort:
Weil er mich überhaupt nicht interessierte.
Frage:
Haben Sie auch nichts von ihm gehört?
Antwort:
Ja, Ernst Günther erzählte mir, Holm sei hier verhaftet worden.
Frage:
Sie haben die Ursachen der Verhaftung Holms erfahren?
Antwort:
Nein, als ich Günther über die Ursachen der Verhaftung Holms fragte, sagte er mir, er wüßte selber nicht, er nehme aber an, daß die Ursache seiner Verhaftung in der homosexuellen Veranlagung Holms zu suchen ist.
Frage:
Mit wem haben Sie von der Verhaftung Holms gesprochen?

Antwort:
Mit niemanden. Es interessierte mich nicht.
Frage:
Holm war doch ein Bekannter von Zennari und anderer Ihrer Verbindungen. Wurde denn unter denen von der Verhaftung Holms nicht gesprochen?
Antwort:
Nein, in meiner Gegenwart wurde weder von der Verhaftung Holm, noch von irgendwelchen anderen Verhaftungen gesprochen.
Frage:
Sie sind unaufrichtig. Wir sind genau unterrichtet, daß bei Zennari, in Ihrer Gegenwart, von verschiedenen Verhaftungen gesprochen wurde.
Antwort:
Ich gebe zu, daß einige Tage vor meiner Verhaftung, Zennari mir sagte – einige seiner Bekannten seien verhaftet worden. Wer und warum verhaftet wurde, sagte er mir nicht.
Frage:
Wollte Ihnen Zennari nicht sagen, wer verhaftet worden ist?
Antwort:
Ich habe ihn gar nicht darüber gefragt.
Frage:
Womit ist eine solche Indifferenz ihrerseits zu erklären? Zennari, bei dem Sie oft verkehren, erzählt Ihnen von den Verhaftungen seiner Freunde und Ihnen ist es vollkommen gleichgültig.
Antwort:
Ich wiederhole, daß ich ihn weder um die Gründe der Verhafteten, noch über die Gründe gefragt habe. Es ging mich nichts an.
Frage:
Zennari mußte doch aber auf die Verhaftungen reagiert haben; es handelte sich doch um seine nächsten Bekannten.
Antwort:
Er hat mir gegenüber keine Äußerungen in dieser Richtung gemacht.

Das Protokoll habe ich gelesen und entsprechend meinen Aussagen gefunden
K. A. Mühsam
es verhörte: …
Stellvertr. Gehilfe der 10. Abteilung der OO GUGB NKWD
[Unterschrift]«[9]

9 NKWD-Akte Nr. 249570, Bl. 84–91. In deutscher Sprache von fremder Hand, auf jeder Seite von Zenzl Mühsam eigenhändig unterzeichnet.

Wie in anderen Verhören erhofften sich die NKWD-Untersuchungsführer durch die Nennung von Bekannten und Freunden neue Hinweise für die Ausdehnung ihres Verschwörungskonstrukts. Im Verhör benannte Zenzl Mühsam als »nächste Freundinnen« in Prag »Ruth Österreich und Ada Lessing, die Frau des ermordeten Professors Lessing«. Mit dieser wahrheitsgemäßen Antwort erwähnte sie aber Personen, auf die das NKWD keinen Zugriff hatte. Obwohl sie mit Wollenberg bereits ein halbes Jahr vor ihrer Abreise aus Prag »gebrochen« hatte, konstruierte der NKWD-Untersuchungsführer trotzdem jenes grobgestrickte Artefakt, daß sie nach ihrer Ankunft in der UdSSR die »Verbindung zwischen den Mitgliedern der von Wollenberg geschaffenen trotzkistischen konterrevolutionären Organisation« und die »Verbindung von Wollenberg mit dieser Organisation« hergestellt habe. Ein solche von Wollenberg gegründete »Organisation« existierte jedoch weder 1933/34 noch in den folgenden Jahren. Zenzl Mühsam weigerte sich im Verhör beharrlich, die von ihr verlangte Selbstbezichtigung zu liefern. Sie habe Wollenberg als Mitglied der KPD gekannt, aber nach dessen »parteifeindlichen« Äußerungen habe sie in Prag jede Verbindung mit ihm eingestellt. Die Äußerungen Zenzl Mühsams über den bereits verhafteten Schauspieler Peter Holm bedienten die Verfolgungsmentalität des NKWD-Untersuchungsführers und entsprachen der Verfolgungspraxis gegen Homosexuelle in der Sowjetunion.

In ihrer Gefängniszelle in der Lubjanka schrieb Zenzl Mühsam am 13. Mai 1936 einen kleinen handschriftlichen Zettel:

»An den Kommandanten des Gefängnisses.

Ich bitte die Wäsche, die ich da habe, waschen gehen zu dürfen.
K. A. Mühsam
Zimmer 27 am 13. Mai«[10]

Nachdem Zenzl Mühsam im Verhör unter ihren Moskauer Bekannten auch Willi Budich, der im ZK der MOPR die »Politemigranten« betreute, genannt hatte, wurde dieser zu einer Einvernahme als »Zeuge« in die Lubjanka einbestellt. Der frühere KPD-Reichstagsabgeordnete Willi Budich kannte Zenzl Mühsam seit der Münchner Räterepublik und hielt auch in Moskau diese Freundschaft durch wechselseitige Be-

10 NKWD-Akte Nr. 249570, Bl. 113.

suche aufrecht. Im Protokoll seiner Zeugenaussage vom 5. Mai 1936 bezeichnete Budich Zenzl Mühsam als »eine im Grunde unpolitische Persönlichkeit, deren politischer Fundus sich auf den Gedanken ihres verstorbenen Mannes stützt, die sie gewissermassen als ein Vermächtnis betrachtet«. Sie habe nur für ihren Mann gelebt, den sie »gepflegt und vergöttert« habe. Wegen ihres »ausgesprochenen und starken Hausfrauentriebs« wollte sie auch in Moskau eine Wohnung haben, um auch hier zu »wirtschaften«. Budich, der Mühsam auch als MOPR-Funktionär in Moskau betreute, hob in seiner Aussage hervor, daß die MOPR- und KPD-Führung es als »ratsam erachteten, die Mühsam hier zu binden«, um ihre Rückfahrt nach Prag zu verhindern. Während seiner Einvernahme in der Lubjanka berichtete Budich, der später selbst als Teilnehmer der »Wollenberg-Hoelz-Organisation« verhaftet wurde, vom guten Verlauf der öffentlichen Versammlungen mit Zenzl Mühsam. Politische Gespräche habe er mit Zenzl Mühsam nicht führen können, da sie immer nur »von den Verhältnissen in Konzentrationslagern in Deutschland und von den Leiden ihres Mannes« erzählt habe. Mit Erich Wollenberg wollte sie in Prag nichts mehr zu tun haben und habe mit ihm »gerissen«. Aus dem Moskauer Bekanntenkreis von Zenzl Mühsam benannte Budich dann die Familie Taubenberger, Werner Hirsch, Ernst Günther und den Italiener Zenari. Diesen »typischen Intellektuellen«, den er bereits aus der gemeinsamen Arbeit am Marx-Engels-Institut kannte, lernte er 1933 zufällig durch Verwandte seiner Frau kennen und verhalf Zenari zu einer Erhöhung der Invalidenpension. Wie auch in Verhörprotokollen üblich, unterzeichnete Budich, der als »Zeuge« einstweilen wieder die Lubjanka verlassen konnte, seine Aussagen auf jeder Seite und am Schluß des Protokolls.

Die Anklage

Nachdem am 20. Juni 1936 der Leutnant der Staatssicherheit Osmolowski bei einer erneuten Durchsicht des Untersuchungsfalles Herbert Berndt zu der Feststellung kam, daß dieser einer von Erich Wollenberg geleiteten »konterrevolutionären trotzkistischen Gruppe« angehörte, die den »Kampf gegen die KPdSU (B) und die Komintern führte«, beschloß er, den Einzelfall Berndt an den bereits laufenden Untersuchungsfall Nr. 3168 anzuschließen. Der ursprüngliche »Plan« des 3. Referats der Geheimen Politischen Abteilung des NKWD vom 25. Mai 1936, mit dem Herbert Berndt zum »Spion« gemacht werden sollte, wurde aufgegeben, da sich in anderen Verhören und durch die Aussagen Gustav von Wangenheims eine größere »Organisation« abzuzeichnen begann. In der Vorbereitung des Schauprozesses gegen das trotzkistisch-sinowjewistische Zentrum suchte das NKWD weniger nach Spionen, die nach Artikel 58-6 verfolgt wurden, sondern konstruierte Organisationen, die dem Artikel 58-8 wegen »antisowjetischer Agitation und Propaganda« und dem Artikel 58-11 wegen »Vorbereitung solcher Handlungen« zugeordnet werden konnten. Nun wurden Herbert Berndt, Erich Tacke und Zenzl Mühsam zusammen angeklagt:

»ANKLAGESCHRIFT
Im Fall Nr. 3618 zur Anklage von:
1) BERNDT Herbert Brunowitsch, geb. 1903 in Berlin, aus einer Arbeiterfamilie, ehem. Mitglied der KP Deutschlands, Deutscher, Bürger der UdSSR, Rentner.
2) Albert-TAKE Erik Albertowitsch, geb. 1894 in Riga, Deutscher, Bürger der UdSSR, Redakteur des Verlags ausländischer Arbeiter, Mitglied der KPdSU (B), ehem. Mitarbeiter der Auslandsabteilung des OGPU und der Nachrichtenverwaltung.[11]
3) MÜHSAM Kreszentia Augustowna, geb. 1884 in Haslach (Niederbayern), ohne Staatsangehörigkeit, arbeitete in der IRH, parteilos,

alle entsprechend den Art. 58-10 und 58-11 des StGB der RSFSR.

1933 begann der ehemalige aktive KPD-Funktionär WOLLENBERG Erich, der aus der Parteiarbeit in der KPD wegen parteifeindlicher Tätigkeit entlassen wurde und Anhänger des konterrevolutionären Trotzkismus ist, mit der organisatorischen Arbeit zur Schaffung einer illegalen konterrevolutionären trotzkistischen Gruppe unter den deutschen Politemigranten in der UdSSR. Als WOLLENBERG seine konterrevolutionäre Arbeit unter der Flagge des Kampfes gegen die Führung des ZK der KP Deutschlands betrieb, vereinigte er auf einer konterrevolutionären trotzkistischen Plattform 72 deutsche Politemigranten und bildete auf diese Weise um sich herum eine leitende Personengruppe, die in breiten Kreisen der deutschen Politemigranten bewußt konterrevolutionäre, trotzkistische organisatorische und propagandistische Tätigkeit betrieb.
Zu dieser Führungsgruppe, die sich an illegalen trotzkistischen Beratungen beteiligte, gehörten auch die in diesem Fall angeklagten BERNDT Herbert und Albert-

---

11 Erich Tacke wurde am 22. April 1936 verhaftet und am 2. September 1937 vom MKOG zum Tod verurteilt und erschossen.

TACKE Erik sowie NÜRNBERG Rudolf[12], der sich vor der Untersuchung versteckte und deshalb nicht zur Verantwortung herangezogen wurde.

Nach der teilweisen Entlarvung der konterrevolutionären trotzkistischen Tätigkeit WOLLENBERGS und seiner Gruppe durch die Internationale Kontrollkommission wurde WOLLENBERG im Jahre 1934 wegen seines Übergangs auf parteifeindliche Positionen aus der KPD ausgeschlossen. Da er weitere Entlarvungen und die völlige Aufdeckung des Wesens seiner konterrevolutionären Tätigkeit fürchtete sowie um die konspirative aktive Trotzkistengruppe zu schützen, die durch die Parteiuntersuchung nicht aufgedeckt wurde, flüchtete WOLLENBERG illegal aus der Sowjetunion mit Hilfe seiner Verbindungen im trotzkistischen Untergrund.

Als WOLLENBERG in Prag wohnte und zusammen mit dem Prager trotzkistischen Zentrum gegen die Sowjetunion und die KPdSU (B) aktiv kämpfte, verband er sich mit der Angeklagten MÜHSAM, die ihm in seiner konterrevolutionären trotzkistischen Tätigkeit Hilfe und Unterstützung leistete. Nach ihrer Ankunft in der UdSSR verband sich MÜHSAM mit den Mitgliedern der von WOLLENBERG in der UdSSR geschaffenen konterrevolutionären trotzkistischen Gruppe sowie mit den durch WOLLENBERG in konterrevolutionärer trotzkistischer Richtung beeinflußten Personen. Das zeugt davon, daß MÜHSAM von WOLLENBERG mit der Verbindung zwischen ihm und dem von ihm in der UdSSR geschaffenen konterrevolutionären trotzkistischen Kader beauftragt wurde.

Durch die Untersuchungsmaterialien, durch Aussagen der Angeklagten sowie durch den Untersuchungsbehörden zur Verfügung stehende Angaben wurde festgestellt, daß jeder der in diesem Fall zur Verantwortung Gezogene in folgenden Punkten schuldig ist:

1) BERNDT Herbert Brunowitsch gehörte zu der von WOLLENBERG geschaffenen konterrevolutionären trotzkistischen Führungsgruppe, propagierte aktiv konterrevolutionäre trotzkistische Ansichten unter den deutschen Politemigranten und bereitete dadurch die Anhänger für eine durch WOLLENBERG ausgearbeitete und gegen die Führung des ZK der KPD und der Komintern gerichtete Plattform vor.

Durch diese Arbeit förderte er die Bildung eines breiten konterrevolutionären trotzkistischen Kaders aus deutschen Politemigranten durch WOLLENBERG. Er verdeckte seine konterrevolutionäre Tätigkeit sowie jene WOLLENBERGS, auch als sie durch die Parteiuntersuchung teilweise entlarvt wurde und förderte damit WOLLENBERGS Flucht ins Ausland.

Er erklärte sich teilweise für schuldig. Er verhielt sich während der Untersuchung sehr ausfallend, indem er konterrevolutionäre trotzkistische Verleumdungen äu-

---

12 Das ist Raimond Nörenberg (Rudolf), geb. 1906 in Berlin, ehem. KJVD- und KPD-Mitglied, Mitarbeiter der Komintern, wurde erst am 31. März 1937 verhaftet und am 25. August 1937 vom Militärkollegium des Obersten Gerichts zum Tode verurteilt und am gleichen Tag erschossen.

ßerte und indem er mehrmals versuchte, die Untersuchungsführer physisch zu bedrohen.

2) ALBERT-TAKE Erich Albertowitsch, Mitarbeiter des Verlags ausländischer Arbeiter. Gehörte der von WOLLENBERG gegründeten konterrevolutionären trotzkistischen Führungsgruppe an, beteiligte sich an den illegalen konterrevolutionären trotzkistischen Versammlungen.

Während der Parteiuntersuchung verheimlichte er seine konterrevolutionäre trotzkistische Tätigkeit sowie jene WOLLENBERGS und begünstigte dadurch die Flucht WOLLENBERGS. Nach dem Ausschluß WOLLENBERGS aus der KPD unterstützte er ihn materiell.

Erklärte sich teilweise für schuldig.

3) MÜHSAM Kreszentia Augustowna. War in Prag mit WOLLENBERG eng verbunden, nach seiner Flucht aus der UdSSR erwies sie ihm materielle Hilfe und förderte seine konterrevolutionäre Tätigkeit in Prag. Unterhielt Verbindung auch zu einigen anderen Trotzkisten im Ausland. Nach der Ankunft in der UdSSR stellte sie Kontakt zu den Mitgliedern der von WOLLENBERG in der UdSSR geschaffenen konterrevolutionären trotzkistischen Gruppe her und verwirklichte die Verbindung WOLLENBERGS mit dem trotzkistischen Untergrund in der UdSSR.

Sie verleugnet ihre konterrevolutionäre trotzkistische Tätigkeit, gesteht aber die Tatsache der engen Verbindung mit WOLLENBERG und der ihm erwiesenen Hilfe ein.

Indem ich die Untersuchung für beendet und die Schuld der zur konterrevolutionären trotzkistischen Tätigkeit herangezogenen Personen für bewiesen halte,

BESCHLOSS ich:

daß der Untersuchungsfall Nr. 3544 der Sonderberatung des NKWD zur Behandlung zu übergeben ist,

daß die Fahndung und Untersuchung gegen die in dem vorliegenden Fall nicht zur Verantwortung herangezogenen Teilnehmer der konterrevolutionären trotzkistischen Gruppe fortzusetzen ist.

Geh. des Leiters der 9. Abt. der Sonderabteilung der GUGB des NKWD
Leutnant der Staatssicherheit (Osmolowski)
Geh. des Leiters des Sonderabteilung der GUGB des NKWD der UdSSR
Hauptmann der Staatssicherheit (Wolinski)
Leiter des Sonderabteilung der GUGB des NKWD der UdSSR
Kommissar der Staatssicherheit, 2. Rang (Gaj)
26. Juni 1936
Moskau«

In diesem NKWD-Anklagekonstrukt fällt besonders auf, daß der verbale Widerspruch und der physische Widerstand von Herbert Berndt ebenso wie das beharrliche Leugnen von Zenzl Mühsam vermerkt werden. Zurückverwiesen wird auch auf die frühere Untersuchung der Internationalen Kontrollkommission der Komintern. Nach dieser Anklageschrift vom 26. Juni 1936, die auch der Leiter der Sonderabteilung, Mark Gaj, unterzeichnete, entschied eine »Sonderberatung« des NKWD am 9. Oktober 1936 über Herbert Berndt und Zenzl Mühsam. Da die Anklageschrift noch nicht die Vorwürfe von »Terrorismus« und »Spionage« erhob, sondern sich »nur« auf »antisowjetische Agitation« und die »Vorbereitung« bezog, da sich für Zenzl Mühsam wahrscheinlich Jelena Stassowa verwandte, fiel das »in absentia« gefällte Urteil vergleichsweise »milde« aus. Die »Sonderberatung« des NKWD entschied, daß Herbert Berndt zu fünf Jahren »Besserungsarbeitslager« (ITL) und Zenzl Mühsam mit einem zweijährigen Aufenthaltsverbot für Moskau und Leningrad bestraft werden sollten. Während Berndt in den GULAG abtransportiert[13] wurde, konnte Zenzl Mühsam in Moskau in der direkten Obhut von Jelena Stassowa verbleiben. Nach ihrer Haftentlassung, die sowohl auf internationalen Protest wie die Einflußnahme Stassowas zurückgeführt werden kann, hatte Zenzl Mühsam bei der Familie des holländischen Ingenieurs Willem de Wit Hilfe gesucht und Aufnahme gefunden. Susanne Leonhard, die am 27. Oktober 1936 verhaftet wurde, erinnerte sich in ihrer Autobiographie: »Schmutzig und mit hängenden Strümpfen war sie sofort vom Gefängnis aus zu der holländischen Familie – den de Wits – gekommen. Ein muffiger Gefängnisgeruch habe ihr angehaftet. Sie hatte sich an die MOPR gewandt, und Jelena Stassowa hatte sie in einem Zimmer im MOPR-Gebäude untergebracht, wo sie streng beobachtet wurde.«[14] In einer »Autobiographie« aus dem Jahre 1947 verschwieg Zenzl Mühsam diese erste Haftzeit. Wahrscheinlich hatte 1936 Jelena Stassowa für Mühsam gebürgt. Ein bereits schriftlich vom NKWD ausgefertigter Ausweisungsbefehl sollte sie nach Charkow verbannen. An der dortigen Technischen Hochschule lehrte Alexander Ginzburg, dessen Frau Melanie eine Cousine Erich Mühsams[15] war, Architektur. Diese Verbannung aus bestimmten Städten, eine auch im Zarismus geübte Praxis der sogenannten Minusstrafe, wurde jedoch angesichts der internationalen Proteste nicht mehr ausge-

---

13 Das weitere Schicksal von Herbert Berndt ist unbekannt.

14 Leonhard, Gestohlenes Leben, S. 71.

15 Vgl. Brief Zenzl Mühsams an Milly und Rudolf Rocker, 28. Februar 1936, Nachlaß Rocker IISG Amsterdam.

führt. Zenzl Mühsam wurde wieder unter der Obhut von Jelena Stassowa im Haus der MOPR untergebracht und konnte deshalb Ende 1936 auch Lion Feuchtwanger bei dessen Moskau-Besuch in »Freiheit« präsentiert werden.

Internationaler Protest

Die Moskauer Kaderabteilung, die durch die Berichte der KPD-Auslandsleitung und des Nachrichten-Apparates der KPD auch über westliche Pressemeldungen informiert war, verfolgte die öffentlichen Interventionen im Westen zur Freilassung von Zenzl Mühsam aufmerksam. In einem kurzen Dossier hielt die »Kaderabteilung« fest: »Nach ihrer Verhaftung wurde durch die Trotzkisten und Anarchisten eine internationale Kampagne zur Freilassung von Zensi Mühsam geführt.«[16]

Aus Moskau nach Prag zurückgekehrt, schrieb Wieland Herzfelde, der Leiter des Malik-Verlages, am 9. November 1936 an Willi Bredel in Moskau:

»Die wildesten Gerüchte gehen hier (teilweise sogar durch die Presse). Zenzl ist erschossen. Willi M[ünzenberg] verhaftet, dito Hugo [Eberlein], dito Carola Neher. Und wir? Was können wir antworten? Wir glauben's nicht. Das ist natürlich gänzlich unwirksam. Ich verstehe nicht, warum so falsche Nachrichten, soweit sie in der Presse stehen, nicht stets und sofort von den zuständigen Stellen dementiert werden.«[17]

In Prag hatte Erich Wollenberg im Juli 1936 in einem Gedenkartikel »Für Erich Mühsam« gegen die Verhaftung von Zenzl Mühsam in Moskau protestiert:

»Kreszenzia Mühsam, seine Frau und langjährige Kampfgefährtin, ist in Moskau am 23. April 1936 in den Kerkern der GPU verschwunden. Unter Lebensgefahr den faschistischen Henkern Hitlerdeutschlands entronnen, folgte sie vertrauensvoll einer Einladung der Vorsitzenden der Internationalen Roten Hilfe, Helene Stassowa, nach Moskau. Auf das Versprechen der Helene Stassowa hin, den literarischen und politischen Nachlaß in Erich Mühsams ungekürzt russisch und in einer Reihe anderer

---

16 RGASPI, f. 495, op. 205, d. 6231, unpag.

17 Guiseppe de Siati/Thies Ziemcke (Hg.), Prag–Moskau. Briefe von und an Wieland Herzfelde, S. 112.

Sprachen herauszugeben, ließ Kreszentia Mühsam die bisher unveröffentlichten Arbeiten Erich Mühsams von Prag nach Rußland schaffen. Das war in den ersten Monaten des Jahres 1936 […]. Seit dem 23. April 1936 besteht keine Verbindung zwischen Kreszentia Mühsam und der Außenwelt. Auf verschiedene Anfragen aus dem Ausland teilte Helene Stassowa, die sich Treuhänderin der politischen Gefangenen nennt, in zynischster Weise mit, daß Kreszenzia Mühsam wegen ›Verbindung mit den terroristischen Verschwörern‹ verhaftet worden sei. Jeder, der Kreszentia Mühsam kennt, weiß, daß diese Behauptung eine freche Lüge ist. Kreszenzia Mühsam ging nach Rußland, um im Geiste ihres von den Nazis ermordeten Mannes für die Milderung der Not der politischen Gefangenen und deren Angehörigen zu wirken. Da alle Briefe an Kreszenzia Mühsam unbeantwortet blieben, und da auch Helene Stassowa sich seit ihrer ersten Anwort nicht mehr äußerte, sind die Freunde und Angehörigen der Witwe Erich Mühsams in großer Sorge um sie.«[18]

Einzelheiten über die Verhaftung Zenzl Mühsams wurden im Juli 1936 aus einem Brief des Ingenieurs Willem de Wit bekannt, der den holländischen Anarchosyndikalisten nahestand. Zenzl Mühsam war mit de Wit, der in Moskau als »Spezialist« arbeitete, und seiner Familie befreundet gewesen. Bei einem Urlaubsaufenthalt in Holland informierte de Wit über Zenzl Mühsams Verhaftung mit einem vertraulichen Brief, den er am 4. Juli 1936 aus Enkhuizen/Holland an Rudolf Rocker richtete. De Wit schilderte hier auch die Verhandlungen, die Mühsam mit einem Moskauer »Literaturinstitut«[19] am 22. April, einen Tag vor ihrer Verhaftung, zum Abschluß gebracht habe. Seit dieser Zeit befinde sich ein »Kasten mit Manuskripten« in diesem Institut. Jelena Stassowa habe auch gegenüber Peps Elfinger betont, daß der Nachlaß von Mühsam »nicht die Privatangelegenheit der Familie Mühsam«[20] sei. Die Verhaftung Zenzl Mühsams konnte sich de Wit immer noch nicht erklären:

»Die Veranlassung zur Verhaftung war und ist nicht klar. Es ist wahr, daß sie nie Hehl machte aus der Tatsache, daß Erich Mühsam Anarchist war, daß sie nie in der sonst fast lückenlosen Stalinschmeichelei mitmachte, aber wir halten es doch kaum für möglich, daß sie deswegen verhaftet wurde. Eine andere Möglichkeit ist, daß sie in ihrer Vertrauensseligkeit Feinde des Regimes unterstützt hat oder entgegengekommen ist, ohne zu wissen, mit wem sie es zu tun hatte.«

---

18 Erich Wollenberg, Für Erich Mühsam! In: Sozialistische Warte, 1936, S. 4556f.

19 Das 1935 gegründete »Gorki-Institut« befand sich erst im Aufbau.

20 Auch diese Äußerung Stassowas belegt das politische Interesse für die vertraglich »gesicherte« Beschlagnahme des Nachlasses.

De Wit, der nach seiner Rückkehr in Moskau selbst als »Teilnehmer« der Wollenberg-Organisation verhaftet wurde, schien immer noch an die Normalität der Sowjetjustiz zu glauben, wenn er schreibt, daß man in letzterem Fall annehmen müßte, daß sie »schon wieder aus der Haft entlassen wäre«.

Mit diesen Informationen wandte sich die Anarchistin Emma Goldmann an den Herausgeber des *Manchester Guardian* und die Herausgeberin von *The Nation*.[21] Offene Briefe an Jelena Stassowa wurden publiziert, und Flugblätter der anarchosyndikalistischen Gewerkschaft Hollands[22] riefen zur Befreiung Zenzl Mühsams auf. Der Vorsitzende des anarchosyndikalistischen niederländischen Gewerkschaftsverbandes, Albert de Jong, schrieb im September 1936 in einem Brief an Jelena Stassowa:

»Ihren Brief des 22. August habe ich dankend erhalte. Offen gesagt verstehe ich aber nicht, warum Sie mir einen Brief schicken, der so wenig besagt.

Seit dem 22. April, d.h. fast sechs Monate, ist Zensl Mühsam jetzt verschwunden. Niemand weiß, wo sie sich befindet. Niemand weiß, welche Beschuldigungen man nun eigentlich gegen sie erhebt. Immer wieder habe ich Sie gebeten, mir Ihre Adresse mitteilen zu wollen. Auf diese Frage antworten Sie aber gar nicht.

Am 18. Juli wurde aus Moskau berichtet, man würde sie ausweisen, und Ihre Parteigenossen erzählen überall, daß sie schon ausgewiesen sein sollte. Aber zwei Monate später befindet sie sich immer noch, und zwar völlig von der Welt abgeschlossen, in irgendeinem, der Welt unbekannten russischen Kerker. Ich habe Sie gefragt, wann man ihr [!, R. M.] ausweisen würde, und wo sie Rußland wird verlassen können. Darauf aber antworten Sie nicht!.

Am 9. August sandte ich Ihnen einen Brief für Zensl. Sie haben diesen Brief auch erhalten. Was Sie aber mit dem Brief getan haben, schreiben Sie mir nicht. Von der Zensl selbst habe ich auch nie ein Lebenszeichen erhalten. Haben Sie den Brief an die Zensl befördert? Wenn ja, warum antwortet sie uns nicht? In meinem Brief fragte ich Sie, wie es der Zensl geht. Sie antworten aber nicht!

Sie schreiben mir aber: ›Wie Sie sehen, ist Frau Mühsam direkt in konterrevolutionäre Angelegenheiten verwickelt.‹ Ich sehe das aber gar nicht und kann Ihnen versichern, daß außer den betörten Anhängern Moskaus, die nun einmal von vornherein alles gutheißen, was die Sowjetregierung tut, kein einziger Revolutionär und kein einziger Sozialist Europas auch nur einen Augenblick glauben wird, daß die tapfere Frau Erich Mühsams sich je für konterrevolutionäre Zwecke hat hergegeben [...].

---

21 Briefe von Emma Goldmann, Nachlaß Rocker, IISG Amsterdam.

22 Nachlaß Rocker, IISG Amsterdam.

Ich wiederhole, was ich Ihnen schon früher einmal geschrieben habe: Es war auf Grund IHRER Einladung, daß die Zensl arglos nach Rußland gegangen ist. Sie tragen ihr gegenüber eine große moralische Verantwortlichkeit! Ich wage es, noch einmal an Sie zu appellieren und frage Sie als Frau und als Mensch: treten Sie ein für die Rechte der Zensl, und vor allem: lassen Sie alle Heimlichkeit dem Ausland gegenüber beiseite.«[23]

Diesen Protestbrief de Jongs schickte die Stellvertreterin Stassowas als Abschrift mit einem Begleitschreiben[24] an Mark I. Gaj[25], den Leiter der Sonderabteilung des NKWD. Auch die Briefe, die von Charlotte Landau-Mühsam aus Haifa und von Ruth Österreich (junior) an Stassowa gerichtet wurden, schickte die MOPR prompt an die Sonderabteilung des NKWD[26] weiter. Nachdem Jelena Stassowa auf einen Brief am 20. August 1936 hinhaltend geantwortet hatte, schrieb Charlotte Landau-Mühsam am 3. September 1936 an die »Internationale Rote Hilfe (MOPR) Moskau, z.Hd. von Frau Helene Stassowa« erneut:

»Wenn ich Ihnen auch dankbar bin, daß Sie mir über den Grund der Inhaftierung meiner Schwägerin Zenzl Mühsam Auskunft gegeben haben u. mir mitteilen, daß sie sich in nächster Zeit nicht in Moskau aufhalten dürfte, so orientieren Sie mich doch nicht über den augenblicklichen Aufenthalt u. über ihr Ergehen, u. ob sie in Freiheit ist oder nicht. Ich kann deshalb nur wiederholen, daß wir, ihre Verwandten, weiter sehr beunruhigt sind, u. daß auch auswärtige Zeitungen Besorgnisse ihretwegen zum Ausdruck brachten. Ich wende mich deshalb erneut an die Rote Hilfe mit der dringenden Bitte, sich Zenzl Mühsams anzunehmen u. ihr Hilfe zu leisten.

Beiliegenden Brief an sie bitte ich in ihre Hände gelangen zu lassen u. ihr dazu zu verhelfen, uns irgend ein Lebenszeichen zu geben. Ich bitte mir mitzuteilen, ob es nötig u. möglich sein wird, ihr etwas Geld zu schicken.«[27]

Auch Thomas Mann entwarf am 1. August 1936 einen Brief an den Sekretär der Auslandskommission des sowjetischen Schriftstellerverbandes, Michail Kolzow:

---

23 RGASPI, f. 539, op. 2, d. 843, Bl. 318–319.

24 RGASPI, f. 539, op. 2, d. 843, Bl. 315.

25 Mark I. Gaj, Kommissar zweiten Ranges und Leiter der Sonderabteilung des NKWD, unterzeichnete 1936 auch die Anklageschrift gegen Zenzl Mühsam. Am 1. April 1937 wurde Gaj verhaftet und am 20. Juni 1937 erschossen.

26 RGASPI, f. 539, op. 2, d. 843, Bl. 312 u. Bl. 304. Ruth Österreich erkundigte sich in Moskau mit einem fingierten Kinderbrief ihrer Tochter.

27 RGASPI, f. 539, op. 2, d. 843, Bl. 305.

»Sie werden das Befremden verstehen, das diese Nachricht auch in mir erregen mußte. Frau Mühsam war Jahrzehnte lang mit einem Intellektuellen verheiratet, der anarchistischen Ideen huldigte, Ideen, über die zu diskutieren mir hier ganz fern liegt, und die mir höchstens insofern Sympathien einflößen könnten, als der Mann im Deutschland Hitlers dafür Marter und Tod erlitten hat. Daß seine Ehefrau in der geistigen Sphäre ihres Mannes lebte und dieselbe politische Sprache geredet hat, wie er, ist so gut wie selbstverständlich. Darüber hinaus aber sollte man denken, daß einer Flüchtigen und Gehetzten, die Jahre lang den Qualen hat zusehen müssen, die Hitlers Schergen ihrem Lebensgefährten zufügten, und die schließlich sein grausames Ende unter den Händen dieser Menschen hat erleben müssen – daß einer solchen Frau mit Sympathie, mit Güte, ja mit einer gewissen Ehrerbietung sollte begegnet werden, da sie sich an den Herd des neuen Rußland flüchtete. Ich kenne Frau Mühsam nicht; nach allem, was ich höre, ist sie, Münchnerin volkstümlicher Herkunft, anspruchlosen Geistes und ganz bestimmt als Persönlichkeit harmlos und politisch ungefährlich. Daß ihre Gefangennahme eine Staatsnotwendigkeit sein solle, glaube ich nie und nimmer und könnte sie mir nur durch übergroßen Eifer untergeordneter Organe erklären.«

Thomas Mann zitierte dann aus dem Verfassungsentwurf der UdSSR den Artikel zum Asylrecht und schloß: »Welche Bitternis für uns alle, die wir in der neuen russischen Verfassung das Instrument einer autoritären Demokratie erblicken möchten, wenn dieses Asyl die Gestalt einer Gefängniszelle hätte!«[28]

Nach der Publikation seines kritischen Reiseberichts »Zurück aus Sowjetrußland« (1936) erhielt André Gide eine ausführliche Leserzuschrift von Rauol Laszlo, die Gide in seinen »Retuschen zu meinem Rußland-Buch« (1937) publizierte. In diesem Brief vom 2. Dezember 1936 verwies Laszlo auf die »Massenerschießungen« und die »Verschickung Tausender von ›Konterrevolutionären‹ in die Konzentrationslager am Weißen Meer,

28 Mann, Briefe, S. 421 f. Ob dieser Brief Kolzow erreichte, läßt sich nicht verifizieren, da der eingesehene Nachlaß Kolzows im Moskauer Russischen Staatsarchiv für Literatur und Kunst (RGALI) große Lücken aufweist. In seinem Tagebuch notierte Thomas Mann am 30. Juli 1936 nach dem Gespräch mit Bernard von Brentano: »Schlimmer Fall der Witwe Mühsam, die wegen ›anarchistischer‹ Äußerungen in einem russischen Gefängnis sitzen soll.« Mann, Tagebücher, S. 341.

in Sibirien und Turkestan« und machte Gide[29] auch auf das Schicksal von Zenzl Mühsam aufmerksam: »In den Sowjetgefängnissen befindet sich Zenzi Mühsam, die Witwe (welch bezeichnende und tragische Analogie!) eines Mannes, der seinerseits den Tod in einem hitlerischen Konzentrationslager gefunden hat.«[30] Daraufhin reagierte Lion Feuchtwanger[31] – nach der Publikation seines apologetischen Reiseberichts »Moskau 1937« – mit einer Leserzuschrift in der Basler *Nationalzeitung* am 3. August 1937. Um Gides Behauptungen in den »Retuschen« am selbsterlebten Detail scheinbar zu widerlegen, berichtete er, daß »Cenzi Mühsam« ihn am 12. Dezember 1936 in seinem Moskauer Hotel aufgesucht habe:

»Sie beklagte sich darüber, daß sie vom Moskauer Staatsverlag für die Publikation des literarischen Nachlasses von Erich Mühsam, von dem sie sich sehr viel erhoffte, nur zehntausend Rubel erhalten habe. Auf meine Intervention erklärte der Staatsverlag, daß er leider aus dem Nachlaß Mühsams vorläufig lediglich einen Anthologieband[32] zusammenstellen und herausgeben könne, da der Nachlaß im wesentlichen innerdeutsche Angelegenheiten behandle und für die Publikation in der Sowjetunion nicht in Frage komme.«[33]

Die öffentlichen Proteste und Nachfragen in der westlichen Presse wie auch der 1936 noch vorhandene Einfluß Jelena Stassowas[34] führten dazu, daß Zenzl Mühsam im Haus des ZK der MOPR in Moskau, in der uliza Ogarowa Nr. 4, ein Zimmer zugewiesen wurde. Während dieser Kasernierung wurde Zenzl Mühsam vom Moskauer Gorki-Institut

29 Noch vor seiner Rußlandreise wurde Gide 1936 von Harry Wilde besucht. Gide versprach ihm, für Zenzl Mühsam in Moskau zu intervenieren. Vgl. Wilde, Theodor Plivier, S. 358–363.

30 Gide, Retuschen zu meinem Rußland-Buch, in: Gide, Reisen, S. 454.

31 Zur »Entzweiung über Gide« vgl. Michael Rohrwasser, Ein »Neuer Typus« des Schriftstellers. Deutsche Literatur zwischen Hitlerdeutschland und sowjetischem Exil, in: Antonowa/Merkert (Hg.), Berlin–Moskau, S. 376.

32 In der Sowjetunion erschien 1960 ein schmaler Auswahlband mit jahrzehntelanger Verspätung: Mühsam, Erich, Eine Auswahl aus seinen Werken.

33 Zit. nach: Rohrwasser, Der Stalinismus und die Renegaten, S. 156f.

34 Am 11. November 1937 trug Dimitroff folgende Äußerungen Stalins in sein Tagebuch ein: »Wir werden wahrscheinlich auch Stassowa verhaften. Sie erwies sich als Schurkin.« Jelena Stassowa wurde ihrer Funktion als MOPR-Vorsitzende enthoben und als Redakteurin für die englische und französische Ausgabe der Zeitschrift Internationale Literatur abgeschoben, Dimitroff, Tagebücher, S. 165.

ein Vertrag[35] über den Nachlaß Erich Mühsams aufoktroyiert, der ihr monatlich 500 Rubel zusicherte. Ihr »Widerstandsgeist« war jedoch, trotz der monatelangen Haft im Inneren Gefängnis der Lubjanka, ungebrochen.[36]

Mit merkwürdiger Distanz bat Bertolt Brecht in einem Brief vom Mai 1937 an Lion Feuchtwanger, der nach seinem schönzeichnenden Reisebericht[37] und einer Stalin-Audienz in Moskau allerhöchstes Ansehen genoß, etwas für »die Neher« zu tun:

»Übrigens: Könnten Sie etwas für die Neher tun, die in M[oskau] sitzen soll, ich weiß allerdings nicht weswegen, aber ich halte sie nicht gerade für eine den Bestand der Union entscheidend gefährdende Person. Vielleicht ist sie durch irgendeine Frauenaffäre in was hineingeschlittert. Immerhin ist sie kein wertloser Mensch, und ich weiß nicht, ob Sie das drüben wissen, sie hatte keine rechte Gelegenheit sich zu zeigen. Wenn Sie nach ihr fragten, würde das schon nützen. Ich selber habe von niemandem eine Antwort erhalten, was ich nicht schätze. Aber vielleicht haben Sie drüben von ihr erfahren, dann wäre ich Ihnen dankbar für einige Zeilen darüber. Ich werde immerfort ihretwegen um Auskunft angegangen.«[38]

Ende Mai 1937 fragte Brecht erneut bei Feuchtwanger nach: »Haben Sie eigentlich drüben was von der Carola Neher gehört? Sie soll in irgendeine dunkle Geschichte verwickelt sein. Ich wäre Ihnen sehr dankbar, wenn Sie mir darüber schrieben, daß heißt, wenn Sie was gehört haben.«[39]

Da Feuchtwanger ihm eine Antwort schuldig blieb, entwarf Brecht erneut einen Brief an ihn, den er aber vermutlich nicht abschickte:

»Sehen Sie irgendeine Möglichkeit, sich beim Sekretariat Stalins nach der Neher zu erkundigen? Bei den sehr berechtigten Aktionen, die man den Goebbelsschen Organisationen in der UdSSR entgegensetzt, kann natürlich auch mal ein Fehlgriff pas-

---

35 Text des russischen Vertrages vom 14. Juni 1937 in Nachlaß Mühsam, 1745, Bl. 91, AdK, Archiv. Der »Vertrag« wird hier als »Archivkopie« bezeichnet und trägt keine Unterschrift.

36 Plivier, Hildegard, Meine Hunde und ich, S. 126f. Auch Hildegard Plivier war fasziniert von Zenzl Mühsams Kochkünsten, die auf der Datsche Pliviers bei Moskau großen Zuspruch fanden.

37 Brecht hielt Feuchtwangers »Moskau 1937« für »das Beste, was von seiten der europäischen Literatur bisher in dieser Sache erschienen ist«. Brecht, Werke. Briefe 2, Bd. 29, S. 42.

38 Brecht, Werke. Briefe 2, S. 30.

39 Ebenda, S. 31.

sieren. Wenn die N. sich tatsächlich an hochverräterischen Umtrieben beteiligt hat, kann man ihr nicht helfen, aber man kann vielleicht durch einen Hinweis auf ihre große künstlerische Begabung erreichen, daß das Verfahren beschleunigt und ihr Fall besonders geklärt wird.«

Brecht »wäre es aber recht« gewesen, wenn diese nicht abgesandte Bitte vertraulich behandelt würde, da er »weder ein Mißtrauen gegen die Praxis der Union säen noch irgendwelchen Leuten Gelegenheit geben will, solches zu behaupten«.[40]

Im Januar 1939, nach der Verhaftung von Michail Kolzow und Sergej Tretjakow notierte Brecht, der seine »Stellung« zur Sowjetunion immer noch »positiv kritisch« definierte, in seinem Arbeitsjournal: »niemand [weiß] etwas von der neher, die in prag im auftrag ihres mannes trotzkistische geschäfte abgewickelt haben soll.«[41] Trotz veröffentlichter Kritik[42] an seiner »Haltung« zu den Moskauer Verhaftungen kolportierte Brecht immer noch die in Moskau und auch im westlichen Exil ausgestreuten Legenden. Sein taktierender Briefentwurf[43] an Dimitroff, in dem er als »unerschütterlicher Freund der Sowjetunion« vorschlägt, Auskunftsstellen für die Angehörigen einzurichten, zielte allenfalls darauf, »dem scheußlichen und von der bourgeoisen presse weidlich ausgenützten gerede vom ›spurlosen verschwinden von menschen in der sovietunion‹, von den ›geheimen kellern des lubjanka-gefängnisses‹, von den ›klagen greiser mütter‹, daß sie über das schicksal ihrer kinder nichts in erfahrung bringen können«, etwas entgegenzusetzen. Brechts Vorschlag an Dimitroff, in Moskau mehr Auskunftsstellen über Verhaf-

---

40 Der nicht abgeschickte Brief Brechts findet sich nicht mehr in der »Großen kommentierten Berliner und Frankfurter Ausgabe«. Abgedruckt jedoch noch in: Brecht, Briefe, hrsg. von Günter Glaeser, Frankfurt am Main 1981, S. 326f.

41 Brecht, Bertolt, Arbeitsjournal. 1938–1942, Bd. 1, S. 36.

42 In der trotzkistischen Zeitung Unser Wort schrieb 1938 Walter Held [d. i. Heinz Epe]: »Sie, Herr Brecht, haben Karola Neher gekannt. Sie wissen, daß sie weder eine Terroristin, noch eine Spionin, sondern ein tapferer Mensch und eine große Künstlerin ist. Weshalb schweigen Sie? Weil Stalin Ihre Publikation ›Das Wort‹, die verlogenste und verkommenste Zeitschrift, die jemals von deutschen Intellektuellen herausgegeben worden ist, bezahlt.« Heinz Epe versuchte 1941 von Schweden über die Sowjetunion in die USA zu emigrieren. Er wurde bei der Einreise zusammen mit seiner Frau vom NKWD verhaftet und am 28. Oktober 1942 erschossen.

43 Brecht, Werke. Briefe 2, Bd. 29, S. 124–125.

tungen einzurichten, blieb offensichtlich Entwurf[44] und ließ sich auch bisher im Dimitroff-Fonds des ehemaligen »Komintern-Archivs« nicht auffinden. Die in dem »weidlich ausgenützten gerede« aufgeführten Vorgänge entsprachen jedoch der Moskauer Wirklichkeit. So berichten mehrere Autobiographien[45] und Tagebücher[46], aber auch zahlreiche Eingaben (z. B. von Henriette und Gustav Sobottka) über das zermürbende und aussichtslose Schlangestehen vor den verschiedensten »Instanzen«, die monatelang jede Auskunft[47] über den Verbleib der verhafteten Angehörigen verweigerten. In ihrem Tagebuch notierte am 13. April 1938 die Leningrader Malerin Lubow W. Schaporina: »Von keinem der Verhafteten auch nur ein Ton. Sie verschwinden wie in der Lethe. Und dieses Schweigen um die verschwundenen lebendigen Menschen ist entsetzlich.«[48] Nach der Verhaftung ihres Mannes schrieb Ella Brückmann Ende Juli 1939 in einem Brief an Stalin:

»Wie schwer haben es die Frauen, zu erfahren, wo die Männer sind und wie weit die Sache gediehen ist. Verschiedene Frauen wissen nach 4–5 Monaten nicht, wo der Mann sich befindet. Wozu das? Anderen wird gesagt: ›Warten Sie, Ihr Mann wird schreiben, er ist verschickt.‹ Er schreibt aber nicht. Bei nochmaliger Nachfrage erfahren sie: ›Die Untersuchung läuft noch.‹ Wozu das? Das Verhalten der Beamten ist den Frauen gegenüber schroff und abweisend, als ob sie keine menschlichen Gefühle hätten. Wozu das?«[49]

Bertolt Brecht wurde zwar in NKWD-Akten als »Trotzkist«[50] bezeichnet, konnte aber angesichts seiner Prominenz und mit Rückendeckung

---

44 Auf dem Briefentwurf Brechts findet sich der handschriftliche Vermerk Margarete Steffins »nicht abgeschickt«. Auch abgedruckt in: Antonowa/Markert (Hg.), Berlin–Moskau, S. 437.

45 Buber-Neumann, Als Gefangene bei Stalin und Hitler, S. 24; Quittner, Weiter Weg nach Krasnogorsk, S. 61; Bosse, Jene Zeit in Charkow 1936–1941, S. 122f.

46 Hellbeck (Hg.), Tagebuch, S. 242f., S. 249–253.

47 Die NKWD-Auskunft »Zehn Jahre ohne Recht auf Korrespondenz« bedeutete, daß der Häftling bereits erschossen war.

48 Garros/Korenewskaja/Lahusen (Hg.), Das wahre Leben, S. 359.

49 Fotokopie, Sammlung »Eingaben und Briefe«, Hamburger Institut für Sozialforschung.

50 In einem »Memorandum« des NKWD zu Maria Osten werden sowohl Brecht wie Ernst Busch als »Trotzkisten« ausgemacht. NKWD-Strafakte Maria Osten, Beilage. Vgl. auch Vladimir Koljazin: Bertol't Brecht v vizire tajnoj policii Stalina [Bertolt Brecht im Visier der Geheimpolizei Stalins]. In: Nezavisimaja gazeta, 9. Juli 1997, S. 5.

des Vorsitzenden des sowjetischen Schriftstellerverbandes, Michail Apletin, der ihn regelmäßig mit Stalin-Reden, der *Deutschen Zentral-Zeitung* und in Moskau mit Fahrkarten[51] versorgte, 1941 durch die Sowjetunion über Moskau und Wladiwostok in die USA weiterreisen.

Denunziation und Meldungen

Noch in der Retrospektive Ruth von Mayenburgs, die ab Frühjahr 1938 im »Hotel Lux«[52] logierte, taucht der in der Moskauer Emigration Aufsehen erregende »Fall« Zenzl Mühsams auf. Dabei referiert Ruth von Mayenburg auch noch jene die Verhaftung scheinbar legitimierenden Raster – Zenzl Mühsam als »Botin« verschlossener Briefe des »Trotzki-Anhängers« Wollenbergs –, die vierzig Jahre vorher im »Hotel Lux« in Umlauf gebracht wurden:

»Ein Fall, der im Lux alle Gemüter bewegte, war die Verhaftung von Zenzi Mühsam, Frau des deutschen Dichters Erich Mühsam, der im KZ Oranienburg nach schweren Folterungen im Juli 1934 Selbstmord begangen hatte. Ihr und angeblich auch ihrer Reisegefährtin, der deutschen Schauspielerin Carola Neher (die nicht im Lux wohnte) hatte der Miltärapparat-Mann Wollenberg und Trotzki-Anhänger Erich Wollenberg im August 1935 vor der Abreise von Prag nach Moskau verschlossene Briefe mitgegeben, die sie bei den Moskauer Adressaten persönlich abliefern sollten. Carola Neher, auf einer Datsche außerhalb Moskaus verhaftet, kam ums Leben; Zenzi Mühsam, zweimal verhaftet, überlebte die langen Lagerjahre, ohne ihre geistige Vitalität wiederzufinden.«[53]

Die von Mayenburg erinnerte »Botin« Zenzl Mühsam wurde in Moskau 1936 als Legitimationsfigur und Schreckbild in zahlreichen Parteiversammlungen und als umlaufendes Gerücht geschaffen. Während der ersten Haftzeit Zenzl Mühsams verfaßten mehrere Moskauer Emigranten – nicht zuletzt um sich vom Verdacht der »Verbindung« zu exkulpieren – »Eingaben« an die Kaderabteilung oder gaben beim NKWD ihr »Wissen« über »Verbindungen« Zenzl Mühsams direkt beim NKWD zu Protokoll. So wurden die gegen Zenzl Mühsam umlaufenden Inquisi-

---

51 Vgl. Russisches Staatsarchiv für Literatur und Kunst (RGALI), f. 631, op. 11, d. 412.

52 Vgl. dazu jetzt auch Vaksberg, Hotel Lux.

53 Mayenburg, Hotel Lux, S. 233 f.

tionsraster in dem Vernehmungsprotokoll des vom NKWD am 1. Juni 1936 einvernommenen und keineswegs verhafteten Gustav Wangenheim wiedergegeben.

Das Zusammentreffen mit dem trotzkistischen »Beelzebub« Wollenberg auf dem ausländischen »Hexentanzplatz« Prag wird in den ritualisierten Schuldkonstrukten und Feindbildern des NKWD vor allem gegen mehrere Frauen gewendet: Carola Neher, Olga Meese und Kreszentia Mühsam. Nach der parteiamtlich verordneten und in der »Kaderabteilung« und im NKWD sich immer mehr selbstreferentiell potenzierenden Verfolgungspraxis, die den Verdachtsketten[54] des spätmittelalterlichen »Hexenhammers«[55] gleicht, sollten diese Frauen einen »Teufelspakt«[56] mit dem »Trotzkisten« Wollenberg geschlossen haben und konnten so als Überbringerinnen von »trotzkistischen« Höllenbotschaften verfolgt werden. Sowohl in der Kontroll- und Selektionsbürokratie der Komintern wie in der individuellen Parteifeme begegnet der rapportierende Eifer[57] und der Vernichtungsjargon der »Wachsamkeit«. Innerhalb der parteiamtlichen Verfolgungsinstanzen wie in der staatlichen Terrorbürokratie des NKWD galten für Täter und Opfer jene Ausschließungsregeln des »rackets«, die vom Individuum die »völlige Brechung der Persönlichkeit« und »absolute bündige Garantien der künftigen Zuverlässigkeit« verlangten.[58]

Nach der Verhaftung Zenzl Mühsams lieferte der im November 1936 selbst verhaftete Schriftsteller Ernst Ottwalt[59] an die Kaderabteilung ein

---

54 Vgl. dazu: Labouvie, Die Geburt einer Hexe. Zum Stand der Hexenforschung vgl. Lorenz (Hg.), Hexen und Hexenverfolgung; Walz, Hexenglaube und magische Kommunikation; Schild, Die Maleficia der Hexenleut; Dillinger, »Böse Leute«.

55 Sprenger/Institoris, Der Hexenhammer.

56 Während der Haft schrieb Jewgenia Ginsburg 1938 folgende Gedichtzeilen:
»Alles wie früher bei Hexenverfolgungen,
Eisüberzogener Stein unter zerschundenen Füßen [...].
Hatt' ich mit Satan geheime Beziehungen?
Oder verriet ich unsere Linie?« Jewgenia Ginsburg, Marschroute, S. 224.

57 Vgl. Sauerland, Lust an der Denunziation; ders., 30 Silberlinge.

58 Max Horkheimer, Die Rackets und der Geist, in: Gesammelte Schriften, Bd. 5, S. 291.

59 Ernst Ottwalt (d. i. Ernst Gottwalt Nicolas), geb. 13. Nov. 1901, Journalist und Schriftsteller, seit 1931 Mitglied der KPD, Redakteur der Linkskurve, geheimer

umfangreiches Schriftstück, in dem er seine »Verbindung« zu Zenzl Mühsam als Parteiauftrag exkulpierte und gleichzeitig alle umlaufenden Gerüchte in der Terminologie des permanenten Verdachts weitergab:

»26. 7. 1936
Streng vertraulich

An die Kaderabteilung des EKKI.

Werte Genossen, nachdem ich durch Zufall von dem Fall der Zenzi Mühsam gehört habe, halte ich es für notwendig, in dieser Angelegenheit einige Angaben zu machen.

Ich habe vor einigen Monaten zu der Broschüre der Z. M., die zusammen mit der Übersetzung einiger Mühsam'scher Gedichte in russischer Sprache erscheinen sollte, ein Vorwort geschrieben, zu dem mich der Verlag ›Molodaja Gwardja‹ aufgefordert hatte. Ich lege einen Durchschlag dieses Vorworts[60] bei. In dieser Angelegenheit bin ich in Moskau mehrere Male – das letzte Mal vor einigen Monaten – mit Zenzi Mühsam zusammengekommen.

Ich habe Zenzi Mühsam erst in der Emigration kennen gelernt, als sie kurz nach der Ermordung Mühsams in Prag eintraf. Ich wohnte damals einige Stunden von Prag ent-

Mitarbeiter des illegalen »Militär-Apparates« der KPD, kam über Dänemark im September 1933 in die UdSSR, 1933/34 Redakteur in Prag, dann wieder in die UdSSR, Publizist und Redakteur, wurde mit seiner Frau Traute Nicolas im November 1936 verhaftet, bereits vorher war sein »Fall« von der Kaderabteilung, die das Material an das NKWD weiterreichte, »untersucht« worden. Ernst Ottwalt kam im GULAG ums Leben, seine Frau wurde 1941 nach Deutschland ausgewiesen.

60 In diesem neunseitigen Vorwort, das in Kreszentia Mühsams Moskauer Kaderakte abgelegt wurde, wird Erich Mühsam von Ernst Ottwalt so charakterisiert: »Es besteht kein Anlaß zu verschweigen, daß Erich Mühsam bis in die letzte Zeit seiner Arbeit kein Marxist, kein Kommunist gewesen ist. Sein alles überwuchernder Freiheitsdrang ließ ihn Organisationsformen gering achten, sein auf individual-ethischer Grundlage stehender ›Sozialismus‹ hinderte ihn, ökonomische Gesetzmäßigkeiten im Ablauf der Entwicklung der menschlichen Gesellschaft zu erkennen. Man tut der Gesamterscheinung, der Geschlossenheit und der Widersprüchlichkeit dieses Anarchisten Unrecht, wollte man verschweigen, daß er bis zum Schluß heftige Auseinandersetzungen mit den Kommunisten hatte, die er einmal wohl zärtlich, melancholisch seine ›lieben Feinde‹ genannt hat. Wir wußten, was wir an unserem Erich Mühsam hatten, wir [...] ja wir liebten ihn mit all seinen Fehlern. Wir liebten dieses herrliche Feuer seiner Aufopferungsfähigkeit, wir liebten sein Pathos, seine Ironie, wir liebten unseren guten, stets kampfbereiten Bundesgenossen, wir liebten ›den alten Erich‹, wie wir ihn wohl kameradschaftlich nannten.« RGASPI, f. 495, op. 205, d. 6231, Bl. 63.

fernt und erhielt von der Partei den Auftrag, mich um Z. M. zu kümmern: sie führe schädliche Reden über die schlechte Arbeit der RH[61] in Deutschland, sei viel mit Wollenberg zusammen und führe eine ziemlich systematische Hetze gegen die Partei. Da außerdem gerade damals der Gen. Joh. Becher ein taktisch unkluges Gedicht[62] anläßlich von Mühsams Tod veröffentlichte, nahm Zenzi Mühsam dies zum Anlaß, in größerem Kreise von der »Leichenschändung der Kommunisten« zu sprechen. Da Erich Mühsam zu mir ein gutes Verhältnis gehabt hatte – von dem seine Frau orientiert war – gelang es mir bei meinem ersten Besuch in Prag (Sommer 1934), sie ziemlich leicht einfach dadurch zu beruhigen, daß ich nach Rücksprache mit der Partei – im Namen unserer Schriftstellergruppe von jenem Gedicht des Gen. Becher abrückte. Ich bin noch zwei oder drei Mal in ähnlichen Angelegenheiten bei ihr gewesen und fand meinen ersten Eindruck bestätigt: aus der Überzeugung heraus, sie müsse Erich Mühsam ›für die Anarchisten retten‹ und sie sei berufen, Mühsams Erbe zu verwalten und zu verwerten, war Z. M zu jeder Stellungnahme gegen die KPD und die Komintern bereit, wenn es nur gelang, ihr einzureden, diese geschähe im Sinne des verstorbenen Erich Mühsams.

Da ich noch während dieser Besprechungen im September 1934 nach Moskau abreisen mußte, wurde von der Gruppenleitung Prag die Genossin Ottwalt[63] bestimmt, als meine Frau weiterhin Verbindung mit Z. M. aufrecht zu erhalten, um auf diese Weise Informationen über Wollenbergs Treiben zu erhalten.

Schon zu meiner Zeit jedoch war die Verbindung von Z. M. zu Wollenberg so eng, daß dieser fast ständig in Z.M.s Zimmer war, und daß es fast unmöglich wurde, sie ohne Wollenbergs Gegenwart zu sprechen. War Wollenberg nicht anwesend, so war der Neffe der Z. M., den ich unter dem Namen Bepp[64] kenne, im Zimmer, der offensichtlich völlig unter Wollenbergs Einfluß stand. Gelegentlich schimpfte Z. M. hierbei auch auf die Partei, daß sie einen so hervorragenden Menschen wie Wollenberg ›so schlecht behandele‹. Soviel mir bekannt, ist zu jener Zeit der Gen. Werner Hirsch häufig mit Z.M. zusammengekommen und müßte über den Grad der Bezie-

---

61 Rote Hilfe.

62 Johannes R. Becher, Erich Mühsam, in: Die Neue Weltbühne. Jg. 3, 1934, H. 30, S. 955.

63 Waltraut Nicolas, geb. 5. Januar 1897, Journalistin, KPD-Mitglied seit 1932, arbeitete zusammen mit ihrem Mann Ernst Ottwalt für den illegalen Militär-Apparat der KPD, emigrierte über Dänemark nach Moskau, wurde im November 1933 nach Prag als Mitarbeiterin des »Bundes proletarisch revolutionärer Schriftsteller« und des »Apparates« kommandiert, am 22. Dezember 1934 erneut in Moskau, studierte an der »Kommunistischen Universität der nationalen Minderheiten des Westens«, am 5. November 1936 verhaftet, bis 1940 im Lager Kotlas, im Januar 1941 aus der UdSSR ausgewiesen, verfaßte mehrere Bücher über ihre Erlebnisse im GULAG.

64 Auch Bepp (Joseph) Elfinger, der Neffe Zenzl Mühsams, verschwand während der Säuberungen im GULAG.

hungen zu W.H. orientiert sein (Die Verbindung der Gen. Ottwalt zu Z.M. wurde übrigens kurz darauf dadurch gestört, daß Z.M. durch einen Genossen, dessen Name mir nicht bekannt, Kenntnis davon erhielt, daß von unserer Seite aus Wollenberg eine Parteigenossin als Stenotypistin zugeschoben wurde. Dieser Vorfall hat Z.M.s Abneigung gegen die Partei noch verstärkt).

Ende des Jahres 1935 (oder später?) kam plötzlich eine russische Übersetzerin zu mir und teilte mir mit, daß ›Frau Mühsam‹ mich dringend zu sprechen wünsche. Ich war auf das höchste überrascht, daß sie in der SU war und suchte sie sofort auf. Ich fand sie im Hotel ›Dom Wostoka‹ in einem außerordentlichen aufgeregten Zustand: kein Mensch kümmere sich um sie, ihr Zimmer sei schlecht, nachdem man sie auf vier Wochen in ein schlechtes Sanatorium in die Krim geschickt habe, bemühe sie sich jetzt schon wieder vier Wochen vergeblich, die Genossin Stassowa zu sprechen, könne sie aber nicht erreichen und so fort. Sie teilte mir auch mit, daß sie schon den Gen. Werner Hirsch mehrfach gebeten habe, ihr meine Adresse zu geben, was dieser mit der Begründung abgelehnt habe, er kenne sie nicht. Sie sei völlig ohne Verbindung, habe auch kein Geld und wisse bald nicht mehr, was sie machen solle. Außerdem beklagte sie sich in heftigsten Ausdrücken über die Grenzwache, die in Njegoreloje versucht habe, Erich Mühsams Manuskripte ›zu beschlagnahmen‹.

Da ich Zenzi Mühsams politische Haltlosigkeit und ihr krankhaftes Temperament kannte, hielt ich diesen Zustand für gefährlich und informierte sofort den Gen. Willi Bredel, der mir zusagte, die deutsche Vertretung beim EKKI von der Anwesenheit Z. M.s zu benachrichtigen.

In der Folgezeit war ich dann im Einverständnis mit den verantwortlichen Genossen der damaligen MOPR bemüht, in der Sowjetunion eine Auswahl Mühsam'scher Schriften in russischer und deutscher Sprache zu veröffentlichen. Ich nahm davon jedoch Abstand, als ich sah, daß Z.M. gerade auf der Veröffentlichung solcher Gedichte und Aufsätze bestand, deren Herausgabe aus politischen und künstlerischen Gründen unmöglich war. Aus dem gleichen Grunde wurde auch von der Veröffentlichung eines Bandes, der vom Gen. F. C. Weißkopf zusammengestellt worden war, und der bereits ein Jahr lang bei der VEGAAR[65] lag, Abstand genommen. Ich beschränkte mich dann darauf, jenes Vorwort zu ihrer bekannten Broschüre zu übernehmen.

Da ich einiges biographische Material über Mühsam nur durch sie erlangen konnte, bin ich zu Anfang des Jahres noch zweimal bei Z.M. im Hotel ›Nowo Moskowskaja‹ gewesen. Sie erzählte mir bei dieser Gelegenheit, daß sie nun in der SU bleiben wolle, und daß die Gen. Stassowa ihr versprochen habe, ihren Neffen Bepp auf eine Hochschule für Architektur zu schicken. Im übrigen war sie auffallend vorsichtig, was ihre Äußerungen über die Partei und die SU betraf. Ich fragte einmal vorsichtig ihren Neffen, was Wollenberg jetzt eigentlich täte, und er antwortete mir dem Sinne nach, sie hätten jetzt nicht mehr ›so enge Verbindung‹ wie früher.

---

65 Das ist Verlagsgenossenschaft ausländischer Arbeiter in der UdSSR.

Ich habe dann Z.M. nicht mehr aufgesucht, und zwar hauptsächlich aus folgenden Gründen: ich hatte den Eindruck, daß ihre Isolierung, über die sie sich damals beklagte, nicht mehr bestände und sah keinen Anlaß, mich in Angelegenheiten einzumischen, die ich nicht übersehen konnte:

Zunächst versuchte Z.M. wiederholt, mich mit einem Menschen zusammenbringen, den sie ›einen sehr guten Freund von Erich‹ nannte, und der mir sagen könnte, wie man in der SU über Erich Mühsam schreiben müsse. Es handelte sich hier um einen russischen Arzt, der lange Jahre in Deutschland gelebt habe, und der nun in Moskau arbeitete. Ich lehnte wiederholt ab, diesen Arzt, dessen Name mir einmal genannt wurde, den ich aber vergessen habe, kennen zu lernen.

Weiter hatte ich erfahren, daß Z.M. einen sehr engen Verkehr nicht nur mit der Gen. Carola Neher, sondern auch mit ihrem Mann, dem Ingenieur Anatol Bekker aufrecht erhielt, mit dem ich nicht zusammenzukommen wünschte, da er mir nicht nur menschlich unsympathisch, sondern auch politisch zum mindesten undurchsichtig erschien. In diesem Kreis verkehrte noch eine – mir unbekannte – angebliche Genossin aus Bayern, Emma Taubenberger[66] (ich habe von Z.M. gelegentlich auch den Namen des früher bei der Meshrabpom arbeitenden italienischen Genossen Cenari gehört, mit dem sie anscheinend häufiger zusammengewesen ist).

Nachdem Z.M. bereits einige Wochen von ihrer MOPR-Reise zurückgekehrt war, traf ich einmal den genannten Bepp auf der Straße, der mir mitteilte, Z.M. wünsche mich dringend zu sprechen. Ich hatte aber, nachdem Gen. Apletin, der Sekretär der Ausländischen Kommission des Unionsverbandes der Sowjetschriftsteller, mir mitgeteilt hatte, er wolle ›aus bestimmten Gründen‹ den Plan eines Mühsam-Abends, der in Z.M.s Gegenwart bei den Sowjetschriftstellern stattfinden sollte, nicht durchführen, den Eindruck, als sei nicht alles in Ordnung und suchte Z.M. nicht wieder auf.

Vor kürzerer Zeit – ich hatte bereits von Z.M.s Verhaftung gehört – fragte mich die Genossin Herta Wende, die Frau des Gen. Julius Hay, nach Z.M.s Adresse, sie hätte schon zweimal versucht, sie im Hotel zu sprechen, man hätte ihr aber gesagt, sie sei verreist. Ich sagte, ich kenne die Adresse nicht. Gen. Wende erzählte mir darauf, sie stände mit Schweizer Freunden von Z.M. in Verbindung, sehr reichen Pelzhändlern, die viele Geschäfte mit der SU machen und sie wollten ihre Adresse haben. Ich hatte den Eindruck, es handele sich hier um ein Geldgeschenk. Da die betr. Gen. unserer Parteigruppe bei der I.K. des S.S.P.[67] angeschlossen ist, machte ich unserem Parteiorg, dem Gen. Barta, hiervon Mitteilung.

---

66 Gemeint ist Elsa Taubenberger.

67 Das ist die Internationale Kommmission des Sowjetischen Schriftstellerverbandes.

Ich möchte noch bemerken, daß Z.M. sich mehrfach darüber beklagt hat, sie befände sich in schlechten Geldverhältnissen, und soweit mir bekannt, hat der Gen. Erich Weinert ihr mehrfach deshalb sogar mit Geld ausgeholfen.

Ich hielt mich für verpflichtet, der Kader-Abteilung diese Angaben zu geben.

Mit kommunistischem Gruß!

Ernst Ottwalt«[68]

Wie es in einem »streng vertraulichen« Begleitschreiben[69] von Grete Wilde, Mitarbeiterin in der Kaderabteilung, vom 27. Juli 1936 an den Leiter der Kaderabteilung, Alichanow[70], heißt, sollte dieses Schreiben Ottwalts an die »entsprechende Stelle«, d.h. an das NKWD, weitergeleitet werden. Am 29. Juli 1936 wurde dieses inzwischen von der Kaderabteilung ins Russische übersetzte Schreiben Ottwalts mit einem Begleitbrief des stellvertretenden Leiters der Kaderabteilung, Tschernomordik[71], an den NKWD-Offizier Korniljew »betreffs Zensi Mühsam, Deutschland«[72] weitergereicht.

Mit der Abfassung solcher denunziatorischen »Meldungen« verhielt sich Ernst Ottwalt wie viele – jedoch keineswegs alle – der in der Moskauer »Menschenfalle« gefangenen Emigranten, die, bevor sie selbst Opfer wurden, durch die Kooperation mit den verschiedenen Verfolgungsinstanzen sich selbst und ihre Verwandten und Freunde vor der Verhaftung zu retten suchten. In dem atomisierten Dasein des Moskauer Exils verschränkten sich die individuelle Ohnmachtserfahrung vieler Emigranten, ihre Überlebensstrategien und die internalisierten Regeln des terroristischen Machtsystems häufig zur »Regression auf

---

68 RGASPI, f. 495, op. 205, d. 6231, Bl. 53–55.

69 RGASPI, f. 495, op. 205, d. 6231, Bl. 19.

70 Gework S. Alichanow, Leiter der Kaderabteilung der Komintern und beteiligt an der Säuberung des Komintern-Apparates, wurde im Mai 1937 selbst verhaftet und erschossen.

71 Moissej Borissowitsch Tschernomordik, stellvertretender Leiter der Kaderabteilung, wurde als Mitglied der fiktiven »trotzkistischen Antikominternorganisation« am 14. Juni 1937 verhaftet und am 14. September 1937 durch das Militärkollegium zum Tode verurteilt.

72 Da diese Mitteilung Ottwalts zu den »Agenturmaterialien« gerechnet wurde, die nicht in den NKWD-Untersuchungsakten abgeheftet werden durften, läßt sich die weitere Nutzung für Verhaftungen und Verhöre aus den zur Verfügung stehenden Akten nicht rekonstruieren.

den blanken Sozialdarwinismus«[73]. Im stalinistischen Terrorsystem funktionierte, ähnlich der NS-Diktatur, die institutionalisierte Überwachung erst mit der wechselseitigen Denunziation, in der die öffentlichen Feindbilder durch den »wachsamen Bolschewiken« auf individuelle »Abweichler«, »Parteifeinde«, »Schädlinge« etc. projiziert wurden.

Über den Denunzianten Ernst Ottwalt legte die Kaderabteilung im September 1936 wiederum ein Dossier an, in dem er selbst nach dem Prinzip der »Stillen Post« der »Verbindung« zu Zenzl Mühsam bezichtigt wurde: »Hatte enge Verbindungen zu Zensi Mühsam in Moskau. Schrieb die Einleitung zu dem Buch der Zensi Mühsam. Es besteht der Verdacht, daß er für die deutsche Reichswehr arbeitet. Beweise sind noch nicht vorhanden.«[74]

Diese Dossiers und weitere Denunziationen über Ernst Ottwalt wurden vor und nach seiner Verhaftung im November 1936 auf dem Amtswege von der Kaderabteilung des EKKI an das NKWD weitergereicht. Neben den Berichten, die durch »Informanten« direkt an das NKWD geliefert wurden, waren es Dossiers *(sprawki)*, Meldungen und Personenlisten, die von der Kaderabteilung dem NKWD vor und nach der Verhaftung der Opfer zugeliefert wurden. Ihre »erfolgreiche« Selektionsarbeit und Amtshilfe für das NKWD faßte die Kaderabteilung in einem Bericht an Dimitroff, den Generalsekretär der Komintern, so zusammen:

»Die Kaderabteilung übergab dem NKWD das Material von dreitausend Menschen, die als Spione, Diversanten, Provokateure in Verdacht gerieten. Es steht fest, daß die Kaderabteilung während der Überprüfung der Parteidokumente große Arbeit für die Entlarvung von vielen Feinden leistete, die sich in die KPdSU eingeschlichen hatten. [...] Es wurden mit Hilfe der Kaderabteilung die schlechten Elemente, die Agenten des Klassenfeindes aufgedeckt.«[75]

Zahlreiche Funktionstäter der Kaderabteilung des EKKI, die das NKWD jahrelang diensteifrig mit Materialien beliefert hatten, wurden jedoch später selbst verhaftet, zum Tode verurteilt oder zu Lagerhaft verurteilt.

---

73 Löwenthal, Leo, Individuum und Terror, in: Denken nach Auschwitz, Hg. Dan Diner, Frankfurt am Main, 1988, S. 20f.

74 RGASPI, f. 495, op. 205, d. 6233, unpag.

75 RGASPI, f. 495, op. 10a, d. 39, Bl. 49.

Nach der Verhaftung von Ernst Ottwalt berichtete Willi Bredel umgehend am 19. November 1936 in einem elfseitigen Schreiben an die Kaderabteilung über Ernst Ottwalt und über die »Beziehungen« Ottwalts zu Mühsam:

»Als die Frau des Schriftstellers Erich Mühsam in der SU eintraf, hatte Ottwalt, der sie aus Berlin kennt, sofort Kontakt mit ihr aufgenommen. Wie überhaupt mit jedem, der neu ankam. So auch mit Carola Neher, Hanns Eisler usw.«[76]

Bereits am 10. August 1936 benutzte der KPD-Vorsitzende Wilhelm Pieck in einem Schreiben an die Prager Auslandsleitung der KPD das *catchword* »Verbindung« und begrüßte die Verhaftung und Liquidierung dieses »Gesindels« noch vor dem ersten Moskauer Schauprozeß:

»Zensi Mühsam scheint hier ein Mittelpunkt für die trotzkistischen Verbindungen, besonders mit Wollenberg gewesen zu sein. Diese Verbindungen haben einen sehr ernsten Charakter gehabt, sogar bis zur Vorbereitung terroristischer Akte auf unsere führenden Freunde. Es ist nur zu begrüßen, daß es gelungen ist, die Fäden dieser Verbindungen aufzufinden und einen Teil dieser Leute unschädlich zu machen. Es ist das Beschämende für uns, daß ein erheblicher Teil der Mitglieder unserer Partei an diesen Verbrechen beteiligt sind.«[77]

Auch während der nächtlichen Tribunale der geschlossenen Parteiversammlung der deutschen Schriftsteller wurde Zenzl Mühsam von mehreren männlichen Teilnehmern in abfälligster Weise diskriminiert. Ernst Ottwalt, der bereits seinen umfangreichen Rapport an die Kaderabteilung abgeliefert hatte, verfolgte nun in der Sitzung vom 7. September 1936 durch seinen Redebeitrag erneut Zenzl Mühsam, die sich »unkontrolliert« und »unbearbeitet« in Moskau aufhalte. Gleichzeitig suchte er

---

76 Dieser Brief Willi Bredels an die Kaderabteilung wurde zusammen mit weiteren Mitteilungen zu einem sechsseitigen Dossier über Ernst Ottwalt verdichtet, das am 16. Januar 1937 an das NKWD geschickt wurde. Bredels Brief findet sich sowohl in der Kaderakte des verhafteten Ernst Ottwalt wie – als Beweis revolutionärer »Wachsamkeit« – in der Kaderakte Bredels selbst. Vgl. Willi Bredel über Ernst Ottwalt, in: europäische ideen 1992, H. 79, S. 6–10. Reinhard Müller, Anmerkung zu Ottwalt und Bredel, in: ebenda, S. 11–12.

77 Müller (Hg.), Die Säuberung, S. 569.

sich auch hier demonstrativ vor dem Verdacht der »Verbindung« mit Zenzl Mühsam zu schützen, da er sie in Prag in Erfüllung eines Parteiauftrages aufgesucht habe:

»Im Auftrag des ZK der Kommunistischen Partei Deutschlands bin ich im Jahre 1934 zu Zensi Mühsam geschickt worden, um zu sehen, ob ich sie nicht dem Einfluß Wollenbergs entziehen kann. Im Auftrag bin ich mehrmals bei ihr gewesen. Mühsam ist nach Moskau gekommen. Daß die deutsche Partei von der Anwesenheit Zenzi Mühsams in Moskau erfuhr, verdankt sie dem bloßen Zufall, daß zu mir eine russische Übersetzerin gelaufen kam und mir sagte, die Mühsam will sie sprechen. Ich bin sofort ins ›Dom Wostoka‹ gefahren, und es stellte sich heraus, daß sie bereits 8 Wochen in diesem Hotel saß, besoffen war und sich in einem Zustand der totalen Auflösung befand. Ich bin zu Genossen Bredel gegangen und habe ihm gesagt, das ist eine ungeheure Schweinerei. Man hat die Frau herübergeholt, und niemand kümmert sich um sie, daß man Werner Hirsch gebeten hat, sie ausfindig zu machen, daß die Frau unkontrolliert und unbearbeitet als die Witwe des Anarchisten Erich Mühsam sich hier aufgehalten hat. Ich habe mich des Falles angenommen, damit ein Gedichtauswahlband von dem ermordeten Antifaschisten Erich Mühsam erscheine, der aber bereits seit einem Jahr liegt und durch unverantwortliche politische Schlamperei[78] liegt, weil niemand die Verantwortung für die Herausgabe übernehmen wollte. Ich habe mit Krebs[79] und Bork Besprechungen gehabt. Günther[80] hat diesen Band gelesen. Ich habe gesagt, dieser Auswahlband ist schlecht, aber es wäre ein schlechtes Zeichen, wenn man sogar den Anarchisten Mühsam nicht drucken kann, und im weiteren Verlauf der Angelegenheit bin ich vom russischen Verlag ›Junge Garde‹ gebeten worden, zu einem Gedichtband von Erich Mühsam das Vorwort zu schreiben. Dieses Vorwort ist geschrieben worden und befindet sich mit einem ausführlichen Bericht bei der Kaderabteilung der Komintern. Das ist der Fall Mühsam, über den ich nicht gesprochen habe.«[81]

Nachdem Ernst Ottwalt auch noch über Carola Neher und Julia Annenkowa herzog, zeigte er an, daß »in demselben Hotel in Prag Wollenberg und Mühsam« abgestiegen seien. Ottwalt berichtete weiter:

---

78 Zum dilatorischen Umgang mit eingereichten Manuskripten und zum System der organisierten Verantwortungslosigkeit des sowjetischen Verlagswesens vgl. Sinkó, Roman eines Romans.

79 Michail E. Kreps, Leiter der Verlagsabteilung der Komintern, wurde wie sein Stellvertreter Otto Unger (Deckname: Bork) 1937 verhaftet und erschossen.

80 Das ist Hans Günther, seit 1930 KPD-Mitglied, Schriftsteller und Literaturkritiker, seit 1932 in Moskau, am 4. November 1936 verhaftet, am 16. Oktober 1937 zu fünf Jahren Lagerhaft verurteilt, verstarb in der Haft am 6. Oktober 1938.

81 Müller (Hg.), Die Säuberung, S. 287.

»Diese Tatsache ist dem Apparat und der Prager Gruppenleitung bekannt. Um so größer war mein Entsetzen, daß man Zensi Mühsam acht Wochen hat hier herumsitzen lassen. Sie erzählte, sie bemühe sich seit sechs Wochen, die Genossin Stassowa zu sprechen, könnte sie aber nicht erreichen.«

Wangenheim vermeldete aber auch noch, daß er den Schauspieler Alexander Granach[82] vor Zenzl Mühsam gewarnt habe: »Er wußte den Fall Neher, er wußte den Fall Mühsam [...]. In diesem Zusammenhang frage ich Granach, hast du in der letzten Zeit irgendwie anläßlich der Mühsamgeschichte – du bist doch vernünftig, vorsichtig, du bist dir doch klar, daß du ein Mensch bist, an den sich alles anschmiegt.«[83]

In diesen vier Nachtsitzungen der deutschen Schriftsteller demonstrierte auch Willi Bredel seine Wachsamkeit: »Ich muß noch sagen, daß ich etwas mit der Zenzi Mühsam zu schaffen gehabt habe.«[84] Nur »auf ganz hohe Einwirkung« habe er einen Auftrag für ein Drehbuch zu einem geplanten Mühsam-Film, der von Alexander Granach gedreht werden sollte, erhalten. Erst danach – jetzt vor Nachfragen geschützt durch die »hohe Einwirkung« – habe er Zenzl Mühsam im Hotel »Metropol« getroffen. Da Zenzl Mühsam mit diesem geplanten Film ein »Denkmal« für ihren Mann errichten wollte, sei es zum ersten Konflikt gekommen: »Ich sagte gar nichts. Aber dann sagte ich: Ich bin der Meinung, das soll so ein Denkmal werden auf die antifaschistischen Kämpfer in Deutschland und auch auf Erich.« Obwohl Willi Bredel bereits ein Filmexposé[85] verfaßt und auch im Ausland über Erich Mühsam Material gesammelt hatte, kam der geplante Film über den Anarchisten Erich Mühsam in Moskau nicht zustande. Wohl nicht zuletzt aus ideologischen Gründen, da in der Sowjetunion seit den zwanziger Jahren Anarchisten und Sozialrevolutionäre verfolgt und verhaftet wurden.

---

82 Alexander Granach wurde im November 1937 in Kiew verhaftet. Nachdem bei ihm ein Brief Feuchtwangers gefunden wurde, wurde er aus der Haft entlassen und konnte am 16. Dezember 1937 aus der Sowjetunion ausreisen. Vgl. Sternburg, Lion Feuchtwanger, S. 422; Koljazin (Hg.), »Vernite mne svobudu!«, S. 96–104; Klein/Kruk, Alexander Granach, S. 119–121.

83 Müller (Hg.), Die Säuberung, S. 417.

84 Ebenda, S. 343f.

85 Vgl. Erich Mühsams letzte Stunden, in: Willi-Bredel-Nachlaß, Nr. 1083, AdK Berlin.

Einen entlarvenden und vernichtenden Beitrag lieferte in dieser nächtlichen Moskauer »tschistka« auch der Schriftsteller Erich Weinert:

»Der Fall Mühsam. Die Zensi ist mir aus Berlin gut bekannt gewesen, sie hat mir einmal einen Brief geschrieben, als ich in Saarbrücken war. Als sie in die Sowjetunion kam, habe ich sie gesehen im Dserschinski-Klub auf einer MOPR-Veranstaltung. Einmal ist sie zu uns ins Café gekommen, das war nach ihrer Reise nach Sibirien. Falls sie eine aktive Helferin ist, habe ich mich in ihr getäuscht. Ich habe gesagt, sie kommt aus dem Wollenberg-Kreis, man muß sich der Frau annehmen, es wird viel Dreck herauszureißen sein, ich wußte, daß sie beschränkt ist, daß sie beeinflußt werden kann. Einmal sagte ich ihr in einem Gespräch, war das nicht eine wunderbare Demonstration im November, worauf sie nur hm, hm machte. Sie hat kein Hehl daraus gemacht. Als sie dann im November von einer großen Reise aus Sibirien kam, war die Frau wie verwandelt, sie war von einer trunkenen Sowjetbegeisterung. Ich habe zu meiner Frau gesagt, sie hat doch etwas gelernt. Kurz darauf wurde sie verhaftet. Das war mir unerklärlich. Das Gesicht der Frau hat mich total getäuscht.«[86]

Zenzl Mühsams skeptische Distanz zur sowjetischen Wirklichkeit reflektierte sich sicherlich nicht nur in ihrem hier von Weinert angezeigten »Hm, hm«. Auch ihre Haltungen und Gesten werden vom gewitzten Weinert allenfalls angedeutet: »Sie hat kein Hehl daraus gemacht.«

Der ungarische Dramatiker Julius Hay[87] mußte sich während der nächtlichen geschlossenen Versammlung der deutschen Schriftsteller dafür rechtfertigen, daß er einen Brief erhalten habe, in dem sich ein Schweizer Pelzhändler nach der Adresse der inzwischen verhafteten Zenzl Mühsam erkundigte. Während seiner Rechtfertigung gab Hay, der 1937 auch das Wachsamkeitsstück »Tanjka macht die Augen auf« produzierte, das offensichtlich in Moskau und im Auslande lancierte Gerücht weiter, daß Zenzl Mühsam inzwischen aus der UdSSR ausgewiesen wurde.

Mit der Ankunft von Herbert Wehner in Moskau, der sich bereits in Prag intensiv mit der Ausforschung der »Trotzkisten« beschäftigte und ausführliche Berichte aus Prag über die »Trotzkisten« an die Moskauer KPD-Führung geliefert hatte, erhielt die parteiamtliche Verfemung, nicht nur Zenzl Mühsams, eine neue Dimension.

---

86 Müller (Hg.), Die Säuberung, S. 456.

87 Ebenda, S. 446–447.

Herbert Wehner und Zenzl Mühsam

Bereits kurz nach seiner Ankunft in Moskau nahm Herbert Wehner[88] im Januar 1937 an mehreren Sitzungen des Sekretariats des Exekutivkomitees der Komintern zur »Durchführung einer Kampagne im Zusammenhang mit dem Prozeß gegen das trotzkistische Parallel-Zentrum«[89] teil. Seine im EKKI-Sekretariat geschätzten Kenntnisse bei der Aufspürung von Häretikern gingen in einen 18seitigen »Beitrag zur Untersuchung der trotzkistischen Wühlarbeit in der deutschen antifaschisten Bewegung« ein[90], in dem Wehner als »aktive Maßnahmen« gegen den »Hetzfeldzug« der »Antikomintern«, zu der er »Laszlo, Wollenberg, Reese« zählte, vorschlug: »Einige Charakteristiken trotzkistischer Verbrecher geben, z.B. Wollenberg«. Diese Vorschläge und »Charakteristiken« Wehners fanden sowohl in der KPD-Propaganda Verwendung[91] und wurden zugleich von ihm zweimal dem NKWD[92] in der Lubjanka schriftlich überreicht. Im Februar 1937 wurde Herbert Wehner zu drei »Besprechungen« über »trotzkistische und bucharinsche Feinde aus deutschen Kreisen und über Gestapo-Arbeit in der KPD« in die Lubjanka eingela-

88 Schon aus Paris hatte Herbert Wehner am 14. und 19. September 1936 chiffrierte Berichte nach Moskau gesandt, die »eine Übersicht über die Auswirkungen des Prozesses gegen die trotzkistischen Verschwörer« gaben und zahlreiche Gruppen und Personen auflisteten, vgl. SAPMO/BA RY I 2/3/286, Bl. 388–389; RY I 2/3/419, Bl. 186–189.

89 RGASPI, f. 495, op. 18, d. 1163.

90 Handschriftlicher Text (Kopie aus dem Moskauer NKWD/KGB/FSB-Archiv) in: BUST/ ZA, SDM 1858, Bl. 284–301; maschinenschriftliche Zusammenfassung vom 17. Februar 1937, SAPMO/BA RY1 I/ 6/3/277.

91 Nahezu textgleiche Passagen werden übernommen in die von Herbert Wehner verfaßte, parteioffizielle Publikation: Die Deutschen Trotzkisten und die Gestapo, in: Die Internationale. Sondernummer, Jg. 1937, S. 14–26. Zu den Lubjanka-Besuchen und Publikationen Herbert Wehners im Jahr 1937 bereitet der Verfasser eine ausführliche Analyse und Dokumentation vor.

92 Wehner kannte die politischen Verfolgungsraster der Komintern und war sich als früherer Anarchist und Mühsam-Adlatus seiner Gefährdung bewußt. Auch das NKWD war seit dem 2. Juli 1937 über Wehners von der Kaderabteilung angefertigtes Sündenregister informiert. Vgl. Müller, Die Akte Wehner, S. 231–237 und S. 242.

den. Wehner wurde nicht – wie von ihm und seinen Exegeten[93] behauptet – vom Leiter der 3. Abteilung des NKWD, Mironow, und dessen Stellvertreter Wolinski im Februar 1937 »verhört«. Auch in der Nacht vom 13. Dezember 1937 lieferte er – bei seinem vierten Aufenthalt in der Lubjanka – für das NKWD einen weiteren schriftlichen Rapport über zahlreiche verdächtige »Personen« in Moskau. Unter der Überschrift »Über Beziehungen von Trotzkisten nach der UdSSR« referierte er bei dieser nächtlichen Einvernahme[94] im Dezember 1937:

»1) Das wichtigste Material über Verbindungen des Kreises Wollenberg-Laszlo[95] wurde von unserer Abwehr[96] in der Wohnung des Laszlo in Prag beschlagnahmt. Es wurde nach hier transportiert und dem damaligen Leiter der Kaderabteilung der Komintern, Alichanow, übergeben. In dem Material befanden sich, wie mir unser damaliger Kaderbearbeiter, Genosse Nuding (Degen) sagte, ca. 17 Adressen von Verbindungen in der UdSSR. Auf dieses Material habe ich im Februar NKWD aufmerksam gemacht und gefordert, daß sie sich es geben lassen.«

Wehner »genoß« als hochgestellte Quelle, als Kandidat des Politbüros der KPD und »Gehilfe« des EKKI-Sekretärs Togliatti das Privileg, aus dem »Hotel Lux« mit einem Personenauto abgeholt und in der Lubjanka von Mitarbeitern der 3. Abteilung befragt zu werden. Der schlichte »geheime Informant« *(seksot)* wurde meist in konspirative Wohnungen einbestellt, zu Hause besucht, auf der Straße abgeschöpft[97] oder lieferte seine schriftlichen Berichte als Hausarbeit bei der Kaderabteilung und beim NKWD ab. NKWD-Verhöre wie Verhaftungen unter-

---

93 Vgl. dazu Müller, Herbert Wehner in Moskau.

94 Nicht nur angesichts der im Fall Kreszentia Mühsam vorgenommenen Verkehrung von Berichten für das NKWD zu »Verhören« müssen auch andere von Wehner in seinen autobiographischen »Notizen« überlieferte Moskauer Episoden – vor allem, wenn er selbst involviert war – hinterfragt werden.

95 Die durch einen Einbruch des KPD-Apparats in Laszlos Prager Wohnung erlangten Dokumente erreichten die Kaderabteilung der Komintern in Moskau. Bisher konnte darüber allerdings nur die Quittung über den Erhalt des Materials aufgefunden werden. RGASPI, f. 495, op. 12, d. 139, Bl. 114.

96 Gemeint ist hier der illegal arbeitende »Abwehr-Apparat« der KPD, der aus verschiedenen Abteilungen bestand.

97 Martha Ruben-Wolf berichtete 1938, nach der Verhaftung ihres Mannes, daß dieser schon seit 1935 von einem NKWD-Mitarbeiter »im Spazierengehen« abgefragt wurde, außerdem habe er Berichte über »trotzkistische Schädlingsarbeit« verfaßt.

lagen einem eigenen bürokratischen NKWD-Reglement. Auch diese formalen Merkmale fehlen in Wehners handschriftlich überlieferten Lubjanka-Berichten.

Nachdem Wehner das NKWD bereits im Februar 1937 auf diese 17 Personen in der Sowjetunion hingewiesen hatte, die mit »Wollenberg-Laszlo« angeblich in »Verbindung« standen, diente er sich im Dezember 1937 dem NKWD für weitere Nachforschungen über Kreszentia Mühsam direkt an.

»3) Meine Auffassung ist, daß – wahrscheinlich indirekt – noch Verbindungen zwischen Frau Kreszentia Mühsam und Wollenberg bestehen. Obwohl ich selbst wohl nicht in einem Gespräch mit der Frau Mühsam Anhaltspunkte finden könnte, da sie mir nicht ›vertrauen‹ wird, könnte ich in kurzer Zeit Näheres über ihren Umgang und persönliche Beziehungen manches in Erfahrung bringen.

4) Im Klub ausländischer Arbeiter und in der hiesigen Emigration wäre es möglich, weitere Spuren aufzudecken. Bisher habe ich mich, aus konspirativen Gründen, wegen meiner Arbeit in der deutschen Partei, in diesen Kreisen nicht bewegt und keine persönlichen Verbindungen unterhalten. Wo Leute Verbindung suchten, habe ich sie abgewiesen. Wenn es notwendig ist, könnte ich sofort im Klub und in der Emigration Fühlung nehmen, da mich sehr viele Leute kennen und ich die Vergangenheit vieler Leute kenne. Zum Schluß schlage ich vor, die unter 3) und 4) von mir gemachten Vorschläge zu akzeptieren, um auf diesem Weg Beziehungen zum Feind aufzudecken.«[98]

In seinen nachträglich verfaßten autobiographischen »Notizen« stilisiert Wehner diese sprudelnde Berichterstattung beim NKWD zu »Verhören« und verkehrt Verlauf und Intentionen seiner Besuche in der Lubjanka ins völlige Gegenteil:

»Es war ihnen bekannt, daß ich Zenzl Mühsam, die Frau Erich Mühsams, persönlich gekannt hatte. Als ich ihnen sagte, daß ich sie seit 1926 nicht mehr gesehen hatte, und daß ich zwar 1934 versucht hatte, mit ihr in Verbindung zu kommen, um zu versuchen, Erich Mühsam aus dem Konzentrationslager zu helfen, daß aber aus dem Treff nichts geworden sei, weil er in letzter Stunde wegen einiger Verhaftungen hatte umgestellt werden müssen, fragten sie, ob ich nicht versuchen wolle, in Moskau wieder mit ihr zusammenzutreffen. Darauf antwortete ich, daß ich dazu nicht bereit sei; ich wies darauf hin, daß ich im Ausland gelesen hatte, was über ihre Verbindungen zu Erich Wollenberg geschrieben worden war, daß ich dann gehört hatte, sie sei verhaftet, und daß

98 BUST/ZA, SdM 1858, Bl. 315.

ich zum ersten Mal erfuhr, daß sie sich wieder auf freiem Fuß befinde. Ich erklärte, daß ich mich in diese Sache nicht einmischen wollte und ich nicht verstünde, daß sie einem Mitglied des Zentralkomitees der KPD zumuten könnten, Verbindung zu Frau Mühsam aufzunehmen, um ihnen dann Berichte liefern zu können.«[99]

Der Wehner-Biograph Hartmut Soell übernimmt diesen Wehnerschen Verklärungsversuch unbesehen: »Außerdem wurde ihm zugemutet und dagegen verwahrte er sich, die Rolle eines agent provocateur gegenüber Zenzl Mühsam, der Frau von Erich Mühsam, zu spielen.«[100]

Verhöre durch das NKWD in der Lubjanka verliefen anders als die »Berichterstattungen«, zu denen z.B. Herbert Wehner oder Gustav von Wangenheim in die Lubjanka einbestellt wurden. In einem Brief an seine Frau, der 1939 auch Wilhelm Pieck erreichte, schildert der Mitbegründer der Kommunistischen Internationale, Hugo Eberlein[101], seine Verhöre durch das NKWD:

»Nach der Verhaftung saß ich bis zum 19. 1. 1938 ohne jegliches Verhör in Haft. Am 19. Januar 1938 begann das Verhör, daß ununterbrochen zehn Tage und Nächte dauerte. Ich mußte ohne Schlaf und fast ohne Nahrung die ganze Zeit stehen. Das Verhör bestand in der Erhebung der sinnlosesten Anschuldigungen und wurde durch solche Faust- und Fußschläge begleitet, daß ich nur unter schrecklichsten Schmerzen stehen konnte. Die Haut platzte, in den Schuhen sammelte sich Blut.

Einige Male wurde ich ohnmächtig. Dann fiel ich um und wurde abtransportiert. Als ich wieder zu mir kam, mußte ich sofort wieder stehen. Man verlangte von mir, ein Geständnis zu unterschreiben, daß ich Spion und Terrorist bin und daß ich für Pjatnitzki den Block der Rechten und Trotzkisten organisierte.

Davon ist kein Wort wahr. Ich weigerte mich, diese Anschuldigungen zu unterschreiben. Nach dem Verhör lag ich drei Wochen lang in meiner Zelle, weil ich nicht

---

99 Wehner, Zeugnis, S. 206.

100 Soell, Der junge Wehner, S. 422. Ähnlich nacherzählt wird Wehners autobiographische Schönschrift bei Tischler, Flucht in die Verfolgung, S. 113.

101 Hugo Eberlein, geb. 4. Mai 1887, 1906 SPD-Mitglied, 1916 Spartakusgruppe, Mitbegründer der KPD und der Komintern, ZK-Mitglied bis zu seiner Degradierung als »Versöhnler« und Opponent Thälmanns in der Wittorf-Affäre, Komintern-Finanzfachmann, 1936 UdSSR, am 26. Juli 1937 verhaftet, als Teilnehmer des »Antikomintern-Blocks« nach schwersten Foltern am 25. Mai 1939 zu 15 Jahren Lagerhaft verurteilt, 1941 erneut in die Moskauer Butyrka verbracht, in einem zweiten Verfahren wurde er zum Tode verurteilt und am 16. Oktober 1941 erschossen.

gehen konnte. Danach mußte ich während des Verhörs drei Tage und Nächte stehen. Auch diesmal weigerte ich mich, das Protokoll zu unterschreiben.

Im April 1938 transportierte man mich ins Lefortowo-Gefängnis. Hier wurden alle Verhöre mit den schrecklichsten Verprügelungen begleitet, man prügelte mich wochenlang Tag und Nacht. Auf dem Rücken gab es kein Stück Haut, nur das nackte Fleisch. Auf einem Ohr konnte ich wochenlang nichts hören und auf einem Auge konnte ich wochenlang nichts sehen, weil die Blutgefäße im Auge verletzt wurden. Oft fiel ich in Ohnmacht. Inzwischen bekam ich Herzschmerzen und meine alte Krankheit, an der ich auch in meiner Jugend litt, das Asthma machte sich noch stärker bemerkbar. Es gab Tage, an denen man mir drei bis vier Morphiumspritzen verabreichte, aber danach wurden die Verprügelungen fortgesetzt. In einem solchen Zustand der Unzurechnungsfähigkeit begann ich unter dem Diktat der Untersuchungsführer allerlei Anschuldigungen zu schreiben. Ich gestand aber weder Spionage noch Terror. Nach einer solchen schrecklichen Tortur geriet ich für zwei Monate ins Krankenhaus. Ich schrieb einen Brief an das Politbüro des ZK der WKP (B) und ans EKKI-Präsidium, in dem ich den Genossen mitteilte, daß die Protokolle kein Wort Wahrheit enthalten und beschrieb alle Umstände, die die Untersuchung begleiteten. Ich erhielt keine Antwort. Im Februar 1939 wurde ich zum zweitenmal ins Lefortowo-Gefängnis eingesperrt und man begann mit neuen Foltern. Einige Tage danach, am 5. Mai 1939, kam ich vor das Militärkollegium. Die Gerichtsverhandlung dauerte drei bis vier Minuten und ich wurde zu 15 Jahren Lagerhaft verurteilt. Ich wurde weder mit der Anklageschrift noch mit dem Urteil bekannt gemacht, weil mir kein Dolmetscher zur Verfügung stand. Ich war seltsamerweise nach diesem Urteil sogar froh, da die Prügeleien und die Folter aufhörten. Ich habe die Hoffnung nicht aufgegeben, daß die Partei Lenins diese schreckliche Ungerechtigkeit nicht zuläßt und daß der Tag nicht weit ist, an dem die Partei Gerechtigkeit und Wahrheit wieder herstellen wird. Ich hoffe, daß dieser Brief in Deine Hände gelangen wird.«[102]

Herbert Wehners bisher bekanntgewordenen Berichte[103] in der Lubjanka über Kreszentia Mühsam lieferten dem NKWD eine weitere Bestätigung der schon vorliegenden Verhörprotokolle und anderer »Agenturmaterialien«, d.h. von Spitzelberichten jener Zuträger, die als verpflichtete *seksot*[104] unter Decknamen schriftlich lieferten oder die als

---

102 Zuerst veröffentlicht in: Müller, Der Fall des Antikomintern-Blocks, S. 198–199.

103 Auf fünf Seiten berichtet Herbert Wehner am 13. Dezember 1937 handschriftlich dem NKWD allein über Personen, die zur »Gruppe Eberlein« gehören.

104 Außer Hans Rodenberg und Gustav von Wangenheim berichtete auch Helmut Damerius über Schauspieler der »Kolonne Links« und die Bewohner der Kommunalwohnung am Kusnetzki most 22. Unter dem Decknamen »Dojna« wurde

nicht eigens verpflichtete Informanten und in ihrer Eigenschaft als Funktionäre nach ihrer Einbestellung in die Lubjanka mündlich abgeschöpft wurden. Solche Denunziationen lagen den NKWD-Untersuchungsführern als »Agenturmaterial« vor und konnten für die Verhaftungsorder, Verfertigung von Verhörprotokollen und Anklageschriften genutzt werden. Dies war bereits den kritikfähigen Opfern während ihrer Verhöre bewußt: »Alle in dem Protokoll aufgeführten Beschuldigungen basierten wortgetreu auf der Denunziation Rodenbergs.«[105] Die jahrelange Kooperation mit dem NKWD läßt sich auch vor und nach der Verhaftung der Opfer in vielen Briefwechseln der Kaderabteilung mit den NKWD-Offizieren Minajew, Korniljew oder Poljatschek nachlesen, die sich in den Kaderakten einzelner Verhafteter finden. Nicht zuletzt um der drohenden eigenen Verhaftung wegen Nichtanzeige eines »geplanten Verbrechens« zu entgehen, um die geforderte »bolschewistische Wachsamkeit« unter Beweis zu stellen, aus ideologischer Überzeugung und um mit eigenen politischen Opponenten oder »Abweichlern« abzurechnen, lieferten auch die deutschen Politemigranten Meldungen[106] sowohl bei den »Instanzen« der KPD und der Komintern wie auch direkt bei der »betreffenden Stelle«, wie der übliche konspirative Terminus für das NKWD lautete. Ob zu diesen nicht eigens verpflichteten Informanten des NKWD auch der Komintern-Funktionär Herbert Wehner gehörte oder ob ihm eine schriftliche Verpflichtung unter einem Decknamen – wie im Falle Damerius – abverlangt wurde, ließe sich erst nach der Einsicht in die vollständige NKWD-Akte Herbert Wehners im

---

Helmut Damerius vom NKWD als »geheimer Mitarbeiter« verpflichtet. Damerius erwähnte dies auch in einem Brief aus dem Lager an Wilhelm Pieck vom 5. Juni 1941. In seiner Autobiographie verdrängt Damerius, der im März 1938 vom NKWD verhaftet wurde, diese Rolle als *seksot.* Vgl. Damerius, Unter falscher Anschuldigung; Brief aus dem GULAG an Wilhelm Pieck, abgedr. in: Müller, »Schrecken ohne Ende«, S. 83f. Über den Schauspieler Ernst Mansfeld lieferte ein NKWD-Spitzel unter dem Namen »Museum« Meldungen.

105 Leonhard, Gestohlenes Leben, Frankfurt am Main 1956, S. 101.

106 In vielen der vom Verfasser durchgesehenen »Kaderakten« finden sich solche Meldungen und Berichte, die vor und präventiv nach der Verhaftung von befreundeten oder bekannten Personen abgegeben wurden. In manchen dieser denunziatorischen Meldungen wird die Kaderabteilung der Komintern zugleich ersucht, diese Meldung an das NKWD weiterzugeben.

Moskauer Archiv des ehemaligen KGB ausmachen. Da es sich dabei sowohl um »operative« wie auch um »kompromittierende« Materialien handelt und Berichte über die Tätigkeit der *seksoty* allenfalls zufällig in Untersuchungsakten[107] zugänglich sind, wird darüber, ob Wehner als offizieller *seksot* oder als »inoffizieller« Informationslieferant Zuträger des NKWD tätig war, weiter gerätselt werden können. Wehners Personengedächtnis, seine Kompetenz als »Trotzkismus-Experte« der KPD, aber auch seine anarchistische Vergangenheit und die in der Komintern gegen ihn laufende Untersuchung disponierten ihn für beide Rollen. In einer jüngst veröffentlichten, halbseitigen Nacherzählung der Wehnerschen Lubjanka-Akte ist vermerkt, daß Wehner bei seiner Einvernahme in der Lubjanka den Eindruck gewinnen sollte, daß er »als Agent«[108] angeworben werden sollte.

Der Emigrant David J. Dallin hat die Funktion der amtlich verpflichteten und der informellen Zuträger des Innenministeriums (MWD) beschrieben:

»Zu dieser unsichtbaren Truppe gehören noch sehr viel mehr Menschen als zur Armee des MWD. Jedes Mitglied der kommunistischen Partei, wo immer es auch arbeiten mag, ist verpflichtet, das MWD über alles auf dem laufenden zu halten; über das, was es sieht und hört und was von Interesse sein könnte. Daß das keine lediglich moralische Verpflichtung ist, das beweist das Schicksal von hunderten von Kommunisten, die aus Sorglosigkeit oder auch aus humanen Überlegungen heraus versäumt hatten, über ihre Verwandten zu berichten. Aber außer der allgemeinen Verpflichtung, die den Millionen von Parteimitgliedern auferlegt ist, haben tausende von kommunistischen Agenten die direkte Aufgabe, Informationen über verschiedene Gebiete des sozialen Lebens zu sammeln und dem MWD zuzuleiten. Diese Agenten sind in jedem Institut, Büro, Werk, in

---

107 Am Beispiel der Verhöre der »Brandleristin« Erna Kolbe registrierte auch Meinhard Stark, daß dem Untersuchungsführer Unterlagen zur Verfügung standen, die in der vorliegenden NKWD-Untersuchungsakte nicht abgeheftet wurden. Stark, »Ich muß sagen, wie es war«, S. 134.

108 Andrew/Mitrochin, Das Schwarzbuch des KGB, S. 558. Herbert Wehner war nicht nur durch die erfolterten Geständnisse Theodor Beutlings (bei Andrew/Mitrochin fälschlicherweise »Beumling«) von Verhaftung bedroht. Heinz Neumann bezeichnete 1937 in NKWD-Verhören sowohl Wilhelm Pieck, Walter Ulbricht wie auch Herbert Wehner als Teilnehmer einer »konterrevolutionären bucharinistisch-trotzkistischen Organisation innerhalb des Politbüros der deutschen Kommunistischen Partei«.

jeder wissenschaftlichen Gesellschaft vertreten. Viele Tausende von Nichtmitgliedern haben die gleiche Funktion, und sie üben sie eifrig und ohne Bezahlung aus.«[109]

Nach seiner Verhaftung und erlittener Folter schilderte der frühere Referent in der Kaderabteilung, Georg Brückmann, in einem Brief an Dimitroff die »vorbildliche« Kooperation[110] der deutschen Referenten in der Kaderabteilung, die aufs engste mit der KPD-Führung zusammenarbeitete, mit dem NKWD:

»Meine Arbeit in der Sowjetunion, in der Komintern zeigte, daß ich mich nicht nur stets für die Generallinie der Partei einsetzte, sondern ihr half, die sich in die Partei eingeschlichenen Elemente unschädlich zu machen. Die Mitarbeiter der Kaderabteilung, die mit meiner Arbeit vertraut sind, müssen bestätigen, daß das NKWD von keiner anderen Sektion so viele Materialien erhielt wie von der deutschen.«[111]

In einem NKWD-Verhör versuchte sich der mit der »Untersuchung« der deutschen Politemigranten betraute KPD-Funktionär Walter Dittbender, Sekretär der deutschen Sektion beim EKKI, durch den Hinweis auf die Kooperation mit dem NKWD zu retten:

»Die Mehrheit der deutschen Kommunisten waren Funktionäre der Komintern, der MOPR und anderer Parteiorgane in der UdSSR. In diesem oder jenem Grade waren sie alle mit den NKWD-Organen verbunden, mit denen sie die wichtigsten Fragen abstimmten, insbesondere die mit der Auslandsarbeit unserer Kommunisten zu tun hatten. Seit März 1936 und während des ganzen Jahres 1937 beteiligte ich mich als Sekretär an der Überprüfung der Parteidokumente der Mitglieder der deutschen Sektion der Komintern. Durch die Kommission wurden etwa dreitausend Kommunisten untersucht. Es gab über viele von ihnen ziemlich ernsthafte negative Materialien entweder über die frühere oppositionelle Tätigkeit oder über die Zugehörigkeit zu Geheimdiensten.«[112]

---

109 Dallin, Das wirkliche Sowjet-Rußland, S. 230.

110 Beispiele für diese Kooperation finden sich auch bei Schafranek, Innerparteiliche Ausgrenzung und staatliche Verfolgung österreichischer »Altkommunisten«, in: Dokumentationsarchiv des österreichischen Widerstandes (Hg.), Österreicher im Exil, S. 603–630.

111 Abschrift, Sammlung »Eingaben und Briefe«, Hamburger Institut für Sozialforschung. Die Vor- und Zuarbeit der Kaderabteilung, der »KPD-Überführungskommission« und von KPD-Funktionären für das NKWD wird – mangels Quellenzugang – noch nicht gesehen bei Tischler, Flucht in die Verfolgung.

112 NKWD-Akte Nr. 9871, Tl. 10, Bl. 118.

Die Berichte der Kaderabteilung an das NKWD, die Denunziationen Ottwalts oder Wehners finden sich jedoch nicht in den Untersuchungsakten zum NKWD-Konstrukt einer von Max Hoelz und Erich Wollenberg gegründeten »konterrevolutionären Terrororganisation«, zu der auch Zenzl Mühsam gerechnet wurde. Sie wurden und werden als »operative« und »kompromittierende« Materialien in eigenen, nicht zugänglichen Aktenbeständen des NKWD aufbewahrt. Allenfalls unter dem Sammelbegriff »Agenturmateralien« und in Auszügen taucht diese Vor- und Zuarbeit von Komintern-Instanzen und von einzelnen »Informanten«, die durch »Decknamen« geschützt wurden, in den Untersuchungsmaterialien des NKWD auf. Für die Durchführung von Verhören, Folterungen und Gegenüberstellungen wie auch für die Fabrikation von Anklageschriften und Urteilen stützte sich die Sonderberatung des NKWD und das Militärkollegium des Obersten Gerichts hauptsächlich auf die erfolterten »Geständnisse« und »Protokolle« von bereits Verhafteten und Verurteilten. Am sichersten erschienen den NKWD-Untersuchungsführern jedoch die »Geständnisse« von bereits Erschossenen, da sie nicht mehr widerrufen oder widerlegt werden konnten.

Feindbilder und Verschwörungssyndrome

Der Vorwurf des »Trotzkismus« wurde wie das Konstrukt des »Rechts-Links-Blocks«[1] mit seiner Beliebigkeit gezielt in den innerparteilichen Abrechnungen und in den NKWD-Verfahren gegen die früheren »Abweichler« eingesetzt. Auch wenn die meisten Anhänger Trotzkis öffentlich kapitulierten, verhaftet und verbannt waren, entstand nach der Kritik der jüngeren Parteifunktionäre Syrtzow/Lominadse (1930) und dem Bekanntwerden der Rjutin-Plattform (1932) im Parteidiskurs ein imaginärer »Block« aus »Rechten und Trotzkisten«, der auch in den Komintern-Apparat und in einzelne kommunistische Parteien projiziert wurde. Ein solcher organisierter »Rechts-Links-Block«[2] existierte in den Jahren 1935 bis 1938 jedoch allenfalls in den verschwörungstheoretisch überhöhten Feindbildern von KPdSU, Komintern und NKWD. Sogar der NKWD-Chef Jeschow bezweifelte die Existenz eines solchen »rechtstrotzkistischen Blocks« und schrieb an Stalin, der immer wieder auf diese fixe Komplott-Idee zurückkam: »Ich persönlich bezweifle,

---

1 Die Figur des »Rechts-Links-Blocks« taucht beim »Kampf gegen die rechte Abweichung« bereits 1928/29 häufig in Stalins Reden auf und wird in der KPdSU, Komintern und im NKWD zu einem amtlichen Topos, der die angebliche Gefahr bedrohlicher erscheinen läßt und die innerparteiliche Opposition zur »Verschwörung« macht. Vgl. Stalin, Werke, Bd. 11, S. 249 u. S. 286f.; Bd. 12, S. 70. Auch im Prozeß gegen das »Unionsbüro der Menschewiki« (1931) wurde das Konstrukt eines »direkten ideologischen und organisatorischen Blocks« verwendet, der angeblich von »Menschewiki«, der fiktiven »Industriepartei« und einer ebenso konstruierten »Partei der werktätigen Bauern« zusammen mit den »internationalen Imperialisten« gegründet worden sei. In den Schauprozessen 1936–1938 wurde das Stalinsche Block-Konstrukt ebenfalls als Matrix eingesetzt. Vgl. auch die im Parteiverlag der KPdSU (B) erschienene Broschüre: Die rechten Spießgesellen der trotzkistischen Bande, Moskau 1937.

2 In Extrapolation von Pierre Broués Komplott-Theorie vermutet Bernhard H. Bayerlein hinter den NKWD-Konstrukten eine Realexistenz von »Rechts-Links-Blöcken« in der Komintern. Vgl. Broué, Histoire de l'Internationale Communiste, S. 710f.; Bayerlein, Weltüberwachung statt Weltrevolution.

daß die Rechten einen regelrechten organisatorischen Block mit den Trotzkisten und Sinowjewleuten gebildet haben.«[3]

Die phantasmagorischen Feindbilder wurden in den Propagandadiskursen[4] erzeugt und sollten zugleich in »Säuberungsritualen«[5], durch Massenversammlungen, Zeitungs- und Radiopropaganda von Parteimitgliedern und Bevölkerung internalisiert und exorzistisch praktiziert[6] werden. So berichtete die Moskauer *Deutsche Zentral-Zeitung* immer wieder über die »Stimmen leidenschaftlicher Volkskundgebungen« während des Schauprozesses im August 1936: »Die Werktätigen fordern strenges Urteil gegen die Feinde des Sowjetlandes. Aus den Versammlungen in Moskauer Betrieben«; »Kein Erbarmen mit den Feinden des Volkes. Erklärung sowjetischer Combine-Führer«; »Eine Verschwörung gegen das ganze Land. Versammlungen in der Wolgarepublik«. Wissenschaftler, ausländische Arbeiter, deutsche Schriftsteller wie auch das Moskauer »Parteiaktiv« forderten nach einem Bericht Chruschtschows die Vernichtung des »Abschaums der Menschheit«. Aufgerufen wurde in der Moskauer *Deutschen Zentral-Zeitung* zur »Ausrottung der Konterrevolutionären Terroristen«, zur »Vernichtung der Schlange Konterrevolution«, und gefordert wurde eine »verzehnfachte Wachsamkeit« im Kampf gegen die als »heimtückische Giftschlangen« perhorreszierten Volksfeinde:

»In dem entscheidenden Kampf gegen den Sozialismus wird sich der Feind nicht ergeben. Er versuchte und wird auch weiter versuchen, wie eine Viper zu kriechen und Gift zu verspritzen. Deshalb ist es Pflicht eines jeden Bolschewiken, eines jeden ehrlichen Menschen, sich nicht nur zur Wachsamkeit zu bekennen, sondern zu lernen, den Feind zu erkennen und aktiv zu bekämpfen.«[7]

---

3 Zit. bei: Chlewnjuk, Das Politbüro, S. 291.

4 Zu den organisierten »Entrüstungsstürmen der Werktätigen« vgl. Ziehr, Die Entwicklung des »Schauprozesses«. Zu den frühen filmischen und theatralischen Veranstaltungen vgl. Cassiday, The Enemy on Trial.

5 Zu den sozialanthropologischen Dimensionen der »Säuberungen« vgl. Douglas, Reinheit und Gefährdung; dies., Ritual, Tabu und Körpersymbolik.

6 Vgl. Fitzpatrick, Everyday Stalinism, S. 199–205.

7 Deutsche Zentral-Zeitung, 20. August 1936, S. 1.

Verstärkt wurde die paranoide Besetzung jener Verschwörungsnetze[8] und Feindphantasmagorien durch die immer wieder formulierten Einkreisungsängste, durch traditionelle und neuformulierte Xenophobien[9] und nicht zuletzt durch die zunehmende Transformation des Stalinschen Konzepts vom »Sozialismus in einem Lande« in großrussischen Nationalismus. Auf Plakaten[10], in Karikaturen, Artikeln und in Reden wurde das propagierte Schreck- und Feindbild zunehmend mit dämonologischen Tiermetaphern besetzt. Die Presse wiederholte nicht nur ständig diese animalistisch besetzten Sterotype, sondern malte auch aus, daß die »hinterhältigen Scheusale« den »Dolchstoß« hinter dem Rücken des Sowjetvolkes vorbereiteten. Auch in der Zeitschrift der »Internationalen Roten Hilfe«, deren Vorsitz Wilhelm Pieck im November 1937 übernahm, wurde die »revolutionäre Wachsamkeit« gegen »Volksfeinde« unentwegt propagiert. Vor allem bei der »Auswahl der Kader« müsse man beachten, »daß sich als wesentliche Aufgabe des heutigen Tages herausstelle, das weitere Mit-Stumpf-und-Stiel-Ausrotten und Ausräuchern der Feinde des Volkes – der Trotzkisten, der Bucharinisten, aller faschistischen Agenten, die sich maskiert haben und eine widerliche zersetzende Arbeit in den einzelnen Organen der MOPR leisten. Das Ausräuchern aller bis zum Letzten aus allen Ecken, wo sie sich verkriechen, – das ist unsere Aufgabe. Verwirklichen muß man das mit der Methode der Überprüfung der Kader.«[11] Das biologistische Feindbild von »Reptilien«, »Ungeziefern«, »Schädlingen«[12] und mehrköpfigen »Ungeheuern« korrespondierte mit der Höllenangst[13] vor der äuße-

8 Zum Verschwörungssyndrom vgl. Rittersporn, The Omnipresent Conspiracy; Ruthven, Torture. The Grand Conspiracy, S. 218–298; vgl. allgemein zur Verschwörungstheorie Graumann/Moscovici (Hg.), Changing Conceptions of Conspiracy; Bieberstein, Die These von der Verschwörung; Pipes, Faszination und Macht des Geheimen; Marcus (Hg.), Paranoia within Reason.

9 Vgl. Brooks, Official Xenophobia.

10 Vgl. Plaggenborg, Revolutionskultur; Bonnel, Iconography of Power; Fateev, Obraz vraga.

11 Zit. bei: Stascheit, Die »Rote Hilfe«, S. 381 f.

12 Zur Tradition dieses Feindbildes vgl. Jansen, »Schädlinge«.

13 Zur Höllenangst, Hexen- und Teufelsphantasien im Mittelalter vgl. Daxelmüller, Aberglaube, Hexenzauber, Höllenängste.

ren Einkreisung[14] und wurde durch den ständigen Verweis auf die eingeschlichenen und maskierten »Doppelzüngler« zur phantasmagorischen Verschwörung des inneren und äußeren Feinds, zur universalen Erklärungsformel für alle Übel in einer Gesellschaft. Erst die stalinistische Fiktion der »trotzkistischen Weltverschwörung«[15] schließt, zumindest in der Propaganda, die Kluft zwischen der verkündeten »neuen, schönen Welt« des »siegreichen Sowjetsystems« und den in allen Zweigen der Volkswirtschaft auftretenden Desastern. Mit den Bußritualen der Schauprozesse[16] wurde die »bolschewistische Selbstkritik« als öffentliches Lehrstück im Straftheater aufgeführt. In Parteiversammlungen und durch schriftliche Erklärungen distanzierte man sich von bereits verhafteten »Parteifeinden«. So richtete – noch vor seiner eigenen Verhaftung – der marginalisierte KPD-Funktionär Heinz Neumann mehrere schriftliche Erklärungen über Werner Hirsch, Heinrich Süßkind, Besso Lominadse und vor allem über Lotte Ulbricht, die frühere Frau des »Versöhnlers« Erich Wendt, an die Internationale Kontrollkommission der Komintern. Mit bolschewistischer Wachsamkeit vermeldete er, daß Lotte Ulbricht, die als »sehr aktive Versöhnlerin« bekannt war, auch noch 1936 im »Hotel Lux« aus dem Zimmer des inzwischen verhafteten Erich Wendt gekommen sei. Walter Ulbricht habe 1935 das Zimmer von Alice Abramowitz, der Frau des bereits im Dezember 1934 verhafteten »Trotzkisten« Lajos Magyar, verlassen. Neumann verwies auch auf Werner Hirsch, der »in enger Verbindung mit der ausgewiesenen Trotzkistin Kreszenzia Mühsam stand«, und auf eine »festgeschlossene Versöhnlerfraktion«, die sich um Madyar, Alpari, Humbert-Droz und Eberlein gruppiere. Diese Gruppe sei noch dazu in enger Verbindung mit dem inzwischen abgelösten EKKI-Sekretär Bela Kun[17] gestanden.

---

14 Vgl. Manuilski, Über die kapitalistische Einkreisung.

15 Zur Bedeutung der Fiktion einer »trotzkistischen Weltverschwörung« für das dichotomische Weltbild und die »Geheimgesellschaft« der Bolschewiki vgl. Arendt, Ursprünge und Elemente, S. 555f. und S. 599f.

16 Vgl. Riegel, Die Inszenierung von Verbrechen.

17 RGASPI, f. 495, op. 205, d. 6185, Bl. 4–6. Wiederholt wurde dies in den NKWD-Konstrukten des »Antikomintern-Blocks in der Komintern«.

Bolschewistische Wachsamkeit

Bei diesen wechselseitigen und innerparteilichen Denunziationen versuchten die bereits stigmatisierten »Abweichler« mit der prophylaktischen Flucht nach vorn einerseits die eigene Wachsamkeit unter Beweis zu stellen und andererseits die seit 1935 amtierende Parteiführung unter Pieck und Ulbricht mit den »Meldungen« über deren politisch bedenkliche »Beziehungen« zu delegitimieren. Der KPD-Vorsitzende Wilhelm Pieck war aber selbst nach dem Todesurteil gegen seinen Referenten Fritz David[18] allenfalls vorübergehend »gefährdet«. Werner Hirsch und das ehemalige Politbüro-Mitglied Hermann Remmele versuchten in Briefen an Dimitroff und Manuilski die »Verbindungen« Süßkinds[19] und Davids zur KPD-Führung nachzuweisen. Pieck verwahrte sich in einem Brief an Dimitroff und Manuilski gegen diese »Kampagne gegen die Parteiführung«. Während Hermann Remmele und Werner Hirsch später vom NKWD verhaftet wurden, konnten die amtierenden Politbüro-Mitglieder Wilhelm Pieck und Walter Ulbricht solche denunziatorischen Meldungen wie auch »Untersuchungen« durch die Internationale Kontrollkommission der Komintern oder wie Herbert Wehner durch hochrangige »Sonderkommissionen« überstehen.

Bei den von der »Kleinen Kommission« der KPD durchgeführten Sitzungen oder »fliegenden Abstimmungen« wurden die meisten KPD-Mitglieder »wegen Verbindung mit partei- und klassenfeindlichen Elementen und Begünstigung von deren Verbrechen infolge mangelnder politischer Wachsamkeit, wegen politischer Zersetzungsarbeit« in der Regel *nach* ihrer Verhaftung aus der KPD ausgeschlossen. Die Moskauer KPD-Führung beschränkte sich jedoch dabei keineswegs auf den nachträglichen Parteiausschluß[20] von bereits verhafteten KPD-Mitgliedern,

---

18 Fritz David, d. i. Ilja Krugljanski, geb. 1897 bei Wilna, seit 1926 in Deutschland, KPD-Mitglied und Mitarbeiter des ZK, 1933 Emigration in die UdSSR, enger Mitarbeiter Wilhelm Piecks, für den er die Referate zum VII. Weltkongreß der Komintern und der Brüsseler Konferenz der KPD mitverfaßte.

19 RGASPI, f. 495, op. 293, d. 118, Bl. 7–9.

20 Zehn Ausschlußlisten der »Kleinen Kommission« der KPD, der u.a. Wilhelm Pieck und Herbert Wehner angehörten. SAPMO/BA RY 1/ I 2/3/82.

wie manche Exkulpationsversuche[21] immer noch behaupten. Die langjährige Kontrolle, Überwachung und Verfolgung durch die miteinander verflochtenen »Apparate« von KPD und Komintern[22], die Selektionsprotokolle der »Überführungskommission« der KPD, die Berichte und Denunziationen der Parteimitglieder bilden für zahlreiche Politemigranten, über die seit den zwanziger Jahren »kompromittierende Materialien« gesammelt wurden, den ideologisch-bürokratischen Vorlauf bei der Auslösung von Verhaftungen und für die folgenden NKWD-Konstrukte. Dabei war der nachträgliche Parteiausschluß durch die KPD-Führung, die sich dabei auch des Umlaufverfahrens bediente, nur der formale Schlußpunkt einer jahrelangen Kontroll- und Selektionspraxis, die frühere Parteisünden und schriftliche Denunziationen zur »Auskunft« für das NKWD verdichtete und als Einzeldossier *(sprawka)*, als Liste über »schlechte Elemente« oder als »Agenturmaterial« an die 3. Abteilung des NKWD in der Lubjanka weiterreichte. Für die Beschuldigung der »Verbindung« genügte dem NKWD wie der »Kleinen Kommission« der KPD und der Kaderabteilung, daß man mit Verhafteten bekannt, befreundet oder verwandt war. Da man die »partei- und klassenfeindlichen Elemente« nicht rechtzeitig, d.h. vor der Verhaftung, gemeldet hatte, mangelte es zudem an der »politischen Wachsamkeit«. Diese »Kleine Kommission«, der auch Herbert Wehner angehörte, wie Ad-hoc-Kommissionen der KPD-Spitze führten aber auch in zahlreichen Fällen *vor* der Verhaftung »Untersuchungen« und »Vernehmungen« durch. Die Mitglieder solcher Kommissionen lieferten zudem auch individuell sowohl der Kaderabteilung und der Internationalen Kontrollkommission der Komintern wie auch dem NKWD politisches »Brennmaterial« zu den »Scheiterhaufen« der anschließend verhafteten

---

21 Allenfalls gestützt auf die zehn »Ausschlußlisten«, argumentiert Carola Tischler, daß die KPD-Führung nur auf den Terror reagierte und nicht selbst agierte. Vgl. Tischler, Die Rolle der KPD-Führung. Da Hartmut Soell ebenfalls nur die seit 1990 in Berlin zugänglichen »Ausschlußlisten« der KPD-Führung heranzog, kam er zu der kurzschlüssigen Feststellung, daß Verhaftungen, Prozesse, Verurteilungen und Hinrichtungen »ausschließlich Sache der sowjetischen ›Organe‹« gewesen seien. Hartmut Soell, Der junge Wehner, S. 99–108.

22 Zur Asylpraxis und zur Kooperation von Komintern und NKWD vgl. auch den Brief des EKKI-Sekretärs Manuilski an den NKWD-Chef Jeschow, 3. Januar 1936, abgedr. bei: Vatlin, Kaderpolitik und Säuberungen, S. 99–101.

Häretiker. Für die Parteiführung der KPD wurde bereits vor 1933 durch den Spitzelapparat Hans Kippenbergers jenes durch Flügel- und Cliquenkämpfe, Rivalitäten, Gerüchte und Rankune angereicherte Herrschaftswissen über die »Kader« im »zentralen Abwehrarchiv« zusammengetragen: »Im Archiv wurde alles gesammelt, was dem Nachrichtenapparat über Parteimitglieder bekannt geworden war. Kein Funktionär hatte die Möglichkeit, Angaben zu prüfen oder zu berichtigen, die in diesen Dossiers aufbewahrt wurden.«[23] Im Januar 1934 geriet diese »Steckbriefsammlung« (Herbert Wehner) über die KPD-Mitglieder in die Hände der Gestapo. In Moskau übernahm die Kaderabteilung des EKKI in engster Abstimmung mit der KPD-Führung, der Internationalen Kontrollkommission und der »Abwehrabteilung« der KPD diese Überwachungs- und Selektionsfunktion. Die streng vertraulichen »Bestimmungen über die Kaderabteilung« legten für die »Erforschung, Auslese, Erziehung und Erhaltung der Kader« fest:

»Sämtliche Anträge der Kaderabteilung werden mit aktiver Beteiligung des Vertreters der jeweiligen Partei vorbereitet und der vorherigen Einsichtnahme durch den für das jeweilige Land zuständigen EKKI-Sekretär unterbreitet. [...] Die Sekretäre des EKKI und ihr Apparat sowie die Parteivertreter beteiligen sich aktiv an der Ausarbeitung und praktischen Durchführung aller Maßnahmen in Kaderangelegenheiten[...].«[24]

Aber auch nach der Ablösung Kippenbergers verfügte Herbert Wehner 1936 als »Pariser Vertreter« der KPD über eine »Spitzelkartothek«, in der dreihundert »etikettierte Trotzkisten«[25] verzeichnet waren.

Die Verquickung des staatlichen Terrors von oben und die Unterstützung von unten[26] durch die »Mitarbeit der Massen«[27] wurde von Her-

---

23 Wehner, Zeugnis, S. 81.

24 RGASPI, f. 495, op. 19, d. 1073, Bl. 25.

25 Unter diesen dreihundert Emigranten, die als »trotzkistische Spitzel« von der KPD durch Personenbeschreibung und Fotos erfaßt wurden, registrierte die trotzkistische Zeitung Unser Wort aber allenfalls zwei bis fünf Personen, die mit trotzkistischen Organisationen in Berührung gekommen waren. Vgl. Werkzeuge der Gestapo. In: Unser Wort, 4, 1936, Ende August.

26 Zum relationalen Machtverhältnis der Verfolgung von oben und der Denunziation von unten vgl. auch Farge/Foucault (Hg.), Familiäre Konflikte.

27 Vgl. z. B. den Leitartikel der Prawda vom 18. Juli 1937, in dem auf die »aktive Unterstützung« des NKWD durch »Millionen von Arbeitern – Bolschewiken innerhalb und außerhalb der Partei« verwiesen wird.

bert Wehner 1937 als »allseitige Entfaltung der Demokratie« gefeiert: »Die staatlichen Organe, die den unmittelbaren Kampf zur Unschädlichmachung der eingedrungenen faschistischen Schädlinge führen, konnten und können sich auf die Initiative und Mitarbeit der Massen in den Betrieben und in der Landwirtschaft stützen, in deren Lebensinteresse die restlose Vernichtung dieser Feinde des Sozialismus liegt.«[28] Stalins Reden, veröffentlichte ZK-Beschlüsse, *Prawda*-Artikel, Radiobeiträge, Karikaturen und nicht zuletzt der 1938 publizierte und schnell popularisierte »Kurze Lehrgang der Geschichte der KPdSU (B)« produzierten unter Sowjetbürgern wie unter den Politemigranten eskalierende Wachsamkeitspsychosen, Spionomanie[29] und Komplottdenken. In einer neunteiligen Zeitungsserie »Über einige Methoden und Kniffe der ausländischen Spionageorgane und trotzkistisch-bucharinschen Agentur« rief der Leiter der Leningrader Gebietsverwaltung des NKWD, Leonid Zakowski[30], zur Denunziation für das NKWD auf: »Alle Bolschewiki mit oder ohne Parteibuch müssen Kundschafter in ihren Betrieben und Institutionen sein.«[31] Nicht nur das sowjetische Strafrecht sah seit 1926 die Bestrafung der Nichtdenunziation vor, auch in *Prawda*-Leitartikeln wurde immer wieder auf diese Denunziationspflicht verwiesen: »Die Partei betrügt nicht nur, wer die Unwahrheit sagt, sondern auch, wer vor der Partei ihm bekannte Tatsachen verheimlicht. Der schweigende Kommunist, dem die Umtriebe des Feindes bekannt sind, und der seine Organisation nicht davon in Kenntnis setzt, ist bereits kein Kommunist mehr, sondern ein Komplice des Feindes.«[32]

---

28 Kurt Funk [d. i. Herbert Wehner], Ein Jahr Stalinsche Verfassung, in: Rundschau, 1937, Nr. 52, S. 1970.

29 Vgl. Uranow, Über einige hinterlistige Machenschaften.

30 Diese Artikelserie wurde auch in der in Prag 1937 erschienenen Broschüre »Spione und Verschwörer« veröffentlicht. Zakowski gehörte 1938 als Leiter der Moskauer Gebietsverwaltung des NKWD und stellvertretender Volkskommissar zu den Hauptorganisatoren des »Großen Terrors«. Im Verlauf der »Säuberungen« innerhalb des NKWD wurde er selbst verhaftet und am 29. August 1938 zum Tod durch Erschießen verurteilt.

31 Deutsche Zentral-Zeitung, 16./17. Juli 1937.

32 Prawda vom 27. Februar 1937, abgedruckt in: Rundschau über Politik, Wirtschaft und Arbeiterbewegung, 1937, Nr. 11, S. 435.

Mit immer neuen Szenarien von konstruierten »Verschwörungen« wurden in der Sowjetunion seit den zwanziger Jahren durch Schauprozesse und in orchestrierten öffentlichen Kampagnen »Volksfeinde«, »Schädlinge«, »Diversanten«, »Spione« und »Terroristen« mit ausländischen »Mächten« in »Verbindung« gebracht. Die ausgeheckten Szenarien von Verschwörungen und die öffentliche Präsentation von Sündenböcken in den Schauprozessen dienten zur Präformierung und Funktionalisierung politischer Kampagnen, in denen jeweils neu konstruierte Feindbilder inszeniert und die durch die außenpolitische Isolation bedingten Interventionsängste transportiert wurden. Standardisierte Verschwörungssyndrome wurden dabei nicht nur permanent in der Presse wiederholt, sondern mit bestellten Zuschriften[33], mit Parteiversammlungen, Resolutionen und Demonstrationen sollte die öffentliche Zustimmung von Fabrikbelegschaften, Schriftstellern, Kolchosbauern und Akademie-Mitgliedern für das Inland wie für das Ausland[34] vorgeführt werden. Die ritualisierten Parteiversammlungen während und nach den Schauprozessen dienten zur Erlernung des bolschewistischen Codes, zur Indoktrinierung des Feindbildes[35], und zugleich zur Demaskierung und öffentlichen Denunzierung von KPdSU- oder Komintern-Funktionären. Während der Kampagne zu dem Geheimbrief der KPdSU, der nach dem Prozeß gegen Sinowjew im Februar 1935 verschickt wurde, trug der Moskauer Komsomolze Stepan Podlubnyi in sein sorgfältig verborgenes Tagebuch ein:

»In den geschlossenen Versammlungen, wo der Brief zur Zeit studiert wird, trichtern sie einem nur eine Sache ein. Mir dröhnen schon die Ohren von dem Wort: Seid

---

33 In der Prawda und in der Iswestija wie in der deutschsprachigen Moskauer Deutschen Zentral-Zeitung finden sich zu den Schauprozessen zahlreiche von oben organisierte und bestellte Protestschreiben von Partei- und Betriebsversammlungen, in denen die Vernichtung des »faschistisch-trotzkistischen Otterngezüchts« gefordert wird.

34 Auch im Westen wurden auf Anweisung Stalins und der Komintern bereits die frühen Schauprozesse mit Kampagnen begleitet. Vgl. Das Neue Rußland. Sonderheft zum Prozeß gegen die Industriepartei, 8. Jg., 1931, H. 1. Für KPD-Mitglieder erschienen Remmele (Hg.), Die Sozialdemokratie auf der Anklagebank; Creutzburg (Hg.), Du mußt es wissen. Zu diesen frühen Propagandakampagnen vgl. Mick, Sowjetische Propaganda, S. 316–349.

35 Vgl. Siegel, Ideological Learning; Kotkin, Magnetic Mountain, S. 198–237.

wachsam, wachsam und nochmals wachsam! Sucht den Feind nicht irgendwo, sucht ihn in eurer Umgebung! Ein Feind – das ist nicht nur jemand mit einer zweifelhaften Vergangenheit, sondern auch jemand, der allerlei rückständige Sachen erzählt.«[36]

Podlubnyi notierte nur wenige Tage später:

»Das Schlimme ist bloß, daß man gerade jetzt nicht einmal dem besten Freund seine Gedanken anvertrauen kann, in dieser unheimlichen Zeit der politischen Reaktion, der Unterdrückung und Verfolgung jeglichen, auch des kleinsten freien Gedankens. Auf allen Sitzungen, Versammlungen, überall herrscht ein einziges Geschreie und Gebrülle, allen wird eingebleut: Seid wachsam, wachsam und nochmals wachsam!«[37]

An diese Atmosphäre der ubiquitären Wachsamkeit erinnerte später auch Traute Nicolas, die zusammen mit ihrem Mann Ernst Ottwalt 1936 in Moskau verhaftet wurde und im Januar 1941 aus der Sowjetunion ausgewiesen wurde:

»Ein Gespenst geht um in Moskau – das nennt sich ›Wachsamkeit‹. ›Wachsamkeit‹ – das heißt, aufmerksam jede verdächtige Rede seines Nebenmannes zu belauschen und den Organen des NKWD zu melden. ›Wachsamkeit‹ – das bedeutet, seinen Vater und seinen Bruder nicht zu schonen, wenn sie sich mit einem Wort an den unantastbaren Interessen des Sowjetstaates versündigen. Diese gespenstische ›Wachsamkeit‹ liegt wie ein Alp über der russischen Hauptstadt.«[38]

Mit der Projektion von Feindbildern[39] und paranoiden Verschwörungsphantasmen konnte auch das Charisma des »weisen Führers« und »großen Steuermanns« Stalin, der all die herandrängenden Feinde und Verschwörungen erkennt und besiegt, zumindest in der Wort-, Bild- und Radiopropaganda veralltäglicht wie auch der Mythos der »einheitlichen und geschlossenen Partei neuen Typs« potenziert werden. Die Festungsmentalität der »eisernen Kohorte des Proletariats« und deren Lagerdenken verlangten nach »Geschlossenheit« der »Kampfreihen« der Partei, die in Militärsprache vorgestellt wurde:

»Parteigenossen! Schließt fester die Kampfreihen um die Partei! Schärft eure ideologische Rüstung, eure revolutionäre Wachsamkeit, eure Disziplin zum erfolgreichen Kampfe gegen die trotzkistisch-faschistischen Agenten in der Arbeiterbewegung!

---

36 Hellbeck (Hg.), Tagebuch, S. 193f.

37 Ebenda, S. 195.

38 Nicolas, Die Kraft das Ärgste zu ertragen, S. 11.

39 Vgl. Raleigh, Languages of Power.

Schließt enger die Reihen um die Sowjetunion, das Land des Sozialismus und des Friedens, um seinen genialen Lenker, den Freund und Führer der um die Freiheit und Glück kämpfenden Werktätigen der ganzen Welt, um unseren großen Stalin!«[40]

Auch in Stalins eigenen Denk- und Verhaltensmustern, in seinen öffentlichen Reden, in seinen Briefen an Molotow, in Stalins Äußerungen im engsten Kreis des Politbüros und gegenüber Dimitroff[41], finden sich zunehmend jene Merkmale, die als charakteristisch für paranoid gestörte Personen[42] gelten. Störungen und Verstörungen, die sowohl als »Krankheit der Macht« (Canetti) in den Verschwörungsphantasmen wie in der terroristischen Verfolgungsrealität bei Tätern und Opfern auftreten.

Die Physiognomie der Schädlinge

Neben dem ubiquitären Mißtrauen gehört zu den Komponenten des paranoiden Denkens auch die wahnhafte und dichotomische Vorstellung, daß die Welt von Feinden bevölkert sei und daß man selbst im Zentrum ihrer Verschwörungen und Angriffe stehe. Eng verbunden damit ist die Meinung von der eigenen Großartigkeit und der paranoische Abwehrmechanismus der Projektion, in dem sich wahnhaftes Festungs- und Lagerdenken[43], Blockkonstrukte, Einkreisungsangst und »paranoische Überkonsequenz« vermischen: »Die paranoiden Bewußtseinsformen streben zur Bildung von Bünden, Fronden und Rackets. Die Mitglieder haben Angst davor, ihren Wahnsinn allein zu glauben. Projizierend sehen sie überall Verschwörung und Proselytenmacherei.«[44]

---

40 Resolution des Zentralkomitees der Kommunistischen Partei Deutschlands zu den konterrevolutionären trotzkistisch-sinowjewistischen Verbrechen gegen die Arbeiterklasse, in: Die Internationale, 1936, H. 6/7, S. 100.

41 Vgl. z.B. die Äußerungen gegenüber Dimitroff vom 7. November 1937. Dimitroff, Tagebücher, S. 161.

42 Vgl. Robins/Post, Political Paranoia; DSM IV: The Diagnostic and Statistical Manual of Mental Disorders.

43 Zu Festungsmentalität und Verräterphantasmen vgl. Geschichte der Kommunistischen Partei der Sowjetunion, S. 451.

44 Theodor W. Adorno/Max Horkheimer, Dialektik der Aufklärung. Philosophische Fragmente, Frankfurt am Main 1969, S. 206.

Ausgewählte Realitätspartikel dienten in der stalinistischen Komplottparanoia als Beweisstücke einer *selffulfilling prophecy*, in der die Versatzstücke des ideologisch vorgeprägten Feindbildes als »Sündenböcke« personifiziert, mit dem jeweiligen NKWD-Befehl scheinbar ausgemacht, benannt und verfolgt wurden. Die NKWD-Befehle richteten sich während des »Großen Terrors« gegen »sozial Fremde« und »maskierte Doppelzüngler«, »ehemalige Weißgardisten«, »ehemalige Kulaken«, »ehemalige Sozialrevolutionäre«, »frühere Menschewiki«, »trotzkistische Gestapo-Agenten«, »deutsch-japanische Spione«, »Letten«, »Polen«, »Koreaner«, »Philatelisten«, »Esperantisten« usw. In dem geheimen Rundbrief an die Mitglieder der KPdSU vom 29. Juli 1936 wurde eine allumfassende Bedrohung skizziert, da die »trotzkistisch-sinowjewistischen Unholde« sich »mit allen erbitterten und eingefleischten Feinden der Werktätigen unseres Landes zusammenschließen«. Da sich zwischen »Trotzkisten« und »Sinowjew-Leuten« einerseits und den anderen »Feinden« – genannt wurden »Spione, Provokateure, Diversanten, Weißgardisten, Kulaken usw.« – alle Grenzen verwischen würden, sei die »Wachsamkeit der Kommunisten in jedem Bereich und in jeder Situation« unabdingbar. Als »unverzichtbare Eigenschaft« gelte für jeden Bolschewik die Fähigkeit, »den Feind der Partei aufzuspüren, wie gut er sich auch tarnen mag«.[45]

Stalin konfigurierte diese übermächtige Phalanx von »maskierten Feinden« in seiner für den »Großen Terror« programmatischen Rede[46] während des Februar/März-Plenums 1937. In der Vernichtungsrhetorik der Schauprozesse wurde der maskierte Feind auch für den Entwurf einer Dolchstoßlegende genutzt. Durch massenhafte Denunziation, Verhaftung und Folterverhör sollte der »maskierte Doppelzüngler«[47], der mit dem Ausland verbundene »Agent« und gleichzeitig dessen »Fäden« und »Verbindungen« zu weiteren Netzen von Verschwörern demaskiert

---

45 Schauprozesse unter Stalin 1932–1952, S. 251.

46 Stalin, Über die Mängel der Parteiarbeit.

47 Elias Canetti liefert eine auch für den Stalinismus zutreffende Analyse: »Der Vorgang der Demaskierung und Entlarvung ist für den Paranoiker – und nicht nur für ihn – von fundamentaler Bedeutung. Von ihm leitet sich auch die Kausalitätssucht ab; alle Gründe wurden ursprünglich in Personen gesucht.« Canetti, Macht und Masse, S. 510.

und entlarvt werden. Mit dem erfolterten »Geständnis«, dem falsifizierten Verhörprotokoll, dem konstruierten Urteil konnte dann der personifizierte »Beweis« für die Existenz der »Volksfeinde« erbracht und demonstriert werden.

Bei der Ausmalung und öffentlichen Projektion des Feindbildes wird die »Physiognomie der Schädlinge« der »trotzkistisch-faschistischen Agentur«[48] immer wieder mit der »Maske« vorgestellt, hinter der sich der allgegenwärtige »Doppelzüngler« verberge:

»Die Schädlings-, Diversions- und Spionagetätigkeit der Trotzkisten und all ihrer Verbündeten zeugt davon, daß sie infolge ihrer Schwäche den offenen Kampf gegen die Sowjetmacht nicht mehr wagen können. Sie gehen die dunklen Pfade der Doppelzüngelei nicht etwa, weil sie den offenen Überfall auf den Sozialismus und seine Erbauer nicht wollten, sondern weil die Kräfte der sozialistischen Ordnung unermeßlich größer sind als diejenigen, die sie ihnen entgegenstellen können. Sie fürchten das Tageslicht und leben als Doppelzüngler, versteckt hinter der Maske der Loyalität und sogar der Ergebenheit gegenüber der Sowjetmacht.«[49]

Militarisierung der Gesellschaft, Festungsmentalität und bellizistisches Selbstbild prägen die ständig repetierte Terminologie des Politbüros und die Mentalität des »gestählten bolschewistischen Kaders«: »Der Feind legt die Maske eines Kommunisten an, um auf leitende Posten zu gelangen, da er sieht, daß sich die gesamte Leitung in allen Zweigen in den Händen der Kommunisten befindet. Die Entlarvung und Vertreibung des Feindes aus der aktiven Armee der Erbauer des Sozialismus, die Verstärkung unserer Armee, die Hebung ihrer Kräfte sind die Garantie für neue Erfolge.«[50] Molotow forderte in seiner Rede vom 28. Februar 1937 vor dem ZK-Plenum abschließend, das »bolschewistische Bewußtsein der Kader zu stärken«, und deklarierte als »heilige Pflicht des Kommunisten«, seinen »bolschewistischen Scharfblick« zu entwickeln.

---

48 Hitlers verkündete Vernichtungsstrategien, Goebbels' Parteitagsreden (1935) und der Anti-Komintern-Pakt (1936) bestätigten und potenzierten immer wieder Wachsamkeitsparanoia und Einkreisungsängste, die sich aber mit dem imaginierten »Bündnis Trotzkis und der Trotzkisten mit der japanischen Militärclique und dem deutschen Faschismus« von der außenpolitischen Realität ablösten.

49 Molotow, Die Lehren der Schädlingsarbeit, S. 58.

50 Ebenda, S. 61.

In ihrer Synthesis totaler Herrschaft benannte Hannah Arendt diese »universale Verdächtigkeit«: »So beherrschen gegenseitiges Mißtrauen und gegenseitige Verdächtigungen die Gesamtatmosphäre ganz unabhängig von den Spezialaufgaben der Geheimpolizei. Jeder ist gleichsam zum Polizeiagenten seines Nächsten geworden.«[51] Am 26. August 1936, zwei Tage nach dem Ende des Schauprozesses gegen das »trotzkistisch-sinowjewistische terroristische Zentrum«, formulierte ein Beschluß der Parteiorganisation im EKKI: »Jeder Genosse verpflichtet sich auf seine Umgebung zu achten sowie die Parteiorganisation von allen Verdächtigungen rechtzeitig zu benachrichtigen.«[52]

Die Denunziation durch ein vom NKWD aufgebautes Netz von verpflichteten Informanten, die als *seksoty*, d. h. als geheime Mitarbeiter *(sekretnyi sotrudnik)* bezeichnet und unter der deutschen Emigration unter Decknamen wie »Rudolf«, »Marie«, »Friedrich«, »Abonnent« geführt wurden, konnte durch »freiwillige Meldungen« bei der »betreffenden Stelle«, wie das tabuisierte NKWD unter Wahrung des »Staatsgeheimnisses« umschreibend genannt wurde, ergänzt werden.

Autobiographien, Tagebücher, Interviews mit Zeitzeugen, aber auch überlieferte Eingaben und Briefe an Stalin dementieren zumindest für den Personenkreis der deutschen Politemigranten und für die Komintern-Mitarbeiter jene apodiktischen Meinungen[53] der »spätrevisionistischen« Stalininismus-Forschung, die sowohl die Existenz und auch die verheerenden Wirkungen der von Spionomanie und NKWD-Terror ausgelösten Angst leugnen.

Unter dem Vorzeichen der »bolschewistischen Wachsamkeit« konnte in den dreißiger Jahren der »Denunziant« als öffentlicher Heros[54] ne-

---

51 Arendt, Elemente und Ursprünge, S. 665.

52 RGASPI, f. 546, op. 1, d. 340, Bl. 51.

53 In seiner Buchpublikation wiederholte Thurston, der sich für seine Interpretation nahezu ausschließlich auf bereits veröffentlichte Autobiographien stützte, seine frühere These: »The various reactions to arrest catalogued above suggests that general fear did not exist in the USSR at any time in the late 1930s [...]. The sense that anyone could be the next, the underpinning of theories on systems of terror, rarely appears.« Thurston, Life and Terror, S. 159. Ähnlich bereits Thurston, Fear and belief in the USSR's »Great Terror«. Response to Arrest, 1935–1939. In: Slavic Review, Bd. 22, 45, 1986, Nr. 2, S. 230.

54 Vgl. Druzhnikov, Informer 001.

ben Stachanowisten, Polarfliegern und Rekordmelkerinnen öffentlich in Filmen, Gedichten und Theaterstücken ausgestellt und verklärt werden. Die wechselseitige Denunziation wurde als Massenphänomen zu einem zentralen Bestandteil des stalinistischen Terrors und erzeugte nicht nur unter den deutschen Politemigranten permanente Angst.

Der 1919 in Wolyn geborene Schriftsteller Daniil Granin schilderte als »Zeitzeuge« das »Dasein in Angst« in der Sowjetunion:

»Ab 1937 wurde die Angst zu einer Massenerscheinung, die den Charakter unseres Volkes deformierte. Die Menschen fügten sich in ihr Schicksal. Verwandte und Bekannte von Verhafteten wagten nur schüchterne Bitten, bestanden nicht auf ihren Forderungen. Sie verlangten nicht die Freilassung ihrer Angehörigen, sondern erkundigten sich zaghaft, was ihnen zur Last gelegt wurde – als wäre das von Bedeutung. Zitternd vor Angst wollte jeder herausfinden, ›wofür‹; in der Hoffnung, sich durch ein ›dafür‹ abgrenzen zu können. [...] Die Menschen hörten auf, einander zu besuchen. Es gehörte zu den Aufgaben der ›Organe‹, die Gesellschaft zu spalten, die Beziehungen zwischen den Menschen zu zerstören. Je schlimmer, je bedrückender die Atmosphäre der Angst, desto besser für die Macht. Die Angst aus jener Zeit wurde zu unserem beständigsten Gefühl.«[55]

Den Moskauer »Politemigranten«, die sich im »Hotel Lux« und in Parteiversammlungen belauerten, überall persönliche Feinde witterten, sich wechselseitig bei den »Instanzen« denunzierten und schließlich nur mehr die eigentlichen »Schädlinge« im NKWD ausmachten, waren die psychotischen Muster von »Verfolgung«, »Verbindung« und »Entlarvung« präsent. Während der nächtlichen Sitzungen einer »geschlossenen Parteiversammlung« in Moskau benannte Georg Lukács die »Atmosphäre der Prinzipienlosigkeit, der Intrige usw.« mit dem ortstypischen Verweis auf die dreieinigen Klassiker Marx, Engels, Lenin als »Emigrationspsychose« und als »Emigrationskrankheit«.[56] In zahlreichen Autobiographien wie auch in jüngeren Interviews mit überlebenden Zeitzeuginnen wird an die »panische Angst, die fast alle Leute beseelt, die Angst vor etwas Drohendem, Schrecklichem, Unvermeidlichem«[57] und an die »Atomisierung« des Exils, d.h. an die Zerstörung aller zwischenmenschlichen Beziehungen, als Folge der stalinistischen Wachsamkeitspropaganda erinnert. In seiner Autobiographie schilderte

---

55 Granin, Das Jahrhundert der Angst, S. 103.

56 Müller (Hg.), Die Säuberung, S. 187f.

57 Leonhard, Gestohlenes Leben, S. 28.

Herbert Wehner jene sich unter den deutschen Politemigranten seit 1936 epidemisch ausweitende Angst[58] und die privat und in öffentlichen Versammlungen grassierende Wachsamkeitsparanoia:

»In den sogenannten Parteiversammlungen der Mitarbeiter des EKKI-Apparates, im Gebäude der Komintern, in den Korridoren des Hotels Lux breitete sich damals ein panischer Schrecken, eine hysterische Angst vor einer ungreifbaren und doch so gut wie unentrinnbaren Gefahr aus. Wenn im Büro einer der Mitarbeiter nicht zur Arbeit erschienen war, nahmen seine Kollegen an, er sei in der Nacht durch die ›Organe des NKWD‹ verhaftet worden. Sofort ergaben sich für jeden einzelnen zahllose Fragen: wie wird das Verhältnis des Verhafteten zu mir vom NKWD ausgelegt werden? fragte sich wahrscheinlich jeder im stillen. Äußerlich aber war jeder bestrebt, entweder unberührt zu erscheinen oder zu zeigen, daß er diese Verhaftung seit langem erwartet habe. Niemand wollte engere Beziehungen zu einem Verhafteten gehabt haben. Und weil in den sogenannten Parteiversammlungen der Abteilungen und des gesamten Apparats die persönlichen Verhältnisse und Beziehungen jedes einzelnen schonungslos und schamlos ausgebreitet, nachträglich bewertet und zu Gegenständen wochenlanger Diskussionen gemacht wurden, waren alle bestrebt, ihre persönlichen Beziehungen zu anderen auf das notwendige Minimum zu beschränken. Jeder war bestrebt sich von den meisten anderen in einem sicheren Abstand zu halten.«[59]

In einer nach 1956 entstandenen, jedoch erst 1988 veröffentlichten Notiz zu einem noch zu schreibenden Roman versuchte Johannes R. Becher[60], die »Aufzeichnungen der Erlebnisse eines jungen Deutschen während seiner Emigration in der Sowjetunion« zu skizzieren. Diese Romanfigur wird von Becher, der mit diesem »Bekenntnisbuch« auch eigene traumatische Prägungen der dreißiger Jahre in Moskau verarbeitet, so vorgestellt:

»Es dauert nicht lange, und der Autor ›durchleuchtet‹ nun auch seinerseits die Genossen, wobei er nicht wenige ›potentielle Faschisten‹ entdeckt. Er entwickelt bei diesen Entdeckungsfahrten eine Art politischer Psychoanalyse, er horcht hinter die Worte, er lauert jeder Gebärde auf, ob sie nicht ein Geheimnis verrate, er provoziert Diskussionen, um den ›Klassenfeind‹ zu entlarven – und eine dschungelhafte Atmosphäre entsteht, worin keiner dem anderen mehr traut, der Jäger zum Gehetzten wird und der Gehetzte wieder zum Jäger wird und die politische Aufgabe sich darin erschöpft, andere zu liefern.«[61]

---

58 Vgl. Suter, Rechtsauflösung durch Angst und Schrecken.

59 Wehner, Zeugnis, S. 189f.

60 Vgl. jetzt Dwars, Abgrund des Widerspruchs.

61 Johannes R. Becher, Selbstzensur, in: Sinn und Form, 40, 1988, S. 547.

Sogar nur kurzzeitige Besucher Moskaus wie Gustav Regler wußten noch über die dreißiger Jahre zu berichten, daß »von oben her« die »Psychose des täglich möglichen Sündenfalls gezüchtet«[62] wurde.

Aber auch im westlichen Exil wurden solche psychotischen Verhaltensmuster[63] diagnostiziert. Erich Wollenberg griff 1937 in der Auseinandersetzung mit der Denunziationspraxis der KPD auf ein auch andernorts benutztes Zitat[64] von Friedrich Engels zurück: »Die Emigration ist eine Schule des Klatsches und der Niedertracht, ein Institut, wo jeder notwendig ein Narr, ein Esel und ein gemeiner Schurke wird, der sich nicht ganz von ihr zurückzieht.«[65]

Für den überaus linientreuen und hyperwachsamen Hugo Huppert[66], der in Moskau bis zu seiner eigenen Verhaftung im Jahre 1938 mehrere Schriftstellerkollegen bei der »betreffenden Stelle«, d.h. dem NKWD, denunziert hatte, bestanden allerdings wesentliche Unterschiede zwischen dem westlichen und dem Moskauer Exil. Gegen Lukács hielt er fest:

> »Er sprach von der Emigranten-Psychose, von den Krankheiten, davon daß wir in ein anderes Land, in ein anderes Milieu gekommen sind. Er machte hier, glaube ich, einen prinzipiellen Fehler. Wenn wir von einer Emigrantenpsychose sprechen, die in gewissem Grade und in wachsendem Teile unsere Gruppe ergriffen und einzelne unserer Genossen angesteckt hat, so ist ein Unterschied zu machen zwischen einer Emigrantenpsychose in Prag und Paris oder in Moskau. Wir befinden uns hier nicht in einem Exil. Wir befinden uns hier in unserer Heimat.«[67]

Hupperts demonstrative Überanpassung an stalinistische Sprach- und Verhaltensregeln, die bis in seine späteren autobiograpischen Verklärungen reicht, läßt sich wohl kaum mit dem Begriff der Akkulturation fassen. Es ist die ausweglose Situation in Moskau, die jede Rückkehr ausschließt, es sind öffentlich aufgeführte Glaubensstärke, vorsätzliche Blindheit und demonstrative Unterwerfung, Selbstrettung und Selbst-

---

62 Regler, Das Ohr des Malchus, S. 334.

63 So z.B. Stern, Die Emigration als psychologisches Problem.

64 Willy Brandt erinnert sich, daß dieses Engels-Zitat von Rudolf Hilferding in Paris erwähnt wurde. Vgl. Brandt, Links und frei, S. 142.

65 Erich Wollenberg, Politisches Gangstertum. In: Sozialistische Warte, 1937, S. 447.

66 Zur Biographie Hupperts vgl. Müller, »Das große Reinemachen«.

67 Müller (Hg.), Die Säuberung. S. 197.

zwang, die nicht nur bei Huppert solche Stellungnahmen oder Hymnen auf Stalin hervorbringen.

Verschwörungen gegen die Sowjetmacht

Mit den terroristischen »Säuberungen« der dreißiger Jahre richteten sich Mißtrauen und ubiquitärer Verdacht als »revolutionäre Wachsamkeit« und permanentes Reinigungsritual gegen die engste Umgebung Stalins wie gegen die ganze Gesellschaft, gegen »treu ergebene« Kampfgefährten wie gegen frühere Oppositionelle, gegen »ehemalige Kulaken«, gegen »Weißgardisten« und »Sozialrevolutionäre«, gegen die Angehörigen von nationalen Minderheiten, gegen »Ausländer« und Politemigranten.

Der von Stalin initiierte, mitverfaßte und redigierte »Kurze Lehrgang« der Geschichte der KPdSU erlangte seit 1938 nicht nur im sowjetischen Parteileben kanonische Geltung. Für die obligatorische Parteischulung konnte er als »Bußbuch« und »Beichtspiegel« genutzt werden. Aber auch für die NKWD-Verfolgungspraxis fungierte der »Kurze Lehrgang«, in dem die gesamte Geschichte der Sowjetunion und der KPdSU zu einer Verschwörung in Permanenz gerinnt, als Gebrauchsanleitung zur Verfertigung von Szenarien, Verhören, Anklageschriften und Urteilen. Hier wurden alle inneren und äußeren, realen und fiktiven »Feinde«, »Kulaken«, »Sozialrevolutionäre« und »Weißgardisten«, »Bucharinleute und Trotzkisten« zu einer »gemeinsamen Bande von Volksfeinden« oder zum »Block der Rechten und Trotzkisten« zusammengebracht:

»Die Prozesse zeigten, daß dieser Abschaum der Menschheit gemeinsam mit den Volksfeinden Trotzki, Sinowjew und Kamenew bereits seit den ersten Tagen der Sozialistischen Oktoberrevolution in einer Verschwörung gegen Lenin, gegen die Partei, gegen den Sowjetstaat gestanden hatten. Die provokatorischen Versuche zur Vereitelung des Brester Friedens Anfang 1918; die Verschwörung gegen Lenin und das Komplott mit den ›linken‹ Sozialrevolutionären zur Verhaftung und Ermordung Lenins, Stalins, Swerdlows im Frühjahr 1918; das frevelhafte Attentat auf Lenin und dessen Verwundung im Sommer 1918; der Aufruhr der ›linken‹ Sozialrevolutionäre im Sommer 1918; die vorsätzliche Zuspitzung der Meinungsverschiedenheiten im Jahre 1921 mit dem Ziel, die Leninsche Führung zu erschüttern und von innen heraus zu stürzen; die Versuche, in der Zeit von Lenins Krankheit und nach seinem Tode die Parteiführung zu stürzen; die Auslieferung von Staatsgeheimnissen und die Belieferung ausländischer Spionagedienste mit Spionagematerial; die ruchlose Ermordung Kirows; Schädlingsarbeit, Sabotageakte, Sprengungen; die Meuchelmorde an Menshinski, Kujbyschew, Gorki – all diese und ähnliche Freveltaten wurden, wie sich herausstellte, im Verlauf von 20 Jahren unter Teilnahme oder Führung Trotzkis, Sinowjews, Kamenews, Bucharins, Rykows und ihrer Handlanger im Auftrage ausländischer bürgerlicher Spionagedienste aufgeführt.«[68]

Wenn man nach dem »Sinn« oder nach der »Rationalität«[69] in der bürokratisch organisierten Willkür des stalinistischen Terrors[70] fragt, dann intendiert die Verfolgungslogik des ubiquitären Verdachts mit ihrer Erzeugung von eskalierender Angst[71] die Zerstörung der moralischen Person und die völlige Zurichtung der atomisierten Individuen schon vor und vor allem angesichts der drohenden Verhaftung. In radikalster Form prägte Stalin seine auf soziale, nationale und politische »Gleichschaltung« zielende Homogenitätsobsession[72] als ultima ratio der »Säuberung« von Gesellschaft und Partei bis zum exterministischen Terror aus. Als Ziele galten dabei a) eine von den alten Klassen, d.h. den »Ehemaligen«, gesäuberte Gesellschaft; b) die »stählerne Einheit« und »unverbrüchliche Geschlossenheit« einer von Oppositionellen »gereinigten« Partei und c) die von nationalen »Abweichungen« befreite »politisch-moralische Einheit der Sowjetvölker«.

---

68 Geschichte der KPdSU (Bolschewiki). Kurzer Lehrgang, S. 434.

69 Vgl. auch die ökonomistische Erklärung bei Rosefielde, Systemzerrüttung und Stalinismus; Tjurina, Die Rolle der Zwangsarbeit in der Ökonomie der UdSSR.

70 Vgl. auch Jan Philipp Reemtsma: Terroratio.

71 Vgl. Suter, Rechtsauflösung durch Angst und Schrecken; Bramsted, Dictatorship and political police.

72 Kanonische Geltung erhielt das ideologische Reinheitsgebot und das schließlich terroristisch durchgesetzte Einheitspostulat für die KPdSU bereits mit Stalins liturgischer Rede (1924) zum Tode Lenins: »Als Genosse Lenin von uns schied, hinterließ er uns das Vermächtnis, die Einheit unserer Partei wie unseren Augapfel zu hüten. Wir schwören Dir, Genosse Lenin, daß wir auch dieses Dein Gebot in Ehren erfüllen werden!« J.W. Stalin, Werke, Bd. 6, S. 42.

Sprachkundige und unvoreingenommene Beobachter wie der emigrierte Menschewik Paul Olberg registrierten bereits im Oktober 1918 die von der Tscheka angewandten Techniken für ihre immer verwandten Verschwörungskonstrukte:

»Aus den Zeitungen dürfte Dir schon bekannt sein, daß die Allrussische Außerordentliche Kommission oft ›Verschwörungen‹ aufdeckt und im Zusammenhang damit Verhaftungen und Erschießungen vornehmen läßt. Sowohl auf Grund der bekanntgegebenen Dokumente und meiner Unterredungen mit absolut zuverlässigen Personen bin ich zu der Überzeugung gelangt, daß es sich in vielen, wenn nicht den meisten Fällen um eingebildete oder in den Geheimkanzleien der Kommission konstruierte Verschwörungen handelt.«[73]

Für die Legitimierung des Terrors wie auch für die Technik des Amalgams von innerem und äußerem Feind[74] griff man in der Parteirhetorik auf das Beispiel der »eisernen Diktatur«[75] der Französischen Revolution[76] zurück. In Fortführung der jakobinischen Tradition der Bolschewiki[77], die auch die Verschwörungen und Anschläge der Narodniki für sich reklamierten, erschienen nun auch die Anstrengungen innerer »Feinde« und die Tätigkeit oppositioneller Parteien oder Personen nur als organisierte Komplotte mit Unterstützung ausländischer Mächte denkbar.

---

73 Olberg, Briefe aus Sowjet-Rußland, S. 126.

74 Vgl. Robespierres Rede »Über die Prinzipien der politischen Moral«: »Die Feinde von innen, sind sie nicht mit den Feinden von außen verbunden? [...] Ihr werdet fühlen, daß Wachsamkeit und Energie uns jetzt notwendiger sind als jemals. Eine geheime und dumpfe Bosheit widersteht allen Unternehmungen der Regierung, und der verderbliche Einfluß der Fremden ist versteckter als ehemals, dessenungeachtet aber noch ebenso tätig und ebenso furchtbar. Die schüchternen Verbrecher haben nur mit mehr Kunst ihre Ränke verschleiert.« In: Fischer, Reden der französischen Revolution, S. 350 u. 353.

75 Vgl. Trotzki, Terrorismus und Kommunismus, S. 37.

76 Vgl. zuletzt Baker (Hg.), The French Revolution and the Creation of Modern Political Culture.

77 Trotzki hatte noch 1904 in seiner Schrift »Unsere politischen Aufgaben« Lenin als »Pseudo-Robespierre« angegriffen. Zu dieser Debatte vgl. Borke, Die Ursprünge des Bolschewismus. Rosa Luxemburg warnte 1918 in ihrer 1922 von Paul Levi veröffentlichten Schrift »Die russische Revolution« vor der »Diktatur im rein bürgerlichen Sinne, im Sinne der Jakobinerherrschaft«, die nun von »Lenin-Trotzki« als »Diktatur einer Handvoll von Personen« praktiziert werde.

Das eigene bolschewistische Parteimodell des konspirativ agierenden Apparats wurde in die konstruierten Verschwörungen, die angeblich Aufstände vorbereiten, Attentate planen und ökonomisches Chaos produzieren, bereits in die Szenarien der frühen Schauprozesse[78] projiziert. Durch diese bruchlose Übertragung des bolschewistischen Partei- und Aufstandsmodells konnte ein »Zentrum« mit einen zentralen Stab von leitenden Verschwörern, bei denen alle »Fäden« zusammenliefen, ausgemacht werden. Weitere hierarchisch verbundene oder »parallele« Zentren wurden in »tschekistischer« Paranoia[79] kreiert. Die Anleitung weiterer Gruppen in der Peripherie oder »terroristischer« Einzelpersonen geschah in der Regel – dem eigenen Politikverständnis folgend – durch »direktive Weisungen« eines Zentrums, das durch überbrachte Briefe oder Reisen mit dem Ausland »verbunden« wurde. Solche »Briefe« mit »persönlichen Direktiven«, die aus dem Ausland durch Emissäre überbracht wurden, tauchten in nahezu allen Schauprozessen als »Beweise« der Anklage auf. Diese erhaltenen »Weisungen« und »direktiven Briefe« existierten jedoch in der Regel nur in den erfolterten »Geständnissen« der Angeklagten. Sie konnten weder im Prozeß gegen die fiktive »Industriepartei« noch gegen das konstruierte »Unionsbüro der Menschewiki«[80] und auch nicht in den drei großen Schauprozessen der dreißiger Jahre als materielles Beweismittel präsentiert werden, da sie – mit einem vom NKWD stupide verwandten Kunstgriff – von den Angeklagten angeblich vernichtet worden waren. Lion Feuchtwanger überlieferte in seinem Reisebericht »Moskau 1937« Stalins Reaktion: »Stalin machte sich ein bißchen lustig über diejenigen, die viele schriftliche Dokumente verlangten, ehe sie sich dazu bequemten, an eine Verschwörung zu glauben.«[81] Diese »Beweisnot« mangels entsprechender »Dokumente« wischte Staatsanwalt Wyschinski[82] während des zweiten

---

78 Vgl. dazu Process »prompartii«.

79 Zu stalinistischen Verschwörungstheorien vgl. auch die Selbstdarstellungen: Sofinow, Abriß der Geschichte der Gesamtrussischen Außerordentlichen Kommissionen; Golnikow, Fiasko einer Konterrevolution. Als spätstalinistisches Haus- und Volksbuch diente Sayers/Kahn, Die große Verschwörung.

80 Vgl. Men'ševistskij process 1931 goda.

81 Feuchtwanger, Moskau 1937, S. 83.

82 Wyschinski erklärte 1937 in seiner Schlußrede, daß man bei »Verschwörungen« nicht nach Beweisen fragen dürfe. Indizien hätten eine »weit größere Überzeu-

Schauprozesses und Kalinin als Vorsitzender des Präsidiums des Obersten Sowjets während der Rede in einer »Festversammlung« am 6. November 1936 dreist und öffentlich vom Tisch:

»Die Trotzki-Sinowjew-Bande hatte und hat ein Programm, es kann aber dem Volk nicht gezeigt werden, es kann nicht verkündet werden, denn sein Verkündung würde jedem, selbst dem in der Politik unerfahrensten Menschen enthüllen, daß dies die Erzkonterrevolution ist. Nicht das erste Mal versteckt sich die Konterrevolution hinter ›linken‹ Hüllen. Man sucht ein schriftliches Dokument – eine unnütze Beschäftigung. Ein altes Sprichwort sagt: Sage mir, mit wem du umgehst, und ich sage dir, wer du bist. Die Verbindung der Trotzkisten mit den Faschisten, die faschistischen Kampfmethoden, sind das vielleicht keine Dokumente? Darum handelt es sich gerade, daß solche Dokumente nicht auf dem Papier geschrieben, sondern Aug in Aug formuliert, nur angedeutet werden, ihr Wesen ist aber die Restaurierung des kapitalistischen Regimes in unserem Lande.«[83]

Solche auf das »Wesen« verweisenden Erklärungsversuche wie die Anklagekonstrukte von Tscheka, GPU und NKWD wurden vor allem mit dem Prinzip der »Verbindung«, der »Kontaktschuld« in Zeitungsartikeln wie in NKWD-Verhören »begründet«. In den Verdachtsketten der mittelalterlichen Inquisition[84] und der Hexenprozesse wie in den Verschwörungssyndromen gegen Illuminaten, Jakobiner und Kommunisten läßt sich zwar auch dieses Prinzip der »Kontaktschuld« finden. In den stalinistischen Szenarien dieser funktionalen Xenophobie und institutionalisierten Paranoia konnte sich jedoch der Verdacht der Verschwörung exterministisch gegen alle in der eigenen Gesellschaft richten, da – wie bereits die Politemigrantin Emma Dornberger 1936

---

gungskraft« als Beweise. Die Aussagen und Geständnisse, die wiederum durch andere Geständnisse bestätigt würden, bildeten für Wyschinski dann die »Beweise«. Prozeßbericht, 1937, S. 560.

83 Kalinin, Michail, Der XIX. Jahrestag der Sozialistischen Oktoberrevolution. In: Deutsche Zentral-Zeitung, 1936, Nr. 259, 11. November 1936.

84 Forschungen zur Geschichte der Inquisition und der Hexenprozesse erlebten nach ersten Publikationen und Übersetzungen im zaristischen Rußland während der zwanziger und Anfang der dreißiger Jahre in der Sowjetunion im Rahmen der »Atheismuspropaganda« eine bemerkenswerte Konjunktur, die m. E. wegen allzu nahe liegender Analogien zur Gegenwart jedoch zum Erliegen kam. Vgl. dazu das Quellen- und Literaturverzeichnis des Moskauer Mediävisten Grigulevič, Ketzer – Hexen – Inquisitoren, Bd. 2, S. 521–534.

in ihrem Tagebuch festhielt – »doch jeder mit jedem verbunden war«.[85]

Nach dem Schauprozeß, in dem Bucharin 1938 seine »Teilnahme« an der »Verschwörung« des »rechtstrotzkistischen Blocks« strafrechtlich in Frage gestellt hatte, definierte Generalstaatsanwalt Wyschinski die neue »Teilnahmelehre« nach den »Prinzipien« der Sowjetjustiz. In Auseinandersetzung mit der »bürgerlichen Strafrechtswissenschaft« bemühte er die »Besonderheiten des Klassenkampfes in der gegenwärtigen Epoche«[86] und stellte dann fest, daß der Schauprozeß gegen den »rechtstrotzkistischen Block« gezeigt habe, daß »sich zum Kampf gegen die UdSSR Trotzkisten, Bucharinleute, Sinowjewleute, Menschewiki, Sozialrevolutionäre, bürgerliche Nationalisten, ehemalige Provokateure und Agenten der zaristischen Ochrana, weißgardistische Offiziere und ausländische Faschisten«[87] in einem »Block« vereinigt hätten. Dieser monströse »Block« repräsentierte nahezu alle Feindbilder, Phobien und Verschwörungsszenarios der zwanziger und dreißiger Jahre. Angesichts dieses imaginierten »Blockes« propagierte Wyschinski, daß die »vulgäre Vorstellung von der Teilnahme als eine Form der Vereinigung verbrecherischer Tätigkeit im engen Sinne des Wortes« überlebt sei. Nach Wyschinskis neuer »Definition« sollte die Teilnahme im »weiteren Sinne des Wortes« schon durch das gemeinsame Ziel, gemeinsame Wege und Methoden erfolgt sein. Wissen um die angebliche »Tat« oder gar unmittelbare Beteiligung an der fiktiven »Verschwörung« waren bereits in der NKWD-Praxis, in der irgendwelche »Verbindungen« hergestellt wurden, völlig überflüssig. Wyschinski kleidete diese jahrelange Verhör- und Prozeßtechnik in die »Wissenschaft vom sozialistischen Sowjetrecht«, für die dann die zirkuläre Formel galt:

»Dabei ist die Teilnahme an einer derartigen Verbrechergruppe unabhängig davon, ob der in Frage kommende Teilnehmer an diesem oder jenem verbrecherischen Resultat teilhatte, durch das die verbrecherische Tätigkeit dieser Gruppe realisiert wurde. Das besagt, daß dieser Teilnehmer auch für dieses Resultat die Verantwor-

---

85 Emma Tromm, Tagebuch, SAPMO/BA, NY 4206.

86 Wyschinski, Die Hauptaufgaben der Wissenschaft, S. 99.

87 Ebenda, S. 100.

tung ebenso wie für die ganze Tätigkeit seiner Gruppe tragen muß, gerade weil er ihr Teilnehmer ist.«[88]

Mit seiner neuen sowjetischen »Teilnahmelehre« versuchte Wyschinski den NKWD-Folterverhören und der Komplottparanoia die höhere Weihe der »sozialistischen Gesetzlichkeit« zu verleihen: »Für den Begriff der Teilnahme ist nicht das Vorhandensein eines Kausalzusammenhanges, sondern eines Zusammenhanges der gegebenen Person mit dem begangenen Verbrechen überhaupt erforderlich.«[89]

Von den nach »Zusammenhängen« zwischen »Teilnehmern« suchenden NKWD-Untersuchungsführern wurden das öffentlich kodierte Feindbild und die internen NKWD-Befehle genau registriert. Die Selektion und die Bezeichnung der Opfergruppen wurden nach solchen Vorgaben ausgerichtet, wie Alexander Weissberg-Cybulski an seinem NKWD-Untersuchungsführer beobachtete: »Er verfolgte genau die Zeitungen und wußte, was in jedem Augenblick gebraucht wurde, welcherlei konterrevolutionäre Verschwörungen nach dem letzten Auftreten Stalins oder Jeschows aktuell waren.«[90]

Die stalinistischen Verschwörungssyndrome transformierten vorrevolutionäre antiwestliche Traditionen und bereits im Zarismus umlaufende Verschwörungstheorien, die in den »Protokollen der Weisen von Zion«[91] kulminierten, in den aktuellen politischen Kontext. Seit den zwanziger Jahren unterminierte in der sowjetischen Propaganda nicht mehr die angebliche »jüdische Weltverschwörung« alle Staaten, organisierte Streiks und Mordanschläge, produzierte ökonomisches Chaos und steigende Lebensmittelpreise. Nun waren es im öffentlichen Schreckbild der innere »Schädling« und der »Volksfeind«, die als Agenten ausländischer Mächte beschuldigt wurden, den Kronstädter

88 Ebenda, S. 103.

89 Ebenda, S. 105.

90 Weissberg-Cybulski, Hexensabbat, S. 210.

91 Vgl. Heilbut, Die öffentlichen Verleumder; Cohn, Die Protokolle der Weisen von Zion. Zur Kontinuität der Verschwörungstheorien in der Sowjetunion vgl. Laqueur, Der Schoß ist fruchtbar noch. Vgl. jetzt auch Hagemeister, Neuere Forschungen und Veröffentlichungen zu den »Protokollen der Weisen von Zion«. Eine kommentierte Bibliographie, in: Norman Cohn, »Die Protokolle der Weisen von Zion«, S. 267–289.

Aufstand, ökonomische Desaster, Planungsfehler und Versorgungsprobleme, Eisenbahnunglücke, Katastrophen in Bergwerken und Explosionen in der Industrie hervorgerufen zu haben. An die in den »Protokollen der Weisen von Zion« tradierte antisemitistische Verschwörungstheorie erinnern aber immer noch Wyschinskis Formulierungen in den Schauprozessen vom »Judas Trotzki«[92] und der Hinweis darauf, daß der Angeklagte Arnold »auf dem Weg über die Freimaurer« an die Macht gelangen wollte.

Die antisemitische und antiwestliche Verschwörungstheorie wurde noch ergänzt durch eine seit 1936 immer wiederauftauchende »Dolchstoßlegende«. Während des Schauprozesses im Januar 1937 formulierte Staatsanwalt Wyschinski, daß »unser Feind« versuche, »heimtückisch die Front unserer Siege zu durchbrechen, uns zu umgehen und uns in den Rücken zu fallen«.[93]

Hannah Arendt kommentierte die Funktion ideologischer Fiktionen, die durch den jeweiligen Führer aus vorhandenen Elementen jener Ideologien zusammengesetzt werden, die sich für die Etablierung einer »ganz und gar fiktiven Welt« besonders eignen:

»Die Fiktion der ›Protokolle der Weisen von Zion‹ war hierfür so geeignet wie die Fiktion einer trotzkistischen Verschwörung, weil beide Fiktionen von internationaler Bedeutung waren, und weil sie beide ein Element des Plausiblen enthielten – den nichtöffentlichen Einfluß der Juden im neunzehnten Jahrhundert, den Machtkampf zwischen Stalin und Trotzki nach Lenins Tode –, ohne daß die fiktive Welt der totalitären Bewegungen in einer nichttotalitären Umgebung nicht etabliert werden kann. Die Kunst des totalitären Führers besteht darin, in der erfahrbaren Realität geeignete Elemente für seine Fiktion herauszufinden und sie so zu verwenden, daß sie fortan von aller überprüfbaren Erfahrung getrennt bleiben [...]«[94]

Auch Elemente des ländlichen Volksglaubens über die teuflischen »Verursacher« von Mißernten und Naturkatastrophen mischten sich in die seit den zwanziger Jahren produzierten Feindbilder und Verschwörungsphantasmagorien. Aufgeladen und in monströse Dimensionen projiziert wurde die fiktive Verschwörungswelt durch reale Interventionsdrohungen und Invasionsängste, die sich im »Sozialismus in einem

---

92 Prozeßbericht, 1937, S. 509 und S. 525.

93 Ebenda, S. 527.

94 Arendt, Elemente und Ursprünge, S. 572.

Lande« zur Festungsmentalität verdichteten und ein Lagerdenken ausprägten, für das »fünfte Kolonnen«[95] allgegenwärtig waren. In seiner Schlußrede beim dritten Schauprozeß verwies der Staatsanwalt der UdSSR Wyschinski ausführlich auf diese kettenartig aneinandergereihten Prozesse und zog das Fazit: »Bei keiner einzigen ernsten Verschwörung gegen die Sowjetmacht in der UdSSR ging es ohne die direkte und aktivste Teilnahme der ausländischen Kapitalisten und Militärs ab.«[96]

Das Grundmodell dieses politisch, phantasmagorisch und xenophobisch aufgeladenen Feindbildes wird auch durch Horkheimers Diktum bezeichnet: »Die Unterdrückungsmaschine gegen den inneren Feind muß einen Vorwand in der Drohung mit dem äußeren finden.«[97] Da weder der »neue Mensch« noch der »siegreiche Sozialismus« sich in der Realität zeigen, wurde im Gesamtkunstwerk des Stalinismus die Erzeugung von Fiktionen, das öffentliche Ritual zur »Hauptaufgabe« ideologischer und propagandistischer Apparate. Losungen, Aufrufe, Plakate, Transparente, Bilder und Skulpturen, literarische Übermenschen, Flieger-Heroen[98] und monumentale Architektur verstellten dabei als Weltanschauung und potemkinsche Dekoration die wenig erhebende und terroristische Wirklichkeit und erzeugten für den Erhalt der »Sowjetmacht« jene »besessene Blindheit, die der Realitätsflucht der Massen in eine in sich stimmige fiktive Welt eigen ist«.[99]

Innerparteiliche »Säuberungen«, ökonomische Krisen wie auch Interventions- und Einkreisungsängste[100] prägten das Feindbild des im

---

95 Bereits 1922 im Prozeß gegen 34 angeklagte Sozialrevolutionäre wurden diese beschuldigt, nicht nur Attentate vorbereitet und Anschläge durchgeführt zu haben, sondern auch in »Verbindung mit den Vertretern des ausländischen Kapitals« getreten zu sein. Ähnliche Konstrukte von »Verbindungen« zwischen dem inneren und äußeren Feind figurierten im Schachty-Prozeß (1928), im Prozeß gegen die fiktive »Werktätige Bauernpartei« (1930), gegen die »Industriepartei« (1930) und gegen das »Unionsbüro der Menschewiki« (1931). Vgl. Jansen, A Show Trial under Lenin.

96 Prozeßbericht, 1938, S. 688

97 Horkheimer, Gesammelte Schriften, Bd. 3, S. 43.

98 Vgl. Kluge, Der sowjetische Traum vom Fliegen.

99 Arendt, Elemente und Ursprünge, S. 560.

100 Wyschinski zitiert 1938 im Schauprozeß sowohl Lenin wie Stalins jüngste Rede zur kapitalistischen Umkreisung: Vgl. Prozeßbericht, 1938, S. 687.

Dienste des Auslands stehenden »Verräters« und »Schädlings« zum tierischen Monstrum aus oder bildeten den »Volksfeind« als Marionette in den Händen ausländischer Regierungen ab. Die öffentlich in Stalin-Reden, *Prawda*-Artikeln und in der Berichterstattung über Schauprozesse konfigurierten Feindbilder korrespondierten mit den geheimen Rundschreiben[101] der KPdSU und den in internen Parteiversammlungen und Säuberungssitzungen propagierten Schreckensgestalten, für die in den Schauprozessen ab 1936 häufig Tiermetaphern und die Rede von der heimtückischen »fünften Kolonne« eingesetzt wurden. Bedrohliche Bilder-Welten und die scheinbar stimmige fiktive Welt der stalinistischen Propaganda gerieten für die sowjetische Bevölkerung zum sinnstiftenden Weltbild. Durch die allgegenwärtige symbolische Kommunikation wurde der Glaube an konstruierte Verschwörungen auch für die deutschen Politemigranten zu einem »unangreifbar realen Element ihres täglichen Lebens«.[102]

---

101 Das erste geheime ZK-Rundschreiben (1935) wurde auch ausführlich als »Weisung« des Zentralkomitees zur »Erhöhung der bolschewistischen Wachsamkeit« in der 1938 erschienenen »Geschichte der Kommunistischen Partei der Sowjetunion (Bolschewiki), Kurzer Lehrgang« zitiert.

102 Arendt, Elemente und Ursprünge, S. 573.

Folterverhöre: Anatol Becker und Carola Neher

Im Frühjahr 1936 waren von den Personen, die das NKWD später zur »Wollenberg-Hoelz-Organisation« rechnete, bereits in NKWD-Gefängnissen inhaftiert:

Peter Holm, verhaftet am 27. Oktober 1935
Herbert Berndt, verhaftet am 22. Februar 1936
Erich Tacke[1], verhaftet am 22. April 1936
Zenzl Mühsam, verhaftet am 23. April 1936

Als nächster »Teilnehmer« einer sich für die NKWD-Offiziere allmählich abzeichnenden »Verschwörung« wurde am 11. Mai 1936 der in einer Moskauer Maschinenfabrik beschäftigte Ingenieur Anatol Becker verhaftet. Ausschlaggebend für seine Verhaftung können die parteiamtlichen Zweifel an Beckers Parteidokumenten gewesen sein, da er, wie seine Frau Carola Neher, bei der KPD-Führung in den Verdacht geraten war, seine Parteizugehörigkeit »gefälscht« zu haben. Ein Verdacht, den die »Überführungskommission« der KPD 1936 häufig äußerte[2] und der auch gegen den selbst zahlreiche Denunziationen liefernden Schriftsteller Hugo Huppert[3] vorgebracht wurde. In einem von Wilhelm Pieck an die KPD-Auslandsleitung gerichteten Rundschreiben wurde Becker nach seiner Verhaftung, noch vor dem August-Schauprozeß, neben anderen Verhafteten, die am 3. September 1936 ebenfalls formell aus der KPD ausgeschlossen wurden, aufgeführt: »Anatol Becker, das ist der Mann von

1 Das Untersuchungsverfahren gegen Erich Tacke, der längere Zeit als hauptamtlicher Mitarbeiter der OGPU tätig war, wurde abgetrennt. Erich Tacke wurde am 2. September 1937 vom MKOG zum Tode verurteilt und erschossen.

2 Vgl. mehrere Fälle in der Liste von 136 KPD-Mitgliedern, die 1936 durch die »Überführungskommission« als »verdächtige Elemente« stigmatisiert wurden. RGASPI, f. 495, op. 292, d. 83, Bl. 39–52.

3 Mit der Beschuldigung, daß er sein »Parteialter« *(stage)* verfälscht habe, suchten 1937 mehrere Schriftsteller durch denunziatorische »Eingaben« den umtriebigen Denunzianten Hugo Huppert bei den Komintern-Instanzen anzuzeigen. Vgl. RGASPI, f. 495, op. 187, d. 1445.

Carola Neher, der hier in einer Maschinenfabrik als Schlosser arbeitete und feindliche Verbindungen, wahrscheinlich zur Gestapo unterhielt.«[4]

Der KPD-Vorsitzende Pieck reproduzierte in diesem Rundschreiben vom 10. August 1936 die abstrusen NKWD-Konstrukte, die Becker zum »Gestapo-Agenten« und Zenzl Mühsam zum »Mittelpunkt für trotzkistische Verbindungen, besonders mit Wollenberg« erklären.

Eine fünfseitige »Meldung« Gustav von Wangenheims wurde vom deutschen Referenten der Kaderabteilung, Brückmann, am 10. April 1936 zusammengefaßt und »an die betreffende Stelle«, d.h. an das NKWD, weitergeleitet: »Über ihren Mann Becker – Anatoli, der schon stark verdächtig ist, wurde schon Material geliefert, Neher Carola war Ende 1934 einmal in Prag. Das zweite Mal fuhr sie Ende 1935 nach Prag und sie kam erst vor kurzem zurück. In Prag soll sie enge Verbindung mit dem Trotzkisten Wollenberg haben, der nach unserer Auskunft Verbindung mit dem tschechischen und französischen Generalstab hat.«[5]

Mit großer Wahrscheinlichkeit lösten die »Meldungen« der Kaderabteilung, die durch Mitteilungen des KPD-Apparats gespeist wurden, die Verhaftung des »schon stark verdächtigen« Anatol Becker am 11. Mai 1936 aus.

Nachdem auch Gustav von Wangenheims Berichte über Mitglieder der »Kolonne Links«[6] von der Kaderabteilung im April 1936 an die Lubjanka gesandt wurden, bestellte ihn die 3. Abteilung des NKWD am 1. Juni 1936 als »Zeugen« zu einer Einvernahme ein. Anders als die »Protokolle«, die bei NKWD-Verhören vom Untersuchungsführer vorformuliert wurden, enthält dieser Text Beobachtungen, Wertungen und Meinungen, die nur vom Zeugen Wangenheim stammen können. Auch Sprachduktus, persönliche Einfärbung und der Vergleich mit seinen Berichten für die Kaderabteilung machen m. E. Wangenheim zum »Autor« der Aussagen. Für ihn wurde erst nach einem Gespräch mit Fritz Heckert Becker verdächtig. In dem Protokoll wurde in der Lubjanka folgender Frage-Antwort-Text aufgezeichnet:

---

4 SAPMO/BA, RY1 I/2/3/286, Bl. 145.

5 RGASPI, f. 495, op. 205, d. 37, Bl. 6.

6 Während der Dreharbeiten zum Film »Der Kämpfer« wurden zwei Assistenten Wangenheims verhaftet. Ernst Mansfeld wurde am 14. März 1936 verhaftet und am 9. Februar 1937 vom MKOG zum Tode verurteilt. Der Wolgadeutsche Walter Rauschenbach, geb. 1903 in Marxstadt, wurde am 20. Februar 1936 wegen »Päderastie und konterrevolutionärer Agitation« zu fünf Jahren Lagerhaft verurteilt.

»Frage:
Ist Ihnen der deutsche Staatsangehörige Becker, Anatol bekannt? Wenn ja, wo haben Sie ihn kennengelernt?
Antwort:
Becker, Anatol ist mir bekannt. Ich lernte ihn 1933 in Moskau durch seine Frau Carola Neher kennen, welche ich in Moskau ausfindig machte, weil ich sie als Schauspielerin benötigte.
Frage:
Können Sie die politischen Anschauungen von Becker, Anatol charakterisieren?
Antwort:
Becker machte auf mich ständig den Eindruck eines falschen, niedergedrückten, dauernd etwas befürchtenden Menschen. Seine vollkommen sowjettreuen Aussagen haben mich sehr verwundert. Nie äußerte er irgendwelche Schwankungen und Unzufriedenheiten, auch nicht solche, die für ihn als Ausländer verzeihbar gewesen wären. Trotz meines instinktiven Mißtrauens gegen Becker hatte ich bis Anfang 1934 keinen Grund, ihm nicht zu vertrauen und ihn nicht für einen der unseren zu halten. Anfang 1934 änderte sich meine Einstellung zu Becker scharf und ich verlor den Glauben an seine sowjetischen Stimmungen und Bekundungen. Dies geschah, nachdem ich Anfang 1934 mit dem Genossen Fritz Heckert ein Gespräch führte. Im Laufe des Gesprächs über die politischen Emigranten sagte mir der Genosse Heckert über Becker wie folgt: ›Becker ist eine dunkle Figur, seine Parteidokumente sind gefälscht. Wir haben diesbezüglich eine Untersuchung angeordnet. Warum er die Dokumente gefälscht hat, ist noch nicht geklärt worden.‹ Wann und unter welchen Umständen von Becker die Dokumente gefälscht wurden, sagte mir Genosse Heckert nicht, und ich habe ihn nicht darüber gefragt. Mit Becker aber habe ich seitdem sämtliche persönliche Wechselbeziehungen abgebrochen. Nach der Ermordung des Genossen Kirow wurde mir die Person Beckers noch verdächtiger. Denn die Kontakte seiner Frau Carola Neher mit dem bekannten Trotzkisten Wollenberg zog meine Aufmerksamkeit auf sich. [...]
Frage:
Sind Becker und Wollenberg miteinander bekannt?
Antwort:
Becker, Anatol ist mit Wollenberg bekannt. Ob diese Bekanntschaft durch Carola Neher stattfand oder umgekehrt, Becker sie mit ihm bekannt machte, weiß ich nicht. Tatsache ist, daß Neher für Wollenberg Leute anwarb. So z. B. suchte sie mir beharrlich einzureden, den Wollenberg näher kennenzulernen, was ich jedoch ablehnte. Da Neher und Wollenberg miteinander sehr vertraut waren, wußte sie zweifellos, wie auch Becker, von der trotzkistischen Tätigkeit Wollenbergs.«[7]

---

7 Text der Aussagen Wangenheims abgedruckt in: Die Säuberung, S. 560–562. Abschrift aus der NKWD-Akte Carola Nehers durch Georg Becker.

Nach den schwerwiegenden Aussagen[8] Gustav von Wangenheims[9], der in der Lubjanka behauptete, daß Carola Neher nicht nur »Mitwisserin« war, sondern auch »Leute« für Wollenberg anwarb, wurde Carola Neher am 25. Juli 1936 verhaftet. Ihr Sohn Georg Becker blieb für einige Wochen bei seiner Pflegemutter Elsa Taubenberger, die aber am 11. August 1936 ebenfalls verhaftet wurde.

Die Anklage

Über die Anfangsverhöre, denen Carola Neher und Anatol Becker nach ihrer Verhaftung ausgesetzt waren, liegen dem Verfasser keine Materialien vor. Die Aussagen Wangenheims und die Meldungen der Kaderabteilung über die »Verbindungen« zu Erich Wollenberg in Prag wurden von den NKWD-Untersuchungsführern in den folgenden Verhören immer wiederaufgegriffen und als »Aussagen« festgehalten. In einem »Protokoll« eines Verhörs, dem Carola Neher am 7. Juli 1936 unterworfen wurde, werden im Gegensatz zu den späteren vorgefertigten und von jeglichem Widerspruch gereinigten »Protokollen« jedoch auch dezidiert »antisowjetische« Aussagen von Zenzl Mühsam verzeichnet, die das von ihr im Verhör selbst entworfene Bild der unpolitischen Hausfrau und der sich nur um den Nachlaß sorgenden Dichterwitwe[10] revidieren. Die häufigen Unterstreichungen im Text und am Rande markieren jene unverstellten Meinungen Zenzl Mühsams, die sich sowohl in Prag wie in Moskau über den in der Sowjetunion herrschenden Terror äußerte. Carola Neher, die dies in ihrem Verhör referierte,

---

8 Gustav von Wangenheim renommierte am 8. September 1936 vor den versammelten Schriftstellern mit seiner umfassenden Meldetätigkeit für Kaderabteilung und NKWD: »Selbstverständlich ist, daß ich von allem, worüber ich spreche, sowie ich etwas wußte, dies weitergegeben habe. Das möchte ich nicht wiederholen, das versteht sich in jedem Fall.« Müller (Hg.), Die Säuberung, S. 407.

9 Ein Ausschnitt der Aussage Wangenheims liegt sowohl der NKWD-Untersuchungsakte Carola Nehers wie auch der Akte Zenzl Mühsams bei. ZA/FSB, 21476, Bd. 2, Bl. 47. Wangenheim taucht hier als »Waigeiheim« auf.

10 Eine ähnliche Entlastungsstrategie verfolgte auch Willi Budich bei seiner Einvernahme als Zeuge in der Lubjanka.

wußte zum einen Zenzl Mühsam bereits in Haft, zum anderen konnte sie damit evtl. auch versuchen, ihre eigene Meinung als Zitat wiederzugeben:

»AUSZUG AUS DEM VERHÖRPROTOKOLL
von HENKSCHE[11], Karalina [!] Jossifowna, vom 7. Juli 1936

Frage:
Sagen Sie über Ihr Treffen mit WOLLENBERG in Prag aus.
Antwort:
Ich befand mich 1934 im Urlaub in Prag und lernte dort ZENSI MÜSAM mit der Absicht kennen, sie über ihren Mann für Sowjetpresse zu interviewen. Dadurch entstanden zwischen uns freundliche Beziehungen. Es war gerade MÜSAM, die mich mit WOLLENBERG vertraut machte, der sie oft besuchte. MÜSAM erzählte mir, daß WOLLENBERG ein sehr interessanter Mensch ist, und empfahl mir, mich mit ihm zu befreunden. Mein erstes Treffen mit WOLLENBERG fand bei MÜSAM statt, zu der er mit einer betagten Frau namens Met[12] kam. Ich traf ihn insgesamt drei- oder viermal, zum letzten Male war er bei mir im Zimmer des Hotels ›Arosa‹.
Frage:
Charakterisieren Sie politische Ansichten MÜSAMS.
Antwort:
Wie ich oben aussagte, lernte ich MÜSAM 1934 in Prag kennen, dann traf ich sie 1935 in Moskau in der Familie TAUBENBERGS[13], ich kann sie als Feind der Sowjetunion charakterisieren.
WOLLENBERG äußerte sich im Beisein MÜSAMS konterrevolutionär, und sie stimmte ihm in der Regel zu. Sie selbst war der Meinung, daß die Politik der KPdSU/B/ falsch ist. Ich erinnere mich z. B. an eine Erklärung MÜSAMS, daß es in der UdSSR keine Freiheit gibt, sondern richtiger Terror herrscht und sich die Politik der Sowjetmacht auf Terror stützt.
Die politischen Ansichten MÜSAMS änderten sich auch nach ihrer Ankunft nach der UdSSR nicht. Etwa 3 Tage vor ihrer Verhaftung traf ich eine Turnerin Li DAVID, die mir erzählte, daß sie einen Abend bei ZENARI besuchte, wo auch MÜSAM dabei war. Li DAVID war erstaunt darüber, wie offen MÜSAM die Sowjetmacht beschimpfte, sowie dadurch, daß niemand dem Aufmerksamkeit schenkte.
Li DAVID sagte, daß MÜSAM offen erklärte, daß die Bolschewiki alles mögliche über Konzentrationslager in Deutschland schreiben, während die gleichen Konzentrationslager in der UdSSR existieren. Bis zum letzten Treffen mit ihr war MÜSAM der Politik der Sowjetmacht gegenüber negativ eingestellt.

---

11 Das ist Carola Neher.
12 Das ist Meta Kraus-Fessel.
13 Hier im Text immer Taubenberg, recte Taubenberger.

Frage:
Welchen Grund haben Sie für die Behauptung, daß ZENSI MÜSAM eine Agentin WOLLENBERGS ist und in die Sowjetunion in seinem Auftrage kam?
Antwort:
Ich habe keinen direkten Grund für solch eine Behauptung, die Rückkehr von ZENSI MÜSAM nach der UdSSR schien mir aber sehr seltsam. Als ich sie 1934 in Prag in die UdSSR einlud, lehnte MÜSAM das kategorisch ab und sagte, daß ›sie sich auch nicht tot in der UdSSR aufhalten möchte‹. Diese Worte waren haßerfüllt gegenüber der UdSSR. Auch die Erklärung MÜSAMS in Moskau, daß sie sich in der letzten Zeit ihres Aufenthalts in Prag mit WOLLENBERG zerstritt, scheint mir seltsam. Ich weiß nämlich genau, daß sie bis zu meiner Abreise aus Prag die k.-r.[14] Ansichten WOLLENBERGS vollständig teilte und mit ihm sehr befreundet war. Ich halte die Erklärung MÜSAMS über ihren Streit mit WOLLENBERG für unaufrichtig. Ich kann mir auf Grund dessen vorstellen, daß MÜSAM in die UdSSR mit einem k.-r. Auftrag WOLLENBERGS kam.
Frage:
Wer sind TAUBENBERG[15] und ZENARI, wie sind ihre Beziehungen zu WOLLENBERG?
Antwort:
Es war ZENSI MÜSAM, die mich etwa eineinhalb Jahre nach meiner Ankunft in Prag mit Elsa TAUBENBERG und ihrem Mann Hermann bekannt machte. Dort hörte ich zum ersten Male den Namen von Hermann TAUBENBERG von WOLLENBERG, der mit ihm eng befreundet ist. Auch ZENARI lernte ich durch ZENSI MÜSAM Ende 1935 in seiner Wohnung kennen, die ich mit meinem Mann besuchte. Dort waren auch MÜNZER[16], SIEBENHAAR, TAUBENBERG und eine Italienerin.

Es muß gesagt werden, daß die Familie TAUBENBERGS durch das Schicksal Ernsts[17] sehr beunruhigt war. Als ZENSI MÜHSAM verhaftet wurde, dachten sie, daß an der Grenze bei Ernst ein Brief von ZENSI MÜHSAM für ihre Bekannten in Paris gefunden wurde, was der Grund für die Verhaftung von Ernst und MÜSAM war. Davon erzählten mir Elsa TAUBENBERG und der Neffe MÜHSAMS.
Frage:
Wie war der Inhalt des Briefs aus Paris?
Antwort:
Der Neffe MÜHSAMS erzählte mir, daß er einen Brief von Ernst aus Paris bekam. Ernst schreibt, daß er weiß, daß MÜHSAM dieselbe Krankheit hat, wie ihr Mann in

14 Das ist konterrevolutionär.
15 Das ist Hermann Taubenberger.
16 Das ist Alexander Minzer, geb. 1888 in Charkow, jüdischer Arzt in einem Erholungsheim in Gagri, verhaftet am 9. November 1936, am 2. Juli 1937 vom MKOG zu acht Jahren Lagerhaft verurteilt.
17 Das ist Ernst Günther, der 1936 nach Paris ausreisen konnte.

Deutschland hatte, und es scheint ihm, daß es sich bereits um eine Familienkrankheit handelt. Weiter schreibt er, daß, wenn MÜHSAM ausländische Arzneien braucht, kann er sie besorgen und nach Moskau schicken. Der Sinn dieses Briefs ist ganz klar: die Verhaftung MÜHSAMS ist in Paris bekannt, es ist mir aber unverständlich, um welche ›Arzneien‹[18] es sich im Brief handelt.
Frage:
Hatten Sie irgendwelche Aufträge für ZENSI MÜHSAM von ihren Bekannten während Ihrer letzten Reise nach Prag?
Antwort:
Als ich Anfang 1936 von Prag nach Moskau zurückkehrte, gab mir die Frau FALCKERS einen Brief für ZENSI MÜHSAM mit. Der Inhalt des Briefs schien mir verdächtig, und ich vernichtete ihn.
Frage:
Wie war der Inhalt dieses Briefs?
Antwort:
Sie schrieben, daß sie bald nach der UdSSR kommen werden, um in einem Film des Regisseurs ROTENBERG[19] zu arbeiten, und sie baten MÜSAM, Ruth OSTERREICHER[20] zu helfen, weil ihre Lebensbedingungen schlecht seien, und wiesen darauf hin, daß sie ihre Verbesserung hartnäckig fordern solle, und wenn sie Stalin selbst besuchen müsse.
Frage:
Machten Sie MÜSAM mit dem Inhalt dieses Briefs bekannt?
Antwort:
Nein, ich machte ROTENBERG und WERNER Hirsch[21] mit dem Inhalt dieses Briefs bekannt, danach erklärte mir ROTENBERG, daß wir derartige Trotzkisten in der UdSSR nicht brauchen. Ich traf außerdem in der Wohnung TAUBENBERGS folgende Personen /Aufzählung[22]/ MÜSAM. Elsa TAUBENBERG erzählte mir, daß sich bei ihnen deutsche Politemigranten versammeln, die zur Politik der Komintern feindlich eingestellt sind. Es ist mir außerdem bekannt, daß MÜSAM mit BECKER[23], Alexander, bekannt war und ihn traf […]«[24]

---

18 Evtl. täuscht Carola Neher ihre Unwissenheit vor, gemeint sind Proteste im Ausland.

19 Das ist Hans Rodenberg.

20 Das ist Ruth Österreich.

21 Verwechslung von Vor- und Nachnamen im Text.

22 Die von Carola Neher genannten Personen fehlen in dieser Kopie, da der Auszug 1938 nur für NKWD-Untersuchungen zu Zenzl Mühsam verwendet wurde.

23 Wahrscheinlich Übertragungsfehler, gemeint ist wahrscheinlich Anatol Becker.

24 Dieser Auszug des Verhörs ist als Typoskript in russischer Sprache einer weiteren Zenzl Mühsam betreffenden NKWD-Akte beigefügt, die 1938 nach der zweiten Verhaftung angelegt wurde, ZA/FSB, Nr. 21476.

Im »Protokoll« des Verhörs Carola Nehers vom 19. Oktober 1936 ließ der Leiter der 8. Abteilung des Sonderreferats des Moskauer Militärbezirks, der Leutnant der Staatssicherheit Buraschnikow, festhalten:

»Frage:
Was erzählte Ihnen Wollenberg während des Treffens mit ihm im Herbst 1934 von Hermann Taubenberger und Zenari?
Antwort:
Ich traf Wollenberg in Prag drei- oder viermal. Etwa zwei oder drei Tage vor meiner Abreise kam der Trotzkist Wollenberg zu mir in die Pension ›Arosa‹ und brachte Briefe für Taubenberger und Zenari, die ich ihnen nach der Ankunft in Moskau übergeben sollte. Wollenberg bezeichnete Hermann Taubenberger und Zenari als enge, gute Freunde in Moskau. Besonders viel sprach er von Zenari, den er einen klugen, begabten Menschen nannte, der einen starken Willen und Energie aufweise. Wollenberg nannte Taubenberger und Zenari seine besten Genossen, mit denen er bis zur letzten Zeit befreundet war.
Frage:
Wollenberg erwies sich als Trotzkist. Die Untersuchungsorgane sind davon informiert, daß Ihnen die organisatorische Verbindung Wollenbergs mit Taubenberger und Zenari bekannt ist. Sagen Sie zu dieser Frage aus.
Antwort:
Ich traf Wollenberg in Prag drei oder zwei Monate nach seiner Flucht aus der UdSSR. Wollenberg war schadenfroh, daß es ihm gelungen war, die Sowjetunion ungestraft zu verlassen sowie der Sowjetunion gegenüber, wo seiner Meinung nach eine ›russische nationalistische Politik‹ zum Schaden der Interessen des internationalen Proletariats betrieben wird. Wollenberg äußerte Haß und Feindschaft gegenüber der Sowjetunion. Als er Taubenberger und Zenari seine engste Freunde nannte, mit denen er bis zum letzten Tage befreundet war und mir einen Brief und Gruß übergab, betonte Wollenberg, daß diese Freunde im gemeinsamen politischen Kampf gegen die KPdSU (B) und die Komintern stünden. Gerade so verstehe ich heute die Erklärung Wollenbergs zu Taubenberger und Zenari.
Frage:
Sie antworteten nicht dem Wesen der Frage nach. Die Untersuchungsinstanzen interessieren sich für die organisatorische Verbindung des Trotzkisten Wollenberg mit Taubenberger und Zenari. Sagen Sie gerade zu dieser Frage aus.
Antwort:
Es ist mir nach den Worten Wollenbergs bekannt, daß er in Moskau Taubenberger und Zenari oft traf, wenn sich seine Freunde, deutsche Politemigranten, in der Wohnung des letzteren versammelten. Wollenberg, der die Politik der KPdSU (B) und der Komintern böswillig kritisierte, erzählte mir von den Umständen seines Parteiausschlusses und seiner Flucht aus der UdSSR. Wollenberg sagte, daß es in Moskau um ihn herum eine Gruppe ihm nahestehender deutscher Politemigranten gab. Auf

einer Zusammenkunft dieser Freunde[25] trat Wollenberg mit konterrevolutionären Ideen auf, und einer oder zwei Anwesende, deren Namen Wollenberg nicht nannte, denunzierten ihn bei der Komintern, so daß er tags darauf aus der Partei ausgeschlossen wurde. Wollenberg nannte diese zwei Genossen, die von seinem konterrevolutionären Auftreten berichteten, ›Schurken und Verräter‹. Wie Wollenberg sagte, flüchtete er aus Furcht vor einer Verhaftung und Verbannung nach Sibirien illegal aus der Sowjetunion.

Aus dem Bericht Wollenbergs wurde klar, daß um ihn herum eine Gruppe der Politemigranten existierte, die gegenüber der Politik der KPdSU (B) und der Komintern feindlich eingestellt war.

Frage:

Wo fanden diese konterrevolutionären Treffen der Gruppe Wollenbergs statt?

Antwort:

Wollenberg erwähnte das nicht im Gespräch mit mir. Ich vermute, daß diese Zusammenkünfte in den Wohnungen Taubenbergers und Zenaris stattfanden, weil Wollenberg Taubenberger und Zenari seine engsten Freunde nannte. Es ist mir außerdem bekannt, daß sich in ihren Wohnungen häufig diejenigen deutschen Politemigranten versammelten, die mit der Politik der Sowjetunion unzufrieden waren.«[26]

Carola Nehers Hinweis auf Briefe, die sie von Wollenberg in Prag für Taubenberger und Zenari zur Weitergabe erhalten habe, wird in der NKWD-Anklageschrift[27] vom 17. März 1937 zu einer Übermittlung von »Direktiven« des Prager Trotzkisten Wollenberg an die Moskauer »trotzkistisch-terroristische Organisation« umformuliert. Ihr Mann Anatol Becker wird in der Anklageschrift als »Agent des Prager trotzkistischen Zentrums mit terroristischen Aufgaben nach Moskau« geschickt:

»Anklageschrift im Untersuchungsfall Nr. 4090 vom 17. März 1937 gegen Henschke[28], Karoline J., gemäß Artikel 58-8 und 58-11 des Strafgesetzbuches der UdSSR

1936 wurde in Moskau eine konterrevolutionäre Organisation aufgedeckt und liquidiert. Die Organisation wurde von deutschen Politemigranten gegründet: von Max Hoelz (gestorben) und Erich Wollenberg, der illegal aus Prag flüchtete und in das Prager trotzkistische Zentrum eintrat.

---

25 Gemeint ist die »Wahlnacht« in der Wohnung Taubenbergers am 5. März 1933.

26 Auszug aus dem Verhörprotokoll, als Kopie zur Verfügung gestellt von Georg Becker. NKWD-Akte Nr. 4090.

27 Russischer Text abgedruckt in: Koljazin (Hg.), Vernite, S. 24–26.

28 Das ist Carola Neher.

Die Mitglieder der Terrororganisation bereiteten Terrorakte gegen die Führer der Sowjetregierung und der Partei vor. Der von Wollenberg und Hoelz gegründeten trotzkistischen Terrororganisation gehörten Becker, A.G.; Taubenberger, H.I; Margies, R.; Rakow,W.G., und Siebenhaar, K.P., an. Ferner wußten von der Existenz der Organisation und erwiesen ihr verschiedene Dienste: Henschke, K.J.; Taubenberger, H.H.; Budich, W., und Meese, O.K.

In Bezug auf Henschke, K.J., wurde durch die Untersuchung festgestellt, daß sie Bote zwischen dem Prager trotzkistischen Zentrum und der konterrevolutionären Terrororganisation, gegründet von Wollenberg in Moskau, war und daß sie sämtliche Teilnehmer dieser Organisation als feindselig gegenüber der Sowjetunion eingestellte Trotzkisten kannte (Bd. III–137,32). Außerdem wurde festgestellt[29], daß Henschke zum Zweck der Tarnung ihrer konterrevolutionären Tätigkeit auf betrügerische Weise in die Reihen der KPD eindrang, indem sie der Komintern falsche Angaben über ihre Zugehörigkeit zur KPD in Deutschland machte. Diese falschen Angaben teilte Henschke der Komintern auf den Rat ihres Ehemannes Becker, A.G., hin mit, der als Agent des Prager trotzkistischen Zentrums, mit terroristischen Aufgaben nach Moskau gesandt, entlarvt wurde (Bd. II, 78, Bd. III, 3).

1934, während einer ihrer folgenden Reisen nach Prag, hatte Henschke ein Treffen mit Wollenberg, der gerade illegal mit Unterstützung der Teilnehmer der von ihm in Moskau gegründeten konterrevolutionären Terrororganisation, Taubenberger, Zenari und Margies, aus der UdSSR ins Ausland geflüchtet war. Wollenberg erzählte Henschke von der Existenz der Terrororganisation in Moskau, von seiner Teilnahme an der Arbeit des Prager trotzkistischen Zentrums und warb sie als Mitglied für die konterrevolutionäre Terrororganisation. Vor ihrer Rückkehr aus Prag in die UdSSR nahm Henschke von Wollenberg Briefe an zur Übergabe an Zenari und Taubenberger. Nach ihrer Aussage vernichtete sie diese Briefe vor der Abreise in die UdSSR.

Über ihr Treffen mit Wollenberg und vom Inhalt der mit ihm geführten Gespräche berichtete Henschke an Becker.

Auf Grund des Dargelegten wird angeklagt:

Henschke (Neher), Karolina Josefowna, geb. 1900 in München, Deutsche, deutsche Staatsangehörige (nach ihren Aussagen wurde ihr die deutsche Staatsangehörigkeit aberkannt), trat auf betrügerischem Weg der KPD in Moskau bei, früher parteilos, vor der Festnahme Schauspielerin bei Meshrabpom-Film, wohnhaft Krasnoprudnaja ul. 36, Whg. 17. Henschke wird beschuldigt, daß sie Bote für das Prager trotzkistische Zentrum war, beim Treffen mit dem Trotzkisten Wollenberg in Prag 1934 von ihm den Auftrag bekam, den Trotzkisten Taubenberger und Zenari in Moskau direktive Briefe zu überbringen. Henschke kannte sämtliche Teilnehmer der von

---

29 Diese Feststellungen wurden von der Kaderabteilung, die sowohl die Angaben von Carola Neher wie von Anatol Becker mit dicken Anstreichungen kenntlich machte, an das NKWD weitergegeben.

Wollenberg aus deutschen Trotzkisten gegründeten Organisation und verheimlichte das. Sie wird beschuldigt wegen der in Artikel 58-8 und 11 des Strafgesetzbuchs der RSFSR genannten Verbrechen.

Henschke bekannte sich schuldig, auf betrügerischem Wege der KPD beigetreten zu sein, von Wollenberg in Prag einen Brief zur Übergabe in Moskau an Taubenberger und Zenari angenommen sowie die Teilnehmer der konterrevolutionären Organisation als antisowjetische Personen gekannt zu haben. Sie wird durch die Aussagen von Becker, Taubenberger und Rosenblum belastet.

Aufgrund dessen wird die Untersuchungsakte Nr. 4090 gemäß der Anklage gegen Henschke, Karoline Josefowna, zur Durchsicht dem Militärkollegium des Obersten Gerichts der UdSSR vorgelegt.«[30]

Das »Geständnis«

In einem weiteren Verhör wurde zwar, wie auch die Anklageschrift feststellt, die »Aussage« Carola Nehers festgehalten, daß sie die von Wollenberg erhaltenen Briefe vernichtet habe, aber für die Fabrikation von NKWD-Anklageschriften genügte bereits das »Geständnis« über den angeblichen Erhalt »direktiver Briefe«. Mit einem solchen »Geständnis« konnten dann die »Direktiven« Trotzkis, Sedows und Wollenbergs über »Terror, Aufstand, Diversion und Spionage« verknüpft werden. Wenn es dem NKWD-Untersuchungsführer noch gelang, die »Verbindung« zur Gestapo oder zur Deutschen Botschaft in Moskau in das »Protokoll« des Verhörs hineinzumontieren, dann war die vorgegebene Konstruktion von »terroristischen, trotzkistischen Gestapo-Agenten« als Kunstfigur perfekt. Als Realitätsbeweis genügte das erfolterte Geständnis, die erzwungene Nennung von Namen, verwandtschaftliche oder freundschaftliche »Beziehungen«, um daraus ein Netz von »Verbindungen« zu schaffen. Frühere politische Häresie, antistalinistische Dissidenz oder »antisowjetische Agitation« wurde 1936/37 – analog zu den Schauprozessen – mit den Kapitalverbrechen »Terror«, »Spionage«, »Diversion« verknüpft oder vollends durch diese Artefakte ersetzt.

Nach mehreren Monaten Haft, Prügelfoltern und Bedrohungen wurde der Mann Carola Nehers, der am 12. Mai 1936 verhaftete Anatol

---

30 Abschrift aus der NKWD-Akte durch Georg Becker.

Becker, am 26. November 1936 zur Unterzeichnung eines »Protokolls« gezwungen, das den Vorgaben des Oberleutnants der Staatssicherheit Horoschilkin entsprach. In einem Verhör wurde Anatol Becker bereits zu der Aussage gezwungen, sowohl über die »Verbindungen« seiner Frau Carola Neher zu Zenzl Mühsam, Hermann Taubenberger »auszusagen« wie über angebliche »terroristische Aufträge« und seine »Anwerbung« zu berichten:

»AUSZUG AUS DEM VERHÖRPROTOKOLL von BECKER, Anatol Gustavowitscha, vom 20. November 1936

Frage: Wie und mit wessen Hilfe lernte Ihre Frau HENKSCHE WOLLENBERG in Prag kennen?

Antwort: Mit Hilfe von Kreszentia MÜHSAM, die Frau des von Faschisten ermordeten deutschen antifaschistischen Schriftstellers Erik [!] MÜHSAM.

Frage: Wann und mit wessen Hilfe stellten Sie im Dezember 1935 Verbindung mit TAUBENBERG[31] her?

Antwort: Im Herbst 1935 kam vom Ausland nach Moskau Kreszentia MÜHSAM, die sofort nach der Ankunft unser Zimmer im Hotel ›Savoy‹ zu besuchen und mir und HENKSCHE hartnäckig zu empfehlen begann, die Familie TAUBENBERG kennenzulernen. Ein formeller Anlaß für die Bekanntschaft mit der Familie TAUBENBERG war Übergabe unseres Kindes zur Erziehung in die Familie TAUBENBERG, was gerade Kreszentia MÜHSAM Ende November 1935 arrangierte.

HENKSCHE lernte Ende November 1935 Elsa TAUBENBERG kennen, TAUBENBERG selbst war unterwegs, so daß ich ihn erst Ende Dezember 1935 kennenlernte.

Frage: Übergaben Sie TAUBENBERG, Hermann, die von MASLOWSKI[32] erhaltenen terroristischen Aufträge?

Antwort: Ja, ich übergab sie, nicht aber während der ersten Begegnung, sondern später.

Frage: Und zwar?

Antwort: Während einer Silvesterfeier in der Wohnung TAUBENBERGS, als sich bei ihm ich, BECKER, mit meiner Frau, MÜNZER, Alexander, MÜHSAM, SIEBENHAAR und vielleicht noch ROSENBLUM versammelten.

Während eines speziell vereinbarten Treffens in der Wohnung TAUBENBERGS im Januar 1935 informierte ich ihn ausführlicher über meine Anwerbung durch MASLOWSKI sowie über die von ihm erhaltenen terroristischen Aufträge.

---

31 Gemeint ist Hermann Taubenberger.

32 Peter Maslowski.

Frage: Welche Rolle spielten in Ihrer Organisation ZENARI und OLGA MEESE?
Antwort: Ich persönlich sah ihn nur zweimal. Einmal 1935 kam er zu uns in den Werkzeugmaschinenbaubetrieb, dorthin brachte ihn Kreszentia MÜHSAM [...].

BECKER«

Die Grobskizze des NKWD-Offiziers sah vermutlich vor, daß der in einer Maschinenfabrik beschäftigte Ingenieur Anatol Becker in seiner Person den »Trotzkisten«, den »Terroristen« und den »Diversanten« in einem Rüstungsbetrieb, der noch dazu im Ausland durch das »Prager trotzkistische Zentrum« angeworben wurde, vereinen könnte. Viele Details der geplanten »terroristischen Anschläge« gegen Stalin und andere werden nicht nur hier als Versatzstücke aus dem Schauprozeß (19. bis 24. August 1936) übernommen, sondern tauchen auch in zahllosen anderen »Fällen«[33] auf. Stereotyp wird in den »Protokollen« der NKWD-Verhöre behauptet, daß die Anschläge gegen Stalin und andere Politbüro-Mitglieder am Vorabend oder während sowjetischer Feiertage[34], bei Kongressen, bei Besuchen des Bolschoi-Theaters oder in Betrieben, während der An- und Abfahrt zum Kreml durchgeführt werden sollten. Dafür gibt es in den NKWD-Konstrukten immer einen

33 Vgl. z. B. bereits 1935 die Beschuldigungen in den Prozessen gegen die Mitarbeiter der Kreml-Bibliothek und der Kreml-Kommandantur. Nach diesem Schema wurde z. B. auch 1938 in mehrere »Protokolle« eingefügt, daß Georg Brückmann an Theodor Beutling zur Weitergabe an Gustav Sobottka jr. einen Revolver für einen geplanten Anschlag ausgehändigt habe.

34 In der Einleitung zum NKWD-Rundschreiben Nr. 137 wurde am 14. April 1937 formuliert: »Die japanisch-deutschen Agenten – Trotzkisten und Rechte, illegale Terrororganisationen und Gruppen der Menschewiki, Anarchisten, Daschnaken, ukrainische Nationalisten sowie Terror- und Diversionsagenturen der ausländischen Nachrichtendienste – können versuchen, während der Maifeierlichkeiten dieses Jahres ihre Terror- und Diversionsabsichten zu verwirklichen. Diese verzweifelte Erbitterung des Feindes kann besonders scharfe Formen annehmen. Der Feind kann versuchen, den Feiertag der Werktätigen des Sowjetlandes durch provokatorische Handlungen zu vereiteln, kann versuchen, seine verbrecherischen Diversions- und Terrorabsichten zu verwirklichen. Die Kampfaufgabe der Organe des NKWD und vor allem der Staatssicherheitsorgane besteht darin, durch eine Mobilmachung aller Agentur- und Operativkräfte verbrecherischen Absichten der Feinde vorzubeugen und zu unterbinden.« Abschrift Sammlung »Stalinistischer Terror«, Hamburger Institut für Sozialforschung.

»Plan« der potentiellen Terroristen, die »Terroristen« übten sich in Pistolenschießen mit »Nagan-Revolvern« oder deutschen »Walther-Pistolen«, alle beobachteten angeblich die Fahrtwege der Regierungslimousinen. Bei diesen oftmaligen »Beobachtungen« waren sie noch dazu mit Revolvern und mit Sprengkörpern ausgerüstet. Da neben dem in einer Maschinenfabrik beschäftigten Becker auch der inzwischen ebenfalls verhaftete KPD-Militärexperte Rudolf Margies zu den »Teilnehmern« der »terroristischen Organisation« gerechnet wurde, war der NKWD-Offizier auf den Einfall verfallen, noch angeblich geplante Bombenanschläge in das »Protokoll« des Verhörs einzubauen.

Rudolf Margies
(RGASPI)

Der Volkskommissar für Schwerindustrie, Ordshonikidse[35], sollte – so der phantasievolle NKWD-Untersuchungsführer – durch eine als Maschinenteil getarnte Bombe getötet werden. Für dieses Bombenarsenal soll dann Rudolf Margies – zumindest in der NKWD-Fiktion – auch noch leicht (in der Hosen- oder Manteltasche) transportable Bomben hergestellt haben. Wie in all den vom NKWD erfundenen »Anschlägen« scheiterte die so planmäßig vorbereitete Ermordung Stalins und anderer Mitglieder der Partei- und Regierungsführung aus Termingründen oder an der rechtzeitigen Aufdeckung der »Verschwörung« durch die wachsamen »Organe« der Staatssicherheit[36]. Der von Margies angeblich ge-

35 Grigori Ordshonikidse war 1930–1937 Mitglied des Politbüros des ZK der KPdSU (B), 1932–1937 Volkskommissar für Schwerindustrie, beging Selbstmord am 18. Februar 1937.

36 Diesen Widerspruch zwischen den allgegenwärtigen »Terroristen« und den fehlenden »Anschlägen« versucht der Staatsanwalt Wyschinski mit dem Hinweis auf

plante Anschlag auf Dimitroff erschien dem NKWD-Untersuchungsführer so wenig fundiert, daß er dafür Margies noch mit einer zusätzlichen Legitimation ausstattete. Nach Aufdeckung des »Anschlags« sollte Margies erklären, daß er diesen fiktiven Anschlag im Zustand der Unzurechnungsfähigkeit durchgeführt habe.

Bei der im »Protokoll« erwähnten »Anwerbung« Beckers durch Paul Maslowski[37] in Prag im Dezember 1933 kann es sich um eine Verwechslung mit dem KPD-Funktionär Peter Maslowski[38] handeln oder gar um Arkadi Maslow. Von den im »Protokoll« aufgezählten Teilnehmern der terroristischen »Untergrundorganisation« befanden sich Willi Michel und Ernst Günther im Ausland; Hermann Taubenberger, Abraham Rosenblum, Konstantin Siebenhaar, Alexander Minzer, Felix Wolf (d. i. Werner Rakow) waren bereits in Moskau inhaftiert.

Der in vielen NKWD-Verhören benannte Invalide Alberto Zenari wurde am 15. März 1937 und der NKWD-Informant Hans Schiff erst am 30. August 1937 verhaftet. Einige Antworten Beckers im »Protokoll«[39] vom 26. November 1936 entsprechen in ihrer amtlichen Diktion den vorgestanzten Feindbildern und schabloneartigen Passagen von NKWD-Direktiven. Besonders in der »Antwort« Beckers auf die Frage »Worauf lief der taktische Plan Ihrer Organisation hinaus?« tritt die stereotype NKWD-Terminologie deutlich hervor:

»Antwort:
Auf politischen zentralen Terror gegen die Führer der KPdSU (B) und der sowjetischen Regierung und die Unterhöhlung der Wirtschaftskraft des Landes auf dem Wege der Schaffung von Diversionszellen in den wichtigsten Betrieben und die Or-

---

das »Glück« zu erledigen: »Selbstverständlich kann auch eine solche Frage gestellt werden: viele Gruppen, aber von Taten ist wenig zu sehen. Aber das ist ja unser Glück.« Prozeßbericht, 1937, S. 557.

37 Paul Maslowski, 1920 KPD-Mitglied, Anhänger Ruth Fischers, 1932 Kandidat zur preußischen Landtagswahl, nach 1933 in Berlin, mehrmals verhaftet.

38 Der KPD-Reichtagsabgeordnete Peter Maslowski wurde 1930 in den Münzenberg-Apparat als Redakteur abgeschoben. 1933 Emigration nach Paris. Er publizierte noch 1934/35 unter einem Pseudonym in der Komintern-Zeitschrift Rundschau über Fragen des Asylrechts. Nach dem Ausschluß Münzenbergs verließ auch Maslowski die KPD. Der linksoppositionelle Arkadi Maslow galt für das NKWD und die KPD-Führung zusammen mit Ruth Fischer als führender »Trotzkist«.

39 NKWD-Untersuchungsakte Nr. 28749, Bl. 30–36.

ganisation von Schädlingsarbeit und Diversionsakten in letzteren. Die Taktik des Terrors – das ist die Hauptaufgabe des Trotzkismus und damit – auch unserer terroristischen Organisation. Hermann Taubenberger und der deutsche Ingenieur Michel, Willi, instruierten uns, ›die Stalinsche Diktatur mit Terror, mit Sprengstoffanschlägen, Brandstiftungen und Schädlingsarbeit zu schlagen‹.
Nach Auffassung des Prager trotzkistischen Zentrums und der Mitglieder unserer Organisation mußte eine Reihe gut organisierter konsequenter terroristischer Akte gegen die Führer der KPdSU (B) und der Sowjetregierung und die gleichzeitig durchgeführten Diversionsakte in den wichtigsten Objekten von Verteidigungs- und strategischer Bedeutung zur Ablösung der Stalinschen Führung in der Partei und im Land durch die trotzkistische Führung führen.
Auf den Positionen des Terrors und der Diversion stehend, verfolgte unsere Organisation voll und ganz die Linie des Prager trotzkistischen Zentrums einerseits und die Linie der deutschen Faschisten in Gestalt des deutschen Ingenieurs Michel, der uns Diversions- und terroristische Direktiven gab, andererseits.
Frage:
Wann und wo wurden von den Mitgliedern Ihrer Organisation die Diversions- und terroristischen Pläne diskutiert?
Antwort:
Die Diversions- und terroristischen Pläne unserer Organisation waren noch vor meiner organisatorischen Einbindung mit Taubenberger, in dessen Wohnung, wo sich die Mitglieder unserer Organisation oft trafen, und noch vor meiner Bekanntschaft mit ihm, erarbeitet worden. Unter meiner unmittelbaren Beteiligung wurde der terroristische Plan der Organisation für das Jahr 1936 ausgearbeitet. Außerdem haben ich – Becker, Taubenberger, Siebenhaar, Rosenblum und so an die drei Mal Margis und Minzer sich bei Treffs in der Wohnung von Taubenberger sehr oft über die Notwendigkeit der Beschleunigung von terroristischen Akten gegen Stalin und Ordshonikidse und über die Notwendigkeit der Schaffung von Diversionsgruppen und Zellen in jenen Betrieben, in denen ein jeder von uns arbeitete oder zu denen wir Berührung hatten, unterhalten.
Frage:
Welche konkreten terroristischen Pläne wurden von den Mitgliedern der terroristischen trotzkistischen Organisation durchgearbeitet?
Antwort:
Aus Erzählungen von Taubenberger ist mir bekannt, daß im Jahre 1934 von Wollenberg, Taubenberger und Margis ein konkreter Plan der Durchführung eines terroristischen Anschlages auf Stalin im Rayon der Arbat-Magistrale ausgearbeitet wurde. In diesem Rayon führten sie oftmals Beobachtungen der Regierungslimousinen durch, wobei sie mit Revolvern und speziell von Margis hergestellten Sprengkörpern bewaffnet waren. Mitte April 1936 haben ich – Becker, Taubenberger, Hermann, und Siebenhaar, Konstantin, einen Plan der Durchführung eines terroristischen Anschlags auf

Stalin und Woroschilow auf dem Roten Platz am Tage des 1. Mai 1936 ausgearbeitet. Es war ausgemacht, daß Taubenberger am Vorabend des 1. Mai 1936 nach Moskau kommt und mich und Siebenhaar mit transportablen (zum Transport in Mantel- oder Hosentasche) passenden Bomben ausrüstet, die ein jeder von uns (ich – Becker, Siebenhaar und Taubenberger selbst) in die Richtung der Regierungstribüne werfen sollte. Ich habe bereits ausgesagt, daß dieser Plan nicht von uns verwirklicht wurde, weil Taubenberger, Hermann, nicht, wie verabredet, am Vorabend des 1. Mai, sondern am Abend des 1. Mai, nach der Demonstration, aus Woronesh nach Moskau kam.

Frage:

Uns ist bekannt, daß Ihre terroristische Organisation auch andere terroristische Pläne ausgearbeitet hat. Wir bestehen auf der Angabe erschöpfender Aussagen zu dieser Frage.

Antwort:

Taubenberger, Hermann, und ich – Becker, bereiteten die Durchführung eines terroristischen Anschlags auf den Volkskommissar für Schwerindustrie, Ordshonikidse, vor. Die Weisung, den terroristischen Akt gegen Ordshonikidse durchzuführen, erhielt ich von Taubenberger persönlich, der mir sagte, daß Ordshonikidse häufig Betriebe besucht und zweifellos auch Stankosawod, wo ich arbeitete, besuchen wird. Ich hatte von Taubenberger den Auftrag / die Direktive, Ordshonikidse während des Besuchs des letzteren in unserem Betrieb zu ermorden. Ich erklärte gegenüber Taubenberger mein Einverständnis, diesen terroristischen Anschlag auszuführen, und bereitete mich darauf vor. Taubenberger selbst bereitete ebenfalls einen Anschlag auf Ordshonikidse vor und versicherte uns, daß dies für ihn leicht auszuführen sei, denn er arbeitete im System des Volkskommissariats für Schwerindustrie und war häufig im Gebäude des Volkskommissariats. Von der Vorbereitung des terroristischen Anschlages auf Ordshonikidse durch mich – Becker, und Taubenberger wußten Margis, Siebenhaar und Rosenblum, wobei Margis darauf bestand, daß der terroristische Anschlag im Kabinett des letzteren im Gebäude des Volkskommissariats verübt werden sollte, und er versprach Taubenberger in meinem Beisein, einen Sprengkörper herzustellen, der die Form irgendeines Maschinenteils haben werde. Außerdem sprachen Taubenberger, Margis und ich – Becker, oft von der Notwendigkeit, Dimitroff zu beseitigen, den wir für einen Mann Stalins hielten und den wir nach dem Leipziger Prozeß als einen politischen Funktionär ansahen, der in der Lage ist, das Prestige der Komintern zu heben und unsere Arbeit zu erschweren. Die Frage nach der Durchführung eines terroristischen Anschlages gegen Dimitroff habe ich – Bekker, persönlich aufgeworfen, denn aus den Erzählungen meiner Frau Henschke, Karoline, war mir bekannt, daß sich Wollenberg in Prag kraß gegen Dimitroff ausgesprochen hat, und bedauerte, daß die Faschisten ihm die Möglichkeit, nach Moskau auszureisen, gewährten.

Frage:

Wer von den Mitgliedern der Organisation war als Ausführender des terroristischen Anschlags auf Gen. Dimitroff vorgesehen?

Antwort:
Wir verstanden sehr gut, daß die Ermordung Dimitroffs durch die Trotzkisten dem internationalen Trotzkismus großen Schaden zufügen konnte, da wir nicht in der Lage sein würden, die Notwendigkeit eines terroristischen Anschlags gegen Dimitroff gegenüber der öffentlichen Meinung der Arbeiter im Ausland zu begründen. Deshalb nahm das Mitglied unserer Organisation Rudolf Margis die Vorbereitung und Ausführung des terroristischen Anschlags gegen Dimitroff auf sich, mit mir und Taubenberger verständigte er sich dahin gehend, daß er nach Ausführung des terroristischen Anschlags gegen Dimitroff erklären würde, diesen im Zustand der Unzurechnungsfähigkeit und nicht vorsätzlich begangen zu haben.
Frage:
Welche praktische Vorbereitung zur Durchführung des terroristischen Anschlags gegen Gen. Dimitroff hat Rudolf Margis durchgeführt?
Antwort:
Margis besaß einen Revolver und führte bis zum Tage meiner Verhaftung systematische Schießübungen irgendwo außerhalb der Stadt durch. Gegen Dimitroff eine Bombe zu verwenden, hielt Margis für zu gefährlich, da es ihm in diesem Falle schwerer fallen würde, nachzuweisen, daß er die Ermordung Dimitroffs im Zustand der Unzurechnungsfähigkeit begangen habe, denn man hätte von ihm verlangt, zu sagen, woher er die Bombe bekommen hatte. Margis und Taubenberger besuchten die Komintern und das ZK der MOPR und sammelten Informationen über Dimitroff.
Frage:
Welche Waffen besaßen die Mitglieder Ihrer Organisation?
Antwort:
Taubenberger und Margis hatten Revolver, aber im allgemeinen orientierten wir uns in unserer terroristischen Tätigkeit auf Bomben, die Margis, Rudolf, herstellen sollte.
Frage:
Woher ist Ihnen bekannt, daß Margis ein Spezialist/Fachmann auf dem Gebiet der Bombenherstellung ist?
Antwort:
Er selbst hat mir davon erzählt, und ich weiß es außerdem von Taubenberger. Mir ist ferner bekannt, daß Margis stets die Unterminierarbeit studierte und spezielle Literatur von Rosenholz erhielt.

Die Vernehmung wird unterbrochen.

Das Verhörprotokoll entspricht dem von mir Gesagten und ist von
mir gelesen worden. (Becker)«

Durch die Anwendung verschiedenster Foltermethoden wurde Anatol Becker gezwungen, dieses vorgestanzte und vom NKWD-Untersuchungsführer mitverfaßte »Geständnis« über die Planung »terroristischer Anschläge« auf den Volkskommissar Ordshonikidse und den Generalsekretär der Komintern, Dimitroff, zu unterzeichnen. Nach weiteren Verhören wurde Anatol Becker am 29. Mai 1937 in einem Schnellverfahren des Militärkollegiums des Obersten Gerichts zum Tode verurteilt und am gleichen Tag erschossen.

Gefängnis und GULaG

Zwei Wochen nach dem Beginn des Zweiten Weltkrieges, am 14. September 1939, schrieb Carola Neher aus dem NKWD-Gefängnis in Wladimir, Zelle 23, Gebäude 8, an den Vorsitzenden des Rates der Volkskommissare, den »Genossen Molotow«, folgende »Eingabe«:

»Seit meiner Verhaftung (25. 7. 1936) sind alle meine Bitten um einen direkten Briefverkehr mit meinen Angehörigen (Mutter und Bruder in Deutschland, auch mit dem Schriftsteller Bert Brecht in Dänemark) abgelehnt worden.

Ich hatte also keine Möglichkeit, Ihnen die Begründung des Urteils, das 1937 durch das Militärkollegium des Obersten Gerichts gegen mich verhängt wurde, mitzuteilen. Das ist insbesondere deshalb bedrückend, weil es für sie kaum möglich ist, eine Auskunft einzuholen. Sich unmittelbar an das deutsche Konsulat zu wenden, kommt für sie nicht in Frage, weil mir die deutsche Staatsangehörigkeit wegen meiner öffentlichen Unterstützung der antifaschistischen Volksfront während der Saar – Abstimmung im Jahre 1934 aberkannt wurde.

Da meine Mutter seitdem schwere Unannehmlichkeiten seitens der deutschen Behörden bekam, konnte sie sich kaum entschließen, dort nach ihrer Tochter und deren Kind (mein fünfjähriger Sohn befindet sich in einem Kinderheim in Moskau) zu erkundigen. Wie mir jetzt bekannt wurde, befindet sich Deutschland im Kriegszustand (im vierten Jahr meines Häftlingslebens hatte ich bisher keine Möglichkeit, eine Zeitung zu lesen). Ich weiß, daß auch meine Brüder zum Heeresdienst eingezogen werden können, und ich möchte meine siebzigjährige Mutter wenigstens durch eine Mitteilung über mich beruhigen. Ich bitte um die Erlaubnis, mich diesbezüglich an das Rote Kreuz zu wenden, oder meiner Mutter direkt zu schreiben.«[40]

---

40 Fotokopie, Sammlung »Eingaben«, Hamburger Institut für Sozialforschung.

Auch diese mit einem Bleistift verfaßte »Eingabe« von Carola Neher, die sich wie andere »Eingaben« in den zerfallenden »Aufsichtsakten« der Moskauer Militärstaatsanwaltschaft oder in den NKWD-Untersuchungsakten findet, änderte weder ihre Haftsituation, noch erfuhr sie etwas über den Verbleib ihres Sohnes Georg. Nach der Verhaftung seiner Ziehmutter Elsa Taubenberger, die wie Zenzl Mühsam, Carola Neher, Olga Meese zu dem monströsen NKWD-Konstrukt einer von Erich Wollenberg und Max Hoelz gegründeten »konterrevolutionären, trotzkistischen Terrororganisation« gerechnet wurde, war Georg Becker entsprechend dem NKWD-Befehl Nr. 00486[41] in ein »Kinderheim«[42] überstellt worden.

Von Carola Neher, die am 25. Juni 1936 in Moskau verhaftet wurde, sind jedoch nicht nur einige dieser im Beschwerdeton verfaßten und an Stalin, Wyschinski[43] und Molotow gerichteten »Eingaben« erhalten; auch ihre Widerständigkeit im Gefängnis der Hauptverwaltung der Staatssicherheit des NKWD in Jaroslawl ist als Strafregister, in der Amtssprache »Charakteristik« betitelt, eines NKWD-Leutnants Norinow[44] überliefert:

»Die Gefangene Henschke, Karolina Josifwna, erhielt während der Zeit ihres Aufenthalts im Gefängnis Jaroslawl sieben Rügen:

1) Am 16. November 1937 sprach sie in der Latrine mit einer Gefangenen aus der Nebenzelle – Verbot des Hofgangs für drei Tage.
2) Am 9. Dezember 1937 wegen der Benutzung von Zeitungspapier für Briefe – einmonatiges Briefwechselverbot
3) Am 7. April 1938 wegen lauter Gespräche in der Zelle – einmonatiges Buchleseverbot
4) Am 30. April 1938 wegen lauter Gespräche in der Zelle – Hofgangverbot für fünf Tage
5) Verständigte sich durch Klopfzeichen – dreimonatiges Buchleseverbot
6) Am 8. Mai 1938 ordnete sie sich der Aufsicht während der Verrichtung ihrer Notdurft nicht unter – Hofgangverbot für 5 Tage.
7) Am 5. September 1938 schrie sie und machte sie in der Zelle Lärm – einmonatiges Leseverbot.«

---

41 Vgl. Dok. Nr. 4 im Anhang.
42 Vgl. dazu Kuhr, Kinder von Volksfeinden.
43 Wegen des Papierzustandes nur in Bruchstücken zu entziffern.
44 Aufsichtsakte Carola Neher, Archiv der Militärstaatsanwaltschaft, unpag.

Am 16. Juli 1937 war Carola Neher im Zusammenhang mit der vom NKWD konstruierten »Hoelz-Wollenberg-Organisation« zu zehn Jahren Haft verurteilt worden. Im Dezember 1939 sollte sie zwar nach Deutschland ausgewiesen werden und wurde bereits am 21. Dezember 1939 auf der Ausweisungsliste Nr. 8 aufgeführt. Da aber in der Moskauer deutschen Botschaft über die »Identität der Person« Zweifel bestanden, wurde mit einer Verbalnote vom 27. Dezember 1939 an das Volkskommissariat des Äußeren ein Fragebogen übersandt, den Carola Neher in der Moskauer Butyrka ausfüllte[45] und unterzeichnete. Während der Überprüfung ihres »Falles« hielt jedoch ein Aktenvermerk der deutschen Botschaft[46] fest, daß sie am 1. November 1934 wegen staatsfeindlicher Betätigung ausgebürgert wurde. Auch wenn das Reichssicherheitshauptamt mit einem Schreiben am 23. Januar 1940 ankündigte, daß auch Ausgebürgerte nach Deutschland zurückkehren dürfen, so sollten von dieser »Vergünstigung« sowohl Juden wie auch diejenigen ausgenommen sein, die »sich während ihres Aufenthalts in der SU staatsfeindlich gegen das Reich betätigt haben«. Der Referent in der deutschen Botschaft erinnerte sich daran, daß Carola Neher 1934 während der Saarabstimmung einen »in der DZZ erschienenen deutschfeindlichen Aufruf zusammen mit anderen Intellektuellen unterzeichnet« habe. Auch sonst sei sie »mehrfach in der Öffentlichkeit herausgetreten« und habe »das neue Deutschland und seine Einrichtungen« verunglimpft. Nach dieser internen Aktennotiz wurde in einer abschließenden Verbalnote der deutschen Botschaft das Moskauer Außenkommissariat gebeten, Carola Neher davon in Kenntnis zu setzen, daß ihre Rückkehr nach Deutschland nicht möglich sei, da sie ausgebürgert wurde.

Ihre Auslieferung nach Deutschland scheint aber auch daran gescheitert zu sein, daß Carola Neher sich weigerte, als NKWD-Spionin in Deutschland zu arbeiten, wie ihre Zellengenossin in der Butyrka, Margarete Buber-Neumann[47], berichtete. Im Falle einer Ausweisung nach Deutschland wäre Carola Neher aber sicherlich, wie ihre Zellengenos-

---

45 Politisches Archiv des Auswärtigen Amtes, Deutsche Botschaft Moskau, Namensakten, Fach 82, unpag.

46 Politisches Archiv des Auswärtigen Amtes, Deutsche Botschaft Moskau, Namensakten, Fach 82, unpag.

47 Buber-Neumann, Als Gefangene bei Stalin und Hitler, S. 171.

sin Buber-Neumann, ins KZ überstellt worden. Aus der Moskauer Haftzelle in der Butyrka, in der man die Häftlinge vor ihrer Ausweisung noch aufpäppelte, wurde Carola Neher ins Gefängnis von Orjol verlegt. Hier hoffte sie, ebenso wie ihre Zellengenossin Hilde Duty[48], endlich eine Nachricht über das Schicksal ihres Sohns[49] zu erhalten. Am 10. März 1941 schrieb Carola Neher aus dem Orjoler Gefängnis an den Leiter des Kinderheimes:

»Unterzeichnete ist die Mutter des deutschen Knaben Becker, Georg Anatolowitsch, geboren 1934 in Moskau, der sich in ihrem Kinderheim befindet. Da ich bereits eineinhalb Jahre nichts über meinen Sohn erfahren habe, bitte ich Sie, mir folgende Fragen zu beantworten:

Wie entwickelt sich mein Sohn physisch und geistig? Wie steht es mit seiner Gesundheit? Wie ist sein Gewicht und seine Größe? Womit beschäftigt er sich? Lernt er schon schreiben und lesen? Sie verstehen, ich warte voller Ungeduld auf den Tag, an dem ich ihm direkt schreiben kann. Wann beginnt er mit dem Schulbesuch? Weiß er etwas von seiner Mutter? Ich bitte Sie sehr, mir das letzte Photo von ihm zu schikken. Ist er musikalisch? Zeichnet er auch? Wenn ja, schicken sie mir bitte ein Bild, das er gezeichnet hat! Ich warte voller Ungeduld auf ihre Antwort. Ich danke Ihnen aus vollem Herzen für alles Gute, was sie für mein geliebtes Kind tun können!

Henschke, Karola A. 10. 3. 1941. Stadt Orel/Postfach 15
Verzeihen sie die Fehler in meinem Brief, ich beherrsche die russische Sprache nicht.«[50]

Bei Ausbruch des Krieges wurden Carola Neher, Hilde Duty und ihre Mitgefangenen in Viehwaggons ins Gefängnis von Sol-Ilezk (bei Orjol/Orenburg) weitertransportiert. Hier verstarb Carola Neher im Alter von 42 Jahren – wie das NKWD 1968 bestätigte[51] – an Typhus.

---

48 Vgl. Dietzel, Hilde Duty – Zellengefährtin von Carola Neher.

49 Georg Becker wurde, nach der Verhaftung seiner Pflegefamilie Taubenberger, in einem Kinderheim untergebracht und dann von einer russischen Familie adoptiert. Nachdem er hier die Nahrungsaufnahme verweigerte, kam er erneut in ein Kinderheim. Georg Becker erhielt erst 1967 in der Sowjetunion diesen Brief Carola Nehers und konnte dann mit Nachforschungen über das Schicksal seiner Eltern beginnen. Durch die Bemühungen von Erich Wollenberg erhielt Georg Becker schließlich eine Genehmigung zur Ausreise in die Bundesrepublik. Für die Auskünfte und die erteilten Vollmachten zur Akteneinsicht schuldet der Verfasser Georg Becker großen Dank.

50 Fotokopie im Nachlaß Erich Wollenbergs.

51 Koljazin (Hg.), »Vernite mne svobudu!«, S. 28–29.

Das NKWD-Konstrukt einer »trotzkistischen Terrororganisation«

Da keineswegs alle Untersuchungsakten des NKWD und auch die »Kaderakten« zum Fall der »Wollenberg-Hoelz-Organisation« nur teilweise zur Verfügung stehen, kann der Versuch, Expansionstechniken des Terrors und bürokratische Verfolgungslogik in Verhören und Anklageschriften nachzuzeichnen, nur fragmentarisch ausfallen.

Nachdem bereits Peter Holm, Herbert Berndt, Zenzl Mühsam, Erich Tacke, Anatol Becker und Carola Neher verhaftet waren und verhört wurden, stellte die Hauptverwaltung für Staatssicherheit am 27. Juli 1936 einen Haftbefehl[1] für Werner Rakow aus.

Der »Rechtstrotzkist« Werner Rakow

Werner Rakow, der nach seiner Teilnahme an der Wahlnacht 1933 von der IKK aus der KPdSU (B) ausgeschlossen wurde, arbeitete seit April 1933 im westsibirischen Kohlegebiet Kusbass unter den ausländischen Arbeitern. Mit einer Empfehlung der Zentralen Kontrollkommission der KPdSU (B) sollte er sich in Nowosibirsk als Leiter der Ausländerabteilung bewähren. Sein Parteiausschluß wurde durch die IKK am 10. Juli 1934 durch einen Verweis wegen »mangelnder Wachsamkeit« ersetzt. Für diesen Straferlaß kann ausschlaggebend gewesen sein, daß Werner Rakow nun selbst über Erich Wollenberg bei Angaretis, dem Sekretär der IKK, eine schriftliche Denunziation einreichte. Rakow berichtete[2] darin Anfang Juli 1934 über ein Gespräch mit Erich Wollenberg, das er im Dezember 1933 mit ihm geführt hatte. Wollenberg habe ihm gegenüber erklärt, daß »nicht nur die Politik der deutschen Parteiführung, sondern auch die Politik der VKP (b) und der Komintern in den letz-

---

1 NKWD-Untersuchungsakte Nr. 4075, Bl. 4.

2 RGASPI, f. 495, op. 205, d. 6351, Bl. 75.

ten Jahren falsch waren«.[3] Mit dieser Denunziation über Wollenberg[4], unterstützt durch Gutachten der sibirischen Parteiorganisation und durch ein Schreiben Fritz Heckerts, konnte Rakow die zeitweilige Vergebung seiner »Parteisünden« erreichen. In Sibirien hatte er eine »ganze Reihe gemeiner Verbrechen von Faschisten, Trotzkisten und Schädlingen« aufgedeckt, die »Schädlingstätigkeit« in der Produktion vermeldet, über mündliche und schriftliche »konterrevolutionäre Agitation« an die Sonderabteilung des NKWD in Westsibirien[5] und an die örtliche Parteiorganisation berichtet. Seit November 1934 arbeitete Rakow wieder in Moskau bei der »Verlagsgenossenschaft ausländischer Arbeiter« an der deutschen Ausgabe der Werke Lenins und überstand – obwohl bereits 1925 als rechter »Brandlerist« und 1928 als »Trotzkist« gebrandmarkt – die »Parteisäuberung« im Jahre 1934. Bei einer erneuten Überprüfung wurde er jedoch – nach der Ermordung Kirows – im Januar 1935 aus der Moskauer »Verlagsgenossenschaft auslän-

Werner Rakow
(Heinrich Lüllemann)

3 Neben diesem nicht datierten Schreiben findet sich ein zweites Schreiben Rakows an Angaretis, in dem er die Entscheidung der IKK für richtig erklärt und die »parteifeindlichen Absichten« Wollenbergs entschieden verurteilt. RGASPI, f. 495, op. 205, d. 6351, Bl. 76.

4 Erich Wollenberg gelang Anfang Juli 1934 die Flucht aus der Sowjetunion nach Prag.

5 Über seine revolutionäre »Wachsamkeit« berichtete Rakow in einer Erklärung, die er am 20. Juni 1937 aus der Zelle im Butyrka-Gefängnis an Jeschow richtete. NKWD-Untersuchungsakte Nr. 4075, Bl. 118. Rakow beschwerte sich hier auch darüber, daß seine Aussagen über den »Kampf gegen Trotzkisten und Spione« nicht protokolliert wurden und daß seine Eingaben an verschiedene NKWD-Instanzen unbeachtet blieben.

discher Arbeiter« entlassen. Bereits am 1. September 1935 richtete das NKWD[6] unter der Nr. 349752 eine Anfrage an die Kaderabteilung des EKKI und bat um eine Rakow charakterisierende Auskunft. Rakow arbeitete inzwischen in Chabarowsk und wurde dort als »renitenter Trotzkist« erneut aus der KPdSU (B) ausgeschlossen.

Die Verhaftung Rakows, der seit Anfang 1936 als Übersetzer in der Redaktion der Moskauer *Deutschen Zentral-Zeitung*[7] tätig war, scheint weder durch die bisherigen NKWD-Untersuchungen und Verhöre zum Fall der »Wollenberg-Hoelz-Organisation« noch durch die Denunziation von Hans Schiff ausgelöst worden zu sein. Zumindest fanden sich durch die Überprüfung der Zentralkartei der 2. Abteilung des NKWD keine Eintragungen, die Rakow betrafen. Dies kann auch darauf zurückgeführt werden, daß in der Zentralkartei und im Zentralarchiv chaotische Zustände[8] herrschten. Nicht nur durch den expandierenden Terror und den damit verbundenen Papierausstoß, sondern auch durch Verhaftungen unter den NKWD-Mitarbeitern war die Archiv- und Verarbeitungskapazität des NKWD erschöpft.

Werner Rakow, der als »Brandlerist« 1925 bereits einem inquisitorischen Parteiverfahren[9] unterworfen und 1928 von der OGPU als Anhänger der trotzkistischen Opposition verhaftet worden war und drei Wochen im Moskauer Butyrka-Gefängnis eingesessen hatte, wurde

---

6 RGASPI, f. 495, op. 205, d. 6351, Bl. 37.

7 Angabe in der »Enquete des Verhafteten«, NKWD-Untersuchungsakte Nr. 4075, Bl. 3.

8 In einem Befehl Berijas wurde 1938 der chaotische Zustand der Archive und Karteien des NKWD beschrieben. Die aktiven »Informanten« seien kaum erfaßt, die Spitzelberichte und die Verhafteten nicht registriert, die »Zentrale allgemeine Auskunftskartei« befinde sich in einem chaotischen Zustand. Hier fehlten vollständig die 109000 Karten von den in der Peripherie durch Troikas verurteilten Personen, ebenso die Karten der durch das Militärkollegium verurteilten Personen. Auch die Erfassung der wegen Spionage verurteilten und auszuweisenden Ausländer sei stark vernachlässigt. Chaos und Durcheinander herrsche bei der Aufbewahrung der Akten, die Statistik sei veraltet. Hunderttausende von Akten seien nicht registriert. Eingaben und Briefe wurden nicht behandelt, gingen vollständig verloren oder wurden nur im Archiv abgelegt. Vgl. NKWD-Befehl Nr. 00788, 10. Dezember 1938. Abschrift Hamburger Institut für Sozialforschung.

9 Vgl. Becker/Bergmann/Watlin (Hg.), Das erste Tribunal.

wahrscheinlich durch die im Zentralkomitee der KPdSU (B) seit 1935 angelegten Namenslisten der ausgeschlossenen und mit Parteistrafen belegten Nomenklaturkader[10] erfaßt, die auf dem Amtswege an das NKWD weitergegeben wurden. Anfangs wurde Rakow in den von der Sonderabteilung des NKWD durchgeführten Verhören zu Karl Radek[11] vernommen. Radeks angeblich 1927 geplante Flucht ins Ausland und die Bildung eines »trotzkistisch-brandleristischen Blocks« wurden vom Leutnant der Staatssicherheit Gepstein immer wieder nachgefragt.

Die angebliche Existenz eines solchen »Rechts-Links-Blocks« wurde von Stalin seit den zwanziger Jahren immer wieder konstruiert und gehörte zum politischen Rüstzeug des Parteipropagandisten[12] wie zu den Feindbildern der Schauprozesse[13] und der NKWD-Geheimverfahren.[14]

Solche NKWD-Konstrukte stellten nicht nur die politische Häresie als angeblichen »Rechts-Links-Block« bedrohlich vor, sondern der Vorwurf der »Abweichung« wurde häufig durch die stereotype Formel »Terror-, Diversion-, Schädlings- und Spionageorganisation« dem erweiterten und durch Stalin kanonisierten Feindbild angepaßt. Stalin unterzeichnete am 29. September 1936 – zwei Wochen später wurde Jagoda durch Jeschow als Volkskommissar abgelöst – einen Beschluß des Politbüros, der als verbindliche Definition in der öffentlichen Propaganda, in Schauprozessen, NKWD-Befehlen, »Geständnissen« und NKWD-Urteilen als Topos[15] nahezu rituell wiederholt wurde: »a) Bis in die letzte Zeit betrachtete das ZK der KPdSU (b) die trotzkistisch-sinowjewschen Schurken als politische und organisatorische Vorhut der internationalen

---

10 Vgl. Hedeler, Jeshows Szenario, S. 63–65.

11 Karl Radek wurde am 16. September 1936 verhaftet und im Schauprozeß im Januar 1937 angeklagt.

12 Die rechten Spießgesellen der trotzkistischen Bande.

13 Vgl. Prozeßbericht über die Strafsache des antisowjetischen »Blocks der Rechten und Trotzkisten«, Moskau 1938.

14 Nach diesem Muster wurde Hugo Eberlein, wie viele andere Funktionäre aus dem EKKI-Apparat, im Kontext des geplanten Schauprozesses gegen den »rechtstrotzkistischen Block in der Komintern« in der NKWD-Anklageschrift beschuldigt, ein »Mitglied der antisowjetischen Terror-, Diversions-, Schädlings- und Spionageorganisation der Rechten und Trotzkisten« innerhalb des Komintern-Apparats zu sein. NKWD-Akte Nr. 11888.

15 Vgl. auch Getty/Naumov, The Road to Terror, S. 272–273.

Bourgeoisie. Die jüngsten Fakten besagen, daß diese Herren noch tiefer gesunken sind und jetzt als Spione, Diversanten und Saboteure der faschistischen Bourgeoisie in Europa betrachtet werden müssen.«[16]

Während des ZK-Plenums im Februar/März 1937 wiederholte Stalin dieses in zahllose Texte implementierte Feindbild[17] öffentlich, verknüpfte es mit einer patriotischen Heimat-Phrase und formulierte als axiomatischen Vernichtungsbefehl:

»Ein paar Worte über die Schädlinge, Diversanten, Spione usw. Ich glaube, jetzt ist für alle klar, daß die heutigen Schädlinge und Diversanten, unter welcher Flagge, ob unter trotzkistischer oder bucharinscher, sie sich auch maskieren mögen, schon lange aufgehört haben, eine politische Strömung in der Arbeiterbewegung zu sein, daß sie sich in eine prinzipien- und ideenlose Bande berufsmäßiger Schädlinge, Diversanten, Spione und Mörder verwandelt haben. Es ist klar, daß diese Herrschaften schonungslos zerschmettert und ausgerottet werden müssen, als Feinde der Arbeiterklasse, als Verräter an unserer Heimat. Das ist klar und bedarf keiner weiteren Erläuterungen.«[18]

Am 2. Oktober 1936 wurde Rakow aus dem Butyrka-Gefängnis in das Innengefängnis in der Lubjanka überstellt. In einem »Protokoll« des Verhörs vom 12. Oktober 1936 benannte Rakow neben Karl und Rosa Radek zwölf weitere »Teilnehmer der konterrevolutionären Organisation«, wollte aber, außer Karl Gröhl, der sich im Ausland aufhielt, keinen »Kurier« benennen, der die »Verbindung« mit den »ausländischen trotzkistischen Zentren« unterhielt. Als Mitglieder der »illegalen konterrevolutionären Gruppe« der Brandlerianer wurden in der »Antwort«

---

16 Zit. in: Schauprozesse unter Stalin, S. 187.

17 Zur Gleichschaltung der sowjetischen Öffentlichkeit notierte Trotzki: »In allen Versammlungen sprechen alle Redner das gleiche, sich dem Hauptredner anpassend, ganz unabhängig davon, was sie selbst noch gestern davon gesprochen haben. In den Zeitungen kommentieren sämtliche Artikel die gleiche Direktive in den gleichen Ausdrücken. Den Bewegungen des Dirigentenstabes folgend, arbeiten Historiker, Wirtschaftler und sogar Statistiker Vergangenheit und Gegenwart um, ohne Rücksicht auf Tatsachen, Dokumente oder sogar auf die vorletzte Ausgabe des eigenen Buches. In den Kindergärten und Schulen rühmen sämtliche Kinder mit den gleichen Worten Wyschinski und verwünschen die Angeklagten. So handelt keiner aus freien Stücken, alle tun sich Gewalt an.« Trotzki, Stalins Verbrechen, S. 162–163.

18 Stalin, Über die Mängel der Parteiarbeit, S. 34.

Rakows aufgezählt: Edda und Kasimir Tennenbaum, Ketty Güßfeld, Kurt Nixdorf, Wilhelm Kress, Hans Beck[19], Rica Ortmann[20], Willi Pfeiffer, Willi Kropp. Nach der Durchsicht der Untersuchungsakte Rakows[21] stellte der Sonderbevollmächtigte der 9. Abteilung der Sonderabteilung der GUGB des NKWD, Wibke, am 8. Dezember fest, daß Werner Rakow »mit der konterrevolutionären Organisation WOLLENBERG verbunden war, deren Untersuchung von der Sonderabteilung der Moskauer Gebietsverwaltung durchgeführt wird«.[22]

Daraufhin wurde die »Untersuchung« an die 3. Abteilung der Moskauer Gebietsverwaltung der GUGB überwiesen und dort fortgesetzt. In den handschriftlich aufgenommenen »Protokollen« der Verhöre vom 28. Januar und vom 24. Februar 1937 folgte Rakow keineswegs den Intentionen des Untersuchungsführers[23]. Auf die »Frage« nach seiner »Verbindung« mit dem »Trotzkisten Wollenberg« erklärte Rakow, daß er jeden Kontakt mit ihm sofort unterbrochen habe, nachdem Wollenberg im Winter 1933 in seiner Wohnung »trotzkistische konterrevolutionäre Äußerungen« gemacht habe. Über die »trotzkistische Tätigkeit« und über die »trotzkistischen Ansichten« Wollenbergs vor 1933 sei ihm nichts bekannt. Auffällig kurz antwortet Rakow zur »sogenannten Affäre Wolf-Wollenberg«, die durch eine Erklärung Karl Schmidts an die Komintern »über parteifeindliche Äußerungen auf der Versammlung deutscher Politemigranten in der Wohnung Taubenbergers in der Nacht der deutschen Reichstagswahlen« entstanden sei. Im Verhör vom 24. Februar 1937 wurde Rakow mit »Aussagen« aus anderen »Protokol-

---

19 Hans Beck, geb. 4. Januar 1894, Feinmechaniker, 1913 Mitglied der SPD, 1917 USPD, 1919 KPD-Mitglied, 1924 Landtagsabgeordneter in Thüringen, ZK-Mitarbeiter, 1928 Ausschluß aus der KPD, Mitbegründer der KPD (O), Mitglied der Reichsleitung, 1933 UdSSR, am 9. August 1936 verhaftet, saß mit Werner Rakow in einer Zelle des Butyrka-Gefängnisses, am 25. August 1937 durch das MKOG zum Tod verurteilt und am gleichen Tag in Butowo erschossen

20 Rica Ortmann, Zahnärztin, KPD-Mitglied.

21 Diese Verbindung zu Wollenberg und Erich Tacke wurde im »Protokoll« des Verhörs vom 9. Oktober 1936 angeführt. Vgl. NKWD-Untersuchungsakte Nr. 4075, Bl. 23–24.

22 NKWD-Untersuchungsakte Nr. 4075, Bl. 2.

23 Wahrscheinlich ist dies auch der Grund dafür, daß diese handschriftlichen »Protokolle« nicht zu einem »passenden« Typoskript umformuliert wurden.

len« konfrontiert. Nach den »Aussagen« Taubenbergers habe Rakow im März 1933 »zusammen mit Wollenberg konterrevolutionäre Gespräche« in seiner Wohnung geführt. Rakow antwortete auf diesen Vorwurf: »Eine seit langem aufgedeckte Lüge.«[24] Abschließend stellte Rakow fest: »Ich habe keinerlei Kontakt mit der Gruppe Wollenbergers gesucht und durch niemand Anweisungen dieser Art erhalten.« Erst nach weiteren Foltern lieferte Rakow am 2. August 1937 eine detaillierte »Erklärung zur Strafsache der Brandlerianer«[25]. Rakow hielt aber immer noch gegen die Intentionen des NKWD-Untersuchungsführes fest, daß es zwischen den Brandlerianern und Trotzkisten nicht zu einer Übereinkunft gekommen sei. Sein Widerstand war durch die 13 Monate dauernde Verhör- und Folterpraxis erst Anfang September 1937 zusammengebrochen, und Rakow unterzeichnete eine Kapitulationserklärung, die mit einer auch in anderen »Protokollen« gebrauchten Formel abschloß: »Alle diese Angaben habe ich gegenüber der Untersuchung ohne jeden Zwang gemacht als Resultat meines ehrlichen Wunsches, ein für alle Mal die Waffen zu strecken und in Zukunft in ehrlicher und ergebener Arbeit das Vertrauen der Sowjetmacht zu verdienen.«[26]

Ende August 1937 wurde von drei Mitarbeitern der 3. Abteilung der Hauptverwaltung der Staatssicherheit die Anklageschrift[27] gegen Werner Rakow fertiggestellt und vom Leiter der 3. Abteilung des NKWD, Minajew, und vom Staatsanwalt Wyschinski am 31. August durch eine Unterschriftsparaphe bestätigt. Beschuldigt wurde Werner Rakow, daß er in Deutschland von 1923 bis 1927 als einer der Führer der Brandler-Organisation einen »aktiven Kampf gegen VKP (b), die KPD und die Komintern führte«, daß er in Moskau »von Radek in die aktive trotzkistische Arbeit hineingezogen« wurde und »einer der Führer der trotzkistischen Opposition in Moskau« war. Weiter wurde Werner Rakow angeklagt,

---

24 NKWD-Untersuchungsakte Nr. 4075, Bl. 48.

25 Neben den bisher bereits erwähnten »Brandlerianern« tauchen nun im »Protokoll« auch die inzwischen verhafteten Brandler-Anhänger Otto und Hermann Möller auf. Zu deren Biographie und NKWD-Verhören vgl. Ulla Plener (Hg.), Verratene Ideale, S. 114–136.

26 NKWD-Untersuchungsakte Nr. 4075, Bl. 108.

27 NKWD-Untersuchungsakte Nr. 4075, Bl. 109–111.

daß er »1933/34 zum Moskauer terroristischen Zentrum Wollenbergs gehörte, der ins Ausland geflohen ist« und daß er »bis zu seiner Verhaftung 1936 zur Moskauer konterrevolutionären Brandler-Gruppe gehörte und brandleristische Literatur erhielt«. Überführt sei Rakow durch das eigene »Geständnis« der Schuld und durch »Aussagen« der verhafteten Taubenberger, Tacke und Güßfeld. In der »geschlossenen Sitzung« des Militärkollegiums des Obersten Gerichts der Sowjetunion erklärte sich Werner Rakow – so wenigstens vermeldet das Protokoll – erneut für schuldig[28] und bestätigte alle früheren Aussagen. Wenige der NKWD-Untersuchungshäftlinge fanden nach den monatelangen Folterqualen noch die Kraft, während der Sitzungen des Militärkollegiums ihre bisherigen »Geständnisse« zu widerrufen oder hielten diesen letzten Appell an die »Gerechtigkeit« der Sowjetjustiz für sinnlos. Nach einer 15minütigen Sitzungsdauer wurde Werner Rakow am 14. September 1937 nach Artikel 58-8, 58-10, 58-11 des sowjetischen Strafgesetzbuchs zum Tode verurteilt und am gleichen Tage erschossen. Auch seine beiden Brüder Paul und Nikolai Rakow wurden 1937 vom NKWD verhaftet und zum Tode verurteilt.

In der verblassenden Erinnerung[29] von Dodo Garai, die 1963 mehrere Briefe an Alfred Kurella richtete, erschien das Geheimverfahren gegen Werner Rakow (d. i. Wolff) als »Schauprozeß«: »Wolff hatte einen Schauprozeß. Er zog einen ungeheuren Verhaftungsschwanz hinter sich her, seine Wohnung, bezw. die seiner ersten Frau, seit langem getrennt, sie mit einem russischen Militärmusikanten verheiratet, war der ›Treff‹ einer kolossalen ›Trotzkistengruppe‹. Sie wurde rund ein Jahr beobachtet! Hunderte waren darin verwickelt, auch der unglückselige Musikant, der kein Wort Deutsch konnte. Die Frau war immer in der Küche.

---

28 Manche Angeklagten widerriefen vor »Gericht« ihre bisherigen Aussagen und erklärten sich nicht für schuldig.

29 Dodo Garai schrieb 1963 in einem Briefwechsel mit dem ZK-Mitglied der SED, Alfred Kurella: »ein ganz bekannter Name, Schriftsteller-Essayist, ich sehe ihn genau vor mir. Doch der Name?! Vergessen, vergessen [...]«. Dodo Garai – Alfred Kurella. Ein Briefwechsel. In: Sinn und Form 1990, H. 4, S. 752. Dodo Garai, d. i. Deborah Wennrich, wurde am 21. Januar 1937 verhaftet, war 19 Jahre im GULAG inhaftiert und kehrte 1955 in die DDR zurück. Obwohl sie in Berlin bei ihren Freunden bleiben wollte, schob die SED-Kaderabteilung sie nach Dresden ab.

›Doch Sie haben die Trotzkisten mit Abendbrot versorgt‹, warf ihr der Untersuchende vor. Sie hatte von nichts eine Ahnung und sogar im Gefängnis begriff sie nichts.«[30]

Verhaftung und Verhör: Elsa und Hermann Taubenberger

Die von Dodo Garai hier gemeinte Elsa Taubenberger, die inzwischen mit dem aus der Wolgarepublik stammenden Musiker Konstantin Siebenhaar zusammenlebte, verhaftete das NKWD am 11. August 1936 in ihrer Moskauer Wohnung, dem Schauplatz der »Wahl-Purgisnacht« 1933. Erich Wollenberg versuchte sich in einem Brief an Susanne Leonhard die Verhaftung Elsa Taubenbergers zu erklären:

»Else war in Opposition, vielleicht weniger von ihrem Intellekt aus (sie hatte nicht viel gelesen), als von ihrem großen Herzen aus, das sich gegen jede Ungerechtigkeit auflehnte. Sie war ein ganzer Kerl. Wahrscheinlich hat man sie auch in Verbindung mit meiner Flucht gebracht, ich hatte sie aber selbstverständlich nicht eingeweiht, und auch etwa 14 Tage vor meiner Flucht meine Besuche bei ihr aus Vorsicht (um sie nicht zu gefährden) eingestellt.«[31]

Ihr früherer Mann Hermann Taubenberger wurde erst am 17. September 1937 in Moskau verhaftet. Einen Monat später wurde ein »Protokoll«[32] der bisherigen Vernehmungen Hermann Taubenbergers mit Hilfe eines Übersetzers aufgezeichnet. Die »Antwort« Taubenbergers, daß Wollenberg in Moskau einen »konterrevolutionären Block aus den Vertretern aller Oppositionsgruppierungen und einzelner Mitglieder« der KPD gebildet hätte, entspricht allenfalls den Vorgaben des NKWD-Untersuchungsführers.

Wie Werner Rakow wurde auch Hermann Taubenberger zu »Verbindungen« mit dem seit dem 16. September 1936 verhafteten Karl Radek befragt, um dadurch Belastungsmaterial für den Schauprozeß im Januar

---

30 Dodo Garai – Alfred Kurella. Ein Briefwechsel. In: Sinn und Form 1990, H. 4, S. 761.

31 Brief Erich Wollenbergs an Susanne Leonhard. In: europäische ideen, 1978, H. 42, S. 12.

32 NKWD-Untersuchungsakte Werner Hirsch, Nr. 10950, Bl. 12–18.

1937 zu erhalten. Offensichtlich wurde das in einer »Antwort« gleich in fünf Punkten zusammengefaßte »Aktionsprogramm des vereinigten konterrevolutionären Blocks« nicht von Hermann Taubenberger verfaßt, sondern vom NKWD-Untersuchungsführer Horoschilkin ausformuliert:

»ANTWORT:

Das Aktionsprogramm des vereinigten konterrevolutionären Blocks läuft nach Aussagen von WOLLENBERG auf folgende Hauptpunkte hinaus:

1) Am Sieg Hitlers sind Stalin und Thälmann schuldig. Der letztere wird durch Faschisten erschossen werden und Stalin muß vom vereinigten konterrevolutionären Block beseitigt werden.

2) Der vereinigte konterrevolutionäre Block muß gegen den deutschen Faschismus einen entschiedenen Kampf führen, die Voraussetzung des erfolgreichen Kampfes gegen den Hitlerfaschismus muß aber die physische Vernichtung der Mitglieder der jetzigen ZKs der KPdSU (B) und der DKP[33] sein.

3) Nur die Trotzkisten sind fähig, den Kampf gegen Faschismus zu leiten, und zwar im Block mit allen anderen oppositionellen Gruppen von den extremen Linken bis zu den Rechten. Weiter galt es, neue ZKs der KPdSU (B) und der DKP aus den Vertretern der Trotzkisten und Rechten zu bilden.

Als Kandidaten für das neue ZK der DKP nannte WOLLENBERG u.a. folgende Vertreter der Opposition: sich selbst, SCHLAFFER, Joseph, Werner SCHOLEM, LEOW-HOFMANN, Ruth FISCHER, ROSENBERG, Arthur, der Anhänger Ruth FISCHERS, GENSCHKE[34], der ZK-Mitglied der DKP zur Zeit Ruth FISCHERS war.

4) Die Komintern vom Einfluß Stalins und der KPdSU (B), von der Unterordnung unter den Sowjets sowie von der Erfüllung nur russischer Forderungen zu befreien. Das jetzige EKKI ist auseinanderzujagen und die Komintern in ein kapitalistisches Land zu versetzen.

5) Der Terror ist die Hauptmethode im Kampf gegen den Faschismus und die jetzige Führung der KPdSU (B) und der DKP, die sich als unfähig erwies, gegen die Offensive des Faschismus Widerstand zu leisten, und das Proletariat zur Niederlage führte. Dazu müssen drei- oder fünfköpfige Kampfgruppen aus speziell ausgewählten, militärisch ausgebildeten Menschen gebildet werden, die nicht von der Partei, sondern von einem Kampfstab geleitet werden müssen.«

Auch die »Antwort« Taubenbergers, daß Wollenberg in Moskau »unter Jugendlichen eine terroristische Kampfgruppe« bilden wollte, um Ter-

---

33 Gemeint ist hier KPD.

34 Gemeint ist Ottomar Geschke.

rorakte gegen »Stalin, Heckert und Remmele« durchzuführen, entspricht allenfalls den vorformulierten Aussagen des NKWD-Untersuchungsführers. Am Schluß des »Protokolls« wurden dann die Freunde und Bekannten Taubenbergers aufgeführt, die sich an solchen Diskussionen beteiligten. Auch wenn Taubenberger berichtete, daß er und alle anderen die »terroristischen Methoden des Kampfes« nicht billigten, so konnte der NKWD-Untersuchungsführer das »Protokoll« mit dem »Geständnis« Taubenbergers über seine Mitwisserschaft abschließen.

Viele der im »Protokoll« des Verhörs von Hermann Taubenberger aufgeführten Namen und Beschuldigungen tauchten erneut in dem »Protokoll« seiner früheren Frau Elsa auf, das zweieinhalb Monate danach wiederum von dem Oberleutnant der Staatssicherheit Horoschilkin in der Moskauer Gebietsverwaltung des NKWD angefertigt wurde. Die bereits im »Protokoll« Hermann Taubenbergers fixierten Hypothesen und Fehler übernimmt Horoschilkin unbesehen und macht sie zu »Aussagen« Elsa Taubenbergers. So heißt es auch hier, daß Wollenberg noch vor seiner »Ausreise« in Moskau, d.h. vor Ende Juli 1934, mit Werner Hirsch eine Vereinbarung über einen »trotzkistischen Block« traf. Daß Werner Hirsch aber erst am 18. August 1934 in Deutschland aus dem KZ[35] entlassen wurde und also keineswegs in Moskau Verhandlungen zur Bildung eines »Blocks mit Wollenberg« führen konnte, dieser offensichtliche Fehler entging dem NKWD-Untersuchungsführer. Wie in Schauprozessen, deren blamable Widersprüche[36] auch in der westlichen Presse und von Trotzki aufgegriffen wurde, finden sich auch in den internen »Protokollen« eklatante Fehler. In den mechanisch verfertigten Geheimverfahren der Moskauer Gebietsverwaltung des NKWD bestand jedoch – anders als in den Schauprozessen – keine Notwendigkeit, solche Widersprüche auszuschalten oder durch neue »Geständnisse« zu korrigieren. Bei der seriellen Fabrikation von geheimen »Geständnissen« und »Protokollen« wurden solche offensichtlichen

---

35 Lebenslauf Werner Hirsch, 10. Februar 1935, RGASPI, f. 495, op. 205, d. 6400 I, Bl. 199.

36 Z.B. das Treffen Golzmanns mit Leo Sedow im nicht mehr existenten Hotel »Bristol« in Kopenhagen und der Flug Pjatakows nach Oslo. Vgl. Trotzki, Rede über den Moskauer Prozeß, in: Trotzki, Schriften. Bd. 1.2, S. 1012–1039.

Fehler weder vom Untersuchungsführer bemerkt noch einem »Szenario« angeglichen. Nach einer halbjährigen Haft unterschrieb Elsa Taubenberger, deren Sohn Heinz Taubenberger am 10. September 1937 verhaftet wurde, auch die vorgegebene »Antwort«, daß sie nicht nur von der »trotzkistischen Terrororganisation« wußte, sondern sich ihr auch anschloß. So heißt es im »Protokoll« des Verhörs vom 7. Januar 1937:

»Frage: Wann und von wem wurde diese Terrororganisation geschaffen?

Antwort: Sie wurde Ende 1932 oder Anfang 1933 von dem aus Deutschland gekommenen deutschen Trotzkisten WOLLENBERG, Erich, und dem damals in Moskau wohnenden Trotzkisten Max HÖLZ geschaffen. WOLLENBERG und Max HÖLZ waren Freunde meines ehem. Ehemanns TAUBENBERGER, Hermann, und besuchten sehr häufig unsere Wohnung.

Frage: Wann schlossen Sie sich persönlich dieser Organisation an?

Antwort: Das war Anfang 1933.

Frage: Unter welchen Umständen schlossen Sie sich der Terrororganisation an?

Antwort: Der konterrevolutionären trotzkistischen Organisation gehören mein ehem. Ehemann TAUBENBERGER, Hermann, und einige unserer engen Freunde an, die dort aktiv arbeiteten. Illegale Zusammenkünfte der Organisation fanden häufig entweder in unserer Wohnung oder in der Wohnung unserer Freunde, fast immer jedenfalls in meiner Anwesenheit statt. Alle Teilnehmer der konterrevolutionären Terrororganisation kannten mich als antisowjetisch eingestellte Person, die gegen die Führer der Partei und der Sowjetregierung Haß hegte. Ich äußerte ja diesen Haß mehrmals, sprach von meinem Wunsch, die Sowjetunion zu verlassen und ins Ausland zu gehen. Sie hielten mich für ihre Gleichgesinnte und besprachen in meiner Anwesenheit Pläne der Terrortätigkeit. Ich, TAUBENBERGER, Elsa, wußte auf Grund von alledem von der Existenz der illegalen Terrororganisation der Trotzkisten in Moskau, ohne formell angeworben zu werden. Ich kannte die Führer und mehrere Teilnehmer dieser Organisation und war über einige ihrer Terrorpläne auf dem laufenden.

Frage: Nennen Sie alle Ihnen bekannten Teilnehmer der Terrororganisation.

Antwort: Der Terrororganisation gehörten an: WOLLENBERG, Erich, und Max HÖLZ, die Organisatoren und Leiter dieser Organisation waren. Es wurden von ihnen folgende Personen in die Terrororganisation einbezogen, die darin aktiv arbeiteten: TAUBENBERGER, Hermann, die deutschen Politemigranten MARGIES, Rudolf, Ernst GÜNTHER, Albert[37] (arbeitete im Verlag ausländischer Arbeiter),

37 Das ist Erich Tacke.

ALBRECHT[38] (wurde wegen der Spionage verurteilt, befindet sich jetzt in der Türkei), Felix WOLF, Mitarbeiter der Komintern WERNER [!!] Hirsch, der italienische Politemigrant ZENARI, Albert.

Frage: Woher wissen Sie von der Beteiligung dieser Personen an der terroristischen Organisation?

Antwort: Ich weiß das nach Berichten von TAUBENBERGER, Hermann, ZENARI und WOLLENBERG, der über die Existenz der konterrevolutionären Terrororganisation in Moskau sprach. Die illegalen Zusammenkünfte dieser Organisation fanden entweder in meiner Wohnung oder bei ZENARI statt, wobei in meiner Anwesenheit konterrevolutionäre terroristische Gespräche geführt und die Pläne der Terrortätigkeit besprochen wurden.

Frage: Auf wen orientierten sich WOLLENBERG und die anderen Teilnehmer der Organisation in ihrer konterrevolutionären Tätigkeit?

Antwort: Sie orientierten sich auf aus der deutschen KP ausgeschlossene ehem. Oppositionelle und Mitglieder parteifeindlicher Gruppen aller Art sowie auf die antisowjetisch eingestellte Jugend unter den Politemigranten.

Frage: Woher schlußfolgern Sie das?

Antwort: Bereits vor seiner Flucht ins Ausland 1934 berichtete WOLLENBERG in unserer Wohnung in meinem Beisein Hermann TAUBENBERGER von seiner Arbeit zur Vereinigung aller Oppositionsgruppen und einzelner Oppositioneller in der KPD für den Kampf gegen die jetzige Führung der Komintern und des ZK der KPdSU (B) sowie davon, daß es ihm gelang, mit Werner HIRSCH die Schaffung eines derartigen trotzkistischen Blocks zu vereinbaren.

Zu gleicher Zeit behauptete WOLLENBERG, daß er an der Schaffung der terroristischen Jugendgruppe arbeitet, die Terrorakte gegen STALIN und seine engsten Helfer zu verüben hat, und daß er, WOLLENBERG, außerdem Terrorgruppen aus den deutschen Politemigranten organisiert, die er in von ihm geschaffenen illegalen Spezialkursen zu unterrichten im Begriff war.

Ende 1933 erzählte WOLLENBERG mir und TAUBENBERGER, Hermann, daß er sich in der Komintern darum bemüht, als Lehrer in eine geheime Parteischule entsandt zu werden, wo er seinen Aufenthalt für die Organisierung von Terrorgruppen aus den Kursanten der Schule ausnutzen wird.«

38 Das ist Karl Albrecht.

Im »Protokoll« wird als »Antwort« Elsa Taubenbergers die »konkrete Terrortätigkeit der Organisation« mit den Versatzstücken über die Beobachtung der Fahrtroute Stalins und geplante Bombenanschläge versehen, die in den Schauprozessen und NKWD-Geheimverfahren mechanisch immer wieder eingefügt wurden:

»Antwort: In der ersten Hälfte 1934 beobachteten WOLLENBERG, Erich, TAUBENBERGER, Hermann, und MARGIES, Rudolf, systematisch den Arbat und die Moschajskoje Chaussee. WOLLENBERG behauptete, daß STALIN auf diesem Weg mit dem Auto zu seiner Datscha fährt und es am einfachsten ist, gerade hier einen Terrorakt zu verüben. WOLLENBERG, Erich, schlug vor, dabei Bomben von großer Explosivkraft zu benutzen, die in seinem Auftrag MARGIES, Rudolf, herstellte. Nach der Rückkehr von TAUBENBERGER, Hermann, aus Tscheljabinsk setzten sie die Beobachtung fort, um das Auto STALINS aufzuspüren und einen Terrorakt gegen ihn zu verüben. TAUBENBERGER, MARGIES und WOLLENBERG unterhielten sich in meinem Beisein über die Vorbereitung eines Terroraktes gegen Stalin.«

Da dies offensichtlich dem Untersuchungsführer noch nicht ausreichte, wurden in einer »Antwort« Elsa Taubenbergers weitere geplante »Terrorakte« aufgeführt:

»Es ist mir bekannt, daß die Teilnehmer der Terrororganisation TAUBENBERGER, H., MARGIES, R., Ernst GÜNTHER, ZENARI, A., WOLLENBERG und der sich ihnen später anschließende BECKER, Anatol, gegen STALIN und ORDSHONIKIDSE akuten Haß hegten.

Es war mir aus dem Meinungsaustausch unter den Teilnehmern der Organisation bekannt, daß sie die physische Vernichtung WOROSCHILOWS und ORDSHONIKIDSES vorbereiteten, ich weiß aber nicht, wie sie sich die praktische Verwirklichung dieses Plans vorstellten. Es ist mir nur bekannt, daß sich TAUBENBERGER um einen Empfang beim Chef der Schwerindustrie, ORDSHONIKIDSE, hartnäckig bemühte und sehr entrüstet war, als ihm das nicht gelang.«

Das »Verhör« wurde danach unterbrochen, um durch Bedrohung oder durch Foltermethoden die Unterzeichnung der abschließenden Formulierung zu erreichen:

»Das Protokoll ist nach meinen Worten ganz richtig aufgeschrieben, von mir russisch gelesen und mir ins Deutsche übersetzt. Ist mir in beiden Sprachen verständlich. TAUBENBERGER, E. J.«

Nach der »Bestätigung« des »Protokolls« durch drei NKWD-Offiziere konnte der Text in der 3. Abteilung der Moskauer Gebietsverwaltung des NKWD für die weitere Konstruktion des Falles und für die Verfolgung weiterer darin aufgeführter Personen verwendet werden.

Im Jahr 1936 wurden nach Zenzl Mühsam, Herbert Berndt, Erich Tacke, Anatol Becker, Carola Neher, Werner Rakow und Elsa und Hermann Taubenberger weitere Teilnehmer der »Terrororganisation«[39] verhaftet:

Abraham Rosenblüm, verhaftet am 15. August 1936
Willi Budich, verhaftet am 19. September 1936
Konstantin Siebenhaar, verhaftet am 20. Oktober 1936
Rudolf Margies, verhaftet am 4. November 1936
Werner Hirsch, verhaftet am 4. November 1936
Alexander Minzer, verhaftet am 9. November 1936
Max Levien, verhaftet am 10. Dezember 1936
Hans Drach, verhaftet am 26. Dezember 1936

Durch die Verhaftungen und durch die erfolterten »Geständnisse«, die als Falsikate in Protokollform fixiert wurden, konnten die NKWD-Untersuchungsführer immer neue »Verbindungen« ausfindig machen oder bisherige »Aussagen« untermauern. Daß die »Antworten« der Häftlinge aber eher die Sprachregelungen und stereotypen Feindbilder des NKWD aufweisen als Realitätspartikel von Gesprächen und gar von Vorbereitungen zu terroristischen Anschlägen, zeigt sich auch im Verhör von Konstantin Siebenhaar, der mit Elsa Taubenberger zusammenwohnte:

»AUSZUG AUS DEM VERHÖRPROTOKOLL[40] von SIEBENHAAR, Konstantin Petrowitsch, vom 23. September 1936

Frage:
Nennen Sie alle Personen, die sich an konterrevolutionären Beratungen in der Wohnung TAUBENBERGS [!]
Antwort:
Aufzählung/. Die aus Prag 1935 eingetroffene und später verhaftete Trotzkistin MÜHSAM, Kreszentia, informierte TAUBENBERG [!] und andere sich versammelnden Trotzkisten in meinem Beisein davon, daß WYSTUB[41], Julian, in Prag trotzkistische Tätigkeit von WOLLENBERG, Erich, finanziert.

---

39 Zu ihren Biographien vgl. Anhang.

40 NKWD-Untersuchungsakte Nr. 21476, Bl. 44. In dem für den »Fall« Mühsam angefertigten Auszug wurden die von Siebenhaar genannten Namen weggelassen.

41 Das ist Hans Wistuba.

Die Wohnung ZENARIS war zweites Zentrum für Zusammenkünfte der Trotzkisten nach jener TAUBENBERGS [!].
Es ist mir bekannt, daß sich in der Wohnung Zenaris folgende Trotzkisten systematisch versammelten:
WOLLENBERG, Erich, GÜNTER, Ernst, TAUBENBERG [!], WILENSKI, MÜHSAM, Kreszentia, ELFINGER, Hans[42], MÜNZER[43], WYSTUB, MÜLLER, HOLM, BECKER u.a.
Frage:
Welche Ausrichtung hatten diese Zusammenkünfte?
Antwort:
Das waren illegale trotzkistische Zusammenkünfte, während deren die Versammelten die politische Linie des ZK der KPdSU (B) und der Komintern und Maßnahmen der Sowjetmacht böswillig kritisierten, defätistische Stimmungen für den Fall des Kriegsausbruchs äußerten.
SIEBENHAAR«

Sowohl in den »Protokollen« von Elsa und Hermann Taubenberger wie auch bei Siebenhaar tauchte der KPD-Funktionär Werner Hirsch auf. Seit seiner Entlassung aus dem KZ, seinem Zusammentreffen mit Zenzl Mühsam in Prag und nach seiner Ankunft wurde er vom »Apparat« der KPD überwacht und bespitzelt. An seiner Verfolgung soll die jahrelange Kooperationspraxis von Komintern-Instanzen, Informanten und NKWD näher nachgezeichnet werden.

Vom KZ in die Lubjanka: Werner Hirsch

Werner Hirschs Biographie[44] wies mehrere Merkmale auf, die ihn für die Komintern-Instanzen und das NKWD verdächtig machten: Verhaftung 1933 in Berlin, Folter und Entlassung aus Konzentrationslagern in Deutschland, Emigration nach Moskau über Prag, seine »Verbindungen« mit Zenzl Mühsam und Erich Wollenberg.

Hirschs Aufstieg in der Parteihierarchie und sein Fall im Moskauer Exil illustrieren jenen permanenten Verdacht, mit dem aus dem KZ ent-

42 Joseph Elfinger, Neffe Zenzl Mühsams.
43 Das ist Alexander Minzer.
44 Eine erste Darstellung in: Müller, Der Fall Werner Hirsch.

lassene KPD-Funktionäre[45] als potentielle »Spione«[46] und »Diversanten« und »Gestapoagenten« nach ihrer Ankunft im scheinbar rettenden Vaterland aller Werktätigen überzogen wurden.

Auch Werner Hirsch gehörte zu diesen Politemigranten, über die sowohl in der Kaderabteilung der Komintern[47] wie im NKWD »ernsthafte Materialien« und »Kompromate«, d.h. belastende Dossiers, angelegt worden waren.

In seinem »Fall«, den das NKWD 1936 der »Wollenberg-Hoelz-Organisation« zurechnete, ist eine *sprawka* (Auskunftsbericht) des NKWD überliefert, in dem zahlreiche, durch die Kaderabteilung und KPD-Untersuchungskommissionen gesammelte Informationen für die Verhaftung und die folgenden Verhöre (vgl. Dok. Nr. 3 im Anhang) aufbereitet wurden. Dieses NKWD-Dossier über Werner Hirsch stützte sich auf die ausführlichen Berichte einer »Quelle« in der Kaderabteilung der Komintern, die im NKWD unter dem Namen »Doppelgänger« geführt wurde. In der nicht datierten Auskunft, die vor der Verhaftung Werner Hirschs zusammengestellt worden war, verarbeitete ein NKWD-Mitarbeiter den detaillierten Bericht einer KPD-Kommission[48] vom 16. November 1935, den Bericht Herbert Wehners vom 9. April 1935 zur »Angelegenheit Werner Hirsch«[49] und eine Ergänzung der Kaderreferentin Grete Wilde vom 21. Dezember 1935[50]. Für den Generalsekretär Dimi-

---

45 Im Dezember 1937 kündigte Herbert Wehner dem NKWD bereitwillig an, daß er seine »Kenntnisse von Personen, die mit der illegalen Arbeit in Deutschland zu tun hatten und haben, und die irgendwie im Zusammenhang mit Provokationen usw. stehen« aufschreiben werde, um damit »das Auffinden von Fäden zu erleichtern, die unter Umständen in die Sowjetunion führen«. BUST/ZA, SdM 1858, Bl. 303.

46 Vgl. auch Mussienko/Watlin, Zwischen den Lagern.

47 Hirschs zweibändige »Kaderakte« umfaßt 538 Blatt. RGASPI, f. 495, op. 205, d. 6400, I u. II.

48 Obwohl die KPD-Kommission 1935 zu der Feststellung gelangte, daß »der Beweis der bewußten Spitzelei für die Reichswehr innerhalb der Parteiführung« nicht erbracht werden könne, wurde dieser Vorwurf weiterkolportiert und die »Angelegenheit Hirsch« in der Kaderabteilung weiterverfolgt. Bericht der Kommission, RGASPI, f. 495. op. 205, d. 6400 (II), Bl. 118–137.

49 RGASPI, f. 495, op. 205, d. 6400 (II), Bl. 115–116.

50 Grete Wilde erwähnte dabei: »Nach weiteren Aussagen von Ottwalt, der engeren persönlichen Kontakt zu ihm hat, erhält er sehr viele Auslandsbriefe mit tschechi-

troff verfaßte der stellvertretende Leiter der Kaderabteilung, Tschernomordik, am 2. Juli 1936 eine weitere kurze Zusammenfassung des »Falles« von Werner Hirsch, der inzwischen »langwierigen Charakter«[51] annehme. Nachdem Grete Wilde am 20. Juni 1936 für den Generalsekretär Dimitroff bereits eine »Kurze Darstellung der Angelegenheit Werner Hirsch«[52] geschrieben hatte, erstellte sie am 26. September 1936 einen weiteren Kurzbericht, in dem am Schluß u. a. Hirschs »Verbindungen« zu Zenzl Mühsam und Erich Wollenberg vermerkt wurden.

Werner Hirsch[53] wurde am 7. Dezember 1899 in Berlin-Wilmersdorf in einer bürgerlichen Familie[54] geboren. Sein jüdischer Vater war Landgerichtsrat und starb, als Hirsch fünf Jahre alt war. Seine Mutter stammte aus der »adelsstolzen«[55] Familie von Alt-Stutterheim, die wiederum mit dem Generalfeldmarschall von Hindenburg verwandt war. Werner Hirsch trennte sich mit 16 Jahren von seiner Familie, bezog eine eigene Wohnung und verließ das Gymnasium in der Prima. Während des Ersten Weltkrieges lernte er die im »Bund Neues Vaterland« agierenden Pazifisten und den USPD-Vorsitzenden Hugo Haase kennen, der ihn auch mit sozialistischer Literatur vertraut machte. Mit 17 Jahren schloß sich Hirsch der USPD an und traf im Herbst 1917 auch den Organisator des Spartakusbundes, Leo Jogiches, der »starken Einfluß« auf den jugendlichen Werner Hirsch gewann. Er beteiligte sich an der illegalen Antikriegsarbeit und nahm die »luxemburgistische Ideologie« völlig in sich auf, wie er in seinem nach den ritualisierten Regeln der »Selbstkritik« verfaßten Lebenslauf schrieb. Während der Novemberrevolution gehörte Werner Hirsch in Hamburg dem Arbeiter-und-Sol-

---

schen, schweizerischen oder französischen Briefmarken, die ihm ein Genosse, ein Jude mit rötlichem, dünnen Haar, bringt.« RGASPI, f. 495, op. 205, d. 6400 (II), Bl. 111.

51 RGASPI, f. 495, op. 205, d. 6400 (II), Bl. 13–14.

52 RGASPI, f. 495, op. 205, d. 6400 (II), Bl. 283–284.

53 Die Kurzbiographie folgt einem 21 Typoskriptseiten umfassenden Lebenslauf (RGASPI, f. 495, op. 205, d. 6400, I, Bl. 145–166), den Werner Hirsch Ende 1934 nach seiner Ankunft in Moskau für die Kaderabteilung verfaßte.

54 Diese bürgerlich-adelige Herkunft wurde in den Dossiers der Kaderabteilung zur »Angelegenheit Werner Hirsch« immer wieder vermerkt.

55 So Werner Hirsch in seinem Lebenlauf, aus dem im folgenden weiter zitiert wird.

daten-Rat an, begründete in Cuxhaven die Volksmarinedivision und »bearbeitete« für die Zentrale des Spartakusbundes, von der er auch sein erstes Parteigehalt (50 Mark monatlich) bezog, das Gebiet »Wasserkante«. Am Gründungsparteitag der KPD nahm er als Delegierter und Schriftführer teil. Während der Januarkämpfe wurde er in Berlin zeitweilig verhaftet, organisierte im März 1919 Streiks der Bergarbeiter in Oberschlesien. 1920 agierte Hirsch als KPD-Funktionär anfangs in Schleswig-Holstein, während des Kapp-Putsches gehörte er zusammen mit Willi Budich zur fünfköpfigen Berliner Bezirksleitung. Als Mitglied des Zentralausschusses der KPD solidarisierte er sich – inzwischen 21 Jahre alt – nach der März-Aktion mit Paul Levi und schied aus Solidarität mit ihm – immer noch »waschechter Luxemburgist« – aus der KPD aus. Bis 1924 schlug sich Hirsch als Seifenstanzer und freier Schriftsteller mit Rezensionen und Theaterkritiken durch.

1924 wurde er wieder in KPD aufgenommen, übernahm danach in Wien die Chefredaktion der *Roten Fahne* und war an der »Bolschewisierung« der KP Österreichs führend und »gruppenmäßig« beteiligt. Nach seiner Ausweisung aus Österreich arbeitete er in Berlin als Redakteur der *Roten Fahne* und Instrukteur der KPD und agierte »linientreu« in den Auseinandersetzungen mit der »ultralinken« Opposition. Von 1926 bis 1928 leitete Hirsch als Chefredakteur die KPD-Zeitung *Kämpfer* in Chemnitz, von 1928 bis 1930 war er neben Heinz Neumann zweiter Chefredakteur der Berliner *Roten Fahne*. 1930 wurde er vom Politbüro der KPD zum »politischen Mitarbeiter des Sekretariats des ZK« ernannt, galt als Redenschreiber und persönlicher »Adlatus« des Parteivorsitzenden Thälmann. Wie Hirsch in seinem »Lebenslauf« schrieb, entwarf er in den Jahren 1930 bis 1933 »den größten Teil aller Dokumente des Zentralkomitees, Resolutionen, offizielle Artikel, Rundschreiben« und fügte handschriftlich hinzu »im Auftrag und nach den Direktiven Thälmanns und der übrigen Mitglieder der Parteiführung«.

Bei allen Auseinandersetzungen in der KPD-Führung mit »Rechten«, »Versöhnlern« wie auch mit Heinz Neumann vertrat er »ohne jede Schwankung« als »Vertrauensmann« Thälmanns »stets die Linie der Komintern«. Wie Hirsch in seinem Lebenslauf hervorhob, deckte sich das von ihm im Februar 1933 verfaßte »Aktionsprogramm« im »wesentlichen restlos« mit der »politischen Linie«, die Thälmann auf der Funktionärskonferenz in Ziegenhals[56] am 7. Februar 1933 vertrat. Zusammen mit dem KPD-Vorsitzenden Thälmann, der in einem wenig geeigneten »illegalen« Quartier wie »ein Fuchs im Loch« saß, wurde Hirsch am 3. März 1933 verhaftet. Polizeigefängnis Alexanderplatz, SA-Kaserne, Gefängnis Lehrter Straße und Plötzensee, Zuchthaus Brandenburg, Columbia-Haus, Konzentrationslager Oranienburg und Lichtenburg waren die Stationen seiner Haftzeit, in der er zahlreichen Folterqualen und Torturen[57] ausgesetzt war. Über seine Haft im Zuchthaus Brandenburg berichtete Hirsch:

»Hier brachte ich acht Tage in einer Arrestzelle im Keller des von den Gefangenen als ›Totenhaus‹ bezeichneten Zellenflügels zu, wurde täglich zwei- bis dreimal bis zur Bewußtlosigkeit geschlagen und mußte obendrein fast andauernd, mit ganz kleinen Pausen, das Geschrei anderer Opfer hören, die entweder in den Nachbarzellen oder auf dem Kellergang, dicht neben meiner Zelle, mißhandelt wurden. Da es obendrein nichts zu essen gab, brachten mich diese acht Tage ziemlich rasch in einen außerordentlichen körperlichen Schwächezustand, so daß ich am Schluß nur noch 121 Pfund wog, gegenüber den 165, die ich einen Monat vorher im Gefängnis Plötzensee gewogen hatte.«

Werner Hirsch, der später in NKWD-Gefängnissen gefoltert werden sollte, schrieb 1934 noch emphatisch: »Der Gedanke an die Sowjetunion, das riesige Land der proletarischen Diktatur und des Sozialismus gegenüber dessen gigantischen Erfolgen der ganze Hitler mit seinen faschistischen Terrorbanden zu einem kläffenden Köter zusammenschrumpft – das ist eine solche Kraftquelle für den gefangenen Revolutionär.«[58] Die später auch in NKWD-Gefängnissen praktizierten Foltermethoden zur Erzwingung von »Geständnissen« lernte Hirsch bereits im KZ in Deutschland kennen: »Man brüllt ihm die Beschuldigungen, die er ›gestehen‹ soll, in die Ohren und schlägt unmittelbar darauf auf ihn ein.«[59]

---

56 Vgl. Skryzpcak, »Vertrauliche 09 Verschlußsache«.

57 Vgl. Hirsch, Hinter Stacheldraht und Gitter; ders., Sozialdemokratische und kommunistische Arbeiter im Konzentrationslager. Vgl. auch Günter Mörsch (Hg.), Konzentrationslager Oranienburg.

58 Hirsch, Hinter Stacheldraht und Gitter, S. 21.

59 Ebenda, S. 9.

Nach eineinhalbjähriger KZ-Haft wurde Werner Hirsch durch eine Intervention seiner Mutter, die auch die Frau Hermann Görings persönlich kannte, aus dem KZ entlassen und konnte nach Prag fliehen. Hier traf er erneut auf Zenzl Mühsam, half ihr bei der Zusammenstellung einer Broschüre[60], in der Folter und Ermordung Erich Mühsams im KZ Oranienburg dokumentiert wurde. Aus Prag schrieb Zenzl Mühsam mehrere Briefe an Werner Hirsch in Moskau, um dessen Integrität während der KZ-Haft zu bestätigen: »ich bestätige Dir hiermit, daß Du von Brandenburg sowie Oranienburg alles Material, das wir in die Hände bekamen, herausgeschmuggelt hast« (5. April 1935).[61]

Noch vor der Ankunft von Werner Hirsch[62] in Moskau nahm am 14. Oktober 1934 der stellvertretende Leiter der Kaderabteilung, Tschernomordik, auf eine schriftliche Anfrage des NKWD Bezug. Tschernomordik teilte unter »streng geheim« einem nur als »Genossen C.« firmierenden NKWD-Offizier mit, daß Werner Hirsch, Sekretär Thälmanns, in den nächsten Tagen aus Prag nach Moskau komme, und bat das NKWD um weitere Informationen: »Am 25. 2. dieses Jahres fragten Sie uns, was wir von H. wissen und wo er sich befindet. Angesichts dessen, daß diese Person für uns von außerordentlichem Interesse ist, bitten wir Sie dringend um die Mitteilung, worauf dieses Interesse zurückzuführen ist, sowie um die Informationen, die Sie von ihm besitzen.«[63]

Am 23. Oktober 1934 lieferte Hans Kippenberger[64], Leiter des »Militärpolitischen Apparates des ZK der KPD«, unter seinem Decknamen »Adam« ein sechsseitiges »Memorandum« zur »Angelegenheit W. H.«. Kippenberger, dessen konspirative Apparat-Strukturen 1933/34 zahlreiche Verhaftungen und Beschlagnahmungen (u. a. fiel der Gestapo das

---

60 Mühsam, Kreszentia, Der Leidensweg Erich Mühsams.

61 RGASPI, f. 495, op. 205, d. 6400, Tl. 1, Bl. 30. Zenzl Mühsams Briefe wurden vom Prager KPD-Abwehrapparat abgefangen und als Belastungsmaterial Hirschs »Kaderakte« beigefügt.

62 Seine Frau Emmy Luttermann arbeitete als TASS-Korrespondentin in Paris und emigrierte mit ihrer Tochter Michaela in die USA. Mdl. Mitteilung von Michaela Edwards.

63 RGASPI, f. 495, op. 205, d. 6400, Tl. 2, Bl. 81.

64 Gegen Hans Kippenberger, seit 1928 auch KPD-Reichstagsabgeordneter, wurde 1935 von der KPD eine »Untersuchung« eingeleitet, die zu seiner Funktionsenthebung führte.

»Abwehr-Archiv« mit Angaben über fünftausend KPD-Mitglieder in die Hände) hinnehmen mußte, suchte auch im Fall der Verhaftung Thälmanns nach undichten Stellen, Reichswehrspitzeln, Gestapo-Agenten und auch nach »Sündenböcken«, denen die Verhaftung des KPD-Vorsitzenden zugeschrieben werden konnte. In seinem »Memorandum« verwies Kippenberger darauf, daß Werner Hirsch bereits 1932 als Reichswehrspitzel verdächtigt wurde und daß Kippenbergers »Apparat« im Februar 1933 zu der Auffassung gelangt war, daß »W. H. wenn vielleicht auch nicht als bezahlter Agent, so doch als eine Art Vertrauensmann und Informationsquelle für den Gegner figuriere«.[65]

Werner Hirsch
(Michaela Edwards)

Die innerparteilichen Cliquenkämpfe und die Beschaffung von Alibis bei der Verhaftung Thälmanns werden sowohl in NKWD-Dossiers[66] wie auch bei Herbert Wehner[67] als treibendes Motiv für die Stigmatisierung von Hirsch als Spitzel vermutet. Nach seiner Ankunft in Moskau wurde Werner Hirsch einerseits zum »Objekt einer Untersuchung« durch die Kaderabteilung, NKWD und KPD, obwohl er als Ghostwriter für den neuen KPD-Vorsitzenden Wilhelm Pieck eingesetzt wurde. Davon berichtet nicht nur Herbert Wehner, sondern auch Hirsch selbst, der während der jahrelangen »Untersuchungen« mit »Schreibverbot« belegt wurde, d.h. unter seinem eigenen Namen nichts publizieren durfte, 1936 listete er als Beweis für seine politische Zuverlässigkeit seine

65 RGASPI, f. 495, op. 205, d. 6400, I, Bl. 131.
66 Vgl. NKWD-Auskunft über Werner Hirsch.
67 Wehner, Zeugnis, S. 130.

»Arbeiten« selbst auf: den Entwurf der Januarresolution (1935) der KPD, Entwürfe zu Volksfrontplattformen, einen unter Wilhelm Piecks Namen erscheinenden programmatischen Artikel und vier Broschüren[68] »für den Genossen Pieck«, die im MOPR-Verlag erschienen. Die unter Hirschs eigenem Namen 1934 gedruckte Broschüre »Kommunistische und sozialdemokratische Arbeiter im Konzentrationslager« wurde jedoch aus dem Verkehr gezogen. Nach einer weiteren Anfrage der Internationalen Kontrollkommission an das NKWD, in der die Vermutung ausgesprochen wurde, daß Hirsch im Reichstagsbrandprozeß[69] als »Agent des Hitlergeheimdienstes« aufgetreten sei, fand am 10. Februar 1935 eine Sitzung der Internationalen Kontrollkommission der Komintern statt. Hier wurde beschlossen, daß der Fall Hirsch zur weiteren Untersuchung an das ZK der KPD übergeben werden solle. Bis zum Abschluß der Untersuchung wurde Hirsch von jeder »Parteiarbeit« ausgeschlossen. Am 15. April 1935 erhielt er vom Politbüro der KPD eine »scharfe Rüge«. Durch den Beschluß wurden als Bußwerke festgelegt: »2) Du wirst aus der deutschen Parteiarbeit entfernt. 3) Du wirst nicht zur Überführung in die KPdSU empfohlen. 4) Das PB [Politbüro] wird dafür Sorge tragen, daß Du in der unteren Massenarbeit der SU verwendet wirst.«

Der so stigmatisierte Hirsch legte nun seinerseits »Materialien« vor, in denen er Kippenberger und Heinz Neumann wegen der Polizistenmorde am Bülowplatz[70] bezichtigte, daß sie ein solches der »Parteilinie« widersprechendes Abenteuer initiiert hätten. Während der »Untersuchungen« gegen Kippenberger lieferte am 17. März 1935 Hirsch folgende »Meldung«:

»Bülowplatz: K[ippenberger] führte H.[einz] N.[eumann]s ans Provokatorische grenzende Linie ohne Rückfrage bei Th[älmann] oder auch nur bei Leo Flieg, der nach meiner festen Überzeugung dieses verantwortungsglose Abenteuer nie mitgemacht hätte, durch. K[ippenberger] mußte dabei wissen, daß ein solches Abenteuer, das fast zum Parteiver-

---

68 Als »Verfasser« zeichnete Wilhelm Pieck für die 1935/36 im MOPR-Verlag erschienenen Broschüren: »Weltkrieg droht!«; »Clara Zetkin«; »Helden der proletarischen Revolution«; »Vom Nosketerror zum Hitlerfaschismus«.

69 Vgl. Der Reichstagsbrandprozeß und Georgi Dimitroff, Bd. 2, S. 588–592.

70 Zum Bülowplatz-Mord und zu den Folgen im Moskauer Exil vgl. Otto, Erich Mielke – Biographie, S. 20–57.

bot führte, der Parteilinie widersprach. Ein Schütze, Paul Miehlke[71] hier glaube ich, Willi, ist auf der Leninschule.«[72] Mit »Paul Miehlke« war der spätere Minister für Staatssicherheit der DDR, Erich Mielke, gemeint.

Immer wieder versicherte Hirsch seine »bedingungslose und vorbehaltlose Ergebenheit und Verläßlichkeit gegenüber der Partei«[73] und führte mit umfangreichen Briefen »einen zähen und zielbewußten Kampf um die Entlarvung Kippenbergers«, der als Vertreter der »Sektierer« und als »Schädling« eine »Dreckkampagne«[74] gegen ihn begonnen habe. Auch nachdem Hirsch inzwischen mehrere Aussagen von früheren Mithäftlingen[75] über sein Verhalten im KZ beigebracht hatte, verhandelte die Internationale Kontrollkommission am 10. Juli 1935 erneut die »Angelegenheit Hirsch«. Heinz Altmann[76], inzwischen Lehrer

---

71 Gegen Mielke, den Hirsch hier als einen Schützen des Überfalls vom Bülowplatz identifiziert, wurde in Moskau keineswegs ein Parteiverfahren durchgeführt, obwohl er sich in einem »Lebenslauf« mit dieser »Arbeit« rühmt.

72 RGASPI, f. 495, op. 175, d. 88, Bl. 95.

73 RGASPI, f. 495, op. 205, d. 6400, II, Bl. 28.

74 So in einem Brief an Wilhelm Pieck, 26. 1. 1937, RGASPI, f. 495, op. 205, d. 6400 II, Bl. 27–34.

75 Neben Heinz Altmann lieferten Bruno Mahlow und Paul Nowak ausführliche Berichte für die IKK, in denen Hirsch bestätigt wurde, daß er ein »guter Genosse« und ein »gutes Beispiel« für die Mitgefangenen im KZ war, RGASPI, f. 495, op. 205, d. 6400, I, Bl. 26–29.

76 Heinz Altmann wurde nach seiner Verhaftung am 18. August 1937 vom NKWD-Folterexperten Treibman zu der »Aussage« im »Verhörprotokoll« (31. 8. 1938) gezwungen, daß er im Zuchthaus Brandenburg als »Gestapo-Agent« angeworben worden sei. Treibman »protokollierte« dann auch die »Antwort« Heinz Altmanns, daß sowohl seine Mutter in Deutschland wie auch sein Bruder in England als »Gestapo-Agenten« arbeiteten. Als weiterer »Gestapo-Agent« wurde in Moskau sein Bruder Hans Altmann verhaftet und zum Tode verurteilt. Nach dem Prinzip der Sippenhaft entstand in den erfolterten »Protokollen« eine Familie von »Gestapo-Agenten«. Vgl. Verhör Altmanns in NKWD-Akte Nr. 4767. Heinz Altmann, geb. 30. Januar 1905 in Berlin, Realgymnasium, Buchhändler, Chauffeur, 1921 Mitglied des KJVD, 1928 KPD, seit 1928 Lehrer an KPD-Parteischulen, im Mai 1933 in Konstanz verhaftet, im Dezember aus Zuchthaus Brandenburg entlassen, über Prag nach Zürich emigriert, kam ohne Zustimmung von KPD-Instanzen am 30. Juli 1934 nach Moskau, Lehrer an der KUNMS, verhaftet am 17. August 1938, vom MKOG am 2. März 1939 zum Tode verurteilt und am folgenden Tag erschossen. Zur Biographie RGASPI, f. 495, op. 205, d. 6681.

an der Moskauer KUNMS, hatte über das Zuchthaus Brandenburg berichtet: »Der Genosse Werner Hirsch kam einige Tage nach mir, Anfang September ins Lager. In diesen Tagen begann dort ein sehr starker Terror. Ein Reihe von Gefangenen wurde in halbdunkle Einzelzellen gesperrt und dort mehrere Tage schwer mißhandelt, so daß sie nicht mehr laufen konnten und auch andere schwere gesundheitliche Schäden hatten. In diesem Keller wurde ich eines Tages dem Genossen Werner und neun anderen Gefangenen gegenübergestellt. Diese sollten mich zum Vergnügen der SS auf deren Befehl verprügeln.« Obwohl er mit den anderen Häftlingen befreundet war und Hirsch ihn vorher nicht kannte, habe sich nur Werner Hirsch standhaft gezeigt und dem Befehl der SS widersetzt:

»Wenn die Genossen sich weigerten, mich mit der Peitsche, die man ihnen gab, zu schlagen, so wurden sie dafür geschlagen und außerdem ich von der SS. Mit diesen Methoden wurde allmählich der Widerstand aller Genossen gebrochen. Der Genosse Werner weigerte sich, die Peitsche auch nur in die Hand zu nehmen, wobei ich in seiner Gegenwart statt von ihm von der SS geschlagen wurde und er außerdem. Er weigerte sich, die Prügelei fing von neuem an. Das wurde so lange fortgesetzt, bis er bewußtlos am Boden lag. Die SS hatte eine grenzenlose Wut auf ihn, weil er unter den Anwesenden der Einzige war, der in Augen der SS als Jude galt und gerade er sich besonders mutig und standhaft zeigte.«[77]

Auch die von Hirsch beigebrachten Zeugen wurden nun wiederum von der Kaderabteilung »untersucht« und deren Dossiers der Kaderakte Hirschs beigefügt. Ideologisch-bürokratischer Verfolgungseifer, penetrante Wachsamkeitsparanoia und die Amtshife von KPD- und Komintern- Funktionären für das NKWD schlagen sich bereits *vor* der Verhaftung Hirschs in dessen Kaderakte nieder. Obwohl er nicht nur als Zuschauer involviert war, berichtete Herbert Wehner rückblickend von den »Untersuchungen« nur als gleichsam entpersonalisierter Tätigkeit der »Organe« und von nicht genannten Funktionären:

»Unter dem Eindruck der Moskauer Prozesse haben leitende Funktionäre der KPD in Artikeln und durch mündliche Anweisungen Treibjagden gegen Personen veranstaltet, die sie wegen deren andersgerichteter politischer Auffassung ungestraft und billig als Agenten der Gestapo und Provokation abstempeln zu können glaubten.

---

77 RGASPI, f. 495, op. 205, d. 6400, I, Bl. 23.

Niemand hat in dieser Hinsicht mehr ungerechtfertigte und leichtfertige Beschuldigungen auf seinem Konto als die Organe der Komintern und der KPD.«[78]

Das Politbüro der KPD, an das die »Angelegenheit« von der Internationalen Kontrollkommission überwiesen wurde, beschloß am 11. Juli 1935, daß Hirschs Parteifunktionen ruhen sollten und daß eine »Untersuchungskommission« noch weitere gegen Hirsch erhobene Beschuldigungen prüfen solle. Als Mitglieder dieser Kommission[79] wurden Heinrich Meyer[80], Herbert Wehner, Sepp Schwab und von der Kaderabteilung Grete Wilde[81] bestimmt. Herbert Wehner hatte bereits am 9. April 1935 eine dreiseitige Auskunft für die Kaderabteilung verfaßt: »1) Sicherung des schriftlichen Materials; 2) Zur Angelegenheit des Genossen Hirsch«.[82] In

---

78 Wehner, Zeugnis, S. 150.

79 RGASPI, f. 495, op. 205, d. 6400, I, Bl. 94.

80 Heinrich Meyer, geb. 1904, KPD-Mitglied seit 1922, seit 1932 Leiter der Agitations- und Propganda-Abteilung des ZK der KPD, Mitarbeiter des KPD-Vorsitzenden Thälmann, in Untersuchungshaft vom 10. November 1932 bis 8. Mai 1933, danach in KZ-Haft, am 19. August 1934 entlassen, Emigration: Saarbrücken, Paris, Moskau, Febr. bis Okt. 1935 Sekretär des Pol. Büros der KPD, ab 15. Oktober 1936 Gehilfe des EKKI-Sekretärs Florin, im August 1937 verhaftet, als Mitglied einer fiktiven »Antikomintern-Organisation« vom Militärkollegium des Obersten Gerichts am 3. September 1938 zum Tode verurteilt und erschossen. Zur Biographie vgl. RGASPI, f. 495, op. 205, d. 6179, NKWD-Untersuchungsakte ZA/FSB Nr. 11622.

81 Grete Wilde, geb 1904, KPD-Mitglied seit 1921, nach Studium an der Moskauer Lenin-Schule Instrukteurin der Komintern in Österreich und der Türkei, dort verhaftet und seit 1935 Referentin in der Kaderabteilung der Komintern in Moskau, an zahlreichen »Überprüfungen« von Kadern in der UdSSR und des Münzenberg-Apparats in Paris beteiligt. Nach einem denunziatorischem Brief des KPÖ-Funktionärs Fürnberg hielt Dimitroff am 22. Juli 1937 schriftlich fest: »Die weitere Arbeit von Grete Wilde in der Kaderabteilung ist nicht zweckmäßig. Die Angelegenheit ist weiter zu untersuchen.« Nach ihrem Ausschluß aus der Parteiorganisation des EKKI am 4. August 1937 wurde Grete Wilde am 5. Oktober 1937 vom NKWD verhaftet und als Mitglied der »rechtstrotzkistischen Antikominternorganisation im EKKI-Apparat« angeklagt und nach einer »Sonderberatung« des NKWD zu acht Jahren Lagerhaft verurteilt. Wahrscheinlich kam sie im GULAG ums Leben. RGASPI, f. 495, op. 205, d. 6205 und f. 17, op. 98, 3278.

82 RGASPI, f. 495, op. 205, d. 6400, II, Bl. 114–116.

Grete Wilde
(RGASPI)

einem weiteren Memorandum[83] referierte Wehner am 21. Oktober 1935 erneut die Fehlschläge Kippenbergers und berichtete weiter, daß dieser zweimal versuchte habe, ihn von seinem Spitzelverdacht gegen Hirsch zu überzeugen. Kippenberger habe ihn auch darum gebeten, daß er Thälmann davon unterrichten solle. Thälmann habe aber auf solche Hinweise sehr zurückweisend reagiert und – wie Wehner berichtet – von »einer falschen Spitzelpsychose«[84] gesprochen.

Die Resultate der vom KPD-Politbüro eingesetzten Untersuchungskommission und all die bisherigen Materialien in der »Angelegenheit Werner Hirsch«, die »seitens der deutschen Partei und der Kaderabteilung« vorgelegt wurden, faßte Grete Wilde in einem zwanzigseitigen Bericht zusammen. Hauptpunkte der »Untersuchung« waren: a) seine Herkunft, b) die Beziehungen zur Reichswehr, c) seine politische Stellungnahme im Januar/Februar 1933, d) das Archiv, das Hauptbelastungsmaterial gegen Thälmann, e) Verhalten beim Reichstagsbrandprozeß und bei den Voruntersuchungen im Thälmann-Prozeß, f) seine Entlassung[85] [aus dem KZ, R. M.]. In diesem »streng vertraulichen« Bericht vom 16. November 1935 hielt Grete Wilde als besonders verdächtig fest, daß bei Hirsch »der Drang nach Entlastung besonders auffallend« sei: »Genosse Werner Hirsch sucht Entlastungszeugen für sich und verbündet sich dabei mit

83 Herbert Wehner schrieb hier seine Angaben über Kippenberger, Hirsch, Fritz Schulte und Otto Wahls nieder und übergab sie Krajewski, dem Leiter der Kaderabteilung. Vgl. Müller, Die Akte Wehner, S. 255.

84 RGASPI, f. 495, op. 175, d. 89, Bl. 71.

85 RGASPI, f. 495, op. 205, d. 6400, II, Bl. 148.

schlechten Elementen, denen gegenüber er sich verantwortungslos über führende Genossen ausspricht, bezw. Verdächtigungen gegen sie erhebt.« Dann wird der bereits mehrfach stigmatisierte Hirsch mit Zenzl Mühsam und Erich Wollenberg in »Verbindung« gebracht und in der monströsen Verfolgungslogik der Komintern die Kontaktschuld zu »Parteifeinden« hergestellt. Dafür nutzte man die offensichtlich durch den »Apparat« der KPD illegal beschafften Briefe, die zwischen Zenzl Mühsam und Werner Hirsch gewechselt worden waren:

»Der Prager Parteiapparat teilt mit, daß Zensi Mühsam Briefe von Werner Hirsch erhält. Zensi Mühsam ist ein wirres anarchistisches Element und ein Parteifeind. In Prag organisierte sie mit Wollenberg die Hetze gegen die SU und mobilisierte gemeinsam für Hirsch ihre ausländischen Freunde und Bekannte mit dem Hinweis, daß Wollenberg aus der Sowjetunion geflohen war. Bei Gelegenheit zeigte sie auch einen Brief vom 22. Mai mit Werner Hirsch handschriftlich unterschrieben, in dem es heißt: ›Liebe Zenzl, Du zweifelst an den Menschen, die mich verdächtigen. Ich verstehe das. Ich befürchte nur, daß diese Leute bewußt oder unbewußt Werkzeuge der Gestapo sind, und Zersetzung in unsere Organisation tragen. Auf jeden Fall sind es Dreckseelen.‹«

Die Moskauer Kaderabteilung kommentierte dann diesen abgefangenen Brief: »Er [Hirsch] meint damit sicher Kippenberger, den früheren Apparatleiter der Partei. Unabhängig davon, ob Kippenberger Fehler hat oder nicht, verdächtig ist oder nicht, was eine ganz andere Frage ist, ist dieser Brief ein direkt parteifeindliches Dokument und kann zu parteifeindlichen Angriffen seitens der Wollenberg-Clique ausgenutzt werden.«[86]

Der inzwischen als Leiter des M-Apparates der KPD abgelöste Hans Kippenberger verfaßte am 15. Dezember 1935 einen »streng vertraulichen« Bericht, in dem er erneut Werner Hirsch mit dem »regelrechten Verdacht« eines »Reichswehrspitzels« belegte und dies noch durch weitere »Gründe« untermauerte: »Die soziale Herkunft von W. H., seine ziemlich unklare und abenteuerliche politische Vergangenheit, seine Lebensweise, Weibergeschichten und ständigen Umgang mit bürgerlichen Elementen«. Besonders verdächtig erschienen Kippenberger »das auffällige und aufdringliche Interesse von W. H. an der N.[achrichten]-

---

86 RGASPI, f. 495, op. 205, d. 6400, Tl. 2, Bl. 135f.

Arbeit und speziell den Informationen aus der R.W. [Reichswehr]. W. H. suchte offenkundig meine Freundschaft und brachte mich oft durch Fragen nach diesen Dingen in Verlegenheit.«[87]

Nicht nur in der wechselseitigen Beobachtung, sondern auch in der jeweiligen Phantasmagorie war jeder »gleichsam zum Polizeiagenten des Nächsten« geworden, und noch vor den Schauprozessen entstand eine »Atmosphäre, in der wissentlich oder unwissentlich jeder jeden bespitzelt, jeder sich als Agent herausstellen kann, jeder sich ständig bedroht fühlen muß«.[88] Von Grete Wilde, Referentin in der Kaderabteilung, die sowohl an den »Untersuchungen« zu Kippenberger wie auch zu Hirsch beteiligt war, wurde in einem für die Weitergabe an das NKWD angefertigten einseitigen Kurzdossier festgehalten:

»Werner Hirsch nahm enge Verbindung zu Zensi Mühsam auf, die in Prag weilte und die in enger Verbindung mit Erich Wollenberg stand. Auch nach seiner Ankunft in der SU hielt er die Verbindung zu ihr aufrecht und führte einen parteifeindlichen Briefwechsel mit ihr. Während der Anwesenheit Zensi Mühsams in Moskau hatte er enge Verbindung zu ihr.«[89]

Werner Hirsch wandte sich in einem persönlichen Brief vom 21. Januar 1936 an den KPD-Vorsitzenden Wilhelm Pieck, den er daran erinnerte, daß die »Entscheidung über die ganze Angelegenheit und damit über meine Zukunft in weitgehendem Maße« von ihm abhängen würde. Pieck teilte Dimitroff am 22. März mit, daß »eine Verwendung auf verantwortlichem Posten« nach Meinung des Politbüros nicht in Frage komme, da die Kaderabteilung die »Angelegenheit Hirsch« noch weiter untersuche. Offensichtlich am Ende seiner verzweifelten Bemühungen angelangt, stellte Werner Hirsch am 31. Juli 1936 in einem Schreiben an das Sekretariat des Exekutivkomitees der Komintern den Antrag, »aus dem Parteidienst« beurlaubt zu werden und nach Paris als »freier Schriftsteller« ausreisen zu dürfen. In einer Notiz[90] an Dimitroff vom 2. Juli 1936 faßte der stellvertretende Leiter der Kaderabteilung, Tschernomordik, alle bisherigen Beschuldigungen in sechs Punkten zusam-

87 RGASPI, f. 495, op. 205, d. 6400, Tl. 1, Bl. 109.
88 Arendt, Elemente und Ursprünge, S. 665.
89 RGASPI, f. 495, op. 205, d. 6440, Tl. 2, Bl. 36.
90 RGASPI, f. 495, op. 205, d. 2400, II, Bl. 13–14.

men und ergänzte, daß sich »einige offizielle Organe« (d. h. das NKWD) für Hirsch interessieren würden. Deshalb müsse etwas getan werden, um die »Untersuchung seines Falles« zu forcieren.

Einen Tag nach Beendigung des Schauprozesses gegen das »trotzkistisch-sinowjewistische Zentrum« (19. – 24. August 1936), in dem auch drei ehemalige Mitarbeiter des ZK der KPD zum Tode verurteilt worden waren, hoffte Werner Hirsch mit einem 16seitigen Memorandum »Über die Kader- und Personalpolitik der KPD«[91] seinerseits in die Offensive gegen die amtierende KPD-Führung zu gelangen. Da die »bolschewistische Klassenwachsamkeit« und der »revolutionäre Haß gegen den Opportunismus« gefehlt hätten, seien nach Thälmanns Verhaftung »prinzipienlose Parteischädlinge« und »doppelzünglerische Schmuggler klassenfremder Ideologie« in leitende Funktionen geraten. Aber auch die ausführliche und namentliche Aufzählung der Sündenregister von »demoralisierten Spießern«, »parteifeindlichen Schwätzern«, »niederträchtigen Fraktionsschiebern«, »prinzipienlosen Abenteurern«, zu denen Hirsch neben den drei bereits verurteilten ZK-Mitarbeitern auch Hans Kippenberger, Leo Flieg, Heinz Neumann, Heinrich Süßkind, Hermann Remmele u. a. rechnete, erbrachte nicht den erhofften Erfolg, nämlich die eigene Rehabilitierung und die erneute »Heranziehung zu verantwortlicher Parteiarbeit«.

Hirsch, der wie das frühere Mitglied des Politbüros, Hermann Remmele, ein Memorandum[92] gegen die Parteiführung verfaßt hatte, war der Kaderabteilung auch wegen seines Ausreiseantrags verdächtig geworden. Noch dazu hatte gleichzeitig der mit einer Parteirüge gemaßregelte Alfred Kurella einen Antrag zur Ausreise nach Paris gestellt. Dies war für Grete Wilde, Mitarbeiterin in der Kaderabteilung, Anlaß genug, »zu überprüfen, ob diese Anträge zufällig zur gleichen Zeit gestellt worden sind«.[93] Für die weitere Untersuchung wurde nun von Kurellas Arbeitsstelle, der »Staatlichen Zentralbibliothek für ausländische Literatur«,

91 RGASPI, f. 495, op. 205, d. 6400, II, Bl. 54–69.

92 Die Briefe von Remmele und Hirsch wurden am 3. September 1936 auf der Sitzung des Politbüros, zu der auch die Mitarbeiter der Kaderabteilung, Wilde und Brückmann, zugezogen wurden, erstmals erörtert. SAPMO/BA, Nachlaß 36/787, Bl. 128–132.

93 RGASPI, f. 495, op. 205, d. 6400, II, Bl. 98.

eine »Charakteristik« abgefordert und auch der Kaderakte von Hirsch eine »Auskunft«[94] über Alfred Kurella beigefügt.

Das Politbüro der KPD beschäftigte sich erneut am 1. Oktober 1936 mit der von Hirsch verfaßten Philippika »Über die Kader- und Personalpolitik der KPD« und beschloß, »aus taktischen Gründen ihm mitzuteilen, daß man diese Erklärung ablehnt, weil sie der deutschen Partei nicht hilft«.[95] Das nach dieser Sitzung am 4. Oktober 1936 zusammengestellte Dossier[96] der Kaderabteilung listet alle dunklen Punkte und Parteisünden des Delinquenten auf: die Abstammung aus einer »Adelsfamilie«, seine »Verbindungen« zum General Schleicher, seine Verhaftung zusammen mit Thälmann, die Beschlagnahme der Thälmann belastenden Dokumente, seine Freilassung aus dem KZ. In Prag habe Hirsch »enge Verbindung« zu Zensi Mühsam aufgenommen, die wiederum in Prag »in enger Verbindung« mit dem »führenden Trotzkisten« Erich Wollenberg stand: »Auch nach seiner Ankunft in der S.U. hielt er die Verbindung zu ihr aufrecht und führte einen parteifeindlichen Briefwechsel mit ihr. Während der Anwesenheit Zensi Mühsams in Moskau hat er bis zu ihrer Verhaftung hier, enge Verbindungen.« Seine »enge Verbindung« zu Fritz David und sein Ausreiseantrag nach Paris waren zudem verdächtig. Besondere Aufmerksamkeit legte die Kaderabteilung und das NKWD auf das Ausfindigmachen von Briefwechseln mit dem Ausland. Hirsch habe von Moskau aus Briefe mit chemischer Tinte versandt und einer Verwandten Erich Wollenbergs, nämlich Ilse Wollenberg, eine Mitteilung nach Prag mitgegeben.

In seinen nachträglich verfaßten autobiographischen »Notizen« beschreibt Herbert Wehner, allerdings ohne seine Mitarbeit in der KPD-Untersuchungskommission zu erwähnen, die Intentionen der parteiamtlichen Untersuchung gegen Werner Hirsch. Nachträglich erkennt und benennt Herbert Wehner hier auch die innerparteilichen Fehden als auslösende Faktoren wie die tödliche Konsequenz einer solchen »Untersuchung«:

94 RGASPI, f. 495, op. 205, d. 6400, II, Bl. 100.

95 Zitiert in dem »streng vertraulichen« Dossier der Kaderabteilung vom 4. Oktober 1936. RGASPI, f. 495, op. 205, d. 6400, II, Bl. 36.

96 Ebenda.

»Hirsch wurde sehr rasch nach seiner Ankunft in Moskau von der Internationalen Hilfe in Anspruch genommen. Er wurde allerdings beim folgenden Streit der Mitarbeiter um ihre Alibis mit Hilfe Kippenbergers ausgeschaltet und zum Objekt einer Untersuchung, die im Gefängnis der GPU geendet hat. Wohlgemerkt, war dieses Vorgehen gegen Hirsch, das nur in sehr engen Grenzen die Formen einer wirklichen Untersuchung angenommen hatte, diktiert von alten politischen Gegensätzen zwischen den Mitarbeitern und Politbüromitgliedern, und ausschlaggebend dabei sowohl der Wunsch Birkenhauers und Meyers, sich durch Hirschs Erledigung selbst sicherer fühlen zu können, als auch Kippenbergers fixe Idee in bezug auf Hirsch, die ihn schon vor dem 30. Januar 1933 dazu geführt hatte, Hirsch als den Mann in Betracht zu ziehen, der bei der vorhitlerischen Polizei als X figurierte.«[97]

Hirsch wußte selbst, daß über ihn »in allen Zentren unserer Emigration eine Unmenge von diskreditierenden Gerüchten kolportiert«[98] wurde. Durch Kippenberger wurde 1935 vor der »Brüsseler Konferenz« der KPD[99] das »fraktionelle Ammenmärchen« verbreitet, daß Werner Hirsch der »Sammelpunkt der Unzufriedenen«[100] in der KPD sei.

Nach der Vorverurteilung duch die KPD-Führung und die Komintern-Kaderabteilung wurde Werner Hirsch am 4. November 1936 von einem NKWD-Kommando im Moskauer Hotel »Nowaja Moskowskaja« verhaftet.

Auch nach seiner Verhaftung lieferte die Kaderabteilung weitere ergänzende Meldungen an die NKWD-Offiziere Poljatschek[101] und Korniljew[102], die auch selbst Anfragen an die Kaderabteilung zu Werner

97 Wehner, Zeugnis, S. 130.

98 Werner Hirsch, An die internationale Kontrollkommission, Juni 1935. RGASPI, f. 495, op. 205, d. 6400 (II), Bl. 268.

99 Die sog. Brüsseler Konferenz fand im Moskauer Vorort Kunzewo in einem Komintern statt. Vgl. Lewin/Reuter/Weber (Hg.), Protokoll der »Brüsseler Konferenz« der KPD 1935.

100 Werner Hirsch an Wilhelm Pieck, 27. Januar 1936. RGASPI, f. 495, op. 205, d. 6400 (II), Bl. 28.

101 5. April 1937 an Gen. Poljatschek; 4. Mai 1937 an Gen. Poljatschek. RGASPI, f. 495, op. 205, d. 6400 (II), Bl. 140 und 142.

102 27. Dezember 1937 an Gen. Korniljew; 21. Februar 1937 an Gen. Korniljew. RGASPI, f. 495, op. 205, d. 6400 (II), Bl. 9 und 10.

Hirsch richteten. So wurde z.B. eine Meldung von Willi Koska[103] am 26. November 1936 an den »Gen. Korniljew« weitergegeben, in der 13 deutsche Politemigranten genannt wurden, die »Verbindung« zu Werner Hirsch unterhalten hätten. Bei diesem Informationstransfer wurde stets der Instanzenweg zwischen Komintern und NKWD eingehalten. Die bei der Kaderabteilung schriftlich eingegangenen Informationen, Berichte, abgefangenen Briefe, Denunziationen und Distanzierungen von KPD-Mitgliedern faßten die Referenten der Kaderabteilung, Grete Wilde oder Georg Brückmann, zusammen und richteten sie mit dem Verweis »Es ist notwendig, folgende Mitteilung weiterzuleiten. Betrifft Angelegenheit Werner Hirsch«[104] an den Leiter der Kaderabteilung, Alichanow. Der russisch übersetzte, »streng geheime« Text wurde dann – ohne Nennung des Adressaten NKWD – an »Gen. Poljatschek« oder »Gen. Korniljew« in der 3. Abteilung des NKWD weitergereicht. Bei dieser auf dem Kurierwege ausgetauschten »Korrespondenz«, die jeweils als »streng geheim« eingestuft wurde, verwandte man neben dem Namen[105] auch häufig das Aktenzeichen der Anfrage. Nach der Verhaftung von Hirsch gab die wachsame Kaderabteilung die Briefe seiner Frau Emmy Luttermann, die aus Paris an eine Moskauer Bekannte adressiert waren, ebenso weiter wie die Meldung, daß Erwin Piscator[106] »bezüglich Werner Hirsch« an Lore und Arthur Pieck aus Paris geschrieben habe.

Obwohl beim NKWD diese umfangreichen »Informationen« vorlagen, wurde Werner Hirsch nach seiner Verhaftung am 4. November 1936 von dem NKWD-Untersuchungsführer Rewsin, stellvertretender Leiter des 1. Referats der 3. Abteilung der Hauptverwaltung Staatssicherheit des

103 Willi Koska, 1921 KPD, seit 1931 Generalsekretär der »Roten Hilfe Deutschlands«, 1932 Mitgl. des Reichstags, 1933 in Berlin verhaftet, konnte aus dem Gefängnis fliehen, emigr. 1935 in die UdSSR, Dreher in einem Moskauer Betrieb, wurde am 5. Juli 1941 verhaftet.

104 RGASPI, f. 495, op. 205, d. 6400 (I), Bl. 12.

105 Vgl. z.B.: »Gen. Poljatschek«, 20. Juli 1937, Unser Schreiben, Nr. 9232 vom 5. April, Nr. 2596 vom 4. Mai 1937.

106 RGASPI, f. 495, op. 205, d. 6400 (II), Bl. 96. Nach seiner Ausreise nach Paris galt Erwin Piscator sowohl für die KPD wie für das NKWD als »Trotzkist«.

NKWD und Militäringenieur 3. Ranges, nur in zwei kurzen, handschriftlich aufgezeichneten »Verhören« vernommen. Während dieser »Verhöre« reduzierte der in der NKWD-Hierarchie nachgeordnete Untersuchungsführer die in dem »Agentur-Bericht« zusammengetragenen »Vorwürfe« zu Hirschs Haftentlassung und auf seine »Beziehungen« zu Elsa und Hermann Taubenberger, Erich Wollenberg, Zenzl Mühsam. Durch die bereits vorliegenden »Aussagen« von Elsa und Hermann Taubenberger,[107] die auch der NKWD-Untersuchungsakte von Werner Hirsch beiliegen, konnte der NKWD-Offizier alle für ihn unübersichtlichen und ausufernden Fragenkomplexe[108] aussparen, die zudem in den umfangreichen NKWD-Verhören gegen Kippenberger[109] bereits »protokolliert« waren. Während der NKWD-Untersuchung gegen Kippenberger wurde Hirsch am 11. Januar 1937 Kippenberger gegenübergestellt und am 14. Januar 1937 erneut zu Kippenberger vernommen.

Vom Hauptmann der Staatssicherheit Wolinski, Gehilfe des Leiters der 3. Abteilung, wurde nun Kippenberger angeklagt, daß er »seit 1929 Agent und Provokateur der Abwehrabteilung der Reichswehr« war und zur Verhaftung Thälmanns beigetragen habe. Im Urteil des Militärkollegiums des Obersten Gerichts vom 3. Oktober 1937 wurde dieses NKWD-Konstrukt, das durch die »Aussagen« von Werner Hirsch und Leo Roth begründet wurde, noch um die phantastischen Vorwürfe erweitert, daß Hans Kippenberger »im Auftrage des Abwehrchefs Spionage und terroristische Arbeit« betrieb und zudem der »antisowjetischen terroristischen Organisation« in der Komintern angehörte.

Während im Fall Kippenberger zahlreiche Verhöre ausführlich »protokolliert« wurden, reduzierte der NKWD-Untersuchungsführer Rewsin das Schnellverfahren gegen Werner Hirsch darauf, das Konstrukt des »konterrevolutionären trotzkistischen Blocks«, der »terrori-

107 Während des Rehabilitierungsverfahrens von Werner Hirsch wurde in einem Gutachten des Hauptmilitärstaatsanwalts 1959 angeführt, daß beide diese »Aussagen« widerriefen.

108 Z.B. Verhaftung Thälmanns, Verbleib des Archivs von Hirsch, Verhalten vor dem Reichsgericht, Verbindung zur Reichswehr.

109 NKWD-Akte Nr. 10960.

stischen Anschläge«, durch die »Aussagen« von Elsa und Hermann Taubenberger auf Werner Hirsch zu übertragen. Werner Hirsch weigerte sich jedoch, auch in dem »Protokoll« eines Verhörs, das am 17. Juni 1937 durchgeführt wurde, diese »Verbindung« und »Blockbildung« zu gestehen. Im ersten »Protokoll« vom 23. November 1936 beschränkte sich der NKWD-Untersuchungsführer, der wohl die detaillierten Vorinformationen des »Agentur-Berichts« kaum nachvollziehen konnte, auf einen allgemeinen Vorwurf und befragte Hirsch nur über dessen Entlassung aus dem KZ:

»Frage:
Sie sind beschuldigt, im Auftrage der deutschen geheimen Staatspolizei die gegenrevolutionäre Tätigkeit ausgeübt zu haben. Geben Sie zu, daß Sie daran schuldig sind?
Antwort:
Nein, ich gebe das nicht zu.
Frage:
Erzählen Sie, wie Sie 1934 von deutschen Behörden freigelassen wurden?
Antwort:
Für meine Entlassung aus dem Haft waren folgende Personen herausgetreten: meine Mutter, die durch verwandschaftliche Beziehungen mit den Hindenburg nah standen, hat, und zwar: von Alt-Stutterheim; meine Cousine von Nordamerika, Iris Garst-Kollmorgen, eine Mitarbeiterin des ›New York Times‹. Meine Mutter besuchte öfters die Gestapo, hat auch einen Brief an Hitler geschrieben, wie ich nach meiner Ankunft in Moskau erfahren habe. Diese Mitteilung meiner Mutter habe ich sofort weitergegeben. Meiner Auffassung nach ist meine Entlassung das Resultat des Zusammenwirkens folgender Umstände: 1) Rücksicht der Gestapo auf die Auslandspresse 2) Wunsch mich als Zeugen für dem Thälmann-Prozess auszuschalten, 3) Wunsch der Gestapo mich zu diskreditieren und der KPD Schwierigkeit zu machen durch meine überraschende Entlassung 4) Berücksichtigung der verwandschaftlichen Beziehungen meiner Mutter durch die Gestapo.
Werner Hirsch«[110]

Für das zweite Verhör konnte der NKWD-Untersuchungsführer auf die Texte der »Protokolle« von Elsa und Hermann Taubenberger zurückgreifen, die in maschinenschriftlicher Abschrift der NKWD-Untersuchungsakte von Werner Hirsch beigefügt sind. In dem vergleichsweise kurzen handschriftlich angefertigten »Protokoll« wird Hirsch zu seinen

---

110 NKWD-Untersuchungsakte Nr. 10950, Bl. 11 und 11a. Handschrift, deutscher Text.

»Verbindungen« befragt und zu den politischen »Einstellungen« von Zenzl Mühsam und von Elsa und Hermann Taubenberger. Mit der scheinbar unvermittelten Frage nach einem geplanten Attentat gegen Hitler versuchte der NKWD-Untersuchungsführer eine Brücke zu den angeblich geplanten Anschlägen gegen die Leitung der Komintern und das ZK der KPdSU (B) zu schlagen.

»Protokoll des Verhörs von Werner Hirsch
17. Juni 1937

Frage:
Sind Ihnen Taubenberger bekannt?
Antwort:
Ja, ich kenne den Namen nach ehemalige Mitglieder der KPD Taubenberger und seine Frau, die in der Münchener Räterepublik beteiligt waren.
Hirsch
Frage:
Sind Taubenbergers Ihnen in der Sowjetunion begegnet?
Antwort:
Nein, ich habe nur von Zenzi Müsam erfahren, daß beide Taubenbergers in Moskau sind und mit ihr verkehren. Vielleicht war die Rede nur über den Verkehr Zenzi Müsams mit Frau Taubenberger.
W. Hirsch
Frage:
Wie war Zenzi Müsam politisch eingestellt?
Antwort:
In Prag stand Zenzi Müsam unter starkem Einfluß von Erich Wollenberg, dem bekannten Trotzkisten, und war sehr feindlich gegen die KPD und die Sowjet-Union eingestellt. Das war 1934.
W. Hirsch
Frage:
Wie waren Taubenbergers politisch eingestellt?
Antwort:
Wie ich von dem Neffen von Zenzi Müsam erfahren habe, sind Taubenbergers trotzkistisch eingestellt.
W. Hirsch
Frage:
Welche Beziehungen hatten Sie zu Wollenberg?
Antwort:
Ich hatte zu Wollenberg gar keine Beziehungen. Als ich in der KPD arbeitete, gehörte er zu Neumann-Fraktion und wurde nach meinem Vorschlag aus der Redaktion der

›Roten Fahne‹ entfernt. In Prag 1934 sah ich ihn ein Mal bei Zenzi Müsam. Ich schrieb ihr danach, sie solle sich von ihm trennen, da ich sonst sie nicht besuchen könne. Ich habe Wollenberg seitdem nie mehr gesehen, noch mit ihm korrespondiert. Vielleicht habe ich ihn auf Entfernung in einer Prager Strasse noch einmal gehen sehen.

W. Hirsch

Frage:

Wem haben Sie den Vorschlag gemacht, mit einem Attentat gegen Hitler vor zu gehen?

Antwort:

Ich habe nie jemandem solche oder ähnliche Vorschläge gemacht.

W. Hirsch

Frage:

Hier sind Ihnen die Aussagen von Taubenberger Hermann und Elsa Taubenberger gesagt worden, daß Sie mit Erich Wollenberg und Albert Zenari den gegenrevolutionären trotzkistischen Block zusammengebildet haben, um den Anschlag gegen die Leitung der Komintern und das ZK KPdSU (B) zu organisieren. Bestätigen sie diese Aussagen?

Antwort:

Nein, ich verneine das kathegorisch, das widerspricht vollkommen den Tatsachen.«[111]

Für die NKWD-Verhöre von Werner Hirsch konnte auch auf eine »Aussage« des besonders geständnisfreudigen und phantasievollen Karl Radek[112] zurückgegriffen werden. In das »Protokoll« vom 15. Juni 1937, das Radek zugeschrieben wurde, nahm das NKWD »Antworten« auf, die zur Vorbereitung des Schauprozesses gegen den inzwischen verhafteten Jagoda[113] benötigt wurden:

---

111 NKWD-Untersuchungsakte Nr. 10950, Bl. 26–27. Handschrift eines NKWD-Mitarbeiters, deutscher Text, Unterschriften jeweils von Werner Hirsch.

112 Karl Radek war am 30. Januar 1937 zu zehn Jahren Haft verurteilt worden und wurde zur Vorbereitung des dritten Schauprozesses erneut »verhört«, d.h., mit seiner Mithilfe wurden »Protokolle« verfertigt.

113 Jagoda wurde bereits am 26. September 1936 durch Jeschow als NKWD-Chef abgelöst, im April 1937 verhaftet, am 13. März 1938 zum Tode verurteilt und am 15. März 1938 erschossen.

»AUSZUG AUS DEM VERHÖRPROTOKOLL

RADEK, Karl Bernardowitsch
vom 15. Juni 1937

Während eines Treffens mit JAGODA 1936 interessierte er sich für den ehemaligen Sekretär THÄLMANNS, Werner HIRSCH. Nach Worten JAGODAS sprach Werner HIRSCH davon, Menschen nach Berlin zu schicken, um HITLER zu ermorden, und gab diese Idee für einen Auftrag THÄLMANNS aus. Ich antwortete, daß Werner HIRSCH ein faschistischer Agent ist, wenn man seine Vergangenheit und die Bedingungen der Flucht aus dem Gefängnis berücksichtigt. Ich wies dabei darauf hin, daß, wenn er von der Vorbereitung eines Attentats auf HITLER spricht, dann meint er offensichtlich folgenden Plan: wenn sich HITLER entscheidet, einen Krieg zu beginnen, wird er mit Hilfe der von HIRSCH aus Moskau geschickten Personen ein mißlungenes Attentat auf sich veranstalten. Das wird der Vorwand sein, um ein Ultimatum zu stellen: ›Liquidierung der Komintern oder Krieg‹.«

Die absurden »Aussagen« Radeks zielten dabei weniger auf Werner Hirsch, sondern auf den inzwischen verhafteten NKWD-Chef Jagoda, der in der verqueren »Logik« der NKWD-Untersuchungsführer nun zum Mitwisser eines Plans für ein »mißlungenes Attentat« auf Hitler gemacht werden sollte. Radek, der die Moskauer Gerüchte über Hirschs Haftentlassung kannte und zugleich die »Algebra der Geständnisse« beherrschte, verfiel auf Hirsch als Initiator und lieferte zugleich die vertrackte »Erklärung« für ein geplantes und mißlungenes »Attentat«, das wiederum als Vorwand für ein weitreichendes Ultimatum Hitlers dienen sollte.

Unter Einbeziehung der phantasievollen »Geständnisse« Radeks verfaßte der NKWD-Untersuchungsführer Rewsin eine zweiseitige Anklageschrift gegen Werner Hirsch, die im üblichen bürokratischen Verfahren vom Leiter der 3. Abteilung der Hauptverwaltung Staatssicherheit, Alexander Minajew-Zikanowski[114], und auch durch den Staatsanwalt Wyschinski abgezeichnet wurde. Da inzwischen Hans Kippenberger in einer umfangreichen NKWD-Untersuchungsakte als »Agent der Reichswehr« in der KPD-Führung beschuldigt wurde, ließ Rewsin diese »Beschuldigung« gegen Hirsch fallen, nicht zuletzt wohl auch, um dadurch keine weiteren Verhöre durchführen zu müssen und um den »Fall« Hirsch abzuschließen. Für die Konstruktion der Anklageschrift benutzte Rewsin – nach einem immer wieder verwendeten

114 Minajew wurde am 25. Februar 1939 zum Tode verurteilt und erschossen.

Muster – die feststehende Ausgangsbehauptung, daß bereits 1936 in Moskau eine »trotzkistische Terrororganisation« liquidiert worden war. Mit den vorliegenden »Geständnissen« von Elsa und Hermann Taubenberger konnte der NKWD-Untersuchungsführer dann Werner Hirsch zum »Teilnehmer« der von Wollenberg geschaffenen »Terrororganisation« machen. Obwohl sich Werner Hirsch immer noch weigerte, das verlangte Schuldgeständnis zu liefern, übergab die 3. Abteilung der Hauptverwaltung der Staatssicherheit des NKWD die Anklageschrift an das Militärkollegium des Obersten Gerichts der UdSSR:

»ANKLAGESCHRIFT

Im Untersuchungsfall Nr. 10950 zur Anklage von HIRSCH, Werner, wegen der in dem Art. 58 P. 8, 10 und 11 des StGB der RSFSR vorgesehenen Verbrechen.

Die GUGB des NKWD der UdSSR erhielt die Information, daß Werner HIRSCH, ehemaliger Sekretär des Gen. THÄLMANN, während seines Aufenthalts in der Emigration mit dem Mitglied des Prager trotzkistischen, terroristischen Zentrums Erich WOLLENBERG verbunden war sowie daß er Agent des Abwehrdienstes der Reichswehr ist und Gen. THÄLMANN der Polizei auslieferte.
Auf Grund dessen wurde Werner HIRSCH verhaftet.
Im Laufe der Untersuchung entfiel die Anklage gegen Werner HIRSCH als Agent des Abwehrdienstes.

Ende 1936 wurde in Moskau eine trotzkistische Terrororganisation deutscher Politemigranten liquidiert, der Hermann TAUBENBERGER, Elsa TAUBENBERGER, Albert ZENARI, Rudolf MARGIES u.a. angehörten. Sie wurde von Erich WOLLENBERG geleitet, dem es gelang, ins Ausland zu flüchten.

Hermann TAUBENBERGER und Else TAUBENBERGER sagten während der Untersuchung aus, daß Erich WOLLENBERG sie davon unterrichtete, daß der von ihm geschaffenen Organisation Werner HIRSCH, der ehemalige Sekretär THÄLMANNS, beitrat (Sachbl. 13–14, 20, 22).

Der Verurteilte Karl RADEK sagte außerdem aus, daß JAGODA ihm berichtete, daß Werner HIRSCH vorschlug, einen Terrorakt gegen Hitler zu organisieren. RADEK hält das für den Beweis, daß Werner HIRSCH ein faschistischer Agent und Provokateur ist (Sachbl. 25).

Auf Grund dessen wird HIRSCH, Werner Walterowitsch, geb. 1899 in Berlin, Deutscher, ohne Staatsangehörigkeit, Journalist, mit mittlerer Schulbildung, vor der Verhaftung KPD-Mitglied,

ANGEKLAGT,

daß er Teilnehmer der trotzkistischen Terrororganisation war, d.h. wegen eines in dem durch die Art. 58 Punkt 8, 10 und 11 des StGB der RSFSR vorgesehenen Verbrechens.

Werner HIRSCH leugnet seine Schuld wegen des ihm zur Last gelegten Verbrechens. Er erklärt, daß er mit WOLLENBERG in Prag unmittelbar nach seiner Freilassung aus dem Konzentrationslager verbunden war, weil er sein politisches Gesicht nicht kannte. Eine weitere Verbindung mit WOLLENBERG verleugnet W. HIRSCH.«[115]

Wenige Wochen nach der Erstellung der Anklageschrift durch das NKWD fand vor dem Militärkollegium des Obersten Gerichts der UdSSR am 10. November 1937 eine »Verhandlung« statt, die wie in anderen Fällen allenfalls zehn bis fünfzehn Minuten dauerte. Solche Verhandlungen liefen unter Ausschluß der Öffentlichkeit nach einem Schema ab, das den Anschein der Justizförmigkeit erzeugen sollte und auch protokolliert wurde. Der Gerichtsvorsitzende befragte den Angeklagten zur Person und danach, ob ihm die Anklageschrift ausgehändigt wurde. Danach vermerken die »Protokolle« der Gerichtsurteile, daß dem Angeklagten seine Rechte vor Gericht erklärt wurden sowie die personelle Zusammensetzung des Gerichts. Nach der Verlesung der Anklageschrift wurde dem Angeklagten noch die Frage gestellt, ob er sich schuldig bekenne. Werner Hirsch[116] und einige der Häftlinge besaßen in den unter Ausschluß ablaufenden Verfahren auch nach monatelanger Haft und Folter noch die Kraft, ihre »Schuld« zu verneinen und ihre erfolterten »Geständnisse« zu widerrufen. Angesichts der absehbaren Verurteilung, der Aussichtslosigkeit des Verfahrens und ihrer bedrohten Angehörigen bekannten sich jedoch auch viele Häftlinge schuldig. Das Militärkollegium verließ dann den Saal, kam sofort wieder zurück und verlas das in Serienproduktion vorgefertigte Urteil, das Hirsch zu zehn Jahren Haft verurteilte.

Werner Hirsch wurde auf die berüchtigte Gefängnisinsel Solowki transportiert, wo er im NKWD-Gefängnis auch auf den Mithäftling Karlo Stajner traf. Dieser berichtete in seinen Erinnerungen[117] über den »heldenhaften Kampf«, den Werner Hirsch, der auch in der Gefängnis-

---

115 ZA/FSB, NKWD-Akte Nr. 10950, Bl. 31–32.

116 Werner Hirsch erklärte sich vor Gericht für nicht schuldig, wie aus einem Gutachten der Militärstaatsanwaltschaft aus dem Jahre 1959 hervorgeht. Vgl. Militärkollegium des Obersten Gerichts der UdSSR, Beschluß 4n-1476/59, 30. Juli 1959; NKWD-Untersuchungsakte Nr. 10950, Bl. 109–110.

117 Karlo Stajner, 7000 Tage Sibirien, Wien 1975, S. 72–74.

haft noch an Stalin glaubte,[118] gegen das »Mordregime« im Gefängnis Muksumala führte. Nach mehreren Hungerstreiks wurde Hirsch das Opfer zahlreicher Schikanen der NKWD-Wachmannschaften. Allein während des Jahres 1938 wurde er mit 105 Tagen Einzelhaft im Karzer bestraft. Wie der Mithäftling Stajner berichtet, konnte sich Hirsch kaum noch bewegen und war »so schwach, daß er meist auf den Spaziergang verzichten mußte«. Seinem Mithäftling Stajner erzählte Hirsch von seiner Frau[119] und seinem Kind, »von denen er nicht wußte, wo sie waren und ob sie überhaupt noch lebten«.

Über die weitere Haft von Werner Hirsch liegen z. Zt. keine Informationen vor. Nur sein Tod und der physische Zustand seines ausgezehrten Körpers wurden von Ärzten des NKWD wiederum in einem Protokoll festgehalten. In diesem ärztlichen »Gutachten« heißt es: »Der Tod von HIRSCH, W. W., 42 Jahre alt, ist auf Herzversagen zurückzuführen.«[120]

Werner Hirsch starb am 10. Juni 1941 an den Folgen seiner jahrelangen Haft im Moskauer Butyrski-Gefängnis. Vielleicht hatte ihn auch das NKWD nach Moskau transportiert, um ihn wie andere Häftlinge nach Deutschland auszuliefern oder eine neue »Untersuchung« seines »Falls« durchzuführen.

---

118 Dies berichtet zumindest Karlo Stajner.

119 Seiner Frau Emmy Luttermann und seiner Tochter Michaela gelang es, über Mallorca in die USA zu emigrieren.

120 NKWD-Akte Nr. 10950, Bl. 37–38a.

Zweite Verhaftung von Zenzl Mühsam

Während des Jahres 1937 wurden vom Moskauer NKWD weitere »Teilnehmer« der »konterrevolutionären trotzkistischen, terroristischen Organisation« verhaftet, die zu Zenzl Mühsams früherem Münchner, Prager oder Moskauer Bekanntenkreis[1] gehörten:

Alberto Zenari, verhaftet am 15. März 1937
Heinz Taubenberger, verhaftet am 10. September 1937
Hermann Taubenberger (sen.), 1936 verhaftet
Berta Podubecky, am 28. Juli 1937 verhaftet
Rudolf Podubecky, am 26. Juli 1937 verhaftet
Rudolf Nörenberg, verhaftet am 31. März 1937
Stanislawa Margies, am 27. Juli 1937 verhaftet
Karl Petermeier, am 28. April 1937 verhaftet
Willem de Wit, 1937 verhaftet
Boris Egle, am 6. August 1937 verhaftet

Trotz dieser Verhaftungswelle in ihrem Freundes- und Bekanntenkreis, die auch ihren Neffen Joseph Elfinger erfaßte, »genoß« Zenzl Mühsam zumindest bis zum Herbst 1937 im Haus der MOPR den Schutz und die Kontrolle durch Jelena Stassowa, die aber am 15. November 1937 von ihrer Funktion als MOPR-Vorsitzende entbunden und als Redakteurin in die französische Ausgabe der Zeitschrift *Internationale Literatur* abgeschoben wurde. Den Hintergrund für ihre Ablösung illustrieren Stalins Äußerungen, die Georgi Dimitroff nach einer Unterredung mit Stalin am 11. November 1937 in seinem Tagebuch festhielt: »Der Beschluß des Sekretariats ist veraltet. So etwas kommt dabei heraus, wenn die Leute in der Kanzlei sitzen und sich etwas aus den Fingern saugen! Die Forderung nach Verstärkung des Kampfes gegen die Trotzkisten auf allen Gebieten genügt nicht. Die Trotzkisten müssen gejagt, erschossen, vernichtet werden. Sie sind weltweit agierende Provokateure, die schlimmsten Agenten des Faschismus!« Stalin fügte dieser Tirade hinzu: »Wir werden wahrscheinlich auch Stassowa verhaften. Sie erwies sich als Schuft.

---

1 Zu ihren Biographien vgl. Anhang.

Kirsanowa ist verlumpt und mit Jakowlew eng verbunden. Münzenberg ist Trotzkist. Sollte er kommen, werden wir ihn unverzüglich verhaften. Geben Sie sich Mühe, ihn hierher zu locken.«[2]

Ein unmittelbarer Anlaß zur Verhaftung von Zenzl Mühsam kann aber jene NKWD-Verfahrenstechnik gewesen sein, in der die »Untersuchungsmaterialien« von bereits repressierten »Trotzkisten« überprüft und anhand vorliegender »Geständnisse« und Urteile einer Durchsicht unterzogen werden mußten. Dadurch sollten die bereits in den »Geständnissen« als Freunde oder Bekannte genannten Personen ausfindig gemacht und verhaftet werden. In dem von Jeschow unterzeichneten Direktivbrief der Hauptverwaltung Staatssicherheit des NKWD »Über die terroristische, Diversions- und Spionagetätigkeit deutscher Trotzkisten im Auftrage der Gestapo auf dem Territorium der UdSSR«[3] wurde als erste Maßnahme angeordnet: »Alle archivierten Untersuchungsmaterialien über deutsche Trotzkisten sind sofort zu überprüfen und jene Teilnehmer der konterrevolutionären Gruppen zu verhaften, die wegen dieser oder jener Umstände noch nicht repressiert wurden.«[4] Auch mit diesem NKWD-Direktivbrief wird deutlich, daß die »Selbstdynamik« des stalinistischen Terrors auch von oben, d.h. durch zentrale NKWD-Befehle, die an die NKWD-Volkskommissare der Republiken, an alle Leiter der Kraj- und Gebietsverwaltungen des NKWD gerichtet waren, ausgelöst und weitergetrieben wurde.

Im »Fall« von Zenzl Mühsam lagen vor ihrer zweiten Verhaftung in den »archivierten Untersuchungsmaterialien« mehrere »Geständnisse« von bereits verhafteten oder erschossenen Teilnehmern der fiktiven »Wollenberg-Organisation« vor, die für die Ausfertigung des Haftbefehls herangezogen werden konnten. Im Haftbefehl für die zweite Verhaftung Zenzl Mühsams am 17. November 1938 werden sowohl die vorliegenden »Agenturangaben«, d.h. ein am 26. Oktober 1938 beim NKWD eingegangener Spitzelbericht, erwähnt wie auch die »Geständnisse« des am 2. April 1938 erschossenen Karl Petermeier angeführt.

---

2 Dimitroff, Tagebücher, S. 165.

3 Abschrift in Sammlung »Stalinistischer Terror«, Hamburger Institut für Sozialforschung.

4 Dieser zwanzigseitige NKWD-Direktivbrief wird vom Verfasser zur Publikation vorbereitet.

Zenzl Mühsam wurde im Verhaftungsbeschluß vom 16. November 1938 nicht nur mit Erich Wollenberg, sondern auch mit Leo Sedow[5], dem Sohn Leo Trotzkis, in Verbindung gebracht:

Verhaftungsbeschluß[6]

MÜHSAM Krestenzia, geb. 1884 in München, deutsche Staatsangehörige, Politemigrantin, parteilos, wohnhaft Ogarjew-Str., H. 4, Whg. 74.[7]

Nach Agenturangaben[8] war MÜHSAM während des Aufenthalts in Prag mit dem aktiven Trotzkisten WOLLENBERG verbunden, mit dessen Hilfe SEDOW antisowjetische Tätigkeit betrieb und Verbindungen innerhalb der UdSSR unterhielt.

1935 kam MÜHSAM mit einem Auftrag WOLLENBERGS in die UdSSR und das Prager trotzkistische Zentrum stellte mit ihrer Hilfe die Verbindung zu der trotzkistischen Organisation in der UdSSR her.

1936 wurde MÜHSAM verhaftet und danach aus der Haft entlassen.

Durch Agenturbeobachtung wurde festgestellt, daß MÜHSAM der Sowjetunion gegenüber verbittert eingestellt ist und daß sie gegenüber der Sowjetmacht feindlich eingestellte Elemente um sich herum gruppiert. MÜHSAM ist unter anderem mit dem in Moskau wohnenden deutschen Anarchisten GOG[9] verbunden, der nach Angaben von Informanten nach einer Möglichkeit sucht, aus der UdSSR auszureisen, um in kapitalistischen Ländern eine antisowjetische Kampagne zu betreiben.[10]

»Während des Gesprächs zeigte sich MÜHSAM als völlig verbitterte Person. Sie erzählte, daß sie 1936 durch das NKWD verhaftet wurde, wovon man im Ausland er-

---

5 Zu seiner Biographie und Ermordung durch das NKWD in Paris vgl. Wolkogonow, Trotzki, S. 369–380.

6 NKWD-Untersuchungsakte Nr. 21476, Bl. 1–3.

7 Haus der MOPR.

8 Mit »Agenturbeobachtung« und »Agenturangaben« sind Berichte von einzelnen »Informanten« gemeint, in denen die »Verbindungen« von Wollenberg und Mühsam an das NKWD vermeldet wurden.

9 Gregor Gog, geb. 7. November 1891 in Schwerin an der Warthe, seit 1919 KPD-Mitglied, leitete bis 1933 die Organisation »Internationale Bruderschaft der Vagabunden«. Gog schrieb in einem Lebenslauf: »Ab 1930 arbeitete die Organisation im Sinne der kommunistischen Partei, Ausstellungen, Mitarbeit an einem Landstraßenfilm«, Schriftsteller, 1933 verhaftet, KZ-Haft, Ende 1933 Emigration in die Schweiz, im Juni 1934 in die Sowjetunion, Mitarbeit an Filmen Wangenheims, Beiträge für Zeitschriften, lebte zusammen mit Gabriele Haenisch, deren Ehemann Walter Haenisch 1938 verhaftet wurde. Vgl. Stammberger: Moskau – gut angekommen; RGASPI, f. 495, op. 205, d. 794.

10 Der folgende Text wurde aus einem Spitzelbericht übernommen. Verfasser unbekannt.

fuhr. Es gab im Ausland großen Lärm wegen ihrer Verhaftung, und MÜHSAM sagt, daß dies nicht unbedingt zugunsten der Sowjetunion war.

MÜHSAM beklagte, daß sie ihre Existenz durch Bettelpfennige der IRH bestreiten muß, während Frauen oder Witwen anderer Schriftsteller von den Honoraren der literarischen Werke leben. MÜHSAM sagte, daß man im Begriff war, anläßlich des Jahrestags des Todes ihrer Mannes eine Rundfunksendung zu veranstalten, in letzter Minute sagte man aber, daß die Sendung nicht stattfinden wird.

MÜHSAM ist jetzt mit einer amerikanischen Journalistin Dorothy THOMPSON verbunden, die ihr seinerzeit half, aus Deutschland zu flüchten. Nach Berichten MÜHSAMS tritt THOMPSON in der Presse sowohl gegen die Faschisten wie auch gegen die Sowjetunion auf.

Unter ihren engen Freunden benannte MÜHSAM einen deutschen Dichter GOG, der früher als ›Anarchist bekannt war‹« (Aus einer Agenturmeldung vom 26. X. 38)

Der verhaftete Teilnehmer der rechtstrotzkistischen Organisation PETERMEIER[11] sagte aus:

»Frage: Was ist Ihnen über weiteres Schicksal WOLLENBERGS und über seine Tätigkeit im Ausland bekannt?

Antwort: Als sich WOLLENBERG in Prag befand, verband er sich mit SEDOW und bildete in seinem Auftrag eine Gruppe, die antisowjetische Arbeit betreibt. WOLLENBERG organisierte die Entsendung seiner Agenten nach der UdSSR.

Ende 1934 organisierte WOLLENBERG mit Hilfe von Dora FRIEDLÄNDER die Ankunft des Rechten BENNO aus Paris, der mit der Bildung einiger Gruppen in der Provinz beauftragt wurde. Ich werde über die Tätigkeit BENNOS in der UdSSR separat aussagen. Nach der Ermordung KIROWS kam Mühsam nach Moskau mit einem Auftrag WOLLENBERGS, einem ehem. DKP-Mitglied, als aktive Teilnehmerin einer trotzkistischen Gruppe in Prag. Sie brachte nach den Worten HARRENS[12] nicht nur ›schärfere‹ Orientierungen SEDOWS mit, zu ihrem Aufgabenkreis gehörte auch, ›sicherere‹ Verbindungen zwischen den Gruppen in der UdSSR und dem Prager Zentrum herzustellen.

Besonders konspirativ waren häufige ›Propaganda‹reisen MÜHSAMS im Namen und im Auftrage des ZK der IRH fast durch die ganze Sowjetunion, weil sie diese be-

11 Karl Petermeier, geb. am 12. Oktober 1899 in München, während der Münchner Räterepublik stellvertretender Stadtkommandant von München, 1919 KPD, kurzzeitig KAPD-Mitglied, ging 1921 in die UdSSR, tätig am Institut der Roten Professur als Lehrstuhlleiter, KPdSU-Mitglied, am 27. Juli 1937 verhaftet und am 2. April 1938 zum Tode verurteilt und erschossen. Da in den Schauprozessen 1937 und 1938 der »Block der Rechten und Trotzkisten« verfolgt wurde, paßte der Untersuchungsführer auch die »Geständnisse« von Karl Petermeier diesem Feindbild des »Rechtstrotzkismus« an.

12 Das ist Ernst Günther.

nutzte, um die Aufträge WOLLENBERGS und HARRENS über die Anwerbung von trotzkistischen Kadern zu erfüllen. Ich erinnere mich daran, daß sie sich während einer derartigen Reise in Charkow oder Kiew aufhielt, wo ihre Verwandten wohnen.

MÜHSAM benutzte ihre Ankunft in Moskau, um organisatorische Verbindungen auch mit BUDICH herzustellen und ihn in die trotzkistische Organisation hineinzuziehen. Etwa um dieselbe Zeit traf ich mich mit HARREN und BUDICH bei mir zu Hause. Während des Gesprächs kamen wir zur gleichen Einschätzung der politischen Lage der UdSSR, die wir als katastrophal betrachteten.

Nach der Ankunft MÜHSAMS häuften sich besonders die Treffen zwischen BUDICH, TAUBENBERGER, mir, PETERMEIER, MARGIES und HARREN. Unsere Zusammenkünfte wurden systematischer und waren ausgesprochen antisowjetisch.

Die Bedeutung der Gruppe WOLLENBERGS – HARRENS verminderte sich etwas wegen der Abreise HARRENS aus Moskau. Er forcierte diese Abreise seit Anfang 1936, nachdem er von WOLLENBERG und SEDOW Richtlinien über die Ausreise ins Ausland wegen der in der UdSSR begonnenen Verhaftungen unter den Führern der trotzkistischen Organisation bekam. Es gelang HARREN, im April 1936 im Auftrage der IV. Verwaltung der Roten Armee nach Paris zu verreisen.

Ich bekam von ihm aus Paris zwei Briefe, in denen er mir seine Adresse mitteilte und vorschlug, einen illegalen Grenzübertritt zu organisieren. Im zweiten Brief teilte er mit, daß er erfahren habe, daß die »Tante erkrankte«, d.h. von der Verhaftung MÜHSAMS.

Frage: Wir interessieren uns für alle Verbindungskanäle Ihrer Organisation mit Ihren Auslandszentren. Sagen Sie darüber ausführlich aus.

Antwort: Ich beantwortete bereits teilweise diese Frage. Ich nannte Ihnen als TROTZKIS Emissäre JAKUBOWITSCH, WOLLENBERG, HARREN, MÜHSAM und BENNO. Es ist mir außerdem bekannt, daß eine Rückverbindung unserer Organisation mit WOLLENBERG, d.h. von Moskau nach Prag, von MÜHSAM selbst mit Hilfe BUDICHS durch den Apparat des ZK der IRH hergestellt wurde. MÜHSAM sagte mir persönlich im Herbst 1935 in der Wohnung TAUBENBERGERS im Beisein seiner Frau Elsa, daß sie eine Möglichkeit hat, die Post ›ungeprüft‹ mit Hilfe BUDICHS abzusenden.

Im Auftrage derselben MÜHSAM besuchte ihre Freundin, die Schauspielerin NEHER, Carola, Anfang 1936 Prag, um WOLLENBERG ›Post‹ zu übergeben, und brachte von ihm neue Anweisungen für HARREN, deren Inhalt mir unbekannt ist.«

(Aus den Aussagen PETERMEIERS vom 6. VII. 37)

Durchsuchung, Verhaftung.

STELLV. LEITER DER 1. ABT. DES 2. REFERATS der GUGB
KAPITÄN DER STAATSSICHERHEIT:
/Matussow/

Für die zweite Verhaftung Zenzl Mühsams wurden vom NKWD der Bericht von »Informanten« herangezogen und das erfolterte »Geständnis« von Karl Petermeier, der Zenzl und Erich Mühsam schon seit 1919 in der Münchner Räterepublik kannte und zusammen mit Erich Mühsam in der Festung Niederschönenfeld inhaftiert war. Auch in Petermeiers »Geständnis« finden sich »Antworten«, die vom NKWD-Untersuchungsführer vor- oder umformuliert wurden. So etwa die »Aussagen«, daß Zenzl Mühsam als eine durch Wollenberg angeworbene »Agentin« Leo Sedows nach Moskau geschickt wurde, daß sie die öffentlichen »Propagandareisen« konspirativ während eines Verwandtenbesuchs in Charkow nutzte, daß sie Budich in die »trotzkistische Organisation« hineinzog. Ob die »Antwort« Petermeiers zur katastrophalen politischen Lage der UdSSR und den antisowjetischen Gesprächen durch ihn selbst so gegeben oder vom Vernehmer fabriziert wurde, läßt sich kaum ausmachen.

Die doppelte »Begründung« von NKWD-Haftbefehlen wie auch von Urteilen durch »Geständnisse« und durch Berichte von »Informanten« wurde von den NKWD-Untersuchungsführern häufig praktiziert, nachdem NKWD-Chef Jeschow auf dem Plenum des ZK der KPdSU im März 1937 Mängel in der Arbeit des NKWD mit Spitzeln kritisiert hatte. Auf diesem ZK-Plenum schloß sich auch Staatsanwalt Wyschinski der Kritik Jeschows an. Im Beschluß des ZK-Plenums der KPdSU über »Die Lehren der Schädlingstätigkeit, der Diversion und Spionage der japanisch-deutsch-trotzkistischen Agenten« wurde nicht nur Stalins Vorwurf gegen Jagoda übernommen, daß sich »das NKWD bei der Entlarvung der schlimmsten Volksfeinde« mindestens um vier Jahre »verspätet« habe. Die Resolution des ZK der KPdSU vom 3. März 1937 forderte, da das NKWD die bisherigen Anweisungen des ZK der KPdSU nicht befolgt habe, eine bessere »Arbeit« mit den »Informanten«[13], d.h. einen qualitativen Ausbau des Spitzelsystems:

---

13 Diese Forderung nach der Einschleusung von Spitzeln in »trotzkistische Organisationen« im In- und Ausland findet sich auch in dem NKWD-Direktivbrief »Über die terroristische, Diversions- und Spionagetätigkeit deutscher Trotzkisten im Auftrage der Gestapo auf dem Territorium der UdSSR«.

»Trotz mehrmaliger Warnungen des ZK der KPdSU (B) über die Umgestaltung der tschekistischen Gesamtarbeit in die Richtung der organisierteren und schärferen Bekämpfung der Konterrevolution (Instruktion des ZK der KPdSU [B] und des Rates der Volkskommissare der UdSSR vom 8. Mai 1933; geheimer Brief des ZK der KPdSU [B] über die Lehren der mit der hinterhältigen Ermordung an Gen. Kirow verbundenen Ereignisse) hat das NKWD der UdSSR diese Anweisungen nicht erfüllt und sich als unfähig erwiesen, die antisowjetische trotzkistische Bande rechtzeitig zu entlarven.

Die Hauptmängel in der Arbeit der Organe der Staatssicherheit, die die verspätete Entlarvung der trotzkistischen antisowjetischen Organisation entscheidend beeinflußten, sind nach wie vor die folgenden:

a) Das NKWD der UdSSR hat die Arbeit mit den Informanten, die einen der Haupthebel bei der Bekämpfung der Konterrevolution darstellt, nicht ausreichend durchgeführt. Die Informanten wurden zufällig und im Selbstlauf angeworben. In der Regel wurde die Aufmerksamkeit nicht auf die entscheidenden Bereiche gerichtet, wo das Informantennetz gut funktionieren sollte. Besonders schwach waren die Informanten unter Trotzkisten, Sinowjewisten und Rechten, sogar in den Orten ihres größten Zulaufs. Es gab auch keine Informanten in antisowjetischen Auslandsorganisationen,[14] darunter auch unter den Trotzkisten. Die führenden operativen Mitarbeiter des NKWD beschäftigten sich in der Regel nicht mit der Agenturarbeit. Nur wenig qualifizierte, einfache Mitarbeiter trafen sich mit den Informanten und erhielten von ihnen Berichte.«[15]

Nachdem die ZK-Resolution auch noch unter den bisherigen Spitzeln Verräter ausmachte, die »die Organe der Staatssicherheit systematisch desinformierten«, wird vermerkt, daß bisher die ganze Untersuchung auf dem »freiwilligen Geständnis des Angeklagten« aufgebaut war. Das »freiwillige Geständnis« der Häftlinge wurde jedoch von den NKWD-Untersuchungsführern durch die Anwendung verschiedenster Folterpraktiken erzeugt. Bereits vor seiner Festnahme wußte Nikolai Bucharin im Februar 1937 um seine »Ohnmacht vor einer Höllenmaschinerie, die vermutlich, unter Anwendung mittelalterlicher Methoden, giganti-

---

14 Diese Passage geht offensichtlich auf entsprechende Formulierungen in dem NKWD-Direktivbrief »Über die terroristische, Diversions- und Spionagetätigkeit deutscher Trotzkisten im Auftrage der Gestapo auf dem Territorium der UdSSR« zurück.

15 RGASPI, f. 17, op. 2, d. 577, Bl. 9–10.

sche Schlagkraft besitzt, organisierte Verleumdung produziert und kühn und überzeugt vorgeht«.[16]

Nach einer durch NKWD-Befehle[17] und erfolterte »Geständnisse« sich schnell potenzierenden Verhaftungs- und Urteilslawine, die sich 1936/37 gegen angebliche Teilnehmer der fiktiven »Wollenberg-Hoelz-Gruppe« und gegen deren Familienangehörige richtete, wurde Kreszentia Mühsam – nahezu zeitgleich mit der Degradierung ihrer Schutzpatronin Stassowa – am 16. November 1938 erneut verhaftet. Neben dem in NKWD- und Komintern-Akten gesammelten »Vorlauf« von »Geständnissen« und Denunziationen zur »Wollenberg-Hoelz-Gruppe« könnten auch Zenzl Mühsams eigene Bemühungen[18] um die Ausreise in die USA, aber auch amerikanische Interventionen[19] letzter Auslöser für die erneute Verhaftung gewesen sein. In einem Verhör[20] aus dem Jahr 1949 schilderte Zenzl Mühsam, daß sie im Frühjahr 1937 von Roger Baldwin[21] nach Amerika eingeladen wurde, um dort die Werke Erich Mühsams zu sammeln und herauszugeben. Da sie noch nicht die sowjetische Staatsbürgerschaft besaß, schrieb sie an Baldwin, daß sie die Einladung annehme. Im Oktober 1938[22] teilte ihr Baldwin mit, daß ihre Einreisedokumente bereitlägen und sie sich an die amerikanische Botschaft wenden müsse, um ein Visum zu bekommen. Zenzl Mühsam berichtete in dem späteren Verhör weiter:

---

16 Im Anhang zit. bei: Bucharina, Nun bin ich schon weit über zwanzig, S. 428. Auf die Frage nach der Authentizität des Briefes kann hier nicht näher eingegangen werden.

17 Vor allem die NKWD-Befehle Nr. 00439 (deutsche Operation), Nr. 00486 (Familienangehörige) und der NKWD-Direktivbrief zur Verfolgung der »deutschen Trotzkisten«.

18 Buber-Neumann, Als Gefangene bei Stalin und Hitler, S. 166.

19 Roger N. Baldwin, Vorsitzender des »International Committee for Political Prisoners«, setzte sich für die Ausreise Zenzl Mühsams in die USA ein. Vgl. Rocker, Der Leidensweg von Zenzl Mühsam, S. 22–25.

20 MGB-Gebietsverwaltung Iwanowo, Nr. 1059, Bl. 15.

21 Das von Stassowa verfaßte Antwortschreiben an Baldwin abgedruckt bei: Rudolf Rocker, Der Leidensweg von Zenzl Mühsam, Darmstadt 1949, S. 22f.

22 Brief vom 5. Oktober 1938, abgedruckt bei: Rocker, Der Leidensweg von Zenzl Mühsam, S. 25.

»Ich wandte mich aber nicht an die amerikanische Botschaft, sondern zunächst an Jelena Stassowa, die mich nach der Sowjetunion einlud und ohne deren Benachrichtigung ich nichts unternahm. Jelena Stassowa nahm den Brief von Roger Baldwin und sagte mir, daß sie selbst Litwinow um Rat bitten muß, bevor sie mir einen Rat geben wird. Ich wartete auf eine Antwort. Am 16. November 1938 wurde ich von Vertretern des NKWD verhaftet.«[23]

Zenzl Mühsam wußte sicherlich, daß jeder Besuch in einer ausländischer Botschaft[24] vom NKWD registriert, häufig denunziert und im Verhör zahlreichen Emigranten vorgeworfen wurde.

Gegen Zenzl Mühsam wurden wahrscheinlich nicht wie gegen den 1936 mitangeklagten Herbert Berndt brutalste Methoden der Verprügelung angewandt. Im Butyrskaja-Gefängnis wurde sie aber »aktiv verhört«. Das bedeutete, daß gegen sie die ununterbrochene Stehfolter, häufige und langandauernde Verhöre, aber auch körperliche Gewalt angewendet wurden.

Nach über zwei Monaten Haft[25] wurde Zenzl Mühsam erneut zum Verhör gebracht. Hier zielten alle Unterstellungen, Behauptungen und Fragen des NKWD-Untersuchungsführers darauf, sie als »Verbindungsfrau« zwischen Wollenberg und der Moskauer »trotzkistischen Gruppe« zu überführen. Zenzl Mühsam bestritt jedoch nicht nur diese Unterstellung kategorisch, sondern erklärte auch, daß sie Wollenberg allenfalls aus Mitleid mit Mittagessen oder Frühstück materiell »unterstützt« habe. Mit der Wiedergabe des in Prag kursierenden Gerüchts, daß Wollenberg im Auftrag der GPU[26] die Politemigranten bespitzele, versuchte Zenzl Mühsam den NKWD-Untersuchungsführer zumindest vorübergehend zu irritieren:

---

23 MGB-Gebietsverwaltung Iwanowo, Nr. 1059, Bl. 16.

24 Diese Kontaktaufnahme wird häufig von anderen Emigranten denunziert oder reumütig (aus Furcht vor der Denunziation) selbst an die Kaderabteilung gemeldet. Das Direktivschreiben Nr. 26 des NKWD vom 2. April 1937 ordnet an, daß die Überwachung von ausländischen diplomatischen Vertretungen durch Spitzel zu verstärken sei.

25 In der Zwischenzeit können weitere Verhöre stattgefunden haben, die nicht protokolliert wurden.

26 Auch nach Umbenennung der GPU in NKWD wurde häufig die frühere Bezeichnung verwandt.

»Verhör Mühsams am 29. Januar 1939
Frage:
Sagen Sie aus, weswegen wurden Sie 1936 durch die NKWD-Organe verhaftet?
Antwort:
Soweit ich aus der Untersuchung meines Falles weiß, wurde ich wegen der Verbindung mit Wollenberg verhaftet.
Frage:
Sagen Sie ausführlicher darüber aus, woher Sie Wollenberg kennen und mit wem er durch antisowjetische Arbeit verbunden ist.
Antwort:
Ich kenne Wollenberg durch meinen Mann Erich Mühsam seit 1919. Ich lernte ihn in München kennen, wo Wollenberg Rotarmist war und mein Mann in diesem Gebiet als Propagandist arbeitete, ohne Mitglied irgendeiner Partei zu sein. Die Bekanntschaft zwischen Erich Mühsam und Wollenberg entstand, als sich Wollenberg aktiv an der Propagandaarbeit Mühsams beteiligte. Wollenberg zeigte damals keinerlei antisowjetische Stimmungen. Nach der Niederlage der Bayerischen Räterepublik wurde zunächst Mühsam, etwas später Wollenberg verhaftet.

K. A. Mühsam

Mühsam und Wollenberg wurden zu fünf Jahren Gefängnis verurteilt. Dann wurden erst Wollenberg und danach Mühsam amnestiert. Es ist mir bekannt, daß Wollenberg zum ersten Male 1923 und zum zweiten Male 1932 die UdSSR besuchte. Als wir etwa 1930 in Britz[27] wohnten, besuchte uns Wollenberg, der zwei oder drei Stunden mit uns verbrachte. Er erzählte, er sei dabei, entsprechend einem KPD-Beschluß nach der Sowjetunion zu verreisen. Mein Mann empörte sich darüber, daß Wollenberg zu dem Zeitpunkt, wo Hitler seinen aktiven Kampf begann, dem Kampf gegen ihn auswich. Damals versuchten viele aus Deutschland auszureisen. In der Nacht des Reichstagsbrands wurde mein Mann verhaftet und im Herbst 1934 bestialisch ermordet.
1934 reiste ich mit Hilfe einer amerikanischen Journalistin[28] nach Prag. Die amerikanische Journalistin bestand auf der Ausreise,

K. A. Mühsam

um die Notizen meines Mannes in der Auslandspresse zu veröffentlichen.
Frage:
Sie sagten aus, daß Wollenberg in Deutschland keine antisowjetische Arbeit betrieb und damals keine antisowjetischen Verbindungen hatte. Sagen Sie aus, was Ihnen über die antisowjetische Arbeit Wollenbergs bekannt war, als Sie in Prag wohnten, und mit wem war er durch die antisowjetische Arbeit verbunden?

---

27 Berlin-Britz.

28 Das ist Dorothy Thompson. Die Anstreichung durch den NKWD-Untersuchungsführer signalisiert den Verdacht, der sich auf die »Beziehungen« zu einer Ausländerin richtet.

Antwort:
Als Wollenberg in Prag wohnte, erfuhr er aus der Presse, daß ich mich in Prag befinde, und besuchte mich zu Hause am 28. VII. 1934, d. h. an meinem Geburtstag. Es ging damals nur um die bestialische Ermordung meines Mannes. Nach diesem ersten Besuch erzählte mir die Politemigrantin Erna Halbe[29], daß Wollenberg angeblich von der GPU nach Prag geschickt wurde, um die Politemigranten zu beobachten. Als Wollenberg mich zum zweiten Male besuchte, fragte ich ihn nicht nach der Ursache seiner Abreise aus der Sowjetunion,

K. A. Mühsam

er sagte mir aber selbst, daß er angeblich wegen der Behauptung aus der KPD ausgeschlossen wurde, daß der Machtantritt Hitlers eine Niederlage der Arbeiterbewegung in Deutschland für eine längere Zeit ist, während Heckert behauptete, daß es nur eine vorübergehende Episode ist. In diesem Zusammenhang mußte er angeblich die UdSSR verlassen. Ich traf Wollenberg sehr häufig, wobei er bei mir aus und ein ging, um Mittag zu essen oder zu frühstücken. Die Stimmungen Wollenbergs waren damals ausgesprochen antisowjetisch. Sie äußerten sich in einzelnen Aussagen über die fehlende Freiheit in der UdSSR, über seine falsche Behandlung durch die KPD. Er riet mir außerdem von einer Reise in die UdSSR ab. Er zeigte außerdem die Absicht, sich den literarischen Nachlaß meines Mannes anzueignen. Wollenberg traf in Prag

K. A. Mühsam

fast alle Politemigranten, von denen ich Seipold (aus der KPD ausgeschlossen), Wistuba[30] (parteiloser Journalist) und Heinz kenne (den Namen des letzteren kenne ich nicht). Wollenberg traf ihn angeblich im Auftrage der KPD, um ihn zu beobachten. Dieser Heinz erzählte mir selbst davon.

Frage:
Die Untersuchungsbehörden verfügen über die Information, daß Sie während des Aufenthalts in Prag mit Wollenberg eng verbunden waren, ihn materiell unterstütz-

---

29 Erna Halbe, seit 1910 SPD, gehörte zu den Hamburger Linksradikalen, seit 1919 KPD, 1929 als »Rechte« ausgeschlossen, KPDO, dann SAP-Mitglied, emigrierte 1934 nach Prag. Zu ihrer Biographie vgl. Weber, Die Wandlung des deutschen Kommunismus, Bd. 2, S. 149f.

30 Das KPD-Mitglied Wistuba, Journalist, schleppte 1933 den schwerkranken KPD-Reichstagsabgeordneten Willi Budich über die Grenze in die ČSR, emigrierte dann nach Moskau, wurde dort aus der KPD ausgeschlossen. Wistuba kehrte 1934 aus Moskau, wo er in einem Verlag arbeitete, wieder nach Prag zurück und figurierte in den Berichten Herbert Wehners wie in den NKWD-Konstrukten als »trotzkistische Verbindung« zu Wollenberg. Wistuba lebte nach 1945 in Hamburg und gehörte zu den Briefpartnern Erich Wollenbergs.

ten und die Entfaltung seiner trotzkistischen Arbeit in Prag förderten. Wir schlagen Ihnen vor, zum Wesen der Sache auszusagen.

Antwort:

Ich leugne das, kann aber sagen, daß ich ihm nur aus Mitleid half.

K. A. Mühsam

Frage:

Sie leugnen. Sie stellten nach Ihrer Ankunft in der Sowjetunion die Verbindung mit den Mitgliedern der trotzkistischen Gruppe her und waren die Verbindungsfrau zwischen dieser Gruppe und Erich Wollenberg.

Antwort:

Ich verleugne das kategorisch.

K. A. Mühsam

Frage:

Es wird Ihnen nicht gelingen, Ihre konterrevolutionäre antisowjetische Tätigkeit zu verheimlichen. Wir werden Ihr Verhör fortsetzen und durch Tatsachen Ihre antisowjetische Tätigkeit entlarven.

Das Protokoll ist nach meinen Worten richtig aufgeschrieben und mir vom Russischen ins Deutsche übersetzt. K. A. Mühsam

Es verhörten:

Untersuchungsführer der Untersuchungsabteilung des NKWD der UdSSR, Leutnant der Staatssicherheit

Dolmetschte Geh. des operativen Bevollmächtigten der 3. Abt. der Moskauer Verwaltung für Staatssicherheit, Unteroffizier der Staatssicherheit Kirina«[31]

Da Zenzl Mühsam in diesem Verhör kategorisch abstritt, »Verbindungsfrau« zwischen Wollenberg in Prag und der Moskauer »trotzkistischen Gruppe« gewesen zu sein, wurde sie am 7. März 1939 erneut einem siebenstündigen Verhör unterzogen. Dieses »Protokoll«[32] wiederholt die bereits während des ersten Verhörs gestellten Fragen. Der NKWD-Untersuchungsführer scheint aber den Hintersinn jener Antworten Mühsams nicht zu begreifen, in denen sie scheinbar die »antisowjetischen« Äußerungen Wollenbergs wiedergibt: »Wollenberg behauptete, in der Sowjetunion herrsche Terror, alle Menschen seien scharf vom NKWD beobachtet, man könne dort nicht mal mehr frei at-

---

31 NKWD-Untersuchungsakte Nr. 21476, Bl. 13–17. Handschriftl. russischer Text, Unterschriften von Zenzl Mühsams Hand.

32 NKWD-Untersuchungsakte Nr. 21476, Bl. 20–24. Handschriftlicher deutscher Text, von fremder Hand.

men; die Arbeiter kriegten wenig Lohn, das Leben sei teuer, usw. Wenn ich nach Rußland führe, würde ich verhaftet.« In den Antworten, die Zenzl Mühsam auf die insinuierenden Nachfragen des NKWD-Untersuchungsführers gibt, blitzt immer noch ihre Widerständigkeit auf. Auf die Frage, warum sie die Sowjetunion verlassen wollte, antwortete Zenzl Mühsam: »Nach meinem ersten Arrest fühlte ich mich in Sowjet-Rußland unsicher und wollte bei meiner Schwester in Amerika leben.«

Nach über einem Monat wurden die Verhöre in dem Moskauer Butyrskaja-Gefängnis fortgesetzt, und Zenzl Mühsam betonte erneut ihre Angst vor einer weiteren Verhaftung, die zu ihrem Besuch in der amerikanischen Botschaft geführt habe. Zugleich wies sie sehr bestimmt alle Anschuldigungen des NKWD-Offiziers zurück, der sie kurzum zur »aktiven Teilnehmerin einer konterrevolutionären Organisation« machen wollte, die von Wollenberg Aufträge erhalten habe. Zenzl Mühsam weigerte sich, Namen zu nennen, und erwähnte nur Ernst Günther, den sie im sicheren Ausland wußte, sowie Hermann Taubenberger und Anatol Becker, die beide bereits verhaftet und erschossen waren. Auch ihre schwammig formulierte Antwort auf die Frage nach anderen Besuchern in der Wohnung Zenaris: »Als ich dorthin kam, gab es dort größtenteils niemand, diejenigen aber, die es dort gab, sind mir unbekannt« nutzte dem NKWD-Untersuchungsführer wenig. Auch Zenzl Mühsams Hinweis auf Hermann Horstmann[33], der wie Zenzl Mühsam im Haus der MOPR gewohnt und sie vor einer erneuten Verhaftung gewarnt hatte, konnte vom NKWD-Untersuchungsführer nicht zur Verhaftung genutzt werden, da Horstmann bereits in der Haft verstorben war. Mit der Einführung der »Aussagen« von Konstantin Siebenhaar versuchte der NKWD-Offizier Zenzl Mühsam erneut in die Enge zu treiben. Dem aus der Wolgarepublik stammenden Kapellmeister Siebenhaar, der mit Elsa Taubenberger zusammenlebte, wurden folgende Äußerungen zugeschrieben:

---

33 Hermann Horstmann, geb. 12. März 1893, Rechtsanwalt, 1919 USPD, ab 1923 KPD, Rechtsberater der KPD, 1933 Emigration über Frankreich, Belgien, Holland in die Sowjetunion, lebte mit seiner Frau und Tochter im Haus der MOPR, im Februar 1938 verhaftet, im Mai 1938 in der Haft verstorben.

»In der Wohnung Zenaris versammelten sich folgende Trotzkisten [es werden einige Personen aufgezählt], darunter auch Mühsam. Das war eine illegale politische Versammlung, in der die politische Linie des ZK der KPdSU (B), der Komintern und Maßnahmen der Sowjetmacht erbittert kritisiert und defätistische Stimmungen für den Kriegsfall geäußert wurden.« Die gestanzten Formulierungen wie der 1937/38 immer wieder auch in Schauprozessen auftauchende Hinweis auf »Defaitismus«[34] deuten darauf hin, daß der NKWD-Untersuchungsführer in Koproduktion mit Konstantin Siebenhaar dieses »Geständnis« komponiert hatte. Zenzl Mühsam weigerte sich, trotz der Drohungen des NKWD-Offiziers, das gewünschte »Geständnis« abzugeben. Im Gegenteil, im Protokoll mußten ihre dezidierten Aussagen festgehalten werden: »Ich war nie bei solchen Versammlungen« und »Ich war nie Trotzkistin und betrieb keinen Kampf gegen die Sowjetmacht.« Die letzte Aussage wurde vom Untersuchungsführer im Protokoll des Verhörs, das von 15 Uhr bis 24 Uhr dauerte, noch eigens unterstrichen:

»Protokoll des Verhörs von Mühsam, Kreszentia
5. 4. 1939

Beginn 15 Uhr

Frage:
Nennen Sie die wirkliche Ursache Ihres Wunsches, nach Amerika zu verreisen.
Antwort:
Ich fühlte mich unsicher und wollte deshalb aus der UdSSR abreisen.
Frage:
Es gab also einen Grund für eine derartige Unsicherheit.
Antwort:
Horstmann sagte mir, daß meine Sache noch nicht beendet ist, ich glaubte ihm aber nicht.
Frage:
Durch die Untersuchung wurde festgestellt, daß Sie eine aktive Teilnehmerin einer konterrevolutionären Organisation waren. Sie werden darin durch viele Ihre Mittä-

---

34 So heißt es z.B. im »Protokoll« des Schauprozesses gegen Bucharin u.a., daß nach 1933 die »Spionagetätigkeit der Trotzkisten einen noch breiteren und scharf ausgeprägten defaitistischen Charakter« angenommen habe. Prozeßbericht, 1938, S. 10.

ter überführt, die der k.-r. trotzkistischen Organisation angehörten. Sagen Sie direkt aus, wer Sie nach der UdSSR schickte, und welche konterrevolutionären Aufträge erhielten Sie von Wollenberg?

Antwort:

Niemand schickte mich in die UdSSR, ich kam auf eine Einladung der IRH, die von Stassowa unterzeichnet war. Ich bekam keine Aufträge von Wollenberg.

Frage:

Sie lügen. Waren Sie bei Zennari zu Hause?

Antwort:

Ja, dort war ich häufig.

Frage:

Wen trafen Sie bei Zennari?

Antwort:

Als ich dorthin kam, gab es dort größtenteils niemand, diejenigen aber, die es dort gab, sind mir unbekannt.

Frage:

Wie viele Fremde waren dort in Ihrem Beisein?

Antwort:

Dort waren höchstens fünf Menschen.

Frage:

Machte Sie Zennari mit ihnen bekannt?

Antwort:

Ja.

Frage:

Nennen Sie die Namen der Personen, mit denen Zennari Sie bekannt machte.

Antwort:

Ich erinnere mich nicht daran.

Frage:

Welche Ihrer Bekannten waren dort?

Antwort:

Taubenberger, Becker, Günther.

Das Verhör wurde um 16 Uhr 30 unterbrochen.

Frage:

Wie oft waren Sie bei Taubenberger?

Antwort:

Ich sah Taubenberger in Moskau etwa zweimal, weil er nicht in Moskau arbeitete und wohnte, ich war aber oft bei seiner Frau Else zu Hause.

Frage:

Wen trafen Sie dort?

Antwort:
In der Wohnung von Else Taubenberger wohnte ein gewisser Musiker namens Kostja.[35]
Frage:
Wer ist dieser Kostja und wie kannten Sie ihn?
Antwort:
Er war ein Freund von Else Taubenberger und arbeitete als Musiker, mehr weiß ich von ihm nicht.
Frage:
Unterhielten Sie sich mit ihm?
Antwort:
Ja.
Frage:
Worüber unterhielten Sie sich mit ihm?
Antwort:
Ich erzählte ihm über die Stimmungen Wollenbergs, die gegenüber der Sowjetunion feindlich waren.
Frage:
Kannte dieser Kostja Wollenberg?
Antwort:
Das weiß ich nicht.
Frage:
Warum begannen Sie mit einer ganz unbekannten Person über Wollenberg zu sprechen, den dieser Kostja nicht kannte?
Antwort:
Das stimmt nicht. Als Wollenberg in Moskau war, besuchte er öfters Taubenberger, wo auch Kostja war.
Frage:
Sie verwickelten sich endgültig. Es werden Ihnen die Aussagen des Trotzkisten Siebenhaar, Konstantin, vorgelegt, der aussagte: ›Die 1935 aus Prag gekommene Trotzkistin Mühsam, Kreszentia, informierte Taubenberger und andere Trotzkisten davon, daß Wistruba[36], Julian, die trotzkistische Tätigkeit Erich Wollenbergs in Prag finanziert.‹ Der Untersuchungsführer verlangt von Ihnen, dazu wahrheitsgetreu auszusagen.
Antwort:
Ich sagte nichts dergleichen.

---

35 Das ist Konstantin Siebenhaar, er wurde am 20. Oktober 1936 verhaftet und am 29. Mai 1937 erschossen.

36 Gemeint ist Hans Wistuba.

Frage:
Ihr beharrliches Leugnen führt zu nichts. Siebenhaar sagt weiter aus: ›In der Wohnung Zennaris versammelten sich folgende Trotzkisten [es werden einige Personen aufgezählt], darunter auch Mühsam. Das war eine illegale politische Versammlung, in der die politische Linie des ZK der KPdSU (B), der Komintern und Maßnahmen der Sowjetmacht erbittert kritisiert und defätistische Stimmungen für den Kriegsfall geäußert wurden.‹ Werden Sie vielleicht jetzt wahrheitsgetreu aussagen?
Antwort:
Ich war nie bei solchen Versammlungen.
Frage:
Die Untersuchungsinstanzen verfügen über analoge Aussagen nicht nur Siebenhaars, sondern von vielen anderen Trotzkisten, die Sie in der feindlichen Arbeit konkret überführen, was Ihre gegen die Werktätigen gerichtete aktive Arbeit konkret bestätigt. Weiteres beharrliches Leugnen nützt nichts und wird von uns als Fortsetzung des Kampfes betrachtet werden.
Antwort:
Ich war nie Trotzkistin und betrieb keinen Kampf gegen die Sowjetmacht.
Frage:
Mit wem sprachen Sie von Ihrer Absicht, nach Amerika auszureisen?
Antwort:
Ich sprach darüber mit Gog, Droll, Stassowa aus der IRH.
Frage:
Was empfahlen Ihnen die oben aufgeführten Personen?
Antwort:
Gog und Droll gaben mir keinen Rat, und Stassowa versprach, sich danach im Volkskommissariat für Auswärtige Angelegenheiten zu erkundigen und mir eine Antwort zu geben.

Das Verhör wurde um 24 Uhr unterbrochen.

Es verhörte:
Oberer Untersuchungsführer des Untersuchungsreferats
Operativer Bevollmächtigter der 5. Abteilung, Korotkow

Wurde nach meinen Worten richtig[37] aufgeschrieben und mir ins Deutsche übersetzt.

K. A. Mühsam«[38]

---

37 Das »Protokoll« des siebenstündigen Verhörs verzeichnet wie auch andere »Protokolle« allenfalls einen Bruchteil der »Fragen« und »Antworten«, die nach den Intentionen des NKWD-Vernehmers zusammengestellt wurden.

38 NKWD-Untersuchungsakte Nr. 21476, Bl. 37–41. Handschriftlich in russischer Sprache.

Nach einem Monat wurde vom NKWD-Untersuchungsführer am 4. Mai 1939 ein neuer Versuch unternommen, Zenzl Mühsam durch die Konfrontation mit den erfolterten »Aussagen« von Karl Petermeier zu einem Geständnis zu bringen. Aus dem »Geständnis« Petermeiers, das bereits in den Verhaftungsbeschluß eingefügt worden war, zitierte der Untersuchungsführer in noch zugespitzterer Form:[39] »Nachdem man Kirow getötet hat, nach dem Meuchelmord an Kirow kam Mühsam, die aktivste Teilnehmerin der trotzkistischen Gruppe in Prag, nach Moskau mit einem Auftrag von Wollenberg. Sie hat nicht nur strenge Befehle von Sedow mitgebracht, sondern ihre Aufgabe war auch die Verbesserung der ›vertraulichen‹ Verbindungen[40] mit dem Zentrum in Prag. Was sagen Sie nun?«

Weder durch diese plumpe Überrumpelung noch durch die Verweise auf die vorliegenden Aussagen von Konstantin Siebenhaar, Carola Neher, Anatol Becker, Hermann Taubenberger und anderen wurde der Widerstand Zenzl Mühsams gebrochen. Sie weigerte sich immer noch, das gewünschte »Geständnis« zu liefern, auch noch nach der drohenden Bemerkung, daß sich ihre »Lage« verschlechtern werde, wenn sie nicht freiwillig über ihre »antisowjetische Arbeit« aussagen würde:

»Protokoll
des Verhörs der Angeklagte Mühsam
Krestentia Augustinowna vom 4. Mai 1939

Frage:
Haben Sie jetzt die Absicht über ihre feindliche Arbeit gegen die Sowjetunion zu erzählen, nachdem Sie schon so lange sich verschlossen haben?
Antwort:
Ich habe keine feindliche Arbeit gegen die Sowjetunion durchgeführt.
Frage:
Kennen Sie Petermeier?
Antwort:
Ja, ich kenne Petermeier.
Frage:
Wann haben Sie ihn kennengelernt?
Antwort:
Ich kenne Petermeier seit dem Jahre 1919 aus Beiern. Er war Freind meines Mannes.

---

39 Der Text folgt in Grammatik und Orthographie dem NKWD-Protokoll.
40 Gestrichen: mit den Gruppen.

Frage:
Welche persönlichen Beziehungen hatten Sie zu Petermeier?
Antwort:
Ich war mit ihm in guten menschlichen Beziehungen.
Frage:
Als Sie in der Sowjetunion seit dem Jahre 1935 lebten, haben Sie Petermeier getroffen?
Antwort:
Ja, ich habe ihn zweimal getroffen.
Frage:
Wo waren diese Zusammenkünfte mit Petermeier und wer war da außer Petermeier?
Antwort:
Das erstemal traf ich Petermeier in seiner Wohnung in der Anwesenheit von Günter mit seiner Frau und[41] Taubenberg. Das zweite Mal traf ich ihn in Hotel ›Nowo Moskowskaja‹. Außer Petermeier waren dort noch Günter mit seiner Frau.
Frage:
Worüber haben Sie während dieser Zusammenkünfte gesprochen?
K. A. Mühsam
Antwort:
Während der ersten Zusammenkunft habe ich den Versammelten über Deutschland erzählt, über dortige Umstände, nachher haben wir Patephon gehört und Petermeier hat mir ein Buch meines Mannes gezeigt. Das zweite Mal als ich Petermann[42] getroffen habe, haben wir ganz kurz gesprochen. Noch früher traf ich seine geschiedene Frau Berta. Sie sagte mir, daß ihr früherer Mann Schwierigkeiten mit der Partei hatte und deshalb sei er nervös geworden und deshalb haben sie sich geschieden. Als ich nachher Petermeier sah, fragte ich ihn, was er für Schwierigkeiten mit der Partei habe, darauf hat er mir nichts geantwortet.
Frage:
Sie lügen. Die Voruntersuchung beweist, daß Sie in antisowjetischen Verbindungen mit Petermeier standen. Noch am 6. Juni 1937 hat Petermeier während der Voruntersuchung ausgesagt: ›Nachdem man Kirow getötet hat, nach dem Meuchelmord an Kirow kam Mühsam, die aktivste Teilnehmerin der trotzkistischen Gruppe in Prag, nach Moskau mit einem Auftrag von Wollenberg. Sie hat nicht nur strenge Befehle von Sedow mitgebracht, sondern ihre Aufgabe war auch die Verbesserung der ›vertraulichen‹ Verbindungen[43] mit dem Zentrum in Prag.‹ Was sagen Sie nun?

---

41 Gestrichen: Wollenberg.

42 Gemeint ist Petermeier.

43 Gestrichen: mit den Gruppen.

Antwort:
Petermeier spricht die Unwahrheit. Ich war in keiner antisowjetischen Verbindung mit ihm.
Frage:
Sie sprechen wieder Unwahrheit. In der trotzkistischen Arbeit, die gegen die Sowjetunion gerichtet ist, entlarvt Sie nicht nur Petermeier, sondern auch ihre näheren Bekannten wie z.B.: Siebenhaar, Henksche Karoline, Becker, Taubenberg und andere Mitarbeiter der trotzkistischen Organisation. Sie haben nur einen einzigen Ausweg, das ist sie müssen die Wahrheitsgetreue erzählen. Sie verschlechtern nur ihre Lage, in dem Moment, wenn Sie nichts über ihre antisowjetische Arbeit erzählen wollen.
Antwort:
Ich kenne alle diese Personen, aber ich hatte mit ihnen keine jegliche antisowjetische Verbindung.
Frage:
Wir werden fortfahren, sie aktiv zu verhören. Denken Sie darüber nach, ob es für Sie nicht besser ist alles freiwillig zu erzählen. Das ist für Sie der einzige Ausweg, denn Sie sehen selbst, daß Sie genug entlarvt sind?

Dieses Protokol wurde richtig von meinen Worten geschrieben und von mir gelesen.

K. A. Mühsam

Der Untersuchungsrichter des Untersuchungsteils des NKWD.
Übersetzt von […]«[44]

Am Schluß des Verhörs drohte der NKWD-Offizier der immer noch nicht geständigen Zenzl Mühsam, daß er das »aktive Verhör« fortsetzen werde. Hinter dieser Floskel verbirgt sich die Drohung mit der Fortsetzung der nicht nur im Butyrski-Gefängnis üblichen Foltermethoden, wie ununterbrochene Vernehmung, die als »Konveyor« bezeichnet wurde, und die Androhung oder Fortsetzung der Stehfolter. Fünftägige durchgehende Verhöre, Schlafentzug, Stehfolter, aber auch Verprügelungen gehörten zu den NKWD-Foltermethoden, die gegenüber Frauen in dem Butyrskaja-Gefängnis[45] praktiziert wurden.

---

44 NKWD-Untersuchungsakte Nr. 21476, Bl. 35–36. Text in deutscher Sprache, von fremder Hand.

45 Vgl. dazu Eleonor Lipper, Elf Jahre in sowjetischen Gefängnissen und Lagern, Zürich 1950; Meinhard Stark, »Ich muß sagen, wie es war«. Deutsche Frauen des GULAG, Berlin 1999, S. 136f.

Bereits vor dem obigen »Verhör« hatte jedoch am 29. April 1939 der Leutnant der Untersuchungsabteilung des NKWD, Nämlicher, die Konstrukte und bisherigen »Ergebnisse« der Untersuchung in einem »Auskunftsbericht« zusammengefaßt:

»MÜHSAM, Krestenzia Awgustowna.
Kam in die UdSSR 1935 aus Prag als Politemigrantin.
1936 wurde sie wegen Verbindung zu Trotzkisten verhaftet, später aber freigelassen. Am 17. November 1938 wurde sie erneut als Mitglied einer trotzkistischen Gruppe verhaftet.

Durch die Aussagen SIEBENHAARS, HENISCHS[46], BENKER[47], WEIGEIHEM[48], TAUBENBERGER und PETERMEIER wird MÜHSAM als aktive Teilnehmerin der Trotzkistengruppe in Prag entlarvt, die im Auftrage SEDOWS und WOLLENBERGS in die UdSSR kam, um konterrevolutionäre trotzkistische Arbeit durchzuführen.

Während ihrer mehrmaligen Vernehmungen verneinte Mühsam ihre Zugehörigkeit zur Trotzkistenorganisation und ihre Bekanntschaft mit SEDOW. Ihre Bekanntschaft mit WOLLENBERG bestätigt MÜHSAM, verneint aber eine antisowjetische Verbindung mit ihm.

Außerdem wird MÜHSAM durch Agenturmaterialien[49] als ein der Sowjetmacht gegenüber augenscheinlich feindlich eingestelltes antisowjetisches Element entlarvt.

Zur Zeit erscheinen in der Auslandspresse Notizen über das Verschwinden von MÜHSAM.

In Moskau wohnt der Neffe Mühsams Elfin Ger[50], der gemäß den vorhandenen Materialien über die antisowjetische Arbeit MÜHSAMS informiert ist.

Oberer Untersuchungsführer der Untersuchungsabteilung des NKWD
Leutnant der Staatssicherheit Nämlicher«

Da Kreszentia Mühsam sich nach vier Verhören[51] immer noch für unschuldig erklärte, wurde die Untersuchungshaft für sie verlängert. In

---

46 Gemeint ist Henschke, d. i. Carola Neher.

47 Gemeint ist Becker, d. i. Anatol Becker.

48 Gemeint ist Gustav Wangenheim. Auch diese falsch geschriebenen Namen zeigen, mit welch mechanischer Stupidität das NKWD »Geständnisse« fabrizierte und in Anklagekonstrukte übertrug.

49 Gemeint sind hier Spitzelberichte.

50 Gemeint ist ihr Neffe Peps (d. i. Joseph) Elfinger, der später ebenfalls verhaftet wurde und im GULAG verschwand.

51 Die Verhöre fanden am 29. Januar 1939, am 7. März 1939 (11.30 bis 18.30), am 4. Mai und 5. Mai 1939 statt. Weitere Verhöre wurden evtl. nicht als »Protokoll« fixiert.

diesem formalen Beschluß[52] wurde festgehalten, daß Kreszentia Mühsam vor allem durch die Aussagen des bereits 1938 erschossenen Karl Petermeier »entlarvt« werde. In einem weiteren Antrag zur Haftverlängerung heißt es: »Mühsam, K. A., ist im Inneren Gefängnis inhaftiert, die Anklage entsprechend obengenanntem Artikel wurde am 29. Januar 1939 erhoben, sie wurde dreimal verhört, erklärte sich nicht für schuldig.« Da der NKWD-Untersuchungsführer Sudin feststellte, daß die »konterrevolutionäre Tätigkeit von Mühsam und ihrer Mittäter nicht vollständig entlarvt« sei, d.h. Zenzl Mühsam zu keinem »Geständnis« zu bewegen war, wurde die Untersuchungshaft erneut bis zum 30. April 1939 verlängert.

Eine Anfrage von Henriette Roland Holst[53] an das Präsidium des Obersten Sowjets der UdSSR leitete die Sonderabteilung des ZK der KPDSU[54] an den Leiter der Sonderabteilung des NKWD weiter, da angeblich der Name und Vorname der Witwe des Dichters Erich Mühsam in dem Protestschreiben fehlte.

Das Protestschreiben vom 2. Februar 1939 an das Präsidium der Regierung der UdSSR lautete jedoch:

»Unter Bestätigung unseres Drahtberichtes von heute:

PRÄSIDIUM SOVYETREGIERUNG MOSKAU
IST ZENSL MÜHSAM IM LEBEN WENN JA WO VERBLEIBT SIE
Henriette Holst und andere
Bloemendal Holland

fügen wir hinzu:

erstens, daß es uns bekannt ist, daß die Witwe des warmherzigen und tapferen Dichter-Kämpfers Erich Mühsam anfangs in Ihrem Lande eine Zuflucht gefunden hat, aber nachher verhaftet worden ist, daß ihre Freunde und Gesinnungsgenossen seit Oktober 1937 keine Nachricht von ihr erhalten haben und daß seitdem von verschiedenen Seiten vergebens versucht ist, ihren Aufenthalt zu ermitteln,

---

52 NKWD-Untersuchungsakte Nr. 21476, Bl. 25–26.

53 Henriette Roland Holst-van der Schalk (1869–1952), Schriftstellerin, gehörte zum linken Flügel der holländischen SDAP, gründet 1915 den Revolutionär-sozialistischen Verband, bis 1927 Mitglied der Kommunistischen Partei Hollands, nahm an Weltkongressen der Komintern teil, nach ihrem Bruch mit der KP widmete sie sich als religiöse Sozialistin erneut der Dichtung.

54 Dieses Protesttelegramm trägt den Eingangsstempel der Sonderabteilung des ZK der KPdSU und das Datum 19. Februar 1939.

und zweitens, daß es uns vorkommt, daß eine weitere Verweigerung jeglicher Auskunft Ihrerseits nicht nur mit den für alle Gesellschaftsformen unentbehrlichen Grundprinzipien von Menschlichkeit und Gerechtigkeit in schroffem Widerstreit steht, sondern auch die Gefahr mit sich bringt, die Sowjetunion in den Augen der ganzen Welt zu einer riesenhaften und grausamen ›oubliette‹[55] herab zu würdigen.

Henriette Roland Holst Bloemendaal, Holland

G. Mannoury, C. Krusemansstraat 29 = II Holland«[56]

Im Juni 1939 fabrizierten zwei NKWD-Untersuchungsführer, der Unterleutnant der Staatssicherheit Sudin und Leutnant Nämlicher, eine dreiseitige Anklageschrift gegen Zenzl Mühsam. Diese Anklageschrift wurde auch noch vom Hauptmann der Staatssicherheit Wlodsmirski und am 20. Juni 1939 vom Kommissar der Staatssicherheit Kobulow[57], Leiter der Untersuchungsabteilung des NKWD, »bestätigt«. Dabei stützte sich die Anklageschrift auf die erfolterten »Geständnisse«[58] der bereits Verurteilten und Erschossenen, ernennt aber in der Eile der Urteilsfabrikation auch »Waheiheim« (d. i. Gustav von Wangenheim) zum »Mittäter«:

»ANKLAGESCHRIFT

Auf Grund der Untersuchungssache N 21476
betreffend die Anklage gegen MÜHSAM, Kreszentia Augustowna
nach Artikel 58-11-10

Gemäß den Aussagen der Mitglieder der aufgedeckten und liquidierten trotzkistischen Organisation der Emigranten ist MÜHSAM, K.A., eine aktive Teilnehmerin.

Auf Grund dieser Angaben wurde Mühsam am 16. 11. 1938 verhaftet.

Während der Untersuchung wurde festgestellt, daß Mühsam 1934 aus Deutschland nach Prag übersiedelte, wo sie mit dem aktiven Trotzkisten WOLLENBERG eine antisowjetische Verbindung herstellte und in seinem Auftrage unter den in Prag wohnenden Emigranten trotzkistische Arbeit betrieb. (Bl.49–51, 52, 54)

---

55 Frz., d. i. Verlies.

56 NKWD-Untersuchungsakte Nr. 21476, Bl. 24.

57 Zu seiner Verhörtechnik vgl. Gnedin, Vychod iz labyrinta, S. 22–25, S. 27–28, S. 45–46.

58 So liegen der Strafakte Zenzl Mühsams (ZA/FSB, Nr. 21476) die »Geständnisse« von Carola Neher vom 7. Juli 1936, die Aussagen Gustav von Wangenheims vom 1. Juni 1936, Auszüge aus den »Verhörprotokollen« Elsa Taubenbergers vom 13. August 1936, von Konstantin Siebenhaar vom 23. September 1936 und von Anatol Becker vom 20. November 1936 bei.

Im Auftrag des Trotzkisten WOLLENBERG kam sie unter dem Deckmantel[59], sie sei Emigrantin und die Witwe des Schriftstellers Erik [!, R. M.] Mühsam in die UdSSR, um Verbindungen zwischen den Trotzkistengruppen in der UdSSR und dem Prager Zentrum herzustellen. (Bl. 59–61)

1936 wurde MÜHSAM wegen trotzkistischer Arbeit verhaftet. Während der Untersuchung gestand sie das Verbrechen nicht und wurde im selben Jahr – mit zweijährigem Wohnverbot für Moskau und Leningrad – aus der Haft entlassen. (Bl.23)

Nach der Freilassung setzte MÜHSAM ihre trotzkistische Arbeit fort, indem sie unter den in der UdSSR wohnenden Emigranten trotzkistische Verbindungen herstellte. (Bl. 50–60)

Mühsam, K. A., war wiederholt bei illegalen trotzkistischen Zusammenkünften anwesend, wo sie die Teilnehmer über die Arbeit der Trotzkisten in Prag informierte. (Bl. 59–61)

Sie führte eine antisowjetische verleumderische Agitation unter den Emigranten durch (Bl. 50, 54, 56)

Sie erklärte sich nicht für schuldig, sagte aber aus, daß sie WOLLENBERG als Trotzkisten kannte und seine antisowjetischen verleumderischen Ausfälle gegen die Sowjetunion hörte. (Bl.33–34)

Sie wird durch die Aussagen der Mittäter Heschke[60], Waheiheim[61], Taubenberg[62], Siebenhaar, Becker und Petermeier (verurteilt) entlarvt. (Bl. 49–61)

Auf Grund des Obengesagten wird Mühsam, Kreszentia Augustowna, geboren 1884 in München, Deutsche, ohne Staatsangehörigkeit, angeklagt, daß sie:

a) aktive Teilnehmerin einer trotzkistischen Organisation war

b) antisowjetische verleumderische Agitation unter den Emigranten durchführte,

d. h. wegen der die Artikel 58-11[63] und 10 des Strafgesetzbuchs betreffenden Verbrechen.«[64]

---

59 In mehreren NKWD-Befehlen wurde behauptet, daß »Terroristen« und »faschistische Agenten« sich unter dem »Deckmantel des Politemigranten« in die Sowjetunion eingeschlichen hätten.

60 Gemeint ist Carola Neher, die in erster Ehe mit dem Dichter Klabund (d. i. Alfred Henschke) verheiratet war.

61 Gemeint ist Gustav von Wangenheim.

62 Gemeint ist Hermann Taubenberger. Auch diese Schreib- und Übertragungsfehler verweisen auf die fabrikmäßige Schnellproduktion von Anklageschriften und Urteilen.

63 Im Artikel 58, 10 wird »antisowjetische Agitation«, im Artikel 58, 11 wird »Teilnahme an einer terroristischen Organisation« zum »Verbrechen« erklärt.

64 NKWD-Untersuchungsakte Nr. 21476, Bl. 29–31.

Aufgrund dieser »Anklageschrift« wurde durch drei NKWD-Offiziere der Untersuchungsabteilung beschlossen, den »Fall« an die Sonderberatung des NKWD zu überweisen. In einer Nachbemerkung zur Anklageschrift heißt es:

»Die Angeklagte Mühsam ist im Butyrskaja-Gefängnis inhaftiert. Es sind keinerlei Beweisstücke vorhanden. Es gibt keine Zeugen, die vor Gericht zu laden sind.«

Das Urteil wurde dann in Abwesenheit von Zenzl Mühsam durch eine »Sonderberatung« des NKWD im Schnellverfahren am 11. September 1939 gefällt.

»Auszug aus dem Protokoll Nr. 30[65]
der Sonderberatung beim Volkskommissar für innere Angelegenheiten
der UdSSR vom 11. September 1939

BEHANDELT	BESCHLOSSEN
Fall 21476 zur Anklage gegen MÜHSAM, Krestenzija Awgustowna, geb. 1884 in Deutschland, Deutsche, ohne Staatsangehörigkeit,	MÜHSAM, Krestenzija Awgustowna, ist wegen der Teilnahme an k-r Organisation und Agitation im ITL[66] für ACHT Jahre zu inhaftieren mit Berechnung der Haftzeit seit dem 16. November 1938.

Die Akte ist ans Archiv abzugeben.

Leiter des Sekretariats der Sonderberatung beim Volkskommissar für Innere Angelegenheiten der UdSSR /IWANOW/ ›BESTÄTIGE‹«

Zenzl Mühsam wurde wegen »Zugehörigkeit zu einer konterrevolutionären Organisation und wegen konterrevolutionärer Agitation« zu acht Jahren Arbeitserziehungslager (ITL), d.h. Haft im GULAG, verurteilt. Nach dem Urteil wurde sie am 26. September 1939 in das Lager Potbar in der Mordwinischen Republik transportiert und erreichte den Lagerkomplex Temlag[67] am 30. September 1939.

---

65 NKWD-Untersuchungsakte Nr. 21476, Bl. 60.

66 ITL, d. i. Besserungsarbeitslager.

67 Im 1931 in der Mordwinischen ASSR gegründeten GULAG-Komplex »Temlag« waren Anfang 1939 insgesamt 22821 Menschen inhaftiert. Vgl. Ochotin/Roginskij (wiss. Red.), Sistema ispravitel'no-trudovykh lagerei v SSSR, S. 478–480.

Am 1. Dezember 1939 wurde Zenzl Mühsam wieder nach Moskau in das Butyrski-Gefängnis verbracht. Hier gehörte sie 1940 zusammen mit Margarete Buber-Neumann und Susanne Leonhard zu jenen GULAG-Häftlingen, die für die geplante Ausweisung nach Deutschland[68] in der Moskauer Butyrka eine »Sonderbehandlung« erfuhren, d. h. besonders gut verpflegt und neu eingekleidet wurden. Wie Zenzl in einem späteren Verhör[69] aussagte, wurde sie während dieser Zeit in der Butyrskaja bis zum Dezember 1940 nicht verhört. Die bewundernswürdige und »überlegene Haltung« der Zellenältesten Zenzl Mühsam wurde von Margarete Buber-Neumann in ihren Erinnerungen festgehalten:

»Zenzl war ein aufrechter, wahrheitsliebender, kämpferischer Mensch, der nicht durch die Zugehörigkeit zur Kommunistischen Partei verbogen worden war. Sie kam nach Moskau, wurde Gast der Stassowa und wohnte im Hotel ›Nowaja Moskowskaja‹. Es währte nicht lange, da sah sie mit den Augen eines unvoreingenommenen Beobachters die Verlogenheit des russischen Lebens. Diktatur und Sklaverei herrschten, wo man Demokratie und Freiheit sagte, Armut und Mißachtung des Menschen, die nach der Stalinschen Losung ›wie Blumen gepflegt‹ werden sollten. Die Verhaftung Zenzl Mühsams erfolgte wahrscheinlich erst nach einer Reihe von kritischen Äußerungen. Sie hatte nicht gelernt, zu heucheln oder mit ihrer Meinung ängstlich hinter dem Berg zu halten. Aber sie ahnte auch nicht, in welcher Räuberhöhle sie sich befand.«[70]

Am 3. August 1940 richtete Zenzl Mühsam aus der Zelle 21 »An den Leiter der Untersuchungsabteilung« eine Eingabe:

»Ich bitte Sie, mir aus dem Gorki-Institut, mit dem ich einen Vertrag abgeschlossen habe, Geld überweisen zu lassen.

Ich bin die Witwe von Erich Mühsam, des revolutionären Dichters u. Schriftstellers, der 1934 im Konzentrationslager ermordet wurde, bin seit dem 17. Nov. 1938 verhaftet, bin zu 8 Jahren Lager verurteilt, wurde ins Lager transportiert, bin seit dem 3. Dez. wieder hier, weiß nichts über meine Lage. Ich bin 56 Jahre alt, durch alles, was ich erlebt habe nicht mehr gesund und habe kein Geld, um nur ein wenig Lebensmittel zu kaufen. Der Kontrakt im Gorki-Institut geht auf den Nachlaß meines Mannes. Da ich die Erbin des Nachlasses bin, lautet der Kontrakt auf meinen Namen.«[71]

---

68 Vgl. Schafranek, Zwischen NKWD und Gestapo; Jahnke, Aus der UdSSR ins faschistische Deutschland ausgewiesen.

69 MGB-Gebietsverwaltung Iwanowo, Nr. 1059, Bl. 15–16.

70 Buber-Neumann, Als Gefangene bei Stalin und Hitler, S. 165.

71 NKWD-Akte Nr. 249570, unpag.

Im Gegensatz zu anderen Häftlingen, die von ihren Angehörigen manchmal mit Lebensmitteln oder mit Geld versorgt werden konnten, war Zenzl Mühsam völlig mittellos. Ihre Bitte wurde wie viele andere »Eingaben« ihrer Mithäftlinge nicht weitergeleitet, sondern allenfalls in den NKWD-Akten abgelegt.

Über Zenzl Mühsams Skepsis nach dem Rücktransport ins Moskauer Butyrskaja-Gefängnis berichtete Margarete Buber-Neumann 1947 in einem Brief: »Zenzl war unter uns die einzige, die immer wieder vor Optimismus warnte. Alle andern waren wir trunken von der Hoffnung, ins Ausland abgeschoben zu werden. Die Tatsache, dem sibirischen Grauen entronnen zu sein, hatte uns den Blick für die Wirklichkeit geraubt. Immer wieder sagte Zenzl, daß wir nichts Gutes zu erwarten hätten, daß wir sicher die Opfer irgendeiner neuen Teufelei der NKWD würden.«[72]

Da das NKWD wahrscheinlich fürchtete, daß die im Ausland offensichlich prominente Zenzl Mühsam – nicht zuletzt die in der NKWD-Akte abgehefteten ausländischen Proteste verdeutlichten dies – nach einer Ausweisung über ihre Erlebnisse in der Haft, über die Verhörpraxis und den GULAG berichten könnte, wurde sie nicht – wie andere deutsche und österreichische Häftlinge – an Deutschland[73] ausgeliefert, sondern im Dezember 1940 zusammen mit Erna Doll, Adele Schiffmann[74], Else Frank und Frieda Eichner erneut in den GULAG, in den 3. Lag-Punkt des Lagers Potmar in der Mordwinischen ASSR, abtransportiert.

In der »Sonderfahndungsliste UdSSR«[75], dem 1941 entstandenen Fahndungsbuch für die deutschen »Einsatzgruppen«, wurde Kreszentia Mühsam mit dem Hinweis »i. Haft« zur Fahndung ausgeschrieben.

---

72 Brief Buber-Neumann an Thomas Wendell, 8. März 1947, Nachlaß Rocker, IISG Amsterdam.

73 Robert Conquest gelangte auf seiner schmalen Quellengrundlage zu der falschen Vermutung, daß Zenzl Mühsam nach Deutschland ausgeliefert wurde. Vgl. Conquest, Am Anfang starb Genosse Kirow, S. 517.

74 Auch Adele Schiffmann, 1948 aus dem GULAG entlassen, wurde 1949 erneut inhaftiert und »auf ewig« nach Sibirien verbannt. Zur Biographie vgl. Stark, »Ich muß sagen, wie es war«, S. 261 f.

75 Röder (Hg.), Sonderfahndungsliste UdSSR.

Zwei Sterne verweisen darauf, daß geprüft werden sollte, ob Zenzl Mühsam als »V-Person«[76] verwendet werden könnte.

Zenzl Mühsam war im GULAG bis zum 16. November 1946 inhaftiert.

In einer in Moskau 1947 verfaßten handschriftlichen »Autobiographie«[77] vermerkte sie nur kurz ihre zweite Verhaftung und ihre Lagerhaft. Ihre erste Verhaftung im Jahre 1936 erwähnte sie wohl absichtlich nicht. Sie schildert hier aber ihren Gesundheitszustand und den Diebstahl ihrer Entlassungspapiere:

»Autobiographie von Kreszentia Aug. Mühsam

Ich wurde am 28. 7. 1884 im Dorf Haslach, Land Bayern, in Deutschland in der Familie des Bauern August Elfinger geboren. Ebendort habe ich die Schule besucht, 7 Klassen. Bis zum Alter von achtzehn Jahren wuchs ich in meiner Familie auf. Als ich achtzehn Jahre alt wurde, heiratete ich den Bildhauer Ludwig Engler aus München und zog 1902 zum Ehemann nach München. Im gleichen Jahr wurde mein Sohn, Siegfried Engler geboren. 1910 starb mein Vater und im Jahre 1912 starb meine Mutter. Ich war die ganze Zeit Hausfrau. 1915 im Frühjahr starb mein Mann Ludwig Engler im Krieg und im Herbst 1915 heiratete ich zum zweitenmal, den Schriftsteller Erich Mühsam. Erich Mühsam war Mitglied des Spartakusbundes. 1917 im Frühjahr wurde er aus München nach Traunstein verbannt, wegen Agitation und Aufruf zum Streik in Rüstungsbetrieben. Im November 1918 kehrte er nach München zurück und trat sofort gegen den Krieg und die nationale Verteidigung auf. Zwei Tage danach beteiligte sich mein Mann am Sturz des Königs in Bayern. In der Periode als Eisler[78] (USP) Ministerpräsident war, war mein Mann in der Opposition. Nach der Ermordung dieses Ministerpräsidenten wurde die Sowjetmacht in Bayern im Jahre 1919 errichtet. Nach anderthalb Monaten Sowjetmacht in Bayern wurde sie zerschlagen und mein Mann Erich Mühsam wurde im Monat April verhaftet und zu 15 Jahren Zwangsarbeit wegen Propaganda zu Gunsten der Sowjetmacht in München verurteilt. In der Zeit als mein Mann im Gefängnis war, beteiligte ich mich an der Gründung der Internationalen Hilfe (MOPR) in Deutschland.

---

76 Diese »Möglichkeit« sollte bei zahlreichen deutschen Emigranten im Falle ihrer Verhaftung geprüft werden.

77 Diese Autobiographie wurde von fremder Hand in russisch geschrieben und den Klischees von »Parteilebensläufen« angepaßt. Die »Autobiographie« entstand im Kontext der geplanten Ausreise, offensichtlich auch mit politischer Formulierungshilfe durch andere Emigranten, die in Moskau auf ihre Ausreise warteten.

78 Gemeint ist Kurt Eisner.

Ich war ein aktives Mitglied dieser Organisation und trat in vielen Versammlungen zur Befreiung der politischen Gefangenen in Deutschland auf. Im Januar 1924 zog ich von München nach Berlin und im Dezember 1924 wurden die letzten Teilnehmer der Räterepublik amnestiert, darunter auch mein Mann. Er fuhr zu mir nach Berlin und von diesem Zeitpunkt an kämpfte er ausschließlich für die Vereinigung des Proletariats. Ich galt als Mitglied der Organisation der Internationalen Hilfe (MOPR), trat aber seitdem nirgendwo mehr auf. Ich war wieder Hausfrau. Am 27. Februar 1933, in der Nacht des Reichstagsbrandes, wurde mein Mann wieder verhaftet. Ab 17. März befand er sich in den Konzentrationslagern Sonnenburg, Brandenburg und Oranienburg. In dieser Zeit versorgte ich meinen Mann und viele andere Genossen auf illegale Weise mit Lebensmitteln und anderen Dingen. In der Nacht vom 9. zum 10. Juli wurde mein Mann im Konzentrationslager Oranienburg umgebracht. Seine Leiche wurde mir übergeben und er wurde in der Nähe von Berlin beerdigt. Am 15. Juli 1934 verließ ich Berlin, da man mir abriet an der Beisetzung teilzunehmen und ich fuhr nach Prag in der Tschechoslowakei. Von Juli bis August 1934 wohnte ich in Prag. Dort schrieb ich die Broschüre ›Der Leidensweg von Erich Mühsam‹ und dafür entzog mir die Hitlermacht die deutsche Staatsbürgerschaft. Diese Broschüre wurde in vier Sprachen herausgegeben von der Sowjetunion mit Hilfe der Vorsitzenden der MOPR, Genossin Stassowa. Genossin Stassowa lud mich in die Sowjetunion ein, da mein weiterer Aufenthalt in der Tschechoslowakei zu gefährlich war. Alle Handschriften meines Mannes (zum Großteil noch nicht veröffentlicht) befinden sich hier in der Sowjetunion, in der Stadt Moskau im Gorki Museum. Es gelang mir diese Handschriften vor den Faschisten zu retten, mit Hilfe der tschechoslowakischen Regierung und sie wurden von mir in die Sowjetunion gebracht.

Im August 1935 kam ich in Moskau an und lebte einige Monate im Hotel ›Nowa Moskowskaja‹ und dann im ZK des MOPR in der ulitza Ogarewa, wo ich auch im November 1938 verhaftet wurde. Ohne Gerichtsverfahren wurde ich zu acht Jahren verurteilt. Von diesen habe ich die letzten sechs Jahre in der Mordowskaja ASSR, in der staniza[79] Potbar verbracht in einer Nähfabrik (im Lager), wo ich die ganze Zeit gearbeitet habe. Im November 1946 wurde ich auf freien Fuß gesetzt und in diesem Lager gab man mir eine Eisenbahnfahrkarte zur Station Kotschenowa, in der Nähe von Nowosibirsk. Da ich 63 Jahre alt bin und die russische Sprache nicht beherrschte und darüber hinaus krank war, wurde ich nirgendwo zur Arbeit eingestellt. Nach großen Leiden und Entbehrungen wurden mir darüberhinaus noch alle Sachen und Dokumente gestohlen. Ich wurde von den Organen des NKWD nach Moskau geschickt. Auf meine Bitte hin wurde ich in das MWD[80] gebracht und von dort aus wurde ich in das ZK der MOPR geführt. Im Zusammenhang mit meiner Krankheit,

79 Das ist Siedlung.
80 Innenministerium.

einer beidseitigen Lungenentzündung, lag ich zwei Monate im Krankenhaus. Seit dieser Zeit werde ich vom ZK der MOPR finanziell unterstützt.

Über meinen Sohn ist mir seit der Zeit, wo ich Deutschland verließ, nichts mehr bekannt, da ich mit niemandem im Briefwechsel stand. Selbiges kann ich im Hinblick auf die anderen Bekannten und Verwandten sagen, da der Bruder meines Mannes ein Arzt ist.

28. 9. 1947
Kreszentia Augustinowa Mühsam«[81]

Über das Ende ihrer GULAG-Haft, die anschließende Odyssee und den Diebstahl ihrer Entlassungspapiere wurde Zenzl Mühsam am 2. März 1949 nach ihrer nächsten Verhaftung in Verhören erneut befragt. Da sie nun angeklagt wurde, gegen den Erlaß des Präsidiums des Obersten Sowjets der UdSSR vom 26. November 1948 »Über die strafrechtliche Verantwortung wegen der Flucht aus Orten verbindlicher und ständiger Ansiedlung oder Verbannung« verstoßen zu haben, erläuterte sie ihre Entlassung und die folgende Irrfahrt nach Moskau ausführlich:

»Ich wurde am 16. November 1946 nach der Verbüßung der Strafe aus dem Lagerpunkt N 36 des Temlags freigelassen. Bei der Freilassung wurden mir eine Bescheinigung über die Freilassung sowie noch ein Dokument und zugleich eine Fahrkarte bis zur Eisenbahnstation Kotschenewo im Gebiet Nowosibirsk aushändigt. Mir wurde auch vorgeschlagen, daß ich mich nach der Ankunft in Kotschenewo beim NKWD melden solle, ohne zu erläutern, daß es sich dabei um eine Sondersiedlung handelt. Die Frau, die mir die Dokumente aushändigte, konnte nicht deutsch und ich konnte den Inhalt der mir gegebenen Papiere nicht begreifen, weil sie russisch geschrieben wurden. Etwa am 24. November 1946 kam ich nach Kotschnewo, meldete mich am selben Tage beim NKWD und zeigte die Dokumente vor, die mir im Lager gegeben wurden. Es wurde mir im NKWD versprochen, einen Paß auszuhändigen, es kam aber nicht dazu. Etwa bis Mitte Januar wohnte ich in Kotschenewo, und da es keinen normalen Raum gab, wurde ich überall untergebracht, wo es nur möglich war. Meistens war es das Gebäude der örtlichen Miliz. Außerdem wurde ich zu einem Kolchos geschickt, wo man mich aber nicht empfing. Am 10. Januar 1947 sagte mir stellv. Leiter der Miliz, daß heute ein Zug nach Nowosibirsk fahre. Er setzte mich ohne Karte in den Waggon und sagte, ich dürfe ohne seine Erlaubnis nach der Ankunft nicht aus dem Wagen aussteigen und versprach, mir eine Wohnung zu besorgen. Unterwegs sah ich ihn aber nicht. Nach der Ankunft in Nowosibirsk führte man mich aus dem Waggon. Diesmal stahl man mir im Bahnhof die Dokumente. Deswegen wandte ich mich persönlich einige Male an den Bahnhofskommandanten

81 Eigenhändige Unterschrift, RGASPI, f. 495, op. 205, d. 6231, unpag.

und bat sogar, mich einzusperren und meine Identität festzustellen. Ich hatte keine Existenzmittel und verbrachte also etwa einen Monat im Nowosibirsker Bahnhof.

Im März 1947 traf ich in der Bahnhofskommandantur einen Militärangehörigen, und zwar einen Hauptmann. Er schien mir Jude zu sein. Er sagte mir, ich könne mit ihm deutsch sprechen, weil er deutsch gut könne. Ich erläuterte ihm, wie ausweglos meine Lage war, weil mir die Dokumente gestohlen wurden und ich keine Existenzmittel hatte. Ich bat ihn, mir zu helfen. Nachdem dieser Hauptmann mir zuhörte, besuchte dieser Hauptmann mit mir zusammen den Bahnhofskommandanten, wo man mir irgendeinen Zettel gab und mich fragte, ob ich Bekannte habe. Ich antwortete, daß ich Bekannte in Moskau habe. Danach setzte man mich in einen Kinderwaggon und schlug vor, daß ich mich nach der Ankunft in Moskau mit dem mir ausgehändigten Zettel melden solle. Nach der Ankunft in Moskau wandte ich mich im Bahnhof mit diesem Zettel an den NKWD. Man brachte mich mit einem Auto zur Kusnetzki Brücke und von dort ins Gebäude des Innenministeriums in der Lubjanka. Dort verhörte man mich ausführlich und brachte mich in ein anderes Gebäude, wo ein weiteres Verhör stattfand. Aus diesem Gebäude brachte man mich ins Gebäude der IRH. Dort bekam ich einen Überweisungsschein für ein Hotel, Lebensmittelkarten sowie Lebensmittelgeld. Ich wohnte in Moskau bis zum Oktober 1947 und erhielt eine Rente in Höhe von 300 Rubel.«[82]

Ihre vergeblichen Versuche, aus der Sowjetunion nach Deutschland, d. h. in die sowjetisch besetzte Zone, auszureisen, verschwieg Zenzl Mühsam 1949 aus begreiflichen Gründen.

Über die Rückkehr Zenzl Mühsams nach Moskau und ihre Pläne, aus der Sowjetunion in die »Heimat« auszureisen, informierte auch eine 1948 erschienene Broschüre des früheren KPD-Reichstagsabgeordneten Fritz Löwenthal, der aus Moskau nach Deutschland zurückgekehrt war:

»Erst Anfang 1947 kam sie aus der Verbannung wieder nach Moskau zurück, völlig ausgezehrt und über und über mit Schwären bedeckt. Wie Paul Försterling, der in Moskau zurückgebliebene Verbindungsmann zwischen KP/SEP, bolschewistischer Partei und NKWD, von seinen Parteigenossen Finsterling getauft, in einem Brief an Walter Ulbricht berichtete, traf Zenzl Mühsam in schlechtem körperlichen und seelischen Zustand wieder in Moskau ein, wo Helena Stassowa sich persönlich um sie bemühte. Försterling erbat besondere Direktiven, was mit ihr geschehen solle, und ließ durchblicken, daß er ihre Entlassung nach Deutschland nicht befürworten könne.«[83]

---

82 Gebietsverwaltung Iwanowo des MWD, Akte Nr. 1059.

83 Löwenthal, Ihr Schicksal in der Sowjet-Union, S. 34.

Durch die Veröffentlichung eines Zeitungsartikels von Margarete Buber-Neumann, in dem sie 1947 über ihre Haft in der UdSSR und über Zenzl Mühsam erstmals berichtete, wurde die Berliner SED-Führung ebenso alarmiert wie durch eine »Meldung« von Roberta Gropper[84], die 1947 von Moskau nach Berlin zurückgekehrt war:

»Von Zensl Mühsam erfuhr ich jetzt vor einigen Wochen, von den aus Moskau zurückkehrenden Genossen. Sie hat damals 1937 [!, R. M.] 8 Jahre Arbeitslager bekommen und hat anscheinend diese Strafe abgesessen. Jetzt soll sich Mühsam auf der Durchgangsstation im Lux[85] befinden. Die Genossen erzählten mir, daß Mühsam sehr krank war und in Moskau im Krankenhaus gelegen habe. Ich machte darauf aufmerksam, daß Zensl Mühsam über das, was sie gesehen und gehört, nicht nur nicht schweigen wird, sondern wie ich sie kenne, auf der anderen Seite gegen die Sowjetunion stehen wird. Sie faßte die Verhaftung als eine ungeheuerliche Beleidigung ihres Mannes auf und kann diese Angelegenheit nur vom persönlichen Standpunkt aus betrachten. Ich glaube, es wäre nicht gut, wenn Mühsam hier erscheinen, da sicherlich diese Angelegenheit gegen die Sowjetunion genutzt würde.«[86]

Diese Meldung an den SED-Kaderchef Franz Dahlem, die an Wilhelm Pieck und Walter Ulbricht weitergeleitet wurde, führte zu mehreren Telegrammen an das ZK der KPdSU. Am 16. Oktober 1947 alarmierte die SED-Mitarbeiterin Grete Keilson erneut Pieck, Ulbricht und Dahlem:

»Ich erhielt durch die Gen. HECKERT die Mitteilung, daß Z. Mühsam in Moskau ist und demnächst nach hier abreisen wird. Wir hatten seinerzeit doch telegrafiert, daß ihre Herreise nicht erwünscht ist. Sollten wir dieses Telegramm evtl. noch einmal erneuern.«[87]

---

84 Zur Biographie der ehemaligen KPD-Reichstagsabgeordneten Roberta Gropper, die vor allem in der »Frauenarbeit« aktiv war, vgl. ihren Lebenslauf RGASPI, f. 495, op. 205, d. 6375. Nach ihrer Verhaftung im November 1937 saß sie 3 1/2 Jahre in Untersuchungshaft – u.a mit Zenzl Mühsam und Margarete Buber-Neumann. Nach ihrer Haftentlassung in Moskau bald rehabilitiert, wurde sie in der DDR Vorsitzende des »Demokratischen Frauenbundes« und Volkskammerabgeordnete.

85 Gemeint ist das »Hotel Lux«, das frühere Wohnquartier der Komintern-Funktionäre.

86 SAPMO/BA, Nachlaß 36/640, Bl. 210.

87 SAPMO/BA, V 2/11 v. 5032, Bl. 46.

Nach ihrer Haftentlassung und einem kurzen handschriftlichen Antrag vom 28. September 1947 auf Ausreise in die »Heimat Deutschland«[88] wurde die erhoffte Ausreise[89] Zenzl Mühsams aus der Sowjetunion durch diese telegrafischen Interventionen der SED-Führung verhindert.

Ende 1947 teilte man Zenzl Mühsam im Moskauer Innenministerium mit, daß sie für Moskau keine Aufenthaltsgenehmigung mehr erhalte. Zenzl Mühsam wandte sich nun erneut an Jelena Stassowa, die sie im MOPR-Kinderheim in Iwanowo unterbrachte, ca. 300 km von Moskau entfernt, wo sie mit Lise Arndt und anderen Politemigrantinnen zusammenwohnte. Ihre von Iwanowo nach Berlin geschriebenen Briefe wurden in Deutschland und in der Sowjetunion von den entsprechenden »Organen« abgefangen und sind als Originale und in Abschriften[90] in der Moskauer »Kaderakte« Zenzl Mühsams aufbewahrt. Sicherlich war Zenzl Mühsam, gewitzt durch ihre Hafterfahrungen in der Sowjetunion, diese doppelte Postkontrolle in der Sowjetunion und in der »sowjetisch besetzten Zone« bewußt wie ihr auch noch der antisozialdemokratische Impetus Erich Mühsams präsent war. Vor allem in ihrem handschriftlich überlieferten Brief vom 12. Juli 1948 reagierte sie unter Verwendung der in der Sowjetunion und in der SBZ gewünschten Floskeln auf Zeitungsartikel, die ihr von »Genossinnen aus Deutschland« geschickt worden waren. Anläßlich des 70. Geburtstages von Erich Mühsam hatte die Westberliner Zeitung *Sozialdemokrat*[91] an Wilhelm Pieck die Frage gerichtet: »Wo ist Zensl Mühsam?«, und das *Neue Deutschland* hatte am nächsten Tag aus dem bereits seit März der SED

---

88 RGASPI, f. 495, op. 205, d. 6321, Bl. 20.

89 Ein Dossier aus dem Jahr 1950 vermerkte, daß Zenzl Mühsam 1948 erneut einen Ausreiseantrag stellte.

90 So gelangte der am 6. Januar 1948 verfaßte Brief an den »Gen. Leinert«, nachdem ihn die SED-Führung (Pieck, Dahlem, Schirdewan) am 15. März 1948 zur Kenntnis genommen hatte, an das ZK der KPdSU in Moskau. Hier wurde, wie auch von dem Brief Zenzl Mühsams an den »Gen. Schlimme«, eine Übersetzung angefertigt.

91 »Wo ist Zensl Mühsam? Die Frau des im KZ ermordeten Schriftstellers floh nach Rußland«, in: Sozialdemokrat, 6. April 1948. Dieser wie andere Artikel wurden von der »Abteilung Personalpolitik« der SED in der Akte Zenzl Mühsams abgeheftet. SAPMO/BA, V 2/11 v. 5032, Bl. 44.

vorliegenden Brief[92] an den »Genossen Leinert« zitiert. Auf diese öffentliche Kontroverse, die ihr in Zeitungsartikeln[93] vorlag, reagierte Zenzl Mühsam[94] mit einem polemischen Brief, in dem sie ihren neuen Aufenthaltsort, das MOPR-Kinderheim in Iwanowo, nach ihrer jahrelangen Gefängnis- und GULAG-Haft verklärte oder verklären mußte:

»Ich habe den Brief, der im ›Neuen Deutschland‹ abgedruckt ist, geschrieben. Was ist das für ein Mysterium, daß ich noch lebe? Ja, ich lebe und lebe weiter in Iwanowo, in einer schönen alten Stadt, mit einer großen, schönen revolutionären Vergangenheit. Iwanowo hat große Verdienste für die Emigranten der Welt.

Da gibt es ein Kinderheim, das ganz modern gebaut ist, und auch die Erziehung im freien und schönen Geist gehalten ist [...].«

Nach der Schilderung des Kinderheims fährt Zenzl Mühsam fort:

»Die Artikel sollen das Gegenteil bezwecken, für was mein Mann Erich Mühsam ermordet wurde. Sie sollen die Einigkeit der deutschen Arbeiter vernichten. Die Konterrevolution weiß, für sie ist alles vorbei, wenn Deutschlands Arbeiter in tiefer Verbundenheit zusammen stehen und einig sind. Erich Mühsam wäre längst, wenn er noch leben würde, von denen, die heute seine Witwe mit Mitleid bebarmen, wieder ins Zuchthaus geschickt worden. Soweit kenne ich mich aus.«

Der preußische Innenminister Severing, der Erich Mühsams Zeitschrift *Fanal* 1932 verbot, wie auch Gustav Noske, der »Alba des deutschen Proletariats«, werden von ihr im Kontext von »Fememorden« und »Schwarzer Reichswehr« benannt:

»Mein Mann schrieb von 1905 angefangen ein Tagebuch, indem er diese Entwicklung aufzeichnete bis zu diesem Höhepunkt, auf dem diese Leute heute stehen. Das Ta-

---

92 Rockers Vermutungen, daß dieser Brief, den die SED auf Vorrat hielt, fabriziert sein könnte, werden von Zenzl Mühsam in ihrem handschriftlichen Brief vom 12. Juli 1948 dementiert. Aber auch dieses Dementi könnte ihr vorgeschrieben worden sein, da der Brief vom 6. Januar 1948 bisher nur in Abschriften aufgefunden wurde. Eine Abschrift des Briefs wurde von Karl Schirdewan am 15. März 1948 an Wilhelm Pieck und Franz Dahlem weitergereicht und in russischer Übersetzung nach Moskau übersandt. RGASPI, f. 495, op. 205, d. 6231, unpag.

93 »Ein mysteriöser Brief. Lieferte die russische Staatspolizei Emigranten an die Gestapo aus?«, in: Telegraf, 8. April 1948; »Heraus mit der Sprache!«, in: Sozialdemokrat, 31. Mai 1948; »Emigranten im Paradies der Arbeiter«, in: Telegraf, 31. Mai 1948.

94 Denkbar ist aber auch, daß Zenzl Mühsam in Iwanowo Formulierungshilfe durch eine ihrer Mitbewohnerinnen erhielt.

gebuch liegt mit allen unveröffentlichten Arbeiten im Gorki-Institut in Moskau. Ja ich habe diese Arbeiten gerettet und noch einmal sage ich es Ihnen, Genosse Schlimme, und die Russen haben die ganzen Arbeiten über den Krieg gerettet.

Diese Tagebücher sind keine Familienangelegenheit, alles was die Sozialdemokratie an den deutschen Arbeitern gesündigt hat, ist Tag für Tag aufgezeichnet. Der Kampf war vor dem 1. Krieg, Erich bekämpfte sie sachlich, sie bewarfen ihn mit Dreck. Wie wurde Erich Mühsam, wie er vor dem Standgericht in München 1919 und mit seinem stolzen revolutionären Verhalten sogar den weißen Offiziern Respekt abzwang, im Vorwärts hergerichtet.

Ich war Erich Mühsams Frau vom 15. Sept. 1915 über Krieg, Revolution, bis zum Tod und bleibe, als ob er noch leben würde, seine Frau. Es ist eine heilige Sache jemanden zu bemitleiden. Diese Menschen haben kein Recht, denn niemanden von ihnen half mir die Gefangenen in den Konzentrationslagern Sonnenburg – Brandenburg – Oranienburg auch nur zu trösten.

Genosse Leinert und Genosse Schlimme, bestellen Sie den Herren, sie sollen sich Eines merken, ich bin nicht feige und ich brauche es auch nicht zu sein. Ich werde Ihnen beiden noch ganz ausführlich schreiben.

Die Fotografie, die ich beilege, soll bezeugen, daß ich wirklich lebe. Ich bin 64 Jahre alt, in Niederbayern geboren, meine Eltern waren Gastwirtsleute in Haslach – Post bei Freising, das alles damit die Leute endlich begreifen.

Gestern am 11. Juli[95] ließ ich mich fotografieren.

Es ist der Tag, an dem mir in Berlin-Neukölln der Tod meines Mannes mitgeteilt wurde, am 11. Juli 1934. Ich wurde ins Polizei Revier bestellt, da teilten mir 2 Polizeikommissare mit, daß mein Mann gestorben ist. Ich sagte, nicht gestorben, ermordet. Ich habe meinen Mann in Oranienburg am 8. Juli 1934 zum letztenmal gesprochen.

Mit den herzlichsten Grüßen Ihnen und dem Genossen Leinert Eure Genossin Zenzl Mühsam«[96]

Für Zenzl Mühsams weiteren Aufenthalt in Iwanowo hatte sich Jelena Stassowa am 28. April 1948 in einem Telegramm aus Leningrad an das ZK der KPdSU verwandt: »bitte in Iwanowo zu belassen«.[97]

---

95 Zwei Fotos liegen auch der Moskauer Kaderakte bei, deuten also darauf hin, daß sie mit offizieller Billigung oder unter Kontrolle hergestellt wurden. Der Brief Zenzl Mühsams findet sich auch in russischer Übersetzung in der Kaderakte. RGASPI, f. 495, op. 205, d. 6231, unpag.

96 RGASPI, f. 495, op. 205, d. 6231. Die Abfassung des Briefes als »Lebenszeichen« wurde von offizieller Seite offensichtlich »gefördert«. Dies zeigen nicht zuletzt die beiden Fotografien.

97 RGASPI, f. 495, op. 205, d. 6321., Bl. 10.

Zenzl Mühsam 1948
(RGASPI)

Da sie als »arbeitsunfähig« eingestuft wurde, erhielt sie – wahrscheinlich ebenfalls auf Fürsprache Stassowas – eine einmalige Zahlung von 4590 Rubel und von 1947 bis zur erneuten Verhaftung in Iwanowo eine monatliche Unterstützung, insgesamt 10 090 Rubel, wie in einem »Dossier«[98] der Kaderabteilung am 11. September 1950 vermerkt wurde.

Während die Remigration der »gestählten« KPD-Kader,[99] die für Führungspositionen geeignet schienen, langfristig und systematisch betrieben wurde, setzte sich die Moskauer KPD-Führung 1945/46 keineswegs für die Rückkehr aller jener Politemigranten ein, die politisch immer noch als unzuverlässige »Elemente« eingeschätzt wurden.

Wie auch andere aus dem GULAG entlassene Politemigranten, denen man die Heimkehr verweigert hatte, wurde Zenzl Mühsam 1949 erneut verhaftet. Wahrscheinlich bei einer Durchsicht der in Iwanowo vorhandenen Miliz-Akten war man auf die »dunklen Punkte« bei Zenzl Mühsam gestoßen, deren »Fall« nun erneut untersucht wurde.

98 RGASPI, f. 495, op. 205, d. 6321, Bl. 8.
99 Vgl. Erler, »Moskau-Kader« der KPD in der SBZ.

Dritte Verhaftung und Verbannung

Sowohl eine Routinedurchsicht der Melderegister, aber auch der Briefwechsel[1] Zenzl Mühsams mit dem Ausland können ihre erneute Verfolgung und Verhaftung ausgelöst haben. Der Abteilung zur »Bekämpfung des Banditismus« in Iwanowo lagen zudem auch zehn Seiten mit »kompromittierenden Materialien«[2] vor. Zu diesen Materialien gehörte auch ein Auszug aus einem Verhörprotokoll, das bereits am 30. November 1948 mit dem Traktoristen Jakow Sterk in Kotschenowo geführt worden war. Sterk hatte ausgesagt, daß er die Zwangssiedlerin Zenzl Mühsam zur Sonderkommandantur des Gebiets Nowosibirsk gebracht hatte.

Nach der Durchsicht der »Materialien« verfertigte am 17. Februar 1949 ein Leutnant Morosow als »operativer Bevollmächtigter« der »Abteilung zur Bekämpfung des Banditismus« in der Iwanower Gebietsverwaltung des Innenministeriums einen Beschluß zur Verhaftung Zenzl Mühsams, den der Leiter der Abteilung ebenfalls unterzeichnete. In diesem Beschluß, der dann von dem Leiter der Iwanower Gebietsverwaltung, Generalleutnant Gorbatschuk, und dem Staatsanwalt des Gebiets, Bekedow, bestätigt wurde, stellte Leutnant Morosow kurzerhand fest:

»Während ihres Aufenthalts in Prag gehörte MÜHSAM-MÜHSAN zu einer trotzkistischen Organisation, die von Wollenberg geleitet wurde, der 1937[3] aus der UdSSR nach Prag flüchtete. Diese Gruppe handelte gegen das ZK der KP Deutschlands. MÜHSAM-MÜHSAN kam 1935 in die UdSSR im Auftrage dieser Gruppe und betrieb verleumderische Agitation unter Emigranten.

1936 wurde sie verhaftet, und nach einem Beschluß der Sonderberatung vom 9. November 1936 wurde ihr wegen k.-r.[4] Tätigkeit für zwei Jahre das Aufenthaltsrecht in Moskau und Leningrad entzogen. 1938 wurde sie als eine aktive Teilnehmerin der aufgedeckten und liquidierten trotzkistischen Organisation der Emigranten

---

1 Im Verhör vom 22. Juli 1949 benannte Zenzl Mühsam als Briefpartner Helene Weigel und Käthe Duncker, die ihr bereits 1934 bei der Flucht aus Deutschland geholfen hatte.

2 Vgl. MGB-Gebietsverwaltung Iwanowo, Nr. 1059, Bl. 28.

3 Erich Wollenberg war bereits Anfang Juli 1934 aus der Sowjetunion geflüchtet.

4 k.-r., d. i. konterrevolutionär.

erneut verhaftet und durch den Beschluß der Sonderberatung zu acht Jahren Freiheitsstrafe verurteilt.

Die Haftzeit verbüßte sie im Temlag des NKWD, Mordwinische ASSR, Eisenbahnstation Potmar, nach der Freilassung im November 1946 wurde MÜHSAM-MÜHSAN[5] zur Sondersiedlung ins Gebiet Nowosibirsk, Bezirk Kotschenowo geschickt, von wo sie flüchtete und zum Aufenthalt in die Stadt Iwanowo kam.«[6]

Bereits in diesem Verhaftungsbeschluß zeichnen sich jene Beschuldigungen ab, mit denen Zenzl Mühsam, die seit dem 17. April 1949 im Inneren Gefängnis der Iwanower Gebietsverwaltung des Innenministeriums inhaftiert war, in den folgenden Verhören überzogen wurde. Nach den protokollierten Feststellungen zur Person[7] wurde sie fotografisch erfaßt, und auch alle Fingerabdrücke der 65jährigen wurden daktyloskopisch[8] festgehalten.

Im ersten Verhör[9] vom 17. April 1949 hatte Mühsam ihre Biographie erneut zu schildern, wobei sie ihre genauen persönlichen Daten, Erich Mühsams Haftzeiten wegen »revolutionärer Tätigkeit«, die Daten seiner Verhaftung und Ermordung anführt. Angesichts der antisemitischen Kampagnen und Verfolgungen in der Sowjetunion[10] vergaß sie sicherlich nicht zufällig jeden Hinweis darauf, daß Erich Mühsam am 28. Februar 1933 in Berlin als jüdischer Schriftsteller verhaftet wurde. Vor allem Zenzl Mühsams Entlassung aus dem GULAG und der Diebstahl ihrer Entlassungspapiere wurden vom NKWD-Untersuchungsführer nachgefragt. Gewitzt durch ihre früheren Verhöre und ihre Hafterfahrungen, wies Zenzl Mühsam die Frage des Leutnants Morosow »Seit wann und wo waren Sie in einer Strafkolonie?« sofort zurück: »Ich wurde nicht in eine Strafkolonie eingewiesen.«

Das nächste Verhör am 2. März 1949, das wiederum von einer Dolmetscherin des Referats »Bekämpfung des Banditismus« übersetzt

5 So im russischen Text.

6 MGB-Gebietsverwaltung Iwanowo, Akte Nr. 1059, Bl. 1.

7 Vgl. den vorgedruckten Fragebogen zur Person des Verhafteten, MGB-Gebietsverwaltung Iwanowo, Nr. 1059, Bl. 7–8.

8 MGB-Gebietsverwaltung Iwanowo, Akte Nr. 1059, Bl. 9.

9 MGB-Gebietsverwaltung Iwanowo, Akte Nr. 1059, Bl. 11–14.

10 Vgl. Lustiger, Rotbuch; Luks, Zum Stalinschen Antisemitismus; ders. (Hg.), Der Spätstalinismus und die »jüdische Frage«.

wurde, begann der »operative Bevollmächtigte« Leutnant Morosow sofort mit einer Schuldfrage:

»Sagen Sie, Mühsam, erklären Sie sich in der gegen Sie erhobenen Anklage laut Erlaß des Präsidiums des Obersten Sowjets der UdSSR vom 26. November 1948 ›Über strafrechtliche Verantwortung wegen Flucht aus Orten zwangsweiser und ständiger Ansiedlung oder Verbannung‹ für schuldig, und ist Ihnen die gegen Sie erhobene Anklage verständlich?«[11] Zenzl Mühsam antwortete daraufhin, daß sie die Anklage verstanden habe, und schilderte ausführlich die Umstände ihrer Freilassung und der Irrfahrt nach Moskau.

Da man in der Iwanower Abteilung zur »Bekämpfung des Banditismus« bereits bei der Verhaftung über Zenzl Mühsams frühere Verurteilung als »aktive Teilnehmerin einer aufgedeckten und liquidierten trotzkistischen Gruppe« wußte, forderte man aus Moskau die dort vorliegenden NKWD-Untersuchungsakten an und überwies den Fall jetzt an die »Untersuchungsabteilung«. Hier wurde Zenzl Mühsam vom Leutnant Slujew erneut mit den bereits 1936 und 1938/39 »protokollierten« Vorwürfen überzogen.

Aber auch 1949 – während ihrer dritten Verhaftung – weigerte sich die inzwischen 65jährige Zenzl Mühsam immer noch standhaft, das verlangte »Geständnis« über ihre Zugehörigkeit zu einer »trotzkistischen Organisation« zu liefern. Wie in früheren Verhören transportierte sie in ihrer Antwort geschickt die Warnungen Wollenbergs, daß es ihr in der Sowjetunion schlechtgehen werde und daß sie nach ihrer Ankunft verhaftet werde. Auch diesmal scheint der »protokollierende« Untersuchungsführer den Hintersinn ihrer Antworten nicht bemerkt zu haben. Unter Hinzuziehung der nun vorliegenden Untersuchungsakten aus den dreißiger Jahren versuchte der Untersuchungsführer beim fünfstündigen Verhör am 20. Juli 1949 Zenzl Mühsam durch ihre »Beziehungen« zu den bereits erschossenen oder umgekommenen Hermann Taubenberger, Karl Petermeier, Willi Budich, Rudolf Margies, Alberto Zenari, Carola Neher zu überführen. Zenzl Mühsam wies aber auch die mehrmaligen Versuche zurück, die erfolterten »Geständnisse« der dreißiger Jahre als »Beweise« zu benutzen. Die Behauptung, daß sie in die So-

---

11 MGB-Gebietsverwaltung Iwanowo, Nr. 1059, Bl. 15a.

wjetunion im »Auftrage Prager Trotzkisten« einreiste, bestritt Zenzl Mühsam energisch: »Ich erkläre noch einmal, daß ich weder in Prag noch in der Sowjetunion einer trotzkistischen Organisation angehörte und in die Sowjetunion als Politemigrantin auf Einladung des ZK der IRH kam, die mir mit Zustimmung der Sowjetregierung das Asylrecht einräumte.«

Auf die Frage nach ihren Moskauer Bekannten nannte sie anfangs nur Hermann Taubenberger, Karl Petermeier und die holländische Familie de Wit und parierte die Fragen des Untersuchungsführers geschickt:

Frage: Die Untersuchungsbehörden haben Informationen darüber, daß Sie Taubenberg und Pettermeier über die antisowjetischen Stimmungen Wollenbergs informierten. Stimmt das?

Antwort: Ja. Sofort nachdem ich Taubenberg und Pettermeier in der Sowjetunion traf, informierte ich sie über die antisowjetischen Stimmungen Wollenbergs und warnte sie, für den Fall einer Reise Wollenbergs nach der Sowjetunion, nicht mit ihm zu verkehren.

Frage: Der Untersuchungsbehörden liegen Informationen darüber vor, daß sie sofort nach der Ankunft in der Sowjetunion Verbindung zu einer trotzkistischen Organisation herstellten, deren Mitglieder Taubenberg und Pettermeier waren, und begannen, eine aktive konterrevolutionäre Tätigkeit zu betreiben. Berichten Sie darüber ausführlich.

Antwort: Ich kann dazu nichts erzählen, weil ich nie Verbindung zu einer trotzkistischen Organisation hatte. Es ist mir auch nicht bekannt, ob Taubenberg und Pettermeier einer derartigen Organisation angehörten.

Frage: Sagen Sie, wer wurde mit Ihnen zusammen 1938 verhaftet und verurteilt?

Antwort: 1938 wurde ich allein verhaftet und verurteilt. Ich wurde allein in der Untersuchungsakte erwähnt.

Frage: Ihre Mittäter sagen aus, daß Sie ein aktives Mitglied der trotzkistischen Organisation waren. Sind Sie gewillt, jetzt davon offen zu erzählen?

Antwort: Ich wiederhole, daß ich nie Mitglied einer trotzkistischen konterrevolutionären Organisation war, und ich konnte gar keine Mittäter in dieser verbrecherischen Tätigkeit haben, weil ich keine verbrecherische Tätigkeit betrieb.

Frage: Ihnen werden die Aussagen Pettermeiers über Ihre Zugehörigkeit zur trotzkistischen konterrevolutionären Organisation sowie darüber verlesen, daß Sie in die Sowjetunion im Auftrage der Prager Organisation der Trotzkisten kamen. Bestätigen Sie diese Aussagen Pettermeiers?

Antwort: Nein, ich bestätige sie nicht. Alle Aussagen Pettermeiers über meine angebliche Zugehörigkeit zur trotzkistischen Organisation sowie darüber, daß ich in

der Sowjetunion angeblich im Auftrage Prager Trotzkisten ankam, entsprechen nicht der Wirklichkeit.
Ich erkläre noch einmal, daß ich weder in Prag noch in der Sowjetunion einer trotzkistischen Organisation angehörte und in die Sowjetunion als Politemigrantin auf Einladung des ZK der IRH kam, die mir mit Zustimmung der Sowjetregierung das Asylrecht einräumte [...]
Frage: Kannten Sie die Schauspielerin Neher, Carola?
Antwort: Ja. Ich lernte sie bereits 1928 in Deutschland kennen.
Frage: Haben Sie sie Anfang 1936 mit der Mitnahme der Korrespondenz nach Prag beauftragt?
Antwort: Nein.
Frage: Petermeier sagt aus, daß Sie Neher, Carola, beauftragten, die Korrespondenz nach Prag mitzunehmen. Bestätigen Sie seine Aussagen?
Antwort: Nein, ich bestätige sie nicht.
Frage: Auch andere Zeugen sagen über Ihre Zugehörigkeit zu der trotzkistischen Organisation aus. Was sagen Sie jetzt aus?
Antwort: Ich erkläre auch jetzt, daß ich keiner trotzkistischen Organisation angehörte.
Frage: Sagen Sie, kennen Sie Henksche?[12]
Antwort: Ich kenne sie. Das ist gerade die Schauspielerin Neher, Carola, von der ich bereits aussagte. Henschke ist der Name ihres Mannes.
Frage: Henschke, Carola, sagte während des Verhörs am 7. Juli 1936 aus, daß Sie gegenüber der UdSSR feindlich eingestellt sind und in ihrem Beisein ihren Haß zur Sowjetmacht mehrmals äußerten. Sagt Henksche richtig aus?
Antwort: Nein, sie sagt falsch aus. Ich war gegenüber der Sowjetunion nie feindlich eingestellt und äußerte gegen sie keinen Haß.
Frage: Es werden Ihnen Zeugenaussagen von Henksche, Carola, zu dieser Tatsache verlesen. Bestätigen Sie sie?
Antwort: Nein, ich bestätige sie nicht. Die Aussagen der Zeugin Henksche, Carola, über meine angebliche antisowjetische Tätigkeit entsprechen nicht der Wirklichkeit.
Frage: Trafen Sie Henschke, Carola, in der Tschechoslowakei?
Antwort: Ich traf sie. Wir wohnten in Prag in demselben Haus.
Frage: Ist Henksche, Carola, mit Wollenberg, Erich, bekannt?
Antwort: Ja.
Frage: Sagen Sie, trafen Sie Wollenberg und Henksche zu gleicher Zeit in Prag?
Antwort: Nein, ich traf sie nicht zu gleicher Zeit.

12 Dem Untersuchungsführer war offensichtlich nicht bekannt, daß Carola Neher mit Carola Hentschke identisch war.

Frage: Sie sagen falsch aus. Sind Sie gewillt, während der Untersuchung wahrheitsgetreu auszusagen?
Antwort: Ich sage nur die Wahrheit aus und mache keine anderen Aussagen.
Frage: Besuchten Sie in Moskau die Wohnung Zennaris?
Antwort: Ich besuchte Sie zwei- oder dreimal.
Frage: Trafen Sie bei Zennari Turnerin Li David?
Antwort: Ich kenne die Turnerin Li David nicht.
Frage: Die Zeugin Henschke sagt aus, daß Sie Ihren Haß der Sowjetunion gegenüber auch bei Zennari äußerten. Stimmt das?
Antwort: Nein. Ich besprach bei Zennari keine politischen Themen.
Frage: Wer außer Ihnen besuchte Zennari?
Antwort: Außer mir besuchte auch Henksche, Carola, öfter Zennari. Einmal war sie dort mit mir zusammen.
Frage: Sagen Sie, lud Sie Henksche, Carola, 1934, als sie in Prag wohnte, in die Sowjetunion ein?
Antwort: Nein, sie lud mich nicht ein.
Frage: Sie sagen nicht wahrheitsgemäß aus. Das sagte Henksche, Carola, selbst aus. Sind Sie gewillt, gegenüber den Untersuchungsorganen die Wahrheit auszusagen?
Antwort: Ich sage den Untersuchungsorganen nur die Wahrheit und mache keine anderen Aussagen. Ich weiß nicht, warum Henksche, Carola, so aussagte.
Das Protokoll ist nach meinen Worten richtig aufgeschrieben und mir verständlich ins Deutsche übersetzt.
K. A. Mühsam«[13]

Zwei Tage später, am 22. Juli 1949, wurde Zenzl Mühsam in einem fünfstündigen Verhör[14] mit dem bereits ausformulierten »Beschluß über die Durchführung von Vorbeugungsmaßnahmen« konfrontiert. Hier wurde sie unter Wiederholung der Anklageschrift aus dem Jahre 1939 nach Artikel 58-10 wegen »antisowjetischer Agitation« und Artikel 58-11 wegen »Teilnahme an einer konterrevolutionären Organisation«[15] ange-

13 MGB-Gebietsverwaltung Iwanowo, Nr. 1059, Bl. 32–35.

14 MGB-Gebietsverwaltung Iwanowo, Nr. 1059, Bl. 37–40.

15 Der Paragraph 11 des Artikels 58 lautete: »Auf die Vorbereitung oder Begehung der in diesem Kapitel genannten vorgesehenen Verbrechen gerichtete organisatorische Tätigkeit jeglicher Art sowie die Teilnahme an einer Organisation, die zur Vorbereitung oder Begehung eines in diesem Kapitel vorgesehenen Verbrechens gebildet worden ist, ziehen die in den entsprechenden Paragraphen dieses Kapitels genannten Maßnahmen des sozialen Schutzes nach sich.«

klagt. Zenzl Mühsam wies die Frage des Untersuchungsführers, ob sie sich in diesen Anklagepunkten für schuldig erkläre, mit einer gezielten Gegenerklärung zurück:

»Nein, ich erkläre mich nicht für schuldig. Ich gehörte keiner trotzkistischen Organisation an und erfüllte deshalb nicht die Funktion einer Verbindungsperson zwischen dem trotzkistischen Auslandszentrum und einer Moskauer Filiale. Ich betrieb auch keine antisowjetische Agitation. Ich besuchte freilich einige Städte der Sowjetunion, aber mit einem anderen Ziel. Ich berichtete über die Greueltaten der Faschisten.«[16]

Danach wurden zum wiederholten Male die Treffen mit Erich Wollenberg, Hans Wistuba und Oskar Seipold in Prag abgefragt. Da sich Zenzl Mühsam an deren Namen nicht mehr erinnerte (oder erinnern wollte), hielt der Untersuchungsführer den Widerspruch zu ihren früheren Aussagen im Jahre 1939 triumphierend im Protokoll fest. Mühsam bestritt weiter vehement, daß in ihrer Prager Wohnung Versammlungen von Trotzkisten stattgefunden hätten. Sie erinnerte sich auch nicht mehr, ob sich ihre Besucher in Prag Trotzkisten nannten. Sie wären allenfalls antisowjetisch eingestellt gewesen und hätten ihr empfohlen, nicht in die Sowjetunion zu reisen. Mit Wollenberg habe sie, als sie feststellte, daß er antisowjetisch eingestellt war, schon vier Monate vor ihrer Abreise in die Sowjetunion keinen Kontakt mehr unterhalten. Nachdem sie auch nichts mehr über den jetzigen Aufenthaltsort von Karl Petermeier, Carola Neher und Budich, die erschossen wurden oder umgekommen waren, aussagen konnte oder wollte, wurde Zenzl Mühsam zu ihren Verwandten und Bekannten in Deutschland befragt. Sie benannte ihre fünf Brüder, ihre Schwester und ihren Schwager Hans Mühsam, zu denen sie aber seit ihrer Verhaftung 1938 jegliche Verbindung verloren habe. Seit dieser Verhaftung habe sie auch ihren Neffen Peps Elfinger, mit dem sie 1935 nach Moskau kam, aus den Augen verloren. Dann zählte sie als »nahe Bekannte« in der Sowjetischen Besatzungszone auf: Helene Weigel[17], Hella Wendland, eine Gewerkschaftssekretärin in Berlin, die Ärztin Hedwig Duncker und einen Rundfunksprecher. Nach dem Kriege und vor ihrer Verhaftung habe sie mit diesen Bekannten »briefliche Verbindung« unterhalten, um mit deren Hilfe ihre Verwandten zu besu-

---

16 MGB-Gebietsverwaltung Iwanowo, Nr. 1059, Bl. 38.

17 Im Text: Elena Weidel, Schauspielerin.

chen. Mit einer scheinbar beiläufigen Frage kam der hartnäckige Untersuchungsführer erneut auf ihre erste Verhaftung und das erste Urteil zurück:

»Frage: Sagen Sie, wurden Sie 1936 von den NKWD-Organen verhaftet?
Antwort: Ja, ich wurde 1936 von den NKWD-Organen verhaftet, und die Untersuchung dauerte sechs Monate lang, wegen nicht bewiesenem Tatbestand wurde ich aber freigelassen.
Frage: Weswegen wurden Sie 1936 angeklagt?
Antwort: Ich wurde wegen trotzkistischer Tätigkeit und antisowjetischer Agitation angeklagt.
Frage: Wurde es Ihnen nach der Freilassung 1936 erlaubt, in Moskau und Leningrad zu wohnen?
Antwort: Ja, ich wohnte bis 1938 in Moskau. Niemand sagte mir, daß ich angeblich kein Recht darauf habe, in Moskau und Leningrad zu wohnen. Dieses Recht wurde mir nicht genommen.«[18]

Auch dieses »Protokoll« mußte am Schluß und im Text durch die Unterschrift von »K. A. Mühsam« bestätigt werden.

Am 22. Juli 1949 erstellte der Untersuchungsführer Slujew einen zweiseitigen Beschluß[19], der die Anklage »Über die strafrechtliche Verantwortung wegen Flucht aus Orten des verbindlichen und ständigen Aufenthalts der in entfernte Gegenden der Sowjetunion während des Großen Vaterländischen Krieges ausgewiesenen Personen«, d.h. wegen der Flucht aus Sondersiedlungen und der Verbannung, aufhob. Als Grund für diese Einstellung wurde angeführt, daß ihre Einweisung in eine Sondersiedlung nicht dokumentarisch bestätigt wurde. Die Anklage wegen »trotzkistischer Tätigkeit und antisowjetischer Agitation« blieb jedoch in Kraft. Der mit der Untersuchung des Falls beschäftigte Leutnant Slujew griff nun auf jene »Tatbestände« zurück, die bereits 1936 und 1938/39 durch seine Vorgänger im NKWD festgestellt und durch »Geständnisse« anderer »bestätigt« waren. Den ihm vorliegenden Untersuchungsmaterialien, die aus Moskau eingetroffen waren, konnten die entsprechenden Versatzstücke entnommen und eine neue Anklageschrift verfertigt werden, die nun auch Oberst Viktorow, der Leiter der Iwanower Gebietsverwaltung des Ministeriums für Staatssicherheit, am nächsten Tag durch seine Unterschrift »bestätigen« konnte.

---

18 Bl. 40.
19 Bl. 43–43a.

Wie in der NKWD-Praxis der dreißiger Jahre wurde diese Anklageschrift[20] an eine »Sonderberatung« des Innenministeriums weitergegeben, die Zenzl Mühsam am 8. Oktober 1949 wegen »Zugehörigkeit zu einer antisowjetischen trotzkistischen Organisation« zur »speziellen Verbannung« in das Nowosibirsker Gebiet verurteilte.

Hier lebte sie als »auf ewig Verbannte« in der »speziellen Siedlung« Jelanka im Ust-Tarski-Rayon in einer Lehmhütte, zusammen mit der ebenfalls verbannten rußlanddeutschen Familie Götting. Über ihr Leben in der Verbannung erfährt man bisher nur aus den zahlreichen Briefen, die Jelena Stassowa[21] in deutscher Sprache an Zenzl Mühsam richtete.

Die 1873 geborene Jelena Stassowa, die Zenzl Mühsam in Deutschland kennengelernt und 1935 in die Sowjetunion eingeladen hatte, empfand angesichts der langjährigen GULAG-Haft und neuerlichen Verbannung Zenzl Mühsams wahrscheinlich auch Schuld an Mühsams weiterem Schicksal. Stassowa, die in ihrer Moskauer Wohnung eine Autobiographie verfaßte und deren Augenlicht immer mehr nachließ, versuchte die Lebenslage von Zenzl Mühsam durch monatliche Überweisungen von 100 Rubel zu erleichtern und wandte sich auch mehrmals an das ZK der KPdSU, um eine Rente für Zenzl Mühsam zu erlangen. Stassowa kommentierte den Vorschlag Mühsams, sich an einen deutschen Dichter (evtl. Bertolt Brecht) zu wenden: »Wegen Deines Briefes an den deutschen Dichter meine ich, daß Du ihm schreiben kannst, aber ob es dazu beitragen wird, daß du Geld von ihm erhältst, zweifle ich stark daran.«[22] Immer wieder schilderte Stassowa das Moskauer Wetter und ihre nachlassenden Kräfte und empfahl der an Lungentuberkulose Leidenden das »heilende« Klima Sibiriens: »Nur habe ich Angst, daß Du das Klima schlecht verträgst, aber das Klima ist sehr gut für Deine Lungen.«[23] Auch Stassowas Hinweis auf den Eisgang im »schönen sibiri-

---

20 Bl. 46–48.

21 Die vielen Briefe Zenzl Mühsams an Stassowa finden sich nicht im Moskauer Nachlaß von Stassowa. RGASPI, f. 356, op. 1 und op. 2.

22 Brief vom 30. April 1950, Sammlung Mühsam, AdK, S 78.

23 Brief vom 29. Januar 1950, Sammlung Mühsam, AdK, S 78.

schen Frühling« konnte Zenzl Mühsam wohl kaum über die Widrigkeiten des Winters hinweghelfen. Nachdem Zenzl Mühsam, die die russische Sprache kaum beherschte, ihre sibirische Behausung und die Läuseplage offensichtlich unverblümt geschildert hatte, suchte sie Jelena Stassowa zu vertrösten: »Ich verstehe sehr wohl, daß das Leben in einer Lehmhütte für einen Menschen, der an das Stadtleben gewohnt ist [fehlt: sehr schwer ist], aber es nichts zu machen und du mußt abwarten, ob die Verhältnisse zu verändern sind.«[24]

Da die Rubelbeträge des Roten Kreuzes unregelmäßig eintrafen, gab Stassowa aus der Moskauer Ferne den Rat, im sibirischen Kolchos Näh- und Strickarbeiten anzunehmen. Ein halbes Jahr nach dem Erscheinen eines Mühsam-Bandes[25] in der DDR teilte Stassowa erst von dem Plan dazu mit und daß es für Zenzl Mühsam wohl kein Honarar geben werde. Stassowa vermeldete an Zenzl Mühsam, die immer noch in einem »überfüllten Zimmer« in der Lehmhütte der Familie Götting lebte und nur stockend Geld erhielt, daß man nur aus dem »östlichen Deutschland« gute Nachrichten erhalte. Nach eineinhalb Jahren in der sibirischen Verbannung erfuhr Zenzl Mühsam, die sich um die Ausreise nach Deutschland bemüht hatte, durch einen Brief Stassowas: »Ich habe versucht, etwas zu erfahren, aber darüber ist hier nichts bekannt. Ich freue mich, daß Du so ziemlich mit Deinem Leben zufrieden bist und daß man dir jetzt Näharbeit gibt [...] Über Deine Angelegenheit wegen des Nachhausefahrens habe ich nichts gehört und niemand konnte mir etwas darüber sagen.«[26]

Nach dem Tode Stalins erhielt die achtzigjährige Jelena Stassowa, als ehemalige MOPR-Vorsitzende und »alte Bolschewikin« inzwischen mit dem Lenin-Orden dekoriert, »jeden Tag Briefe von Leuten, denen ich helfen muß, ins Leben zurückzukehren«.[27] Nach Ratschlägen Stassowas, die jeden ihrer Briefe mit »Ich umarme Dich herzlich« abschloß, gelang es Zenzl Mühsam erst am 22. September 1954 »auf Veranlassung

---

24 Brief vom 30. April 1950, AdK, Sammlung Mühsam, S 78.

25 Mühsam, Namen und Menschen.

26 Brief vom 13. Mai 1951, AdK, Sammlung Mühsam, S 78.

27 Brief vom 13. Oktober 1954, AdK, Sammlung Mühsam, S. 78.

des Roten Kreuzes«, wieder nach Iwanowo[28] zurückzukehren. Im Oktober 1954 teilte ihr das Rote Kreuz im Gebiet Iwanowo mit, daß die »zuständigen Sowjetbehörden« ihre Ausreise erlauben würden. Zenzl Mühsam wandte sich daraufhin an die Konsularabteilung der DDR-Botschaft, um eine Einreiseerlaubnis zu erhalten. Sie mußte Fragebogen ausfüllen und in der Moskauer DDR-Botschaft einen Lebenslauf verfassen. Darin umschreibt sie die letzten zwanzig Jahre in der Sowjetunion, ohne ihre Haftzeiten zu erwähnen: »Die Helene Stassowa hat mich dann gebeten nach Moskau zu kommen, da Prag für mich nicht mehr sicher ist. Ich kam am 6. August in Moskau an und lebte bis jetzt in Rußland.«[29] Nach der Aufzählung ihrer in Bayern lebenden Geschwister fragte sie: »Ich weiß seit 20 Jahren von all meinen Geschwistern nichts – ob sie noch leben?«

Ihren mit zittriger Hand verfaßten Lebenslauf schloß sie: »Ich bitte um die Heimreise in meine Heimat. Kreszentia Mühsam Witwe«.

Mit der »Heimat« war wohl weniger die DDR, sondern eher das niederbayrische Haslach gemeint.

---

28 Hier traf sie im MOPR-Kinderheim wieder auf die Ungarin Elisabeth Kelen-Fried, mit der Zenzl Mühsam auch nach 1956 befreundet war.

29 SAPMO/BA IV 2/11/v. 5032, Bl. 34.

Zenzl Mühsam und das MfS

Kurz vor ihrem 71. Geburtstag traf Zenzl Mühsam am 27. Juni 1955 in Berlin, der »Hauptstadt der DDR«, ein.

Alfred Kantorowicz begegnete ihr im Sommerurlaub 1955 an der Ostsee: »Die äußere Robustheit täuschte. Zenzi Mühsam war als 72 jährige nach zwanzig Jahren GPU-Kerkern und sibirischen Lagern nicht mehr ganz beieinander. Vieles wollte und sollte sie nicht erzählen. Aber zum ersten Male sprach ich mit jemandem, der das Unfaßbare durchlebt hatte.«[1]

Nach dieser Begegnung mit Zenzl Mühsam notierte Alfred Kantorowicz in seinem Tagebuch, daß angesichts von Auschwitz und der millionenfachen Deportationen in Rußland die Vorstellungskraft versage. Was ihm Zenzl Mühsam erzählte, »ist die Epopöe des zwanzigsten Jahrhunderts. Niemand wird sie schreiben [...]. Man nimmt es nachgerade wie eine Naturkatastrophe hin, daß solche Schicksale zehntausendfach, hunderttausendfach eine Alltäglichkeit sind. Die Literatur kann das mit ihren gegenwärtigen Kunstmitteln nicht bannen [...] Die Aussage des zwanzigsten Jahrhunderts wird vielleicht der dokumentarische Bericht sein.«[2]

Auf Zenzl Mühsams Bitten wurde 1956 der Nachlaß Erich Mühsams im Moskauer Gorki-Institut verfilmt und der SED-Führung als Mikrofilm-Konvolut übergeben. Von der Abteilung »Wissenschaft und Propaganda beim Zentralkomitee der SED« wurden die 94 000 Mikrofilmaufnahmen an die Ostberliner Akademie der Künste weitergegeben. Eine von Zenzl Mühsam jahrzehntelang herbeigesehnte Publikation der Werke Erich Mühsams stieß in der DDR auf den Einspruch von allerhöchster Stelle. In einem Telefongespräch mit der Akademie der Künste ließ der Kultusminister Johannes R. Becher verlauten: »Mühsam sei im Grunde Antikommunist.«[3] Becher erinnerte wachsam an das Jahr

1 Kantorowicz, Zwei zeitgemäße Schicksale. Die Tragödien von Erich und Zenzl Mühsam, in: europäische ideen, 1974, H. 5/6, S. 27.

2 Kantorowicz, Deutsches Tagebuch, Bd. 2, S. 566.

3 AdK, Sammlung Mühsam, 1745, M 2 + 3, Bl. 306.

1933, wo Mühsam »eine heftige Rede gegen die Sowjetunion« gehalten habe.

Zenzl Mühsam 1955
(Erich-Mühsam-Gesellschaft)

Zenzl Mühsam erhielt eine Wohnung und eine »Ehrenrente« zugeteilt und wurde von der SED mit einem Schweigegebot[4] belegt. 1959 versuchte das »Ministerium für Staatssicherheit« sie als Inhaberin einer »konspirativen Wohnung« zu gewinnen. In einem »Ermittlungsbericht« faßte ein Leutnant der »Abteilung IV« Zenzl Mühsams zwanzigjährige Verfolgung und Haft in der Sowjetunion so zusammen:

»Über die Zeit der Emigration führte die Kandidatin selbst aus, daß sie längere Zeit in Sibirien war, wo die Umsiedlung der Wolgadeutschen stattfand. Sie hat auch in der relativ schweren Zeit – in den Kriegs- und Nachkriegsjahren – gut gelebt.«[5] Für die »Ermittlungen« über die »Kandidatin« wurden eingesetzt: zwei »Geheime Mitarbeiter« (GM), ein operativer Mitarbeiter und zwei Funktionäre der »Vereinigung der Naziverfolgten«. Festgehalten wurde im Ermittlungsbericht, daß die »Kandidatin« sehr zurückgezogen lebe und daß sie einen »sehr sauberen Haushalt« führe. Obwohl politisch nur in der »Deutsch-Sowjetischen Freundschaftsgesellschaft«, in der »Vereinigung der Verfolgten des Naziregimes« und in der »Volks-

4 Vgl. dazu Otten, Zenzl Mühsam im doppelten Exil, S. 15–18; Hilzinger, Ich hatte nur zu schweigen; Stark, »Ich muß sagen, wie es war«. Tabuisiert war die Verfolgung von schwedischen Polit- und Arbeitsemigranten in der Sowjetunion auch in Schweden, vgl. Eneberg, Tvingade till tystnad.

5 Der Bundesbeauftragte für die Unterlagen des Staatssicherheitsdienstes der ehemaligen Deutschen Demokratischen Republik – Zentralarchiv (BStU/ZA), 16709/63, Bl. 25.

solidarität« organisiert, sei sie doch »mit der Partei eng verbunden«. Einen Hinweis auf Zenzl Mühsam, die inzwischen mit der Medaille »Kämpfer gegen den Faschismus«, der »Verdienstmedaille der DDR« und dem »Vaterländischen Verdienstorden« dekoriert wurde, erhielt das Ministerium für Staatssicherheit von der »Vereinigung der Naziverfolgten«. Mit zittriger Handschrift füllte die schwerkranke, 76jährige Zenzl Mühsam erneut einen Personalbogen aus und unterzeichnete am 6. Januar 1960 eine Verpflichtungserklärung für das »Ministerium für Staatssicherheit«:

»Ich verpflichte mich, freiwillig mit dem Ministerium für Staatssicherheit zusammenzuarbeiten. Die Zusammenarbeit geschieht insbesondere durch die zur Verfügungstellung eines Zimmers meiner Wohnung zur Durchführung dienstlicher Aufgaben und zur Übernachtung eines Genossen. Ich bin mir bewußt, daß diese Unterstützung der Erhaltung des Friedens und der Schaffung der Einheit Deutschlands auf demokratischer Grundlage dient.

Ich verpflichte mich weiterhin, über die Zusammenarbeit und die mir dabei zur Kenntnis gebrachten dienstlichen Belange strengstens Stillschweigen zu wahren, auch gegenüber meinen nächsten Verwandten.

Zur Abdeckung gegenüber den Hausbewohnern, Behörden, des Freundes- und Bekanntenkreises wird als Legende die Bekanntschaft mit einem Journalisten, der sich um die Herausgabe der Schriften des von den Faschisten ermordeten Ehemanns Erich Mühsam befaßt, angewandt.

Für das Zimmer wird eine monatliche Miete von 30.- DM vereinbart. [Satz gestrichen und handschriftlich ersetzt durch »Möchte keine Miete haben«]

Alle Schriftstücke, wie Quittungen usw., werde ich mit den [!, R. M.] Decknamen Koch unterschreiben.

Ich werde mich fest an die konspirativen Vereinbarungen halten, weil ich weiß, daß die Verletzung der Konspiration Verrat an der Arbeiterklasse darstellt.

Berlin, den 6. 1. 1960.
Kreszentia Mühsam
Karl Obltn«[6]

Die von der Stasi angebotene Monatsmiete von 30 Mark für das bereitgestellte Zimmer wies Zenzl Mühsam, der der Deckname »Koch« zugewiesen wurde, jedoch zurück. Da in der »konspirativen Wohnung« nur drei »Treffs« mit »Geheimen Mitarbeitern« des MfS stattfanden,

---

6 BUST/ZA, 16709/63, Bl. 23.

zielte diese »Anwerbung« eher auf Zenzl Mühsams Einschüchterung und auf die Kontrolle ihrer privaten Besucher.

Dem SED-Mitglied Sepp Maier gelang es eine Woche vor ihrem Tod, der kaum wahrnehmungsfähigen und an Depressionen leidenden Zenzl Mühsam auch noch eine Testamentsänderung[7] abzuringen. Unter Umgehung des ebenfalls unter Pressionen entstandenen Vertrages mit dem Moskauer Gorki-Institut[8] wurden die Urheberrechte für die Werke Erich Mühsams der Ostberliner Akademie der Künste übertragen.

Nach ihrem Tode am 10. März 1962 »ehrte« das ZK der SED die »Trägerin des Vaterländischen Verdienstordens in Silber« im *Neuen Deutschland*[9] mit einem kurzen Nachruf:

»Nachruf des ZK für Kreszentia Mühsam

Am 10. März 1962 verstarb im 78. Lebensjahr Kreszentia Mühsam, Trägerin des Vaterländischen Verdienstordens in Silber.

Kreszentia Mühsam, Gattin des von den Nazis verfolgten, gequälten und ermordeten aufrechten Antifaschisten, des revolutionären Dichters Erich Mühsam, war in den schweren Jahren des Faschismus treue Kampf- und Lebensgefährtin an der Seite ihres Mannes für die Sache des Volkes, gegen Reaktion, Militarismus und Faschismus.

Nach der Ermordung Erich Mühsams hat sie durch Veröffentlichungen über den Hitlerterror dazu beigetragen, die Weltöffentlichkeit über die grausame Herrschaft des Faschismus zu unterrichten.

Aus der sowjetischen Emigration zurückgekehrt, unterstützte sie durch Publikationen den Kampf unseres Arbeiter-und-Bauern-Staates für Frieden, Demokratie und Sozialismus, gegen die dunklen Kräfte der Restauration in Westdeutschland.

In der deutschen Arbeiterbewegung wird man ihr stets ein ehrendes Andenken bewahren.«

Von ihrem Leidensweg in der Sowjetunion kein einziges Wort.

---

7 Vgl. dazu Otten, Zenzl Mühsam im doppelten Exil, S. 17.

8 AdK, Sammlung Mühsam, 1746, Bl. 91.

9 Neues Deutschland, 13. März 1962, Nr. 72, S. 2.

Anhang

Verfolgt, verhaftet, verurteilt

Kurzbiographien der zur Zeit bekannten Opfer, die vom NKWD der »konterrevolutionären, terroristischen, trotzkistischen SpionageorganisationWollenberg-Hoelz« zugerechnet wurden:

Andrejew, Anatol, geb. 1914 in Charbin, 1934 zu drei Jahren Verbannung verurteilt, am 4. Juli 1937 zum Tode verurteilt und erschossen.

Becker, Anatol, geb. am 1. Juli 1903 in Ackermann (Rumänien), kam 1923 nach Deutschland, Werkstudent an der TH in Braunschweig, 1928 KPD-Mitglied, 1930 Berlin, Lehrer an der Marxistischen Arbeiterschule, emigriert über Prag nach Moskau, arbeitete als Ingenieur, seine Mitgliedschaft wurde in Moskau von der KPD angezweifelt, Ankunft 4. Januar 1934, verheiratet mit Carola Neher, verhaftet am 12. Mai 1936, am 29. Mai 1937 zum Tode verurteilt und erschossen. Zur Biographie vgl. RGASPI, f. 495, op. 205, d. 6750.

Becker, Georg, als Sohn von Anatol Becker und Carola Neher im Dezember 1934 in Moskau geboren, kam nach der Verhaftung seiner Eltern und seiner Ziehmutter Elsa Taubenberger in ein Kinderheim, Forsttechnikum, Musikschule, Konservatorium, Musiklehrer in Odessa, erfuhr erst 1967 von der Existenz seiner Eltern, konnte nach mehreren Zeitungsartikeln von Erich Wollenberg in die Bundesrepublik ausreisen, Lehrer an der Musikhochschule Augsburg.

Berndt, Herbert, geb. am 15. Mai 1903 in Berlin, Drucker, 1919 KPD-Mitglied, seit 1931 Invalide, emigrierte 1931 in die Sowjetunion, am 22. Februar 1936 verhaftet, am 9. Oktober zu fünf Jahren GULAG-Haft verurteilt, weiteres Schicksal unbekannt.

Budich, Willi, geb. am 16. April 1890 in Cottbus, Realschule, Schlosserlehre, Technikum, Angestellter, 1914 SPD-Mitglied, 1915 Spartakusbund, seit Mitte 1917 Leiter der illegalen Militärorganisation des Spartakusbundes, März 1918 verhaftet, als Leiter des »Roten Soldatenbundes« bei einer Demonstration im Dezember 1918 schwer verwundet, Flucht aus der Militärabteilung eines Berliner Krankenhauses nach Bayern, während der Münchner Räterepublik Mitglied des Vollzugsrates und zweiter Vorsitzender des Aktionsausschusses, Flucht nach Österreich, Auslieferung nach Berlin, Ausbruch aus einem Gefängnis, 1919/20 Leiter der Militärorganisation der KPD, in die Zentrale der KPD kooptiert, Moskau, 1920/21 »Bevollmächtigter der Exekutive der Komintern« im russisch-polnischen Krieg, bis Januar 1922 Oberbezirksleiter der KPD, Verhaftung und erneute Flucht aus einem Berliner Gefängnis, Moskau, anfangs Sekretär der deutschen Ländergruppe des EKKI, dann Sekretär des Exekutivkomitees der »Internationalen Roten Hilfe«, 1924–1929 formell Angestellter in der russisch-österreichischen Handelsgesellschaft in Wien, 1930 in Berlin verhaftet, amnestiert, bis 1933 Leiter der Geschäfts- und Finanzkommission der KPD, Mitgl. des Reichstags, am 7. April in Berlin verhaftet, schwere Foltern in SA-Gefängnis und Gefängnis Plötzensee, nach seiner Entlassung verkrüppelt und halb blind von Hans Wistuba nach Prag gebracht, Emigration nach Moskau, Untersuchung durch Kaderabteilung und IKK wegen »Spitzelverdacht«, die Kaderabteilung erstellt ein »Memorandum« für das NKWD, am 19. September 1936 in Moskau verhaftet, 22. März 1938 zum Tode verurteilt und erschossen. RGASPI, f. 495, op. 205, d. 6234.

Drach, Hans, geb. am 31. Mai 1914 in Genf, Schauspieler, seit 1932 KJVD-Mitglied, kam im Mai 1934 in die Sowjetunion, anfangs in Moskau technischer Sekretär des MORT, dann am deutschen Gebietstheater in Dnepropetrowsk und in Engels, verhaftet am 26. Dezember 1936, am 16. August 1937 zu zehn Jahren Lagerhaft verurteilt, 1940 ins Butyrskaja-Gefängnis, am 5. Februar 1940 nach Deutschland ausgeliefert, am 10. Dezember 1941 im KZ Wewelsburg ermordet. RGASPI, f. 495, op. 205, d. 4241.

Egle, Boris, geb. 1888 in Marienburg, Lette, verhaftet am 6. August 1937, am 15. September 1937 zum Tode verurteilt und erschossen.

Hirsch, Werner, geb. am 7. Dezember 1899 in Berlin, Abbruch des Gymnasiums, 1916 USPD, 1918 Spartakusbund, seit 1919 KPD-Funktionär, Mitglied des Zentralausschusses der KPD, 1921 Austritt aus der KPD, 1924 Wiederaufnahme, Redakteur verschiedener KPD-Zeitungen, 1928–1930 Chefredakteur der *Roten Fahne*, seit 1930 enger Mitarbeiter des KPD-Vorsitzenden Thälmann, am 3. März 1933 verhaftet, Gefängnis- und KZ-Haft, 1934 aus der Haft entlassen, Flucht nach Prag, trifft hier auf Zenzl Mühsam, 1934 Emigration nach Moskau, verhaftet am 4. November 1936, am 10. November 1937 zu zehn Jahren Lagerhaft verurteilt, verstarb am 10. Juni 1941 an den Folgen der Haft im NKWD-Gefängnis. Zur Biographie vgl. RGASPI, f. 495, op. 205, d. 6400, NKWD-Akte Nr. 10950.

Holm, Peter (recte: Georg Kaufmann), geb. am 10. April 1899 in Stettin, Schauspieler, 1931 KPD-Mitglied, 1931 mit der Piscator-Gruppe in die Sowjetunion, verhaftet am 27. Oktober 1935, am 20. September 1936 zu fünf Jahren Arbeitslager verurteilt, am 23. Mai 1938 zum Tode verurteilt und am 1. Juli 1938 in Butowo erschossen. Zur Biographie vgl. RGASPI, f. 495, op. 205, d. 4714, NKWD-Akte 246 677 u. R-46582.

Levien, Max, geb. 1885 in Moskau, gehörte in Rußland seit 1906 der Partei der Sozialrevolutionäre an, war in Moskau 1907–1908 in Haft, ging 1908 in die Schweiz und wurde dort Mitglied der Sozialdemokratischen Partei bis 1913, Studium der Naturwissenschaften, deutsche Staatsbürgerschaft, seit 1915 Mitglied des Spartakusbundes, 1914–1918 Soldat, Delegierter auf dem Gründungsparteitag der KPD 1918, mit Eugen Leviné Führer der zweiten Münchner Räterepublik, in München 1919 verhaftet. Flucht nach Wien, dort erneut in Haft, 1921 Flucht nach Moskau, seit 1925 Mitglied der WKP (B), Professor für Geschichte an der Moskauer Universität, am 10. Dezember 1936 in Moskau verhaftet, im März 1937 zu fünf Jahren »Arbeitsbesserungslager« (ITL) verurteilt, am 16. Juni 1937 zum Tode verurteilt. Zur Biographie vgl. RGASPI, f. 495, op. 205, d. 2551.

Margies, Rudolf, geb. am 25. Februar 1884 in Parchau, Tischler, seit 1904 SPD-Mitglied, 1920 KPD-Mitglied, Mitarbeiter des Militär-Apparates der KPD, 1925 im Leipziger Tschekaprozeß anfangs zum Tode verurteilt, 1930 amnestiert und von der KPD Anfang 1931 in die Sowjetunion geschickt, Mitglied der KPdSU (B), Besuch der Militär-Schule der Komintern, befreundet mit Max Hoelz, am 4. November 1936 als Teilnehmer der »Hoelz-Wollenberg-Organisation« verhaftet, am 31. Mai 1937 zum Tode verurteilt und erschossen. Zur Biographie vgl. RGASPI, f. 495, op. 205, d. 1786.

Margies, Stanislawa, am 27. Juli 1937 verhaftet, als Frau eines »Vaterlandsverräters« (Rudolf Margies) am 9. August 1937 zu fünf Jahren Lagerhaft verurteilt.

Meese, Olga, geb. 1887 in Wien, Kunstgewerblerin, besuchte häufiger ihren Lebensgefährten Alberto Zenari in Moskau, traf in Prag Erich Wollenberg, in Moskau 1937 verhaftet, im Juli 1937 zu zehn Jahren Haft verurteilt, wahrscheinlich im Herbst 1940 aus der Sowjetunion ausgewiesen.

Minzer, Alexander, geb. 1888 in Charkow, Jude, parteilos, vor der Verhaftung Arzt in einem Erholungsheim in der Stadt Gagra, am 9. November 1936 verhaftet. Minzer wurde während der Untersuchung angeklagt, »Teilnehmer der trotzkistischen terroristischen Organisation Wollenbergs« gewesen zu sein, er erklärte sich nicht für schuldig. Während der Verhöre nannte Minzer als Bekannte: Elsa und Hermann Taubenberger, Anatol Becker, Rudolf Margies, Konstantin Siebenhaar, Werner Hirsch, Kreszentia Mühsam, Alberto Zenari und Willi Budich. Zur Behauptung des NKWD-Untersuchungsführers, daß Hermann Taubenberger, Anatol Becker u. a. bereits als »Teilnehmer« der konterrevolutionären trotzkistischen Organisation entlarvt seien, von deren Existenz Minzer angeblich wußte, erklärte Minzer, daß er von der Zugehörigkeit Beckers und anderer zu einer konterrevolutionären Organisation und von ihrer konterrevolutionären Tätigkeit nichts wußte. Minzer machte keine anderen Aussagen zu weiteren Personen. Durch ein Urteil des MKOG vom 2. Juli 1937 zu acht Jahren Gefängnishaft verurteilt, weiteres Schicksal unbekannt. NKWD-Untersuchungsakte Nr. 269440.

Mühsam, Zenzl, geb. am 28. Juli 1884 in Haslach, verhaftet am 23. April 1936, zweijähriges Aufenthaltsverbot, am 16. November 1938 erneut verhaftet, am 11. September 1939 zu acht Jahren Lagerhaft verurteilt, am 16. November 1946 aus der Haft entlassen, am 16. November 1938 erneut verhaftet, am 11. September 1939 zu acht Jahren »Besserungsarbeitslager« verurteilt, aus dem GULAG am 16. November 1946 entlassen, erneut Aufenthalt in Moskau, ihre Heimreise nach Deutschland wurde 1947 durch SED-Führung verhindert, 1948 in einem Kinderheim in Iwanowo, dort am 17. April 1949 erneut verhaftet, am 8. Oktober 1949 zur »ewigen Verbannung« in Sibirien verurteilt, am 27. Januar 1955 Ankunft in Berlin/DDR, »Anwerbung« durch das MfS, verstorben am 10. März 1962 in Berlin.

Neher, Carola, geb. am 2. November 1903 in München, Schauspielerin, 1932 Sympathisantin der KPD, 1933 in Wien, über Prag nach Moskau, 1934 erneut in Prag, trifft hier Zenzl Mühsam und Erich Wollenberg, Rückkehr nach Moskau, verhaftet am 25. Juli 1936, am 16. Juli 1937 zu zehn Jahren Lagerhaft verurteilt, verstirbt am 26. Juni 1942 im Gefängnis Sol-Ilezk bei Orenburg.

Nörenberg, Raimond (Rudolf), geb. am 2. Juni 1906 in Berlin, 1924 KPD-Mitglied, 1925 bei einem RFB-Aufmarsch schwer verwundet, Filmvorführer, 1932 nach Moskau zur Ausbildung als Kameramann, dann Besuch der Arbeiter-und-Bauern-Fakultät, seit 1934 im Verbindungsdienst der Komintern (OMS), verhaftet am 31. März 1937 in Moskau, am 25. August 1937 zum Tode verurteilt und auf dem NKWD-Schießplatz in Butowo erschossen. Zur Biographie vgl. RGASPI, f. 495, op. 205, d. 5904.

Petermeier, Karl, geb. am 12. Oktober 1897 in München, Studium der Volkswirtschaft, 1916 Soldat, Flugzeugführer, 1918 Lazarett, Spartakusbund, Mitarbeit im Revolutionären Soldatenrat in München, 1919 KPD, während der Räterepublik Adjutant des Stadtkommandanten in München, 1919/20 Festungshaft, Übertritt zur anarchosyndikalistischen KAPD, 1921 wieder KPD, 1921 bis 1923 Mitarbeiter der *Roten Fahne* und der Russischen Handelsvertretung, im illegalen Militär-Apparat an der Vorbereitung des Oktober-Aufstandes beteiligt, 1924 nach England »kommandiert«, als »Winokurow« illegale »Verbindungs- und Informationsarbeit«, nach Ausweisung aus England 1924 Moskau, 1925 Mailand, tätig in der kommunistischen Presse, 1926 Rückkehr nach Moskau, Mitarbeit im Volkskommissariat Außenhandel, Schüler und Lehrer am Institut der Roten Professur, 1935 Leiter der Internationalen Bibliothek in Moskau, verhaftet am 28. April 1937, am 2. April 1938 vom MKOG zum Tode verurteilt und am gleichen Tag in Butowo erschossen. RGASPI, f. 17, op. 98, d. 2379 u. f. 495, op. 205, d. 3089.

Podubecky, Berta Inge (geb. Cotiaux), geb. am 9. Februar 1900 in Karlsruhe, Bankangestellte, seit 1920 Mitglied des KJVD, 1924 KPD-Mitglied, wegen Unterstützung ihres im Verbindungsdienst der Komintern tätigen Mannes »aus der unmittelbaren Parteiarbeit herausgezogen«, Sekretärin von Karl Wittfogel, Studium an der Moskauer KUNMS, wurde am 28. Juli 1937 verhaftet und am 14. Mai 1939 zu acht Jahren Lagerhaft verurteilt. Weiteres Schicksal unbekannt. Zur Biographie vgl. RCCHIDNI, f. 495, op. 205, d. 6204.

Podubecky, Rudolf, geb. am 23. Juni 1896 in Karlsruhe, Redakteur, seit 1919 USPD, 1920 KPD-Mitglied, wurde am 26. Juli 1937 verhaftet und am 4. Mai 1939 vom Militärkollegium des Obersten Gerichts zu zwanzig Jahren Haft verurteilt, kam am 14. Dezember 1941 im Lager um. Zur Biographie vgl. RGASPI, f. 495, op. 205, d. 6166.

Rakow, Werner, geb. am 30. August 1893 in Adsel-Koiküll (Kurland), Bankbeamter, 1914 in St. Petersburg interniert, 1917 Mitglied der Bolschewiki, 1918 Teilnahme am Gründungsparteitag der KPD, KPD- und Komintern-Funktionär, Militär-Apparat der KPD, als »Rechter« 1924 Parteiverfahren in Moskau, USA-Aufenthalt, 1928 als Trotzki-Anhänger in Moskau ausgeschlossen und verhaftet, 1929 Reueerklärung und Wiederaufnahme, Tätigkeit in der chemischen Industrie, 1932 Redakteur, Strafversetzung nach Sibirien, 1934 Wiederaufnahme in KPdSU, 1936 Rückkehr nach Moskau, verhaftet am 27. Juli 1936, vom MKOG am 14. September 1937 zum Tode verurteilt und erschossen. Zur Biographie vgl. RGASPI, f. 495, op. 205, d. 6351.

Rosenblüm, Abraham, geb. 1901 in Wendschin, Pole, in einem Moskauer Verlag beschäftigt, am 15. August 1936 verhaftet, wegen Zugehörigkeit zur »antisowjetischen, trotzkistisch-sinowjewistischen, terroristischen Wollenberg-Gruppe« vom MKOG am 29. Mai 1937 zum Tode verurteilt und erschossen.

Schiff, Hans, geb. am 30. April 1896 in Karlsruhe, 1914 Kriegsfreiwilliger, 1918 Spartakusbund, 1921–1924 Haft in der Festung Niederschönenfeld, 1926 Redakteur bei KPD-Zeitungen, 1930 Moskau, Mitarbeiter im Komintern-Apparat, geheimer Mitarbeiter des NKWD, 1932 Mitglied der KPdSU (B), 1935 Redakteur in Charkow, 1937 bei der Moskauer *Deutschen Zentral-Zeitung*, verhaftet am 30. August 1937, am 8. Dezember 1937 zum Tode verurteilt und in Butowo erschossen. Zur Biographie vgl. RGASPI, f. 495, op. 205, d. 6192, NKWD-Akte Nr. 28749.

Schmidt, Karl, geb. am 14. August 1897 in Prag, 1920 KP Tschechoslowakei, danach KPD, Redakteur, seit 1931 Mitarbeiter des Marx-Engels-Instituts in Moskau, dann in der »Verlagsgenossenschaft ausländischer Arbeiter«, verhaftet am 22. März 1938, durch eine Sonderberatung des NKWD und der Staatsanwaltschaft wegen »Spionage« am 17. Mai 1938 zum Tode verurteilt und am 28. Mai 1938 in Butowo erschossen. Zur Biographie vgl. RGASPI, f. 495, op. 205, d. 1240.

Siebenhaar, Konstantin, geb. 1902 in Kameika, Wolgadeutsche ASSR, Leiter des Blasorchesters im Gefängnis Sokolniki, dann Leiter des Blasorchesters in einer Moskauer Teigwarenfabrik, lebte mit Elsa Taubenberger zusammen, wurde am 20. Oktober 1936 verhaftet. In den NKWD-Verhören und in der Anklageschrift wurde Siebenhaar beschuldigt, Teilnehmer einer »antisowjetischen trotzkistisch-sinowjewistischen Terrororganisation« gewesen zu sein, die 1934 den Mord an Kirow verübte. Diese »Terrororganisation« habe unter den »deutschen Politemigranten konterrevolutionäre Propaganda betrieben«, sich an illegalen Treffen der Trotzkisten in der Wohnung Taubenbergers beteiligt, in denen Fragen des Kampfes gegen die Führer der KPdSU (B) und der Sowjetregierung besprochen wurden. Zudem sollte der Kapellmeister Siebenhaar auch noch 1934–1936 einer Terrorgruppe angehört haben, die Terrorakte gegen Gen. Stalin und andere Führer der KPdSU (B) und der Sowjetregierung vorbereitete. Konstantin Siebenhaar wurde am 29. Mai 1937 zum Tode verurteilt und erschossen.

Tacke, Erich, geb. am 18. Februar 1894 in Lauterburg/Harz, Bankbeamter, KPD-Mitglied 1919–1924, seit 1924 KPdSU (B), Mitarbeiter der OGPU, Redakteur in der »Verlagsgenossenschaft ausländischer Arbeiter«, verhaftet am 15. April 1936, am 2. September 1937 zum Tode verurteilt und erschossen. Zur Biographie vgl. RGASPI, f. 495, d. 6620, NKWD-Akte Nr. 10654.

Taubenberger, Elsa, geb. am 24. Juli 1898 in München, kam mit ihrem Mann 1925 nach Moskau, lebte zusammen mit Konstantin Siebenhaar, am 11. August 1936 verhaftet, am 1. Juni 1937 zu zehn Jahren Haft verurteilt, danach lebte sie in der Verbannung in Magadan, dann als Freigelassene mit »Zwangsaufenthalt« in Viljandi/Estland, konnte erst 1972 nach München ausreisen, wo sie im selben Jahr verstarb.

Taubenberger, Heinz, geb. 1915 in Frankfurt, verhaftet am 10. September 1937, am 1. November 1937 wegen der »Verbindungen« zu Erich Wollenberg zum Tode verurteilt und am 3. November 1937 in Butowo erschossen.

Taubenberger, Hermann (jun.), geb. 1923, in ein NKWD-Kinderheim eingewiesen, weiteres Schicksal unbekannt.

Taubenberger, Hermann (sen.), geb. am 21. November 1892 in München, Gymnasium, Polytechnikum, Elektroingenieur, 1919 KPD-Mitglied, Teilnahme an der Münchner Räterepublik, bis 1922 Festungshaft in Niederschönenfeld, 1923 im illegalen Militär-Apparat der KPD, 1925 Moskau, Ingenieur in der Rüstungsindustrie, verhaftet am 17. September 1936, am 29. Mai 1937 zum Tode verurteilt und erschossen. Zur Biographie vgl. RGASPI, f. 495, op. 205, d. 6217.

Wit, Willem de, holländischer Pazifist, Kriegsdienstverweigerer, traf 1927 Zenzl und Erich Mühsam in Berlin, arbeitete als Ingenieur in Moskau, wurde 1937 verhaftet, verurteilt zu fünf Jahren Lagerhaft, weiteres Schicksal unbekannt.

Zenari, Alberto, geb. am 26. März 1891 in Triest, Journalist, Mitarbeiter der sowjetischen Militärspionage, Invalide, Mitarbeiter am Marx-Engels-Institut, Übersetzer, am 15. März 1937 verhaftet und am 4. August 1937 zum Tode verurteilt und erschossen. Zur Biographie vgl. RGASPI, f. 495, op. 221, d. 1481.

Dokumente

Dokument Nr. 1
Bericht von Hans Schiff an die Kaderabteilung der Komintern (Anfang 1935)

Der Bericht des geheimen NKWD-Informanten Schiff, der an das NKWD zahlreiche weitere Meldungen richtete, wurde 1935 von der Kaderabteilung des Exekutivkomitees der Kommunistischen Internationale an das NKWD[1] weitergegeben:

Übersetzt aus dem Deutschen

WOLLENBERG, TAUBENBERGER, MÜHSAM, PETERMEIER, GÜNTHER, ZENARI und ihre Agenten in der Komintern.

1. Ich saß 1921–24 im Gefängnis »Niederschönenfeld« in Bayern. Dort saßen auch WOLLENBERG, TAUBENBERGER, SCHWAB sowie – bis zum Tage meiner Inhaftierung – Ernst GÜNTHER. Mit uns zusammen saß auch Erich MÜHSAM.

WOLLENBERG, TAUBENBERGER und noch drei Genossen bildeten eine kommunistische Zelle im Gefängnis. Die Mehrheit der Gefangenen, darunter auch Erich MÜHSAM und Ernst TOLLER waren gegen uns und hatten noch dazu gute Beziehungen zum Gefängnisverwalter, der nach dem Ende der bayrischen Räterepublik Dutzende von Kommunisten zum Tode verurteilte.

Sepp SCHWAB verhielt sich »neutral«. Er verkehrte im Gefängnis mit Eugen KARPF, der später als Spitzel entlarvt wurde. Gerade durch SCHWAB erfuhr KARPF von unserem illegalen Briefwechsel mit den sich in Freiheit befindlichen Genossen, der danach aufflog.

Seit dem Zeitpunkt meiner Inhaftierung war ich mit WOLLENBERG und TAUBENBERGER befreundet.

Ein anderer Genosse, ein sehr bewußtes und aufrichtiges Mitglied unserer kommunistischen Fraktion im Gefängnis, Rudolf PODUBECKY, wurde früher als wir aus dem Gefängnis entlassen. (Später studierte er mit mir zusammen unter einem anderen Namen[2] an der KUNMS[3].)

---

1 NKWD-Untersuchungsakte Nr. 28749, Bl. 1–2a.

2 Rudolf Podubeckys Deckname: Franz Riedel.

3 KUNMS, d. i. Universität der Nationalen Minderheiten des Westens in Moskau, die von zahlreichen Politemigranten besucht wurde.

2. Als ich etwa 1932 noch in der Komintern[4] arbeitete, war WOLLENBERG bei mir zu Hause (1. Koptelewski [recte: Koptelski] Gasse, N 9, Whg. 126). Ich erinnere mich jetzt nicht genau daran, ob WOLLENBERG telephonisch Berlin bestellt oder ob er angerufen wurde, er sprach jedenfalls mit Berlin, mit Erich MÜHSAM und vielleicht mit seiner Frau Zenzl MÜHSAM.

Soweit ich mich erinnere, handelte es sich darum, die Sachen WOLLENBERGS aus Berlin abzuschicken und für den Sohn oder Neffen MÜHSAMS in der UdSSR eine Stelle zu finden. Das Gespräch stellte an und für sich genommen nichts Besonderes dar. Mich empörte die Tatsache, daß WOLLENBERG gleichzeitig mit Rudolf PODUBECKY telephonisch sprach, der sich auch in der Wohnung MÜHSAMS befand.

PODUBECKY gehörte der Partei formell schon lange nicht mehr an. Er hatte eine zivile Beschäftigung und war, sofern ich weiß, Kurier der Komintern. Daß er aus der Wohnung MÜHSAMS sprach, war dem Wesen nach eine Verletzung der notwendigen strengsten Konspiration.

3. Dieselbe Verletzung der Konspiration ließ Hermann TAUBENBERGER zu. Er war 1932 oder 1933 in Deutschland auf einer Dienstreise des Volkskommissariats für Schwerindustrie, wo er in der Hauptwirtschafts- und Valutaverwaltung arbeitete. Obwohl er wußte, daß PODUBECKY eine Person war, mit dem man in keinem Fall etwas zu tun haben durfte, wohnte er in seiner Wohnung. Mehr noch, er teilte telegraphisch seiner Frau die Adresse PODUBECKYS (Moskau, Sokolniki) mit.

4. Am 5. III. 33 besuchte ich die Wohnung TAUBENBERGERS, was ich früher und später fast täglich tat. Ich war krank, hatte Fieber, kam aber, um die Wahlergebnisse in Deutschland zu hören. Zusammen mit WOLLENBERG kamen auch andere Genossen, von denen ich die meisten nicht kannte. Wie schon früher sprach man auch an diesem Abend sowohl lobend als auch kritisch von der Politik der Deutschen KP – so wie das unter Menschen sein muß, die sich früher an der Tätigkeit der KPD aktiv beteiligten. Ich persönlich beteiligte mich fast nicht am Gespräch, weil ich krank war, im Bett lag und viel schlief.

5. Die IKK der Komintern begann wegen dieses »Abends« ein Parteiverfahren gegen WOLLENBERG u. a., weil WOLLENBERG[5] während dieses Abends angeblich sagte: »Gut, daß dieser Trottel Thälmann verhaftet ist.«

Ich bekam eine strenge Rüge, die nach einer Appellation durch einen Verweis ersetzt wurde. WOLLENBERG wurde aus der KPD ausgeschlossen.

6. Nach der IKK-Sitzung sprach ich nicht mehr mit WOLLENBERG, genauer

4 Hans Schiff war Referent in der Kooperativ-Abteilung der Komintern.

5 Diese Äußerung wurde von Karl Schmidt, der 1933 eine entsprechende Mitteilung gemacht hatte, nicht Erich Wollenberg, sondern Werner Rakow zugeschrieben.

gesagt, er sprach nicht mit mir, weil er mein Auftreten, in dem ich ihn als einen ehrlichen, aber nicht beständigen Genossen bezeichnete, für Verrat hielt. Wenn wir uns bei TAUBENBERGER trafen, sprach er nicht mit mir, sondern ging weg. (Meine Charakteristik WOLLENBERGS und TAUBENBERGERS[6] aus jener Zeit befindet sich in den IKK-Akten.)

Mein damaliger Eindruck war es, daß Gen. Fritz HECKERT die gegen ihn gerichtete Kritik WOLLENBERGS nicht ertrug und ihn deshalb allzu scharf behandelte, obwohl er meiner Meinung nach damals trotz schwerer Abweichungen für die Partei noch nicht verloren war.

7. Ein Jahr später kam es in Deutschland zum Mord an ERNST RÖHM u. a. Ich wußte, daß WOLLENBERG in der SA[7] arbeitete. Früher hatte ich in einem Gespräch mit TAUBENBERGER oder dem »ITALIANO« ZENARI gesagt: »Jetzt ist es wahrscheinlich an der Zeit, daß WOLLENBERG in der Komintern die Frage nach seiner Wiederaufnahme in die Partei stellt. Es ist vielleicht möglich, ihn nach Deutschland zu entsenden, um unter der SA zu arbeiten.« Ich weiß aus einem Gespräch mit TAUBENBERGER, daß WOLLENBERG darüber mit Sepp SCHWAB sprach.

SCHWAB schlug WOLLENBERG angeblich vor, als Redakteur einer deutschen Zeitung in Charkow zu arbeiten. WOLLENBERG lehnte angeblich ab und verlangte, ihn »an die Front« nach Deutschland zu schicken.

(Es ist nichts Besonderes dabei, daß die Partei den Ausgeschlossenen Arbeit gab. So wurde der früher wegen Fraktionstätigkeit aus der Partei ausgeschlossene BERTRAM, der ehem. Vertreter der *Roten Fahne* in Moskau, zum Redakteur der deutschen Zeitung in Engels ernannt und später von der KPD ins Ausland geschickt.)

8. WOLLENBERG reiste dann ohne Erlaubnis der Partei, vielleicht mit einem eigenen oder einem gefälschten Paß ins Ausland aus.

Etwas später erschienen in der sozialdemokratischen und trotzkistischen Presse seine konterrevolutionären Artikel über die Sowjetunion. Er setzte seinen Briefwechsel mit TAUBENBERGER fort. Einen großen Brief, in dem sich WOLLENBERG entschuldigte, daß er wegfuhr, ohne sich zu verabschieden, übergab TAUBENBERGER auf meinen Rat Wilhelm PIECK.

9. Bald bildete sich bei mir die Meinung, daß dieser Brief geschrieben wurde, um TAUBENBERGER oder andere Parteimitglieder zu decken, sowie daß TAU-

---

6 Die Akten der »Internationalen Kontrollkommission der Komintern« (IKK) sind in Moskau nicht zugänglich. Allenfalls Auszüge und Kopien einzelner Beschlüsse finden sich in den jeweiligen Kaderakten.

7 Die KPD versuchte mit ihrem Militär-Apparat (besonders mit der Zersetzungsabteilung) in der SA und in der NSDAP Mitglieder zu gewinnen.

BENBERGER oder PETERMEIER (IKP)[8] und GÜNTNER[9] von der Abreise WOLLENBERGS wußten und ihm wahrscheinlich dabei halfen. Dies sowie viele andere Tatsachen veranlaßten mich, zu Wilhelm PIECK zu kommen, um ihm von alledem ausführlich zu berichten. Gen. PIECK hörte mir eine Weile zu und schlug vor, daß ich Gen. Sepp SCHWAB von meinen Zweifeln berichte.

10. Ende Januar oder Anfang Februar 1935 tippte ich persönlich in der Komintern einen Bericht und übergab Sepp SCHWAB zwei Exemplare der Eingabe. Ich wollte eine Kopie behalten, SCHWAB verlangte aber, sie ihm auszuhändigen, wobei er sagte, daß ich sie jederzeit bei ihm erhalten kann. (Er hielt nicht sein Wort. Als ich später das Dokument brauchte, um es in der IKK vorzuzeigen, konnte sich SCHWAB nicht daran erinnern, so sah ich dieses Dokument nicht mehr.)

11. Ich erinnere mich nicht mehr an den genauen Inhalt dieser Eingabe, sie enthielt 15–20 Punkte, die ich wiederherzustellen versuche:

1. TAUBENBERGER setzte nach der konterrevolutionären Flucht WOLLENBERGS den Briefwechsel mit ihm fort.

2. WOLLENBERG sagte TAUBENBERGER oder schrieb ihm, daß, sollte er HECKERT im Auslande treffen, er ihn erschießen wird.

3. WOLLENBERG sandte TAUBENBERGER die Zeitung *Die Schwarze Fahne*[10] (ein faschistisches Presseorgan), in dem Zenzl MÜHSAM über den Tod ihres Manns schrieb.

4. TAUBENBERGER sagte, daß ein ehrlicher Faschist (d.h.WOLLENBERG, wenn er wirklich zu den Faschisten ging) ihm lieber ist als ein schlechter Kommunist.

5. TAUBENBERGER hat unsaubere Frauengeschichten. Er hat Verbindungen zu menschlich und politisch schmutzigen »Damen«, denen er sogar Stellen als »Sekretärin« verschaffte. Es gab früher einen Fall, wo eine seiner »Damen« aus ihrer Wohnung mit dem Auto der englischen Botschaft abgeholt wurde.

6. Die Tatsache der Freundschaft zwischen TAUBENBERGER und PETERMEIER. PETERMEIER sagte mir, daß DIMITROFF bald Führer der Komintern sein wird und daß es an der Zeit ist, alle alten deutschen Genossen zu sammeln und eine Gruppe zu bilden. Er meinte außer mir noch TAUBENBERGER, mit dem er bereits verbunden war, bekam aber noch keine Antwort, des weiteren GÜNTNER und PODUBECKY. Ich antwortete PETERMEIER, daß ich mich an der Fraktion WOLLENBERG nicht beteilige und die Bildung jeder Gruppe für überflüssig und parteifeindlich halte.

8 Institut der Roten Professur.

9 Gemeint ist Ernst Günther.

10 Herausgeber Otto Strasser.

7. Der Freund TAUBENBERGERS und frühere Freund WOLLENBERGS, der »Italiano« ZENARI, weiß Bescheid über viele Streitigkeiten in der Komintern und weiß viel mehr von den aus Moskau abreisenden Personen als ich. Seine parteifeindlichen Äußerungen über Regierungsmaßnahmen sind bekannt – er hält z. B. die Senkung der Zuckerpreise für einen Volksbetrug.

8. Der Freund TAUBENBERGERS und frühere Freund WOLLENBERGS, Rudolf MARGIES, machte antisowjetische Äußerungen, die durch die Flucht WOLLENBERGS, durch die Annullierung der Ausländerversorgung[11] u. a. hervorgerufen wurden.

9. Ich lernte mit Hilfe PETERMEIERS Ernst GÜNTNER[12] kennen, den ich oberflächlich kannte, und bekam aus wenigen Gesprächen zwischen ihm und TAUBENBERGER den Eindruck, daß PETERMEIER und GÜNTNER von der geplanten Flucht WOLLENBERGS wußten und daß GÜNTNER ihm half /die Tatsachen ließen sich bestätigen, obwohl ich mich nicht daran erinnere, wodurch/.

10. Es bildete sich bei mir der Eindruck heraus, daß GÜNTNER Valuta sammelt und daß er auch ins Ausland reisen will.

11. Einen Tag nachdem ich diese Eingabe Sepp SCHWAB überreichte, wußten davon TAUBENBERGER und PETERMEIER. Sie erzählten das der Frau PODUBECKYS. So wurden die Leute gewarnt, die ich der Komintern als Parteifeinde gemeldet hatte.

12. Einige Tage oder Wochen später wurde ich in die IKK zum Gen. ANGERETIS[13] vorgeladen. Gen. ANGERETIS wandte mir gegenüber eine seltsame und unsympathische Methode an. Er beschimpfte und fragte mich aus und sagte mir, ohne auf eine Antwort zu warten, daß ich betrüge. So wurde ich nur in einem kapitalistischen Land verhört. Er interessierte sich nicht für meine Antwort, daß ich vor der Partei nichts zu verheimlichen habe. Er sagte mir etwa das Folgende: »[...] Warum reichen Sie die Eingabe erst jetzt ein? Ich weiß, das ist eine Antwort darauf, daß PETERMEIER Sie entlassen hat. Sagen Sie mir nichts, das alles ist Betrug.«

Er stellte mir einige Fragen, die ich schriftlich beantwortete. Ich lege die Antwort als Kopie bei /Brief an die IKK vom 27. II. 1935/.

13. Als ich zu Sepp SCHWAB kam, um mir meine Eingabe anzusehen und auf Grund der Daten ANGERETIS zu beweisen, daß ich die Eingabe nicht nach der Entlassung aus der IRP einreichte, sondern umgekehrt, verzichtete

---

11 Sonderläden für die spezielle Versorgung für Ausländer (Insnab und Torgsin) wurden 1934 abgeschafft.

12 Das ist Ernst Günther.

13 Das ist der Vorsitzende der Kontrollkommission, Angaretis.

SCHWAB darauf, mir zu helfen, und erinnerte sich nicht daran, daß ich ihm zwei Exemplare der Eingabe ließ.

14. Tatsache ist, daß SCHWAB oder jemand anders PETERMEIER und TAUBENBERGER (sowie GÜNTNER, MARGIES und ZENARI) mit meinen Eingaben bekannt machte.

15. Tatsache ist, daß ich, als ich an der Universität der Nationalen Minderheiten des Westens studierte, aus materiellen Gründen im IRP Deutsch unterrichtete. Ich wurde »zufällig« zwei Tage nach der Einreichung der Eingabe durch den Leiter der Sprachsektion des IRP, PETERMEIER, entlassen. Nach den Verhaftungen im Sprachinstitut (MAYER, MAMUNA u. a.) gab es vielleicht im IRP noch »Ehemalige«[14], die nicht entlassen wurden.

Was mich jetzt dazu veranlaßt, dies zu melden, sind die aus dem Prozeß[15] hervorgehenden Umstände, und zwar, daß im Kominternapparat Konterrevolutionäre saßen sowie daß meine Eingabe und die dargelegten Tatsachen zu ihrer Entlarvung beitragen können.

Unterschrift: Hans SCHIFF

ÜBERSETZTE: OPER. BEVOLLMÄCHT. DES SONDERREFERATS DER VERWALTUNG FÜR STAATSSICHERHEIT DER VERWALTUNG DES NKWD DER KRIM
UNTERLEUTNANT DER STAATSSICHERHEIT
/WINS/

14 Gemeint sind hier die Angehörigen der ehemaligen »Bourgeoisie«, denen nicht nur die »bürgerlichen Ehrenrechte« entzogen wurden, sondern die auch sonst als »lischenzy« zahlreichen Diskriminierungen ausgeliefert waren.

15 Gemeint ist der erste Prozeß gegen Sinowjew u. a. Anfang 1935, über den die Presse in der Sowjetunion ausführlich berichtete.

Dokument Nr. 2

Schreiben des Leiters der Kaderabteilung des EKKI, Below[16], an den Leiter der 3. Abteilung des NKWD, Poljatschek, 16. September 1937[17]

In diesem Antwortschreiben der Kaderabteilung an das NKWD wird deutlich, daß von der Kaderabteilung seit 1935 mehrmals Meldungen und Berichte zu der »Wollenberg-Taubenberger-Gruppe« weitergereicht wurden.

3. Expl. 16. 9. 37.
Betr.: Schiff, Hans, Deutschland
Streng geheim

Genosse Poljatschek
Am 25. Februar 1935 schickten wir Ihnen eine erste Benachrichtigung über die parteifeindliche und antisowjetische Gruppe Wollenberg/Taubenberger, zu der auch Schiff, Hans, gehört. Bereits im März 1933 gab es Anzeichen, daß um Erich Wollenberg sich eine Gruppe von Elementen sammelt, die antiparteilich auftritt. Bei einem abendlichen Treffen, an dem u.a. Wollenberg, Wolf, Felix (Rakow), Albert, Goldschmidt, Schiff, Hans, und Schmidt, Karl, teilnahmen, wurden parteifeindliche Gespräche geführt. Die IKK charakterisierte ihre Tätigkeit in einer Sitzung so: »durch die Fortsetzung des Kampfes gegen die KPD, durch die Verbreitung parteifeindlicher Auffassungen und von Lügen gegen die Leitung wurden sie objektiv zu Agenten des Klassenfeindes«. Felix Wolff (Rakow) und Wollenberg waren durch die IKK aus der Partei ausgeschlossen worden. Gegen Albert, Goldschmidt und Schiff, Hans, wurde eine Parteistrafe ausgesprochen. Im Beschluß der IKK wird darauf hingewiesen, daß Hans Schiff während der IKK-Sitzung die parteifeindlichen Aktionen von Wollenberg und Wolff gedeckt hat. In unserem Brief vom 25. 2. 1935 nannten wir folgende Personen, die zum Kreis Wollenberg/Taubenberger gehören: Hermann[18] mit Ehefrau, Levien, Max; Margief[19], Rudolf; Petermeier, Karl; Holm, Peter; Zenari; Riedel, Franz[20], und seine Frau Irene; Günther, Ernst; Wollenberg, Erich, der aus der Sowjetunion mit dem Paß von Rüdigel floh und jetzt in Prag die größte trotzkistische Gruppe in Westeuropa leitet. Er unterhält enge Beziehungen zu Ruth Fischer und Maslow.

---

16 Below, d. i. Georgi Damjanow.

17 NKWD-Untersuchungsakte Nr. 28749, Bl. 115–116.

18 Gemeint sind Hermann Taubenberger und seine Ehefrau Elsa.

19 Gemeint ist Rudolf Margies.

20 Das ist Rudolf Podubecky, Deckname Franz Riedel.

Ernst Günther floh ebenfalls aus der UdSSR, nachdem der Vertreter der KPD beim EKKI sich gegen seine Ausreise aus der Sowjetunion ausgesprochen hatte. Er befindet sich in Paris und arbeitet dort für die Trotzkisten. Das Material, das am 25. 2. 1935 unter der Nr. 6094/2 an Boltschanow und Sie geschickt wurde, sandten wir erneut am 14. 3. 1937 unter der Nr. 11422.

Am 28. 7. 1937 schickten wir Ihnen unter der Nr. 11422 ebenfalls Material über diese Gruppe. Dieses Material wurde unserer Auffassung nach von Podubecky, Franz, und seiner Frau Irene[21] verfaßt. Außerdem schickten wir Ihnen am 11. 10. 1937 unter der Nr. 639 und 479 die Erklärung[22] von Walter Haenisch über seine Beziehungen zu Hans Schiff.
Below

---

21 Gemeint sind Rudolf und Berta Podubecky.

22 Diese deutschsprachige Erklärung findet sich sowohl in der Kaderakte von Walter Haenisch wie auch in der NKWD-Untersuchungsakte von Hans Schiff. Hier trägt sie den Vermerk »Copie an das NKWD«. Ein weiterer Beleg für den ständigen Transfer von Dossiers und Denunziationen von der Kaderabteilung der Komintern an das NKWD, der sich auch in den hier wiedergegebenen laufenden Akten-Nummern widerspiegelt.

Dokument Nr. 3
NKWD-Auskunft über Werner Hirsch

Diese Auskunft über Werner Hirsch wurde von einem NKWD-Mitarbeiter, der wenig mit den Personen und der Geschichte der KPD vertraut war, aus mehreren von der Kaderabteilung übersandten Berichten kompiliert. Als »Agenturmaterial« wurde es nicht in der NKWD-Untersuchungsakte von Werner Hirsch aufbewahrt, sondern gelangte als Kopie zur »Information« in den Fall des »Antikomintern-Blocks«. Der Deckname »Doppelgänger« konnte bisher noch keiner Person oder Institution zugeordnet werden.

Information über WERNER HIRSCH
/Entnommen aus der Agenturakte »Doppelgänger«/

1. Nach der Freilassung aus dem KZ 1933 reiste HIRSCH nach Prag aus, wo er enge Verbindung mit dem aktiven Trotzkisten-Terroristen WOLLENBERG, Erich, hielt, der die von uns jetzt liquidierte k.r. trotzkistische Organisation in Moskau leitete und 1934 aus der UdSSR flüchtete, sowie mit Zenzi MÜHSAM, der von uns verhafteten Vertrauensperson Erich WOLLENBERGS.
2. 1936 verband sich W. HIRSCH mit einer als Touristin in die UdSSR eingereisten Verwandten Erich WOLLENBERGS, WOLLENBERG, Ilse, und gab ihr für unbekannte Personen in Prag ohne Wissen der Komintern eine Parole zur Herstellung einer Verbindung. Im Zusammenhang mit der Verhaftung der Mitglieder der von WOLLENBERG geschaffenen k.r. trotzkistischen Organisation, darunter wegen der Verhaftung von Z. MÜHSAM, zeigte HIRSCH äußerste Unruhe und suchte Wege, um ins Ausland auszureisen.
3. Trotz des Verbots für alle Parteifunktionäre, die die vorläufige Wohnung des Gen. THÄLMANN kannten, diese nach dem faschistischen Umsturz zu besuchen, besuchte sie W. HIRSCH dennoch in den Tagen des Reichstagsbrandes, wo er mit THÄLMANN zusammen verhaftet wurde. Nach dieser Verhaftung wurde W. HIRSCH zeitweilig aus der Haft entlassen, einige Tage später aber wieder verhaftet.
4. Während eines Vorverhörs in der Berliner Gestapo vor dem Leipziger Prozeß wurden W. HIRSCH die angeblich bei POPOFF und TANEFF gefundenen und mit »Peter« unterzeichneten Quittungen vorgelegt. Obwohl W. HIRSCH wußte, daß er derartige Quittungen nicht unterschrieb und nicht unterschreiben konnte, gestand er ein, diese Quittungen ausgehändigt zu haben. Mehr noch, er nannte als Empfänger der Quittungen einen technischen Mitarbeiter des ZK der KPD, Gen. Bruno PETERSOHN, der sich damals in Deutschland auf freiem Fuße befand. Nach dem Bericht von W. HIRSCH machte er derartige Aussagen,

weil er wirklich den Decknamen »Peter« hatte und die Handschrift auf den Quittungen mit seiner Handschrift deckungsgleich war. W. HIRSCH verhielt sich während des Leipziger Prozesses auch unwürdig, was die Lage der Angeklagten erschwerte. Sein Verhalten während des Leipziger Prozesses wurde durch die Internationale Kontrollkommission entlarvt und für antibolschewistisch, ja dem Feind nützend gehalten.

5. Das Hauptanklagematerial gegen Gen. THÄLMANN stellen die an ihn geschriebenen Briefe Werner HIRSCHS sowie die von Werner HIRSCH geschriebenen Thesen »Unser Kampf um den revolutionären Sturz der faschistischen Diktatur und um freies sozialistisches Sowjetdeutschland« dar. Es wurde auf Grund dieses Materials gegen THÄLMANN die schwerste Anklage nach dem § 85 des Deutschen StGB erhoben (Vorbereitung eines bewaffneten Aufstandes).

Alle Erklärungen HIRSCHS und seiner Sekretärin TRUDE zeigen, daß die Dokumente im Archiv HIRSCHS aufbewahrt wurden, von ihm geschrieben und durch die deutsche Geheimpolizei in der illegalen Wohnung, wo HIRSCH wohnte und arbeitete, beschlagnahmt wurden.

Laut Angaben der Komintern erhielt man den Brief und die Thesen HIRSCHS nicht von THÄLMANN. Als während der Verhöre am 14. und 25. Februar diese Briefe ohne Unterschrift THÄLMANN von der Polizei gezeigt wurden, erklärte er: »Ich weiß nicht, wer diese Briefe schrieb, es ist mir aber unverständlich, daß Menschen derartige Briefe schreiben und sie aufheben oder zur Aufbewahrung übergeben, damit sie der Polizei übergeben werden.«

W. HIRSCH behauptet, daß ihm diese Briefe und noch ein Brief an PJATNITZKI vorgelegt wurden, davon berichtete er aber früher niemandem. Die Frage nach dem Brief an PJATNITZKI tauchte erst in Moskau auf, als HIRSCH bereits frei war.

Die Sekretärin HIRSCHS, TRUDE[23], sagte aus, daß sie den Brief an PJATNITZKI in einem Exemplar als Begleitschreiben zu den Materialien tippte. Weder die Briefe noch die Materialien erhielt die Komintern, sondern sie gerieten in die Hände der deutschen Geheimpolizei.

6. Trotz der schwerwiegenden Beweise, die die deutsche Geheimpolizei gegen Werner HIRSCH hatte, und obwohl die Dokumente, die das Hauptanklagematerial gegen Gen. THÄLMANN darstellen, von Werner HIRSCH geschrieben wurden, wurde er aus dem Lager freigelassen und reiste in die UdSSR aus.

---

23 Mit TRUDE ist Gertrud Staak (Taube) gemeint. Sie wurde am 21. Dezember 1937 aus der KPD ausgeschlossen, durch die Internationale Kontrollkommission der Komintern wurde eine langjährige Untersuchung gegen sie durchgeführt. 1938 unternahm sie mit ihrer Tochter einen Selbstmordversuch. Zu ihrer parteiamtlichen Verfolgung vgl. RGASPI, f. 505, op. 1, d. 76, Bl. 127–128.

Als W. HIRSCH die Tatsache seiner Freilassung erklärte, sagte er, daß das angeblich gemacht wurde, um einen für die Regierung und für die Polizei unvorteilhaften Zeugen auszuschalten. W. HIRSCH erklärte bezeichnenderweise dazu in seiner Broschüre über die Lagerhaft: »Um mich, einen unbequemen Zeugen der Verteidigung, loszuwerden, ließ man mich am Vorabend des THÄLMANN-Prozesses unerwartet frei. Auf dieselbe Weise wurde man einen anderen unbequemen Zeugen, BIRCKENHAUSER[24], bereits während des Reichstagsbrandprozesses los. Er wurde freigelassen, und man erlaubte ihm die Ausreise aus Deutschland.«

Dieser Absatz der Broschüre W. HIRSCHS ist verständlicherweise darauf gerichtet, seine Freilassung in den Augen der KPD und der Komintern zu rechtfertigen. Zu dieser Erklärung W. HIRSCHS richtete BIRCKENHAUSER, Erich, an die Internationale Kontrollkommission einen Protest und erklärte, daß die Behauptung HIRSCHS, daß ihm erlaubt wurde, aus Deutschland ungehindert auszureisen, absolut falsch war, daß er sich nach der Freilassung dreimal wöchentlich bei der Polizei melden mußte und ins Saargebiet illegal mit falschen Dokumenten ausreiste.

7. Als W. HIRSCH die Tatsache seiner Freilassung begründete, übergab er der Kaderabteilung der Komintern den Brief seiner Mutter, in dem es zur Freilassung hieß: »Ich benutzte alle meine Verbindungen und Verwandten wie BISMARCK, HINDENBURG sowie eine englische Cousine. Mir waren alle Türen offen und genauso liebenswürdig waren zu mir die Frauen der Minister.« Es gibt also keinen Zweifel daran, daß W. HIRSCH aus dem Lager mit direkter Hilfe von Reichswehrkreisen freigelassen wurde, zu denen er, wahrscheinlich durch die Mutter, Verbindungen hatte.

Auf Grund der oben angeführten Umstände muß man die Erklärungen des früheren Leiters des Nachrichten- und Abwehrapparats der KPD, KIPPENBERGER, ernsthaft und aufmerksam in Betracht ziehen. Diese Materialien laufen auf das Folgende hinaus:

1) In der ersten Hälfte 1932 erhielt der Abwehrapparat einige Berichte, daß das Informationsbüro des Reichswehrministeriums über die inneren Angelegenheiten der Parteiführung systematisch informiert wird. KIPPENBERGER behauptete, daß diese Berichte als Grundlage für Gespräche mit dem Gen. THÄLMANN über einen möglichen Informanten des Reichswehrministeriums dienten, wobei als ein möglicher Agent der Reichswehrkreise W. HIRSCH ge-

---

24 Das ist Erich Birkenhauer, seit 1924 KPD-Mitglied, 1932 Sekretär Thälmanns, 1933 Haft in Deutschland, 1934 Sowjetunion, verhaftet am 22. November 1937, am 21. Juli 1939 vom MKOG zu zwölf Jahren Gefängnis verurteilt, am 11. September 1941 im Orlower Gefängnis vom MKOG zum Tode verurteilt und erschossen. Vgl. RGASPI, f. 495, op. 205, d. 5347; NKWD-Untersuchungsakte Nr. 15310.

nannt wurde. Nach dem Bericht KIPPENBERGERS wiesen darauf sowohl die bekannten Verbindungen W. HIRSCHS zu Reichswehrkreisen wie auch seine Lebensweise und der Wunsch, über alles informiert zu werden, hin. Außerdem erklärte KIPPENBERGER, daß der Verdacht gegen W. HIRSCH insbesondere durch folgende Umstände hervorgerufen wurde:

a/ durch die vertrauliche Art der Informationen, die ins Reichswehrministerium gelangten, die nur eine Person liefern konnte, die dem engsten Kreis der KPD-Führung nahestand;

b/ durch die soziale Abstammung W. HIRSCHS[25] (verwandtschaftliche Verbindungen zu Reichswehrkreisen sowie zum Adel durch die Mutter) und das auffallende und aufdringliche Interesse von HIRSCH für die Arbeit des Nachrichten- und Abwehrapparats der KPD, besonders für spezielle Informationen des Reichswehrministeriums. Nach den Worten KIPPENBERGERS bezweifelte THÄLMANN die Möglichkeit des Verrats durch W. HIRSCH und verlangte eine ganz genaue Untersuchung, insbesondere weil die Gruppe HEINZ Heimann[26] seinerzeit W. HIRSCH sehr heftig angriff.

Werner HIRSCH brachte KIPPENBERGER einige Male Informationen aus dem Reichswehrministerium, die entweder als lügenhaft oder als Geschwätz bewertet wurden. Das diente aber als Anlaß dafür, W. HIRSCH nach seinen Verbindungen mit den Kreisen aus dem Reichswehrministerium zu fragen. W. HIRSCH erklärte in diesem Zusammenhang, daß er durch eine Cousine angeblich mit SCHLEICHER verwandt ist. Die Partei wußte früher nichts von dieser Cousine.

2) Ende 1932 wurden die Mitarbeiter des Parteiapparats HEINER-MAYER[27]

---

25 In der exkludierenden Sprache der proletarischen Genealogie gehörte Werner Hirsch zu den »klassenfremden Elementen«.

26 Das ist Heinz Neumann. Der Kompilator des NKWD war offensichtlich mit der KPD-Geschichte wenig vertraut, sonst wäre ihm die Verwandlung von »Heinz Neumann« zu »Heimann, Heinz« nicht unterlaufen.

27 Heinrich Meyer, geb. am 22. Mai 1904, 1923 KPD, Redakteur, Mitgl. der Hamburger Bürgerschaft, 1932 Mitarbeiter Thälmanns, zusammen mit John Schehr Ende 1932 verhaftet, wurde 1933 ins KZ überstellt, am 1. September 1934 aus dem KZ Lichtenburg entlassen, Flucht nach Paris, dort Mitarbeiter des Politbüros, kam Anfang Februar 1935 nach Moskau, 1935 Sekretär des Politbüros der *KPD*, 1936 Gehilfe des EKKI-Sekretärs Wilhelm Florin, am 3. August 1937 verhaftet, vom MKOG am 3. September zum Tode verurteilt und in Butowo erschossen. Zur Biographie vgl. RGASPI, f. 495, op. 205, d. 6179; NKWD-Untersuchungsakte Nr. R 10643.

und JOHNY-SCHEHR[28] verhaftet und später erhängt.[29] Es wurde genau festgestellt, daß diese Verhaftungen nicht auf die Polizei, sondern auf das deutsche Reichswehrministerium zurückzuführen sind, die diese Mitarbeiter des Sekretariats der Partei nur mit Hilfe eines Agent-Provokateurs, der den führenden Parteikreisen nahestand, aufspüren konnte.

3) Mitte Februar 1933 kam es nach der Machtergreifung durch HITLER zu einem verdächtigen Zwischenfall. Die Parteiführung erhielt durch den Nachrichtenapparat ein Stenogramm[30] einer geheimen Rede HITLERS vor den Generälen des Reichswehrministeriums. Es wurde wegen der großen politischen Bedeutung dieser Rede, die die Militärpolitik des Hitlerregimes betraf, beschlossen, den Inhalt einiger Abschnitte dieser Rede durch die ausländische bürgerliche Presse offen auszunutzen. Dieser Beschluß wurde aber nicht verwirklicht. Die Parteiführung erfuhr, daß das Reichswehrministerium davon unterrichtet ist, daß sich das Stenogramm der Rede HITLERS im Politbüro des ZK der KPD befindet. Es wurde bei der Behandlung dieses Zwischenfalls festgestellt, daß W. HIRSCH vom Bestehen des Stenogramms wußte, wobei es sich herausstellte, daß er das Vorhandensein dieses Stenogramms einer dritten Person mitteilte. W. HIRSCH gab zu, daß er ohne Wissen der Partei über dieses Stenogramm mit einem ausländischen Journalisten sprach, um angeblich seine Veröffentlichung in der Presse abzumachen.«[31]

---

28 John Schehr, geb. am 9. Februar 1896, 1912 SPD, 1920 KPD, 1925 Kandidat des ZK der KPD, 1932 Reichstagsabgeordneter und Mitglied des Politbüros der KPD, verhaftet am 20. November 1932, als Reichstagsabgeordneter aus der Haft entlassen, nach der Verhaftung Thälmanns im März 1933 faktischer Leiter der KPD, Ende November 1933 in Berlin verhaftet, nach schweren Foltern am 22. Februar 1934 mit drei weiteren KPD-Funktionären von der Gestapo erschossen.

29 Dem NKWD-Kompilator war anscheinend weder die Biographie von Heinrich Meyer noch die Erschießung von John Schehr bekannt.

30 Der Text der Hitlerrede vom 3. Februar 1933 wurde von den Töchtern des Generals von Hammerstein mitstenographiert. Vgl. Müller, Hitlers Rede vor der Reichswehrführung.

31 Information über Werner Hirsch; NKWD-Untersuchungsakte Nr. 9871; Bd. 10, Bl. 223–226.

Dokument Nr. 4

Befehl des Volkskommissars für Innere Angelegenheiten, 15. August 1937[32]

OPERATIVER BEFEHL DES VOLKSKOMMISSARS FÜR INNERE ANGELEGENHEITEN
Nr. 00486

15. August 1937

Nach dem Erhalt des vorliegenden Befehls beginnen Sie mit der Repressierung der Frauen der durch das Militärkollegium und Militärtribunale entsprechend der ersten und zweiten Kategorie seit dem 1. August 1936 verurteilten Landesverräter, der Mitglieder der Spionage- und Terrororganisationen der Rechten und Trotzkisten.

Bei der Durchführung dieser Operation lassen Sie sich vom Folgenden leiten:

Vorbereitung der Operation

1) Jede zur Repressierung vorgesehene Familie wird sorgfältig überprüft, es werden zusätzliche Orientierungsdaten und kompromittierende Materialien gesammelt.

Auf Grund der gesammelten Materialien ist zusammenzustellen:

a) eine allgemeine ausführliche Information über die Familie, in der aufgeführt werden: Name, Vor- und Vatersnamen des verurteilten Familienoberhaupts, wegen welcher Verbrechen, wann und von wem er bestraft wurde; Namensliste der Familien (einschließlich aller Personen, die vom Verurteilten Unterhalt empfangen und mit ihm zusammenwohnen), ausführliche Orientierungsdaten über jeden Familienangehörigen; kompromittierende Angaben über die Frau des Verurteilten; Charakteristiken zum Grad der sozialen Gefährlichkeit der Kinder im Alter von mehr als 15 Jahren; Daten über das Vorhandensein hochbetagter und pflegebedürftiger Eltern sowie über die vorhandenen Kinder, die wegen ihres physischen Zustandes pflegebedürftig sind;

---

32 Veröffentlicht in: Sbornik zakonodatel'nych i normativnykh aktov o repressijakhi reabilitatsii zhertv politicheskikh repressij, Moskau 1993, S. 86–93. Dieser operative NKWD-Befehl geht auf einen Beschluß des Politbüros der KPdSU (B) vom 5. Juli 1937 (P 51/144) zurück, der auszugsweise in der Zeitschrift Memorial-Aspekt im Februar 1993 veröffentlicht wurde.

b) eine getrennte kurze Information über sozial gefährliche und zu antisowjetischen Handlungen fähige Kinder, die älter als 15 Jahre sind;

c) Namensliste der Kinder unter 15 Jahre, und zwar in getrennten Listen: Kinder des Schul- und Vorschulalters.

2) Die Informationen werden durch Volkskommissare für Innere Angelegenheiten der Republiken bzw. durch Leiter der NKWD-Verwaltungen der Regionen und Gebiete geprüft.

Die letzteren:

a) sanktionieren Verhaftung und Hausdurchsuchung bei den Frauen der Landesverräter;

b) bestimmen die Maßnahmen hinsichtlich der Eltern und anderer Verwandten, die vom Verurteilten unterhalten werden und zusammen mit ihm wohnen.

Durchführung der Verhaftungen und Haussuchungen.

3) Die zur Repressierung bestimmten Personen sind zu verhaften. Die Verhaftung erhält ihre Rechtsform durch einen Haftbefehl.
4) Es sind diejenigen Frauen zu verhaften, die zum Zeitpunkt der Verhaftung des Verurteilten mit ihm verheiratet waren, entweder durch juristische oder Kameradschaftsehe.

Zu verhaften sind auch die Frauen, die zum Zeitpunkt der Verhaftung des Verurteilten bereits von ihm geschieden sind, die aber:

a) an der konterrevolutionären Tätigkeit des Verurteilten beteiligt waren;

b) den Verurteilten begünstigten;

c) von der konterrevolutionären Tätigkeit des Verurteilten wußten, entsprechende Machtorgane davon aber nicht in Kenntnis setzten.

Nicht zu verhaften sind:

a) Schwangere; die Frauen der Verurteilten, die Säuglinge haben, unter schweren oder Infektionskrankheiten leiden; hochbetagte Frauen.

Hinsichtlich derartiger Personen gilt es, sich vorläufig auf die Unterzeichnung eines Reverses, daß der Aufenthaltsort nicht verlassen wird, zu beschränken sowie auf sorgfältige Beobachtung der Familie.

b) die Frauen der Verurteilten, die ihre Männer entlarvt und den Machtorganen über ihre Männer Informationen geliefert hatten, die als Grundlage zur Beobachtung und Verhaftung der Männer dienten.
6) Gleichzeitig mit der Verhaftung wird eine sorgfältige Haussuchung durchgeführt. Dabei werden Waffen, Patronen, Spreng- und chemische Stoffe, Mili-

tärausrüstung, Vervielfältigungsapparate (Kopiergeräte, Abziehapparate, Schreibmaschinen usw.), konterrevolutionäre Literatur, Briefwechsel, Devisen, Edelmetalle in Barren, Münzen und Gegenstände, Ausweise und Wertpapiere beschlagnahmt.

7) Die ganze persönliche Habe des Verhafteten (mit Ausnahme notwendiger Wäsche, Unter- und Oberbekleidung, Schuhe und des Bettzeugs, die die Verhafteten mitnehmen) wird beschlagnahmt.

Die Wohnungen der Verhafteten werden versiegelt.

Sollten zusammen mit den Verhafteten ihre volljährigen Kinder, Eltern und andere Verwandten wohnen, werden ihnen außer der persönlichen Habe Wohnfläche, Mobiliar und Haushaltsgegenstände der Verhafteten zur Nutzung gelassen.

8) Nach der Haussuchung werden die verhafteten Frauen der Verurteilten unter Bewachung ins Gefängnis eskortiert. Die Kinder werden gleichzeitig verbracht, auf welche Art und Weise, folgt unten.

Verfahrensweise für die juristische Ausarbeitung der Fälle.

9) Über jeden Verhafteten sowie über jedes sozial gefährliches Kind älter als 15 Jahre wird eine Untersuchungsakte angelegt, die außer den Orientierungsdokumenten Informationen (siehe PP. »a« und »b« Art. 1) sowie eine kurze Anklageschrift enthalten.

10) Die Untersuchungsakten werden zur Behandlung an die Sonderberatung des NKWD der UdSSR weitergeleitet .

Die Leiter der NKWD-Verwaltungen in den Regionen Ferner Osten und Krasnojarsk sowie im Ostsibirischen Gebiet haben die Untersuchungsakten der Verhafteten nicht an die Sonderberatung zu schicken. Statt dessen haben sie allgemeine Informationen über die Familien der Verurteilten (P. »a« Art. 1) telegraphisch mitzuteilen, die von der Sonderberatung zu behandeln sind. Die letztere teilt ihre Beschlüsse über jede Familie unter gleichzeitiger Angabe der Haftanstalt (des Lagers) auch den Leitern der aufgezählten Verwaltungen des NKWD telegraphisch mit.

Verhandlung der Fälle und Strafmaßnahmen.

11) Die Sonderberatung verhandelt die Fälle der Frauen verurteilter Landesverräter und ihrer Kinder im Alter von über 15 Jahren, die sozial gefährlich und zu antisowjetischen Handlungen fähig sind.

12) Die Frauen der verurteilten Landesverräter müssen je nach dem Grad ihrer sozialen Gefährlichkeit für die Dauer von nicht unter 5–8 Jahren in Lagern inhaftiert werden.

13) Die sozial gefährlichen Kinder der Verurteilten sind je nach ihrem Alter,

dem Grad ihrer Gefährlichkeit und den Möglichkeiten der Besserung in die Lager oder Besserungsarbeitskolonien des NKWD einzusperren oder in Sonderkinderheime der Volkskommissariate für Volksbildung zu unterbringen.
14) Die Urteile der Sonderberatung sind zu ihrer Vollstreckung den Volkskommissaren für innere Angelegenheiten der Republiken und Leitern der Verwaltungen des NKWD in den Regionen und Gebieten telegraphisch mitzuteilen.
15) Die Untersuchungsakten sind dem Archiv des NKWD zu übergeben.

Vollstreckungsverfahren der Urteile.

16) Die durch die Sonderberatung verurteilten Frauen der Landesverräter sind für die Abbüßung der Strafe entsprechend den Personenanforderungen des GULag des NKWD der UdSSR in die Sonderabteilung des Besserungsarbeitslagers »Temnikowo« zu überstellen.

Der Transport in die Lager ist nach den entsprechenden Vorschriften durchzuführen.
17) Verurteilte Frauen, die wegen Krankheit und wegen vorhandener kranker Kinder nicht verhaftet sind, müssen nach ihrer Gesundung verhaftet werden und sind ins Lager zu überstellen.

Die Frauen der Landesverräter, die Säuglinge haben, sind sofort nach der Urteilsverkündung zu verhaften und ohne Zwischenaufenthalt im Gefängnis unmittelbar ins Lager zu verbringen.

Auf die gleiche Weise sind die hochbetagten verurteilten Frauen zu behandeln.
18) Die verurteilten sozial gefährlichen Kinder sind entsprechend den Personenanforderungen des GULag des NKWD der UdSSR in die Lager, Besserungsarbeitskolonien des NKWD oder in die Sonderkinderheime der Volkskommissariate für Volksbildung der Unionsrepubliken (für die erste und die zweite Gruppe) sowie der Verwaltungs- und Wirtschaftsabteilung des NKWD der UdSSR (für die dritte Gruppe) zu verbringen.

Die Unterbringung der Kinder der Verurteilten.

19) Alle nach der Verurteilung zurückgebliebenen Waisen sind unterzubringen:

a) Kinder im Alter von ein bis eineinhalb, bis drei Jahre in Kinderheimen und Kinderkrippen der Volkskommissariate für Gesundheitswesen der Republiken am Wohnort der Verurteilten;

b) die Kinder vom dritten Jahr bis fünfzehnten Jahr – in den Kinderheimen der Volkskommissariate für Volksbildung anderer Republiken, Regionen und Gebiete (nach der festgesetzten Aufteilung) und außerhalb Moskaus, Leningrads, Kiews, Tbilissis, von Minsk und der See- und Grenzstädte.

20) Bei Kindern im Alter über fünfzehn Jahren ist die Frage individuell zu lösen. Je nach Alter, der Möglichkeit, die selbständige Existenz durch eigene Arbeit zu bestreiten, oder der Möglichkeit, von den Verwandten den Unterhalt zu empfangen, können diese Kinder:

a) in die Kinderheime der Volkskommissariate für Volksbildung der Republiken entsprechend dem P. »B« Art. 19;

b) in die anderen Republiken, Regionen und Gebiete (mit Ausnahme der obengenannten Orte) zur Arbeitsvermittlung oder zum Lernen eingewiesen werden.

21) Die Säuglinge werden zusammen mit ihren verurteilten Müttern in die Lager eingewiesen, von wo sie bei Erreichen des Alters von ein bis eineinhalb Jahren in die Kinderheime und Kinderkrippen der Volkskommissariate für Gesundheitswesen der Republiken übergeben werden.

22) Die Kinder im Alter von 3 bis 15 Jahren werden in die staatliche Verwahrung aufgenommen.

23) Wenn andere (nicht zu repressierende) Verwandte für den vollen Unterhalt der verbliebenen Kinder aufkommen wollen, so sollen sie daran nicht gehindert werden.

Maßnahmen zur Übergabe und Verteilung der Kinder.

24) In jeder Stadt, in der die Operation durchgeführt wird, werden speziell eingerichtet:

a) Empfangs- und Verteilungspunkte, in die die Kinder sofort nach der Verhaftung ihrer Mütter gebracht werden und von wo sie danach in die Kinderheime verbracht werden;

b) Räume, in denen die sozial gefährlichen Kinder bis zum Beschluß der Sonderberatung des NKWD festgesetzt sind.

Die obengenannten Kinder werden Kinderaufnahmestellen der Abteilungen der Arbeitskolonien des NKWD, soweit sie vorhanden sind, übergeben.

25) Die Leiter der NKWD-Organe der Stellen, in denen sich die für die Aufnahme der Kinder der Verurteilten vorgesehenen Kinderheime der Volkskommissariate für Volksbildung befinden, überprüfen zusammen mit Leitern oder Vertretern der Gebietsabteilungen für Volksbildung das Personal der Kinderheime und entlassen alle politisch unsicheren, antisowjetisch eingestellten und korrupten Personen. Statt der Entlassenen wird das Personal durch geprüfte, politisch feste Kader ergänzt, die in der Lage sind, die ankommenden Kinder zu unterrichten und zu erziehen.

26) Die Leiter der NKWD-Organe bestimmen, in welchen Kinderheimen und Kinderkrippen der Volkskommissariate für Gesundheitswesen es möglich ist,

Kinder im Alter bis zu 3 Jahren unterzubringen, und sichern den unverzüglichen und einwandfreien Empfang der Kinder.
27) Die Volkskommissare für innere Angelegenheiten der Republiken und die Leiter der Verwaltungen des NKWD der Regionen und der Gebiete teilen persönlich dem stellvertretenden Leiter der Verwaltungs- und Wirtschaftsleitung des NKWD, Gen. Schneerson, telegraphisch die Namenslisten der Kinder mit, deren Mütter verhaftet sind. Es sind in den Listen anzugeben: Name, Vor- und Vatersname, das Geburts- und Schuljahr des Kindes. Die Kinder werden in den zu komplettierenden Gruppen so zugeteilt, daß miteinander durch Verwandtschaft oder Bekanntschaft verbundene Kinder nicht in ein und dasselbe Kinderheim geraten.
28) Die Verteilung der Kinder durch die Kinderheime erfolgt durch den stellvertretenden Leiter der Verwaltungs- und Wirtschaftsleitung des NKWD der UdSSR. Er teilt den Volkskommissaren für innere Angelegenheiten der Republiken und den Leitern der Verwaltungen des NKWD der Regionen und Gebiete telegraphisch mit, welche Kinder in welche Kinderheime einzuweisen sind. Die Kopie des Telegramms ist an den Leiter des Kinderheims zu schicken. Den letzteren verpflichtet der Empfang des Telegramms zur Übernahme der Kinder.
29) Bei der Durchführung der Verhaftung von Frauen der Verurteilten werden ihnen die Kinder entzogen und mit ihren persönlichen Dokumenten (Geburtsurkunden, Schülerdokumente) in Begleitung eines speziell dazu beauftragten Mitarbeiters oder einer Mitarbeiterin des NKWD der die Verhaftung durchführenden Gruppe wie folgt überstellt:

a) Kinder im Alter bis zu drei Jahren – in die Sonderkinderheime und Kinderkrippen der Volkskommissariate für Gesundheitswesen;

b) Kinder im Alter von drei bis 15 Jahren – in die Aufnahme- und Verteilungspunkte;

c) die sozial gefährlichen Kinder im Alter von mehr als 15 Jahren werden in speziell für sie bestimmte Räume verbracht.

Verfahren zum Abtransport der Kinder in die Kinderheime.

30) Die Kinder in den Aufnahme- und Verteilungspunkten werden vom Leiter des Punktes oder vom Leiter der Kinderempfangsstelle des OTK NKWD und von speziell dazu vorgesehenen operativen Mitarbeitern oder Mitarbeiterinnen der Verwaltung für Staatssicherheit in Empfang genommen.

Jedes aufgenommene Kind wird in ein spezielles Buch eingetragen, und seine Dokumente werden in einem gesonderten Briefumschlag versiegelt.

Danach werden die Kinder je nach Bestimmungsorten eingeteilt und in Begleitung von speziell ausgewählten Mitarbeitern/innen gruppenweise in die Kinderheime der Volkskommissariate abtransportiert, wo sie zusammen mit ihren Dokumenten dem Leiter des Kinderheims gegen persönliche Quittung übergeben werden.

31) Die Kinder im Alter bis zu drei Jahren werden den Leitern der Kinderheime oder Kinderkrippen der Volkskommissariate für Gesundheitswesen gegen persönlichen Quittung übergeben. Zusammen mit dem Kind wird die Geburtsurkunde übergeben.

Registrierung der Kinder der Verurteilten.

32) Die in den Kinderheimen und Kinderkrippen der Volkskommissariate für Gesundheitswesen sowie für Volksbildung untergebrachten Kinder werden von der Verwaltungs- und Wirtschaftsleitung des NKWD registriert.

Die Kinder über 15 Jahre sowie die verurteilten sozial gefährlichen Kinder werden von der 8. Abteilung der Hauptverwaltung für Staatssicherheit des NKWD der UdSSR registriert.

Beobachtung der Kinder der Verurteilten.

33) Mit der Beobachtung der politischen Stimmungen bei den Kindern von Verurteilten, ihres Lernens und ihrer Erziehung beauftrage ich die Volkskommissare für innere Angelegenheiten der Republiken, die Leiter der Verwaltungen des NKWD der Regionen und Gebiete.

Rechenschaftslegung.

34) Über den Verlauf der Operation bin ich alle drei Tage, über alle Exzesse und besondere Vorkommnisse unverzüglich telegraphisch zu benachrichtigen.

35) Die Operation zur Repressierung der Frauen der bereits verurteilten Landesverräter ist zum 25. Oktober dieses Jahres abzuschließen.

36) Künftig sind alle Frauen der entlarvten Landesverräter, der rechtstrotzkistischen Spione zusammen mit den Männern zu verhaften, wobei entsprechend dem vorliegenden Befehl zu verfahren ist.[33]

---

33 Veröffentlicht in: Sbornik zakonodatel'nych i normativnykh aktov o repressijaki reabilitatsii zhertv politicheskikh repressij. Moskau 1993, S. 86–93. Dieser operative NKWD-Befehl geht auf einen Beschluß des Politbüros der KPdSU (P 51/144) vom 5. Juli 1937 zurück, der auszugsweise in der Zeitschrift Memorial-Aspekt, Februar 1993, veröffentlicht wurde.

Literaturverzeichnis

Abuzow, N., Die Gestapo, Moskau 1937.

Ackermann, Arne/Harry Raiser/Dirk Uffelmann (Hg.), Orte des Denkens. Neue Russische Philosophie, Wien 1995.

Adibekov, Grant Michailovič/Šachnazarova, Eleonora Nikolewna/Širinja, Kiril K., Organizacionnaja struktura Kominterna 1919–1943, Moskau 1997.

Albrecht, Karl I., Der verratene Sozialismus. Zehn Jahre als hoher Staatsbeamter in der Sowjetunion, Berlin/Leipzig 1941.

Alles, Wolfgang, Zur Politik und Geschichte der deutschen Trotzkisten ab 1930, 2. Aufl., Köln 1994.

Altrichter, Helmut, »Offene Großbaustelle Russland«. Reflexionen über das Schwarzbuch des Kommunismus, in: Vierteljahreshefte für Zeitgeschichte, 47, 1999, H. 3, S. 321–362.

Andersen-Nexö, Martin, Die braune Bestie. In memoriam Erich Mühsam (1936), in: Wolfgang Teichmann (Hg.), Färbt ein weißes Blütenblatt sich rot [...] Erich Mühsam. Ein Leben in Zeugnissen und Selbstzeugnissen, Berlin 1978, S. 266–276.

Andrew, Christopher/Wassili Mitrochin, Das Schwarzbuch des KGB. Moskaus Kampf gegen den Westen, Berlin 1999.

Anklage und Urteil gegen die illegale konterrevolutionäre Sinowjew-Gruppe, Moskau/Leningrad 1935.

Antonowa, Irina/Jörn Merkert (Hg.), Berlin–Moskau. Moskau–Berlin, München/New York 1995.

Apfel, Alfred, Der Kampf um Max Hoelz, in: Die Weltbühne, 24, 1928, 1. Halbjahr, S. 741–752; S. 784–790.

Arendt, Hannah, Elemente und Ursprünge totalitärer Herrschaft, München 1986.

Dies., Nach Auschwitz, Berlin 1989.

Autorenkollektiv, Lubjanka 2. Iz istorii otečestvennoj kontrrazvedki, Moskau 1999.

Baberowski, Jörg, Das Ende der Osteuropäischen Geschichte. Bemerkungen zur Lage einer geschichtswissenschaftlichen Disziplin, in: osteuropa, 49, 1998, H. 8/9, S. 784–799.

Ders., Stalinismus »von oben«. Kulakendeportationen in der Sowjetunion 1929–1933, in: Jahrbücher für Geschichte Osteuropas, 46, 1998, H. 4, S. 572–595.

Ders., »Die Verfasser von Erklärungen jagen den Parteiführern einen Schrecken ein.« Denunziation und Terror in der stalinistischen Sowjetunion 1928–1941, in: Friso Ross/Achim Landwehr (Hg.), Denunziation und Justiz. Historische Dimensionen eines sozialen Phänomens, Tübingen 2000, S. 165–197.

Babičenko, D. L. (Hg.), »Literaturnyi front«. Istoria političeskoj cenzury, 1932–1946 gg. Sbornik dokumentov, Moskau 1994.
Babičenko, Leonid, Die Moskvin-Kommission. Neue Einzelheiten zur politisch-organisatorischen Struktur der Komintern in der Repressionsphase, in: The International Newsletter of Historical Studies on Comintern, Communism and Stalinism, 2, 1994/95, Nr. 5/6, S. 35–39.
Babitschenko, Leonid G., Die Kaderschulen der Komintern, in: Jahrbuch für Historische Kommunismusforschung, 1993, S. 37–59.
Bachmann, Jörg J., Zwischen Paris und Moskau. Deutsche bürgerliche Linksintellektuelle und die stalinistische Sowjetunion 1933–1939, Mannheim 1995.
Baker, Keith Michael (Hg.), The French Revolution and the Creation of Modern Political Culture, Bd. 4: The Terror, Oxford/New York/Tokio 1994.
Baumann, Zygmunt, Dialektik der Ordnung. Die Moderne und der Holocaust, Hamburg 1992.
Bayerlein, Bernhard H./Peter Huber, Protokolle des Terrors (I): Bela Kun und Lajos Mad'jar in russischen KGB-Dokumenten, in: The International Newsletter of Historical Studies on Comintern, Communism and Stalinism, 3, 1996, Nr. 7/8, S. 53–71.
Bayerlein, Bernhard H., Weltüberwachung statt Weltrevolution. Zum Verhältnis von Terror und Rationalität in der Geschichte der Sowjetunion in der zweiten Hälfte der dreißiger Jahre, in: Moskau 1938. Szenarien des Großen Terrors, Leipzig 1999, S. 42–65.
Becher, Peter/Peter Heumos (Hg.), Drehscheibe Prag. Zu deutschen Emigration in die Tschechoslowakei 1933–1945, München 1992.
Beck, F./G. Godin, Russian Purge and the Extraction of Confession, London 1951.
Becker, Jens, Heinrich Brandler. Eine politische Biographie, Hamburg 2001.
Ders./Theodor Bergmann/Alexander Watlin, Das erste Tribunal. Das Moskauer Parteiverfahren gegen Brandler/Thalheimer und Radek, Mainz 1993.
Behrendt, Lutz-Dieter, Die »roten Professoren« und der Große Terror, in: Moskau 1938. Szenarien des Großen Terrors, Leipzig 1999, S. 72–83.
Ders., Die Institute der Roten Professur. Kaderschmieden der sowjetischen Parteiintelligenz (1921–1938), in: Jahrbücher für Geschichte Osteuropas, 45, 1997, S. 597–621.
Bender, Rolf, Tatsachenfeststellung vor Gericht. Bd. 2, Vernehmungslehre, München 1981.
Benjamin, Walter, Gesammelte Schriften, Frankfurt am Main 1991.
Berg, Hubert van den, Die Ermordung Erich Mühsams. Stellungnahmen und Diskussionen deutscher Emigranten 1934 bis 1935, in: Exilforschung. Ein internationales Jahrbuch, 12, 1994, S. 174–190.

Ders., Mühsam als Mahnmal. Anmerkungen zum Mühsam-Verständnis im deutschen Exil 1934–1935, in, Der »späte« Mühsam. Schriften der Erich-Mühsam-Gesellschaft, Lübeck 1994, H. 5, S. 42–58.

Ders., Über Erich Mühsams Überlegungen zur »Frauenfrage« und seine literarische Darstellungsweise von Frauen in der Periode 1900–1914, in: Schriften der Erich-Mühsam-Gesellschaft, H. 3, 1992, S. 57–73.

Bergmann, Theodor, Gegen den Strom. Die Geschichte der Kommunistischen-Partei-Opposition, Hamburg 1987.

Berkmann, Alexander, Letters from Prison, New York 1925, Reprint Westport 1977.

Beyrau, Dietrich, Die korrekte Moral und die historische Profession. Ein Kommentar, in: Jahrbücher für Geschichte Osteuropas, 47, 1999, H. 2, S. 254–262.

Ders., Intelligenz und Dissens. Die russischen Bildungsschichten in der Sowjetunion 1917 bis 1985, Göttingen 1993.

Ders., Schlachtfeld der Diktaturen. Osteuropa im Schatten von Hitler und Stalin, Göttingen 2000.

Ders. (Hg.), Im Dschungel der Macht. Intellektuelle Professionen unter Stalin und Hitler, Göttingen 2000.

Bibliografičeskij ukazatel' izdanij obščestva Memorial (1988–1995), Moskau 1995.

Bieberstein, Johannes Rogalla von, Die These von der Verschwörung 1776–1945. Philosophen, Freimaurer, Juden, Liberale, und Sozialisten als Verschwörer gegen die Sozialordnung, Flensburg 1992.

Bonnel, Victoria E., Iconography of Power. Soviet Political Posters under Lenin and Stalin, London 1997.

Bonner, Jelena, Mütter und Töchter. Erinnerung an meine Jugend 1923 bis 1945. Aus dem Russischen von Rosemarie Reichert, München/Zürich 1992.

Bonwetsch, Bernd, Stalinismus »von unten«? Sozialgeschichtliche Revision eines Geschichtsbildes, in: Sozialwissenschaftliche Informationen, 2, 1988, S. 126–131.

Borke, Astrid von, Die Ursprünge des Bolschewismus. Die jakobinische Tradition in Rußland und die Theorie der revolutionären Diktatur, München 1977.

Bosse, Georg, Jene Zeit in Charkow 1936–1941. Eine Jugend unter Stalin, Berlin 1997.

Bramsted, Ernst Kohn, Dictatorship and political police. The technique of control by fear, London 1945.

Brandt, Willy, Links und frei. Mein Weg 1930–1950, München o. J.

Brecht, Bertolt, Arbeitsjournal. 1938–1942, Frankfurt am Main 1973.

Ders., Werke. Briefe 2, bearb. von Günter Glaeser. Große kommentierte Berliner und Frankfurter Ausgabe, Bd. 29, Berlin/Weimar/Frankfurt am Main 1998.

Bredel, Willi, über Ernst Ottwalt, in: europäische ideen, 1992, H. 79, S. 6–10.
Ders., Die Prüfung. Roman aus einem Konzentrationslager, London 1934.
Bröckling, Ulrich, Disziplin. Soziologie und Geschichte militärischer Gehorsamsproduktion, München 1997.
Brooks, Jeffrey, Official Xenophobia and Popular Cosmopolitanism in Early Soviet Russia, in: American Historical Review, 97, 1992, S. 1431–1448.
Ders., Thank you, comrade Stalin! Soviet Public Culture from Revolution to Cold War, Princeton 1999.
Broszat, Martin/Hartmut Mehringer (Hg.), Bayern in der NS-Zeit. Die Parteien KPD, SPD, BVP in Verfolgung und Widerstand, Bd. 5, München 1983.
Broué, Pierre, Histoire de L'Internationale Communiste. 1919–1943, Paris 1997.
Ders., Rolle und Funktion von »Säuberungen« im Rahmen des kommunistischen Herrschaftssystems, in: Kommunisten verfolgen Kommunisten, hrsg. von Hermann Weber u.a., Berlin 1993, S. 538–546.
Ders., Trotsky et le bloc des oppositions de 1932, in: Cahiers Léon Trotsky, Nr. 5, S. 5–37.
Ders., Les trotskystes en Union soviétique (1929–1939), in: Cahiers Léon Trotsky, 1980, Nr. 6, S. 5–65.
Buber-Neumann, Margarete, Als Gefangene bei Stalin und Hitler. Eine Welt im Dunkel, Stuttgart 1985.
Bucharina, Anna Larina, Nun bin ich schon weit über zwanzig. Erinnerungen. Aus dem Russischen von Eva Rönnau, Göttingen 1989.
Bühler, Christine, Renegatinnen und Soldatinnen der Partei. Stalinismuserfahrung im Exil: Autobiographische Texte deutschsprachiger Kommunistinnen (Regensburger Skripten zur Literaturwissenschaft, hrsg. von Hans Peter Neureuther, Bd. 7), Regensburg 1998.
Bürger, P., Unterweisungen über die christliche Vollkommenheit, Freiburg i. Br. 1895.
Burin, Philippe, Political Religion, The Relevance of a Concept, in: History and Memory, 1997, S. 321–349.
Burschel, Peter/Götz Distelrath/Sven Lembke (Hg.), Das Quälen des Körpers. Eine historische Anthropologie der Folter, Köln/Weimar/Wien 2000.
Butovskij poligon. 1937–1938. Kniga pamjati žertv politčeskich repressij, Moskau 1997.
Canetti, Elias, Masse und Macht, Frankfurt am Main 1992.
Cassiday, Julie A., The Enemy on Trial. Early Soviet Courts on Stage and Screen, DeKalb 2000.
Chasanow, Michail, Max Hoelz in Gorki, in: Beiträge zur Geschichte der Arbeiterbewegung, 1989, H. 6, S. 824–828.
Chaustov, Vladimir N., Repressii protiv sovetskich nemcev do načala massovoj

operacii, in: Arseni Roginskij u. a. (wiss. Red.): Nakazannyj narod. Repressii protiv Rossijskich nemcev, Moskau 1999.
Ders., »Demokratija pod nadzorom NKVD: Obsuždenie proekta konstitucii 1936 g.«, in: V. Kozlov u. a. (Hg.), Neizvestnaja Rossia, Moskau, Bd. 2, S. 282–296.
Chentalinski, Vitali, Les surprises de la Loubianka, Paris 1996.
Chlewnjuk, Oleg, Das Politbüro. Mechanismen der Macht in der Sowjetunion der dreißiger Jahre, Hamburg 1998.
Čistov, Kirill V., Der gute Zar und das ferne Land: russische sozial-utopische Volkslegenden des 17. – 19. Jahrhunderts, hrsg. von Dagmar Burkhart, Münster/New York/München/Berlin 1998.
Cohn, Norman, »Die Protokolle der Weisen von Zion«. Der Mythos der jüdischen Weltverschwörung, Zürich 1998.
Conquest, Robert, Am Anfang starb Genosse Kirow. Säuberungen unter Stalin, Düsseldorf 1970.
Ders., Der Große Terror, München 1992.
Ders., Stalin and the Kirow Murder, New York 1989.
Courtois, Stéphane/Nicolas Werth u. a. (Hg.), Das Schwarzbuch des Kommunismus. Unterdrückung, Verbrechen und Terror, München/Zürich 1998.
Creutzburg, August (Hg.), Du mußt es wissen. Die Menschewiki auf der Anklagebank des Proletariats, Hamburg/Berlin 1931.
Creuzberger, Stefan/Rainer Lindner, Postsowjetische Archive. Glanz und Elend in den »Bergwerken« der Historiker, in: osteuropa, 51, 2001, H. 1, S. 78–80.
Dahlmann, Dittmar/Gerhard Hirschfeld (Hg.), Lager, Zwangsarbeit, Vertreibung und Deportation. Dimensionen der Massenverbrechen in der Sowjetunion und in Deutschland 1933 bis 1945, Essen 1999.
Dallin, David J., Das wirkliche Sowjet-Rußland, Hamburg 1948.
Damerius, Helmut, Unter falscher Anschuldigung. 18 Jahre in Taiga und Steppe, Berlin/Weimar 1990.
Das braune Netz, wie Hitlers Agenten im Auslande arbeiten und den Krieg vorbereiten, Paris 1935.
David-Fox, Michael, Revolution of the Mind: Higher Learning among the Bolsheviks. 1918–1929, Ithaca 1997.
Davies, Natalie Zemon, Fiction in the Archives. Pardon Tales and their Tellers in sixteenth-century France, Stanford/Cal. 1987.
Davies, Sarah, »Us against Them«: Social Identities in Soviet Russia 1934–1941, in: Russian Review, 56, 1997, Nr. 1, S. 70–89.
Dies., Popular Opinion in Stalin's Russia. Terror, Propaganda and Dissent, Cambridge 1997.

Daxelmüller, Christoph, Aberglaube, Hexenzauber, Höllenängste. Eine Geschichte der Magie, München 1996.

Dehl, Holger/Natalija Mussijenko, Hitlerjugend in der UdSSR?, in: Beiträge zur Geschichte der Arbeiterbewegung, 1996, H. 1, S. 76–84.

Deinzer, Judith, Verdrängung und Verklärung. Das Bild der Sowjetunion in den autobiographischen Schriften deutschsprachiger Emigranten, wiss. Hausarbeit, Hamburg 1995.

Del', Oleg, Ot iulluzij k tragedii. Nemeckie emigranty v SSSR v 30-e gody, Moskau 1997.

Deleuze, Gilles, Foucault, Frankfurt am Main 1987.

Ders., Postskriptum über die Kontrollgesellschaften, in: Deleuze, Unterhandlungen 1972–1990, Frankfurt am Main 1993, S. 254–262.

Denunzianten in der Neuzeit, in: Sozialwissenschaftliche Informationen. Geschichte, Politik, Wirtschaft, 27, 1998, H. 2.

Denunziation und Verrat 2, in: europäische ideen, 1994, H. 86.

Denunziation und Verrat. Die dreißiger Jahre in der Sowjetunion, in: europäische ideen, 1992, H. 79.

Der organisatorische Aufbau der Kommunistischen Partei, Hamburg 1925.

Der Reichstagsbrandprozeß und Georgi Dimitroff, Dokumente, Bd. 2, Berlin 1989.

Derrida, Jacques, Dem Archiv verschrieben. Eine Freudsche Impression, Berlin 1997.

Ders./Natalia Avtonomova/Valeri Podoroga/Mikhail Ryklin, Moscou aller retour, Paris 1995.

Die Greuel in den russischen Gefängnissen. Rede des Vorsitzenden der französischen Liga der Menschen- und Bürgerrechte, Francis de Pressensé. Gehalten am 13. Februar 1913 im Saal der gelehrten Gesellschaften unter dem Vorsitz von Wera Figner, München 1913.

Die Kommunistische Internationale über die Lage in Deutschland, Moskau/Leningrad 1933.

Die politischen Emigranten in der Sowjet-Union, in: Das Tribunal. Illustrierte Justiz-Zeitung, 5, 1929, Nr. 4, S. 4–5.

Die rechten Spießgesellen der trotzkistischen Bande. Ein historischer Leitfaden, Moskau 1937.

Die Tscheka. Russische Hilferufe an das Weltgewissen, Berlin 1922.

Dietzel, Peter, Exiltheater in der Sowjetunion 1932–1937, Berlin 1978.

Ders., Hilda Duty – Zellengefährtin von Carola Neher, in: Exil. Forschung, Erkenntnisse, Ergebnisse, 12, 1992, S. 24–42.

Dillinger, Johannes, »Böse Leute«. Hexenverfolgungen in Schwäbisch-Österreich und Kurtrier im Vergleich (Trierer Hexenprozesse, Bd. 5), Trier 1999.

Dimitroff, Georgi, Gemeine Trotzkisten in Schutz nehmen, bedeutet dem Faschismus helfen!, in: Rundschau über Politik, Wirtschaft und Arbeiterbewegung, 5, 1936, Nr. 38, S. 1541–1543.

Ders., Tagebücher 1933–1945, hrsg. von Bernhard H. Bayerlein. Aus dem Russischen und Bulgarischen von Wladislaw Hedeler und Birgit Schliewenz, Berlin 2000.

Distl, Dieter, Ernst Toller, Eine politische Biographie, Schrobenhausen 1993.

Dokumentationsarchiv des österreichischen Widerstandes (Hg.), Einleitung, Auswahl und Bearbeitung Barry McLoughlin/Hans Schafranek, Österreicher im Exil. Sowjetunion 1934–1945. Eine Dokumentation, Wien 1999.

Douglas, Mary, Reinheit und Gefährdung, Berlin 1985.

Dies., Ritual, Tabu und Körpersymbolik. Sozialanthropologische Studien in Industriegesellschaft und Stammeskultur, 2. Aufl., Frankfurt am Main 1993.

Druzhnikov, Yuri, Informer 001. The myth of Pawlik Morosov, New Brunswick/London 1997.

DSM IV, The Diagnostic and Statistical Manual of Mental Disorders of the American Psychiatric Association, Washington 1994.

Dugin, A. N., Neizvestnyj GULAG. Dokumenty i fakty, Moskau 1999.

Dundovich, Elena, Tre esilio e castigo: il Komintern, il PCI e la repressione degli antifascist italiani in URSS (1936–1938), Rom 1998.

Dwars, Jens-Fiete, Abgrund des Widerspruchs. Das Leben Johannes R. Bechers, Berlin 1998.

Eisenberger, Andrej, Wenn ich nicht schreie, ersticke ich. Ein wahre Geschichte von Liebe und Tod, Berlin 1997.

Eneberg, Kaa, Tvingade till tystnad: en okänd historia om nagra svenska familjeöden, Stockholm 2000.

Engelstein, Laura, Soviet Policy Toward Male Homosexuality: Its Origins an Historical Roots, in: Journal of Homosexuality, 29, 1995, H. 2–3, S. 155–178.

Ennker, Benno, Politische Herrschaft und Stalinkult, in: Stefan Plaggenborg (Hg.), Stalinismus. Neue Forschungen und Konzepte, Berlin 1998, S. 151–182.

Ercoli [d. i. Palmiro Togliatti], Die Lehren des Prozesses gegen das trotzkistisch-sinowjewistische Terroristen-Zentrum, in: Die Kommunistische Internationale, 17, 1936, S. 963–978.

Erdheim, Mario, Die gesellschaftliche Produktion von Unbewußtheit, Frankfurt am Main 1982.

Erler, Peter, »Moskau-Kader« der KPD in der SBZ, in: Manfred Wilke (Hg.), Anatomie der Parteizentrale. Die KPD/SED auf dem Wege zur Macht, Berlin 1998, S. 229–291.

Essig, Laurie, Queer in Russia. A Story in Sex, Self and Other, Durham 1999.

Fainsod, Merle, Smolensk under Soviet Rule, Cambridge 1958.

Fanal, Anarchistische Monatsschrift, hrsg. von Erich Mühsam, 1–5, 1926/27–1930/31, Nachdruck o. J.
Farge, Arlette/Michel Foucault (Hg.), Familiäre Konflikte: die »Lettres de cachet« aus den Archiven der Bastille im 18. Jahrhundert. Aus dem Französischen von Chris E. Paschold u. Albert Gier, Frankfurt am Main 1989.
Fateev, A.V., Obraz vraga v sovetskoj propagande 1945–1954, Moskau 1999.
Feuchtwanger, Lion, Moskau 1937. Ein Reisebericht für meine Freunde, Berlin 1993.
Firsov, Fridrikh, Aus den Tagebüchern Dimitroffs. Komintern und stalinistischer Terror, in: Mittelweg 36, 7, 1998, H. 2, S. 78–90.
Firsow, Friedrich, Die »Säuberungen« im Apparat der Komintern, in: Weber, Hermann, u.a. (Hg.), Kommunisten verfolgen Kommunisten. Stalinistischer Terror und »Säuberungen« in den kommunistischen Parteien Europas seit den dreißiger Jahren, Berlin 1993, S. 37–51.
Fischer, Ernst, Die neuen Menschenrechte. Die Verfassung der Union der sozialistischen Sowjetrepubliken, Basel 1937.
Ders., Erinnerungen und Reflexionen, Reinbek 1969.
Fischer, Peter (Hg.), Reden der französischen Revolution, München 1974.
Fischer, Ruth/Arkadij Maslow, Abtrünnig wider Willen. Aus Briefen und Manuskripten des Exils, hrsg. von Peter Lübbe, mit einem Vorwort von Hermann Weber, München 1990.
Fitzpatrick, Sheila, Everyday Stalinism: Ordinary Life in Extraordinary Times: Soviet Russia in the 1930s, Oxford 1999.
Dies./Robert Gellately (Hg.), Accusatory Practices. Denunciation in Modern European History 1789–1989, Chicago/London 1997.
Dies., Lives under Fire. Autobiographical Narratives and their Challenges in Stalin's Russia, in: De Russie et d'ailleurs: feux croisés sur l'histoire; pour Marc Ferro, hrsg. von Martine Godet (Collection historique de l'Institut d'Études Slaves, Bd. 36), Paris 1995, S. 252–272.
Dies., Signals from Below, Soviet Letters of Denunciation of the 1930s, in: Journal of Modern History, 68, 1996, H. 4, S. 831–866.
Dies., Stalin's Peasants. Resistance and Survival in the Russian Village After Collectivisation, Oxford 1994.
Dies., Supplicants and Citizens, Public Letter-Writing in Soviet Russia in the 1930s, in: Slavic Review, 55, 1996, H. 1, S. 78–105.
Dies. (Hg.), Stalinism. New Directions, London/New York 2000.
Foitzik, Jan (Hg.), Walter Loewenheim, Geschichte der Org [Neu Beginnen] 1929–1935. Eine zeitgenössische Studie, Berlin 1995.
Ders., Zwischen den Fronten. Zur Politik, Organisation und Funktion linker politischer Kleinorganisationen im Widerstand 1933 bis 1939/40, Bonn 1986.
Foucault, Michel, Dispositive der Macht, Berlin 1978.

Ders., Sexualität und Wahrheit, Bd. 1: Der Wille zum Wissen, Frankfurt am Main 1983.

Freimuth, Torsten, Körper und Selbstthematisierung in der mittelalterlichen Beichtpraxis, in: Bielefelder Graduiertenkolleg Sozialgeschichte (Hg.), Körper Macht Geschichte – Geschichte Macht Körper: Körpergeschichte als Sozialgeschichte, Bielefeld 1999, S. 166–190.

Freud, Sigmund, Zwei Fallberichte. Psychoanalytische Bemerkungen über einen autobiographisch beschriebenen Fall von Paranoia (Dementia paranoides). Eine Teufelsneurose im siebzehnten Jahrhundert. Einleitung von Mario Erdheim, Frankfurt am Main 1997.

Fromm, Erich, Arbeiter und Angestellte am Vorabend des Dritten Reiches. Eine sozialpsychologische Untersuchung. Bearb. und hrsg. von Wolfgang Bonß, München 1983.

Fuchs, Rudolf, Aufruhr im Mansfelder Land. Massendrama in 26 Szenen, Berlin 1928.

Für Recht und Wahrheit. Materialien zum Moskauer Prozeß, hrsg. von Sonka [Hugo Sonnenschein], Prag 1936.

Furler, Bernhard, Augen-Schein. Deutschsprachige Reisereportagen über Sowjetrußland 1917–1939, Frankfurt am Main 1987.

Gaehme, Tita, Dem Traum folgen. Das Leben der Schauspielerin Carola Neher und ihre Liebe zu Klabund, Köln 1996.

Garai, Dodo – Alfred Kurella. Ein Briefwechsel, in: Sinn und Form, 1990, H. 4, S. 737–764.

Garros, Véronique/Natalija Korenewskaja/Thomas Lahusen (Hg.), Das wahre Leben. Tagebücher aus der Stalin-Zeit, Berlin 1998.

Gaßner, Hubertus (Hg.), Agitation zum Glück. Sowjetische Kunst der Stalinzeit, Bremen 1994.

Geertz, Clifford, Spurenlesen. Der Ethnologe und das Entgleiten der Fakten, München 1997.

Gellately, Robert, Allwissend und allgegenwärtig? Entstehung, Funktion und Wandel des Gestapo-Mythos, in: Paul, Gerhard/Klaus Mallmann (Hg.), Die Gestapo. Mythos und Realität, Darmstadt 1995, S. 47–70.

Geschichte der Kommunistischen Partei der Sowjetunion (Bolschewiki). Kurzer Lehrgang (1938), Moskau 1945.

Getty, John Arch, Afraid of Their Shadows: The Bolshevik Recourse to Terror, in: Stalinismus vor dem Zweiten Weltkrieg. Neue Wege der Forschung, hrsg. von Manfred Hildermeier unter Mitarbeit von Elisabeth Müller-Luckner (Schriften des Historischen Kollegs: Kolloquien, 43), München 1998, S. 169–191.

Ders., Origins of the »Great Purges« – The Soviet Communist Party reconsidered, 1933–1939, Cambridge 1985.

Ders., Samokritika Rituals in the Stalinist Central Comitee, 1933–1938, in: Russian Review, 58, 1999, H. 1, S. 49–70.
Ders./Oleg Naumov, The Road to Terror. Stalin and the Self-Destruction of the Bolsheviks, 1932–1939, New Haven/London, 1999.
Ders./Gábor Tamás Rittersporn/Viktor N. Zemskov, Victims of the Soviet Penal System in the Pre-War Years: A First Approach on the Basis of Archival Evidence, in: American Historical Review, 1993, Oktober, S. 1017–1049.
Giersich, Peter/Bernd Kramer, Max Hoelz, Berlin 2000.
Gilensen, Viktor, Die Komintern und die »Organisation M.« in Deutschland in den Jahren 1923–1925, in: Forum für osteuropäische Ideen- und Zeitgeschichte, 3, 1999, H. 1, S. 31–80.
Ginsburg, Jewgenija, Marschroute eines Lebens, Reinbek 1967.
Ginzburg, Carlo, Der Inquisitor als Anthropologe, in: Burke, Peter/Clifford Geertz/Carlo Ginzburg/Rhys Isaac/Marshall Sahlins/Victor Turner, Das Schwein des Häuptlings. Sechs Aufsätze zur Historischen Anthropologie, Berlin 1992, S. 42–55.
Globig, Martha, 1936/37, Eine schwere Zeit in Moskau, in: Beiträge zur Geschichte der Arbeiterbewegung, 1990, H. 4, S. 521–526.
Gnedin, Evgenij, Vychod iz labyrinta, Moskau 1994.
Goffmann, Erving, On the Characteristics of Total Institutions, in: Erving Goffmann, Essays on the Social Situation on Mental Patients and other Intimates, Garden City/New York 1961.
Golnikow, David, Fiasko einer Konterrevolution. Das Scheitern antisowjetischer Verschwörungen in der UdSSR (1917–1925), Berlin 1982.
Gorzka, Gabriele (Hg.), Kultur im Stalinismus. Sowjetische Kultur und Kunst der 1930er bis 50er Jahre, Bremen 1994.
Graf, Oskar Maria, Reise in die Sowjetunion 1934, Hamburg/Zürich 1992.
Granin, Daniil, Das Jahrhundert der Angst. Erinnerungen. Aus dem Russischen von Hanna-Maria-Braungardt, Berlin 1999.
Grau, Bernhard, Kurt Eisner. 1867–1919. Eine Biographie, München 2001.
Graumann, Carl F./Serge Moscovici (Hg.), Changing Conceptions of Conspiracy, New York 1987.
Graur, Mina, An Anarchist »Rabbi«. The Life and Teachings of Rudolf Rocker, New York 1997.
Grigulevič, J. R., Ketzer – Hexen – Inquisitoren. 13. – 20. Jahrhundert, 2. Aufl., 2 Bde., Berlin 1980.
Grossmann, Kurt R., Emigration. Geschichte der Hitler-Flüchtlinge 1933–1945, Frankfurt am Main 1969.
Gruen, Gerd, Der unmoralische Gehorsam, in: psychosozial, 20, 1997, S. 97–113.

Guardian [d. i. Hermann Nuding], Gestapo, in: Die Internationale, 1936, H. 6/7, S. 71–79.
Gumbel, Emil Julius, Vier Jahre politischer Mord, Berlin 1922.
Günther, Hans, Der Feind in der totalitären Kultur, in: Gabriele Gorzka (Hg.), Kultur im Stalinismus. Sowjetische Kultur und Kunst der 1930er bis 50er Jahre, Bremen 1994, S. 89–100.
Ders., Der sozialistische Übermensch. Maksim Gor'kij und der sowjetische Heldenmythos, Stuttgart 1993.
Hagemeister, Michael, Neuere Forschungen und Veröffentlichungen zu den »Protokollen der Weisen von Zion«. Eine kommentierte Bibliographie, in: Norman Cohn, »Die Protokolle der Weisen von Zion«. Der Mythos der jüdischen Weltverschwörung, Zürich 1998, S. 267–289.
Hagenloh, Paul M., »Socially Harmfull Elements« and the Great Terror, in: Fitzpatrick, Sheila (Hg.), Stalinism. New Directions, London/New York 2000, S. 286–308.
Hahn, Alois/Volker Krapp (Hg.), Selbstthematisierung und Selbstzeugnis: Bekenntnis und Geständnis, Frankfurt am Main 1987.
Halfin, Igal, From Darkness to Light: Class, Consciousness and Salvation in Revolutionary Russia, Pittsburgh 2000.
Ders., From Darkness To Light: Student Communist Autobiography during NEP, in: Jahrbücher für Geschichte Osteuropas, Bd. 45, 1997, S. 210–236.
Ders., The Demonization of the Opposition: Stalinist Memory and the »Communist Archive« at Leningrad Communist University, in: Kritika, New Series, 2, 2001, H. 1, S. 43–80.
Hart, Martin [d. i. Willi Eichler], Verleumder-Politik, in: Sozialistische Warte, 12. Jg., 1937, S. 409–417.
Haug, Wolfgang, Erich Mühsam. Schriftsteller der Revolution, Reutlingen 1979.
Ders., Erich Mühsams KAIN. Ein Spagat zwischen Literatur, Theater und Politik, in: Literatur und Politik vor dem 1. Weltkrieg: Erich Mühsam und die Boheme (Schriften der Erich-Mühsam-Gesellschaft, H. 15), Lübeck 1999, S. 49–72.
Hecker, Rolf, Rjazanovs Editionsprinzipien der ersten MEGA, in: Beiträge zur Marx-Engels-Forschung, neue Folge, Sonderband 1, Hamburg 1997, S. 7–27.
Heckert, Fritz, Die KPD im illegalen Kampf, Moskau/Leningrad 1933.
Ders., Ist die Sozialdemokratie noch die soziale Hauptstütze der Bourgeoisie, in: Die Kommunistische Internationale, 14, 1933, H. 13, S. 586–587.
Ders., Was geht in Deutschland vor? KPD und Hitlerdiktatur, Moskau/Leningrad 1933.
Ders., Was geht in Deutschland vor?, Prag 1933.
Hedeler, Wladislaw, Jeshows Szenario. Der Moskauer Schauprozeß 1938, in: Mittelweg 36, 7, 1998, H. 2, S. 61–77.

Ders., Szenarien des Großen Terrors. Die Vorbereitungen der Moskauer Prozesse durch das Politbüro des ZK der KPdSU(B) und die Führung des NKWD, in: Moskau 1938. Szenarien des Großen Terrors, Leipzig 1999, S. 9–28.

Heilbut, Iwan, Die öffentlichen Verleumder, Zürich 1937.

Hellbeck, Jochen (Hg.), Tagebuch aus Moskau 1931–1939, München 1996.

Ders., Laboratories of the Soviet Self: Diaries of the 1930s, Diss. Columbia University 1998.

Ders., Self-Realization in the Stalinist System: Two soviet Diaries of the 1930s, in: Manfred Hildermeier (Hg.), Stalinismus vor dem zweiten Weltkrieg, S. 275–290.

Hepp, Michael (Hg.), Die Ausbürgerung deutscher Staatsangehöriger 1933–1945 nach den im Reichsanzeiger veröffentlichten Listen, München 1985.

Herwarth, Hans von, Zwischen Hitler und Stalin. Erlebte Zeitgeschichte. 1931 bis 1945, Frankfurt am Main 1985.

Heumos, Peter, Tschechoslowakei, in: Claus-Dieter Krohn u.a (Hg.), Handbuch der deutschsprachigen Emigration 1933–1945, Darmstadt 1998, S. 411–426.

Hildermeier, Manfred, Geschichte der Sowjetunion 1917–1991. Entstehung und Niedergang des ersten sozialistischen Staates, München 1998.

Ders., Revision der Revision? Herrschaft, Anpassung und Glaube im Stalinismus, in: Manfred Hildermeier unter Mitarbeit von Elisabeth Müller-Luckner (Hg.), Stalinismus vor dem Zweiten Weltkrieg. Neue Wege der Forschung (Schriften des Historischen Kollegs: Kolloquien, 43), München 1998, S. 17–33.

Hilzinger, Sonja, Ich hatte nur zu schweigen. Strategien des Bewältigens und des Verdrängens der Erfahrung Exil in der Sowjetunion am Beispiel autobiographischer Texte, in: Exilforschung. Ein internationales Jahrbuch, 11, 1993, S. 31–52.

Hirsch, Werner, Sozialdemokratische und kommunistische Arbeiter im Konzentrationslager, [Straßburg] 1934.

Ders., Hinter Stacheldraht und Gitter: Erlebnisse und Erfahrungen in den Konzentrationslagern und Gefängnissen Hitlerdeutschlands, Zürich/Paris 1934.

Hirte, Chris, Erich Mühsam. »Ihr seht mich nicht feige«, Berlin 1985.

Hoelz, Max, Briefe aus dem Zuchthaus, hrsg. und mit einem Nachwort versehen von Egon Erwin Kisch, Berlin 1927.

Ders., Vom »Weissen Kreuz« zur Roten Fahne. Jugend-, Kampf- und Zuchthauserlebnisse, Berlin 1929.

Ders./Ludwig Bergmann (Bearb.), Max Hoelz. Seine gesamte Biographie und die wahren Vorgänge bei seiner Verhaftung; nach einem von ihm selbst geschriebenen Lebenslauf, Berlin 1921

Hoffer, Eric, Der Fanatiker. Eine Pathologie des Parteigängers, Reinbek 1965.

Höhne, Heinz, Der Krieg im Dunkeln. Die Geschichte der deutsch-russischen Spionage, Bindlach 1993.

Holquist, Peter, »Information is the Alpha and Omega of Our work«: Bolshevik Surveillance in its Pan-European Context, in: Journal of Modern History, 69, 1997, S. 415–450.

Horkheimer, Max, Gesammelte Schriften, Frankfurt am Main 1988.

Hortzschansky, Günter, Max Hoelz – Kämpfer für Freiheit und soziale Gerechtigkeit, für die Macht der Arbeiter und Bauern, in: Beiträge zur Geschichte der deutschen Arbeiterbewegung, 31, 1989, H. 6. S. 775–791.

Huber, Peter, Der Moskauer Apparat der Komintern: Geschäftsabteilung, Personalentscheide und Mitarbeiterbestand, in: Jahrbuch für Historische Kommunismusforschung, 1995, S. 140–150.

Ders., Kontroll- und Repressionsmechanismen in der Zentrale der Komunistischen Internationale, in: Int. wiss. Korrespondenz z. Gesch. d. deutschen Arbeiterbewegung, 30, 1994, H. 1, S. 1–28.

Ders., Stalins Schatten in der Schweiz. Schweizer Kommunisten in Moskau: Verteidiger und Gefangene der Komintern, Zürich 1994.

Ders., The Cadre Department, the OMS and the »Dimitrov« and »Manuil'sky« Secretariats during the Phase of the Terror, in: Narinsky, Mikhail/Jürgen Rojahn (Hg.), Centre and Periphery. The History of the Comintern in the Light of New documents, Amsterdam 1966, S. 122–145.

Ders./Hans Schafranek, Stalinistische Provokationen gegen Kritiker der Moskauer Schauprozesse, in: Wolfgang Neugebauer (Hg.), Von der Utopie zum Terror. Stalinismus-Analysen, Wien 1994, S. 112–134.

Hudson (jr.), Hugh D., Blueprints and Blood. The Stalinization of Soviet Architecture, Princeton 1994.

Hug, Heinz, »Er war in erster Linie Literat«. Erich Mühsam in Berlin (1925–1934), in: Der »späte« Mühsam (Schriften der Erich-Mühsam-Gesellschaft, H. 5), S. 27–41.

Ders., Erich Mühsam. Untersuchungen zu Leben und Werk, Glashütten 1972.

Huttner, Markus, Totalitarismus und säkulare Religionen. Zur Frühgeschichte totalitarismuskritischer Begriffs- und Theoriebildung in Großbritannien, Bonn 1999.

Ilic, Melanie, The Great Terror in Leningrad: a Quantitative Analysis, in: Europe-Asia Studies, 52, 2000, S. 1515–1534.

Illustrierte Geschichte der Deutschen Revolution, Berlin 1929.

In den Fängen des NKWD. Deutsche Opfer des stalinistischen Terrors in der UdSSR, Berlin 1991.

Ivnev, Rjurik, Life before article 154, in: Index on Censorship, 1995, S. 72–85.

Jahnke, Karl Heinz, Aus der UdSSR ins faschistische Deutschland ausgewiesen 1937–1940, in: Beiträge zur Geschichte der Arbeiterbewegung, 33, 1991, H. 2, S. 239–245.

Jakovlev, Aleksandr, Krestosev, Moskau 2000.

Jansen, Marc, A Show Trial under Lenin: The Trial of the Socialist Revolutionaries, Moskau 1922 (Studies in social history, 7), The Hague 1982.

Jansen, Sarah, »Schädlinge«. Zur Geschichte eines wissenschaftlichen und politischen Konstrukts, 1840–1920, Frankfurt am Main 2000.

Jaroslawski, Emeljan, Für eine bolschewistische Prüfung und Reinigung der Parteireihen, Moskau/Leningrad 1933.

Kafka, Franz, In der Strafkolonie. Eine Geschichte aus dem Jahre 1914. Anmerkungen von Klaus Wagenbach, Berlin 1995.

Kaganowitsch, Lasar M., Über die Parteireinigung, Moskau/Leningrad 1933.

Kantorowicz, Alfred, Deutsches Tagebuch, Berlin 1979.

Kauffeldt, Rolf, Erich Mühsam. Literatur und Anarchie, München 1983.

Kaufmann, Bernd/Eckhard Reisener/Dieter Schwips/Henri Walther, Der Nachrichtendienst der KPD 1919–1937, Berlin 1993.

Keep, John, Wheatcroft and Stalin's Victims: Comments, in: Europe-Asia Studies, 51, 1999, H. 6, S. 1089–1092.

Kempis, Thomas von, Das Büchlein von der Nachfolge Christi, Leipzig 1832.

Kharkhordin, Oleg, The Collective and the Individual in Russia: a Study of Practices (Studies on the history of society and culture, 32), Berkeley 1999.

Kjossewa, Christina, Als Lebensgefährtin Hans Kippenbergers in Moskau verhaftet, in: Beiträge zur Geschichte der Arbeiterbewegung, 32, 1990, H. 3, S. 379–389.

Klein, Albert/Raya Kruk, Alexander Granach. Fast verwehte Spuren, Berlin 1994.

Klinghoffer, Jay, Red Apocalypse: The Religious Evolution of Soviet Communism, Lanham 1996.

Kluge, Robert, Der sowjetische Traum vom Fliegen. Analyseversuch eines gesellschaftlichen Phänomens (Slavistische Beiträge, Bd. 345), München 1997.

Knight, Amy, Who Killed Kirov? The Kremlin's Greatest Mystery, New York 1999.

Knorin, Wilhelm, Faschismus, Sozialdemokratie und Kommunisten, Moskau 1934.

Koch, Josef [d. i. Joseph Schwab], Der Kampf gegen Spitzelei und Provokation, Moskau/Leningrad 1935.

Koch-Baumgarten, Sigrid, Aufstand der Avantgarde. Die Märzaktion der KPD 1921 (Quellen und Studien zur Sozialgeschichte, hrsg. vom Institut für Sozialgeschichte, Amsterdam, Bd. 6), Frankfurt am Main/New York 1986.

Kodin, Evgenij, »Smolenskij archiv« i amerikanskaja sovetologija, Smolensk 1998.

Koenen, Gerd, Utopie der Säuberung: was war der Kommunismus?, Berlin 1998.

Kokurin, Aleksandr I./Nikita V. Petrov, Lubjanka. VČK-OGPU-NKVD-NKGB-MGB-MVD-KGB, 1917–1960, Spravočnik/Moskau 1997.

Dies., NKVD: struktura, funkcii, kadry (1934–1938), in: Svobodnaja mysl', Juni 1997, S. 105–118; Stat'ja vtoraja (1938–1941), in: Svobodnaja mysl', Juli 1997, S. 108–118; Stat'ja tret'ja (1941–1943), in: Svobodnaja mysl', August 1997, S. 118–123.

Dies., GULAG. 1917–1960, Moskau 2000.

Koljazin, Vladimir F./V. A. Gončarov (Hg.), »Vernite mne svobudu!«: dejateli literatury i iskusstva Rossii i Germanii – žertvy staliniskogo terrora; memorial'nyi sbornik dokumentov iz archivov byvšego KGB, Moskau 1997.

Konzentrationslager. Ein Appell an das Gewissen der Welt. Ein Buch der Greuel. Die Opfer klagen an. Dachau – Brandenburg – Papenburg – Königstein etc., Prag 1934.

Korolev, Sergej, Donos v Rossii. Social'no filosofskie očerki, Moskau 1996.

Köstenberger, Julia, Der deutsche Sektor an der »Kommunistischen Universität der nationalen Minderheiten des Westens« in Moskau (1921–1936). ÖsterreicherInnen an einer sowjetischen Kaderschule, Diplomarbeit Wien 1999.

Kotkin, Stephen, Magnetic Mountain. Stalinism as a Civilization, Berkeley/Los Angeles/London 1995.

Kozlov, Vladimir A., Fenomen donosa, in: Svobodnaja mysl' 1998, Heft 4, S. 100–112.

Ders., Denunciation and its functions in Soviet Governance: from the Archive of the Soviet Ministry of Internal Affairs, 1944–1953, in: Fitzpatrick (Hg.), Stalinism. New Directions, S. 117–141.

Ders., Tjazkoe vremja pravdy, in: Vestnik Rossijskoj Akademii Nauk, t. 67, 1997, Nr. 3, S. 237–240.

Ders., Prikazy NKVD SSSR, 1934–1941 gg: katalog rassekrecennych dokumentov Gosudarstvennogo Archiva Rossikskoj Fedaracii, Novosibirsk 1999.

Kraus-Fessel, Meta, Polizeiterror gegen Kind und Kunst. Dokumente zur sozialen Republik Deutschlands, Berlin 1927.

Kreiler, Kurt, Das Logierhaus zur schwankenden Weltkugel oder die lange Nacht der Bohème, in: Literatur und Politik vor dem 1. Weltkrieg: Erich Mühsam und die Boheme (Schriften der Erich-Mühsam-Gesellschaft, H. 15), Lübeck 1999, S. 73–91.

Ders., Vom zufälligen Tod eines deutschen Anarchisten. Leben und Tod des Schriftstellers Erich Mühsam, in: Günter Morsch (Hg.), Konzentrationslager Oranienburg, Berlin 1994, S. 95–107.

Kröhnke, Karl, Lion Feuchtwanger. Der Ästhet in der Sowjetunion. Ein Buch nicht nur für seine Freunde, Stuttgart 1991.

Krumrey, Marianne (Hg.), Ohne Scham. Lebensbericht der Nelly Held, erfragt und herausgegeben von Marianne Krumrey, Berlin 1990.

Kuhr, Corinna, Kinder von Volksfeinden als Opfer des stalinistischen Terrors, in: Stefan Plaggenborg (Hg.), Stalinismus. Neue Forschungen und Konzepte, Berlin 1998, S. 391–417.

Kunst und Literatur im antifaschistischen Exil, Bd. 1/I u. II: Exil in der UdSSR, Leipzig 1989.

Kuromiya, Hiroaki, Freedom and Terror in the Donbas: A Ukrainian-Russian Borderland, 1870s-1970s, Cambridge 1998.

Labouvie, Eva, Die Geburt einer Hexe. Aspekte von Ausgrenzung und Verfolgung nach einer dörflichen »sozialen Logik«, in: Kriminologisches Journal, 5. Beiheft, 1995, S. 192–207.

Ladurie, Emmanuel le Roy, Montaillou. Ein Dorf vor dem Inquisitor 1294 bis 1324, Frankfurt am Main 1975.

Lambert, Malcolm, Häresie im Mittelalter. Von den Katharern bis zu den Hussiten. Aus dem Englischen von Raul Niemann, Darmstadt 2001.

Laqueur, Walter, Der Schoß ist fruchtbar noch. Der militante Nationalismus der russischen Rechten, München 1993.

Lea, Henry Charles, Geschichte der Inquisition im Mittelalter, Bonn 1905 (Neudruck: Aalen 1980).

Leites, Nathan/Elsa Bernaut, Ritual of Liquidation. The Case of the Moscow Trials, Glencoe 1954.

Lemke, Harald, Das Echo des Schwertes. Foucault, Elias und Oestreich zum Sozialdisziplinierungsprozeß der Moderne, in: Harald Lemke, Michel Foucault. In Konstellationen, Maastricht 1995, S. 68–117.

Leninismus gegen Stalinismus. Lehren der deutschen Katastrophe 1933. Zusammengestellt von Oskar Fischer, mit einem Vorwort von Leo Trotzki, 1933, Neudruck 1947.

Leonhard, Susanne, Gestohlenes Leben. Als Sozialistin in Stalins Gulag, Frankfurt am Main 1988.

Dies., Gestohlenes Leben. Schicksale einer politischen Emigrantin in der Sowjetunion, Frankfurt am Main 1956.

Lewin, Erwin/Elke Reuter/Stefan Weber (Hg.), Protokoll der »Brüsseler Konferenz« der KPD 1935. Reden, Diskussionen und Beschlüsse, Moskau vom 3.–15. Oktober 1935, München 1997.

Lewin, Moshe, Stalin in the Mirror of the Other, in: Kershaw, Ian/Moshe Lewin (Hg.), Stalinism and Nazism: Dictatorships in Comparison, Cambridge 1997, S. 107–134.

Lifton, Robert Jay/Eric Markusen, Die Psychologie des Völkermords. Atomkrieg und Holocaust, Stuttgart 1992.

Lih, Lars T./Oleg Naumow/Oleg Chlewnjuk (Hg.), Stalins Briefe an Molotow, Berlin 1996.
Lipper, Eleonor, Elf Jahre in sowjetischen Gefängnissen und Lagern, Zürich 1950.
Lipset, Seymor Martin, Soziologie der Demokratie, Neuwied 1962.
Livin, J. (zus.gest.), Pis'ma vo vlast': 1917–1927, zajavlenija, žaloby, donosy, pis'ma v gosudarstvennye struktury i bol'ševistskim voždjam, Moskau 1998.
Lorenz, Sönke (Hg.), Hexen und Hexenverfolgung im deutschen Südwesten, 2 Bde., Karlsruhe 1994.
Lourie, Richard, Stalin. Die geheimen Aufzeichnungen des Jossif Wissarionowitsch Dschugaschwili, München 1999.
Löwenthal, Fritz, Ihr Schicksal in der Sowjet-Union (Deutsche Kommunisten als Opfer der NKWD), Berlin 1948.
Löwenthal, Leo, Individuum und Terror, in: Dan Diner (Hg.), Zivilisationsbruch, Denken nach Auschwitz, Frankfurt am Main 1988, S. 15–25.
Lukács, Georg, Die neue Verfassung der UdSSR und das Problem der Persönlichkeit, in: Internationale Literatur, Jg. 6, 1936, H. 9, S. 50–53.
Ders., Gelebtes Denken. Eine Autobiographie im Dialog, Frankfurt am Main, 1981.
Luks, Leonid (Hg.), Der Spätstalinismus und die »jüdische Frage«: zur spätstalinistischen Wendung des Kommunismus, Köln 1998.
Ders., Zum Stalinschen Antisemitismus. Brüche und Widersprüche, in: Jahrbuch für Historische Kommunismusforschung, 1997, S. 9–50.
Ders., Geschichte Rußlands und der Sowjetunion. Von Lenin bis Jelzin, Regensburg 2000.
Lustiger, Arno, Rotbuch, Stalin und die Juden. Die tragische Geschichte des Jüdischen Antifaschistischen Komitees und der sowjetischen Juden, Berlin 1998.
Machiavelli, Nicolo, Der Fürst. Übers. und hrsg. von Rudolf Zorn, 3. Aufl., Stuttgart 1963.
Mählert, Ulrich, »Die Partei hat immer recht!« Parteisäuberungen als Kaderpolitik in der SED (1948–1953), in: Hermann Weber/Ulrich Mählert (Hg.), Terror. Stalinistische Parteisäuberungen 1936–1953, Paderborn 1998, S. 351–457.
Malia, Martin, Vollstreckter Wahn. Rußland 1917–1991, Stuttgart 1994.
Mallmann, Klaus-Michael, Kommunisten in der Weimarer Republik. Sozialgeschichte einer revolutionären Bewegung, Darmstadt 1996.
Mann, Thomas, Briefe. 1889–1936, Frankfurt am Main 1961.
Ders., Tagebücher. 1935–1936, Frankfurt am Main 1978.
Manuilski, Dimitri, Über die kapitalistische Einkreisung und die trotzkistischen Reserven, Moskau 1937.
Marcus, George E. (Hg.), Paranoia within Reason. A Casebook on Conspiracy as Explanation. Cultural Studies for the End of the Century, Chicago 1999.

Martin, Terry, The Origins of the Soviet Ethnic Cleansing, in: Journal of Modern History, 70, 1998, S. 813–861.
Martirolog rasstreljanych i zachoronennych na poligone NKVD »objekt Butovo«, Moskau 1997.
Marx, Henry, Erich Mühsams letzte Tage und sein Tod. Zum zehnten Geburtstag der Ermordung des Dichters im Konzentrationslager Oranienburg, in: Mühsam-Magazin, H. 5, Mai 1997, S. 40–45.
Max Hölz. Ein deutscher Partisan, Moskau/Leningrad 1933.
Mayenburg, Ruth von, Blaues Blut und rote Fahnen. Ein Leben unter vielen Namen, Wien 1969.
Dies., Hotel Lux. Das Absteigequartier der Weltrevolution, München 1991.
McDermott, Kevin/Jeremy Agnew, The Comintern. A History of International Communism from Lenin to Stalin, London 1996.
McLoughlin, Barry/Hans Schafranek/Walter Szevera, Aufbruch, Hoffnung, Endstation. Österreicherinnen und Österrreicher in der Sowjetunion, 1925–1945, Wien 1997.
Mead, Margaret, Soviet Attitudes toward Authority. An Interdisciplinary Approach to Problems of Soviet Character (1951), Reprint Westport 1979.
Medwedjew, Roy, Sowjet-Bürger in Opposition. Plädoyer für eine sozialistische Demokratie, Hamburg/Düsseldorf 1973.
Men'ševistskij process 1931 goda. Sbornik dokumentov, 2 Bde., Moskau 1999.
Merback, Mitchell B., The Thief, the Cross and the Wheel. Pain and the Spectacle of Punishment in Medieaval and Renaissance Europe, London 1999.
Merl, Stephan, Das System der Zwangsarbeit und die Opferzahl im Stalinismus, in: Geschichte in Wissenschaft und Unterricht, 46, 1995, S. 277–301.
Meyer, Gertrud, Die Frau mit den grünen Haaren, Hamburg 1978.
Mick, Christoph, Sowjetische Propaganda., Fünfjahrplan und deutsche Rußlandpolitik 1928–1932, Stuttgart 1995.
Milosz, Czeslaw, Verführtes Denken, Frankfurt am Main 1978.
Mogutin, Jaroslav, Gay in the Gulag, in: Index on Censorship, 1995, S. 66–69.
Molotow, W. M., Die Lehren der Schädlingsarbeit und der Spionage der Japanisch-Deutsch-Trotzkistischen Agenten, Moskau 1937.
Mommsen, Margareta, Hilf mir, mein Recht zu finden. Russische Bittschriften. Von Iwan dem Schrecklichen bis Gorbatschow, Frankfurt am Main 1987.
Moore, Barrington, Terror and Progress in USSR. Some Sources of Change and Stability in the Soviet Dictatorship, Cambrigde 1954.
Mörsch, Günter (Hg.), Konzentrationslager Oranienburg, Berlin 1994.
Mühsam, Erich, Eine Auswahl aus seinen Werken. Mit einem Vorwort und Erläuterungen von Nina Pawlowa, Moskau 1960.
Ders., Bilder und Verse für Zenzl, Leipzig 1975.

Ders., Briefe 1900–1934, hrsg. von Gerd W. Jungblut, Vaduz 1984, 2 Bde.
Ders., Das Standrecht in Bayern, Berlin 1923.
Ders., Die Befreiung der Gesellschaft vom Staat. Was ist kommunistischer Anarchismus?, Fanal-Sonderheft, Berlin 1933.
Ders., Die Freivermählten. Polemisches Schauspiel in drei Aufzügen, München 1914.
Ders., Gerechtigkeit für Max Hoelz!, 3. Aufl., Berlin 1926.
Ders., Namen und Menschen. Unpolitische Erinnerungen, hrsg. von Fritz Adolf Hünich, Leipzig 1949.
Ders., Niederschönenfeld. Eine Chronik in Eingaben, in: Wolfgang Haug (Hg.), »Ich bin verdammt zu warten in einem Bürgergarten«. Bd. 2: Literarische und politische Aufsätze, Darmstadt/Neuwied 1983.
Ders., Streitschriften. Literarischer Nachlaß, Berlin 1985.
Ders., Tagebücher 1910–1924, hrsg. von Chris Hirte, München 1994.
Ders., Von Eisner bis Leviné. Die Entstehung der bayrischen Räterepublik, Berlin 1929.
Mühsam, Kreszentia, Der Leidensweg Erich Mühsams. Mit einem Vorwort von Werner Hirsch, Zürich/Paris 1935.
Dies., Min man mördades. Erich Mühsam lidandeshistoria, Stockholm 1935
Mühsam, Zenzl. Eine Auswahl aus ihren Briefen, hrsg. von Chris Hirte und Uschi Otten (Schriften der Erich-Mühsam-Gesellschaft, H. 9), Lübeck 1995.
Müller, Derek, Der Topos des neuen Menschen in der russischen und sowjetrussischen Geistesgeschichte, Bern 1998.
Müller, Erich, Ewig in Aufruhr. 18 Porträts deutscher Rebellen, Berlin 1928.
Müller, Klaus E., Das magische Universum der Identität. Elementarformen sozialen Verhaltens. Ein ethnologischer Grundriß, Frankfurt am Main 1987.
Müller, Reinhard (Hg.), Die Säuberung. Moskau 1936, Stenogramm einer geschlossenen Parteiversammlung, Reinbek 1991.
Ders., Die Akte Wehner. Moskau 1937 bis 1941, Berlin 1993.
Ders., Anmerkung zu Ottwalt und Bredel, in: europäische ideen, 1992, H. 79, S. 11–12.
Ders., »Das große Reinemachen«. Eine »Säuberung« des Marx-Engels-Instituts im Moskauer Tagebuch Hugo Hupperts, in: Beiträge zur Marx-Engels-Forschung. Neue Folge. Sonderband 3, Hamburg 2001, S. 347–370.
Ders., »Glück in dieser Katastrophenzeit«. Georg Lukács in der Lubjanka, in: Mittelweg 36, 9, 2000, H. 4, S. 28–48.
Ders., »Wir kommen alle dran«. Säuberungen unter den deutschen Politemigranten in der Sowjetunion (1934–1938), in: Hermann Weber/Ulrich Mählert (Hg.), Terror. Stalinistische Parteisäuberungen 1936–1953, Paderborn 1998, S. 121–166.

Ders., Aus der Moskauer Kaderakte des parteilosen Bolschewiken Heinrich Vogeler, in: Exil. Forschung, Erkenntnisse, Ergebnisse, 15, 1995, H. 1, S. 33–44.
Ders., Der »Antikomintern-Block – Prozeßstruktur und Opferperspektive, in: Utopie kreativ, 1997, H. 81/82, S. 82–95.
Ders., Der Fall des Antikomintern-Blocks – ein vierter Moskauer Schauprozeß, in: Jahrbuch für Historische Kommunismusforschung, 1996, S. 187–214.
Ders., Flucht ohne Ausweg. Lebensläufe aus den geheimen Kaderakten der Kommunistischen Internationale, in: Exil. Forschung, Erkenntnisse, Ergebnisse, 10, 1990, H. 2, S. 76–95.
Ders., Herbert Wehner in Moskau: Über die notwendige Differenz von quellenkritischer Autopsie und archivalischer Mauerschau, in: europäische ideen, 1994, H. 86, S. 1–8.
Ders., Hitlers Rede vor der Reichswehrführung 1933. Eine neue Moskauer Überlieferung, in: Mittelweg 36, 10, 2001, H. 1, S. 73–90.
Ders., Linie und Häresie. Lebensläufe aus den Kaderakten der Komintern, in: Exil. Forschung, Erkenntnisse, Ergebnisse, 11, 1991, H. 1, S. 46–69.
Ders., Schrecken ohne Ende. Eingaben deutscher NKWD-Häftlinge und ihrer Verwandten an Stalin, Jeshow u. a., in: Exil. Forschung, Erkenntnisse, Ergebnisse, 17, 1997, H. 2, S. 63–88.
Ders., Unentwegte Disziplin und permanenter Verdacht. Zur Genesis der »Säuberungen« in der KPD, in: Wolfgang Neugebauer (Hg.), Von der Utopie zum Terror. Stalinismus-Analysen, Wien 1994, S. 71–96.
Ders., Zenzl Mühsam und die stalinistische Inquisition, in: Frauen um Erich Mühsam. Zenzl Mühsam und Franziska zu Reventlow, Schriften der Erich-Mühsam-Gesellschaft, H. 11, Lübeck 1996, S. 32–88.
Müller, Ulrich/Werner Wunderlich (Hg.), Dämonen, Monster, Fabelwesen (Mittelaltermythen, Bd. 2), St. Gallen 1999.
Mussienko, Natalja/Alexander Watlin, Zwischen den Lagern, in: Mitbestimmung, 1998, H. 8, S. 54–57.
Naumov, Vladimir P./A. A. Kosakovskij, Kronštadt 1921, Moskau 1997.
Neubauer, Hans-Joachim, Fama. Eine Geschichte des Gerüchts, Berlin 1998.
Neutatz, Dieter, Die Moskauer Metro: von den ersten Plänen bis zur Großbaustelle des Stalinismus (1897–1935), (Beitr. z. Gesch. Osteuropa, Bd. 33), Köln/Weimar/Berlin 2001.
Nicolas, Waltraut, Die Kraft das Ärgste zu ertragen. Frauenschicksale in Sowjetgefängnissen, Bonn 1958.
Not Guilty. Report of the Commission of Inquiry into the Charges made against Leon Trotsky in the Moscow Trials, London 1938.
Nove, Alec, Terror Victims – Is the Evidence complete?, in: Europe-Asia Studies, 46, 1994, Nr. 3, S. 535–537.

Ochotin, Nikita/Arseni Roginskij (wiss. Red.), Sistema ispravitel'no-trudovych lagerei v SSSR, 1923–1960, Spravočnik/Moskau 1998.
Ochotin, Nikita/Arseni B. Roginskij, Iz istorii »nemeckoj operacii« NKVD 1937–1938, in: Arseni Roginskij u.a. (Red.), Nakazannyj narod. Repressii protiv Rossijskich nemcev, Moskau 1999, S. 35–75.
Olberg, Paul, Briefe aus Sowjet-Rußland, Stuttgart 1919.
Osipova, Irina, Pjat' del. In: Soprotivlenie v GULAGe. Vospominaniia, pis'ma, dokumenty, Moskau 1992.
Otten, Uschi, »Den Tagen, die kommen, gewachsen zu sein«. Zur Lebensgeschichte Zenzl Mühsams, in: Frauen um Erich Mühsam. Zenzl Mühsam und Franziska zu Reventlow, Schriften der Erich-Mühsam-Gesellschaft, H. 11, Lübeck 1996, S. 8–30.
Dies., Zenzl Mühsam im doppelten Exil, in: europäische ideen, 1995, H. 95, S. 9–18.
Otto, Wilfriede, Erich Mielke – Biographie. Aufstieg und Fall eines Tschekisten, Berlin 2000.
P. M. [d. i. Peter Maslowski], Asylrecht in den kapitalistischen Staaten und in der Sowjetunion, in: Rundschau über Politik, Wirtschaft und Arbeiterbewegung, 4. Jg., 1935, Nr. 16, S. 838–839.
Paetel, Karl O., Reise ohne Uhrzeit. Autobiographie, hrsg. von Wolfgang D. Elfe und John M. Spalek, London 1982.
Panteleiev, Michael, La terreur stalinienne au Kominterne en 1937–1938: les chiffres et les causes, in: Communisme, 1995, H. 1, S. 37–52.
Pardon, Inge/W. Shurawljow (Hg.), Lager, Front oder Heimat: deutsche Kriegsgefangene in Sowjetrußland 1917 bis 1920, 2 Bde., München 1994.
Paul, Gerhard, »[...] alle Repressionen unnachsichtlich ergriffen werden«. Die Gestapo und das politische Exil, in: Exilforschung. Ein internationales Jahrbuch, 15, 1997, S. 120–149.
Pavlov, Dmitrij B., Bol'ševistskaja diktatura protiv socialistov i anarchistov 1917-seredina 1950-ch godov, Moskau 1999.
Pennetier, Claude/Bernard Pudal, Ecrire son autobiographie (les autobiographies communistes d'institution, 1931–1939), in: Genèses, 23, 1996, S. 53–75.
Dies., La »vérification« (l'encadrement biographique communiste dans l'entre-deux-guerres), in: Genèses, 23, 1996, S. 145–163.
Peters, Edward, Folter. Geschichte der Peinlichen Befragung, Hamburg 1991.
Petrone, Karen, Life has become more joyous, Comrades. Celebrations in the Time of Stalin, Bloomington 2000.
Petrov, Nikita, Der Tod nach Plansoll. Unveröff. Referat, Hamburg 1998.
Ders./Arseni B. Roginskij, Pol'skaja operacija NKVD 1937–1938 gg., in: A. E. Gurjanov (Red.), Repressii protiv poljakov i pol'skich graždan, Moskau 1997, S. 22–43.

Ders./K.V. Skorkin, Kto rukovodil NKVD 1934–1941, Spravočnik/Moskau 1999.
Pieck, Wilhelm, Wir kämpfen für ein Räte-Deutschland, Moskau 1934.
Pierre, André [d. i. Peter Maslowski], Der Kampf um das Asylrecht, Zürich 1935.
Pietrow-Ennker, Bianka, Rußlands »neue Menschen«: die Entwicklung der Frauenbewegung von den Anfängen bis zur Oktoberrevolution, Frankfurt am Main 1999.
Pike, David, Deutsche Schriftsteller im sowjetischen Exil. 1933–1945, Frankfurt am Main 1981.
Pipes, Daniel, Faszination und Macht des Geheimen, München 1998.
Plaggenborg, Stefan, Weltkrieg, Bürgerkrieg. Mentalitätengeschichtliche Versuche über die Gewalt in Sowjetrußland, in: Historische Anthropologie, 3, 1995, S. 493–505.
Ders., Gewalt im Stalinismus. Skizze zu einer Tätergeschichte, in: Manfred Hildermeier unter Mitarbeit von Elisabeth Müller-Luckner (Hg.), Stalinismus vor dem Zweiten Weltkrieg. Neue Wege der Forschung (Schriften des Historischen Kollegs: Kolloquien, 43), München 1998, S. 194–208.
Ders., Gewalt und Militanz in Sowjetrußland 1917–1930, in: Jahrbücher für Geschichte Osteuropas, 44, 1996, S. 409–430.
Ders., Revolutionskultur. Menschenbilder und kulturelle Praxis in Sowjetrußland zwischen Oktoberrevolution und Stalinismus, Köln/Weimar/Berlin 1996.
Ders., Stalinismus als Gewaltgeschichte, in: Stefan Plaggenborg (Hg.), Stalinismus. Neue Forschungen und Konzepte, Berlin 1998, S. 71–112.
Ders., Stalinismusforschung: Wie weiter?, in: Stefan Plaggenborg (Hg.), Stalinismus. Neue Forschung und Konzepte, Berlin 1998, S. 443–452.
Plener, Ulla (Hg.), Leben mit Hoffnung in Pein. Frauenschicksale unter Stalin, Frankfurt (Oder) 1997.
Dies., Auskünfte einer NKWD-Akte über letzten Weg und Tod deutscher Kommunisten in der Sowjetunion (1936–1939): Willy Leow-Hoffmann, Hans Rogalla, Josef Schneider, Paul Scholze, Harry Wilde, in: Utopie kreativ, 1994, H. 39–40, S. 131–139.
Dies., Ausschluß der Persönlichkeit – Grundsatz stalinistischen Parteiverständnisses, in: Wolfgang Gehrcke (Hg.), Stalinismus – Analyse und Kritik, Bonn 1994, S. 67–93.
Dies., Helmut Schinkel. Zwischen Vogelers Barkenhof und Stalins Lager. Biographie eines Reformpädagogen (1902–1946), Berlin 1996.
Dies., Persönlichkeitsnegation im Parteikommunismus – eine Grundlage des Massenterrors, in: Moskau 1938. Szenarien des Großen Terrors, Leipzig 1999, S. 29–41.

Dies. (Hg.)/Oleg Dehl/Natalija Mussienko/Simone Barck: Verratene Ideale. Zur Geschichte deutscher Emigranten in der Sowjetunion in den 30er Jahren, Berlin 2000.

Plivier, Hildegard, Ein Leben gelebt und verloren, Frankfurt am Main 1966.

Pohl, J. Otto, Ethnic cleansing in the USSR: 1937–1949, Westport 1999.

Ders., The Stalinist penal system: a statistical history of Soviet repression and terror, 1930–1953, Jefferson/London 1997.

Pokrowski, M. N., Russische Geschichte in allergedrängtestem Abriß, Engels 1934.

Ponomarev, Boris, Die Trotzki-Sinowjew-Bande. Eine direkte Agentur des Faschismus, Moskau 1937.

Popoff, Georg, Tscheka. Der Staat im Staate. Erlebnisse und Erfahrungen mit der außerordentlichen Kommission, Frankfurt am Main 1925.

Protokoll des III. Kongresses der Kommunistischen Internationale (Moskau, 22. Juni bis 12. Juli 1921), Hamburg 1921.

Process »Prompartii«, Moskau 1931.

Prozeßbericht über die Strafsache des antisowjetischen »Blocks der Rechten und Trotzkisten«. Verhandelt vor dem Obersten Militärkollegium des Obersten Gerichtshofs der UdSSR vom 2. bis zum 13. März 1938, hrsg. vom Volkskommissariat für Justizwesen der UdSSR, Moskau 1938.

Prozeßbericht über die Strafsache des sowjetfeindlichen Trotzkistischen Zentrums. Verhandelt vor dem Militärkollegium des Obersten Gerichtshofs der UdSSR vom 23. bis 30. Januar, Moskau 1937.

Prozeßbericht über die Strafsache des Trotzkistisch-Sinowjewistischen Terroristischen Zentrums. Verhandelt vor dem Militärkollegium des Obersten Gerichtshofs der UdSSR, 19. bis 24. August 1936, Moskau 1936.

Quittner, Genia, Weiter Weg nach Krasnogorsk. Schicksalsbericht einer Frau, Wien 1971.

Raleigh, Donald J., Languages of Power: How the Saratov Bolsheviks Imagined their Enemies, in: Slavic Review, 57, 1998, H. 2, S. 320–349.

Rätsch-Langejürgen, Birgit, Das Prinzip Widerstand. Leben und Wirken von Ernst Niekisch (Schriftenreihe Extremismus & Demokratie, hrsg. von Uwe Backes und Eckhard Jesse, Bd. 9), Bonn 1997.

Reemtsma, Jan Philipp, Terroratio. Überlegungen zum Zusammenhang von Terror, Rationalität und Vernichtungspolitik, in: Jan Philipp Reemtsma: u.a. Falun. Reden & Aufsätze, Berlin 1992, S. 265–301.

Regler, Gustav, Das Ohr des Malchus. Eine Lebensgeschichte, Köln/Berlin 1958.

Reid, Susan E., Socialist Realism in the Stalinist Terror: The Industry of Socialism Art Exhibition 1935–1941, in: Russian Review, 60, 2001, Nr. 2, S. 153–184.

Remmele, Hermann (Hg.), Die Sozialdemokratie auf der Anklagebank. Die Interventions- und Schädlingsarbeit der Menschewiki vor dem Gericht des Proletariats, Hamburg/Berlin 1931.

Retzlaw, Karl [d. i. Karl Gröhl], Spartakus. Aufstieg und Niedergang eines Parteiarbeiters, 2. Aufl., Frankfurt am Main 1972.

Richter, Trude, Totgesagt. Erinnerungen, Halle 1990.

Riegel, Klaus Georg, Konfessionsrituale im Marxismus-Leninismus, Graz 1985.

Ders., Der Marxismus-Leninismus als politische Religion, in: Hans Maier/Michael Schäfer (Hg.), Totalitarismus und Politische Religion. Konzepte des Diktaturvergleichs, Paderborn 1997, Bd. 2, S. 75–128.

Ders., Die Inszenierung von Verbrechen. Die Moskauer Schauprozesse (1936–1938), in: Herbert Willems/M. Jurga (Hg.), Inszenierungsgesellschaft, Opladen 1998, S. 235–252.

Ders., Transplanting the Political Religion of Marxism-Leninism to China: The Case of the Sun-Yat-Sen University in Moscow (1925–1930), in: Karl-Heinz Pohl (Hg.), Chinese Thought in a Global Context. A Dialogue Between Chinese and Western Philosophical Approaches, Leiden/Boston/Köln 1999, S. 327–358.

Ders., Inquisitionssysteme von Glaubensgemeinschaften. Die Rolle von Schuldgeständnissen in der spanischen und der stalinistischen Inquisitionspraxis, in: Zeitschrift für Soziologie, 16, 1987, H. 3, S. 175–189.

Rimmel, Lesley A., A Microcosm of Terror, or Class Warfare in Leningrad: »The March 1935 Exile of alien Elements«, in: Jahrbücher für Geschichte Osteuropas, 48, 2000, H. 4, S. 528–551.

Rittersporn, Gábor Tamás, The Omnipresent Conspiracy: On Soviet Imagery of Politics and Social Relations in the 1930s, in: Nick Lampert/Gábor T. Rittersporn (Hg.), Stalinism: its Nature and Aftermath, New York 1992, S. 101–120.

Ders., The Omnipresent Conspiracy: On Soviet Imagery of Politics and Social Relations in the 1930s, in: John Arch Getty/Roberta Manning (Hg.), Stalinist Terror. New Perspectives, Cambridge 1993, S. 99–115.

Robins, Robert S./Jerrold M. Post, Political Paranoia. The Psychopolitics of Hatred, New Haven/London 1997.

Rocker, Rudolf, Der Leidensweg von Zenzl Mühsam, Frankfurt am Main 1949.

Ders., Erich und Zenzl Mühsam. Gefangene bei Stalin und Hitler, Wetzlar 1976.

Rodenberg, Hans, Protokoll eines Lebens. Erinnerung und Bekenntnis, Berlin 1980.

Röder, Werner (Hg.), Sonderfahndungsliste UdSSR, Erlangen 1976.

Rogowin, Wadim S., 1937. Das Jahr des Terrors. Aus dem Russischen übersetzt von Hannelore Georgi und Harald Schubärth, Essen 1998.

Ders., Die Partei der Hingerichteten. Aus dem Russischen übersetzt von Hannelore Georgi und Harald Schubärth, Essen 1999.

Rohrwasser, Michael, Der Stalinismus und die Renegaten. Die Literatur der Exkommunisten, Stuttgart 1991.

Rokitjanskij, Jakov/Rejnhard Mjuller, Krasnyj dissident. Akademik Rjazanov-opponent Lenina, žertva Stalina. Biografičeskij očerk, Moskau 1996.

Rosefield, Steven, Stalinism in Post-Communist Perspective: New Evidence on Killings, Forced Labour and Economic Growth in the 1930s, in: Europe-Asia Studies, 48, 1996, Nr. 6, S. 959–987.

Ders., Systemzerrüttung und Stalinismus: Die ökonomischen Grundlagen und Funktionen von Terror, GULAG, Zwangsarbeit, Massenvernichtung und Militarismus in postkommunistischer Perspektive, in: Dittmar Dahlmann/Gerhard Hirschfeld (Hg.), Lager, Zwangsarbeit, Vertreibung und Deportation. Dimensionen der Massenverbrechen in der Sowjetunion und in Deutschland 1933 bis 1945, Essen 1999, S. 223–244.

Rosenberg, Alfred, 30 Novemberköpfe, Berlin 1927.

Roth, Günther, Herrschaft und persönliche Freiheit. Heidelberger Max Weber Vorlesungen 1983, Frankfurt am Main 1987.

Rowan, R., Spionage und Spionageabwehr, Moskau 1937.

Rübner, Hartmut, »Eine unvollendete Demokratie ist besser als eine vollkommene Despotie«. Rudolf Rockers Wandlung vom kommunistischen Anarchisten zum libertären Revisionisten, in: Archiv für die Geschichte des Widerstandes und der Arbeit, 15, S. 205–232.

Ruthven, Malise, Torture. The Grand Conspiracy, London 1978.

Ruud, Charles A./Sergei A. Stepanov, Fontanka 16, The Tsar's secret police, Stroud 1999.

Ryklin, Michail, Ekstasis des Terrors. Kollektive Körper und die Logik der Gewalt, in: Lettre, H. 19, 1992, S. 35–38.

Ders., Schönschriften des Terrors. Zurück aus Sowjetrußland – André Gide als »großer Reisender«, in: Lettre, H. 6, 1996, S. 7–10.

Ders., Terrorologiki, Moskau/Tartu 1992.

Sauerland, Karol, Lust an der Denunziation. Fallstudien in zwei Diktaturen, in: Universitas, 49, 1994, H. 11, S. 1021–1033.

Ders., 30 Silberlinge. Denunziation – Geschichte und Gegenwart, Berlin 2000.

Sayers, Michael/Albert Kahn, Die große Verschwörung, Berlin 1949.

Scarry, Elaine, The Body in the Pain: the Making and Unmaking of the World, New York 1985.

Schad, Martha, Frauen gegen Hitler. Schicksale im Nationalsozialismus, München 2001.

Dies., Frauen um Erich Mühsam. Zenzl Mühsam und Franziska zu Reventlow, Schriften der Erich-Mühsam-Gesellschaft, H. 11, 1996, Frauen gegen Hitler. Schicksale im Nationalsozialismus, München 2001.

Dies., Ludwig Thoma und die Frauen, Regensburg 1995.

Schafranek, Hans, Das kurze Leben des Kurt Landau. Ein österreichischer Kommunist als Opfer der stalinistischen Geheimpolizei, Wien 1988.

Ders., Am Beispiel der Moskauer Hitler-Jugend (1938). Mechanismen des Terrors der stalinistischen Geheimpolizei. NKWD, in: Jahrbuch 1999, Dokumentationsarchiv des österreichischen Widerstandes, S. 124–160.

Ders., Die Internationale Lenin-Schule und der »Fall Reisberg« (1937), in: Neugebauer, Wolfgang (Hg.), Von der Utopie zum Terror. Stalinismus-Analysen, Wien 1994, S. 135–156.

Ders., Kinderheim Nr. 6. Österreichische und deutsche Kinder im sowjetischen Exil, Wien 1998.

Ders., Österreichische Kommunisten an der »Internationalen Lenin-Schule« 1926–1938, in: Barry McLoughlin/Hans Schafranek/Walter Szevera, Aufbruch, Hoffnung, Endstation. Österreicherinnen und Österreicher in der Sowjetunion 1925–1945, Wien 1997, S. 435–466.

Ders., Zwischen NKWD und Gestapo. Die Auslieferung deutscher und österreichischer Antifaschisten aus der Sowjetunion an Nazideutschland 1937–1941, Frankfurt am Main 1990.

Schauprozesse unter Stalin 1932–1952. Zustandekommen, Hintergründe, Opfer. Mit einem Vorwort von Horst Schützler, Berlin 1990.

Scherbakowa, Irina, Die Denunziation im Gedächtnis und in den Archivdokumenten, in: Günter Jerouschek/Inge Marßolek/Hedwig Röckelein (Hg.), Denunziation. Historische, juristische und psychologische Aspekte, Tübingen 1997, S. 168–182.

Schick, Günter, Bibliographie deutschsprachiger Veröffentlichungen der »Verlagsgenossenschaft ausländischer Arbeiter in der UdSSR« Moskau, Leningrad (bibliographische Beiträge zur Geschichte der Arbeiterbewegung, 10), Berlin 1992.

Schild, Wolfgang, Die Maleficia der Hexenleut (Schriftenreihe des Mittelalterlichen Kriminalmuseums Rothenburg o.d.T., Nr. 1), Rothenburg 1997.

Ders., »Von peinlicher Frag«. Die Folter als rechtliches Beweisverfahren (Schriftenreihe des Mittelalterlichen Kriminalmuseums Rothenburg o.d.T., Nr. 4) [1997].

Schlamm, Willi, Diktatur der Lüge. Eine Abrechnung, Zürich 1937.

Schmitz, Klaus, Militärische Jugenderziehung. Preußische Kadettenhäuser und Nationalpolitische Erziehungsanstalten zwischen 1807 und 1936, Köln/Weimar/Wien 1997.

Schneider, Christian/Cordelia Stilke/Bernd Leineweber, Das Erbe der Napola. Versuch einer Generationengeschichte des Nationalsozialismus, Hamburg 1996.
Schneider, Hansjörg, Exil in der Tschechoslowakei, in: Ludwig Hoffmann u. a., Exil in der Tschechoslowakei, in Großbritannien, Skandinavien und Palästina, Frankfurt am Main 1981, S. 17–142.
Ders., Exiltheater in der Tschechoslowakei 1933–1945, Berlin 1979.
Schneider, Michael, Unterm Hakenkreuz. Arbeiter und Arbeiterbewegung 1933 bis 1939, Bonn 1999.
Schrader, Fred E., Der Moskauer Prozeß 1936. Zur Sozialgeschichte eines politischen Feindbildes (Quellen und Studien zur Sozialgeschichte, hrsg. vom Internationalen Institut für Sozialgeschichte Amsterdam, Bd. 13), Frankfurt/New York 1995.
Schröder, Eberhard, Rückkehr unerwünscht, in: Beiträge zur Geschichte der Arbeiterbewegung, 36, 1994, H. 4, S. 93–101.
Schwarzrotbuch. Dokumente des Hitlerimperialismus, hrsg. von der Gruppe D.A.S. (Deutsche Anarcho-Syndikalisten), Barcelona 1937.
Schwerhoff, Gerd, Aktenkundig und gerichtsnotorisch. Einführung in die historische Kriminalitätsforschung, Tübingen 1999.
Sedow, Leo, Rotbuch über den Moskauer Prozeß, Antwerpen 1937.
Seghers, Anna, Der Aufstand der Fischer von St. Barbara, Berlin 1928.
Sereda, Vjačeslav/Alexandr Stykalin; Reinhard Mjuller/Jakov Rokitjanskij, Besedy na Lubjanke. Sledstvennoe delo G. Lukača. Materialy k biografii, Moskau 1999.
Serge, Victor, Für eine Erneuerung des Sozialismus. Unbekannte Aufsätze, Hamburg 1975.
Seume, Johann Georg, Prosaschriften, Köln 1962.
Shdanow, Andrej, Abänderungen am Statut der KPdSU (B), in: Kommunistische Internationale, 1939, Sonderheft, S. 231–283.
Sheean, Vincent, Dorothy und Red. Die Geschichte von Dorothy Thompson und Sinclair Lewis, München 1964.
Shelley, Louise I., Policing Soviet Society. The evolution of state control, London/New York 1996.
Siati, Guiseppe de/Thies Ziemke (Hg.), Prag–Moskau. Briefe von und an Wieland Herzfelde 1933–1938, Kiel 1991.
Siegel, Achim, Ideological Learning under conditions of social enslavement: the case of the Soviet Union in the 1930s and 1940s, in: Studies in East European Thought, 50, 1998, S. 19–88.
Siegel, Eva-Maria, Vorläufiges Leben. Emigrationsalltag in Prag, in: Exil. Forschungen, Erkenntnisse, Ergebnisse, 11, 1994, H. 1, S. 23–38.

Siegelbaum, Lewis H./Andrei Sokolov, Stalinism as a Way of Life: a Narrative in Documents, New Haven 2000.
Sinawskij, Andrej, Der Traum vom neuen Menschen oder die Sowjetzivilisation. Aus dem Russischen von Swetlana Geier, Frankfurt am Main 1989.
Sinkó, Ervin, Roman eines Romans, Moskauer Tagebuch, Köln 1962.
Skryzpcak, Henryk, »Vertrauliche 09 Verschlußsache«. Zur angeblichen Tagung des Zentralkomitees der KPD am 7. Februar 1933. Ein quellenkritischer Exkurs, in: Int. wiss. Korrespondenz z. Gesch. d. deutschen Arbeiterbewegung, 29, 1993, H. 3, S. 294–322.
Smith, Kathleen E., Remembering Stalin's Victims. Popular Memory and the End of the USSR, Ithaca/London 1996.
Soell, Hartmut, Der junge Wehner. Zwischen revolutionärem Mythos und praktischer Vernunft, Stuttgart 1991.
Sofinow, P. G., Abriß der Geschichte der Gesamtrussischen Außerordentlichen Kommissionen (1917–1922) (Übersetzt aus dem Russischen für den Dienstgebrauch des Ministeriums für Staatssicherheit, mit einem Vorwort von Erich Mielke), Potsdam 1979.
Solomon jr, Peter H., Soviet Criminal Justice under Stalin, Cambridge 1996.
Solov'ev, A. G., Tetradi krasnogo professora (1912–1941 gg.), in: Neizvestnaja Rossija, XX vek, Moskau 1993, Bd. 4, S. 140–228.
Sonnenschein, Hugo (Sonka), Die Fesseln meiner Brüder. Gesammelte Gedichte. Auswahl u. Nachwort Karl-Markus Gauß und Josef Haslinger, München/Wien 1984.
Spielhagen, Friedrich [d. i. Otto Katz], Spione und Verschwörer in Spanien: nach offiziellen nationalsozialistischen Dokumenten, Paris 1936.
Sprenger, Jakob/Heinrich Institoris, Der Hexenhammer.
Šrejder, Michail, NKVD iznutri, zapiski čekista, Moskau 1995.
Staatsanwalt, höre. Heraus mit Margies!, Berlin 1927.
Stajner, Karlo, 7000 Tage in Sibirien, Wien 1975.
Stalin, J. W., Über die Mängel in der Parteiarbeit und die Maßnahmen zur Liquidierung der trotzkistischen und sonstigen Doppelzüngler, Moskau 1937.
Ders., Werke, Bd. 1–13, Berlin 1950–1954.
Stammberger, Gabriele, Gut angekommen – Moskau. Das Exil der Gabriele Stammberger 1932–1954. Erinnerungen und Dokumente, Berlin 1999.
Stark, Meinhard (Hg.), »Wenn Du willst Deine Ruhe haben, schweige«. Deutsche Frauenbiographien des Stalinismus, Essen 1991.
Ders., »Ich muß sagen, wie es war«. Deutsche Frauen des GULag, Berlin 1999.
Ders., Stalinistischer Terror, Massenrepressalien, Terror, in: Jahrbuch für Historische Kommunismusforschung, 1998, S. 357–361.

Stascheit, Ulrich, Die »Rote Hilfe« in der stalinistischen »Säuberung«, in: Kritische Justiz, 1979, H. 4, S. 376–400.
Stassowa, Jelena, Die Sowjetdemokratie und der neue Mensch, in: Rundschau über Politik, Wirtschaft und Arbeiterbewegung, 5, 1935, S. 2681 f.
Dies., Genossin »Absolut«, Berlin 1978.
Steinberger, Nathan/Barbara Broggini: Berlin–Moskau–Kolyma und zurück: ein Gespräch über Stalinismus und Antisemitismus, Berlin 1996.
Stern, Erich, Die Emigration als psychologisches Problem, Boulogne-sur-Seine 1937.
Sternburg, Wilhelm von, Lion Feuchtwanger. Ein deutsches Schriftstellerleben, Berlin 1994.
Stettner, Ralf, »Archipel GULag«: Stalins Zwangslager – Terrorinstrument und Wirtschaftsgigant. Entstehung, Organisation und Funktion des sowjetischen Lagersystems 1928–1956, Paderborn 1996.
Strafgesetzbuch der Russischen Sozialistischen Föderativen Sowjet-Republik vom 22. Nov. 1926 mit den Änderungen zum 1. August 1930, übersetzt von Wilhelm Gallas, Berlin 1931.
Studer, Brigitte, Die Kominternstruktur nach dem 7. Weltkongreß. Das Protokoll des Sekretariats des EKKI, 2. Oktober 1935, in: Int. wiss. Korrespondenz z. Gesch. d. deutschen Arbeiterbewegung, 31, 1995, S. 25–53.
Dies., Verschleierungstaktik als Herrschaftspraxis. Über den Prozeß historischer Erkenntnisse am Beispiel des Kominternarchivs, in: Jahrbuch für Historische Kommunismusforschung, 3, 1995, S. 306–321.
Dies./Berthold Unfried, »Das Private ist öffentlich«. Mittel und Formen stalinistischer Identitätsbildung, in: Historische Anthropologie, 7, 1999, H. 1, S. 83–108.
Dies./Berthold Unfried, At the Beginning of a History: Visions of the Comintern after the Opening of the Archives, in: International Review of Social History, 42, 1997, S. 419–446.
Dies./Berthold Unfried, Der stalinistische Parteikader. Identitätsstiftende Praktiken und Diskurse in der Sowjetunion der dreißiger Jahre, Köln/Weimar/Wien 2001.
Sunder-Plaßmann, Anne, Rettung oder Massenmord? Die Repressionen der Stalin-Ära in der öffentlichen Diskussion seit dem Beginn der Perestroika (Osteuropa, Wirtschaft, Politik, Bd. 25), Münster/Hamburg/London 2000.
Suter, Daniel, Rechtsauflösung durch Angst und Schrecken. Zur Dynamik des Terrors in totalitären Systemen, Diss. Zürich 1983.
Thälmann, Ernst, Der revolutionäre Ausweg und die KPD, Berlin 1932.
The Case of Leon Trotzky. Report of Hearings on the charges made against him in the Moscow Trials, London 1937.

Thesen und Beschlüsse. XIII. Plenum des EKKI. Dezember 1933, Moskau 1934.
Theweleit, Klaus, Männerphantasien, Frankfurt am Main 1977 und 1978.
Thompson, Dorothy, Kassandra spricht. Antifaschistische Publizistik 1932 bis 1942, hrsg. von Jürgen Schebera, Wiesbaden 1988.
Thurston, Robert W., Fear and belief in the USSR's »Great Terror«. Response to Arrest, 1935–1939, in: Slavic Review, 45, 1986, Nr. 2, S. 213–234.
Ders., Life and Terror in Stalin's Russia 1934–1941, New Haven/London 1996.
Tischler, Carola, Vom Helfer zum Verräter. Reaktionen der Internationalen Roten Hilfe auf die Massenverhaftungen deutscher Emigranten in der Sowjetunion 1936–1938, in: Hermann Weber u.a. (Hg.), Kommunisten verfolgen Kommunisten, Berlin 1993, S. 292–302.
Dies., Die Rolle der KPD-Führung bei der Verhaftung ihrer Mitglieder, in: Klaus Kinner (Hg.), Moskau 1938. Szenarien des Großen Terrors, Leipzig 1999, S. 99–108.
Dies., Flucht in die Verfolgung. Deutsche Emigranten im sowjetischen Exil, Münster 1996.
Tjurina, Elena A., Die Rolle der Zwangsarbeit in der Ökonomie der UdSSR. Eine Quellenanalyse, in: Dahlmann/Hirschfeld (Hg.), Lager, S. 267–278.
Toller, Ernst, Briefe aus dem Gefängnis. Gesammelte Werke, Bd. 5, hrsg. von Wolfgang Frühwald und John M. Spalek. o. O., 1978.
Ders., Justiz Erlebnisse, Berlin 1927.
Tosstorf, Reiner, Fritz Heckert – ein Tod unter denkwürdigen Umständen, in: Jahrbuch für Historische Kommunismusforschung, 1999, S. 287–296.
Trotzki, Leo, Literatur und Revolution, Wien 1924.
Ders., Mein Leben. Versuch einer Autobiographie, Berlin 1930.
Ders., Schriften 1. Sowjetgesellschaft und stalinistische Diktatur, hrsg. von Helmut Dahmer, Rudolf Segall und Reiner Tosstorf, Hamburg 1988.
Ders., Schriften über Deutschland, Frankfurt am Main 1971, 2 Bde.
Ders., Stalins Verbrechen, Berlin 1990.
Ders., Terrorismus und Kommunismus. Anti-Kautsky, Hamburg 1921.
Ders., Was nun? Schicksalsfragen des deutschen Proletariats, Berlin 1932.
Tuominen, Arvo, Stalins Schatten über Finnland. Erinnerungen des ehemaligen Führers der finnischen Kommunisten, Freiburg i. Br. 1986.
Tutas, Herbert E., Nationalsozialismus und Exil. Die Politik des dritten Reiches gegenüber der deutschen politischen Emigration, München 1975.
Unfried, Berthold, Die Konstituierung des stalinistischen Kaders in »Kritik und Selbstkritik«, in: Traverses, 1995, Nr. 3, S. 71–88.
Ders., Rituale von Konfession und Selbstkritik: Bilder vom stalinistischen Kader, in: Jahrbuch für Historische Kommunismusforschung, 2, 1994, S. 148–164.

Ders., Vom Nutzen und Nachteil der Archive für die Historie. Stalinismusforschung und Komintern-Historiographie nach Öffnung der russischen Archive, in: Zeitgeschichte, 22, 1995, H. 7/8, S. 265–284.

Uranow, S., Über einige hinterlistige Machenschaften der Werbetätigkeit der ausländischen Spionage, Engels 1937.

Vajskopf, Michail, Pisate' Stalin, Moskau 2001.

Vaksberg, Arkadi, Hotel Lux. Les partis frères au service de l'Internationale communiste, Paris 1993.

Vatlin, Alexandr, Kaderpolitik und Säuberungen in der Komintern, in: Weber, Hermann, Ulrich Mählert (Hg.), Terror. Stalinistische Parteisäuberungen 1936–1953, Paderborn 1998, S. 33–119.

Velikanova, Olga, Berichte zur Stimmungslage. Zu den Quellen politischer Beobachtung der Bevölkerung in der Sowjetunion, in: Jahrbücher für Geschichte Osteuropas, 47, 1999, H. 2, S. 227–243.

Vergnon, Gilles, Les Gauches Européennes après la victoire Nazie. Entre planisme et unité d'action 1933–1934, Paris 1997.

Vodopjanova, Z. K., u.a. (Hg.), Istoriia sovetskoj politčeskoji cenzury. Dokumenty i materialy, Moskau 1997.

Voegelin, Eric, Die politischen Religionen, 2. Aufl., München 1993.

Waksberg, Arkadi, Die Verfolgten Stalins. Aus den Verliesen Stalins, Reinbek 1993.

Walter, Hans-Albert, Asylpraxis und Lebensbedingungen in Europa. Deutsche Exilliteratur 1933–1950, Bd. 2, Darmstadt/Neuwied 1972.

Ders., Deutsche Exilliteratur 1933–1950, Bd. 2: Europäisches Appeasement und überseeische Praxis, Stuttgart 1984.

Walz, Rainer, Hexenglaube und magische Kommunikation im Dorf der Frühen Neuzeit. Die Verfolgungen in der Grafschaft Lippe, Paderborn 1993.

Wangenheim, Inge von, Auf weitem Feld. Erinnerungen einer jungen Frau, Berlin 1954.

Weber, Hermann, Die Wandlung des deutschen Kommunismus, 2 Bde., Frankfurt am Main, 1969.

Ders./Ulrich Mählert (Hg.), Terror. Stalinistische Parteisäuberungen 1936–1953, Paderborn 1998.

Wegner, Matthias, Klabund und Carola Neher. Eine Geschichte von Liebe und Tod, Berlin 1996.

Wehner, Herbert, Moskau, du glückliche Stadt, in: Rundschau über Politik, Wirtschaft und Arbeiterbewegung, 1937, 6, Nr. 49, S. 1832–1833.

Ders., Zeugnis, hrsg. von Gerhard Jahn, Köln 1982.

Wehner, Markus, Kaderkarrieren der Weltrevolution: Die deutsch-russische Geschichte der Brüder Rakow, in: Int. wiss. Korrespondenz z. Gesch. d. deutschen Arbeiterbewegung, 30, 1994, H. 1, S. 29–67.

Ders./Alexandr Vatlin, »Genosse Thomas« und die Geheimtätigkeit der Komintern in Deutschland 1919–1925, in: Int. wiss. Korrespondenz z. Gesch. d. deutschen Arbeiterbewegung, 29, 1993, H. 1, S. 1–19.
Weissberg-Cybulski, Alexander, Hexensabbat. Mit einem Vorwort von Arthur Koestler, Frankfurt am Main 1977.
Werner, Paul [d. i. Paul Frölich], Die Bayerische Räterepublik. Tatsachen und Kritik, Leipzig 1920.
Werth, Nicolas/Gael Moullec, Rapports Secrets Soviétiques. La Société Russe dans les documents confidentielles, Paris 1994.
Wheatcroft, Stephen G., The Scale and Nature of German and Soviet Repression and Mass killings, 1930–1945, in: Europe-Asia Studies, 48, 1996, Nr. 8, S. 1319–1353.
Ders., Victims of Stalinism and the Soviet Secret Police: The Comparability and the Reliability of the Archival Data – not the Last Word, in: Europe-Asia Studies, 51, 1999, S. 315–346.
Wilde, Harry, Theodor Plivier. Nullpunkt der Freiheit, München 1965.
Wilhelmus, Wolfgang, Das Schicksal der jüdischen Kommunistin Adele Schiffmann, in: Beiträge zur Geschichte der Arbeiterbewegung, 32, 1990, H. 2, S. 220–229.
Wolf, Herta, Glauben machen. Über deutschsprachige Reiseberichte aus der Sowjetunion (1918–1932), Wien 1992.
Wolffson, Michael, Wie kann man den 20. Juli preisen und Wehners tödlichen Verrat verharmlosen?, in: Die Welt, 30. Januar 1994.
Wolkogonow, Dimitri, Stalin. Triumph oder Tragödie. Ein politisches Porträt, Düsseldorf 1989.
Ders., Trotzki. Das Janusgesicht der Revolution, Düsseldorf/Wien 1992.
Wollenberg, Erich, Memoiren, unveröffentl. Manuskript, Nachlaß Erich Wollenberg, Heimvolkshochschule Celle-Hustedt.
Ders., Als Rotarmist vor München, Berlin 1929.
Wyschinski, Andrej Januarjewitsch, Die Hauptaufgaben der Wissenschaft vom sozialistischen Sowjetrecht (gekürztes Stenogramm eines Vortrags vom 16. Juli 1938), in: Sowjetische Beiträge zur Staats- und Rechtstheorie, 36. Beiheft zur »Sowjetwissenschaft«, Berlin 1953, S. 50–108.
Ypsilon [d. i. Karl Volk], Pattern of World Revolution, New York/Chicago 1947.
Ziehr, Wilhelm, Die Entwicklung des »Schauprozesses« in der Sowjetunion. Ein Beitrag zur sowjetischen Innenpolitik, Diss. Tübingen 1971.
Zinner, Hedda, Selbstbefragung, Berlin 1989.
Žukov, Jurij, Der Mord an Kirov, in: Forum für osteuropäische Ideen- und Zeitgeschichte, 3, 1999, H. 2, S. 119–151.
Žuravlev, Sergeij V., »Malen'kie ljudi« i »bol'šaja istorija«: inostrancy mos-

kovskogo Elektrozavoda v sovetskom obščestve 1920-ch – 1930-ch gg., Moskau 2000.

Zwengel, Ralf, Die Gegenwart beherrscht die Vergangenheit, in: Frankfurter Allgemeine Zeitung, 20. Dezember 2000.

Ders., Stalinistischer Terror, Massenrepressalien, Terror, in: Int. wiss. Korrespondenz z. Gesch. d. deutschen Arbeiterbewegung, 33, 1997, H. 4, S. 519–522.

Abkürzungsverzeichnis

ADGB	Allgemeiner Deutscher Gewerkschaftsbund
BUST/ZA	Bundesbeauftragte für die Unterlagen des Staatssicherheitsdienstes der ehemaligen DDR, Zentralarchiv
CCHIDK	Zentrum zur Aufbewahrung historisch-dokumentarischer Sammlungen
CPO	Geheime Politische Abteilung
DDR	Deutsche Demokratische Republik
DEFA	Deutsche Film Aktiengesellschaft (der DDR)
EKKI	Exekutivkomitee der Kommunistischen Internationale
Glawlit	Hauptverwaltung für Literatur- und Verlagsangelegenheiten
GPU	Staatliche Politische Verwaltung
GUGB	Hauptverwaltung Staatssicherheit
GULag	Hauptverwaltung der Lager
GULAG	Synonym für das Lagersystem der Sowjetunion
IGB	Internationaler Gewerkschaftsbund
IKD	Internationale Kommunisten Deutschlands
IKK	Internationale Kontrollkommission
IRH	Internationale Rote Hilfe
ITL	Besserungsarbeitslager
KAPD	Kommunistische Arbeiterpartei Deutschlands
KGB	Komitee für Staatssicherheit
KI	Kommunistische Internationale
KIM	Kommunistische Jugendinternationale
KPD	Kommunistische Partei Deutschlands
KPdSU	Kommunistische Partei der Sowjetunion
KPO	Kommunistische Partei Opposition
KPÖ	Kommunistische Partei Österreichs
KUNMS	Kommunistische Universität der Nationalen Minderheiten des Westens
M-Apparat	Militär-Apparat
MASCH	Marxistische Arbeiterschule
MfS	Ministerium für Staatssicherheit
MGB	Ministerium für Staatssicherheit
MKOG	Militärkollegium des Obersten Gerichts
MOPR	Internationale Organisation zur Unterstützung der Kämpfer der Revolution
MORT	Internationaler Revolutionärer Theaterbund

MWD	Ministerium für Innere Angelegenheiten
Narkomtorg	Volkskommissariat für Handel
NKWD	Volkskommissariat für Innere Angelegenheiten
OGPU	Vereinigte Staatliche Politische Verwaltung
OMS	Abteilung für Internationale Verbindungen
OO	Sonderabteilung
PAdAA	Politisches Archiv des Auswärtigen Amtes
RFB	Roter Frontkämpferbund
RGALI	Russisches Staatsarchiv für Literatur und Kunst
RGASPI	Russisches Staatsarchiv für sozialpolitische Geschichte
RGI	Rote Gewerkschaftsinternationale
RKP (B)	Russische Kommunistische Partei der Bolschewiki
SAP	Sozialistische Arbeiterpartei
SAPMO/BA	Stiftung Archiv der Parteien und Massenorganisationen der DDR im Bundesarchiv
SED	Sozialistische Einheitspartei Deutschlands
UBL	Unterbezirksleitung
USPD	Unabhängige Sozialdemokratische Partei Deutschlands
VEGGAR	Verlagsgenossenschaft ausländischer Arbeiter in der Sowjetunion
VKP (b)	Allrussische Kommunistische Partei Bolschewiki
ZA/FSB	Zentralarchiv des Föderalen Sicherheitsdienstes
ZK	Zentralkomitee

Personenregister

Die Tat als Bild

Habbo Knoch
Die Tat als Bild.
Fotografien des Holocaust
in der deutschen
Erinnerungskultur
1118 Seiten mit zahlreichen Abbildungen,
gebunden
ISBN 3-930908-73-5

Der Historiker Habbo Knoch untersucht mit quellenkritischen Methoden, ikonographischen Verfahren und semiotischen Feldanalysen auf einer breiten Materialbasis, die gerade auch populäre Medien wie Illustrierte, Landserhefte und Filme berücksichtigt, aber ebenso die Verwendung von Fotografien in Ausstellungen, Schulbüchern und der Presse einbezieht, die Entstehung des visuellen Inventars zu den NS-Verbrechen in der westdeutschen Gesellschaft, arbeitet deren ikonographische Muster heraus und rückt sie in die öffentlichen Diskurse über die NS-Vergangenheit ein.
Habbo Knoch liefert mit seinem Buch einen richtungweisenden Beitrag zur Wirkungsmacht der Bilder sowie zur Mentalitäts- und Kulturgeschichte der Bundesrepublik.

Nachkrieg in Deutschland

Klaus Naumann (Hg.)
Nachkrieg in Deutschland.
576 Seiten, gebunden
ISBN 3-930908-72-7

Der Sammelband vereint Aufsätze, die sich multidisziplinär und auf unterschiedliche Weise mit der deutschen Nachkriegsgeschichte auseinandersetzen. Die Ambivalenzen einer historischen Entwicklung zwischen Erfolgs- und Modernisierungsgeschichte auf der einen und von tiefsitzender Angst und Unsicherheit geprägter Kriegsfolgengesellschaft auf der anderen Seite werden deutlich sichtbar.
Mit Beiträgen von: Frank Biess, Stephan Braese, Micha Brumlik, Jörg Echternkamp, Heide Fehrenbach, Michael Geyer, Svenja Goltermann, Elizabeth Heineman, Dagmar Herzog, Thomas Kühne, Jörg Lau, Robert G. Moeller, Regina Mühlhauser, Klaus Naumann, Thomas W. Neumann, Vera Neumann, Uta G. Poiger, Franka Schneider, Michael Schwartz und Harald Welzer.

Das Politbüro

Oleg W. Chlewnjuk
Das Politbüro.
Mechanismen der Macht
in der Sowjetunion der
dreißiger Jahre
Aus dem Russischen
von Ruth und Heinz
Deutschland
415 Seiten, Gebunden
ISBN 3-930908-38-7

Das Politbüro der Kommunistischen Partei der Sowjetunion war in den zwanziger Jahren das politische Machtzentrum des Landes. Da jedoch die Moskauer Archive bis 1991 weitgehend verschlossen waren, konnten weder die Kompetenzen noch die Arbeitsweise des Politbüros analysiert werden. Für seine Studie über die politische Macht in der UdSSR der dreißiger Jahre konnte der international anerkannte russische Historiker Oleg W. Chlewnjuk zahlreiche Originaldokumente aus dem Präsidialarchiv und anderer Moskauer Geheimarchive nutzen.

„Das Politbüro" ist eine ausführliche, durch neue wissenschaftliche Erkenntnisse gesicherte Studie des politischen Machtzentrums der Sowjetunion vor dem Hintergrund der gesellschaftlichen Umbrüche der dreißiger Jahre und des Konflikts mit dem Alleinherrschaftsanspruch Stalins.

Stalins Retuschen

David King
Stalins Retuschen.
Foto- und Kunstmanipulationen in der Sowjetunion
Aus dem Englischen von
Cornelia Langendorf
192 Seiten
mit 275 Abbildungen
Vierfarbig, Großformat,
Gebunden
ISBN 3-930908-33-6

„Seit dreißig Jahren trägt David King das zusammen, was unter Stalin geschwärzt, beschnitten, ausradiert oder in irgendeiner anderen Form manipuliert worden ist. Nun hat King ein bewegendes Buch vorgelegt, die Dokumentation eines unfaßlichen Blutrausches im Namen der Revolution ... Die Bilder geben den Verbrechen ein Antlitz."

(Stefan Berkholz, Der Tagesspiegel)